राजनीति की किताब / रजनी कोठारी का कृतित्व

लोक चिंतक

ग्रंथमाला

शृंखला संपादक

विजय बहादुर सिंह, योगेंद्र यादव

राजनीति की किताब

रजनी कोठारी का कृतित्व

संपादक

अभय कुमार दुबे

वाणी प्रकाशन

CSDS

विकासशील समाज अध्ययन पीठ

(सी.एस.डी.एस.)

मूल्य : ₹395.00

पहला संस्करण : २००३
आवृत्ति २०१८

आवरण : प्रदीप साहा

प्रकाशक : वाणी प्रकाशन
४६९५, २१-ए, दरियागंज, नयी दिल्ली-११० ००२

मुद्रक : एम.एस. प्रिंटर्स, दिल्ली-११० ०९३ में मुद्रित

RAJNEETI KI KITAB
Edited by Abhay Kumar Dubey

ISBN : 978-93-87024-45-8

हंसा की स्मृति में

अनुक्रम

वाणी द्वारा लोक-चिंतन ग्रंथमाला

के तहत प्रकाशन :

आधुनिकता के आईने में दलित
लोकतंत्र के सात अध्याय
भारत का भूमंडलीकरण
हम में से सेकुलर कौन है?

लोक-चिंतक ग्रंथमाला

दूसरी परंपरा की खोज

लोक-चिंतक ग्रंथमाला भारतीय भाषाओं में समाज चिंतन की दूसरी परंपरा स्थापित करने का एक प्रयास है। इस ग्रंथमाला की हर किताब एक ऐसे 'लोक-चिंतक' पर केंद्रित होगी जिसके विचारों ने देश और दुनिया के बारे में स्थापित मुख्यधारा को चुनौती दी है और जिसके विचार सामाजिक चिंतन की एक नयी परंपरा के लिए जमीन बनाने में मददगार हो सकते हैं। भारतीय भाषाओं का जागरूक पाठक इन चिंतकों के नाम से अपरिचित नहीं है। वह बीच-बीच में इनके उद्धरण देखता है, और कभी-कभी इनके लेख भी पढ़ पाता है। लेकिन भारतीय भाषाओं में ऐसी किताबें नहीं हैं जो पाठक को इन बहुचर्चित विचारकों की पूरी चिंतन-यात्रा और रचना-संसार से परिचित करवा सकें। दरअसल, अंग्रेजी में भी ऐसी सामग्री का घोर अभाव है। लोक-चिंतक ग्रंथमाला इसी कमी को पूरा करने का प्रयास है। हम शुरुआत ऐसे चिंतकों से कर रहे हैं जो **विकासशील समाज अध्ययन पीठ** से जुड़े रहे हैं। इन्हीं कुछ चिंतकों के चलते इस अध्ययन पीठ को एक वैचारिक स्कूल की तरह देखा जाता है। लेकिन बाद में इस ग्रंथमाला के दायरे को फैला कर हम ऐसे चिंतकों पर किताबें लाएँगे जो इस संस्था की सीमाओं के बाहर रह कर उल्लेखनीय योगदान देते रहे हैं।

'लोक-चिंतक' में शामिल 'लोक' का अर्थ वह नहीं है जो 'लोक-नृत्य' या 'लोक-संस्कृति' में होता है। हम जिन लोक-चिंतकों की बात कर रहे हैं वे समाज के बारे में सोचने की प्राचीन लोक (जिसे अंग्रेजी में 'फोक' कहा जाता है) परंपराओं का अंग नहीं हैं। न ही वे इन परंपराओं को पुनर्जीवित करने की कोशिश कर रहे हैं। हमारे लोक-चिंतक आधुनिक समाजविज्ञान या फिर आधुनिक सामाजिक-राजनीतिक आंदोलनों या फिर दोनों से जुड़े हैं। फिर भी इनके सरोकार और वैचारिक पद्धति इन्हें 'लोक' चिंतक के रूप में चिह्नित करते हैं। एक मायने

में तो हर तरह के सामाजिक चिंतन का संबंध आम जनता से होता है। लेकिन हमारे लोक-चिंतकों का लोक-सरोकार गहरा है। चाहे लोकतंत्र की चिंता हो या समाज परिवर्तन की या जन-संस्कृति की, ये सभी विचारक समाज को अभिजात्य के चश्मे से देखने या फिर महज भीड़ की तरह समझने के विरोध में खड़े हैं। इनका लोक-सरोकार इनके चिंतन की विषय वस्तु पर ही नहीं, इनकी दृष्टि पर भी गहरी छाप छोड़ता है। चिंतन-मनन को लोकतांत्रिक तरीके से चलाने का आग्रह इन्हें बने-बनाए सिद्धांतों और विचारधाराओं से वैचारिक द्वंद्व की स्थिति में खड़ा कर देता है। चाहे वह भारत जैसे समाजों को देखने-परखने की पश्चिमी दृष्टि हो या इसमें हो परिवर्तनों को तौलने के 'विकसित' देशों से उधार लिए पैमाने और मॉडल या फिर परिवर्तनकारी राजनीति के बने-बनाये फार्मूले हों—इनमें अंतर्निहित बाहरी दृष्टि के प्रति आलोचनात्मक रुख और उसके एक स्थानीय या देशज विकल्प की तलाश इन सभी चिंतकों में देखी जा सकती है। यह तलाश उन्हें अलग-अलग दिशाओं में ले जाती है, लेकिन अंततः इन सबकी खोज एक नयी सार्वदेशिकता गढ़ने की प्रक्रिया का ही हिस्सा है। उनकी इस खोज से जुड़ कर हम इक्कीसवीं सदी में एक नयी या दूसरी परंपरा की खोज का हिस्सा बनते हैं।

यह प्रयास **विकासशील समाज अध्ययन पीठ** के लिए नया नहीं है। सन् १९६३ में स्थापना के बाद से ही यहाँ कार्यरत विद्वानों ने एक ओर तो पश्चिम से उधार ली गयी औपनिवेशिक विचार-पद्धतियों का खंडन-मंडन किया और दूसरी ओर समाजशास्त्र को विशेषज्ञों की इजारेदारी बनाये रखने की कोशिशों को भी चुनौती दी। ज्ञान और राजनीति के अटूट रिश्ते की शिनाख्त करते हुए इन विद्वानों ने जनांदोलनों के अनुभवों और शास्त्रीय ज्ञान-परंपराओं के बीच सेतु की भूमिका निभाने की कोशिश की। लेकिन, अंग्रेजी समाजशास्त्र की स्थापित अवधारणाओं को बुनियादी चुनौती देनेवाला यह अधिकांश लेखन अंग्रेजी में ही हुआ। इस लिहाज से इस लोक-चिंतकों को भारतीय भाषाओं तक ले जाने का यह प्रयास अध्ययन पीठ की जीवनधारा की एक स्वाभाविक कड़ी समझी जानी चाहिए।

यह प्रयास आज पहले से भी अधिक प्रासंगिक है। पिछले दो दशकों में जहाँ एक ओर बौद्धिक जगत में अंग्रेजी और भारतीय भाषाओं के बीच की खाई पहले से गहरी हुई है, वहीं दूसरी ओर इस खाई को पाटने की जरूरत और संभावना, दोनों एक साथ बढ़ीं हैं। पहली नजर में यह खाई एक भाषायी फाँक जैसी दिखायी देती है—एक ओर अंग्रेजी और दूसरी ओर समस्त भारतीय भाषाएँ। समाजशास्त्र, यानी समाज के बारे में गंभीर, दीर्घकालिक, शास्त्रीय मनन-चिंतन सिर्फ अंग्रेजी में होता है। एकाध अपवाद को छोड़ कर समाज-चिंतन के नाम पर हिंदी में या तो सतही अखबारी लेखन मिलता है या फिर कुछ सस्ती पाठ्य पुस्तकें। हिंदी में गंभीर और परिष्कृत लेखन या तो साहित्यिक रचनाओं की शक्ल ले लेता है, या फिर साहित्य-मीमांसा की। बौद्धिक श्रम का यह विचित्र विभाजन इतना गहरा और सर्वव्यापी है कि अब एकदम सहज और सामान्य दिखने लगा है।

अंग्रेजी और भारतीय भाषाओं का यह अंतर केवल एक भाषायी फाँक नहीं है। यह अनुभूति, अभिव्यक्ति और ज्ञान के दो संसारों का अंतर है। अंग्रेजी और भारतीय भाषाओं के चिंतन की विषय-वस्तु, विधा, प्रेरणा-स्रोत और अवधारणात्मक सूत्र एक-दूसरे से बुनियादी तौर पर भिन्न हैं। इनके सामाजिक दायरे एक दूसरे से जुदा हैं। इसलिए इस फाँक की वजह से सिर्फ हिंदी का जगत ही नहीं अंग्रेजी की दुनिया भी गरीब हो गयी है। अगर हिंदी का पाठक नये और ताजा समाजशास्त्रीय सोच से वंचित हुआ है तो दूसरी तरफ सिर्फ अंग्रेजी तक सीमित समाजशास्त्र खुद समाज की जड़ों से कट गया है। भारतीय समाज और चिंतन को बाँटनेवाली इस खाई के चलते सही मायने में एक भारतीय समाजशास्त्र का जन्म ही नहीं हो पाया है।

पिछले दो दशकों में हिंदी और अन्य भारतीय भाषाओं में पाठकों का एक नया तबका तैयार हुआ है। तमाम दिशाओं और व्यवसायों से आये लोगों को मिलाकर बना यह तबका आज जमीन पर विचारों का मुख्य उपभोक्ता और उत्पादक है। इसमें अध्यापक, विद्यार्थी, पत्रकार, स्वतंत्र लेखक और सामाजिक, सांस्कृतिक और राजनीतिक कार्यकर्ता शामिल हैं। यह अंग्रेजी से अनभिज्ञ नहीं है, लेकिन मूलत: हिंदी या अन्य भारतीय भाषाओं में सोचता और स्वयं को व्यक्त करता है। कभी-कभार अंग्रेजी सामग्री का उपभोग कर सकने के बावजूद अपनी वैचारिक खुराक के लिए यह तबका भारतीय भाषाओं पर निर्भर करता है। पिछले दो दशकों में इसका आकार बढ़ा है और हाशिये पर पड़ी जातियों और समुदायों ने भी इसमें दाखिला पाया है। भारतीय समाज और लोकतंत्र के रंग-रूप में हुई तब्दीलियों ने इस मानस को झकझोरा है, इसके स्थापित मानकों और वैचारिक आलस्य को चुनौती दी है और बने-बनाये वैचारिक खाँचों को तोड़ा है। पाठकों के इस तबके को खबरों और उनके विश्लेषण, दोनों की भूख है। पिछले दशक में भारतीय भाषाओं के अखबारों में अभूतपूर्व विस्तार ने इस वर्ग की खबरों की भूख को तो कुछ हद तक शांत किया है, लेकिन विश्लेषण की जरूरत को पूरा करने लायक सामग्री आज भी उपलब्ध नहीं है।

आशा है कि वाणी प्रकाशन के सहयोग से पहले 'लोक-चिंतन' और अब 'लोक-चिंतक' ग्रंथमालाओं का प्रकाशन इस जरूरत को पूरा करेगा। हमारी कोशिश रहेगी कि इस ग्रंथमाला की हर किताब के जरिये हिंदी के पाठक को महज अनुवाद के बजाय पुनर्लेखन, संक्षिप्तीकरण और साक्षात्कार के माध्यम से किसी एक चिंतक की विचार यात्रा और उसके वैचारिक जगत का परिचय मिले। हमें यह भी आशा है कि जल्दी ही हम अपने इस प्रयास को अन्य भारतीय भाषाओं के दायरे में भी ले जायेंगे।

—विजय बहादुर सिंह, योगेंद्र यादव
श्रृंखला संपादक

संपादन और अनुवाद के बारे में

लोक-चिंतक ग्रंथमाला उस पाठक वर्ग को संबोधित है जो राजनीतिक रूप से सचेत, ज्ञानार्जन की दृष्टि से उत्सुक और गंभीर चिंतन-मनन के प्रति रुझान रखने वाला है। पूँजी के प्रकोप, बाजार के सतहीपन और सस्ते मनोरंजन की चकाचौंध के बावजूद यह पाठक एक अलग तरह के नायक की सोहबत में अपने भविष्य की कल्पना करना चाहता है। यह नायक राजनीतिक नेता हो सकता है, सामाजिक कार्यकर्ता हो सकता है, महान कलाकार हो सकता है, समाज सुधारक हो सकता है, कोई दार्शनिक हो सकता है और साथ ही एक समाजवैज्ञानिक भी हो सकता है। **लोक-चिंतक ग्रंथमाला** की प्रत्येक कड़ी देश के ऐसे समाज-चिंतकों में से किसी एक के कृतित्व पर केंद्रित रहेगी ज़िसके चिंतन और लेखन ने समाजविज्ञान की दुनिया में भारतीय दृष्टि की स्थापना में मौलिक योगदान किया हो। **विकासशील समाज अध्ययन पीठ** और **वाणी प्रकाशन** की मान्यता है कि हिंदी के गंभीर पाठक ऐसे महान समाजवैज्ञानिकों की रचनाओं की इन चयनिकाओं की मदद से भारतीय समाज, संस्कृति और राजनीति की और गहरी समझ विकसित कर पायेंगे।

हिंदी-क्षेत्र में ऐसे पाठक वर्ग की रचना आपात-काल के खिलाफ सत्तर के दशक के मध्य में हुए संघर्ष से शुरू हुई थी जो उसके बाद भारतीय समाज के बेहद तेज रफ्तार से हुए सघन राजनीतिकरण के कारण अब नये चरण में पहुँच गयी है। एक ऐसे चरण में जब आम लोग न सिर्फ राजनीति और समाज-

परिवर्तन की प्रक्रिया में सीधी भागीदारी करते हैं, बल्कि उसकी बारीकियों के बारे में जानना भी चाहते हैं। हमें यकीन है कि इस पाठक वर्ग की बौद्धिक भूख को तृप्त करने के लिए लोक-चिंतक ग्रंथमाला विशेष रूप से उपयोगी साबित होगी। यह ग्रंथमाला सिर्फ अध्ययन पीठ से जुड़े समाजवैज्ञानिकों की कृतियों तक ही सीमित नहीं रहेगी, बल्कि इसके चयन का दायरा समग्र भारत होगा। इसकी पहली कड़ी **राजनीतिशास्त्री रजनी कोठारी** के कृतित्व को समर्पित है। इसके तहत प्रकाशित होने वाली अन्य पुस्तकों को विख्यात समाजमनोविदों, समाजशास्त्रियों, इतिहासकारों और समाजचिंतकों के कृतित्व की चयनिकाओं के रूप में प्रकाशित किया जायेगा।

समाजविज्ञानियों में पहली और संख्यात्मक लिहाज से बड़ी श्रेणी उन विद्वानों की है जिनका बुनियादी अकादमीय प्रशिक्षण और सारा काम अंग्रेजी में है। उन्हें अपनी मातृभाषाओं में लेखन करने का मौका कतई नहीं मिला। अभ्यास और इच्छा की कमी के कारण उन्होंने भारतीय भाषाओं में समाजविज्ञान रचने की तरफ कदम भी नहीं बढ़ाया। इनमें से कई विद्वान हिंदी या दूसरी भारतीय भाषाएँ पढ़ कर समझ सकते हैं और कम से कम अपनी रचना के अनुवाद या सार-संक्षेप की प्रामाणिकता सुनिश्चित करने में सक्षम हैं। दूसरी श्रेणी में वे अध्येतागण आते हैं जो बाकायदा द्विभाषी हैं। वे ज्यादातर लेखन अंग्रेजी में करते हैं लेकिन बीच-बीच में भारतीय भाषाओं में अभिव्यक्ति के मौके का भी सदुपयोग करते रहते हैं। यह श्रेणी छोटी लेकिन अत्यंत महत्त्वपूर्ण है। हमारा प्रयास होगा कि द्विभाषी विद्वानों की भारतीय भाषाओं में लिखी रचनाओं को सीधे हिंदी में अनूदित किया जाये और चयनिका में उन्हें शामिल करने पर विशेष जोर दिया जाये।

इस ग्रंथमाला की सामग्री संकलन, अनुवाद, सार-संक्षेप और फिर संपादन की बहुस्तरीय प्रक्रियाओं के बाद पाठकों के पास पहुँची है। अधिकतर अनुवाद, पुनर्लेखन और सार-संक्षेप अंग्रेजी से ही किये गये हैं। सीधे हिंदी में तैयार किये गये विमर्श की भी इस सामग्री में उल्लेखनीय हिस्सेदारी है। जाहिर है कि ऐसे लेख हिंदी के सुविज्ञ पाठकों को एकदम अलग स्वाद देंगे। इसी से मिलता-जुलता एहसास पाठकों को उन लेखों को पढ़ कर होना चाहिए जिनका सार-संक्षेप किया गया है। यह संक्षेपण तो है पर आमतौर पर मूल रचना को आधे से ज्यादा छोटा नहीं किया गया है। संक्षेपण प्रामाणिक है, क्योंकि लेखक ने स्वयं पढ़ कर उस पर अपनी मुहर लगायी है। ग्रंथमाला में कुछ ऐसे लेख भी शामिल किये गये हैं जिन्हें एक ही विषय-वस्तु से संबंधित लेखों के छोटे-छोटे अंशों को मिला कर तैयार किया गया है। पाठकों को साक्षात्कार की विधा का इस्तेमाल भी दिखेगा। मुझे उम्मीद है कि संपादन की इन कई शैलियों के इस्तेमाल से

बौद्धिक आस्वादन में विविधता आयेगी और कम कलेवर में अधिक सामग्री उपलब्ध हो सकेगी। पाठक अधिक संतुष्ट होंगे।

संपादन और अनुवाद के मैदान में उतरने पर हिंदी को कई तरह की समस्याओं का सामना करना पड़ता है। हमें दिखायी पड़ता है कि भाषा और ज्ञान-परंपरा के लिहाज से हम उतने वैभवशाली नहीं हैं। बहुत कम ऐसा है जो बना-बनाया उपलब्ध है और न जाने कितना नये सिरे से बनाना है। मसलन, समाजविज्ञान में प्रयुक्त होने वाली सैद्धांतिक और मानकीय शब्दावली हमारे पास है ही नहीं। पारिभाषिक शब्दकोशों की कमी नहीं है पर उसकी टकसाल में ढाले गये सिक्के पाठकों के बाजार में नहीं चल पा रहे हैं, क्योंकि उनसे ज्यादा लोकप्रिय और ग्राह्य तो अंग्रेजी की शब्दावली हो चुकी है। 'ऑन्टॉलजी' एक ऐसे ही शब्द का उदाहरण है जिसे अंग्रेजी में समझना ज्यादा आसान लगता है। जैसे ही इसका शब्दकोशीय अनुवाद 'सत्तामीमांसा' के रूप में किया जाता है वैसे ही यह अनूदित पाठ को समृद्ध करने के बजाय संप्रेषणगत व्यवधान बन जाता है। दूसरी बाधा समाजविज्ञान की रचनाएँ पढ़ने के पाठकीय अभ्यास की कमी से उभरती है। अखबारी लेखन पढ़ते रहने के कारण पाठक सीधे-सरल और छोटे वाक्य पढ़ने का इस कदर अभ्यस्त हो चुका है कि लंबे और जटिल वाक्य सामने आते ही उसकी शिकायत होती है कि यह तो भारी लेखन है। विचित्र बात यह है कि अंग्रेजी पढ़ते समय पाठकगण यह शिकायत नहीं करते। दरअसल, यह दिमागी समस्या हिंदी पत्रकारिता के कुछ पुरोधाओं के इस गलत आग्रह के कारण पैदा हुई है कि हिंदी सहज घोषणात्मक वाक्यों की भाषा है। सरलीकृत हिंदी की माँग करने वाला यह पाठक अनुवादक से अपेक्षा करता है कि वह जटिल वैचारिक लेखन को भी छोटे-छोटे वाक्यों में तोड़ कर पेश करेगा। बेचारा अनुवादक यह माँग पूरी करने के चक्कर में पाता है कि उसने वाक्य तो तोड़ दिये और काफी-कुछ तात्पर्य भी स्पष्ट कर दिया लेकिन मूल लेखन की बारीकियाँ और उसकी अंतर्निहित एकात्मक अर्थवत्ता हाथ से निकल गयी। पश्चिमी बौद्धिक प्रभावों के कारण यही पाठक महत्त्वपूर्ण अवधारणात्मक शब्दों को कुछ खास रूढ़ हो चुके अर्थों में ही समझता है जबकि हमारे यहाँ समाज-वैज्ञानिक विश्लेषण में उनका प्रयोग भिन्न और कहीं व्यापक तात्पर्य के लिए करना पड़ता है। इसका सबसे बड़ा उदाहरण 'सेकुलर' शब्द की जगह प्रचलित हो चुका शब्द 'धर्मनिरपेक्ष' है जिसका लोकप्रिय अर्थ धर्मों या पंथों के आपसी और राज्य से संबंधों का निकलता हैं। लेकिन भारतीय समाजविज्ञान को सेकुलर शब्द का इस्तेमाल जाति-धर्मनिरपेक्ष अर्थों में करना पड़ता है यानी सेकुलर होने की प्रक्रिया न केवल दो धर्मों के आपसी संबंधों का निर्धारक तत्त्व हो सकती है, बल्कि वह

एक धर्म के भीतर विभिन्न समुदायों के आपसी संबंधों को भी परिभाषित कर सकती है। सेकुलराइजेशन और भी आगे जा कर जातीयता संबंधी आग्रहों में हुई आधुनिकतावादी तब्दीलियों को व्यक्त करने का माध्यम बन सकता है।

तीसरी तरह की दिक्कत हिंदी के भीतर व्याप्त कई तरह की सुविधाजनक बन चुकी गलतफहमियों के कारण उभरती है। आमतौर पर 'जातिवादी' गोलबंदी और 'जातीय' गोलबंदी के बीच के भारी अंतर का बहुत से अखबारी लेखकों और पाठकों के लिए कोई महत्त्व नहीं है। असमिया, बंगाली या तमिल जातीयताओं के नाम हैं और ब्राह्मण, ठाकुर या वैश्य जातियों के नाम हैं। इसी तरह 'सवर्ण' शब्द को लेकर भी काफी समस्या है। हिंदी के कई लेखक अपनी रचनाओं में और आम लोग आपसी बातचीत में 'सवर्ण' शब्द का इस्तेमाल सिर्फ पहले तीन वर्णों के लिए करते हैं जैसे कि शूद्र वर्ण उस दायरे में आता ही न हो। होना यह चाहिए कि उपनयन का अधिकार रखने वाले वर्णों के लिए 'द्विज' शब्द का प्रयोग किया जाये और शूद्र जातियों के लिए 'गैर-द्विज' का इस्तेमाल हो। जाहिर है कि अंत्यज या अछूत या दलित जातियाँ इस व्यापक दायरे में आते हुए भी समय-समय पर अपने लिए अलग अभिव्यक्ति की माँग करेंगी।

इसी बिंदु पर सवाल उठता है कि क्या इन तमाम मुश्किलों का तोड़ निकाल लेने से समाजविज्ञान का हिंदी में प्रस्तुतीकरण आसान हो जायेगा? इसका जवाब यह है कि इन तकनीकी सतर्कताओं के बाद भी ऐसा तब तक नहीं हो सकता जब तक अंग्रेजी का लेखक अपने अनुवादक को पूरी छूट या स्वायत्तता नहीं देगा। स्वायत्तता की सीमा मूल लेखक की निगाह में अनुवाद-कर्म की हैसियत पर निर्भर करती है। इसी संदर्भ में वाल्टर बेंजामिन के कथन की उपयोगिता सामने आती है। वे अनुवादक के लिए मूल पाठ से परे जाने की सिफारिश करते हैं। वे अनुवादक को लगभग भड़काते हुए प्रोत्साहित करते हैं कि वह ऐसा जरूर करे और मूल लेखक पर जिम्मेदारी डालते हुए लगते हैं कि उसे मूल पाठ की दूसरी भाषा में सांस्कृतिक पुनर्रचना देखने के लिए दिमागी रूप से तैयार हो जाना चाहिए। इसके लिए लेखक को मूल पाठ की वाक्य-रचना का मोह छोड़ना पड़ेगा। दरअसल, यह स्वायत्तता मिलते ही अनुवादक के व्यक्तित्व में गुणात्मक परिवर्तन हो जाता है और वह मूल पाठ का गुलाम न रह कर एक अनुशासित सह-रचयिता का रूप ले लेता है। यह सह-रचयिता मूल कृति के उत्तर-जीवन का निर्माता होता है। मूल कृति के जीवन का यह दूसरा चरण पहले चरण से नैसर्गिक रूप से जुड़ कर उसका विस्तार बन जाता है। इस तरह का हर अनुवाद संपादक का काम सहज कर देता है। कृति नये पाठकों के हाथों में जाती है। उसकी प्रभा और सामाजिक उपयोगिता बहुत बढ़ जाती है।

अनुवाद मूल कृति का पुनरुत्पादन नहीं, पुनर्रचना है। चित्र जैसी कलाकृति का तो पुनरुत्पादन ही संभव है पर अनुवादक एक समूचे पाठ को एक दूसरी भाषा में, दूसरी लिपि में, दूसरी वाक्य-रचना में और दूसरी संस्कृति के जगत में रचता है। परकाया-प्रवेश जैसी कार्रवाई के नतीजे में जो काया बनती है उसके प्रामाणीकरण के लिए मूल काया कहीं और मौजूद रहती है। इस तरह दो पाठ बन जाते हैं। अनुवाद अगर स्वायत्तता के साथ किया गया है तो फिर पाठक के लिए मूल का अस्तित्व नहीं रहना चाहिए। एक बहुभाषी देश में अगर एक भारतीय भाषा, जैसे हिंदी, में स्वायत्त अनुवाद संपन्न हो जाये तो फिर दूसरी भारतीय भाषाओं में उसके अनुवाद की मुश्किलें बहुत कम हो जानी चाहिए। वैसे भी भारतीय भाषा परिवार की भाषाओं को अंग्रेजी के मुकाबले किसी घरेलू भाषा से अर्थग्रहण करने में ज्यादा सुविधा होगी। हिंदी से मराठी या कन्नड़ में या गुजराती में अनुवादपरकता बहुत बढ़ जानी चाहिए।

मैं अपने अनुभव से कह सकता हूँ कि विकासशील समाज अध्ययन पीठ से जुड़े विद्वान काफी-कुछ वाल्टर बेंजामिन की अनुवाद संबंधी अनुशंसाओं के हामी लगते हैं। अध्ययन पीठ के भारतीय भाषा कार्यक्रम के कई सकारात्मक पहलुओं में यह सर्वाधिक महत्त्वपूर्ण है। इन विद्वानों के सहयोग और अनुवाद के अन्य अनुभवों का निचोड़ निकाल कर इस ग्रंथमाला के पाठकों की सुविधा के लिए यहाँ एक छोटी सी शब्दावली दी जा रही है जिसका मकसद समाजविज्ञान में अक्सर इस्तेमाल किये जाने वाले शब्दों से जुड़ी उन धारणाओं को स्पष्ट करना है जिनके तहत हमने उन्हें इस्तेमाल किया है। हालाँकि मानकीकरण होना बहुत जरूरी है लेकिन हमारा आग्रह फिलहाल किसी एक शब्द को ही इस्तेमाल करने का नहीं है, क्योंकि हिंदी में यह समाजशास्त्र की पहली संगठित और नियोजित शुरुआत है। इसलिए शब्द और उसके विकल्प को भी दिया गया है। कहीं-कहीं जरूरत के मुताबिक कुछ शब्दों या धारणाओं के आसपास बन चुके विचार-जगत का भी संक्षेप में परिचय देने का प्रयास किया गया है। हो सकता है कि ऐसे परिचय में विज्ञ-पाठकों को कुछ पहलू छूटे हुए लगें। दरअसल, इस शब्दावली को ग्रंथ-माला की सामग्री के अनुपूरक के रूप में देखा जाना चाहिए, न कि समाजशास्त्र के स्वतंत्र कोश की तरह। जैसे-जैसे इस श्रृंखला में पुस्तकें जुड़ेंगी, यह शब्दावली बढ़ती चली जायेगी। हमें उम्मीद ही नहीं पक्का यकीन है कि जल्दी ही हिंदी-जगत समाजशास्त्रीय अध्ययन में रच-बस जायेगा और उसे इस तरह की छोटी-पूरी मदद की आवश्यकता भी नहीं रह जायेगी।

—अभय कुमार दुबे

परिचय

विकल्प के बीहड़ों में भविष्य-चिंतन

अभय कुमार दुबे

यूटोपियायी अथवा भविष्य-संबंधी चिंतन हमारे फौरी वक्त का एक आयाम होने के साथ उस पर एक टिप्पणी भी होता है। इस तरीके से हम आज की मानव निर्मित व्यथाओं के साथ रहना सीखते हैं या उन्हें चुनौती देते हैं। भविष्य-चिंतन से वह नैतिकता उपलब्ध होती है जिसके जरिये इस पीड़ा के उत्तरदायित्व में भागीदार बनते हुए समकालीन चेतना के धरातल पर उसके खिलाफ संघर्ष निर्देशित किया जाता है।

—आशीष नंदी

ऑप्रेसन एंड ह्यूमन लिबरेशन : टुवर्ड्स ए पोस्ट गाँधी यूटोपिया

इस किताब के आवरण पर सफेद दाढ़ीवाले जिन बुजुर्ग की तस्वीर छपी है, उनकी तबीयत आजकल ठीक नहीं रहती। कुछ तो ७४ साल की उम्र का तकाजा है और कुछ कुदरत की नाइंसाफी है। बचपन से ही दमे जैसे लाइलाज रोग मिले, और ज्यों ही जवानी ने शरीर का साथ छोड़ा, उन्हें काबू में रखना कठिन होता चला गया। ऊपर से जब सत्तर पार कर ही रहे थे कि उस संगिनी का बिछोह हो गया जो सारी जिंदगी का सहारा थी। दोस्तों को और खुद को ताज्जुब हुआ कि जो बीमार था वह तो रह गया पर जो स्वस्थ था वह अचानक नहीं रहा। जीवन के चौथेपन का निजी एकांत गहन दुख से विगलित हो गया। आजकल उनका अधिकांश समय मुड़-मुड़ कर देखते हुए गुजरता है। शाम होते ही वे अपने बड़े बेटे के घर की सीढ़ियाँ धीरे-धीरे उतरते हैं और एपार्टमेंट के अहाते में खड़ी कारों और हरियाली के बीच रास्ता बनाते हुए लोहे का जंगलेदार दरवाजा पार

करके सड़क पर आ जाते हैं। वहीं थोड़ी दूर पर एक कैफे है जिसका बैरा पहले से ही जानता है कि वे आ रहे होंगे। कुछ संयोग और कुछ यत्न से वह कोने की एक मेज खाली रखता है। कॉफी पीते हुए वे अपने संस्मरणों के पन्ने पलटते हैं, संशोधन करते हैं, जोड़ते-घटाते हैं। पहला मसविदा है, अभी कुछ और मँजाई करनी पड़ेगी। आप अगर इन सज्जन को कैफे में बैठा देख कर पहचान लें तो भी उनकी तल्लीनता आपको उस एकांत की निरंतरता बनाये रखने की प्रेरणा देगी। आप चाहें तो उनके सामने पड़ी कुर्सी पर बैठ कर अपनी कॉफी खत्म करते रह सकते हैं। वे आपकी तरफ नजर उठा कर देखेंगे भी नहीं। उनकी निगाह निजी जीवन के संस्मरणों के सिलसिले को आपस में जोड़नेवाली विचार और व्यवहार की विच्छिन्नताओं पर टिकी होगी।

ये बुजुर्ग हैं प्रोफेसर रजनी कोठारी जिन्हें हम राजनीतिशास्त्र के जगतविख्यात विद्वान, अन्यतम सिद्धांतशास्त्री, असाधारण संस्थान-निर्माता, लोकतांत्रिक और मानवीय विकल्पों की खोज के लिए लगातार प्रयासरत, मानवाधिकारों के लिए सक्रिय नेता-कार्यकर्ता के रूप में जानते हैं। उनके जीवन और कृतित्व के बारे में जाने बिना भारतीय राजनीति और समाज के आपसी रिश्तों के बारे में नहीं जाना जा सकता। इस लिहाज से वे राजनीति की एक पूरी किताब हैं जिसे पढ़ना हर समझदार व्यक्ति के लिए अनिवार्य है। उनका दावा है कि भारतीय समाज के संदर्भ में राजनीतिकरण का मतलब है आधुनिकीकरण। यानी जो राजनीति को नहीं समझेगा वह भारत जैसे कतई अ-सेकुलर समाज में परिवर्तन की प्रक्रिया को समझने से वंचित रह जायेगा। आज का भारत उसके हाथ से फिसल जायेगा। रह जायेंगी कुछ उलझनें, कुछ पहेलियाँ और सिर्फ गहरा क्षोभ। पता नहीं इस देश का क्या होगा? पता नहीं राजनीति से जातिवाद कब खत्म होगा? यह हिंदुत्व की धार्मिक राजनीति कहाँ से टपक पड़ी? सांप्रदायिकता का इलाज कौन करेगा? राजनीति में अचानक यह दलितों और पिछड़ों का उभार कहाँ से हो गया? पता नहीं भ्रष्टाचार के उन्मूलन के लिए सरकारें और नेता कोई संस्थागत प्रयास क्यों नहीं करते? हमारे राजनेता इतने पाखंडी क्यों होते हैं? पता नहीं हमारा लोकतंत्र पश्चिम के समृद्ध लोकतंत्रों जैसा क्यों नहीं होता? एक बहुजातीय, बहुसांस्कृतिक और बहुभाषी देश में केंद्रीकृत राष्ट्रवाद का भविष्य क्या है? ऐसा क्यों है कि हमारा राज्य 'कठोर' बनते-बनते अंतर्राष्ट्रीय ताकतों के सामने पोला साबित हो जाता है? जो लोग विकल्प की बातें करते थे वे व्यवस्था के अंग कैसे बन जाते हैं? छोटे-छोटे स्तर के आंदोलनों का क्या महत्त्व है? ये आंदोलन बड़े पैमाने पर अपना असर क्यों नहीं डाल पाते? हम परंपरावादी हैं या आधुनिक? भारतीय बहुलतावाद आधुनिकीकरण में बाधक है या मददगार?

इतने उद्योगीकरण के बाद भी गरीबी क्यों बढ़ती जा रही है? किसी एक पार्टी को पूर्ण बहुमत क्यों नहीं मिलता? पहले कैसे मिल जाता था? कांग्रेस ने जो जगह छोड़ी है, वह कोई पार्टी क्यों नहीं भर पाती? वामपंथियों का ऐसा हश्र क्यों हुआ? नया समाज क्यों नहीं बनता? यह भूमंडलीकरण क्या बला है? इसका विरोध करने की क्या जरूरत है? ऐसे और भी ढेर सारे सवाल अनगिनत कोणों से न सिर्फ सोचे जाते हैं, बल्कि सरोकार रखनेवाले लोगों के दिमागों को मथते रहते हैं। रजनी कोठारी की विशेषता यह है कि उनके पास इन सवालों के कुछ ऐसे जवाब हैं जो कभी आसानी से और कभी मुश्किल से आपको अपना कायल कर लेते हैं। इससे कोई फर्क नहीं पड़ता कि आप एक आम आदमी हैं या समाजविज्ञान के कोई विशेषज्ञ। कोठारी के पास दोनों तरह की शब्दावली है। उनके वाङ्मय में नैरंतर्य के सूत्र तो हैं ही, साथ ही उन विच्छिन्नताओं की शिनाख्त भी की गयी है जिनके बिना निरंतरता की द्वंद्वात्मक उपस्थिति की कल्पना नहीं की जा सकती।

संक्रमण की दहलीज पर

अपनी पत्नी हंसा मेहता की यादों में डूबे हुए कोठारी आजकल जिन संस्मरणों का लेखा तैयार कर रहे हैं, उनमें एक विचारयात्रा दर्ज है। ये पन्ने सिद्धांत और व्यवहार के बीच होनेवाली उस रचनात्मक अन्योन्यक्रिया के गवाह हैं जिसकी हर घटना अपने मुख्य पात्र को ऐतिहासिक संक्रमण की दहलीज पर ले जाती है। कोठारी का बचपन विश्व राजनीति के संधिकाल पर खड़ा हुआ दिखता है और उससे पूरी तरह प्रभावित भी होता है। उनकी किशोरावस्था और प्रारंभिक तरुणाई भारतीय सार्वजनिक जीवन की पहली रचना-अवधि का सक्रिय साक्षात्कार करती है। उनके बौद्धिक विकास का पहला चरण वह था जब आजाद भारत नेहरू और उनके उत्तराधिकारी के बारे में बहस कर रहा था। इस दौरान कोठारी ने भारतीय मॉडल की विशिष्टता की शिनाख्त करने की महत्त्वपूर्ण भूमिका निभायी, क्योंकि उस समय अधिकांश समाजविज्ञानी भारतीय अनुभव को पश्चिमी लोकतंत्रों के अनुभवों की रोशनी में देखने की कोशिश कर रहे थे। कोठारी अपने सैद्धांतिक कौशल से लैस हो कर सर्वेक्षणों के जरिये आम भारतीय के पास गये और पता लगाया कि वास्तव में हमारा लोकतंत्र जमीन पर कैसे काम कर रहा है। इस तरह लोकतंत्र की भारतीय किस्म के विकास के अध्ययन के ठोस आधारों की संभावनाएँ बनीं। कोठारी ने सिद्धांतों और उपसिद्धांतों की एक पूरी शृंखला तैयार की जिसे कुंजी की तरह इस्तेमाल करके उन्होंने बार-बार साबित किया कि भारत में जिस लोकतंत्र की रचना हो रही है,

वह पश्चिम के लोकतंत्रों से अलग किस्म का निकलेगा। समरूपीकरण करनेवाले राष्ट्र–राज्य पर आधारित न हो कर यह लोकतंत्र भारतीय संस्कृति द्वारा प्रदत्त बहुलतावाद को अपनी बुनियाद बनायेगा। कोठारी ने समझाया कि भारत की दलीय प्रणाली भी कुछ खास किस्म की है। यहाँ दल तो कई एक हैं पर बोलबाला एक दल के वर्चस्ववाली प्रणाली का है। बारीक विश्लेषण करते हुए उन्होंने दिखाया कि किस तरह आधुनिक संसदीय और लोकतांत्रिक राजनीति में भागीदारी करके जाति–प्रथा अपने कर्मकांडीय रूप की जकड़ से मुक्त हो सकती है और अपने पहले से मौजूद सेकुलर रूपों को प्राथमिक बना सकती है।

उनके बौद्धिक विकास का दूसरा पड़ाव इंदिरा गाँधी की करिश्माई, लोकलुभावन और निरंकुश राजनीति का विरोध करता नजर आया। उनकी समझ यह थी कि राज्य की संस्था को मानव–मुक्ति की ऐतिहासिक जिम्मेदारी पूरी करनी है पर उन्होंने देखा कि न केवल भारत में राज्य लोकतंत्र को समृद्ध करने के अपने उत्तरदायित्व से मुँह चुरा रहा है वरन दुनिया–भर में उत्तर बनाम दक्षिण यानी विकसित बनाम विकासशील का द्वंद्व उभर रहा है। इस नयी राष्ट्रीय और अंतर्राष्ट्रीय परिस्थिति के परिप्रेक्ष्य में उन्होंने विकल्प के तौर पर राज्य और चुनावी राजनीति करनेवाले दलों के परे जाते हुए वैकल्पिक गैर–पार्टी राजनीति का संधान किया। अथक सृजनशीलता के इस लंबे चरण में कोठारी ने पश्चिम के सभ्यतामूलक प्रतिमानों को चुनौती देनेवाले गाँधी विचार का सहारा ले कर एक नया यूटोपिया पेश करने की कोशिश की। इस यूटोपिया को धरती पर उतारने के लिए उन्होंने बुद्धिजीवी के साथ–साथ कार्यकर्ता की भूमिका भी अपनायी।

जीवन का तीसरा चरण उन्हें आत्मालोचना की तरफ ले गया। उन्होंने अतीत के अपने कई प्रयासों को कड़ी निगाह से देखा और पाया कि गैर–पार्टी–राजनीति वास्तव में वैकल्पिक राजनीति के रूप में विकसित नहीं हो सकी है। उदारतावाद, मार्क्सवाद, गाँधीवाद और नये सामाजिक आंदोलनों की परिघटना यानी हर तरह की सैद्धांतिक संरचनाएँ भारतीय लोकतंत्र के बदलते हुए चेहरे की व्याख्या करने में असमर्थ हैं। इस दौरान कोठारी ने अपनी शास्त्रीय प्रतिभा का इस्तेमाल घरेलू मोर्चे पर दलित–पिछड़ी राजनीति को सूत्रबद्ध करने और अंतर्राष्ट्रीय स्तर पर भूमंडलीकरण की ताकतों के खिलाफ बौद्धिक नाकेबंदी में किया। उन्होंने राज्य की संस्था में आयी विकृतियों की शिनाख्त की और उसे जनोन्मुखता से वंचित प्रबंधकीय और तकनीकशाही प्रवृत्तियोंवाला राज्य बताते हुए दिखाया कि कैसे इस प्रकार का राज्य प्रचलित सैद्धांतिक समझ के विपरीत विविधताओं के प्रति असहिष्णु, गरीबों को हाशिये पर रख कर भूल जानेवाला और सांप्रदायिक राजनीतिक के साथ तालमेल करके चलनेवाला होता है। इस

दौर में कोठारी संस्थागत लोकतंत्र के मॉडल से हट कर 'प्रत्यक्ष लोकतंत्र' के मॉडल की तरफ झुकते हुए नजर आये।

आज कोठारी जिस मुकाम पर खड़े हैं वहाँ कुछ अजीब-सा घटित हो रहा है। उनके कल के आलोचक प्रशंसक में तब्दील हो चुके हैं और कल के मित्र उनके आज के रुझानों से खुद को दिक्कत में महसूस कर रहे हैं। ऐसा भी लगता है कि उनका कल उनके आज के बरक्स खड़ा हो गया है। इस दिलचस्प विकास-क्रम को मोटे तौर पर इस तरह समझा जा सकता है कि जिस व्यक्ति को कभी अमेरिका परस्त कह कर वामपंथियों की जमात में संदेह की निगाह से देखा जाता था उसे अभी पिछले दिनों मार्क्सवादी कम्युनिस्ट पार्टी द्वारा जाति और राजनीति के अंतर्संबंधों पर व्याख्यान देने के लिए आमंत्रित किया गया। दूसरी तरफ उनके पुराने दोस्तों को उनकी यह तकरीबन स्पष्ट वामोन्मुखता परेशान कर रही है। वे सवाल उठा रहे हैं, जिसके जवाब में रजनी एक बार फिर बहस में उतरने के लिए तैयार हैं। दरअसल, खुद कोठारी को अपने विश्लेषण और प्राथमिकताओं में तो तब्दीलियाँ दिखती हैं पर वे यह मानने के लिए तैयार नहीं हैं कि उनकी सैद्धांतिक आधार-भूमि में कोई परिवर्तन हुआ है।

कोठारी को जाननेवाले अक्सर उनकी बेताबियों की चर्चा करते हैं। उनके स्वभाव का यह पहलू आमतौर पर निरंतर बौद्धिक ऊहापोह में रहनेवाले और अपने काम पर पुनर्दृष्टि डालते रहनेवाले व्यक्ति की छवि पेश करता है। लेकिन दोस्तों को यह कहते हुए कुछ शिकायत भी होती है कि कोठारी उन्हें पिछले काम में फँसा छोड़ कर तेजी से किसी दूसरे काम में लग जाते हैं। जिन लोगों ने उनके साथ सर्वेक्षणों की व्यवहारवादी दुनिया बनायी थी या जिन साथियों ने उनके साथ गैर-पार्टी संरचनाओं पर काम शुरू किया था या जो विद्वान समझते थे कि आधुनिकता, सेकुलरवाद और राष्ट्रवाद की आलोचना करने में कोठारी उनका आजीवन साथ देंगे, वे आज कुछ निराशा से कोठारी की बेचैन प्रवृत्तियों का जिक्र करते हैं।

दरअसल, कोठारी के जीवन के ये तीनों चरण भारतीय सार्वजनिक जीवन के लिए भिन्न-भिन्न संक्रमण-अवधियों का प्रतिनिधित्व भी करते हैं। १९२८ में एक समृद्ध गुजराती व्यापारिक घराने में जन्म से लेकर २००२ में अपने संस्मरण लिखने तक संयोग और समय कोठारी को बार-बार किसी न किसी तरह के संधिकाल का साक्षात्कार कराता रहा। आँखें उन्होंने भारत में खोलीं, लेकिन दो महीने बाद ही बर्मा ले जाये गये जहाँ उनकी शुरुआती शिक्षा-दीक्षा आयंगारों द्वारा चलाये जानेवाले रंगून के एक स्कूल में हुई। पिता बर्मा में हीरों का व्यापार करते थे और बौद्धिक या राजनीतिक रुझान की कोई वंश-परंपरा न होने के

बावजूद चाहते थे कि उनका बेटा सुशिक्षित और सचेत बने। रजनी ने अभी किशोरावस्था में कदम ही रखा था कि जापान ने पर्ल हारबर पर हमला करके अमेरिका को द्वितीय विश्वयुद्ध में कूदने पर मजबूर कर दिया। साथ ही कोठारी के जीवन में एक सुदीर्घ संधिकाल की शुरुआत हो गयी। उस समय दुनिया बदल रही थी जिसका सीधा प्रभाव कोठारी पर पड़ा। उनके पिता को भारत लौटना पड़ा। उन्होंने अपने गृहनगर पालनपुर में धंधा जमाया लेकिन साथ ही बंबई में भी व्यापार करते रहे। कोठारी की आगे की पढ़ायी वहीं हुई। १९४२ में जैसे ही भारत छोड़ो आंदोलन की लहर आयी, पिता ने घबरा कर अपने इकलौते पुत्र को आठ महीने के लिए पालनपुर भेज दिया। लेकिन वे उसे राजनीति का स्वाद चखने से नहीं रोक पाये। वह वक्त ही ऐसा था। किशोर वय के कोठारी ने १९४२ का स्वागत युवा रैलियों में भागीदारी के जरिये किया, नुक्कड़ सभाएँ कीं, स्कूलों के सामने धरना दिया और मालगाड़ियों को पटरी से उतारने जैसी अर्धहिंसक गतिविधियाँ चलाने की असफल कोशिश भी की। लेकिन बंबई लौटने पर कोठारी ने पाया कि भारत छोड़ो आंदोलन का उत्साह तिरोहित हो चुका है और जेल से रिहा हो चुका राष्ट्रीय नेतृत्व अंग्रेज सरकार से समझौता वार्ता कर रहा है। इसी सिलसिले का नतीजा १९४७ के सत्ता हस्तांतरण में निकला जिसके समझौतापरस्त चरित्र ने उनके नये-नये रेडिकल जोश पर ठंडा पानी उँडेल दिया। उन्होंने आजादी मिलने की खुशी नहीं मनायी और खादी पहनने का आग्रह भी त्याग दिया। इससे कुछ पहले पिता ने उन्हें धंधे में लगाने की कोशिश की लेकिन प्रयोग केवल साल-भर ही चल सका। १९४७ में चौबीस साल की अवस्था में कोठारी ने पाया कि आजाद हिंद फौज के सेनानियों और नौसैनिक विद्रोह के बागियों के ऊपर ब्रिटिश सरकार मुकद्दमा चलाने जा रही है। इसके खिलाफ फूट पड़े आंदोलन में उन्होंने जम कर भागीदारी की। कुछ दिनों बाद मजदूर आंदोलन में भाग लेने के कारण वे गिरफ्तार हुए। विवाह करने के लिए उन्हें पेरोल पर छुड़ाया गया। कोठारी ने अपने ही गुजराती समुदाय के खिलाफ घरेलू कर्मचारियों की हड़ताल संगठित की। घर का कामकाज करने की आदत न होने के कारण अमीर गुजरातियों को थोड़े हीले-हवाले के बाद अपने कर्मचारियों की माँगें माननी पड़ीं। कोठारी की स्मृति में आज भी यह शुरुआती राजनीतिक अनुभव अपनी कई सूक्ष्मताओं के साथ दर्ज है। यही वह दौर था जब कोठारी ने सुभाषचंद्र बोस के फारवर्ड ब्लाक के कार्यकर्ता के रूप में काम किया और वामपंथी छात्रसंघ के लिए भी सक्रिय रहे। आगे चल कर बहुत-सी बातों में गाँधी की प्रशंसा करने के बाद भी उनकी राजनीति और राष्ट्रीय आंदोलन की सफलता के प्रति रजनी के आलोचना-भाव का प्रारंभिक सूत्र उनकी युवा

अवस्था के इन दिनों में देखा जा सकता है।

बहुत कम पढ़े-लिखे व्यापारियों के परिवार में पैदा होने के बाद भी रजनी को शुरू से ही लगता था कि वे बुद्धिजीवी होने के लिए ही बने हैं। उनके इस एहसास के पीछे उनकी खास तरह की निजी जीवन-स्थितियाँ थीं। चार साल की आयु में ही माँ का देहांत, कुछ वर्ष बाद पालन-पोषण करनेवाली बुआ की दुखद परिस्थितियों में आत्महत्या, विशाल संयुक्त परिवार के चौतरफा वात्सल्य के बीच फूफाजी द्वारा कड़ा अनुशासन आरोपित करने की कोशिश, बाद में पिता की अपने इकलौते बेटे के साथ बढ़ती हुई घनिष्टता ने दमे के लाइलाज रोग के साथ मिल कर एक ऐसा भावजगत रचा जिसने रजनी में विलक्षणता की नींव डाल दी। पत्नी की असमय मृत्यु से आहत पिता रोज उनकी तस्वीर के सामने दिया जलाया करते थे और पुत्र रोज माँ के नाम एक चिट्ठी लिखा करता था, क्योंकि उसे बताया गया था कि माँ कहीं दूर गयी हुईं हैं। बालक रजनी के बार-बार विस्थापन ने भी उनके मानस के निर्माण में कुछ-न-कुछ भूमिका निभायी होगी। रंगून में गुजरे बचपन के दस साल आज भी रजनी की स्मृति में वैसे ही दर्ज हैं। बर्मी समाज का खुलापन, घर की छतों पर होनेवाले वे सामूहिक नृत्य, मंगोल और बौद्ध संस्कृति के वे मिश्रित और उन्मुक्त लुभावने रूप दक्षिण भारतीय चेट्टियारों, गुजराती बनियों, वोहराओं, खोजाओं और मुसलमान व्यापारियों से बने बर्मा के भारतीय समुदाय की परंपरानिष्ठता से भिन्न और उत्तेजक थे। रजनी यह भी मानते हैं कि यह भारतीय व्यापारी वर्ग सीधे-साधे बर्मियों का जम कर शोषण करता था और उसकी इसी प्रवृत्ति के कारण आगे चल कर बर्मियों के भारतवासियों से संबंध खराब हुए। बर्मियों और बौद्ध भिक्षुओं में आक्रामक प्रतिक्रिया हुई।

पिता और अन्य सभी परिजन चाहते थे कि रजनी के जरिये उनका वंश कम पढ़े-लिखे होने की परंपरा को लाँघ जाये। रंगून में ही इसकी बुनियाद पड़ी। रजनी ने हमेशा प्रथम श्रेणी हासिल की। वे अंग्रेजी और गणित में विशेष रूप से प्रवीण निकले। भाषण देने में भी उन्हें हमेशा इनाम मिला। पिता ने अपने मुनीम को हिदायत दे रखी थी कि किताबें खरीदने के लिए बच्चे के पास धन की कमी नहीं पड़नी चाहिए। इस तरह रजनी को किताबों से जज्बाती सहारा मिला और कक्षा में हासिल की गयी सफलताओं से उपलब्धि की आनुषंगिक अनुभूति हुई। रजनी के सहयोगी विद्वान आशीष नंदी मानते हैं कि रजनी का यह बचपन और खास कर किसी बौद्धिक विरासत या विचारधारात्मक माहौल के बोझ से न लदे होने ने उनकी मेधा के स्वतंत्र विकास में निर्णायक भूमिका निभायी होगी। लेकिन पिता के व्यक्तित्व की एक छाप रजनी की शख्सियत और सैद्धांतिक काम पर

आज तक देखी जा सकती है। पिता की गिनती अमीर लोगों में जरूर होती थी लेकिन वे परंपरागत अर्थों में धनी व्यक्ति की मानसिकता से आक्रांत नहीं थे। वे कठोर परिश्रमी और काफी संयम के साथ रहनेवाले व्यक्ति थे। उनका मिजाज अपने संयुक्त परिवार की धन-संपत्ति के ट्रस्टी जैसा था। खुद पैसा जोड़ने में उनकी रुचि नहीं थी। इस मामले में रजनी अपने पिता जैसे ही निकले। अंतर्राष्ट्रीय ख्याति के बुद्धिजीवी होने के नाते सारी दुनिया नापते रहने के बाद भी उनका रहन-सहन और पहनावा बेहद सामान्य रहा। उनसे मिलने आनेवाले विदेशी विद्वान यह देख कर चकित होते रहे हैं। सिद्धांत की दुनिया में उनकी मान्यता है कि 'वेल्थ ऑव नेशंस' जैसे ग्रंथ समृद्धि बढ़ाने के मकसद से रचे जाते हैं और उनमें से गरीबी-उन्मूलन के आयाम नहीं निकाले जा सकते। रजनी कोठारी की शख्सियत के इन बुनियादी पहलुओं को चिह्नित करना जरूरी है वरना यह अंदाजा नहीं लगाया जा सकता कि आखिर इस व्यक्ति के दिमाग में 'जातियों के राजनीतिकरण' या 'राजनीतिकरण के जरिये आधुनिकीकरण' या 'कांग्रेस प्रणाली' जैसी अवधारणाएँ आयी कैसे होंगी। इस प्रारंभिक जीवन की सामान्य-सी लगनेवाली घटनाओं में ही उस मौलिकता की आहट छिपी हुई थी जिसने आगे चल कर एक के बाद एक श्रेष्ठ रचनाएँ दीं और भारतीय राजनीतिशास्त्र की मौलिक भित्ति तैयार की। इन शुरुआती संस्कारों ने ही कोठारी में उन गुणों का समावेश किया जिनके कारण वे निजी इस्तेमाल के लिए मिले कोष को संस्थान-रचना के काम में लगाते देखे गये।

पिता की मृत्यु के बाद अपने हिस्से में आयी संपत्ति के ज्यादातर हिस्से को बेच कर रजनी ने उस रकम का इस्तेमाल उच्च शिक्षा प्राप्त करने के लिए विदेश यात्रा में किया। पहले हाइडिलबर्ग विश्वविद्यालय (जर्मनी) गये, पर रजनी को न जर्मन भाषा रास आयी न वहाँ का माहौल। रजनी के दोस्त मजाक में यूरोपीय ज्ञानोदय के अन्यतम व्याख्याता जर्मन दार्शनिक इमानुएल कांट से उनकी पुरानी लाँगडाट का जिक्र करते हैं जिसके तहत उन्होंने अपने नाम के बीच में से 'कांत' शब्द हटा लिया था। जो भी हो, यह एक तथ्य है कि अपने बौद्धिक जीवन के दूसरे और तीसरे चरण में रजनी कोठारी आधुनिकता को पूरी तरह खारिज किये बिना यूरोपीय ज्ञानोदय के वैचारिक वर्चस्व के खिलाफ संघर्ष करते हुए नजर आये। जर्मनी से वे लंदन आये और लंदन स्कूल ऑव इकनॉमिक्स से स्नातक की परीक्षा उत्तीर्ण की। भारत लौटने पर उन्हें कुछ समय तक बेरोजगार रहना पड़ा। कोठारी ने १९५२ के पहले आम चुनाव में सोशलिस्ट पार्टी के पक्ष में सक्रिय काम किया। दमे के हमलों का मुकाबला करते हुए भी वे दूरदराज के ग्रामीण इलाकों में प्रचार करते रहे। चुनाव नतीजे आने पर उनकी आँखों के

सामने अशोक मेहता जैसे विपक्षी नेताओं के दावे धूल-धूसरित हो गये। राजनीति के इस व्यावहारिक अनुभव से उन्हें दो संदेश मिले कि भारतीय लोकतंत्र में अभी विपक्ष को अपना महत्त्व स्थापित करने में काफी समय लगेगा, क्योंकि यहाँ असली वर्चस्व तो कांग्रेस का है, और यह कि राजनीति के सारतत्त्व और रूप का उन्हें बहुत कम ज्ञान है। अपनी जानकारी अगर उन्होंने न बढ़ायी तो वे ज्यादा-से-ज्यादा नेताओं के हाथ में इस्तेमाल होनेवाले एक औजार की तरह रह जायेंगे। १९५६ में उन्हें एम.एस. विश्वविद्यालय, बड़ोदरा में अध्यापन का काम मिला। इस तरह स्मिथ, रिकॉर्डो और मार्क्स के क्लासिकल राजनीतिक अर्थशास्त्र का अध्यापन करने के साथ उन्होंने अपना अकादमीय सफर शुरू किया। इस दौरान रजनी भारतीय मार्क्सवाद के प्रारंभिक व्याख्याता और बाद में रेडिकल ह्यूमनिज्म के प्रमुख प्रवक्ता मानवेंद्र नाथ रॉय से काफी प्रभावित थे।

यह नेहरू और नेहरू मॉडल के बोलबाले का युग था। पचास का दशक खत्म होते-होते नेहरू के उत्तराधिकार पर चर्चा हवाओं में आ गयी। साठ के दशक की शुरुआत कई तरह की बहसों से गूँज रही थी जिनमें केंद्रीकरण बनाम विकेंद्रीकरण का विवाद प्रमुख था। इसमें पंचायती राज कार्यक्रम से जुड़े सवाल और केंद्र द्वारा राज्यों के अधिकारों को हड़पने के आरोप शामिल थे। कांग्रेस के अटूट राजनीतिक वर्चस्व और विपक्ष की भूमिका का सवाल भी था। बहस में भाग लेनेवाले बुद्धिजीवी और अन्य प्रेक्षक यह भी देखना चाहते थे कि राज्य-प्रणाली और आर्थिक विकास का जो मॉडल भारत ने अपनाया है उसकी अंदरूनी दशा तेरह साल के प्रयोग के बाद क्या बनी है। बड़ोदरा में रजनी पूरी तरह अध्ययन और अध्यापन में डूबे रहे। पता नहीं चला कि तीन साल कब गुजर गये। रजनी के दोस्तों का ख्याल था कि उन्हें अध्यापन के साथ-साथ कुछ अनुसंधान कार्य भी करना चाहिए। इसका मौका राष्ट्रीय सामुदायिक विकास संस्थान से जुड़ने पर मिला। विख्यात समाजशास्त्री श्यामाचरण दुबे उन्हें इस संस्था में ले गये। फील्ड वर्क के दौरान रजनी सारे हिंदुस्तान में घूमे। ऐसे इलाकों में भी गये जहाँ पहुँचना काफी मुश्किल था। इस तजुर्बे ने उन्हें एक बदलता हुआ या बदलने के लिए तैयार भारत दिखलाया। उस समय तक १९५२ और १९५७ के आम चुनाव हो चुके थे। योजना आयोग के तहत कार्यान्वित होनेवाली पंचवर्षीय योजनाओं और राजनीतिक होड़ के दबावों के कारण समाज की जटिल बुनावट प्रभावित हो रही थी। तभी एक सुखद संयोग से उन्हें भावनगर (गुजरात) में कांग्रेस के एक अधिवेशन को देखने का मौका मिला। यही वह चरम बिंदु था जब रजनी कोठारी को लगा कि वे आत्मविश्वास के साथ अपने राजनीति-संबंधी विचारों का सूत्रीकरण करते हुए चालू बहस में हस्तक्षेप कर

सकते हैं। तथ्यगत शोध और आँकड़ों से लैस युवा राजनीतिशास्त्री के सामने स्पष्ट होने लगा था कि पश्चिमी लोकतंत्रों का अनुभव भारतीय लोकतंत्र को समझने में ज्यादा मददगार नहीं हो सकता। यहाँ न तो द्वि-दलीय प्रणाली है और न ही कोई प्रभावी बहुदलीय प्रणाली। यह तो एक पार्टी के वर्चस्ववाली प्रणाली है जिसने खुद को भारतीय समाज की कुछ आंतरिक विशेषताओं के मुताबिक ढाल लिया है। कोठारी का अनुसंधान भी इन निष्कर्षों को पुष्ट करता था।

उन दिनों आज का इकनॉमिक एंड पॉलिटिकल वीकली **इकनॉमिक वीकली** के नाम से प्रकाशित हुआ करता था। कोठारी ने उसके संपादक सचिन चौधरी के सामने छः लेखों की एक धारावाहिक शृंखला प्रकाशित करने का प्रस्ताव रखा। इससे कुछ पहले कोठारी ने सहकारी खेती, केरल की राजनीति, लोकतंत्र के बारे में जयप्रकाश नारायण के विचारों और आर्थिक विकास के मसले पर वीकली के अंकों में चार टिप्पणियाँ लिखी थीं। वे 'सेमिनार' और 'क्वेस्ट' नामक पत्रिकाओं में भी लोकतंत्र के तात्पर्य पर विचार व्यक्त करते रहे थे। लेकिन उन्हें एक स्थापित बुद्धिजीवी तो हरगिज नहीं माना जा सकता था। अकादमीय संदर्भों में यह कुछ अजीब-सी पेशकश थी, क्योंकि सामग्री अभी लिखी ही नहीं गयी थी और उसे बिना पढ़े ही छापने की स्वीकृति माँगी जा रही थी। संपादक के पास हर हफ्ते एक लेख पहुँचना था। पर कोठारी के विश्वास को देख कर सचिन चौधरी मान गये। **भारतीय राजनीति का रूप और सार** के मुख्य शीर्षक से प्रकाशित इस असाधारण लेखमाला में क्रमशः केंद्र-राज्य संबंधों, पंचायती राज, सरकार के संसदीय रूप, अफसरशाही, दलीय प्रणाली और अंत में लोकतंत्र के भविष्य पर गहन चर्चा की गयी थी। विवादात्मक प्रकृति के इन लेखों में कोठारी ने त्रिकोणात्मक कसौटी पेश की जिसका एक कोण लोकतंत्र के मान्य सिद्धांतों का था, दूसरा पश्चिमी दुनिया के लोकतांत्रिक अनुभव का था और तीसरा भारतीय अनुभव की विशिष्टता का था। यह लेखमाला पारखियों को ताजा हवा के एक झोंके की तरह लगी। इससे पहले राजनीति विज्ञान में संस्थागत और संविधानगत अध्ययन ही हुआ करते थे। राजनीति के विकासक्रम को देखने की यह एक अनूठी निगाह थी, क्योंकि इन लेखों में लास्की के सिद्धांतों से लेकर जयप्रकाश नारायण की थीसिस पर ही निगाह ही नहीं दौड़ाई गयी थी, विकेंद्रीकरण की जमीनी असलियत और केंद्रीकरण के विभिन्न आयामों को भी खोला गया था। इन लेखों में नेताओं, नौकरशाही, योजना आयोग और आम जनता की प्रवृत्तियों पर विचारोत्तेजक टिप्पणियाँ थीं। नेहरू से लेकर विपक्ष के बड़े नेताओं की राजनीति को कसौटियों पर कसते हुए लोकतंत्र के भविष्य पर फैसला सुनाया गया था।

इस लेखमाला के बाद कोठारी ने पीछे मुड़ कर नहीं देखा। वे अपनी पुस्तक **भारत में राजनीति** और विख्यात लेख **भारत की कांग्रेस 'प्रणाली'** के जरिये अकादमीय जगत में स्थापित हो गये। इसी लेखमाला से प्रभावित हो कर **एशिया फाउंडेशन** ने उन्हें शोध करने के लिए **भारतीय प्रौढ़ शिक्षा संस्थान** के जरिये ७५,००० रुपये प्रति वर्ष की निजी वृत्ति दी जिसका इस्तेमाल उन्होंने **विकासशील समाज अध्ययन पीठ** की स्थापना में किया जो आज देश में समाजविज्ञानों का प्रमुख शोध संस्थान है। कोठारी ने अध्ययन पीठ में जिन समाजविज्ञानियों को जमा किया वे परंपरागत अर्थों में वामपंथी नहीं थे और न ही उन्हें दक्षिणपंथी ठहराया जा सकता था। उनमें उदारतावादी लोकतंत्र के प्रति एक हमदर्द रुझान अवश्य मौजूद था। उनका आग्रह यह था कि लोकतंत्र के बारे में पक्ष-विपक्ष के सैद्धांतिक दावों की जाँच-पड़ताल करने के साथ-साथ जनता के बीच उसकी पैठ की थाह भी ली जाये। इसके लिए उन लोगों ने राष्ट्रीय पैमाने पर जनता की राय जानने के लिए विशाल सर्वेक्षणों का आयोजन किया। इनमें चुनावी अध्ययन भी शामिल थे। भारतीय समाजविज्ञान के लिए यह अलग तरह की परियोजना थी। कोठारी और उनके सहयोगी विद्वानों के लीक से हट कर किये गये इन्हीं प्रयासों से यह अध्ययन पीठ आज समाज और राजनीति के रिश्तों से संबंधित देश का सबसे बड़ा आँकड़ा बैंक बन चुकी है। साथ ही इसे अपने विचारोत्तेजक सैद्धांतिक सूत्रीकरणों और विकल्पों की खोज के लिए नये-नये प्रयोगों के केंद्र के रूप में भी जाना जाता है।

तथ्य और सिद्धांत के बीच

पिछले चालीस साल में कोठारी ने बहुत लंबी यात्रा तय की है। पहली लेखमाला और पहली पुस्तक की जोरदार सफलता के साथ-साथ उन्हें कुछ नकारात्मक पहलुओं का सामना भी करना पड़ा। शास्त्र की भाषा में देखा जाये तो उनके पहले दौर की रचनाओं के ऊपर समीक्षकों ने समाजविज्ञान की व्यवहारवादी शैली हावी होने का आरोप लगाया। उन दिनों अमेरिकी समाजविज्ञान के हलकों में व्यवहारवाद (सर्वेक्षण आधारित या अनुभवसिद्ध या तथ्याधारित समाजविज्ञान) काफी लोकप्रिय था। कोठारी को आमतौर पर नेहरू मॉडल का समर्थक, कांग्रेस की तरफदारी करनेवाला, विपक्ष के महत्त्व को कम करके दिखानेवाला और दक्षिणपंथी बुद्धिजीवी करार दिया गया। आज अगर उन रचनाओं को देखा जाये तो ये आरोप सतही ही नहीं, तत्कालीन शीतयुद्धीन माहौल से प्रेरित और शरारतपूर्ण भी लगते हैं। अपनी पहली रचना में कोठारी सत्ता के विकेंद्रीकरण की इलाकाई अवधारणा से असहमत नजर आते हैं। वे तर्क

देते हैं कि लोकतंत्र का मर्म ऊपर से नीचे यानी बड़े क्षेत्र से छोटे क्षेत्र को दिये जानेवाले अधिकारों का स्थानांतरण न हो कर व्यक्ति की आजादी और अधिकारसम्पन्नता की व्यापकता में निहित है। उन्हें जयप्रकाश नारायण द्वारा प्रतिपादित स्थानीय निकायों के सर्वसम्मत चुनावों की धारणा पर भी आपत्ति थी। उनकी दलील थी कि चुनावी होड़ से भाग कर हम लोकतंत्र को स्वस्थ बनाने में कोई योगदान नहीं दे सकते। वे देख रहे थे कि चुनाव जितना छोटे स्तर का होगा, कांग्रेस को हराने में विपक्ष को उतनी ही सुविधा होगी। उनकी मान्यता थी कि कम्युनिस्ट पार्टियाँ संसदीय लोकतंत्र की समर्थक नहीं हैं और उनके सत्ता में आने से लोकतंत्र को खतरा हो सकता है लेकिन साथ ही वे यह मानते हुए भी दिखते हैं कि कम्युनिस्टों को सत्ता में आने से रोकने के लिए कांग्रेस और विपक्ष का अक्सर हो जानेवाला गठजोड़ एक स्वस्थ दलीय प्रणाली और व्यापक कांग्रेस विरोधी विपक्षी मोर्चे के विकास में बाधक है। कुल मिला कर वे बेहिचक प्रमाणित करते हैं कि कम्युनिस्ट विरोध की राजनीति का यह रूप लोकतंत्र के लिए कतई फायदेमंद नहीं है। वे जनसंघ और राष्ट्रीय स्वयंसेवक संघ की गतिविधियों को तो लोकतंत्र के सेकुलर ढाँचे के लिए खतरनाक मानते ही हैं, गाँधीवादियों के ट्रस्टीशिप के सिद्धांत को भी आड़े हाथों लेने से नहीं चूकते। वे आलोचना करते हैं कि इस सिद्धांत के जरिये लोकतंत्र के बुनियादी सिद्धांतों की ही उपेक्षा हो सकती है। कोठारी की निगाह में ट्रस्टीशिप का मतलब था कुछ लोगों, कुछ तबकों या कुछ समुदायों को सत्ता का विशेषाधिकार दे देना और फिर उनसे उम्मीद करना कि वे इस विशेषाधिकार का इस्तेमाल जनता के हित में करेंगे। कांग्रेस के अंदरूनी गुटों की गतिविधियों के महत्त्व और सीमाओं का वर्णन करते हुए वे दिखाते हैं कि भारतीय राजनीति की बारीकियों पर उनकी पकड़ शुरू से ही कितनी मजबूत थी। इस लेखमाला में राष्ट्रीय सामुदायिक विकास संस्थान के लिए किया गया फील्डवर्क और कांग्रेस अधिवेशन में की जानेवाली राजनीति का प्रत्यक्ष अनुभव तो बोल ही रहा था, लोकतंत्र की बुनियादी सैद्धांतिक आत्मा को तरह-तरह की बौद्धिक विकृतियों से बचाने का संकल्प भी उभर कर आ रहा था। बहरहाल, भारतीय लोकतंत्र के रूप और सार पर केंद्रित यह लेखमाला कोठारी का वह मौलिक सैद्धांतिक वक्तव्य थी जिसके आधार पर उन्हें अगले चालीस सालों तक समाजविज्ञान के क्षेत्र में हस्तक्षेप करना था। इन लेखों को पढ़ने से उनकी छवि एक ऐसे विद्वान की बनती है जो सिद्धांत के ऊँचे शिखर पर खड़ा हो कर अपने सामने विहंगम दृष्टि तो डाल रहा है पर उसकी निगाह के दायरे में अपने पैरों के आस-पास की जमीन भी मौजूद है।

यही वह अवधि थी जब कोठारी ने अपना शाहकार रचा। उनकी पुस्तक

भारत में राजनीति के सिर्फ अंग्रेजी में ही अब तक पच्चीस से ज्यादा पुनर्मुद्रण हो चुके हैं। अगर उसमें हिंदी और गुजराती संस्करण भी जोड़ दिये जायें तो संभवत: वह किसी भी भारतीय समाजविज्ञानी द्वारा रचित सबसे ज्यादा बिकनेवाली पुस्तक बन जायेगी। देश-विदेश में इसे भारतीय राजनीति की मानक व्याख्या के रूप में मान्यता मिल चुकी है। सघन भाषा और विन्यास में रचे गये पौने पाँच सौ पृष्ठ के इस बृहद ग्रंथ का आधारभूत तर्क उसके पहले दो वाक्यों से ही स्पष्ट हो जाता है : *अगर 'आधुनिकीकरण' हमारे समय की केंद्रीय प्रवृत्ति है तो उसकी चालक शक्ति है 'राजनीतिकरण'। लेकिन यह एक ऐसी शक्ति है जिसे नियंत्रित करने की कला मनुष्य अभी तक नहीं सीख पाया है। शायद इसलिए कि वह आज भी घिसी-पिटी समझदारी के शिकंजे में जकड़ा हुआ है।* इस आधार वक्तव्य के बाद तथ्य, तर्क, सिद्धांत, व्याख्या, मीमांसा, गवेषणा और नये-नये सूत्रीकरणों का मंत्रमुग्ध करनेवाला सिलसिला शुरू होता है। कोठारी अपने पाठकों को जिस दुनिया में ले जाते हैं उसमें बिना एक भी अंतराल छोड़े सतत क्रमबद्ध रूप से साबित किया गया है कि भारत जैसी प्राचीन सभ्यता को अपने संस्कृतिप्रधान रूपों और प्रवृत्तियों की सीमा से निकालने में आधुनिक राजनीति ने एक प्रभावी और बेहद नफीस औजार की भूमिका निभायी है। यह दिखाने के लिए कोठारी केवल समुदायों और समूहों की ही चर्चा नहीं करते, बल्कि वे 'व्यक्ति' नामक लोकतंत्र की मूल इकाई के मानस की गहराइयों तक जाते हैं। भारतीय समाज, परिवार और परंपराएँ मिल-जुल कर शिशु अवस्था से लेकर वयस्क होने तक यूरोपीय व्यक्ति से भिन्न एक खास तरह का व्यक्ति तैयार करती हैं जिसका मानस कुछ मामलों में तो आधुनिक राजनीति की माँगों को पूरा करता है और कुछ मामलों में राजनीतिकरण की प्रक्रिया में बाधक भी बनता है। इन दोनों पहलुओं को सामने रखते हुए कोठारी दावा करते हैं कि कुल मिला कर भारतीय परंपरा आधुनिकीकरण के प्रति अनुकूल ही साबित हुई है। वे तार्किक रूप से सिद्ध करते हैं कि भारतीय समाज बदल रहा है लेकिन यह बदलाव किसी नये समाज द्वारा पुराने समाज की जगह लेनेवाला बदलाव नहीं है। यह तो आधुनिकता द्वारा परंपरा की जगह लेने के बजाय परंपरा का ही आधुनिकीकरण है। ऐसा होना ही श्रेयस्कर है, क्योंकि जब तक आधुनिकता स्वयं परंपरा नहीं बन जाती, तब तक भारत जैसा प्राचीन समाज उसे जज्ब नहीं कर सकता।

जाहिर है कि कोठारी की पहली लेखमाला और पहली पुस्तक से राज, समाज और राजनीति के अध्ययन के स्थापित आयामों का खंडन होता था और यह सच्चाई भी निकल कर आती थी कि उन्हें किसी पूर्वनिर्धारित वैचारिक खाँचे

में फिट करना मुश्किल ही है। इसी दौरान उन्होंने दो अत्यंत महत्त्वपूर्ण रचनाएँ कीं जिनमें एक थी **भारत की कांग्रेस 'प्रणाली'** और दूसरी थी **जातियों का राजनीतिकरण**। कोठारी के आलोचकों को उस समय खासी दिक्कत हुई जब उन्होंने देखा कि कांग्रेस को महज एक दल नहीं, बल्कि एक पूरी प्रणाली माननेवाला यह युवा राजनीतिशास्त्री इस परिघटना के बिखरने के अंदेशों को सामने ला रहा है। कांग्रेस को भारतीय समाज की विशिष्टिताओं से अनुकूलित एक 'सिस्टम' के रूप में देख कर कोठारी ने जहाँ यह प्रदर्शित किया कि कांग्रेस के इतने दीर्घकालीन वर्चस्व का आधार क्या है, वहाँ नेहरू के अवसान के बाद साठ के दशक के अंतिम वर्षों में उन्होंने तर्क दिया कि अब कांग्रेस प्रणाली क्यों अपनी चौधराहट कायम नहीं रख पायेगी। 'राजनीतिकरण के जरिये आधुनिकीकरण' की थीसिस देने के बाद कोठारी ने अपनी सबसे प्रभावी थीसिस 'जातियों के राजनीतिकरण' के रूप में दी। परंपरा के आधुनिकीकरण की अपनी बुनियादी समझ पर भरोसा करते हुए कोठारी ने अद्‍भुत प्रतिभा और कौशल के साथ दिखाया कि जातियाँ आधुनिक राजनीति में भागीदारी करने के दौरान किस तरह बदल जाती हैं। उनके कर्मकांडीय स्वरूप का क्षय होता है और वे उत्तरोत्तर सेकुलर रूप ग्रहण करती चली जाती हैं। इस तरह राजनीति पर जातिवाद हावी नहीं होता, बल्कि जातियों का राजनीतिकरण हो जाता है। चुनावी अध्ययनों और अपने फील्डवर्क के साथ-साथ जाति-प्रथा के अकादमीय अध्ययन के दौरान कोठारी जाति की संरचना की एक ऐसी खूबी देख पाने में सफल रहे जिस पर उस समय तक लोगों का ध्यान नहीं गया था। उन्हें लगा कि कोई जाति सिर्फ सजातीय विवाह, कर्मकांडीय छुआछूत और रीति-रिवाजों के जरिये दूसरी जाति से दूरी बना कर ही नहीं रखती, बल्कि कुछ और भी करती है। जातियाँ तरह-तरह की दलबंदियों, जातीय विभेदों, विभिन्न तबकों में गठबंधन-पुनर्गठबंधन और सामाजिक प्रगति की लगातार कोशिशों में भी भागीदारी करती हैं। जाति के कर्मकांडीय रूप के मुकाबले यह उसका सेकुलर रूप है। कोठारी की मान्यता यह बनी कि आधुनिक राजनीति से जाति की अन्योन्यक्रिया उसके इसी पहलू को इतना उभार देती है कि उसकी प्राथमिकताएँ बदल जाती हैं। कोठारी को जाति-प्रथा के ध्वंस की कोई क्रांतिकारी गलतफहमी नहीं थी। उन्हें तो सामाजिक जागरूकता के आलोचनात्मक मानदंड बदलते हुए दिख रहे थे। कोठारी का यह लेख एक भविष्यवाणी की तरह सामने आया। उन्होंने इसी लेख में घोषणा की कि नेहरू युग का नेतृत्व अपने आखिरी दौर से गुजर रहा है और नये किस्म के राजनेता उभर रहे हैं जिन्हें राजनीति के नये उद्यमी करार दिया जा सकता है। समकालीन राजनीति के मंच पर मुलायम सिंह यादव, लालू यादव,

कांशी राम और मायावती जैसे नेताओं के उभार को कोठारी की भविष्य-दृष्टि के सही होने के प्रमाण के रूप में भी देखा जा सकता है। इस नयी राजनीति के उद्यम से निकलनेवाली राजनीतिक सामुदायिकता का अनुमान भी कोठारी ने तभी लगा लिया था :

> ब्राह्मणीकरण हाशिए पर पड़े जाति-समूहों को समाज की मुख्य धारा में ले आया है और पश्चिमीकरण ने ब्राह्मणीकरण से गुजर चुकी जातियों को आधुनिकीकरण के दायरे में जोड़ दिया है। दोनों तरह के समूहों का राजनीति में भागीदारी के जरिये सेकुलरीकरण हो गया है। पुरानी व्यवस्था टूट कर फिर धीरे-धीरे सेकुलर संगठनात्मक आधार पर पुनः एकीकृत हुई है। संक्रमण के दौरान पुनः संघटन की यह प्रक्रिया संकीर्ण प्रतीकवाद का सहारा भी लेती है, क्योंकि उसी में उसे पहचान और संबद्धता मिलती है। इससे सार्विक और एकनिष्ठ रुझानों का नया मिश्रण तैयार होता है। यह सेकुलर संबंधों के पारंपरिक आधार को अक्षम और व्यक्तिगत और समूहगत हितों के लिए हानिकारक साबित कर देता है। यही मिश्रण राजनीतिक निरक्षरता की शिकार जनता को धीमी गति से राजनीतिक सामुदायिकता के महत्त्व के प्रति जागरूक करता है और फिर राजनीतिक सामुदायिकता उस जनता की जरूरत बन जाती है।

भारत में संसदीय विपक्ष के कार्यकलापों की आलोचनात्मक व्याख्या के साथ कोठारी ने अपने जीवन के एक अत्यंत उत्तेजक और सृजनशील बौद्धिक दशक का पटाक्षेप किया जिसमें वे तथ्य और सिद्धांत के बीच की दूरियाँ अपनी मौलिकता के साथ पाटते नजर आये। इस अवधि के उनके महत्त्वपूर्ण लेख **पॉलिटिक्स एंड दि पीपुल : इन सर्च ऑव दि ह्यूमेन इंडिया** के पहले भाग में संकलित हैं। इसी दशक में कोठारी ने भारतीय राजनीति के अनुभवसिद्ध विश्लेषण की सीमाओं को लाँघते हुए दुनिया के पैमाने पर मानवीय विकल्पों को टटोलने की शुरुआत की। वे अंतर्राष्ट्रीय बुद्धिजीवियों के उस टोले के महत्त्वपूर्ण सदस्य बन गये जो नयी विश्व व्यवस्था की संभावनाओं की आहट सुनने के लिए **वर्ल्ड ऑर्डर मॉडल प्रोजेक्ट** का संचालन कर रहा था। अंतर्राष्ट्रीय पूँजीवाद की ताकतों और शीत-युद्ध में फँसी हुई शक्तियों के लिए यह प्रयास कोरी वैचारिक कसरत के अलावा कुछ न था लेकिन कोठारी ने पूरी कोशिश की कि वे उदारतावादी लोकतंत्र की पश्चिमी किस्म के वैचारिक वर्चस्व के खिलाफ तीसरी दुनिया में पनप रहे किस्म-किस्म के लोकतंत्रों और भारत जैसे बहुलतावादी समाज में लोकतंत्र के विकास का एक वैश्विक आयाम विकसित कर सकें। इस परियोजना से संबंधित विचार कोठारी की पुस्तक **फुटस्टेप्स इन टु दि फ्यूचर** के रूप में उपलब्ध हैं।

१९६७ में हुए कांग्रेस-पराभव और गैर-कांग्रेसवाद की राजनीति ने उन्हें चिंतित किया कि कहीं इस देश का लोकतांत्रिक विकास विच्छिन्नताओं का

शिकार न हो जाये। वे नेहरू जैसे किसी करिश्माई नेता की उपयोगिता एक सीमा तक ही मानते थे। उन्हें एक आदर्श सामूहिक नेतृत्व की प्रतीक्षा थी। वे कांग्रेस प्रणाली की चौधराहट को अपने आप में एक लक्ष्य मानने के लिए तैयार न थे। उन्हें एक बेहतर लोकतांत्रिक दलीय प्रणाली का इंतजार था। विपक्ष की कांग्रेस विरोधी एकता का स्वागत करते हुए भी वे विपक्ष की सारी ऊर्जा नेहरू परिवार के विरोध में खर्च होने को सकारात्मक नहीं मान पा रहे थे। वे जातियों के राजनीतिकरण के निचले स्तर तक ही रह जाने से संतुष्ट न थे। वे इस प्रक्रिया को तब तक चलाने के पक्ष में थे जब तक वह आजाद और खुदमुख्तार भारतीय व्यक्ति न पैदा हो जाये जो स्वयंसेवी भाव से बनाये गये संगठनों के जरिये एक स्वस्थ और आधुनिक नागरिक समाज का आधार बन सकता था।

राज्य बनाम लोकतंत्र

सत्तर के दशक की घटनाओं ने कुछ और ही गुल खिलाया। इंदिरा गाँधी ने अपनी राजनीतिक जमीन पुरानी कांग्रेस प्रणाली के आधार पर बनाने से इंकार कर दिया। उन्होंने सामूहिक नेतृत्व की मातहती को ठुकराया, करिश्माई नेतृत्व विकसित करने की तरफ कदम बढ़ाये, लोकलुभावन राजनीति की शुरूआत की और राष्ट्रीयकरण के जरिये संस्थागत ढाँचे में कुछ नयापन लाने की कोशिश की। शुरू में कोठारी को इंदिरा गाँधी की कोशिशें पसंद आयीं। 'गरीबी हटाओ' के नारे की लोकप्रियता में उन्हें सार्वजनिक जीवन को नया आवेश मिलता हुआ दिखा। उन्होंने इस नारे के राजनीतिक अर्थशास्त्र की विवेचना भी की। उन दिनों वे इंदिरा गाँधी और सोवियत संघ की दोस्ती का समर्थन करते हुए भी नजर आये और 'क्वेस्ट' नामक पत्रिका के अमेरिकापरस्त समझे जानेवाले गुट से उनका नाता टूट गया। पर जैसे ही इंदिरा गाँधी का राजनीतिक बोलबाला स्थापित हुआ, वैसे ही नये रेडिकल रुझानों के बजाय कोठारी को उनमें वही भारतीय व्यक्ति उभरता हुआ दिखने लगा जिसका उन्होंने अपनी किताब में वर्णन किया था : असुरक्षा की ग्रंथि से पीड़ित, सहयोगियों के ऊपर विश्वास न करनेवाला और समतामूलक आपसी संबंधों के बजाय मातहती के संबंधों को पसंद करनेवाला। कोठारी के देखते-देखते इंदिरा गाँधी और उनके छोटे पुत्र ने संस्थागत मर्यादाओं का उल्लंघन करते हुए राजसत्ता को अपनी घरेलू दासी बनाने का अभियान शुरू कर दिया। अगर यह लोकतंत्र था तो उसमें से आमसहमति और पंच फैसलों की वह प्रवृत्ति गायब थी जो कांग्रेस प्रणाली का स्वभाव हुआ करती थी। यह भारत के उदारतावादी राज्य का नया और चौंका देनेवाला रूप था। बजाय इसके कि लोकतंत्र राज्य की मदद से समृद्ध होता, राज्य लोकतंत्र को सीमित करते हुए

दिखने लगा। संस्थागत और कार्यविधिक लोकतंत्र की जानबूझ कर उपेक्षा होने लगी। सत्ता के निजी हाथों में केंद्रीकरण के परिणामस्वरूप निरंकुश प्रवृत्तियाँ सघन होने लगीं। गाँधी परिवार समेत राजनेताओं में सत्ता के अपने-अपने निजी हलके बनाये रखने के लिए निजी राजनीतिक कोष जमा किया जाने लगा और सार्वजनिक जीवन में भ्रष्टाचार की परिघटना अपने चरम पर पहुँच गयी। नतीजा इंदिरा सरकार के खिलाफ १९७४ के जयप्रकाश आंदोलन, उसके दमन और आपातकाल में निकला। इस अवधि में कोठारी ने बुद्धिजीवी के साथ-साथ लोकतंत्र के रक्षक-कार्यकर्ता की भूमिका भी निभायी। आपातकाल के खिलाफ वे, उनके सहयोगी विद्वान और उनकी अध्ययन पीठ बौद्धिक समाज की गोलबंदी का केंद्र बन गये। आपातकाल खत्म होने के बाद उन्होंने जयप्रकाश नारायण के अनुरोध पर नवगठित जनता पार्टी का घोषणापत्र भी लिखा लेकिन वे जेपी द्वारा जनता पार्टी में जनसंघ को भी शामिल करने और उसकी सांप्रदायिक छवि को धोनेवाले उनके वक्तव्यों से कभी सहमत नहीं हो पाये।

बहरहाल, जेपी आंदोलन और आपातकाल के विरोध की भूमिका ने उनके अंदर के उस राजनीतिक कार्यकर्ता को फिर से जगा दिया जो समाजविज्ञान में लीन हो जाने के कारण सो गया था और जिसकी बुनियाद १९४७ की आंदोलनकारी गतिविधियों के दौरान पड़ी थी। जनता पार्टी के शासन-काल के बाद इंदिरा गाँधी की वापसी हुई, फिर पंजाब में आतंकवाद के परिणामस्वरूप १९८४ में उनकी हत्या हुई और पूरा देश सिख विरोधी हिंसा से जलने लगा। कोठारी ने इस दौरान १९८० में अपनी अध्ययन पीठ के आनुषंगिक प्रोजेक्ट के रूप में **लोकायन** की स्थापना की जो मूलतः बुद्धिजीवियों और कार्यकर्ताओं के बीच संवाद स्थापित करनेवाली संस्था के रूप में उभरा। **लोकायन** के जरिये नागरिक समाज की रचना के वे कार्यभार पूरे किये जाने थे जिन्हें मौजूदा राज्य, सत्तारूढ़ दल और विपक्षी दलों ने अपने प्रमाद के कारण त्याग दिया था। कोठारी ने एक बार फिर लोकतंत्र-संबंधी अपनी बुनियादी सैद्धांतिक समझ का सहारा लिया और वे जनता के स्वतंत्र और स्वयंसेवी संगठनों का आह्वान करने लगे। वे नागरिक अधिकार संगठनों से जुड़े और लोक अधिकार संघ (पीयूसीएल) ने उन्हें अपना राष्ट्रीय अध्यक्ष चुना। इसी बीच नक्सली संगठनों ने इंदिरा-निरंकुशता के खिलाफ संघर्ष करने के लिए इंडियन पीपुल्स फ्रंट का निर्माण किया और रजनी कोठारी को उसके स्थापना सम्मेलन का उद्घाटन करने के लिए आमंत्रित किया। इस दौर की उनकी रचनाएँ **पॉलिटिक्स एंड दि पीपुल** के दूसरे खंड में संकलित हैं।

कोठारी को नयी परिस्थिति में अपनी कई पिछली धारणाओं पर फिर से

नजर डालने की जरूरत महसूस हुई। केंद्र-राज्य संबंधों के बारे में उनकी धारणा थी कि नियोजन और सामुदायिक विकास के जरिये केंद्र सत्ता के विकेंद्रीकरण का अधिक इच्छुक है। इसलिए राज्यों को अधिक अधिकार देने की माँग को उन्होंने संघवाद की भू-क्षेत्रीय अवधारणा करार दे कर आड़े हाथों लिया था। नयी परिस्थिति में उन्हें लगा कि अब तो केंद्र वास्तव में राज्यों के अधिकारों को हड़पे ले रहा है। योजना आयोग के काम का उन्होंने अभिनंदन जरूर किया था लेकिन वे उसे केंद्रीकरण के संभावित माध्यम के रूप में भी देखते थे। वही योजना आयोग गाँधी परिवार के हाथों बेजा इस्तेमाल हो रहा था। कोठारी की निगाहों के सामने क्षेत्रीय राजनीतिक ताकतें सच्चे संघवाद की माँग के साथ खड़ी हो रही थीं और भारतीय राज्य उन पर राष्ट्रीय एकता-अखंडता के लिए खतरे का बिल्ला लगा कर उनका दमन करने पर उतारू था। दिल्ली में हुई सिख विरोधी हिंसा में उन्हें आतंकवादी राज्य के उदय के चिह्न दिखायी दिये। सांप्रदायिक राजनीति का बदनुमा चेहरा उभरने लगा। इंदिरा गाँधी और राजीव गाँधी के शासन की मुख्य प्रवृत्तियों की अनुक्रिया में कोठारी की रचना **स्टेट अगेंस्ट डेमोक्रेसी : इन सर्च ऑव ह्यूमेन गवर्नेंस** के रूप में सामने आयी।

इस ग्रंथ में कोठारी ने चेतावनी दी कि कांग्रेस शासन की नीतियाँ भारत को अपने बहुलतावादी मिजाज के अनुसार एक बहुलतावादी राष्ट्र-राज्य की सर्वथा नयी डगर पर चलाने के बजाय पश्चिमी तर्ज पर समरूप राष्ट्र-राज्य बनाने की कोशिश कर रही हैं। इस मकसद के लिए आधुनिक प्रौद्योगिकी और कारपोरेट जगत के संसाधनों का जम कर इस्तेमाल किया जा रहा है। शासक वर्ग गरीबों को भूलता जा रहा है। उपनिवेशवाद के खिलाफ संघर्ष ने जिस समतामूलक समाज की स्थापना का संकल्प किया था, उसके विपरीत यह भारतीय राज्य पुरानी विषमताओं को सुरक्षित रखते हुए ऊँच-नीच की नयी संरचनाएँ खड़ी कर रहा है। राष्ट्रीय सुरक्षा के नाम पर उत्तरोत्तर किये जानेवाले फौजीकरण ने हालात और खराब कर दिये हैं। राज्य करने की अहंकारी और प्रबंधकीय शैली ने राजनीतिक-सामाजिक संकट को जन्म दिया है। सत्ता के केंद्रीकरण की इस आलोचना ने कोठारी के दो ग्रंथों **ट्रांसफोर्मेशन एंड सर्वाइवल : इन सर्च ऑव ह्यूमेन वर्ल्ड ऑर्डर** और **रिथिंकिंग डिवलपमेंट : इन सर्च ऑव ह्यूमेन आल्टरनेटिव** में भूमंडलीय आयाम स्पर्श किये। यहाँ कोठारी ने दिखाया कि जैसा भारत के भीतर हो रहा है वैसा ही दुनिया-भर में भी हो रहा है। दुनिया उत्तर और दक्षिण में बँट गयी है। एक तरफ 'विकसित' और दूसरी तरफ 'विकासशील' समाज हैं । धनी देशों ने आर्थिक, सैनिक और प्रौद्योगिकीय ताकत के बूते पर अपनी चौधराहट कायम कर ली है जिससे पैदा हुए संकट के

कारण प्राकृतिक पर्यावरण, अंतर्राष्ट्रीय शांति और मानवता का भविष्य साँसत में आ गया है। कोठारी को लग रहा था कि इस हालत की जिम्मेदारी उदारतावादी-पूँजीवादी विश्व-दृष्टि पर ही नहीं, बल्कि क्लासिकल मार्क्सवादी प्रतिमानों पर भी है। ये दोनों ही यूरोपीय ज्ञानोदय और उन्नीसवीं सदी के यांत्रिक मानवतावाद की उस दार्शनिक विरासत की पैदाइश हैं जो प्रकृति पर प्रौद्योगिकी के जरिये नियंत्रण करके अंधाधुंध, रैखिक और असीमित प्रगति का आग्रह रखती है। इसके बरक्स कोठारी ने गाँधी विचार को सामने रखा जिसके सूत्र उन्हें बापू की विख्यात रचना **हिंद स्वराज** में मिले। उन्हें यह बात अद्‌भुत लगी कि गाँधी एक साथ पश्चिम के वैचारिक साम्राज्य को चुनौती दे सकते थे और जनता को उपनिवेशवाद के खिलाफ गोलबंद भी कर सकते थे। कोठारी ने गाँधी के विचार और कर्म के इस पहलू के साथ मानवीय आजादी और सामाजिक न्याय में यकीन रखनेवाले वामोन्मुख मॉडल को भी जोड़ा। इस तरह विकल्प का एक सूत्रीकरण निकला जिसे इस तरह समझा जा सकता है : उपभोक्तावाद की भींच से निकलने के लिए वैकल्पिक जीवन-शैली अपनानी चाहिए, इच्छाओं को संयमित करने के लिए उपभोग की एक नैतिकता विकसित करनी चाहिए, आमदनी और संपत्ति की न्यूनतम और अधिकतम सीमाएँ निर्धारित करनी चाहिए, शहर और गाँव के बीच एवं उद्योग और कृषि के बीच संतुलनकारी नीतियाँ अपनानी चाहिए, अशिक्षा के ऊपर सांस्कृतिक हमले की नीति अपनाने के लिए गाँव वालों और महिलाओं की शिक्षा को प्रमुखता दी जानी चाहिए। अंत में कोठारी के विकल्प में शर्त रखी गयी थी कि केवल एक विकेंद्रीकृत और व्यापक भागीदारीवाली लोकतांत्रिक संरचना में ही सामाजिक न्याय की गारंटी की जा सकती है और ऐसी संरचना तभी बन सकती है जब आर्थिक उत्पादन और सार्वजनिक जीवन में आम लोगों की भागीदारी की परिस्थितियाँ तैयार की जायें।

अपने इस मॉडल की वैचारिक भित्ति रचने के लिए कोठारी ने 'प्रौद्योगिकी की सेवा में लगे हुए विज्ञान' और 'आधुनिकता के मतवाद' के मुकाबले गैर-पश्चिमी देशों की धार्मिक परंपराओं से प्रेरणा ग्रहण करने की अपील की। उन्होंने भारत के धर्मों और सभ्यताओं, इस्लामिक जगत की शिक्षाओं, चीन में पनपे मानवतावादी विचारों और बौद्ध शिक्षाओं की ओर देखने के लिए कहा। कोठारी का यह आह्वान पुनरुत्थानवादी रुझानों से बहुत दूर था, क्योंकि आधुनिकतावाद की आलोचना करने के साथ वे यह भी कह रहे थे कि आधुनिकता की न तो उपेक्षा की जा सकती है और न ही उससे हाथ धोये जा सकते हैं। कोठारी की निगाह में आधुनिकता काफी हद तक पश्चिम की ठेकेदारी ही नहीं है, बल्कि वह उतनी ही हमारी हो चुकी है, जितना पश्चिम हमारा बन चुका है।

गाँधी विचार के जरिये आधुनिकता के साथ आलोचनात्मक संवाद स्थापित करते हुए और उदारतावादी लोकतंत्र की सीमाओं को प्रदर्शित करते हुए कोठारी के सामने समस्या यह थी कि उनका मॉडल व्यावहारिक राजनीति के दायरों में कैसे फिट होगा। इसका समाधान उन्होंने 'गैर-पार्टी राजनीतिक प्रक्रिया' का सूत्रीकरण करके निकाला। इसे ग्रासरूट्स थियरी भी कहा जाता है। अस्सी के दशक की शुरुआत में जब वे मानवाधिकार आंदोलन के बड़े नेता की हैसियत से इंडियन पीपुल्स फ्रंट के स्थापना सम्मेलन का उद्घाटन कर रहे थे तो दरअसल उनके दिमाग में गैर-चुनावी और जमीनी राजनीति करनेवाले छोटे-बड़े समूहों की एक ऐसी ही राष्ट्रीय संरचना की धारणा सुगबुगा रही थी। नक्सलवादी गुटों द्वारा प्रायोजित पीपुल्स फ्रंट के साथ उन्हें हमदर्दी तो हो सकती थी लेकिन वे मार्क्सवादी विचार-श्रेणियों द्वारा प्रतिपादित क्रांतिकारी परिवर्तन की अवधारणा से शुरू से ही सहमत नहीं थे। इसलिए उन्हें अपने किस्म के पीपुल्स फ्रंट की जरूरत महसूस हुई। उन्होंने गैर-पार्टी राजनीतिक प्रक्रिया को राष्ट्रीय-अंतर्राष्ट्रीय परिप्रेक्ष्य में रख कर परिभाषित किया और उसके कार्यभार निर्धारित किये। उन्होंने कहा कि समाज, संगठित राजनीति, क्रांतिकारी सिद्धांतों और सभी तरह के आयातित विचारों के दायरों से बहिष्कृत जनसमूह गैर-पार्टी संरचनाओं के दायरे में आते हैं। उनकी राजनीति को संघर्ष और संगठन के नये रूप अपनाने हैं और राज्य की संस्था को फिर से शोषणकारी संरचनाओं से छुटकारा दिलाने का औजार बनाने की कोशिश करनी है। कोठारी के अनुसार राजनीति की सीमाओं को संकीर्ण बनाने की कोशिशों के जमाने में गैरदलीय संरचनाओं को चाहिए कि वे चुनावी और संसदीय अर्थों की जकड़ से राजनीति को निकालने के कार्यभार पर अपना ध्यान केंद्रित करें। यह राजनीति चालू राजनीति के मुहावरे से इसलिए भिन्न होनी थी कि उसकी शक्ति राजसत्ता पर काबिज होने के कार्यक्रम पर केंद्रित न हो कर ऐतिहासिक प्रक्रिया में व्यापक सामाजिक हस्तक्षेप करने में खर्च होती। प्रचलित राजनीति की सारवस्तु, मुद्दों और कार्यक्रम को नये सिरे से निर्धारित करनेवाली इस नयी राजनीति के मुद्दे वे होने थे जिन्हें आमतौर पर आंदोलन करने लायक ही नहीं समझा जाता है : मसलन जन-स्वास्थ्य, कुपोषण, वन और सामुदायिक संसाधनों पर अधिकार, लैंगिक विषमता, स्त्री अधिकारों के दायरे में आनेवाले काफी निजी और मूलगामी किस्म के मुद्दे, आदि।

कोठारी को उम्मीद थी कि गैर-दलीय राजनीति इन प्रश्नों को राजनीतिक प्रश्न के रूप में सामने रखेगी। ऐसे गैर-दलीय आंदोलनों और संगठनों के कई नमूने उनके सामने थे : वामपंथ की मुख्यधार से अलग काम कर रहे वाम संगठनों द्वारा

शुरू किये गये आंदोलन, चिपको, छत्तीसगढ़ के खनिकों का संघर्ष, आंध्र के रैयत कुली संघम का आंदोलन, ग्रेनाइट के खनन और निर्यात के खिलाफ कर्नाटक के कनकपुरा में किसानों का सत्याग्रह, झारखंड मुक्ति मोर्चे का संघर्ष, आदि। ये तमाम लड़ाइयाँ आर्थिक और राजनीतिक माँगों तक ही सीमित नहीं थीं, बल्कि पारिस्थितिकीय, सांस्कृतिक और शैक्षणिक प्रश्नों को भी अपने दायरे में समेट लेती थीं। ये लड़ाइयाँ समाज के भीतर भी झाँक कर देखती थीं और शराबखोरी, पर्यावरण को नुकसान पहुँचाने, गंदे और अस्वास्थ्यकर रहन-सहन की आदतों के उन्मूलन की तरफ भी ध्यान दे रही थीं। कोठारी को उपनिवेशवाद के खिलाफ छेड़े गये उस संघर्ष की याद आ रही थी जिसमें न केवल विजातीय शासन के खिलाफ संघर्ष होता था, बल्कि आंतरिक क्षय को राकने की कोशिश की जाती थी। उन्हें लगा कि गैर-पार्टी परिघटना व्यवस्था विरोधी ताकतों को विश्वास और ऊर्जा से पुनः आवेशित करना चाहती है। यह उत्पीड़ित जनता को आधुनिक क्षेत्र की लोकलुभावन नारेबाजी और परंपरा की पितृसत्तात्मक जकड़ से बचाते हुए संघर्ष और सृजनशीलता के मार्ग पर चलाना चाहती है ताकि वह केवल किसी स्थानीय शोषक के खिलाफ ही नहीं, वरन पूरी समाज-व्यवस्था के खिलाफ भी खड़ी हो सके।

कोठारी के जीवन का यह दूसरा चरण पहले चरण के मुकाबले दोगुनी अवधि का साबित हुआ। साठ के दशक में वे जहाँ उदारतावादी और विकासवादी लोकतंत्र को दिये जानेवाले प्रणालीगत समर्थन के लिए जाने गये, वहीं सत्तर और अस्सी के दशकों में उन्होंने प्रतिपक्ष और आलोचक की भूमिका निभायी। इन बीस सालों में वे विकल्प की तलाश में विचारों और मॉडलों के बीहड़ों में घूमते रहे। कोठारी के इस काम पर सारगर्भित टिप्पणी करनेवाले फ्रेड डालमेयर ने कोठारी की विचारधारा को **रेडिकल लोकतांत्रिक मानवतावादी** करार दिया। कोठारी की विचारयात्रा के इस दीर्घ चरण का उपसंहार **ग्रोइंग अमनीसिया** नामक ग्रंथ के रूप में हुआ जिसमें उन्होंने बुलंद आवाज में कहा कि व्यवस्थाएँ और शासनकारी संरचनाएँ गरीबों को भूलती जा रही हैं।

सांप्रदायिकता, भूमंडलीकरण और राज्य का क्षय

नब्बे के दशक की शुरुआत में ही कोठारी के सामने साफ होने लगा था कि वे पिछले बीस साल से जिस विकल्प की रचना करने का सक्रिय बौद्धिक प्रयास करते आ रहे हैं उसकी समस्याएँ क्या हैं। १९९२ में कारसेवकों द्वारा बाबरी मस्जिद के ध्वंस ने उन्हें भारतीय मॉडल के प्रति पूरी तरह अनिश्चित कर दिया। उनकी पुस्तक **सांप्रदायिकता और भारतीय राजनीति** में भारतीय मॉडल के

प्रति कोठारी की बेचैनी खुल कर व्यक्त हुई। उन्होंने सांप्रदायिक परिघटना की सर्वथा नवीन व्याख्या की और विश्लेषण किया कि यह बहुलतावादी राष्ट्र-राज्य के निर्माण की ऐतिहासिक परियोजना को त्याग कर प्रबंधकीय शैली के मूलत: अराजनीतिक और प्रौद्योगिकी-उन्मुख राष्ट्र की रचना करने की कोशिशों का नतीजा है। कोठारी के सांप्रदायिकता विरोधी विमर्श का अनूठापन इन पंक्तियों में केंद्रीभूत हुआ :

> बुनियादी लोकतांत्रिक ढाँचे में नयी जान डालने के लिए प्रभावित तबकों को लगातार कोशिश करनी होगी अर्थात खुद अल्पसंख्यकों को इसके लिए प्रयास करना होगा। न सिर्फ धार्मिक अल्पसंख्यकों को, बल्कि सामाजिक रूप से तमाम अल्पसंख्यक समूहों को भी इसके लिए काम करना होगा। दलितों, आदिवासियों, ऐतिहासिक रूप से उत्पीड़ित 'पिछड़े' समुदायों से लेकर जंगलवासी और प्रवासी सभी सामाजिक रूप से अल्पसंख्यक समुदाय हैं। यह जमावड़ा रंग-बिरंगा लग सकता है और है भी। लेकिन ये सभी एकसमान तकनीकशाही आर्थिक और सामाजिक प्रक्रिया के जरिये हाशिए पर धकेले जा रहे हैं। असलियत यह है कि वास्तव में, इलाका और आबादी के लिहाज से भारत अल्पसंख्यकों का जमावड़ा है। उसकी समृद्धि इसी बात में निहित है कि हर समूह अल्पसंख्यक है और वह एक-दूसरे के साथ ताल-मेल के जरिये ही शक्तिशाली और सामर्थ्यवान बन सकता है। यही वजह है कि औपनिवेशिक काल के पहले 'सांप्रदायिकता' का नामोनिशान मौजूद नहीं था। निश्चय ही, यह एक आधुनिक परिघटना है। और इसका सबसे घातक पहलू है भारत की विविधता यानी अल्पसंख्यक बहुल समाज की अवधारणा का परित्याग और बहुसंख्यकवादी एकरूपीकरण और सामान्यीकरण की अवधारणा का थोपा जाना। सांप्रदायिकता का उदय इसी का परिणाम है। नागरिक अधिकारों से वंचित किये जानेवाले अल्पसंख्यक ही नागरिकता के संघर्ष के दौरान एकता कायम करके भारत की उस विविधता की रक्षा कर सकते हैं, जो खुद उसके अस्तित्व के लिए जरूरी है। आज उन्हें ही इस कर्तव्य को निबाहने के लिए आगे आना होगा। ... चंद लोग ही इस बात को समझ सके हैं कि देश के कामकाज में लोकलुभावनवादी तौर-तरीकों की जगह प्रबंधकीय तौर-तरीकों के इस्तेमाल का मतलब 'सेकुलर' राजनीति के बदले 'सांप्रदायिक' राजनीति की ओर बढ़ना है। ... यह नया मॉडल सांप्रदायिक संगठनों के लिए दरवाजा खोलता है। इस प्रकार सामुदायिक संबंधों, नृवंशीय समूहों के आपसी संबंधों और जातियों के बीच के संबंधों के नियमन में और विभिन्न प्रकार के चुनावी गठबंधनों के निर्माण में एक मध्यस्थ के रूप में राज्य या पार्टी की भूमिका समाप्त हो जाती है। उनकी जगह निजी संगठनों की भूमिका बढ़ने लगती है। ऐसे कई उदाहरण हमारे सामने हैं जब हिंसा की किसी बड़ी घटना, या दो संप्रदायों के बीच झड़प या दंगे के बाद संबंधित राज्य सरकार ने राजनीतिक पार्टियों या यूनियनों या व्यापार संघों जैसे सेकुलर संगठनों के बजाय हिंदू रक्षा समिति, बाबरी मस्जिद कमिटी या जामा मस्जिद के इमाम जैसी सांप्रदायिक संस्थाओं से समझौता किया। राज्य धीरे-धीरे ऐसी प्रक्रिया

में फँसता जा रहा है, जिसमें सेकुलर संगठनों के बदले सांप्रदायिक संगठन मान्यताप्राप्त पक्ष बन जाते हैं। यह ब्रिटिश राज के दिनों की याद दिलाता है। ... मुख्य बात यह है कि प्रौद्योगिकीय-आर्थिक किस्म के मुद्दे हों या सांप्रदायिक मुद्दों से निपटने का मामला, व्यवस्था का संचालन एक ऐसे अभिजात वर्ग के हाथों में आ गया है जिसे विविधता पर आधारित लोकतंत्र में कोई आस्था नहीं है। ... विश्व का संचालन करनेवाली नवउदारतावादी-प्रबंधकीय सोच और सांप्रदायिक सोच के बीच एक सेकुलर मेल दिखायी देता है।

सैद्धांतिक रूप से इन दोनों का मेल संभव नहीं है, यानी एक तकनीकशाह सांप्रदायिक नहीं हो सकता, बल्कि उसे ज्यादा सेकुलर होना चाहिए। लेकिन असलियत यह नहीं है। चूँकि नये किस्म के (गैर-राजनीतिक और गैर-नौकरशाह) प्रबंधक एकरूप प्रौद्योगिकीय-आर्थिक रुझान की उपज है, उनके लिए अल्पसंख्यकों को स्वीकार करना, विविधताओं को सहज करना, एक बेहद बहुरंगी दुनिया के साथ तालमेल बिठाना काफी मुश्किल है। फलस्वरूप आगे बढ़ने और ज्यादा एकीकृत भारत के निर्माण की अवधारणा अंधराष्ट्रवादी सोच को जन्म देती है। इस सोच के तहत हिंदू समाज के ऊपरी हिस्से को राज्य पर नियंत्रण कायम करने के उद्देश्य से ज्यादा-से-ज्यादा उग्र बहुसंख्यकवाद की ओर धकेला जा रहा है। यह भावना जोर पकड़ती जा रही है कि चूँकि हिंदू 'बहुसंख्यक' है, इसलिए राज्य के संचालन में उनका प्रभुत्व होना चाहिए और अल्पसंख्यकों को उनका मातहत बन कर रहना होगा। यह अपने आप में एकदम नया विचार है, क्योंकि हिंदू भी अपने बारे में इस ढंग से नहीं सोचते थे।

... पश्चिमी विश्व-दृष्टि के तहत स्वतंत्रता की अवधारणा की कल्पना प्रतिस्पर्द्धात्मक और एकाकीवादी संदर्भों में की जाती है। यह भारतीय सोच के लिए विजातीय है। समता की धारणा भी प्रतिस्पर्द्धा पर आधारित है। समता और न्याय एक ही चीज नहीं है। हर समाज-व्यवस्था में न्याय के लिए चाहत रही है, लेकिन समता के जरिये न्याय की स्थापना की कोशिश ने आधुनिक विश्व-दृष्टिकोण के प्रतिस्पर्द्धात्मक स्वरूप पर लगातार जोर दिया है। इसने आधुनिक दुनिया के समग्र चिंतन को प्रभावित किया है और जाहिर है कि भारत में भी अपने लिए जगह बनायी है। इस प्रक्रिया में सामुदायिकता की भावना कमजोर हुई है। इसके विपरीत व्यक्तिगत पहचान की भावना, व्यक्ति के अधिकारों, व्यक्ति जिस चीज की चाहत रखता है उसे प्राप्त करने के लिए कोई भी तरीका अपनाने की जरूरत को कहीं ज्यादा महत्त्व दिया जा रहा है। यह आधुनिकीकरण की उस पूरी सोच का केंद्रीय बिंदु है जिससे आज हम आक्रांत हैं। मतलब यह कि हम एक तरफ राष्ट्र-राज्य की विचारधारा और आधुनिक तकनीकी पर जोर और दूसरी तरफ प्रत्यक्षवादी मूल्यों पर आधारित प्रतिस्पर्द्धात्मक सोच के बीच फँसे हैं। दोनों ही समुदाय की उस भावना और विविधतापूर्ण पहचान को कमजोर कर रहे हैं, जो इतने लंबे अरसे से भारतीय सभ्यता को रोशन करते रहे हैं।

उद्धरणों के इस समुच्चय से स्पष्ट है कि कोठारी इसमें तीन तरह के नये सूत्रीकरण पेश कर रहे हैं : पहला, भारत में कोई समुदाय बहुसंख्यक नहीं है

और सभी अल्पसंख्यक हैं। सांप्रदायिकता के उन्मूलन के लिए अल्पसंख्यकों को एकजुट हो कर सामने आना होगा। दूसरा, प्रौद्योगिकीय और प्रबंधकीय सोच अल्पसंख्यकों को स्वीकार नहीं करती और विविधताओं को सहन नहीं करती। वह अल्पसंख्यक विरोधी और समरूपता थोपने की तरफदार होती है। समरूप राष्ट्र की अवधारणा का सांप्रदायिकता के उभार से गहरा ताल्लुक है। तकनीकशाह धर्म के रास्ते से नहीं, समरूपता के रास्ते से सांप्रदायिक बनता है। तीसरा, समता की अवधारणा स्पर्धापरक मूल्यों की देन है इसलिए समता के जरिये न्याय की स्थापना नहीं हो सकती। न्याय की अनुपस्थिति बहुसंख्यकों द्वारा अल्पसंख्यकों पर अन्याय का पर्याप्त प्रतिकार नहीं करने देती। पहली नजर में ही ये सूत्रीकरण सांप्रदायिकता-संबंधी प्रचलित गाँधीवादी, लोहियावादी, साम्यवादी, बाजारवादी या समतावादी विचारों से अलग नजर आते हैं।

बाबरी मस्जिद ध्वंस के साल-भर बाद ही उत्तर प्रदेश में चुनाव हुए। कोठारी ने उत्सुकता से देखा कि निचली जातियों और मुसलमानों के गठजोड़ ने अपराजेय लग रही सांप्रदायिक राजनीति को हार के कगार पर पहुँचा दिया। इस विकासक्रम से प्रेरित हो कर कोठारी ने राजनीति में जाति की भूमिका की बहस को फिर छेड़ा और काफी रेडिकल अंदाज में राष्ट्रीय आंदोलन, गाँधीवाद, उदारतावाद, नेहरूवादी मॉडल, मार्क्सवाद और नये सामाजिक आंदोलनों को नये सिरे से परखा। दलित उभार पर लिखे गये इस लेख को पढ़ कर ऐसा लगता है कि कोठारी अपनी ही आलोचना का कोई प्रोजेक्ट चला रहे हों। **दलित उभार के मायने** में वे बहुलतावाद की सीमाओं की तरफ भी ध्यान खींचते हैं :

> निस्संदेह सांप्रदयिकता और जाति-प्रथा लोकतांत्रिक प्रक्रिया के लिए खतरा हैं लेकिन सकारात्मक दृष्टि की माँग है कि दोनों को एक दूसरे से अलग करके देखा जाए, क्योंकि जाति को सेकुलरीकरण और लोकतंत्रीकरण के आंदोलनों के समर्थन में इस्तेमाल किया जा सकता है। नकारात्मक लिहाज से जाति और सांप्रदायिकता मिल कर लोकतंत्र को काफी नुकसान पहुँचा सकते हैं। सांप्रदायिकता समाज की बहुलता-विविधता और उसकी बुनियादी लोकतांत्रिक दृष्टि को क्षति पहुँचा सकती है और जाति-प्रथा उस ब्राह्मणवादी समाजव्यवस्था को नवजीवन दे सकती है जिसमें मेहनतकश वर्गों और खासकर अत्यंत दुष्कर और नीच किस्म के श्रम के लिए तिरस्कार के अलावा और कुछ नहीं है। इस व्यवस्था का अंतिम तर्क छुआछूत की परिघटना के रूप में निकला है जिसके पीछे सभी तरह के ज्ञान का अवदान करनेवाले ब्राह्मण और सभी तरह के श्रम और सेवा की जिम्मेदारी का वहन करनेवाले शूद्र का बुनियादी द्विभाजन मौजूद है। दूसरी तरफ जाति-प्रथा से निकलनेवाले बहुलतावाद की अंतर्निहित सीमाओं को भी नजरंदाज नहीं किया जाना चाहिए। बहुलतावाद सुधारक की ही नहीं, शोषणकारी की भूमिका भी निभा सकता है। बहुलता को भी श्रेणीक्रम में आबद्ध करके विद्वेष और नृशंसता से भरा जा सकता

है। ऐसी बहुलता आर्थिक अभाव और सामाजिक छुआछूत के परंपरागत रवैयों से मिल कर कारपोरेट पूँजीवाद और नौकरशाहाना चौधराहट के प्रभाव को और मजबूत कर सकती है। इस प्रक्रिया से करोड़ों लोग को गैर-जरूरी मान कर अपने दायरे से बाहर फेंक देनेवाली दुनिया का जन्म हो सकता है। इस दुनिया में दलित और प्रगतिकांक्षी लगनेवाली जातियाँ हाशिये पर जा सकती हैं। ऐसे में खतरा यह है कि सुविधासम्पन्न ऊँची जातियों से नीचे की सम्पूर्ण सामाजिक जमीन सर्वहाराकरण, दरिद्रीकरण और यहाँ तक कि दलितीकरण की भी शिकार हो सकती है।

अगर इस लेख के साथ इसी दौरान लिखे गये रजनी कोठारी के तीन लेख और जोड़ लिए जायें तो तीसरे चरण के आत्मालोचनापूर्ण विमर्श की रूपरेखा पूरी हो जाती है। इनमें एक है **मध्यमार्गी राज्य का क्षय** और दूसरा है **विकल्पहीनता का संकट**।

मानवीय उद्यम की पुनर्रचना

वस्तुत: तीसरे दौर की उक्त रचनाओं के बाद कोठारी को गलत समझने की गुंजाइशें खत्म हो गयी हैं। अब यह साफ हो गया है कि अपने कुछ पुराने सहयोगियों और दोस्तों की तरह उनका विमर्श न तो आधुनिकता की समग्र आलोचना पर आधारित है और न ही राष्ट्र-राज्य के संपूर्ण नकार पर। वे परंपरा की खोज में नहीं हैं और आधुनिकता को ही परंपरा बनाने यानी उसके भारतीयकरण का आह्वान करते हैं। सर्वधर्मसमभाव के रूप में इसी तरह वे सेकुलर विमर्श के निंदक के रूप में नहीं उभरते, लोकतंत्र के संदर्भ में उसकी सीमाओं की तरफ जरूर ध्यान खींचते हैं। गाँधी विचार भी उनके लिए अंतिम आदर्श नहीं है। समाजवादियों की खामियाँ भी उनके सामने स्पष्ट हैं। वे राज्य की संस्था के परे जाना चाहते हैं लेकिन उनका मकसद राज्य को उसकी जनोन्मुख भूमिका में लौटाना ही लगता है। समरूपीकरण और प्रौद्योगिकीय-प्रबंधकीय किस्म का राज्य उनकी निगाह में भारत के सामाजिक-राजनीतिक संकट की जड़ में है। सेकुलरवाद के विवादित विषय पर भी उनके विचार अलग तरह के हैं। अपने कुछ मित्रों की भाँति वे हिंदू सांप्रदायिकता को नेहरूवादी सेकुलरवाद के परिणाम की तरह नहीं देखते। विकल्पहीनता उन्हें सबसे ज्यादा आहत करती है। नये सामाजिक आंदोलनों और गैर-सरकारी स्वयंसेवी संगठनों से उन्हें खास उम्मीद नहीं है, क्योंकि वे अंतर्राष्ट्रीय वित्तीय पूँजी के जंजाल के शिकार हो चुके हैं।

क्या इस स्थिति में विकल्प रचने की गुंजाइशें बहुत सीमित नहीं रह जातीं? लेकिन कोठारी इससे हतोत्साहित नहीं हैं। संस्मरण लिखते हुए भी उनका भविष्य-चिंतन जारी है। समाज मनोविद् आशीष नंदी की मान्यता है कि

मानवनिर्मित समकालीन व्यथाओं का प्रतिकार करने के लिए यूटोपियायी अर्थात भविष्य-चिंतन एक सार्थक माध्यम है। इसके जरिये व्यक्ति अपने युग की तकलीफों को चुनौती देते हुए समकालीन चेतना के धरातल पर उनके खिलाफ संघर्षों को निर्देशित करता है। भारत ही नहीं, भूमंडलीय पैमाने पर सामाजिक न्याय की खोज करते हुए रजनी कोठारी का संकल्प भी यही है। साठ के दशक में उन्हें लोकतांत्रिक प्रक्रिया का निर्देशन करनेवाले भारतीय अभिजनों पर भरोसा था जो अब तिरोहित हो चुका है। इन अभिजनों के क्षमताविहीन हो जाने के बाद उन्हें लगता है कि पिछले चालीस सालों में राजनीति से जुड़ी असंख्य जनता राज्य और उसके नियामकों पर भरोसा करने के बजाय अपना भविष्य अपने हाथ में लेनेवाली है। उदारतावादी लोकतंत्र नहीं, रजनी का यूटोपिया अब प्रत्यक्ष लोकतंत्र का मॉडल है और राजनीतिशास्त्र की दुनिया एक और विचारोत्तेजक सूत्रीकरण की आहटें सुन रही है :

> सदी और सहस्राब्दी का समापन हो चुका है पर वर्तमान और भविष्य के बारे में स्पष्टता हासिल नहीं हो पा रही है। तरह-तरह के सूत्रीकरण पेश किये जा रहे हैं। १९९२ में फ्रांसिस फुकुयामा इतिहास के अंत की घोषणा कर चुके हैं, साम्यवाद की 'पराजय' का भी एलान कर दिया गया है और १९९३ में सेमुअल हटिंग्टन सभ्यताओं के संघर्ष की भविष्यवाणी कर चुके हैं। ... लगता है कि हम अनिश्चितता के विशाल सागर में एक-दूसरे के साथ बहते चले जा रहे हैं। ... अनिश्चितता का बोलबाला इतना जबरदस्त है कि व्यवस्थाओं और प्रणालियों को उसका अभ्यास-सा हो गया है। अनिश्चितता आम बात हो गयी है और उसने संस्थागत रूप ग्रहण कर लिया है। हालत यह है कि यदि कोई समस्याओं के स्पष्ट हल ले कर आता है तो उसे संदेह की निगाह से देखा जाता है। लोगों को ऐसे किसी समाधान के होने में यकीन ही नहीं रह गया है। इस तरह अनिश्चितता एक परिघटना की हैसियत से बढ़ कर अपने आप में एक मत या संप्रदाय की स्थिति में आ गयी है।
>
> ... क्या वर्चस्व और नियमन के एकल केंद्र से बाहर निकलने के परिणामस्वरूप हमें अनिश्चितता या उसके व्यापक एहसास के लिए अभिशप्त होना ही चाहिए? क्या अनिश्चितता सृजनशीलता के लिए दबाव पैदा नहीं करती? क्या अनिश्चितता का यह युग लोगों को अपनी जिजीविषा खोज निकालने और अपना भविष्य अपने हाथ में लेने की प्रेरणा नहीं देगा? क्या वे शासकों और सरकारों के मुखापेक्षी होने के बजाय अब ज्यादा-से-ज्यादा आत्मनिर्भर होने की दिशा में आगे नहीं बढ़ेंगे? ... भारत जैसे गैर-आधुनिक समाजों में भी संस्थागत क्षय, शासकों द्वारा जिम्मेदारियों का त्याग और अंतर्राष्ट्रीय ताकतों के सामने अपनी इयत्ता के समर्पण की परिघटना जारी है। व्यक्ति और राज्य, दोनों इसके कारण संकट में हैं। लेकिन भारतवासियों को इतिहास के निर्माण या अनिर्माण की चिंता ने कभी नहीं सताया। उनके लिए तो इतिहास शुरू होने से पहले ही खत्म हो जाता है। हमें तो

इतिहास की चिंता फुकुयामाओं और हटिंग्टनों के लिए छोड़ देनी चाहिए। वे इतिहास के साथ जो चाहे करें। हम अनिश्चितता में जरूर घिरे हुए हैं पर हमें उसी में से वर्तमान और भविष्य की योजनाएँ खोज निकालनी होंगी। यह कार्यभार हम अपने नैतिक और मूल्यगत मानदंडों के अनुसार पूरा करेंगे, ताकि उसी आधार पर एक सच्चे मानवीय भविष्य की रचना की जा सके।

आत्मकथ्य

कोठारी बनाम कोठारी

रजनी कोठारी से अभय कुमार दुबे की लंबी बातचीत

रजनी कोठारी आजकल आलोचना के मूड में हैं। और उनके निशाने पर जो शख्स है उसका नाम भी रजनी कोठारी ही है। वे न खुद को बख्शने के लिए तैयार हैं और न ही समाजविज्ञानों के उस बौद्धिक अनुशासन को जिसके वे पुरोधा माने जाते हैं। उनकी आलोचना से न वे संस्थान बच पा रहे हैं जिन्हें खड़ा करने में स्वयं उनका योगदान है और न ही वे धारणाएँ जिनके प्रतिपादन के लिए वे खुद जाने जाते हैं। आलोचना की इस प्रक्रिया ने राष्ट्र–निर्माण की उस परियोजना को भी अपने दायरे में ले लिया है जिसमें एक शीर्ष राजनीतिशास्त्री के तौर पर कोठारी ने अन्यतम योगदान दिया है। आलोचना अगर इतनी ईमानदारी से की जाये, उसका फलक इतना व्यापक हो और साथ ही उसकी प्रवृत्ति अंतर्मुखी भी हो तो वह आत्यंतिक रूप से रचनात्मक हो जाती है। ऐसा आलोचक कोई बौद्धिक रक्तपात नहीं करता। वह तो आलोचना को सृजन का औजार बना लेता है और फिर आलोचना के गर्भ से नयी संभावनाओं का जन्म होता है।

छवि और व्यक्तित्व के अंतर्विरोध

प्रश्न : एक मशहूर समाजविज्ञानी के रूप में आपकी एक प्रचलित छवि है। आपकी निजी शख्सियत और इस छवि में कितनी समानता है? क्या असली रजनी कोठारी को उनकी छवि के ज़रिये समझा जा सकता है? क्या दोनों वजूद एकाकार हो चुके हैं? अगर हाँ, तो कैसे? अगर नहीं, तो दोनों के बीच क्या अंतर है?

उत्तर : समाजविज्ञान के क्षेत्र में मुझे राजनीतिशास्त्री माना जाता है। यह भी

माना जाता है कि मैं खासा प्रभावशाली राजनीतिशास्त्री हूँ। इस छवि का दूसरा पहलू यह है कि शुरू में लोग मुझे व्यवस्था का समर्थक समझते थे लेकिन आपातकाल के बाद उन्हें लगा कि मैंने व्यवस्था विरोधी दिशा अपना ली और राजनीतिक प्रक्रिया को बिलकुल दूसरे नजरिये से देखने लगा। यानी पहले मुझे कांग्रेस समर्थक माना गया और फिर मेरे ऊपर विपक्ष के समर्थक का बिल्ला लगा दिया गया। इस छवि और असली रजनी कोठारी में सबसे बड़ा फर्क तो यही है कि मेरे काम को देखने की इस सरलीकृत दृष्टि के पीछे वे अंतर्विरोध छिप जाते हैं जिनसे मिल कर मैं बना हूँ। मैं तो लगातार विचारों के विभिन्न सोपानों के बीच लंबी-लंबी यात्राएँ करता रहा हूँ। मैं जब एक सिरे से चल कर दूसरे पर पहुँचता हूँ तो ज्यादा संभावना यही रहती है कि वह सिरा किसी अन्य विचार का ही होता है। इस यात्रा में पक्ष बदल जाते हैं और एक नये अंतर्विरोध की सृष्टि होती है जिसकी बुनियाद में एक नया असंतोष होता है। इस तरह मेरे व्यक्तित्व में एक अविराम बेचैनी है जो तरह-तरह के असंतोषों से मिल कर बनी है और जिसे मैं अपने बौद्धिक विकास का मुख्य कारक मानता हूँ। मेरी प्रचलित छवि के साथ समस्या यही है कि वह मेरे विकास के इस आयाम को रेखांकित करने में नाकाम रहती है। लोगों को लगता है कि जैसे मैं एक धारणा से दूसरी धारणा पर छलाँग लगा कर पहुँचता रहता हूँ। वे इसे यात्रा के रूप में नहीं देखते। वे यह नहीं देखते कि किसी बौद्धिक जीवन के लिए आत्म-साक्षात्कार का यह भी एक तरीका हो सकता है। इस विधि से भी कोई यह एहसास कर सकता है कि वह कहाँ गलत था और उसे किन-किन मुद्दों पर पुनर्विचार करना चाहिए, किन-किन पूर्व-धारणाओं को संशोधित करना चाहिए। मेरे चिंतन, विश्लेषण और संश्लेषण का यही तरीका रहा है, पर मेरी छवि इसका कोई सुराग नहीं देती।

व्यवस्थापोषक समझे जाने के साथ-साथ मुझे पश्चिम समर्थक और दक्षिणपंथी भी माना जाता रहा है। असलियत यह है कि मैं पश्चिम का पूरा समर्थक कभी नहीं रहा। शुरू में मैं पश्चिम और उसकी कुछ विचार-शैलियों से प्रभावित जरूर था। यह प्रभाव मेरे ऊपर औपनिवेशिक काल में ही पड़ गया था। लेकिन फिर मैं उसका आलोचक होता चला गया। निजी तौर पर आज मैं यह ठीक-ठीक नहीं बता सकता कि किस मोड़ पर मैंने भारत को उपनिवेश बनाने के कारण ही पश्चिम की आलोचना से आगे बढ़ कर गाँधी के हिंद स्वराज्य की भाँति पश्चिमी सभ्यता की समूची विचार-दृष्टि की आलोचना ही शुरू कर दी। पता नहीं वह कौन-सा मुकाम था जिस पर मेरे चिंतन जगत में यह परिवर्तन हुआ। मेरी प्रचलित छवि ये सब बातें नहीं बताती। मुझे पूरा शक है कि लोग

मुझे विकासशील समाज अध्ययन पीठ में कार्यरत आशीष नंदी और धीरूभाई शेठ जैसे मेरे कुछ साथियों के बौद्धिक प्रभामंडल की रोशनी में भी देखते हैं। यह भी उचित नहीं है, क्योंकि मैं उस तरह का पश्चिम विरोधी भी नहीं हूँ। मैंने अपने कैरियर में कई बार खुद को इन साथियों के चिंतन से अलग करने की कोशिश की है।

इसी तरह आधुनिकतावाद और पश्चिम की आलोचना के अलावा अनुसंधान और चिंतन की पद्धति के मामले में भी अध्ययन पीठ के अपने अपेक्षाकृत युवा साथियों के नजरिये से मेरा मत-वैभिन्य रहा है। मैं धीरे-धीरे तथ्य-आधारित अनुसंधान और लेखन के रवैये को छोड़ता गया हूँ। इन साथियों की राय यह है कि मेरा मुख्य योगदान 'भारत में राजनीति' नामक ग्रंथ को ही माना जाना चाहिए। मेरी यह शुरुआती किताब मेरे तथ्यपरक अनुसंधान की देन है। इन साथियों की आलोचना यह है कि मुझे अपने वैश्विक, पारिस्थितिकीय, पर्यावरणीय और ऐसे ही अन्य सरोकारों को इतना महत्त्व नहीं देना चाहिए जितना महत्त्व मैं आजकल इन मुद्दों को देने लगा हूँ।

मैं एक लगातार लिखनेवाला बुद्धिजीवी रहा हूँ। शुरू में केवल अकादमीय पत्रिकाओं में लिखता था लेकिन बाद में व्यावसायिक पत्र-पत्रिकाओं में भी लिखने लगा। धीरे-धीरे मैंने समूहों और संगठनों को भी संबोधित करना शुरू कर दिया। इस सिलसिले ने मेरे अंदर घटनाओं और प्रक्रियाओं को लोकप्रिय ढंग से देखने और पेश करने की क्षमता पैदा की। छवि का यह चक्कर बड़ा अजीब है। मेरी प्रचलित छवि में यह पहलू भी नदारद है। यह छवि ज्यादा-से-ज्यादा मेरा चित्रण एक प्रमुख समाजविज्ञानी के रूप में करती है जिसे कुछ सूत्रीकरणों का श्रेय दिया जा सकता है, लेकिन मेरे अन्य कामों के बारे में यह मान लिया गया है कि मार्क्सवादी या गाँधीवादी इसे ज्यादा अच्छी तरह अंजाम दे सकते हैं। हो सकता है उनकी बात सही हो।

हाँ, एक बात जरूर है कि पिछले दिनों कई लोग मानने लगे हैं कि हाल ही में मैंने अचानक वामपंथ के खेमे में छलाँग लगा दी है। आशीष नंदी जैसे पुराने साथी चूँकि घोर वाम-विरोधी हैं इसलिए वे इस बात से काफी नाखुश हैं। यहाँ मैं मानता हूँ कि मैंने वामपंथी हलकों तक पहुँचने की सोची-समझी कोशिश की है जिसके नतीजे के तौर पर वामपंथियों के बीच मुझे मान्यता मिली है। वे मुझे अपने दायरे का व्यक्ति मानने लगे हैं। मुझे अपने इस प्रयास पर कोई अफसोस नहीं है, भले ही मेरे शुरुआती काम को सराहनेवाले लोग इसे हजम न कर पा रहे हों। मैं कभी उन अर्थों में वामपंथी नहीं रहा जिन्हें पार्टी सदस्य या कार्ड होल्डर के रूप में समझा जाता है। लेकिन छात्र जीवन में, बाद में मजदूर

आंदोलन के संदर्भ में और अन्य जनांदोलनकारी संदर्भों में मेरी प्रवृत्तियाँ खासी वामोन्मुख रही हैं। मैं आजकल अपना स्मृति-लेखा तैयार कर रहा हूँ जिसमें मैंने अपने शुरुआती जीवन के इन पहलुओं की चर्चा की है। भारत छोड़ो आंदोलन के बाद मैं वामपंथियों के साथ काफी सक्रिय रहा। अपनी पालनपुर की रिहाइश के दिनों में मैं कुछ अध्ययन मंडलों का संचालन करता था। इनसे मेरे कैरियर में तो कोई फायदा नहीं हुआ लेकिन मेरे बौद्धिक विकास में इन वामपंथी रुझानवाले अध्ययन मंडलों का योगदान जरूर है। आज जब मैं मुड़ कर देखता हूँ तो जीवन के उन यादगार क्षणों पर मुझे गर्व होता है। यही वह वक्त था जब मैंने बहुत बड़े पैमाने पर क्लासिक रचनाएँ पढ़ीं जिनकी अमिट छाप मेरी बौद्धिकता पर पड़ी। इस अध्ययन की मदद से ही मैं अन्य समाजविज्ञानियों से आगे जा कर सोचने में समर्थ हो पाया।

मुझ में शुरू से ही क्लासिक रचनाएँ पढ़ने के प्रति काफी रुचि थी। मेरे पिता का जब देहांत हुआ तो मेरी उम्र कुछ खास नहीं थी। वे मेरे लिए जो पैसा छोड़ गये थे उसका ज्यादातर इस्तेमाल मैंने किताबें खरीदने में किया। बचपन से ही मुझे दमे का रोग परेशान करता रहा है। पालनपुर में अपने दमे से जूझता हुआ मैं इन्हीं रचनाओं में खोया रहता था। इन रचनाओं ने मेरी विचारों की दुनिया के साथ दोस्ती कराई। मेरे सर्वाधिक प्रिय तीन क्षेत्रों में पहला स्थान विचारों के क्षेत्र का है। मेरी सक्रियताओं का दूसरा सबसे प्रिय क्षेत्र संस्थाओं के निर्माण का रहा है। मेरी प्रचलित छवि इस मामले में कुछ तथ्यों को बता पाने में सफल है, हालाँकि उन्हें जिस तरह से रखा जाता है उससे मैं पूरी तरह सहमत नहीं हूँ। मैंने इस अध्ययन पीठ की स्थापना की और उसके विकास में भी कुछ योगदान किया। कुछ अन्य संस्थाओं की नींव भी डाली। लोकायन की भित्ति रचने में लगा रहा।

मैं संघीय प्रणाली और प्रक्रिया का तरफदार रहा हूँ। केंद्रीय स्तर पर विपक्षी दलों के साथ तो नहीं पर राज्यों में इंदिरा गाँधी की केंद्रीकरणवाद के खिलाफ संघर्ष करनेवाले रामकृष्ण हेगड़े और एन.टी. रामराव जैसे नेताओं के साथ मेरा अच्छा तालमेल रहा। अपने राजनीतिक संपर्कों में मैंने किसी तरह के नेताओं के साथ संबंधों की गुंजाइशों को बंद नहीं किया। मैंने सभी तरह के राजनीतिक चिंतकों और नेताओं से संपर्क रखना चाहा। इनमें एक तरफ इंदिरा गाँधी और मोरारजी देसाई जैसे नेता थे और दूसरी तरफ जयप्रकाश नारायण जैसी हस्तियाँ थीं। बाद के जीवन में मेरे वामपंथी पार्टियों के नेताओं से भी अच्छे संबंध हुए। इनमें मार्क्सवादी-लेनिनवादी संगठनों के नेता भी हैं। मैं कह सकता हूँ कि मैंने पीपुल्स वार गुट से लेकर विनोद मिश्रा के नेतृत्ववाले लिबरेशन गुट तक से

संवाद बनाये रखा। इसी का परिणाम था कि मुझे इंडियन पीपुल्स फ्रंट के स्थापना सम्मेलन का उद्घाटन करने का मौका मिला। मेरे लिए यह कोई राजनीतिक खेल नहीं था। इसे मैं अपने संघीय चिंतन का परिणाम मानता हूँ।

मैं जो कुछ हूँ, अपनी प्रचलित छवि के विपरीत उस यात्रा का परिणाम हूँ जो मैंने सतत जारी रखी है। यह सही है कि इस यात्रा की शुरुआत मैंने व्यवस्था के समर्थक के रूप में की थी लेकिन मेरी मंजिल व्यवस्था का पूर्ण और रेडिकल नकार साबित हुई। कभी मैं राजनीतिक प्रणाली पर हावी अभिजनों के साथ जुड़ा हुआ महसूस करता था, इसलिए मेरे चिंतन में उनकी पैरोकारी थी लेकिन चलते-चलते आज मैं दलितों, पिछड़ों, अल्पसंख्यकों, सभी तरह के गरीबों और महिलाओं के संघर्षों के साथ खड़ा हुआ हूँ। ऐसा इसलिए हुआ कि मैं लगातार आत्मालोचन करता रहा। गिरेबान में झाँक कर देखते रहने की इस प्रवृत्ति को मैं अपनी एक विशेषता मानता हूँ। मेरे लिए यथार्थ लगातार परिवर्तनशील है। आज भी मैं अपने पुराने सूत्रीकरणों पर पुनर्विचार करने के दौर से गुजर रहा हूँ। मैं सोचता हूँ कि मुझे स्वयंसेवी संस्थाओं की राजनीति से संबंधित 'ग्रासरूट्स थियरी' पर भी फिर से गौर करना चाहिए। मैं अपने आप से सवाल पूछ रहा हूँ कि क्या गैर-पार्टी राजनीतिक प्रक्रिया के परिणामस्वरूप सामने आनेवाला विकल्प उचित था? क्या इस प्रक्रिया के दौरान उभरनेवाले नेता और संगठन कोई कारगर और ठोस विकल्प मुहैया कर पाये? अगर इन सवालों का जवाब नहीं में निकलता है तो मुझे देखना होगा कि 'ग्रासरूट्स थियरी' के सूत्रीकरण में क्या समस्या थी।

प्रश्न : आपका अप्रकाशित स्मृति-लेखा पढ़ते हुए लगा कि आपकी अविराम बेचैनी कभी-कभी 'आत्मविश्वास के प्रस्फुटन' में व्यक्त होती रही है। एक तरफ तो आप अपने विचारों और अवधारणाओं पर नहीं टिके रह पाते और दूसरी तरफ आपको आत्मविश्वास के स्रोत भी मिल जाते हैं। यह कैसे हो पाता है?

उत्तर : आमतौर पर माना जाता है कि बेचैनी और आत्मविश्वास परस्पर विपरीत अनुभूतियाँ हैं। लेकिन मेरे मामले में ये एक ही सिक्के के दो पहलू बन जाते हैं। पालनपुर में रहते समय मैंने अपना समय किसी ठोस और नियोजित काम में नहीं बिताया। वह आत्मनिरीक्षण और आत्मखोज की अवधि थी। इस दौर को मैं अपने जीवन का 'स्थगन काल' कहता हूँ। यह बेमतलब बहते हुए भी दिशा खोजने का उपक्रम था। इस दौरान मुझे अक्सर लगता था कि मैं अपने आप को जानना चाहता हूँ लेकिन जान नहीं पा रहा हूँ। इसी दौर से निकलने के बाद मैंने खुद को एकदम बदला हुआ पाया। मुझे लगा कि मैंने खुद को दोबारा

खोज लिया है। इसके बाद कुछ ही वर्षों में मुझे लगने लगा कि मैं दुनिया का सामना करने की स्थिति में आ गया हूँ। इस एहसास ने मेरे अंदर एक तरह के आशावाद की नींव डाली कि चाहे कितना भी मुश्किल क्यों न हो, मैंने अपना रास्ता चुन लिया है। धीरे-धीरे यह विश्वास प्रबल होता चला गया। एक तरफ तो यह यकीन था कि मैं दुनिया का सामना करने में सक्षम हूँ और दूसरी तरफ मेरी अपने आप से कभी न संतुष्ट होनेवाली प्रवृत्ति थी। ये दोनों पहलू मिल कर उस अविराम बेचैनी की रचना कर रहे थे जिसका जिक्र मैंने किया है।

मेरे साथ यह अक्सर होता रहा है कि आत्मसंदेह के एक दौर से जूझते हुए निकलने के बाद मुझे अचानक जबर्दस्त आत्मविश्वास की अनुभूति होती है। मुझे लगता है कि दो मामलों में ऐसा सबसे ज्यादा होता है। संस्थाओं के निर्माण में और राजनीतिक प्रक्रिया को समझने के मामले में। मुश्किल यह होती है कि यह आत्मविश्वास भी मुझे मेरे लक्ष्यों के औचित्य के प्रति पूरी तरह आश्वस्त नहीं कर पाता। इस तरह एक नये अंतर्विरोध का जन्म हो जाता है। अपनी इस समस्या पर मैंने बहुत सोचा है और मैं बहुत साफ भी नहीं हूँ पर मुझे लगता है कि शायद मैं राजनीतिक प्रक्रिया में सीधी और प्रत्यक्ष भागीदारी करना चाहता था लेकिन दलगत राजनीति के संदर्भ में हिचक बनी रही और मैं इस प्रक्रिया का केवल विश्लेषक ही बन कर रह गया। मैं कहूँगा कि यह मेरे व्यक्तित्व का केंद्रीय आत्मसंदेह है कि मैं जिस दुनिया का अंग बनना चाहता हूँ उसी से नाखुश हो जाता हूँ और जिन फायदों के लिए मैं किसी तरफ आकृष्ट होता हूँ उन्हीं के प्रति मन में क्षोभ आ जाता है। इससे लगता है कि बेचैनी मेरे वजूद में ही अंतर्निहित है। इसे एक विचार से दूसरे विचार की तरफ जाने से ही जोड़ कर देखना उचित नहीं होगा।

प्रश्न : मुझे अजीब लग रहा है कि आप जैसे व्यक्ति के जीवन में भी कोई 'स्थगन काल' रहा होगा। आपने जितना काम किया है उससे तो लगता है कि आपका जीवन बहुत नियोजित और हर पल का सोद्देश्य दोहन करनेवाला रहा होगा। जरा बताइए कि इतना विशाल वाङ्मय तैयार करनेवाले विद्वान को ऐसे 'स्थगन काल' की क्या जरूरत पड़ी और क्लासिक रचनाएँ पढ़ने के अलावा आपने इस अवधि को कैसे गुजारा?

उत्तर : बर्मा से लौटने के बाद और १९४२ के भारत छोड़ो आंदोलन में भागीदारी करने के पहले मेरी जिंदगी इस दौर से गुजरी। वह किशोरावस्था ही थी जब मैं किताबों के जरिये चिंतन-मनन के जीवन को अपना चुका था। अध्ययन करने के साथ-साथ मैंने अपने घर पर एक अध्ययन मंडल भी आयोजित किया जिसमें पालनपुर की कई ऐसी हस्तियों ने भाग लिया जिनके

पास गंभीर चिंतन का मुहावरा था। लेकिन उस समय मेरे पास इसके अला कुछ और करने के लिए नहीं था। इसलिए मैं इस दौर को बेमतलब बहने के रूप में पेश करता हूँ। इसे 'स्थगन काल' कहने के पीछे मेरे दो मतलब हैं। पहला, जिंदगी के नित्य कर्मों से मेरा मन उचटा हुआ था और कोई साफ मकसद मेरे सामने नहीं था। दूसरा, जब कोई ऐसी अवधि से बाहर निकलता है तो अचानक रफ्तार पकड़ लेता है। उसे लगता है कि उसमें विस्फोटक ऊर्जा आ गयी है। ऐसा ही मेरे साथ हुआ। भारत छोड़ो आंदोलन में मेरी भागीदारी ने मेरे जीवन पर अमिट प्रभाव डाला यानी मुझे हमेशा के लिए एक राजनीतिक कार्यकर्ता की मानसिकता से लैस कर दिया। मैंने अपने जीवन में चाहे जो किया हो पर मैं सदैव अपने आप को राजनीतिक रूप से सक्रिय मानता रहा, हालाँकि कभी चुनाव नहीं लड़ा और न ही सरकारी दायरों में कोई जिम्मेदारी सँभाली पर एक व्यापक अर्थ में मैं राजनीतिक प्रक्रिया का अंग बना रहा। उस छोटी-सी उम्र में मैंने नुक्कड़ सभाओं को संबोधित किया और अपने परिवार की आपत्ति के बाद भी आंदोलनकारी गतिविधियों में संलग्न बना रहा।

प्रश्न : तो आपकी विस्फोटक ऊर्जा अकादमीय गतिविधियों में इस्तेमाल होना कब से शुरू हुई?

उत्तर : मैंने अपनी पहली रचना पचास के दशक में लिखी जो छः भागों में *इकनॉमिक वीकली* में छपी। इसी पत्रिका को आजकल *इकनॉमिक एंड पॉलिटिकल वीकली* के नाम से जाना जाता है। १९५८ के बाद मैं बड़ौदा में पढ़ा रहा था। मेरी सारी ऊर्जा अध्यापन में खर्च हो रही थी। काफी मजा आ रहा था। उसी दौरान मेरे वरिष्ठ साथियों ने अध्यापन करते हुए स्वतंत्र रूप से शोध और लेखन करने का सुझाव दिया। तभी हुआ यह कि संयोग से मुझे भावनगर में हो रहे कांग्रेस अधिवेशन में जाने का मौका मिला। अधिवेशन स्थल का नाम सरदार पटेल के नाम पर सरदार नगर रखा गया था। वहाँ मुझे कांग्रेस नेताओं और कांग्रेस कार्यसमिति के कामकाज को नजदीक से देखने का मौका मिला। उस तजुर्बे में कुछ ऐसी तासीर थी कि मेरा मन उसे कागज पर उतारने के लिए अकुला उठा। मैंने वीकली के संपादक सचिन चौधरी को पत्र लिखा कि मैं 'फार्म एंड सब्सटेंस ऑव इंडियन पॉलिटिक्स' शीर्षक से एक लेख लिखना चाहता हूँ लेकिन वह लेख छः किश्तों में होगा। सचिन चौधरी ने मेरे जैसे नातजुर्बेकार युवक लेखक पर भरोसा किया और हर हफ्ते वे मेरे लेखों का इंतजार करते रहे। यह लेखमाला राजनीतिशास्त्र में मेरे जीवन-भर के सैद्धांतिक काम का आधार बनी। इन लेखों के प्रकाशन के बाद मैंने कभी पीछे मुड़ कर नहीं देखा। तब से अब तक मैं लगातार लिख रहा हूँ और लेखन को मेरे जीवन का एक बड़ा

अनुराग माना जा सकता है।

प्रश्न : निरंतर बेचैनी अस्थिरता को भी जन्म देती है। यह एक ऐसा मनोवैज्ञानिक संलक्षण है जो बौद्धिक सुसंगति और नैरंतर्य बनाये रखने में बहुत दिक्कतें पैदा करता होगा। मुझे ताज्जुब होता है कि अपनी जो दिमागी कैफियत आपने बताई है उसके साथ-साथ अपनी वैचारिक भित्ति के केंद्र को आपने दरकने से कैसे बचाया?

उत्तर : मैं तो यह मानता हूँ कि मैंने यह नैरंतर्य और सुसंगति बनाये रखने की कोशिश की ही नहीं। मैंने इतना जरूर किया है कि अपने पूर्व विचारों और पूर्व धारणाओं की आलोचना करते समय मैंने उन्हें पूरी तरह कभी नहीं ठुकराया। मैं गाँधी से अपनी तुलना की जुर्रत नहीं कर सकता लेकिन यह याद दिला रहा हूँ कि गाँधीजी के लिए पिछली बातों को नये तरीके से कहना अपने आप को रद्द करना नहीं होता था। परिप्रेक्ष्य और संदर्भ बदल जाता है तो अपने चिंतन में भी संशोधन करना चाहिए। अगर मैं यह नहीं करता तो मैं आगे नहीं बढ़ पाता। मेरा विकास रुक जाता। मुझे अपनी आत्मालोचना की प्रवृत्ति से कोई उलझन महसूस नहीं होती। बेचैनी मेरे विकास की वाहक बन जाती है। बेचैनी और आत्मालोचना शायद तब बाधा बनती है जब कोई उसे अपनी कमजोरी मानने लगता है और अपने आप को अपने ही आइने में देखने के प्रति एक तरह का भय मन में ठहर जाता है। मेरे साथ ऐसी कोई दिक्कत नहीं है। मैं अपने व्यक्तित्व के बौद्धिक हिस्से को बहुत महत्त्व देता रहा हूँ। मैंने अपने संस्थाओं की रचनावाले पहलुओं को भी पर्याप्त महत्त्व दिया है। इस बेचैनी के बिना मैं यह सब नहीं कर सकता था। इसी कारण मैं अपनी नयी प्रस्थापनाओं के प्रति भी पुनरीक्षण का रवैया अपनाता रहता हूँ और उस पुनरीक्षण के परिणामों के प्रति भी मेरा असंतोष मुझे फिर-फिर सोचने के लिए मजबूर करता रहता है। हो सकता है कि कुछ लोगों के लिए यह रवैया कमजोरी का स्रोत हो लेकिन मेरे लिए यह कमजोरी के बजाय एक तरह की द्वैध-वृत्ति का स्रोत रहा है।

प्रश्न : आपकी बेचैनी का एक अन्य पहलू है आपकी द्वैध-वृत्ति, आपकी दुविधा और आपकी अस्पष्टता। क्या यह वही द्वैध-वृत्ति है जो उन्नीसवीं सदी और बीसवीं सदी के बड़े-बड़े भारतीय बुद्धिजीवियों को सताती रहती थी? ये बुद्धिजीवी सांस्कृतिक क्षेत्र में भी कार्यरत थे और राजनीतिक क्षेत्र में भी।

उत्तर : मैं खुद को दुविधा का भारी समर्थक मानता हूँ। मेरे लिए दुविधा एक तरह का जीवन-दर्शन ही है। अनिश्चितता मेरे लिए जीवन के कुछ नियमों में से एक है। अपनी स्मृतियों में मैंने अनिश्चितता पर एक लंबा अध्याय लिखा है। 'भारत में राजनीति' के एक अध्याय में मैने दावा किया है कि अस्पष्टता और

दुविधा भारतीय जीवन का नैसर्गिक अंग रही है। भारत में अस्पष्टता और द्वैध-वृत्ति के प्रति खासी सहनशीलता देखी जा सकती है। वैचारिक लचीलापन भारत की अनूठी विशेषता है और मैं खुद भी इस विशेषता का एक हिस्सा हूँ। जहाँ तक उन महान बुद्धिजीवियों की बात है, मेरा अनुभव उनके मामले से अलग है। वे लोग दूसरों द्वारा अपनी आलोचना के प्रति सहनशील थे। लेकिन अपने विचार के प्रति उनमें खासी दृढ़ता थी। वे मानते थे कि उनके पास सत्य की कुंजी है। श्रीअरविंद का उदाहरण हमारे सामने है। गाँधी की मिसाल देखी जा सकती है। मेरे ख्याल से इन लोगों की रचना में द्वैध-वृत्ति का उस तरह का योगदान नहीं था, जबकि मैं तो पूरी तरह द्वैध से ही बना हूँ। मेरी शख्सियत में यह द्वैध और उसके प्रति सहिष्णुता अंतर्जात है। होता यह है कि जब मैं किसी बात पर जोर दे रहा होता हूँ तो उसी समय मैं उसके खिलाफ जानेवाली दलील को भी मानने के लिए तैयार होता हूँ। कोई चाहे तो इसे अवसरवाद मान सकता है। इसके कारण मुझे अंतर्विरोधों का शिकार भी माना जा सकता है। लेकिन मेरे ख्याल से जीवन और अस्तित्व की समस्याओं का कोई अंतिम हल मौजूद नहीं है। हम जो हैं और जिस काम में लगे हैं या जो कह रहे हैं उसका विलोम भी हमारे साथ लगातार मौजूद रहता है। फर्क यह है कि मेरा द्वैध मेरी धारणाओं के भीतर मौजूद है जबकि उन महान आत्माओं का द्वैध उनकी धारणाओं की दूसरों द्वारा की गयी आलोचना से पैदा होता था।

प्रश्न : उन बुद्धिजीवियों का द्वैध आधुनिकता और परंपरा के द्वंद्व की देन था। वे पश्चिम और पूर्व के बीच ऊहापोह में फँसे हुए थे। क्या आपके द्वैध में भी ये पहलू हैं?

उत्तर : मैं नहीं समझता कि मेरी उलझन को इस तरह परिभाषित किया जा सकता है। शुरू में मैं पश्चिमी उदारतावादी मत से प्रेरित था। मेरे ऊपर जान स्टुअर्ट मिल और बेंथम जैसे चिंतकों का असर था। उपनिवेशवाद विरोधी आंदोलन में भाग लेने के कारण पश्चिम का असर कुछ मंद हुआ लेकिन पश्चिम से मेरी दूरी की शुरुआत मेरी अपनी दुनिया की अपरिहार्यताओं के हिसाब से हुई। जहाँ तक आधुनिकतावाद का सवाल है मेरी शुरुआत आधुनिकतावादी नजरिये के भरपूर समर्थन से हुई थी। 'भारत में राजनीति' के प्रारंभ में मैंने एक आधुनिकतावादी समाजविज्ञानी के रूप में लिखा भी है कि भारत में आधुनिकीकरण की प्रक्रिया चल रही है और मेरी दिलचस्पी इसके राजनीतिकरण में है। आज मैं वैसा नहीं रह गया हूँ। इस लिहाज से कहा जा सकता है कि यह पहलू मेरे द्वैध का अंग है। लेकिन यहाँ साफ कर देना जरूरी है कि मैं आधुनिकतावाद से उस तरह अलग भी नहीं हुआ, जिस तरह आशीष

नंदी जैसे मेरे नजदीकी दोस्त हुए हैं। पूरी तरह आधुनिकतावादी से पूरी तरह परंपरावादी होना मेरे बस में नहीं है। मैं परंपरा की सभी देनों का सम्मान करता हूँ पर आधुनिकता की उपलब्धियों को मैं ठुकराने के लिए तैयार नहीं हूँ। एक तरह से मेरी संबंधित दुविधा का स्रोत ही परंपरा और आधुनिकता के साथ एक साथ रहने की कोशिश है।

प्रश्न : अपने लंबे और बेहद रचनाशील जीवन में आपको सफलता का एहसास कब-कब हुआ? ऐसा आपको कब लगा कि आपने आसमान छू लिया है?

उत्तर : मेरे अंदर एक तरह का यूटोपियायी तत्त्व हमेशा रहा है। मुझमें और मेरे साथियों को लगता रहा है कि अपने संघर्ष के जरिये हम आसमान छू सकते हैं। सफलता के उस शीर्ष तक पहुँचना मेरे जीवन की महत्त्वाकांक्षा रही है और चूँकि मैं इसे पूरा नहीं कर पाया इसलिए द्वैध और बेचैनी का तत्त्व और बढ़ता चला गया। मैं समझता हूँ कि शायद इस नाकामी का कारण मेरा शब्दों की दुनिया में सीमित रहना है। मैं सपने तो देखता रहा लेकिन उन्हें धरती पर उतारने के लिए जिन कार्रवाइयों की जरूरत होती है मैंने उनमें भाग नहीं लिया। आसमान छूना तो चाहता था लेकिन मुझे पता नहीं था कि यह कैसे किया जा सकता है, खासतौर पर बौद्धिक जीवन गुजारते हुए पता नहीं यह महत्त्वाकांक्षा कैसे पूरी की जा सकती थी। अपने अंतर्विरोधों से गुजरते समय मुझे पता था कि मेरी दुनिया मेरे आस-पास बदल रही है। राजनीति अक्सर सिकुड़ कर प्रतीकों और टुकड़ों में रह जाती थी। लेकिन मैंने लगातार कोशिश की कि मैं एक अति से दूसरी अति की तरफ न जाऊँ। मैं आधुनिकतावादी से परंपरापोषक न हो जाऊँ, या पश्चिम से पूर्व की ओर न चला जाऊँ। मैंने दोनों ही दुनियाओं में एक साथ रहना चाहा और यही मेरी खूबी रही या कहिये तो यही मेरी कमी रही।

प्रश्न : आपकी बातों को सुन कर लग रहा है कि आपके पास अपनी विफलताओं और हताशाओं की एक सूची अवश्य होगी। आपके पास अपनी दृष्टि के उन पहलुओं का क्रम भी होगा जो अब आपको व्यर्थ लगते हैं। जरा अपनी ही निगाह में बेकार हो चुके अपने ही सूत्रीकरणों के कबाड़खाने के बारे में बताइये।

उत्तर : मेरी सबसे बड़ी असफलता तो यह है कि मैं अपनी राजनीतिक महत्त्वाकांक्षा पूरी नहीं कर पाया। मैं इस दुनिया को बदलना चाहता था, मैं एक ऐसे परिवर्तन को अंजाम देना चाहता था जिससे राजनीति के मौजूदा प्रतिमान कुछ और हो जायें। लेकिन मैं ऐसा नहीं कर पाया। यह एक मेरी निजी हताशा है। यह जरूर है कि मैंने खोज जारी रखी और अंतर्विरोधों के प्रवाह में बहते

हुए भी कोशिश करता रहा कि उससे निकल कर किसी तरह आत्मसाक्षात्कार हो सके। मैंने अपनी स्मृतियों में यह दर्ज किया है कि हाल के दिनों में मैं काफी अकेलापन महसूस करता रहा हूँ। नाकामी का एहसास मुझे सताता रहा है। ऐसा लगता है कि मैं निरुद्देश्य भटक रहा हूँ। जबकि कभी मैं मानता था कि मैं इस दुनिया को बदल सकता हूँ।

प्रश्न : लेकिन आपने सक्रिय राजनीति में हिस्सा क्यों नहीं लिया? इससे होता यह कि केवल राजनीति के व्याख्याकार रह जाने के बजाय आप राजनीति को अपने विचारों जैसा बनाने की दिशा में ज्यादा ठोस काम कर सकते थे। वैसे भी राजनीति के व्यावहारिक पहलुओं के प्रति आपके विचारों को पढ़ कर नहीं लगता कि आप को दलगत राजनीति से कोई नैतिक उलझन हो सकती है।

उत्तर : दरअसल हुआ यह कि 'फार्म एंड सब्सटेंस ऑव इंडियन पॉलिटिक्स' लिखने से पहले पालनपुर में ही मैंने १९५२ के चुनाव में समाजवादी उम्मीदवारों के पक्ष में सक्रिय काम किया था। उन दिनों हम सभी लोग अशोक मेहता के दावों पर काफी भरोसा करते थे कि जनता कांग्रेस से आजिज आ चुकी है और कम-से-कम पश्चिमी भारत के चार राज्यों में तो कांग्रेस का सफाया होने जा ही रहा है। मैं कांग्रेस का समर्थन करने के लिए तैयार नहीं था, क्योंकि समाजवादी और वामपंथी पृष्ठभूमि के कारण मेरी मान्यता थी कि कांग्रेस नेताओं की भारत विभाजन में भूमिका आपत्तिजनक रही है और जिस तरह से अँगरेजों से समझौता करके आजादी हासिल की गयी है वह सत्ता का हस्तांतरण-भर है न कि यह अपने संघर्ष से जीती गयी आजादी है। अशोक मेहता अपने दफ्तर में अपने बनाये गये चार्टों के बीच रहते थे। वे उन्हीं के आधार पर कहते थे कि भारत छोड़ो आंदोलन की सघनतावाले गुजरात और महाराष्ट्र जैसे राज्यों में समाजवादी पार्टी और विपक्ष के लोग ही जीतेंगे। कुल मिला कर उनकी बातों से तस्वीर यह निकलती थी कि आजादी के पाँच साल बाद ही देश में बड़ा राजनीतिक परिवर्तन होने जा रहा है। क्षेत्र में काम करते हुए हम भी यही मान रहे थे। साँस के रोग का लाइलाज मरीज होने के बावजूद मैंने विपक्ष के प्रचार में गाँवों की धूल फाँकी। लेकिन जब नतीजे आये तो हम सब जमीन पर आ गये। तब मुझे एहसास हुआ कि मैंने राजनीतिशास्त्र की पुस्तकों में जो पढ़ा है कि लोकतंत्र कैसे चलता है, वह किसी काम का नहीं है। भारत में तो लोकतंत्र एक पार्टी की चौधराहट के तहत चल रहा था। इस प्रक्रिया में विपक्ष का हकीकतन कोई खास हस्तक्षेप नहीं था। तब मुझे लगा कि शायद मैं भारतीय राजनीति के स्वभाव को समझे बिना नेताओं के हाथ में इस्तेमाल हुआ हूँ। मेरे एक मित्र थे शांति कोठारी। उन्होंने भी सुझाव दिया कि पहले मुझे राजनीति की

नब्ज पर उँगलियाँ रखनी आनी चाहिए, क्योंकि भारत में सरकार और विपक्ष जैसी प्रणाली नहीं, कुछ और ही बंदोबस्त चल रहा है। शांति ने मुझे बड़ौदा आने का निमंत्रण दिया ताकि वहाँ विश्वविद्यालय के पुस्तकालय में उपलब्ध सामग्री का अध्ययन करके मैं राजनीति की बेहतर समझ हासिल कर सकूँ। इसके बाद मुझे भावनगर के कांग्रेस अधिवेशन का अनुभव हुआ। मैं नये निष्कर्षों पर पहुँचा जो कहीं अधिक परिणामवादी थे। छात्र जीवन में हासिल किये गये वामपंथी आदर्शवाद के चश्मे से राजनीति को देखने के बजाय मैंने राजनीति को उस रूप में देखना सीखा जिसमें वह वास्तव में घटित हो रही थी। फिर नये सिरे से पढ़ने और सोचने की प्रक्रिया चली जिसके नतीजे के तौर पर कांग्रेस को सिर्फ एक दल के रूप में न देख कर एक प्रणाली के रूप में उसका अध्ययन सामने आया, विपक्ष की वास्तविक भूमिका और हैसियत के आकलन का सिलसिला शुरू हुआ। आज मैं कह सकता हूँ कि अगर उन दिनों मैंने समाजवादियों के बजाय कांग्रेस के साथ शुरुआत की होती तो शायद मैं राजनीति में ही आ गया होता। लेकिन जब तक मैं कांग्रेस प्रणाली का प्रशंसक बना तब तक काफी देर हो चुकी थी। मैं अध्यापन और अनुसंधान का रास्ता चुन चुका था। देखा जाये तो राजनीतिक व्यवहार के लिहाज से मेरा ताल्लुक गैर-पार्टी राजनीतिक प्रक्रिया से ज्यादा रहा। मैं छात्र आंदोलन से और ट्रेड यूनियन आंदोलन से जुड़ा रहा। प्रत्यक्ष राजनीति में न जा पाने का एक कारण मेरे पिता भी थे। वे मुझे व्यापार में लगाना चाहते थे जिसके लिए मैं कतई तैयार नहीं था। मैंने पिताजी को एक लंबा पत्र लिख कर अनुरोध किया कि मुझे वह करने दिया जाये जो मैं करना चाहता हूँ। खैर, पिताजी ने कोई जबरदस्ती नहीं की पर १९५२ के चुनाव का कड़वा अनुभव राजनेता बनाने के बजाय मुझे राजनीति का व्याख्याता बनाने की तरफ ले गया। कहना न होगा कि मेरे पास अवसर काफी थे। अगर कोई और होता तो उसने कोई न कोई पार्टी अपना ही ली होती।

एक अन्य कारण यह भी हो सकता है कि मैं किसी विचारधारा से पूरी तरह मोहित कभी नहीं रहा। चाहे वह मार्क्सवाद हो, गाँधीवाद हो या उदारातावाद हो। मेरा रेडिकलिज्म अधिकतर नयी दुनिया बनाने के यूटोपियायी ख्याल से जुड़ा हुआ था। इसलिए सक्रिय राजनीति में शामिल न हो कर भी एक राजनीतिक प्रवृत्ति हमेशा बनी रही। पालनपुर में आयोजित किये गये अध्ययन मंडलों के दिनों से लेकर लंदन स्कूल ऑव इकनॉमिक्स में पढ़ते समय चलाये गये अध्ययन मंडलों तक, १९४२ के आंदोलन में की गयी नुक्कड़ सभाओं से लेकर आपातकाल का विरोध करने में काफी सक्रिय भूमिका निभाने तक और अपने प्रेरणादायी शिक्षकों की बातों को आत्मसात करने से लेकर लगातार लेखन

करने तक हर कदम पर मैं राजनीति ही करता रहा हूँ। मैं कह चुका हूँ कि लेखन मुझे अत्यंत प्रिय रहा है। दस-बारह किताबें लिखने के साथ-साथ मैंने बहुत से लेख भी लिखे हैं। मैं अपने दोस्तों से कहता रहा हूँ कि मीटिंगों और सेमिनारों में भागीदारी लेखन का स्थान कभी नहीं ले सकती। जब तक आप लगातार नहीं लिखेंगे तब तक आपके विचारों का प्रचार-प्रसार नहीं होगा। यहाँ मैं बताना चाहता हूँ कि जनता पार्टी का चुनाव घोषणापत्र भी मैंने ही लिखा था। सुरेंद्र मोहन का कहना था कि केवल रजनी कोठारी ही यह घोषणापत्र लिख सकते हैं। आज तक मैं अपने आप को राजनीतिक रूप से सक्रिय मानता हूँ। जाहिर है कि यह सक्रियता चुनावी और सरकारी किस्म की नहीं है।

प्रश्न : बाद में जब आप राजनीति विज्ञानी के रूप में मशहूर और असरदार हो गये तो क्या कभी आपने राज्यसभा का सदस्य बन कर पार्टी-पॉलिटिक्स को प्रभावित करने के बारे में नहीं सोचा? इस तरह आप लोकसभा का चुनाव लड़ने की जहमत से भी बच सकते थे।

उत्तर : मेरे दोस्त शांति कोठारी गुलजारी लाल नंदा और इंदिरा गाँधी से संपर्कों के जरिये राज्यसभा में पहुँच गये थे लेकिन मैंने इस बारे में कभी नहीं सोचा, क्योंकि मेरे लिहाज से रूपांतरणकारी राजनीति संसद या सरकार के जरिये नहीं की जा सकती। इंदरकुमार गुजराल के प्रधानमंत्रित्व में मुझे ठोस पेशकश मिली कि मुझे कुलदीप नैयर और शबाना आजमी के साथ राज्यसभा में नामजद किया जा सकता है। पर मैंने इस पर अपनी सहमति नहीं दी। इस समय तक मैं पार्टी-पॉलिटिक्स के प्रति काफी हद तक विरक्ति महसूस करने लगा था। आमतौर पर यह तर्क दिया जाता है कि अगर अच्छे लोग राजनीति में सक्रिय नहीं होंगे तो खराब लोग ही उस पर कब्जा कर लेंगे। मैं इस तर्क से कभी ज्यादा प्रभावित नहीं हो पाया। मैं आज वामपंथी दलों और कई नेताओं के काफी नजदीक हूँ। चाहूँ तो आज भी पद और हैसियत हासिल कर सकता हूँ लेकिन मैं मानता हूँ कि पार्टी के अंदर जाये बिना भी आप कहीं ज्यादा बड़ी भूमिका निभा सकते हैं। और मैं राजनीति में यही कर रहा हूँ—लेखन के जरिये, सैद्धांतिक काम करके, गैर-पार्टी राजनीतिक प्रक्रिया में भागीदारी करके। इस तरह से परिवर्तनकारी राजनीति के हितों की बेहतर सेवा की जा सकती है।

जिस जमाने में मैंने योजना आयोग की सदस्यता ली, उसी दौरान मैंने अपने पुराने विचारों और अवधारणाओं की आलोचना शुरू की। मैं मानने लगा था कि तथ्य और आँकड़ा आधारित विश्लेषण के कारण मैंने नेहरू सरकार का और उसके मॉडल का जो समर्थन किया था, वह गलत था। इस तरह नेहरू के जमाने का बायें बाजू का रवैया धीरे-धीरे मेरा साथ छोड़ने लगा। इसी नजरिये के कारण

मैंने इंदिरा गाँधी के गरीबी हटाओ नारे का समर्थन किया था। इस नारे से प्रभावित हो कर ही मैंने इंदिरा गाँधी को पत्र लिखा था कि अब उन्हें इस सफलता के आधार पर खड़े हो कर राष्ट्र-निर्माण के कुछ नये सोपान रचने चाहिए। यह अलग बात है कि वे कुछ नहीं कर पाईं और सरकार की बागडोर उनके बेटे संजय गाँधी और उनके लंपट दोस्तों ने सँभाल ली। मुझे याद है कि उस समय जयप्रकाश नारायण ने मुझे बुला कर कहा था कि मुझे इस औरत पर कोई भरोसा नहीं है। ये कुछ गड़बड़ करनेवाली है। जे.पी. का अंदेशा बाद में आपातकाल की घोषणा के रूप में सही निकला। आपातकाल के खिलाफ संघर्ष करने में मैंने खूब जम कर काम किया। जनता पार्टी का घोषणापत्र लिखा। बाद में मध्यवर्ती-लोकतांत्रिक ताकतों की पार्टी के रूप में जब जनता दल बनाने का वक्त आया तो भी मैंने हेगड़े के साथ उस प्रक्रिया में योगदान किया। इसी दौरान मेरा मुलायम सिंह से संपर्क हुआ। मैं आज तक मुलायम के प्रति हमदर्दी की भावना रखता हूँ। मुझे लगता है कि उ.प्र. विधानसभा के आनेवाले चुनाव में वे जीत सकते हैं।

इस तरह राजनीति से जुड़े होने के बाद भी मेरे हाथ उसमें रँगे हुए नहीं हैं। मैं साफ कर देना चाहता हूँ कि मैं दुनिया बदलने के लिए राजनीतिक गतिविधि को केंद्रीय तो मानता हूँ लेकिन मेरे लिए यह राजनीति सरकारी किस्म की नहीं है, गैर-सरकारी किस्म की है, स्वयंसेवी किस्म की है। इसीलिए आज भी मैं नीचे से उठ रहे आंदोलनों को समर्थन देता हूँ। निराशा का कारण यह है कि मैं जिस तरह के बड़े पैमाने के व्यापक परिवर्तन की संकल्पना करता हूँ वह नहीं होता। छोटे स्तर पर आंदोलन होते हैं, स्थानीय स्तर पर कुछ होता लगता है, लेकिन अखिल भारतीय स्तर पर कुछ घटित नहीं होता। छोटे-छोटे स्तर पर होनेवाली गतिविधियों से बड़े परिवर्तन का मकसद पूरा नहीं होता।

प्रश्न : लेकिन सरकार में तो आप गये। विश्वनाथ प्रताप सिंह सरकार में आप योजना आयोग के सदस्य बने और समझा जाता है कि आपने उसमें उल्लेखनीय भूमिका निभायी। इस सिलसिले में आप के साथ कुछ विवाद भी जूड़े हुए हैं लेकिन उनके बारे में बाद में बात करेंगे। अभी तो यह बताइये कि यह पद आपने क्यों स्वीकार किया?

उत्तर : हुआ यह कि वी.पी. सिंह की जब सरकार बनी तो रामकृष्ण हेगड़े को मंत्री बनाने का मसला उठा। संभवत: वी.पी. सिंह हेगड़े को मंत्री नहीं बनाना चाहते थे। उस जमाने में कम-से-कम अफवाहें तो इसी किस्म की थीं। मेरे ख्याल से हेगड़े को भी आज तक लगता है कि उन्हें मंत्रिपद न दिये जाने की भरपायी करने के लिए उन्हें योजना आयोग का उपाध्यक्ष बनाया गया था। बहरहाल, हेगड़े आयोग में अपने विश्वस्त लोगों को रखना चाहते थे। कर्नाटक

में मुख्यमंत्रित्व के काल में इंदिरा गाँधी की केंद्रीकरणवादी प्रवृत्तियों के खिलाफ संघर्ष करते समय मेरा उनसे अच्छा रब्त-जब्त हो गया था। तब उन्होंने अपनी सरकार के नीतिगत विन्यास के लिए बुद्धिजीवियों का एक दल बनाया था जिसमें मैंने प्रमुख भूमिका निभायी थी। वे चाहते थे कि मेरे दोस्त गाँधीवादी अर्थशास्त्री लक्ष्मीचंद जैन के साथ मैं भी आयोग में जाऊँ। मैं तैयार नहीं हुआ। मेरी पत्नी हंसा भी राजी नहीं थीं। पर मेरे ऊपर दबाव डाला गया और कहा गया कि तुम विकल्प की बात बहुत करते हो, अब मौका है कि अपने विचारों को धरती पर उतारने के लिए कुछ करो। लक्ष्मी जैन ने मेरे घर आ कर हंसा को मना लिया। इससे पहले १९७७ में जनता पार्टी की सरकार बनने पर मुझे भारतीय समाजविज्ञान अनुसंधान परिषद का अध्यक्ष बनाया गया था। बहरहाल, मैं योजना आयोग में चला गया लेकिन वी.पी. सरकार ज्यादा दिन नहीं चली। जैसे ही यह सरकार आडवानी की रथयात्रा के कारण गिरी, मैंने निर्णय लिया कि मुझे इस्तीफा दे देना चाहिए। मेरा यह निर्णय आयोग के अन्य सदस्यों अरुण घोष, इला भट्ट, वैद्यनाथन और लक्ष्मीचंद जैन को भी पसंद आया। और हम सबने त्यागपत्र दे दिया।

आयोग में होता यह था कि मैं और अरुण घोष उद्योग के इंचार्ज थे। उद्योग मंत्री अजित सिंह थे। मोंटेक सिंह अहलूवालिया और पाई पनांडीकर जैसे लोग वी.पी. सिंह को विश्व बैंक और अंतर्राष्ट्रीय मुद्रा कोष की दिशा में ले जाना चाहते थे। हम लोग विरोध करते थे। अजित सिंह और अहलूवालिया से हमारा लगातार संघर्ष होता रहता था और वी.पी. सिंह हमारे बीच समझौता कराते रहते थे।

प्रश्न : आप कहते हैं कि आपका पहला प्रेम विचारों की दुनिया है और आपने ऐसे कई विचार भी दिए हैं जो राजनीति को समझने के लिहाज से कालजयी हैं। जैसे, राजनीति में जातिवाद की उलझन को आपने जातियों के राजनीतिकरण के रूप में व्याख्यायित करके जाति की भारतीय परिघटना और संसदीय लोकतंत्र की अन्योन्यक्रिया पर अनूठी रोशनी डाली है। ऐसे ही कई सिद्धांत और भी हैं। आपके प्रशंसक और छात्र जानना चाहेंगे कि आपके दिमाग में विचार कैसे फूटते हैं। यात्रा करते समय, एकांत में दूसरे विद्वानों की रचनाएँ पढ़ते समय, साथी विद्वानों से विचारोत्तेजक बहस करते समय या अचानक यूँ ही?

उत्तर : मुझे तो लगता है कि मेरे दिमाग में विचार स्वतः उद्भूत होते हैं। मैं बहुत बीमार रहता आया हूँ। बीमारी में सोचने के अलावा आप कुछ कर नहीं सकते। मैंने शुरू से ही अपने साथ एक पैड रखने की आदत बना ली थी ताकि बिस्तर पर लेटे हुए अक्सर आनेवाले विचारों के अंशों को मैं नोट कर सकूँ। ज्यादातर विचार मेरे दिमाग में अपनी शख्सियत के बारे में सोचते हुए ही आये

हैं। अपने ही अंतर्विरोधों, अपने ही असंतोषों के बारे में ऊहापोह करते हुए मैंने बहुत कुछ सोचा है।

इस मामले में यह कहना ठीक होगा कि मेरे विचारों के प्रजनन में किन्हीं निश्चित विचारधाराओं का हाथ नहीं रहा है। मैं गाँधी से पूरी तरह प्रभावित कभी नहीं रहा। मैंने अपने आप को गाँधीवादी कभी नहीं माना। हाँ, यह जरूर है कि भारत द्वारा पश्चिमी तौर-तरीके अपनाने के खिलाफ गाँधी की आलोचना के प्रति मैं सहमत हुआ। इस प्रश्न पर मैं गाँधी-नेहरू विवाद में गाँधी के साथ रहा। हालाँकि गाँधी आजादी के बाद ज्यादा दिन जीवित नहीं रहे लेकिन उन्हें दिखायी पड़ गया था कि स्वातंत्र्योत्तर पीढ़ी किस तरह के राष्ट्र की रचना करना चाहती है। दूसरी तरफ गाँधी जिस तरह की जीवन-शैली अपनाने के लिए कहते थे उसे मानने के लिए मैं कभी तैयार नहीं हुआ। इस तरह गाँधी का एक अप्रत्यक्ष प्रभाव मेरे ऊपर रहा लेकिन मैं वैसा गाँधीवादी कभी नहीं रहा कि अपने आप को गाँधी शांति प्रतिष्ठान जैसे प्रकल्पों से परिभाषित कर सकूँ। इसी तरह मैं पूरी तरह मार्क्सवादी भी कभी नहीं रहा। मुझमें रेडिकल किस्म के रुझान अवश्य रहे। आजादी से पहले के आंदोलनों पर वामपंथी छाप स्पष्ट नहीं थी। बाद में मेरा रेडिकल रुझान मुझे कम्युनिस्ट पार्टियों और फिर मार्क्सवादी-लेनिनवादी समूहों के ज्यादा नजदीक ले आया। मैंने कांग्रेस और बाद में समाजवादी किस्म के वामपंथियों से भी तालमेल रखा। नेहरू और इंदिरा गाँधी ने भी मुझे कई जगह प्रभावित किया। नेहरू के साथ मेरा कोई निजी संबंध नहीं था लेकिन नेहरूवादियों के साथ जरूर था। इनमें रमेश थापर प्रमुख थे। वे 'सेमिनार' निकालते थे जिसमें मैंने लगातार लिखा। अध्ययन पीठ के अधिकतर विद्वानों ने 'सेमिनार' में काफी लेखन किया है।

विचित्र बात यह है कि इन लोगों, नेताओं और पार्टियों से लगातार जुड़े रहने के बाद भी मुझे कहीं भी पूरी तरह अपना नहीं माना गया। वजह यही रही होगी कि मैंने किसी पार्टी लाइन के प्रति समर्पण कभी नहीं दिखाया। इन अर्थों में मैं कभी इरफान हबीब जैसा बुद्धिजीवी नहीं बन सका। मैं लगातार विभिन्न राजनीतिक धाराओं से जुड़ा भी रहा और उनकी आलोचना भी करता रहा। राष्ट्रवादी और उग्रराष्ट्रवादी रवैये से तो मैं खासतौर पर असंतुष्ट रहा। इस मामले में मैं टैगोर की बात मानता हूँ कि राष्ट्रवाद संगठित स्वार्थपरता के अलावा कुछ नहीं है। मैं चाहता हूँ कि साक्षात्कार के इस मोड़ पर ही मैं अपने अंदर आये परिवर्तन के कारणों को साफ कर दूँ। सक्रियता के लिहाज से मेरा जीवन हमेशा दो रास्तों पर चलता रहा। एक तरफ बौद्धिक जीवन था जिसमें मैं लेखन और अनुसंधान में उलझा रहा, बुद्धिजीवियों को जमा करके संस्थानों के निर्माण में

लगा रहा। मेरे अंदर आये परिवर्तन का जिम्मा इस पहलू का नहीं है। यह जरूर है कि लेखन के दौरान मैं व्यवस्था में आ रहे परिवर्तनों का संधान कर पाया। अनुसंधान के दौरान ही मुझे पता चला कि देश को न तो अँगरेजों की तर्ज पर नौकरशाह चला रहे हैं और न ही पश्चिमी लोकतंत्र की तर्ज पर कोई दो दलीय प्रणाली। यहाँ तो एक विलक्षण पार्टी प्रणाली चल रही है जिसकी खास बात है एक पार्टी का वर्चस्व और विपक्ष का न के बराबर महत्त्व। मैं अपनी इस धारणा पर अड़ा रहा। इसी ख्याल ने मुझसे नेहरू मॉडल का समर्थन करवाया। अगर मैं उदारतावादी था तो इसलिए कि मेरे लिए इस विचार का अर्थ आजादी और लोकतंत्र था। कुल मिला कर मेरे बौद्धिक जीवन ने मुझे परिणामवादी बनाया और मुझसे व्यवस्था का समर्थन करवाया। जबकि मुझे बदलने में मेरे जीवन की दूसरी गतिविधि का हाथ था और यह थी राजनीतिक गतिविधि। इसी के कारण मुझे एहसास हुआ कि दुनिया बदलने के लिए सर्वेक्षण-आधारित समाजविज्ञान काफी नहीं है। मेरे अंदर कुछ ऐसा था जो लगातार मुझे लोकजीवन की तरफ खींचता था। नुक्कड़ सभाएँ संबोधित करने की तरफ ले जाता था। मुझसे जलूसों में शिरकत करवाता था। राजनीतिक भागीदारी से प्राप्त अनुभव की रोशनी में मैंने यथार्थ का एक भिन्न ज्ञान हासिल किया। जैसे-जैसे मेरी निगाह में नेहरू और इंदिरायुगीन राज्य ने अपना नियंत्रण खोना शुरू किया वैसे-वैसे मैं सोचने लगा कि परिस्थिति बदलने लगी है। फिर मेरे काम में वे सामाजिक और सांस्कृतिक आयाम शामिल होने शुरू हो गये जिनकी मेरे शुरुआती काम में उपेक्षा हुई थी। आज अगर मैं कार्यकर्ता और बुद्धिजीवी एक साथ माना जाता हूँ तो उसके पीछे कारण यही है। तो बौद्धिक जीवन से मिला परिणामवादी नजरिया और व्यावहारिक राजनीति से मिला रेडिकल नजरिया आपस में टकराया भी, लेकिन ज्यादातर दोनों पक्ष साथ-साथ चलते रहे। शायद यही कारण रहा होगा कि मैं किसी एक विचारधारा का अनुयायी नहीं बना, किसी एक राजनीतिक धारा के साथ नहीं बहा। नेताओं और पार्टियों के साथ मेरे संबंध रहे लेकिन मैं उनका सदस्य या उनका आदमी नहीं बना। चाहे वे गाँधी हों, लोहिया हों, जे.पी. हों। मैं मार्क्सवादी नेता ई.एम.एस. नंबूदिरीपाद का बहुत सम्मान करता हूँ। लेकिन इसके पीछे कारण उनकी राजनीति नहीं, बल्कि केरल के समाज में उनके द्वारा लाया गया पुनर्जागरण है।

अपने परिवर्तन को मैं विचारधारात्मक संदर्भों में इस प्रकार सूत्रबद्ध करना पसंद करूँगा। मेरे चिंतन का प्रारंभ वामपंथी जुड़ाव के कारण एक कच्चे रेडिकल रुझान से हुआ था जो बाद में व्यवहारवादी समाजविज्ञान के अध्यवसाय के कारण परिणामवाद की तरफ झुक गया और जो आज एक परिपक्व वामपंथी

झुकाव में विकसित हो चुका है। इस सफर की अभिव्यक्ति मेरी रचनाओं में भी देखी जा सकती है। पहले मेरे लिए राजनीतिकरण को देखना और समझना ही सब कुछ था। पार्टी प्रणाली के यथार्थ को पेश करना ही खास बात थी। लेकिन बाद में मैं सांस्कृतिक-सामाजिक आयामों पर दिमाग लगाने लगा। ऐसा मुझे करना ही पड़ा वरना जाति और लोकतांत्रिक राजनीति की अन्योन्यक्रिया को कैसे व्याख्यायित कर पाता, सांप्रदायिकता को मैं कैसे समझ पाता, दलित राजनीति की परिवर्तनकारी क्षमताएँ मेरे सामने कैसे उद्घाटित होतीं और राज्य द्वारा अपनी सामाजिक भूमिका छोड़ते चले जाने की असलियत को मैं कैसे देख पाता? मैंने पाकिस्तान, कश्मीर, पंजाब और छोटे राज्यों के निर्माण के मुद्दों में दिलचस्पी दिखानी शुरू की। आज मैं अलग तेलंगाना और विदर्भ राज्य बनाने का समर्थक हूँ। इस तरह मेरा संबंध सिर्फ पार्टी-पॉलिटिक्स न रह कर समाज और संस्कृति के व्यापक क्षेत्र से हो गया। यही वह मुकाम है जब मैं लोकतंत्र के सिद्धांत और भारत के संचालन की आलोचना करने की तरफ बढ़ता हूँ। मेरी मान्यता बन चली है कि लोकतंत्र एक व्यवस्था के रूप में शासकों को वैधता प्रदान करता है इसलिए घोर अलोकतांत्रिक किस्म के शासक भी चाहते हैं कि उन पर चुनाव के जरिये शासन में आने का ठप्पा लग जाये तो बेहतर होगा। लेकिन जब लोकतंत्र को अपने वायदों को पूरा करने या न करने की कसौटी पर कसा जाता है और जब लोगों की समस्याएँ हल करने का सवाल उठ खड़ा होता है तो निराशा हाथ लगती है। मेरे इस विचार से मेरे साथी काफी आहत होंगे। उनकी टिप्पणी होगी कि यह व्यक्ति सारी जिंदगी तो लोकतंत्र की बात करता रहा और अब आखिर में जा कर इस प्रणाली का इतना आलोचक बन गया। अब तक की बातचीत के बाद ऐसा लगने लगा होगा कि मैंने कई स्तरों पर चिंतन करने की कोशिश की है। मेरे परिप्रेक्ष्य में एक साथ राष्ट्रीय, क्षेत्रीय, तीसरी दुनिया-संबंधी और भूमंडलीय दायरे रहे हैं। मैंने पश्चिम में हुए शांति आंदोलन में अपने स्तर पर भागीदारी की है और भारत के एटमीकरण के खिलाफ काम किया है। मैंने फौजीकरण और महाशक्तियों की होड़ का विरोध किया है। पिछले दस वर्षों में मैंने पूँजीवाद के बदलते हुए चरित्र को परखने की कोशिश की है। पहले का पूँजीवाद अलग किस्म का था। उसमें पूँजीवादी देश नियंत्रणकारी भूमिका में थे। आज का पूँजीवाद कारपोरेट किस्म का है। इसमें एक तरफ ब्रेटनवुड संस्थाएँ हैं और दूसरी तरफ बहुराष्ट्रीय कंपनियाँ हैं। मैंने अपने ताजे काम में पूँजीवाद के चरित्र में आये इस परिवर्तन को अन्य परिवर्तनों से जोड़ कर विस्तार से देखने की चेष्टा की है।

समय-समय पर मैंने जो रुख अख्तियार किये हैं उनके पीछे इसी

सिलसिले की भूमिका है। मुझसे बाहर खड़े किसी भी प्रेक्षक को यह सब अंतर्विरोध लग सकता है लेकिन मैं इसे एक यात्रा मानता हूँ। और अगर यह अंतर्विरोध है तो फिर मेरी आज की शख्सियत इसी अंतर्विरोध की देन है।

प्रश्न : सावरकर ने जाति को राजनीतिक गोलबंदी के आधार के रूप में ठुकराया लेकिन धर्म को स्वीकार किया। आपने धर्म को राजनीतिक गोलबंदी का आधार नहीं माना लेकिन जाति को मान्यता दी। जातियों के राजनीतिकरण की थीसिस के पीछे दरअसल कौन-सी प्रक्रिया काम कर रही थी?

उत्तर : यही सवाल जवाहरलाल नेहरू विश्वविद्यालय के बुद्धिजीवियों ने उठाया था और केरल भवन में आयोजित गोष्ठी में मैंने 'कास्ट इन दि इंडियन पॉलिटिक्स' नामक अपनी पुस्तक में दिये गये सूत्रीकरण की व्याख्या पेश की। मैंने उनके सामने जाति-प्रथा की अंतर्निहित द्वंद्वात्मकता रखी और उनकी आलोचना की कि वे जाति के इतने खिलाफ क्यों हैं। राजनीति में जाति का समर्थन करते हुए मैं सांप्रदायिकता विरोध भी कर रहा था। उन लोगों का कहना था कि सांप्रदायिकता के साथ-साथ जाति भी उतनी ही खराब है। मैं इससे सहमत नहीं हो पाता। धर्म को अगर राजनीति का प्रवेश द्वार माना जायेगा तो हिंदू धर्म के संदर्भों में कमजोर जातियों और दलितों के सामाजिक-राजनीतिक हितों पर चोट पहुँचेगी। जाति के आधार पर राजनीतिक पहचान बनाने से अल्पसंख्यकों के हितों को कोई चोट नहीं पहुँचती। इससे जाति का सेकुलर चरित्र साफ होता है। मेरा सांप्रदायिकता विरोधी संघर्ष सिर्फ अल्पसंख्यकों के संदर्भ में ही नहीं होता, बल्कि उसके दायरे में दलित-मुक्ति का संघर्ष भी आता है। बाद में मेरे वामपंथी साथियों ने इस बात को समझा और हरकिशन सिंह सुरजीत ने मुझसे अपनी एक मीटिंग को संबोधित करने के लिए कहा। सुरजीत मुझसे अपनी पार्टी लाइन मानने की अपेक्षा नहीं कर सकते थे। पता नहीं मेरे रवैये ने सुरजीत के साथियों की जाति-संबंधी अनिश्चितताओं को दुरुस्त करने में योगदान दिया या उन्हें बढ़ाया। भारतीय राजनीति की मेरी समझ यही कहती है कि हमारे समाज की समस्याओं का कोई अंतिम उत्तर मौजूद नहीं है। मैं सिर्फ इस निष्कर्ष पर पहुँच पाया हूँ कि जाति और राजनीति का अंतर्संबंध ही परंपरा और आधुनिकता के अंतर्संबंध के केंद्र में है। जातियों के राजनीतिकरण की प्रक्रिया के जरिये ही जाति-प्रथा में रूपांतरण मुमकिन है। राजनीतिक प्रक्रिया के हस्तक्षेप से होता यह है कि धार्मिक रूढ़िवादिता की जकड़ ढीली होती है। धार्मिक रूढ़िवादिता के मुकाबले जाति में मुझे जीवंत अधिक आंतरिक गतिशीलता दिखायी पड़ती है। धर्म मुझे ऐसी कोई आशा नहीं बँधाता, इसलिए जाति के मामले में मैं ज्यादा खुले ढंग से सोचता हूँ।

कुछ विवाद : कुछ स्पष्टीकरण

प्रश्न : अपनी जिस छवि को आप असरदार समाजविज्ञानी की छवि मानते हैं, वह कुछ लोगों की निगाह में एक बेहद विवादास्पद समाजविज्ञानी की छवि भी है। मसलन, आपके ऊपर आरोप है कि आपने विकासशील समाज अध्ययन पीठ की स्थापना करने के लिए एशिया फाउंडेशन के जरिये सी.आई.ए. के धन का इस्तेमाल किया। क्या आप इस गंभीर आरोप की सच्चाई का खुलासा करना चाहेंगे?

उत्तर : मेरी जिंदगी के ऐसे तीन आयाम हैं जिनको मैंने हमेशा बहुत प्राथमिकता दी है। मैं बता चुका हूँ कि इनमें पहला है विचारों का क्षेत्र। निरंतर लेखन के जरिये मैं अपने विचार प्रकट करता हूँ। इससे लोगों पर असर पड़ता है। मुझे यकीन है कि मैंने महत्त्वपूर्ण स्थानों पर बैठे लोगों के साथ जुड़ कर भी यह असर डालने में कामयाबी हासिल की है। दूसरा आयाम है संस्थाओं की रचना। विकासशील समाज अध्ययन पीठ (सी.एस.डी.एस.), लोकायन, *आल्टर्नेटिव्ज* नामक पत्रिका और फेडरल फ्रंट जैसी संस्थाओं के जरिये मैंने राजनीतिक प्रक्रिया को प्रभावित किया है। तीसरा आयाम खुद राजनीति का है। जैसा कि मैं पहले ही कह चुका हूँ कि मैं राजनीति को राज्य और समाज के रूपांतरण के उद्देश्य के लिए केंद्रीय महत्त्व के औजार के रूप में देखता हूँ और मेरी सभी योजनाओं का कार्यक्षेत्र यही होता है। हालाँकि मैं यह भी मानता हूँ कि संस्थाएँ अक्सर आपके पैरों में बेड़ियों का काम भी करती हैं और उनके कारण आपकी स्वतंत्रता बाधित होती है पर अध्ययन पीठ की स्थापना को भी ऐसी ही एक राजनीतिक परियोजना के रूप में देखा जा सकता है।

जहाँ तक सी.आई.ए. और एशिया फाउंडेशन के संबंधों का सवाल है, इसके बारे में अनुदान लेते समय हमें कोई जानकारी नहीं थी। १९६१ में इकनॉमिक वीकली में 'फार्म एंड सब्सटेंस ऑव इंडियन पॉलिटिक्स' की छः किश्तें छपने के बाद दिल्ली में एशिया फाउंडेशन के कर्ताधर्ता प्रोफेसर रिचर्ड पार्क को ये लेख काफी पसंद आये। उन्होंने इन लेखों को ताजा हवा के एक झोंके की संज्ञा दी। उन्होंने प्रस्ताव रखा कि वे मेरे आगे के शोध के लिए आर्थिक सुविधा मुहैया करा सकते हैं। उन दिनों मैं सरकारी संस्थानों के लाल फीताशाह रवैये से खासा त्रस्त था। प्रोफेसर श्यामाचरण दुबे मुझे पंचायती राज पर काम कराने के लिए मसूरी के नेशनल इंस्टीट्यूट ऑव कम्युनिटी डिवलपमेंट में ले गये थे। वहाँ मुझे शोध के लिए काफी फील्ड वर्क करना पड़ा और उसी सिलसिले में मुझे इस बात का और ज्यादा एहसास हुआ कि एक नये तरह के संस्थान की कितनी जरूरत है। इसलिए एशिया फाउंडेशन की पेशकश के बाद

मैंने सोचा कि मैं इस अनुदान को सिर्फ अपनी शोध के ऊपर नहीं, बल्कि एक नये वैकल्पिक शोध संस्थान की नींव डालने में खर्च करूँगा। मैंने वहीं मसूरी में ही उस प्रस्ताव का मसविदा लिखा कि मैं कैसा संस्थान बनाना चाहता हूँ। हमने एशिया फाउंडेशन से केवल एक लाख रुपए का अनुदान लिया और अध्ययन पीठ की स्थापना की। कुछ दिनों बाद *वाशिंगटन पोस्ट* में एक लेख प्रकाशित हुआ जिसमें उल्लेख था कि सी.आई.ए. शोध संस्थानों के जरिये भी अपना जाल फैला रही है। हालाँकि इस लेख में जिन संस्थानों के नाम दिये गये थे उनमें एशिया फाउंडेशन नहीं था लेकिन हमारा माथा ठनक गया। अंदेशा यह था कि इस फाउंडेशन को भी खुफिया एजेंसी का धन मिलता होगा। हमने तय किया कि यह अनुदान वापिस कर दिया जाना चाहिए।

इसी संदर्भ में एक दिन मैं तत्कालीन प्रधानमंत्री इंदिरा गाँधी से मिलने गया और कहा कि मैडम, हम ये अनुदान वापस करना चाहते हैं इसलिए हमें सरकार से इतना ही अनुदान दिलवाइए। इंदिरा गाँधी ने मेरी बात को हल्के ढंग से लिया और कहा कि अरे, तुम भी इस तरह की बातों में आ गये। बैठो, बैठो, कुछ और बात करते हैं। फिर उन्होंने कांग्रेस के वरिष्ठ नेताओं सेअपने मोहभंग की चर्चा की। काफी बात हुई। लेकिन मैं अपनी बात पर भी जमा रहा। तब प्रधानमंत्री ने आश्वासन दिया कि वे इस बारे में अपने वित्तमंत्री मोरारजी देसाई से चर्चा करेंगी। मेरे मित्र और शुभेच्छु तत्कालीन गृह सचिव एल.पी. सिंह का कहना था कि आजकल तो हर सरकारी मंत्रालय सी.आई.ए. का पैसा ले रहा है, इसलिए तुम्हें इस बारे में चिंता करने की जरूरत नहीं है। वास्तव में यह एक तथ्य था कि सी.आई.ए. फौजी मोर्चे पर और प्रतिरक्षा-संबंधी कई मसलों में सीधी मदद कर रही थी। लेकिन हम लोगों को इस तर्क से तसल्ली नहीं हुई। मैने इंदिरा गाँधी से भी कहा कि सी.आई.ए. का पैसा ले कर हम मुँह दिखाने के काबिल नहीं रहेंगे। कुछ ही दिनों बाद बंगलूर में एक वर्कशाप का संचालन करते समय मेरे सहयोगी गोपाल कृष्ण का फोन आया कि मोरारजी से मुलाकात का समय मिल गया है। फौरन आओ। मैं दिल्ली में मोरारजी से मिला और फिर हमें सरकारी ग्रांट मिल गयी। एशिया फाउंडेशन के पैसे वापस कर दिये गये। जो भी हो, इस प्रकरण से मेरी छवि पर असर तो पड़ा ही। विदेशी धन लेनेवाले एक दक्षिणपंथी बुद्धिजीवी की छवि बनी और देश के अंदर मुझे सरकार के नजदीक माना गया।

प्रश्न : अनुदान लेने और फिर वापस करने का किस्सा तो ठीक है पर क्या कभी आपको यह अनुभव नहीं हुआ कि शीत-युद्धकालीन राजनीति में आपकी बौद्धिक क्षमताओं का बेजा इस्तेमाल किया जा रहा है? आखिरकार आप भारत

के लिए उदारतावादी लोकतंत्र का मॉडल ही ठीक होने के जोरदार पैरोकार थे और उस जमाने में सोवियत समर्थक वामपंथी आग्रहों के मुकाबले ऐसे बुद्धिजीवी अमेरिकी हितों को रास आते थे।

उत्तर : नहीं, नहीं, ऐसा कुछ था ही नहीं। यह जरूर है कि उस समय मैं राजनीतिक विचारों के लिहाज से उदारतावादी था और पश्चिमी शैली के लोकतंत्र को अच्छी निगाह से देखता था लेकिन इसका मतलब यह नहीं निकाला जा सकता था कि मैं महाशक्तियों की होड़ में अमेरिकी हितों का प्रवक्ता बनने के लिए तैयार था। मैंने कभी ऐसी भूमिका नहीं निभायी। हकीकत तो यह थी कि जब इंदिरा गाँधी ने सोवियत संघ की तरफ खिसकना शुरू किया तो उदारतावादी गुट के अंदर इस मुद्दे पर मेरे साथ उन लोगों का संघर्ष हो गया जो इंदिरा गाँधी के इन रुझानों को पसंद नहीं करते थे। इनमें 'क्वेस्ट' नामक पत्रिका निकालनेवाले लोग और 'कांग्रेस फार कल्चरल फ्रीडम' नामक संस्था चलानेवाली शक्तियाँ थीं। मैंने इनसे अपना नाता तोड़ लिया। जाहिर था कि मैं वामपंथियों के साथ किसी सांगठनिक संबंध में तो नहीं बँधा था, लेकिन अमेरिकी पाले में भी कभी नहीं था।

प्रश्न : बात केवल इतनी ही नहीं है। आपके बारे में कहा जाता है कि एक वक्त ऐसा भी था जब आप इंदिरा गाँधी के दूत के रूप में काम करते हुए भी नहीं हिचकते थे। क्या आपने गुजरात के नवनिर्माण आंदोलन को इंदिरा गाँधी के पक्ष में झुकाने के लिए इस भूमिका का निर्वाह नहीं किया था?

उत्तर : बात दरअसल उल्टी है। मेरी भूमिका के कारण आंदोलन को फायदा ही हुआ। केंद्र सरकार को उसकी बात माननी पड़ी। हुआ यह था कि उस जमाने में फील्ड वर्क के लिए मैं काफी यात्राएँ करता था। ऐसे ही एक दौरे में मैंने गुजरात की स्थिति के अपने आकलन का एक लंबा नोट बना कर इंदिरा गाँधी को भेजा। मेरा कहना यह था कि गुजरात की जनता तत्कालीन मुख्यमंत्री चिमनभाई पटेल से उकता चुकी है। लोगों में चिमनभाई के खिलाफ इतना असंतोष था। यह मुख्यमंत्री पूरी लोकतांत्रिक प्रक्रिया को धता बताते हुए हुकूमत चला रहा था।

श्रीमती गाँधी ने मेरा नोट अपने सचिव पी.एन. धर के पास भेज दिया। धर ने उसे दबा दिया। एक दिन धर अचानक मेरे घर आये। उस समय तक राजनीतिक परिस्थिति बहुत बिगड़ चुकी थी। नवनिर्माण आंदोलन शुरू हो चुका था। जयप्रकाश नारायण वहाँ अपना डेरा डाल चुके थे। चिमन पटेल को लोगों ने चिमन चोर कहना शुरू कर दिया था। धर ने कहा कि रजनी तुमने जो कहा था आज वही हो रहा है। मेरा जवाब था कि जब मैंने चेतावनी दी थी तो आप

लोगों ने कोई कार्रवाई नहीं की। अब क्या हो सकता है? इसके बाद वहीं मेरे घर पर ही निर्णय लिया गया कि मैं और कानून मंत्री एच.आर. गोखले अमदाबाद जायेंगे, राजभवन में ठहरेंगे और आंदोलनकारियों को बुला कर उनसे बातचीत करेंगे। उस आंदोलन में अध्यापकों और छात्रों की खासी भूमिका थी। इस बातचीत के नतीजे के तौर पर मैंने गोखले से कहा कि वे प्रधानमंत्री से चिमन पटेल को इस्तीफा देने के लिए कहें। गोखले ने इंदिरा गाँधी को फोन किया, चिमन पटेल की सरकार को हटना पड़ा। और यह आंदोलन की माँग भी थी। लेकिन बाद में एक और घटना हो गयी। मोरारजी देसाई अनशन पर बैठ गये कि सभी विधायक इस्तीफा दें। मैं उनकी इस माँग के पक्ष में नहीं था। मेरा तर्क यह था कि हमारा संघर्ष तो चिमन पटेल के खिलाफ था। पर वे तो पूरी कांग्रेस को ही ढहाना चाहते थे। मैंने इसका विरोध किया। इस प्रकरण के कारण मेरी छवि कुछ ऐसी बन गयी जैसे मैंने सरकारी पक्ष का काम किया हो।

प्रश्न : आज आपके अतीत के नतीजे खुद आपके सामने हैं। ग्रासरूट्स थियरी और वर्ल्ड आर्डर मॉडल प्रोजेक्ट (वोम्प) पर किये गये काम की समीक्षा करने की सुविधा आज ज्यादा मौजूद है। क्या आपको नहीं लगता कि ये सभी बौद्धिक प्रयोजन कुल मिला कर उस नयी विश्व व्यवस्था की तैयारी ही थी जिसकी घोषणा जार्ज बुश सीनियर ने नब्बे के दशक में की?

उत्तर : नहीं, जार्ज़ बुश की नयी विश्व व्यवस्था और मेरे काम में कोई संबंध नहीं हो सकता। इस अंदेशे के मुकाबले तथ्य उल्टे हैं। वोम्प की शुरुआत तो कुछ असंतुष्ट बुद्धिजीवियों ने की थी। उस समय तक नयी विश्व व्यवस्था की अवधारणा को मानने के लिए अमेरिकी, पूँजीवादी और व्यापक तौर पर पश्चिमी खेमा तैयार ही नहीं था। हम लोगों का स्वप्नदर्शी कह कर मजाक उड़ाया जाता था। वह तो सोवियत पराभव के बाद विश्व पूँजीवाद ने इस शब्दावली का इस्तेमाल करना शुरू किया। जहाँ तक मेरा सवाल है मेरा तो वोम्प के बुद्धिजीवियों के साथ भी खासा मतभेद था। वे सोचते थे कि ऊपर से केंद्रित हस्तक्षेप करके एक ऐसे विश्वव्यापी बंदोबस्त की रचना की जा सकती है जिसमें न्याय और समता के मूल्यों को असरदार ढंग से अपनाया जा सकेगा। लेकिन मेरा तर्क था कि ऐसा केवल तभी हो सकता है जब यह प्रयास नीचे से, जनता के पैमाने पर विकेंद्रीकृत ढंग से हो। यह अत:संघर्ष चलता रहा लेकिन एक प्रोजेक्ट के रूप में वोम्प ने कभी अमेरिकी खेल नहीं खेला। उसका विरोध ही किया।

प्रश्न : आपके साथ एक और विवाद जुड़ा हुआ है कि योजना आयोग के सदस्य के रूप में आपने ही वी.पी. सिंह को मंडल आयोग की सिफारिशें

स्वीकार करने की सलाह दी थी।

उत्तर : ऐसा नहीं है। मैंने वी.पी. सिंह का इस मुद्दे पर समर्थन जरूर किया था। जब मंडल को लागू करने का फैसला कर लिया गया और विश्वविद्यालयों में उत्पात मचने लगा, बसें जलाईं जाने लगीं और बुद्धिजीवी समुदाय में ध्रुवीकरण होने लगा तो बड़ी बेचैनी पैदा हुई। मुझे याद है कि मेरे पास वीणा दास जैसे मेरे साथियों के फोन आते थे कि रजनी ये सब क्या हो रहा है। मंडल का समर्थन करने के चक्कर में मैंने अपने कई साथियों से नाता तोड़ लिया। सौभाग्य से अध्ययन पीठ के साथियों ने इस मसले पर मेरा ज्यादा विरोध नहीं किया।

प्रश्न : अगर आपने वी.पी. सिंह को यह राय नहीं दी तो फिर यह किसके दिमाग की उपज थी? उनका खुद का इतिहास तो पिछड़े वर्ग के विरोधी का था। उत्तर प्रदेश के मुख्यमंत्री के रूप में उन्होंने एक दस्यु उन्मूलन अभियान चलाया था जिसमें हुई फर्जी मुठभेड़ों में बड़े पैमाने पर यादव युवकों की हत्याएँ की गयीं थी। चरण सिंह, जार्ज और मुलायम सिंह यादव ने इस मुद्दे पर उनके खिलाफ आंदोलन छेड़ा था, एमनेस्टी इंटरनेशनल को चिट्ठी लिखी गयी थी। माना यह जाता है कि यह राय दे कर आपने जातियों और राजनीति की अन्योन्यक्रिया की अपनी थीसिस को धरती पर उतारने की कोशिश की और वी.पी. सिंह ने मंडल मसीहा बन कर देवीलाल एंड कंपनी के खिलाफ पेशबंदी कर ली।

उत्तर : मुझे देवीलाल और वी.पी. सिंह की राजनीतिक होड़ में कोई दिलचस्पी नहीं थी। मेरे लिए तो मेरी अपनी राजनीतिक प्रवृत्तियाँ महत्त्वपूर्ण थीं। मैं उस वक्त तक किसी वामपंथी पार्टी से भले ही न जुड़ा रहा हूँ लेकिन उत्पीड़ित वर्गों के राजनीतिक-सामाजिक दावों के संदर्भ में मेरा रुख उनके पक्ष में जा चुका था। मैं लोक अधिकार संघ (पीयूसीएल) और लोकायन में काफी सक्रिय था। राज्य को दमन का स्रोत मानने लगा था। ये तमाम विचार मेरे लेखों में आसानी से देखे जा सकते थे। कदम-ब-कदम मैं रेडिकल रुझान ग्रहण करता चला जा रहा था।

यह सही है कि वी.पी. सिंह का पिछला रिकार्ड अच्छा नहीं था। मैंने उनसे एक दो बार कहा भी कि पता नहीं आपने आपातकाल का समर्थन क्यों किया और आप इंदिरा गाँधी की तरफ इतने क्यों झुके हुए थे। उनके पास जवाब यह था कि वे उस समय इंदिरा गाँधी को नेता मानते थे। वी.पी. सिंह के किसी काम पर जब हम आपत्ति करते थे कि ये आप क्या कर रहे हैं, तो उनका जवाब होता था कि हाँ साहब, ऐसा ही हो रहा है। मेरे ख्याल से वी.पी. सिंह राजनीति में

पूरी तरह रमे हुए नहीं हैं और उनकी राजनीतिक समझ भी कमजोर है। मेरा यह भी ख्याल है कि उन दिनों वी.पी. सिंह काफी दौरे किया करते थे। शायद पूर्वी उ.प्र. में उन्हें कुछ गाँधीवादी नेताओं ने किसी दौरे के समय गरीबी और पिछड़ेपन के बारे में कुछ समझाया था कि ऊपर प्रधानमंत्री पद पर बैठ कर आप ज्यादा कुछ नहीं बदल सकते। कुछ ऐसा करना होगा जिससे नीचे के स्तर पर कुछ बदलाव आये। इन बातों से शायद वी.पी. के चिंतन में कुछ परिवर्तन आया होगा। वह नेता आचार्य राममूर्ति या कोई और रहा होगा। फिर राजनीतिक जरूरतें भी थीं और मंडल को एक राजनीतिक अस्त्र की तरह इस्तेमाल करने का विचार भी उनके दिमाग में हो सकता था।

वी.पी. सिंह से मेरी निकटता तभी शुरू हुई जब उन्होंने पिछड़े वर्ग की राजनीति की तरफ ध्यान देना शुरू किया। उस समय मैं योजना आयोग में था और विकेंद्रीकरण की योजना का मसविदा लिख रहा था। वरना पहले मेरी उनकी राजनीति में कोई रुचि नहीं थी।

प्रश्न : अब कुछ अकादमीय विवादों पर चर्चा करते हैं। यह कहा जाता है कि एक शोध संस्थान के रूप में आपने अध्ययन पीठ की स्थापना करते समय ही उसे किसी भी तरह की अर्थशास्त्रीय शोध से काट दिया था। अगर यह सच है तो बड़े ताज्जुब की बात है, क्योंकि आपका अकादमीय करियर तो बड़ोदा में छात्रों को मार्क्स, रिकार्डो और एडम स्मिथ का क्लासिकल राजनीतिक अर्थशास्त्र पढ़ाने से ही शुरू हुआ था।

उत्तर : क्लासिकल राजनीतक अर्थशास्त्र में मेरी दिलचस्पी आज भी बरकरार है। मेरी आलोचना यह है कि खुद अर्थशास्त्रियों ने ही समाजविज्ञान के इस अनुशासन को पूरी तरह गणितीय अर्थशास्त्र में सीमित कर दिया है। इन लोगों ने पाठ्यक्रम में से क्लासिकल राजनीतिक अर्थशास्त्र को निकाल ही दिया है। मैं तो आज भी जब भूमंडलीकरण के कारण अर्थव्यवस्था पर पड़नेवाले दबावों के बारे में सोचता हूँ तो परिणामस्वरूप लिखे जानेवाली रचनाएँ राजनीतिक अर्थशास्त्र की ही होती हैं। बड़ौदा में मैं जब पढ़ाता था तो अर्थशास्त्र विभाग के अध्यक्ष ने खुद क्सासिकल अर्थशास्त्र पढ़ाने के लिए मेरा चयन किया था। उनका मानना था कि मैं यह विषय पढ़ाते समय उसे राजनीतिक प्रक्रिया से ज्यादा रचनात्मक ढंग से जोड़ कर भूमंडलीय आयाम दे सकूँगा। मेरे लिए राजनीतिक अर्थशास्त्र बुनियादी तौर पर राजनीतिक अध्ययन का ही अंग है। मार्क्स का बेशी मूल्य का सिद्धांत, रिकार्डो की थियरी ऑव वेल्यू और एडम स्मिथ की रचना 'वेल्थ ऑव नेशंस' इसी तरह के चिंतन की उपज है।

अध्ययन पीठ की स्थापना से पहले हाल यह था कि शोध संस्थानों में सिर्फ

अर्थशास्त्र पर ही अनुसंधान होता था। चाहे गोखले इंस्टीट्यूट हो, दिल्ली स्कूल हो या इंस्टीट्यूट ऑव इकनॉमिक ग्रोथ हो, हर तरफ अर्थशास्त्र का ही बोलबाला था। अधिकतर शोध सांख्यकीय किस्म की थी और उनकी सामग्री सरकारी रपटों से ली जाती थी। समाजविज्ञानी यह पता लगाने में दिलचस्पी नहीं रखते थे कि आम जनता क्या सोच रही है। उनका आर्थिक विकास का मॉडल स्थानीय स्तर पर क्या असर डाल रहा है। जनता के पास जाने में किसी को रुचि नहीं थी। इसी माहौल में मैंने एक ऐसे संस्थान के बारे में सोचा जो अर्थशास्त्र पर केंद्रित न करके समाजशास्त्र, मनोविज्ञान और राजनीतिशास्त्र वगैरह पर ध्यान दे। मैं चाहता था कि संस्थान किसी तरह की नौकरशाहाना प्रवृत्ति का शिकार न बने। उसका वातावरण अनौपचारिक, लोकतांत्रिक और विचारोत्तेजक रहे। उसमें युवा लोग काम करें जो अपनी विशेषज्ञता के लिए भले ही न जाने जायें लेकिन उनमें समाजविज्ञान के प्रति एक तरह का संपूर्णतावादी और सावयवी नजरिया हो। अध्ययन पीठ की संकल्पना एक ऐसे बहु-अनुशासनीय संस्थान के रूप में की गयी थी जिसे अर्थशास्त्र को केवल नीतिगत मसले के रूप में देखना था। यहाँ यह जानना दिलचस्प होगा कि मेरे रूप में योजना आयोग में किसी राजनीतिशास्त्री द्वारा पहली बार कदम रखा गया था। उसी समय पहली बार इला भट्ट के रूप में किसी महिला के कदम योजना आयोग में पड़े थे। इसके लिए हमने हेगड़े से विशेष आग्रह किया था।

मुझे यह कहने में कोई उज्र नहीं है कि मैं समाजविज्ञानों को अर्थशास्त्र के वर्चस्व से मुक्त कराना चाहता था। इसलिए मैंने सचेत रूप से अध्ययन पीठ को इस दायरे से बाहर रखा। दिल्ली स्कूल ऑव इकनॉमिक्स के अर्थशास्त्रियों से इस संबंध में मेरा मतभेद लगातार जारी रहा। मैं समाजविज्ञानों का दायरा विस्तृत करने और उन्हें द्वितीयक के बजाय प्राथमिक किस्म के अनुसंधान के आधार पर विकसित करने के पक्ष में था। इसीलिए हमने अध्ययन पीठ में राष्ट्रीय स्तर के बड़े-बड़े सर्वेक्षण कराये। आज यह अध्ययन पीठ समाजशास्त्रीय और राजनीतिशास्त्रीय आँकड़ों के संग्रह के मामले में देश का सबसे बड़ा संस्थान है।

प्रश्न : क्या यही कारण नहीं है कि किसी प्रमुख अर्थशास्त्री ने अध्ययन पीठ में कभी काम नहीं किया? क्या इससे आप एक महत्त्वपूर्ण अनुशासन से वंचित नहीं हो गये?

उत्तर : भाई, मेरा तो दिल्ली के प्रमुख अर्थशास्त्रियों से लगातार विवाद चलता रहा। वे कहते थे कि राष्ट्र-निर्माण के लिए आर्थिक पहलू पर जोर देना जरूरी है और मैं कहता था कि दुनिया बदलने के लिए लोकतांत्रिक और राजनीतिक प्रक्रिया ज्यादा महत्त्वपूर्ण है। आर्थिक प्रक्रिया के वकीलों के लिए

सरकारी हस्तक्षेप निर्णायक था और हमारे लिए जनता की, समाज की इच्छा और भागीदारी ज्यादा महत्त्वपूर्ण थी। अर्थशास्त्री हमारी तरह सोचने में असमर्थ थे। हमें कुछ अलग तरह के समाजविज्ञानियों की जरूरत थी। इसीलिए अध्ययन पीठ में काम करनेवाले लोग भी अर्थशास्त्रियों जैसे नहीं थे।

इसका मतलब यह नहीं है कि मैंने राजनीतिक अर्थशास्त्र पर सोचना बंद कर दिया है। पिछले दिनों तो मैंने इस दिशा में काफी काम किया है। मेरी एक किताब इसी विषय पर है कि गरीबों को क्यों जानबूझ कर भुलाया जा रहा है। विश्व बैंक और अंतर्राष्ट्रीय मुद्रा कोष जिस तरह की अर्थव्यवस्था स्थापित करने की तजवीज कर रहे हैं, मैं उसके खिलाफ हूँ।

प्रश्न : ज्यादा सर्वेक्षण वगैरह करने के कारण पहले आप पर आरोप लगता था कि आप 'व्यवहारवादी समाजविज्ञान' में मुब्तिला हैं। लेकिन बाद में आप अचानक सैद्धांतिक काम में लग गये। इसका असर अध्ययन पीठ पर देखा गया। आपके साथ-साथ यहाँ के विद्वान भी कुछ ऐसी विचारपरक रचनाएँ करने लगे कि उन पर 'विचारों की सट्टेबाजी' का आरोप लगने लगा। एक जगह तो मैंने अध्ययन पीठ से निकलनेवाली पत्रिका 'आल्टरनेटिव्ज' का विज्ञापन भी देखा जिसमें उसे 'स्पेकुलेटिव थॉट' की पत्रिका के रूप में पेश किया गया था।

उत्तर : अध्ययन पीठ ने अपनी स्थापना के बाद पहले दौर में विभिन्न मसलों पर लोगों की राय जानने और उसके आधार पर समाजविज्ञानों की रचना करने की परियोजना चलायी। यहाँ के विद्वानों की कोशिश थी कि सिद्धांत को समाज से मिलनेवाले सुरागों की कसौटी पर कसा जाये। लेकिन इस दौरान भी मैं अपने लेखन में मानकीय और सैद्धांतिक आधार पर टिप्पणियाँ करना जारी किये हुए था। यही कारण था कि मैंने वर्ल्ड आर्डर मॉडल प्रोजेक्ट में भागीदारी करना शुरू किया। यह मूलत: विचारपरक बौद्धिक व्यायाम था। 'भारत में राजनीति' का लेखन खत्म करते ही मैं 'फुटस्टेप्स इन टु दि फ्यूचर' जैसी किताब लिखने में लग गया था। इसके बाद एक-एक करके तीसरी दुनिया पर, गुटनिरपेक्ष आंदोलन पर, और ऐसी ही कई मानकीय विषयवस्तुओं पर मेरा चिंतन बहुत थोड़ी अवधि में सामने आया। दरअसल, स्थिति यह थी कि जिस समय मैं अपने बशीरुद्दीन अहमद और विजय बहादुर सिंह जैसे साथियों की मदद से सर्वेक्षणों में लगा हुआ था, उस समय भी मैंने मानकीय और सैद्धांतिक चिंतन छोड़ा नहीं था। मैं दोनों स्तर पर काम कर रहा था, हालाँकि मेरे साथी सर्वेक्षणों में कुछ ज्यादा ही व्यस्त बने रहे।

अध्ययन पीठ में मुझे और आशीष नंदी को विचारपरक लेखन के लिए हमेशा जाना जाता रहा। मैंने कई ऐसी रचनाएँ कीं जो 'स्पेकुलेटिव थॉट' की

श्रेणी में रखी जाती हैं। मेरे, आशीष और कुछ अन्य साथियों के प्रयासों से अध्ययन पीठ की छवि यह आयाम भी शामिल हुआ कि हम लोग दर्शन, विज्ञान और समाज के अंतर्संबंधों, पर्यावरण और पारिस्थितिकी जैसी समस्याओं में भी रुचि लेते हैं। वरना अध्ययन पीठ में आनेवाले विदेशी अथिति विद्वानों का मकसद सिर्फ इतना हुआ करता था कि इस संस्थान में चुनावी आँकड़े काफी मिल जायेंगे। कुल मिला कर हम लोग अध्ययन पीठ की यह छवि बदल पाने में नाकाम रहे। आगे चल कर तो अध्येताओं की एक पीढ़ी तो ऐसी आयी जिसने अपने आप को चुनावी अध्ययनों तक ही सीमित रखा। मैं इसके खिलाफ नहीं हूँ। लेकिन मैं चाहता हूँ कि इसके साथ-साथ भूमंडलीय और क्षेत्रीय विकासक्रम के वैचारिक पहलुओं पर नजर रखने, भविष्य का अध्ययन करनेवाली बौद्धिक कार्रवाइयों, नीतिगत और मानकीय विमर्शों को भी पूरा महत्त्व दिया जाये। लेकिन इस पीढ़ी के लोगों का रवैया इसके विपरीत है। योगेंद्र यादव ने तो पीठ में नियुक्ति पाते ही कहा कि हम तो आपकी 'भारत में राजनीति' वाली रचना को आधार मानते हैं और बाकी जो आपने किया है उसमें हमारी दिलचस्पी इतनी नहीं है।

तो इस तरह का अलिखित संवाद मेरे और पीठ के इन साथियों के बीच जारी है। चुनावी अध्ययन करना आसान है। थोड़े पैसे चाहिए, थोड़ा टीवी का सहारा चाहिए, बस। मैं इस प्रवृत्ति से दूर हट चुका हूँ। मेरा लेखन उत्तरोत्तर विचारपरक होता चला गया है। बाद में तो मेरी रुचि भूमंडलीकरण और नयी विश्व व्यवस्था के दुष्प्रभावों पर केंद्रित होती चली गयी।

प्रश्न : आपकी विचार यात्रा में कुछ अंतर्विरोध आसानी से देखे जा सकते हैं। पहला तो यही है कि काफी समय तक तो आप गाँधी विचार को स्थापित करते रहे लेकिन अब आपकी गिनती गाँधी के आलोचकों में की जा सकती है।

उत्तर : मैं यह नहीं मानूँगा कि मैं गाँधी का आलोचक बन गया हूँ। मैं गाँधी की इस बात से आकर्षित हुआ था कि उन्होंने भारतीय यथार्थ को समझने में पश्चिमी, आधुनिकतावादी और नेहरूवादी परिप्रेक्ष्य को मान्यता नहीं दी। गाँधी के इस पहलू का मैं अभी भी समर्थक बना हुआ हूँ। समस्या यह है कि सिद्धराज ढड्ढा जैसे एक-दो लोगों को छोड़ कर गाँधी के अधिकतर उत्तराधिकारी अवसरवादी निकले। ये लोग गाँधी की शिक्षाओं पर चलने के बजाय कांग्रेस राजनीति को प्रभावित करने और अपनी मर्जी का प्रधानमंत्री चुनवाने में ज्यादा दिलचस्पी रखते रहे हैं। दूसरी समस्या यह है कि गाँधी अपने जीवन की दो प्रमुख मुहिमों में नाकाम रहे। जितना ज्यादा इस बारे में सोचता हूँ उतना ही मेरी मान्यता बनती चली जाती है कि गाँधी सांप्रदायिक प्रश्न और दलित प्रश्न को

हल नहीं कर पाये। यहाँ उनकी दृष्टि में समस्या दिखती है। वे हिंदू-मुसलमान संघर्ष खत्म करने और छुआछूत मिटाने की मुहिम में सफल नहीं हो पाये। बाबरी मस्जिद ध्वंस के बाद उनका नाम सबसे ज्यादा लिया गया। इसका कारण यह था कि उनमें हिंदू कट्टरतावाद के खिलाफ खड़े होने की क्षमता थी। इसलिए लोगों को नोआखाली याद आ जाता है। लेकिन उनके अपने जीवन में और गाँधीवादी धारा में सांप्रदायिक प्रश्न पर वह सफलता नहीं दिखायी देती जो उनका लक्ष्य थी।

प्रश्न : गाँधी के सबसे प्रतिभाशाली शिष्य समझे जानेवाले राममनोहर लोहिया का कहना था कि सांप्रदायिकता विरोधी संघर्ष तो उदार हिंदू और कट्टर हिंदू के बीच का संघर्ष है। अगर यह धारणा गाँधीवादी है तो क्या हिंदू मन के दोनों पहलुओं के बीच के इस टकराव में मुसलमान कहाँ होंगे? क्या यह सूत्रीकरण अल्पसंख्यकों को परिदृश्य से पूरी तरह बाहर ही नहीं कर देता?

उत्तर : मैं लोहिया की इस धारणा से सहमत नहीं हो सकता। लोहिया काफी मौलिक सूझ-बूझवाले नेता थे। लेकिन जब सांप्रदायिकता विरोधी संघर्ष जैसे बुनियादी मुद्दे आते थे तो मेरी लोहिया के बारे में समझ यह है कि वे नेहरू वंशवाद का मुकाबला करने और गैर-कांग्रेसवाद जैसे विराट गठजोड़ बना कर कांग्रेस को हटाने के काम को ज्यादा प्राथमिकता दे देते थे। वे 'मेनकाइंड' जैसी पत्रिकाओं में जो लिखते थे, उनकी राजनीति के व्यावहारिक पहलू वैसे नहीं होते थे। उनकी दिलचस्पी बुनियादी रूपांतरणकारी राजनीति में नहीं थी इसलिए वे अपने ही विचारों को धरती पर उतारने में नाकाम रहे। उन्होंने वैसी राजनीति की ही नहीं। उनका वक्त पहले नेहरू और फिर इंदिरा गाँधी की मुखालफत करने में ही खर्च होता रहा। हाँ, यह बात सही है कि गाँधी की तरह उनके व्यक्तित्व में बेहिसाब करिश्मा था। आज किसी भी समाजवादी से बात कीजिये, लोहिया ही उसका आदर्श निकलेंगे। लेकिन मैं लोहिया के करिश्मे से कभी प्रभावित नहीं हुआ।

मेरे इस दृष्टिकोण से कई समाजवादी साथियों को तकलीफ होगी। लेकिन कांग्रेस को हटाने के चक्कर में परिवर्तनकारी राजनीति को पूरी तरह छोड़ देने की प्रशंसा नहीं की जा सकती। मैं तो यहाँ तक कहूँगा कि जेपी भी इसी चक्कर में फँस गये थे। इंदिरा गाँधी को हटाने के लिए उन्होंने जनसंघ जैसी ताकतों को भी वैधता प्रदान कर दी थी। मैं उनके इस रवैये का कड़ा आलोचक था। उन्होंने बुद्धिजीवियों की एक बैठक बुलायी थी। मैंने उनके पास लिख कर भेजा कि मैं तभी शामिल होऊँगा जब मुझे अपनी असहमति व्यक्त करने का मौका मिले। जेपी लोकतांत्रिक स्वभाव के थे। उन्होंने इजाजत दे दी और मैंने उस बैठक में

जनता पार्टी के प्रयोग में जनसंघ को शामिल करने का विरोध किया था।

प्रश्न : आपकी निगाह में कौन-सी पार्टी, कौन-सी धारा या कौन-सा नेता ऐसा है जिसका सांप्रदायिकता विरोधी संघर्ष का रिकार्ड सबसे अच्छा माना जा सकता है?

उत्तर : अपनी तमाम कमियों के बावजूद निश्चित रूप से कम्युनिस्ट पार्टियों का रिकार्ड सबसे अच्छा समझा जाना चाहिए। मार्क्सवादी-लेनिनवादी समूह भी सांप्रदायिकता के खिलाफ मजबूती से खड़े रहे हैं। उदारतावादियों का रवैया इतना अच्छा नहीं रहा। वे ढुलमुल रहे हैं। कम्युनिस्ट पार्टियों की दिक्कत यह रही है कि वे गठजोड़ बनाने और राजसत्ता पर कब्जा करने के लक्ष्यों के प्रति इतनी ज्यादा समर्पित रहती रही हैं कि वे सांप्रदायिकता विरोधी संघर्ष में अपनी क्षमता और इच्छा के अनुकूल योगदान नहीं कर पातीं। वामपंथियों को वास्तव में सेकुलर भारत की रचना करने के उद्देश्य के प्रति ज्यादा समर्पित होना चाहिए।

प्रश्न : एक तरफ तो आप वामपंथियों को सबसे प्रभावी सांप्रदायिकता विरोध की सनद दे रहे हैं लेकिन दूसरी ओर आपकी अध्ययन पीठ के कुछ विद्वानों ने सेकुलरवाद को पश्चिमी प्रत्यय ठहरा कर उसकी आलोचना की है। उनका दावा है कि भारतीय समाज में इस तरह के विजातीय आग्रहों से धार्मिक सहिष्णुता का क्षय होता है। क्या आपको नहीं लगता कि सेकुलरवाद पर परंपरा की श्रेष्ठता स्थापित करनेवाले सिद्धांत अकादमीय रूप से कितने भी आकर्षक और सुरक्षित क्यों न लगें, देश के मौजूदा माहौल में उनका फायदा सांप्रदायिक शक्तियों को ही मिलता है?

उत्तर : मैं इस अंदेशे से सहमत हूँ। अपने जीवन में मैं कभी सेकुलरवाद विरोधी नहीं रहा। मेरा लेखन इस तथ्य का गवाह है कि मैं सांप्रदायिकता के उभार से कितना चिंतित रहा हूँ। इस राजनीति की शुरुआत संघ परिवार ने की थी लेकिन अस्सी के दशक में इंदिरी गाँधी ने इसे वैधता दी। वे दो राज्यों में चुनाव हार गयीं और उन्हें लगा कि वे दलितों और मुसलमानों समेत गरीबों के वोट खोती जा रही हैं। इसी के बाद उन्होंने पंजाब और उत्तर भारत के हिंदुओं के मन में बैठी हुई असुरक्षा को हवा देनी शुरू की। उन्होंने सांप्रदायिकता भड़कायी जिसे हम हिंदू कार्ड खेलना कहते हैं। संघ परिवार इस काम को कहीं ज्यादा योजनाबद्ध, हिंसक और बुनियादी रूप में अंजाम देता है। लेकिन सेकुलरवाद के विचार को एक और तरीके से देखा जाना चाहिए। मेरे ख्याल से सेकुलरवाद को सिर्फ सांप्रदायिकता के मुकाबले रख कर देखा जाना उचित नहीं है। आधुनिकता के जमाने में सेकुलरवाद का पहला मतलब उस तरीके से है

जिससे राज्य अपना कारोबार चलाता है, यानी वह तरीका जिससे सत्ता का जायज या नाजायज इस्तेमाल किया जाता है। सेकुलरवाद की पश्चिमी अवधारणा के इस हिस्से को मैं शक की निगाह से देखता हूँ। यह धारणा बेहद केंद्रीकरणवादी, निरंकुश और दमनकारी राज्य के ख्याल को धरती पर उतारने में मददगार बनती है। एक सीमा के बाद यह प्रक्रिया फासीवादी रवैये में भी तब्दील हो सकती है। इसलिए सेकुलरवाद की पश्चिमी किस्म खतरनाक अंदेशों से भरी होती है। भारतीय सेकुलरवाद का विचार दूसरे किस्म का है। यह दैवी बनाम सेकुलर का न हो कर सर्वधर्मसमभाव का है। यह बहुलता के प्रति सहनशीलता और राज करने के नियामक सिद्धांत के रूप में मान्यता देने का है। पर भारतीय और पश्चिमी सेकुलरवाद में फर्क करने का मतलब यह नहीं है कि हम राज्य की सेकुलर पहचान पर ही सवाल उठाना शुरू कर दें। मैंने यह कभी नहीं किया।

जहाँ तक अध्ययन पीठ के उन विद्वानों की बात है जिन्होंने धर्मनिपेक्षता विरोधी घोषणापत्र लिखा है या जो ऐसे विचारों से हमदर्दी रखते हैं, मेरी मान्यता है कि उनके अल्पसंख्यक-संबंधी सरोकार असंदिग्ध हैं। वह कहीं से भी सांप्रदायिकता का समर्थन नहीं करते। लेकिन व्यावहारिक राजनीति में जहाँ अकादमीय बारीकी से चीजों को देख कर छवियाँ नहीं बनायी जातीं, वहाँ ऐसे सूत्रीकरण गलत ताकतों को लाभ पहुँचाते हुए नजर आ सकते हैं। ये लोग धर्मपाल को उद्धृत करते हैं, ये लोग सिर्फ परंपरा का झंडा बुलंद करना चाहते हैं। ये वेदों का उल्लेख करते हैं। मुझे यह कहने में भी कोई उज्र नहीं है कि ऐसे विचार व्यक्त करनेवाले लोग जाने-अनजाने हिंदू लॉबी के हाथ में खेल सकते हैं।

प्रश्न : *दूसरा अंतर्विरोध यह है कि गैर-पार्टी राजनीतिक प्रक्रिया का सैद्धांतिक प्रतिपादन करके उसे वैधता प्रदान करनेवाला विद्वान ही स्वयंसेवी संगठनों को आड़े हाथों ले रहा है। इस प्रकट विसंगति को आप किस तरह व्याख्यायित करेंगे?*

उत्तर : मुख्यतौर पर गैर-पार्टी राजनीतिक प्रक्रिया में मेरी दिलचस्पी मानवाधिकार आंदोलन में मेरी भागीदारी से शुरू हुई। सिख विरोधी नरसंहार की जाँच करने और उसके अपराधियों को सजा दिलवाने से लेकर उसके पीड़ितों को इंसाफ दिलाने में काफी सक्रिय रहा। इसके बाद भोपाल गैस त्रासदी मेरी गतिविधियों का केंद्र बनी। इसी दौरान मुझे लगा कि पार्टियाँ किसी किस्म की सकारात्मक भूमिका नहीं निभा पा रही हैं। यहाँ मेरा विचार गाँधी और जेपी से भिन्न दिशा में विकसित हुआ। ये दोनों चाहते थे कि राज्य ही गैर-पार्टी-गैर-राजनीतिक आधार पर बने पर मैंने इसकी संकल्पना राजनीतिक लेकिन गैर-पार्टी

आधार पर की। इस तरह यह चर्चित सूत्रीकरण प्रकाश में आया।

पार्टियों से मेरा मोहभंग एक-एक करके हुआ। पहले मुझे कांग्रेस से उम्मीद थी। पर वह निराशा में बदल गयी। फिर मैं जनसंघ के उत्थान से बेहद चिंतित हो गया, क्योंकि जेपी जैसे प्रमुख लोग उसे वैधता प्रदान कर रहे थे। मोहभंग का लंबा सिलसिला मुझे एक ऐसी अवधारणा की तरफ ले गया जिसमें मैंने एक इस तरह की राजनीति की वकालत की जो पारंपरिक दलीय राजनीति नहीं थी। यह क्रांतिकारी राजनीति भी नहीं थी। मैंने अपने करियर में बहुत-से उग्रपंथियों का समर्थन किया है और मदद की है, चाहे पंजाब का आंदोलन हो, नक्सलवादी आंदोलन हो या फिर उत्तर-पूर्व का उग्रवाद हो। लेकिन मैं कभी यह नहीं मान पाया कि रूसी या चीनी किस्म की क्रांति भारत में होनी चाहिए, इसलिए नहीं कि ऐसी क्रांति हो नहीं सकती, बल्कि इसलिए कि भारत की जरूरतों को ऐसी क्रांति पूरा नहीं कर सकती। मैं एक जगह लिख चुका हूँ कि बीसवीं सदी क्रांतियों से भरी रही है लेकिन यह खून-खराबे से भी भरी रही है। कोई भी क्रांति दुनिया की प्रकृति बदलने में कामयाब नहीं हो सकी है। इसलिए हमें जरूरत एक अधिक मानवीय और नीचे से चलनेवाली प्रक्रिया की है। यह विचार भी संभवतः गैर-पार्टी राजनीतिक प्रक्रिया की तरफ ले गया।

मैं उन गुटों से जुड़ गया जो ग्रासरूट्स राजनीति की बात करते थे। लेकिन जल्दी ही मुझे उनसे दिक्कत होने लगी। और जैसे ही एनजीओ का कार्य-व्यापार शुरू हुआ और जैसे ही विश्व बैंक ने गैर-सरकारी संगठनों को वैधता देनी शुरू की वैसे ही मैं काफी चिंतित हो गया। आज मैं इस एनजीओ धंधे के खिलाफ हूँ। मैं स्वयंसेवी भावना के खिलाफ नहीं हूँ। मैं तो मानता हूँ कि यह भावना तो भारतीय सभ्यता में नैसर्गिक रूप से निहित है। होना यह चाहिए था कि इसी स्वयंसेवी भावना के तहत गैर-पार्टी प्रक्रिया में रचनात्मक कार्य पर जोर दिया जाना चाहिए था लेकिन हुआ यह कि विदेशी फंडिंग पूरे सिलसिले पर छा गयी। एक नया धंधा बन गया। गैर-सरकारी समूहों को भूमंडलीय आग्रह आकर्षित करने लगे, बड़े पैमाने पर धन आने लगा और आम जनता के हित नजरों से ओझल हो गये।

प्रश्न : तीसरा अंतर्विरोध आधुनिकतावाद की आलोचना के साथ जुड़ा हुआ है। जब आप या आपके साथी आधुनिकता की आलोचना करते हैं तो वे आधुनिक राज्य की और राष्ट्रवाद की आलोचना भी करते हैं। लेकिन सोवियत पराभव के बाद आप राज्य के गैर-महत्त्वपूर्ण होते चले जाने पर दुःख प्रकट करते देखे गये?

उत्तर : इसमें मेरे और मेरे साथियों के विचारों को अलग-अलग करके

देखा जाना चाहिए। पश्चिम के एक चिंतक ने दिल्ली के एक केंद्र से निकलनेवाले विचारों का तुलनात्मक अध्ययन किया है जिसमें उसने मेरे और आशीष नंदी के सोच-विचार के अंतर को रेखांकित किया है। यह लेख बताता है कि आशीष की भाँति मैं आधुनिकतावाद को पूरी तरह तिलांजलि कभी नहीं देता। मैं उस तरह से उत्तर-आधुनिकतावादी कभी नहीं हुआ। मैंने राज्य से पूरी उम्मीद कभी नहीं छोड़ी। लेकिन मैं पश्चिमी आधुनिकतावाद का अंधसमर्थक भी नहीं रहा। मैं परंपरा का गहरा सम्मान करता हूँ। मुझे यकीन है कि परंपरा को कर्मकांड और अंधविश्वास के शिकंजे से निकाल कर काफी कुछ हासिल किया जा सकता है। नयी सहस्राब्दि को अगर हमें बुनियादी परिवर्तन की सहस्राब्दि बनाना है तो हमें अपने परंपरागत ज्ञान और संस्थाओं से सीखना और लेना होगा। अभी दूरदर्शन पर लंबी वार्ता में मैंने कहा है कि मेरा मॉडल तो दुनिया की श्रेष्ठतम मानवीय परंपराओं और पूर्व की बेहतरीन विरासत के संयोग से बनता है।

इस तरह मैं आधुनिकता विरोधी नहीं हूँ और न ही मैं आधुनिकतावाला हूँ। यह द्वैध भी मेरे अंदर है और मैं इसके साथ जिंदा रह कर खुश हूँ।

जहाँ तक राज्य की भूमिका का सवाल है, मैं हमेशा ही राज्य की गतिविधियों को उत्सुकता से देखता रहा हूँ। लंबे अरसे तक मैंने राज्य को समाज का रूपांतरण कर सकनेवाली ताकत के रूप में देखा है। फिर मैं राज्य के दमनकारी पहलुओं के कारण उसे जनता के खिलाफ मानने लगा। पिछले कुछ वर्षों में पहले तो गैर-सरकारी संगठनों के प्रकोप के कारण, फिर विश्व बैंक और आई.एम.एफ. की नीतियों के कारण राज्य की भूमिका हाशिये पर चले जाने के कारण मेरी रुचि फिर से राज्य में जागी है।

प्रश्न : तो भारत में आधुनिकता की आलोचना कहाँ तक पहुँची है? इसका रास्ता हमें कहाँ ले जा रहा है? क्या इसकी कोई ठोस निष्पत्ति भी है?

उत्तर : मैं कहूँगा कि स्वदेशीकरण का अंतरमुखी विचार आधुनिकता के आलोचकों को इस कदर इकतरफा कर देता है कि वे पश्चिम की बेहतरीन उपलब्धियों को भी नकारने लगते हैं। यह सिलसिला आधुनिकता विरोध को एक बिंदु पर ले जा कर चिंतन के ही विरोध में खड़ा कर देता है। यह रवैया तर्क देता है कि दुनिया के पास आपको देने के लिए कुछ है ही नहीं। सभी कुछ भारत के अंदर से प्राप्त किया जा सकता है।

मैं उस समय आधुनिकीकरण का आलोचक हो जाता हूँ जब यह दावा किया जाता है कि केवल इसी से सारी समस्याओं का हल हो जायेगा। शुरू में मैं अनुभववादी-व्यवहारवादी समाजविज्ञान का समर्थक था, लेकिन बाद में

अपनी दृष्टि को मैंने संतुलित किया। मेरे ख्याल से आधुनिकता और परंपरा के रिश्ते को आखिरी तौर से परिभाषित नहीं किया जा सकता। यह उलझन बनी रहेगी। इसी ऊहापोह में से नतीजे निकालने होंगे। अब दलितों को देखिये, वे आधुनिकतावादी क्षेत्र के लाभ उठाना चाहते हैं। उन्हें परंपरा की श्रेष्ठता के दावों से नफरत है। परंपरा ने उन्हें दिया ही क्या है? वे प्रशासन में बैठना चाहते हैं, विश्वविद्यालयों में हैसियत प्राप्त करना चाहते हैं। हम किस मुँह से उनसे कह सकते हैं कि उन्हें आधुनिक शिक्षा का अवदान नहीं लेना चाहिए। यह तो उन्हें धोखा देना हो जायेगा।

प्रश्न : ताज्जुब की बात है कि आप जैसे व्यक्ति द्वारा जिस संस्था की नींव डाली गयी और जो संस्था आज भी आपकी बौद्धिक प्रतिष्ठा से ताकत प्राप्त करती है, वह घोर वामपंथ विरोधी और घोर आधुनिकतावाद विरोधी छवि हासिल कर चुकी है। आपने ऐसा क्यों होने दिया?

उत्तर : मैं इस बारे में काफी साफ बातें करना चाहूँगा। अभी कुछ ही दिन पहले आशीष नंदी मुझसे कह रहे थे कि भई, तुम वामपंथियों की तरफ इतने क्यों झुक रहे हो! दरअसल, मेरे और अध्ययन पीठ के कई विद्वानों के बीच इस मसले पर मतभेद है। धीरूभाई शेठ की दृष्टि मध्यमार्गी है, क्योंकि उनके मन में कमजोर वर्गों के प्रति गहरी हमदर्दी है। लेकिन वे वामपंथ की तरफ भी नहीं जाना चाहते। उनमें भी वामपंथी राजनीति के खिलाफ एक अंदरूनी दूरी है। एक जमाने में वामपंथी मेरे खिलाफ भी तरह-तरह की बातें कहते थे। लेकिन मैं केवल अपनी तरफ से उनकी तरफ नहीं गया, बल्कि हम दोनों एक दूसरे की तरफ आये। अब उन्होंने मुझे स्वीकार करना शुरू कर दिया है। अभी तीन प्रमुख वामपंथी बुद्धिजीवी अमेरिका में मेरे पुत्र स्मितु से मिले। उन्होंने माना कि केवल मैं ही गरीबी की समस्या पर लिख रहा हूँ और बुनियादी विचार कर रहा हूँ। यहाँ तक कि मार्क्सवादी बुद्धिजीवी भी इस तरफ से हट चुके हैं। अध्ययन पीठ के अन्य बुद्धिजीवी मुझे मिलनेवाली इस वामपंथी मान्यता से तालमेल बिठाने में मुश्किल महसूस करते हैं। जहाँ तक अध्ययन पीठ के रुझान में संशोधन करने की बात है तो मैं किसी के ऊपर अपने विचार थोपता नहीं। यह मेरा तरीका नहीं है। वे सब मेरा काम जानते हैं। मेरे विचारों की उन्हें जानकारी है। वे मेरे संपर्कों से वाकिफ हैं। मैंने कई बार धीरूभाई से कहा है कि हमें दूसरों के साथ संवाद करने के साथ-साथ पीठ के भीतर भी आपस में संवाद चलाना चाहिए। बाहर के लोगों को यह लग सकता है कि इस संस्था से जुड़े लोगों के विचार एक-से होंगे। यह हकीकत नहीं है। शायद उन्होंने मुझे मेरे हाल पर छोड़ दिया है। हो सकता है कि वे सोचते हों कि रजनी तो अपना रंग बदलता ही रहेगा। उसे

अपना ही खंडन करने में कोई दिक्कत नहीं होती। अध्ययन पीठ के विद्वान शायद ज्यादा सुसंगति और नैरंतर्य चाहते होंगे। इस प्रकार कहा जा सकता है कि रजनी कोठारी और उसके द्वारा बनायी गयी अध्ययन पीठ में अंतर है, फिर भी कोठारी को अपने इस संस्थान पर फक्र है। यह एक बेहद लोकतांत्रिक जगह है जहाँ विचारों की पूरी स्वतंत्रता उपलब्ध है। कोई किसी पर अपनी बात नहीं थोपता।

कुछ जानने योग्य बातें

साक्षात्कार के तीसरे हिस्से में प्रोफेसर कोठारी से राजनीतिशास्त्रीय धारणाओं पर बात की गयी। इसके लिए एक 'ऑब्जेक्टिव टेस्ट जैसी प्रश्नावली' तैयार की गयी थी। कारण यह था कि उनका वाङ्मय और सक्रियता का दायरा इतना विशाल और बहुमुखी है कि उस पर संक्षेप में बात करना मुश्किल था। पाठकों की सुविधा और इस पुस्तक के कलेवर को देखते हुए उनसे अनुरोध किया गया कि वे ऐसे सवाल पूछने की इजाजत दे दें जिनसे उनका चिंतन बिना समाजवैज्ञानिक पदावली और विस्तार का इस्तेमाल किये बिना सामने आ जाये।

प्रश्न : मेरे ख्याल से आपने अपने अकादमीय काम में चार प्रमुख संबंधों को स्थापित किया है जो इस प्रकार हैं : राजनीति और समाज के रूपांतरण का संबंध, राजनीति और नैतिकता का संबंध, राजनीतिक सिद्धांत और राजनीतिक व्यवहार का संबंध और अंत में राजनीतिक प्रक्रिया की स्वायत्तता और नवउदारतावादी चिंतन का संबंध।

☐ **राजनीति और समाज के रूपांतरण का संबंध : क्या वास्तव में राजनीति किसी किस्म के समाज परिवर्तन को संभव बनाती है? समाज परिवर्तन होता है पर आधुनिकीकरण, शहरीकरण, संचार और विकास प्रक्रिया के जरिये न कि राजनीतिक प्रक्रिया द्वारा।**

उत्तर : इस मसले पर पश्चिमी चिंतकों का विचार यह है कि जैसे-जैसे आधुनिकीकरण और शहरीकरण आगे बढ़ता है, जन-संचार और शिक्षा के साधनों में प्रगति होती है, समाज बदलता चला जाता है। समाज परिवर्तन के लिए इन बातों के महत्त्व से इंकार किये बिना मैं इस नजरिये के खिलाफ हूँ। मेरा विचार है कि जब तक जनता बड़े पैमाने पर राजनीतिक प्रक्रिया में भागीदारी नहीं करेगी और जाति और वर्ग जैसी सामाजिक संस्थाओं का राजनीतिकरण नहीं होगा तब तक वास्तविक समाज परिवर्तन नहीं हो सकता। राजनीतिक प्रक्रिया में शामिल हो कर ही लोग सचेत होते हैं और बदलते हैं। अपने पश्चिमी मित्रों के

साथ मेरा यह प्रमुख मतभेद रहा है कि आधुनिकीकरण नहीं, राजनीतिकरण परिवर्तन की कुंजी है। उनकी मान्यता रही है कि आधुनिकीकरण और उसके लक्ष्यों को हासिल कर लेने से बदलाव हो जाता है। अल्बर्ट और कोलमेन ने अपनी किताब 'पॉलिटिक्स ऑव डिवलपिंग एरियाज' में यही धारणा व्यक्त की है। मेरा तर्क यह कि लोग अपने आप को खुद ही बदल सकते हैं। जब गरीब खुद आगे बढ़ कर राजनीति करेंगे तभी उनमें बदलाव की चेतना आयेगी। इसी विषयवस्तु को मैंने आगे चल कर गरीबी पर लिखी अपनी किताब में और विकसित किया है कि योजना आयोग द्वारा बनायी जानेवाली स्कीमों के बजाय परिवर्तन की धुरी लोगों के राजनीति में शामिल होने से निकलती है। इस यथार्थ के दर्शन करने हों तो इस तथ्य में किये जा सकते हैं कि भारत में राजनीतिक प्रक्रिया में धनी लोगों की भागीदारी घटती जा रही है और गरीब उत्तरोत्तर ज्यादा-से-ज्यादा संख्या में राजनीति से जुड़ रहे हैं, क्योंकि उन्हें राजनीति से उम्मीद है।

□ राजनीति और नैतिकता का संबंध : प्रचलित धारणा यह है कि राजनीतिक नेता और दल अगर अनैतिक नहीं तो गैर-नैतिक तो होते ही हैं और राजनीति और नैतिकता में कोई संबंध हो ही नहीं सकता। यह तो एक नैतिकताविहीन दुनिया है। ऐसे में सवाल उठता है कि क्या राजनीति की नैतिकता आम नैतिक मानदंडों से कुछ अलग किस्म की होती है?

उत्तर : मैं कहूँगा कि राजनीति कई तरह की होती है। एक राजनीतिक प्रक्रिया वह होती है जिसके जरिये परिवर्तन लाया जाता है, जिसके जरिये विचारों का सृजन होता है, जिसके जरिये अव्यावहारिक लगनेवाले स्वप्नदर्शी विचारों को धरती पर उतारा जाता है, जिसके जरिये क्रांतियों का आयोजन किया जाता है। ऐसी प्रक्रिया जब चलती है तो उसके पीछे की राजनीति में एक नैतिक तत्त्व होता है, एक मूल्य प्रणाली होती है जो सारी दुनिया के लोगों पर अपना असर डालती है। लेकिन इस नैतिक तत्त्व और धार्मिक नैतिकता में फर्क होता है। अरस्तू के जमाने से ही चिंतक इस बात पर जोर देते रहे हैं कि जब तक राजनीति के साथ नैतिक तत्त्व नहीं जुड़ेगा, तब तक उसके अस्वच्छ रूपों का शमन नहीं किया जा सकता। मेरे लिए वह राजनीति ही श्रेयस्कर है जो सामाजिक प्रक्रिया में हस्तक्षेप करती हो, उसे बदलती हो। जब राजनीति ऐसा करेगी तो वह लोगों के दिल-दिमाग को बदलेगी। ऐसी राजनीति पर नैतिक और मूल्यगत आयामों का वर्चस्व होगा न कि अल्पकालीन लक्ष्यों और सत्ता-संबंधी लाभों का।

□ राजनीतिक सिद्धांत और राजनीतिक व्यवहार का संबंध : इसमें कौन पहले आता है? क्या राजनीति उसकी स्थापित थियरी के लिहाज से होती है? या राजनीति पहले होती है और थियरी बाद में आती है?

उत्तर : मैंने अपने स्मृति-लेखा में बताया है कि समाजविज्ञानों की एक

बड़ी नाकामी यह है कि उनमें थियरी को पूरी प्राथमिकता नहीं मिल रही है। चाहे सांप्रदायिकता के खिलाफ संघर्ष का मसला हो या गरीबी हटाने का प्रयास हो, आमतौर पर होता यह कि परिणामवादी नजरिया अपनाया जाता है और उसके नाम पर नीतिगत वक्तव्य जारी करके काम चला लिया जाता है। थियरी न होती है और न ही उसे हासिल करने की कोशिश की जाती है। इस कारण से संबंधित राजनीतिक प्रक्रिया को चलाने का सही तरीका हासिल नहीं हो पाता। इसलिए मैं थियरी को बहुत महत्त्व देता हूँ। मेरा मानना है कि कई मामलों में हम वह उपलब्ध नहीं कर पाये जो करना चाहते थे और यह थियरी की गैर-मौजूदगी के कारण हुआ। कई बार मैं जब किसी समस्या को सुलझाने की कोशिश कर रहा होता हूँ और नहीं सुलझा पाता तो साफ हो जाता है कि यह थियरी के अभाव के कारण हो रहा है।

थियरी के अभाव में हम दृष्टिहीनता के शिकार हो जाते हैं। हकीकत में दृष्टि और थियरी एक दूसरे से नैसर्गिक रूप से जुड़े हुए हैं। जब तक सैद्धांतिक आधारभूमि स्पष्ट नहीं होगी तब तक लक्ष्यों का संधान संभव नहीं होगा। हम चुनावी संख्याओं से ही खेलते रहेंगे, दलीय उठा-पटक ही होती रहेगी। न यूटोपिया होगा, न कोई बड़ा लक्ष्य होगा, न समाज बदलेगा और न कोई दृष्टि होगी। लोकतंत्र की समस्याओं का समाधान कैसे होगा? तब हम आसमान कैसे छुएँगे? समाजविज्ञान अगर राजतंत्र चलाने, पार्टियों की तिकड़मों और सरकार चलाने की रोजमर्रा की समस्याओं से परे जा कर चिंतन नहीं करेगा तो वह व्यापक और विराट दृष्टि कैसे प्राप्त होगी जो नयी दुनिया बनाने के बारे में सोचती है। दृष्टि के अभाव में राजनीति मूल्यविहीन हो जायेगी और तब खतरा यह होगा कि उसके गर्भ से भ्रष्टाचार, अपराधीकरण और सांप्रदायिकता ही निकलेगी।

☐ राजनीतिक प्रक्रिया की स्वायत्तता और नवउदारतावादी चिंतन का संबंध : क्या नवउदारतावादी चिंतन राजनीतिक प्रक्रिया की स्वायत्तता का हरण करने के लिए अभिशप्त है? क्या इन दोनों के बीच दोस्ताना संबंध कभी नहीं हो सकता?

उत्तर : इन दोनों में कभी एका नहीं हो सकता। न केवल राजनीतिक प्रक्रिया की स्वायत्तता खतरे में पड़ती है, बल्कि नवउदारतावादी चिंतन राष्ट्र-राज्य, गैर-सरकारी संगठनों और सभी जनोन्मुख राजनीतिक परियोजनाओं की स्वयत्तता नष्ट करने पर आमादा है। संक्षेप में भूमंडलीकरण और उदार आर्थिक नीतियों के जरिये यह चिंतन आमतौर पर राजनीति और खासतौर पर परिवर्तनकारी राजनीति की भूमिका का हनन करते हुए राज्य की संस्था को उसके शीर्ष स्थान से हटा देने में लगा हुआ है। वह उनकी जगह प्रौद्योगिकी,

पूँजी और बाजार को स्थापित करना चाहता है।

राजनीतिक प्रक्रिया से मेरा अर्थ सिर्फ राज्य या किसी नेता के हाथ में निर्णय की ताकत देने से नहीं है। इसकी स्वायत्तता से मेरा मतलब है निहित स्वार्थों से स्वायत्त होने की स्थिति। हुकूमत को ऐसा रास्ता चुनना चाहिए कि वह इन स्वार्थों की कैदी न बन जाये। जैसे ही राज्य की केंद्रीयता और राजनीतिक प्रक्रिया की केंद्रीयता हाशिये पर जाती है, वैसे ही जनसमुदायों की अपने हितों को बुलंद करने की क्षमता भी हाशिये पर जाने लगती है। जनता की भूमिका, समुदाय की भूमिका और जनसंगठनों की भूमिका गौण होती चली जाती है। नवउदारतावादी चिंतन आज वह काम कर रहा है जो कभी विश्व बैंक और आई.एम.एफ. करना चाहते थे लेकिन नहीं कर पाये थे। वह एक विंचारधारात्मक मतैक्य का दबदबा बना रहा है जिसका इरादा उदारतावाद, मार्क्सवाद और गाँधीवाद को निष्प्रभावी बना देना है। आज तीसरी दुनिया के ज्यादातर देश इसी विचार को अपनाते जा रहे हैं। इस विचार के जरिये गरीब देशों को पूँजी के भूमंडलीकरण, निजीकरण और बाजारीकरण की तरफ बढ़ना होता है। इस तरह ये देश एक सर्वथा नयी पूँजीवादी विश्व-व्यवस्था का अंग बन जाते हैं।

प्रश्न : आइये, अब कुछ प्रमुख क्षेत्रों की समस्याओं पर चर्चा करें।

□ **समाजविज्ञान के क्षेत्र की प्रमुख समस्याएँ क्या हैं?**

उत्तर : समाजविज्ञानों के साथ मूल समस्या यह है कि वे अधिकाधिक विशेषज्ञता प्रधान होते जा रहे हैं। उसमें अर्थशास्त्री हैं, समाजशास्त्री हैं और राजनीतिशास्त्री हैं पर एक संपूर्ण और सावयवी नजरिये का अभाव है। सरकार और समाजविज्ञान अनुसंधान परिषद अगर किसी प्रोजेक्ट को मदद देते है तो अनिवार्यतः वे इस या उस क्षेत्र में विशेषज्ञता को ही प्रोत्साहन दे रहे होते हैं। इस चक्कर में हुआ यह है कि समाजविज्ञान बेहतर दुनिया बनाने की किसी भी दृष्टि से वंचित होता जा रहा है। जनता की चौतरफा भलाई का विचार इसीलिए समाजविज्ञान के क्षेत्रों से नहीं निकलता।

समाजविज्ञान की दूसरी प्रमुख समस्या उसका बेहद अभिजनवादी होना है। उससे केवल उच्च शिक्षा को ही उत्तरोत्तर बढ़ावा मिलता है, प्रौद्योगिकी और छाती चली जाती है। ऐसा राष्ट्रीय आंदोलन के जमाने में नहीं था। उस समय समाजविज्ञान का उद्देश्य लोगों में अपने भविष्य का निर्माण खुद कर पाने की क्षमता विकसित करने और हर तरह से आत्मनिर्भर बनने की आकांक्षा पैदा करना था। आज समाजविज्ञान अभिजन तबके का हिस्सा बन कर व्यवस्था का कैदी बन चुका है। इसीलिए आज 'नीचे से उभरनेवाले समाजवैज्ञानिक' की धारणा उभर रही है। रंजीत गुहा द्वारा प्रतिपादित सबालटर्न थियरी इसी जरूरत को पूरा

करती है।

☐ भारतीय लोकतंत्र की प्रमुख समस्याएँ क्या हैं?

उत्तर : जैसा कि मैं पहले भी कह चुका हूँ कि लोकतंत्र शासकों को वैधता दिलाने में महत्त्वपूर्ण भूमिका निभाता है। पर लोकतांत्रिक राज्य बनते ही और लोकतांत्रिक संविधान स्वीकार किये जाते ही व्यवस्था का वास्तविक कारोबार गंभीर समस्याओं, दुविधाओं, अंतर्विरोधों और भटकावों का शिकार हो जाता है। गरीब और अमीर में ध्रुवीकरण होने लगता है। लोकतंत्र इन समस्याओं को हल नहीं कर पाता। वह संकट में फँस जाता है। कहने के लिए लोकतंत्र जनता का, जनता के लिए और जनता द्वारा शासन माना जाता है, लेकिन असलियत में वह अभिजनों का शासन साबित होता है। वह जनता के लिए तो होता है पर जरूरी नहीं कि वह सारी जनता के लिए हो। इस प्रकार लोकतंत्र उसी विसंगति को ठीक करने में नाकाम रहता है जिसके लिए उसकी रचना होती है। लोकतांत्रिक थियरी हमें बताती है कि लोकतंत्र में आम जनता ही केंद्र में रहेगी। लेकिन व्यवहार में लोकतंत्र एक सांविधिक व्यवस्था को जन्म देता है जिसमें अधिकारों और कर्तव्यों का बँटवारा कार्यपालिका, न्यायपालिका और विधायिका में कर दिया जाता है। आम लोग अधिकारसंपन्न नहीं होते। तो जनता का सशक्तीकरण करने के सवाल पर लोकतंत्र नाकाम हो चुका है। हाँ, ऐसे आंदोलन आगे आ रहे हैं जो असली लोकतंत्र कायम करना चाहते हैं, एक ऐसा लोकतंत्र जो समाज के उत्पीड़ित तबकों के पक्ष में होगा। यह कहा जा सकता है कि लोकतंत्र के भीतर एक लोकतांत्रिक संघर्ष जारी है, न केवल भारत में, बल्कि पूरी दुनिया में। हो सकता है कि यह संघर्ष लोकतांत्रिक राज्यों का रूपांतरण कर दे लेकिन फिलहाल जिस तरह यह व्यवस्था चल रही है वह जनता के हितों के लिहाज से ज्यादा उम्मीद नहीं बँधाती।

प्रश्न : क्या आपकी यह राय बुर्जुआ लोकतंत्र के बारे में मार्क्सवादियों की राय से मिलती-जुलती नहीं है?

उत्तर : काफी कुछ। लेकिन यहाँ भारतीय मार्क्सवादियों और उनके साथ-साथ उदारतावादियों के लोकतंत्र-संबंधी विचार के विकास पर एक निगाह डाल लेना ठीक होगा। ये लोग शुरू में लोकतंत्र को एक बुर्जुआ विलासिता के अलावा कुछ नहीं मानते थे। यह उन्हें आपातकाल के दौरान और बाद में एहसास हुआ कि लोकतंत्र बनाये रहने और लोकतंत्र के लिए संघर्ष करना कितना महत्त्वपूर्ण है। उदारतावादियों ने आपातकाल से दूसरी ही शिक्षा ली। आपातकाल से पहले उन्हें इस बात की कोई अनुभूति नहीं थी कि नक्सलवादियों के साथ क्या सलूक किया जा रहा है। जब मोरारजी देसाई से लेकर जॉर्ज फर्नांडीज तक जेल में डाल

दिये गये तब उन्हें लगा कि दमनकारी राज्य किस हद तक जा सकता है। यही कारण है कि आज उदारतावादियों के पास राज्य की दमनकारी मशीनरी की कुछ बेहतर समझ है। जैसे ही १९७७ में इंदिरा गाँधी पराजित हुईं, मोरारजी ने जेपी की सलाह पर फौरन अमल किया और नक्सलियों पर हुए अत्याचार की जाँच करने के लिए एक कमेटी का गठन किया। इस तरह हम देखते हैं कि लोकतंत्र की समझ के मामले में वामपंथियों में भी और उदारतावादियों के सोच में भी सुधार आया है। इस मामले में दोनों के बीच कुछ मेल दिख रहा है। यह एक नयी बात लगती है।

□ भारतीय राज्य की प्रमुख दुविधाएँ क्या हैं?

उत्तर : जब आजादी का आंदोलन चल रहा था उस समय उम्मीद यह थी कि हम स्वतंत्रता के बाद एक ऐसा राज्य बनाएँगे जो परंपरा के बेहद खराब रूपों के प्रभाव से हमें मुक्त करेगा। मसलन, गाँधी की निगाह में छुआछूत एक ऐसी ही परंपराप्रदत्त बुराई थी। और भी कई बुराइयाँ थीं जिनके शिकंजे से समाज को राज्य द्वारा छुड़ाया जाना था यानी राज्य को मुक्ति की परियोजना चलानी थी। साथ ही राज्य से कई मामलों में समाज की अतियों को संयमित करने की भूमिका भी निभाने की उम्मीद की जाती थी। भारतीय राज्य इन उम्मीदों पर खरे उतरने में नाकाम रहा है, वह न तो मुक्तिदाता हुआ और न ही रूपांतरण का वाहक। इसके उलट राज्य निहित स्वार्थों से साठगाँठ करके सत्ता के केंद्रीकरण और सभी तरह के सामाजिक प्रयासों पर हावी होने का जरिया बन गया है। वह समाज के अभिजन तबके के हाथों का खिलौना बन कर रह गया है। इसी जगह मुझे राज्य की सेकुलर अवधारणा आलोच्य लगती है कि जब राज्य सिर्फ सेकुलर हो कर रह जाता है और उसके आधार में किसी किस्म का आध्यात्मिक आवेश नहीं रहता तो उसकी अमानवीय प्रवृत्तियाँ उभर सकतीं हैं। भारतीय राज्य इसी अंदेशे से गुजर रहा है। पिछले कुछ वर्षों में वह सांप्रदायिक होने के करीब पहुँचा है। यानी भारतीय राज्य न तो मुक्तिकामी बन पाया, न ही वह समाज को संयम रखने की दिशा में ले जा पाया और असल में वह न सेकुलर रह पाया। इसलिए यह सिर्फ दुविधा नहीं है, बल्कि यह तो गंभीर संकट है।

□ आजादी के बाद से भारत की प्रमुख निराशाएँ क्या-क्या रही हैं?

उत्तर : भारत इस उम्मीद पर खरा नहीं उतर पाया है कि वह एक अलग तरह का समाज साबित होगा। होना यह चाहिए था कि पश्चिम से अलग किस्म की अपनी कुछ अंतर्निहित विशेषताओं के कारण भारतीय समाज एक ऐसे विश्व दृष्टिकोण की नुमाइंदगी करता जो पश्चिमी समाज-व्यवस्थाओं से भिन्न होता यानी जो न तो पूँजीवादी लोकतंत्र जैसा होता और न ही फौजी-उद्योगिक

उत्पादन प्रणाली और बाजार पर निर्भर होता। इस आशा के विपरीत भारत दिन-ब-दिन फौजीकरण के शिकंजे में फँसता जा रहा है, उसका एटमीकरण हो चुका है, वह बहुराष्ट्रीय पूँजी के लिए अपने दरवाजे खोलता जा रहा है, वह अमेरिका के और ज्यादा नजदीक होता जा रहा है, अमेरिका के साथ भारत की फौजी संधि हो चुकी है और बुश सरकार की हाल की नीतियों का समर्थन कर रहा है। लोकतांत्रिक रूपांतरण और आध्यात्मिक बदलाव का अपना मॉडल बनाने के बजाय भारत अभिजनवादी होता जा रहा है। धीरे-धीरे भारत साधारण लोगों के लिए रहने लायक नहीं रह जायेगा। उन्हें इस धरती से कोई उम्मीद नहीं रह जायेगी। इस जमीन पर गरीबी, विषमता, निरक्षरता और दमन में लगातार बढ़ोतरी होती जा रही है। राष्ट्रीय आंदोलन में ऐसे भारत की संकल्पना नहीं की गयी थी। बजाय इसके कि यह देश अपनी आंतरिक शक्ति और आस्थाओं के आधार पर दुनिया के सामने विकल्प पेश करता, यह पश्चिम के वर्चस्व का मोहरा बनता जा रहा है।

प्रश्न : आइए, अब भारत के सर्वश्रेष्ठ और सबसे निकृष्ट की चर्चा करें।

□ आपकी राय में अब तक भारत का सबसे अच्छा और सबसे खराब प्रधानमंत्री कौन हुआ?

उत्तर : मुझे जवाहरलाल नेहरू के साथ निजी तौर पर काम करने का मौका नहीं मिला पर अपने शुरू के काम में मैं नेहरूवादी नजरिये से प्रभावित था। जितना मैंने नेहरू को पढ़ा है और जितना मैं दूसरों के जरिये नेहरू को जानता हूँ, निस्संदेह नेहरू एक अच्छे प्रधानमंत्री थे। लेकिन वे समाज के अभिजन तबके के बेहद नजदीक थे। वे सारे देश में घूमते थे, वे लोगों को मुक्त करना चाहते थे, वे जनता को आजादी और समृद्धि देना चाहते थे लेकिन उनकी शैली कुछ इस तरह की थी जिससे लोगों की लोकतंत्र में भागीदारी खुल नहीं पाती थी। चूँकि वे लोगों को उनके भविष्य का मालिक बनने लायक हालात मुहैया करने में नाकाम रहे इसलिए मैं उन्हें सर्वश्रेष्ठ प्रधानमंत्री नहीं मानूँगा। लालबहादुर शास्त्री का कार्यकाल बहुत छोटा था लेकिन उन्होंने इस अवधि में जो कुछ किया, उससे लगता है कि अगर उन्हें वक्त ने कुछ और मौका दिया होता तो वे काफी अच्छा काम कर सकते थे। छोटी-छोटी अवधियों के लिए प्रधानमंत्री रहे वी.पी. सिंह, चरण सिंह, चंद्रशेखर, देवगौड़ा और गुजराल का रिकॉर्ड मिला-जुला रहा। इनमें सबसे निराशाजनक काम गुजराल ने किया। उन्होंने दरअसल कुछ किया ही नहीं, हालाँकि उनसे उम्मीदें काफी थीं।

शायद आपको मेरे इस आकलन से ताज्जुब हो पर यह एक सच्चाई है कि इंदिरा गाँधी एक ऐसी प्रधानमंत्री थीं जिनकी उँगलियाँ न केवल राजनीति की

नब्ज पर रहती थीं, बल्कि उनके पास भारत को एक महान शक्ति बनाने की दृष्टि भी थी। उनके पास देश के मानस को प्रभावित करने की क्षमता थी। गरीबी हटाओ का नारा सिर्फ एक राजनीतिक हथकंडा नहीं था। इस नारे ने सारे देश के पैमाने पर मामूली जनता का जो समर्थन हासिल किया, वैसा देश की सभी कम्युनिस्ट पार्टियाँ मिल कर भी प्राप्त नहीं कर सकीं। मैं इंदिरा गाँधी का गुणगान नहीं कर रहा हूँ लेकिन यह एक तथ्य है कि वे अन्यों की तुलना में सबसे कामयाब प्रधानमंत्री मानी जायेंगी।

सबसे बुरे प्रधानमंत्री के रूप में नरसिंह राव का नाम लूँगा। राव के कार्यकाल में सबसे ज्यादा घोटाले हुए, बाबरी मस्जिद तोड़ी गयी, सरकार बचाने के लिए लोगों को जम कर खरीदा गया, वे खुद घोटालों में शामिल पाये गये और उन्हीं के कार्यकाल में देश ने नवउदारतावादी चिंतन के गर्त में छलाँग लगायी।

□ भारतीय राजनीति की सबसे अच्छी और सबसे नुकसानदायक घटनाएँ कौन-कौन-सी हैं?

उत्तर : भारतीय राजनीति का सबसे ज्यादा गर्व करने लायक दौर वह था जब हमने आपातकाल के खिलाफ संघर्ष किया था। इस अवधि में सोशलिस्ट पार्टी या कुछ खास तरह के लोगों के किसी गुट ने नहीं, बल्कि नाना प्रकार के लोगों ने खुद पहलकदमी ले कर लोकतंत्र की फिर से स्थापना के लिए लड़ाई लड़ी थी। उस समय युवा लोग लोकतंत्र को बचाने के सिलसिले से खुद को काफी जुड़ा हुआ महसूस करते थे। आपातकाल के ठीक पहले और तुरंत बाद का दौर भी खासा संभावनापूर्ण था। वह जमाना काफी ताकतवर किस्म की खोजी पत्रकारिता का था। वह जमाना रेडिकल भूमिका निभानेवाली जनहित याचिकाओं का था। बुद्धिजीवियों ने उसी बीच आगे बढ़ कर महत्त्वपूर्ण मुद्दों पर पक्षधरता दिखाने का रवैया प्रदर्शित किया था। आमतौर पर उस समय माहौल में एक तरह का उछाल था कि हम कुछ अलग जैसा करने जा रहे हैं। सोच यह था कि हम एक नया समाज बनाने जा रहे हैं।

मैं यह कहूँगा कि कांग्रेस के भीतर सिंडीकेट के खिलाफ इंदिरा गाँधी का संघर्ष भी भारतीय राजनीति की एक बेहतर घटना समझी जानी चाहिए। इंदिरा गाँधी सत्ता पर काबिज एक छोटे से गुट की जकड़ को तोड़ कर सीधे जनता तक पहुँचना चाहती थीं। उनका यह प्रयास सराहनीय और संभावनापूर्ण था। वे ऐसा नहीं कर पायीं, यह एक अलग मसला है। उनके साथ समस्या यह रही कि 'गरीबी हटाओ' नारे की असाधारण कामयाबी के बाद भी वे कोई वैकल्पिक संस्थागत ढाँचा नहीं बना पायीं। ध्यान रहे कि गरीबी हटाओ की पुकार से

प्रभावित हो कर दलितों, अल्पसंख्यकों और अन्य वंचितों ने बिना किसी अपवाद के इंदिरा गाँधी को वोट दिया था लेकिन वे इस आधार पर खड़े हो कर लोकतंत्र को नया रूप नहीं दे पायीं। यही काम रूजवेल्ट ने 'न्यू डील' के दौर में ज्यादा कामयाबी के साथ कर दिखाया था।

आपातकाल की घोषणा भारतीय राजनीति का सबसे निकृष्ट क्षण था। बुद्धिजीवियों, पत्रकारों और न्यायपालिका के कई जजों और वकीलों ने जिस तरह सत्ता के मामूली फायदे उठाने के मकसद से इसका समर्थन किया उसने इस क्षण को और संगीन बना दिया। इन लोगों को यह नहीं दिखा कि एक ताकतवर व्यक्ति पूरी भारतीय राजनीति को हड़प कर संजय गाँधी और उनके गुंडों के हवाले किये दे रहा है। पी.वी. नरसिंह राव की शासनावधि भी भारतीय राजनीति का सबसे शर्मनाक दौर कही जा सकती है। इसी दौर ने राजनीति को उत्तरोत्तर अपराधीकरण के हवाले कर दिया, भ्रष्टाचार का बोलबाला होता चला गया और सांप्रदायिकता ने राजनीतिक प्राथमिकताओं को तय करना शुरू कर दिया। इसी अवधि में भारतीय अर्थव्यवस्था ने विश्व बैंक और अंतर्राष्ट्रीय मुद्रा कोष के सामने अपनी स्वायत्तता खो दी। घटना के तौर पर बाबरी मस्जिद का ढहाया जाना भारतीय राजनीति की सबसे घृणित और हानिकारक घटना थी। और यह भी नरसिंह राव के जमाने में ही हुई। मैं कह ही चुका हूँ कि नरसिंह राव देश के सबसे खराब प्रधानमंत्री थे।

□ **अकादमीय जगत की सबसे अच्छी और सबसे खराब कृतियाँ कौन-कौन-सी हैं? आप अपने काम को बाहर रख कर बताइए।**

उत्तर : मैं कहूँगा कि राजनीतिशास्त्र में पार्थ चटर्जी का काम बहुत अच्छा और सिलसिलेवार साबित हुआ है, हालाँकि उन्होंने अपना दायरा सीमित ही रखा है। इतिहास के क्षेत्र में रोमिला थापर ने प्राचीन भारत को समझने की काफी सामग्री मुहैया करायी है। पिछले दिनों उन्होंने सांप्रदायिकता के मसले पर भी गंभीर दृष्टि डाली है। प्राचीन भारत के इतिहास पर रामशरण शर्मा का काम भी बेहद महत्त्वपूर्ण है। मैं हालाँकि कई बातों पर एम.एन. श्रीनिवास से सहमत नहीं था लेकिन समाजशास्त्र के क्षेत्र में उनका योगदान अन्यतम है। उन्होंने 'सांस्कृतिकरण' और 'वर्चस्ववाली जाति' के विलक्षण सिंद्धांत दे कर चिंतन के नये रास्ते खोले। अर्थशास्त्र के क्षेत्र में मैं अमर्त्य कुमार सेन के काम से ज्यादा प्रभावित नहीं हूँ। वे ज्यादातर 'कल्याणकारी राज्य' के विचार को ही मजबूत करते नजर आते हैं। हालाँकि सुखमय चक्रवर्ती के काम को बहुत प्रचार नहीं मिला, पर लेकिन वे बहुत अच्छे और सक्षम अर्थशास्त्री थे। उन्होंने महलनोबीस मॉडल और नियोजन की प्रक्रिया को जनता की भलाई के लिए इस्तेमाल

करनेवाले औजार में बदलने में योगदान दिया था। अर्थशास्त्र के क्षेत्र में हमारा अकादमीय जगत एक अजीब तरह की फिसलन का शिकार हो गया है वरना एक वक्त में के.एन. राज भी अच्छे अर्थशास्त्री थे। कुल मिला कर मैं कहूँगा कि भारतीय अर्थशास्त्र ने कोई महान और असाधारण प्रतिभा पैदा नहीं की है। जहाँ तक समाजविज्ञान के क्षेत्र में किसी ऐसी असाधारण रचना को गिनाने का सवाल है जिसने अपनी अनुशासनगत सीमाओं को लाँघते हुए गहरायी में जा कर एक संपूर्ण दृष्टि का परिचय दिया हो, तो मैं आशीष नंदी की रचना 'दि इंटीमेट एनिमी' का जिक्र करना पसंद करूँगा। यह किताब भारत जैसे देश के साथ पश्चिम के सांस्कृतिक और वैचारिक रिश्तों का बेहद प्रभावशाली आख्यान है। इसमें बड़ी मौलिकता है।

□ अगर आपसे पूछा जाये कि भारतीय समाज में सर्वश्रेष्ठ क्या है और निकृष्टतम क्या है तो आप क्या जवाब देंगे?

उत्तर : भारतीय समाज का सबसे घृणित पहलू उसमें महिलाओं की स्थिति है। यह देश जो खुद को आध्यात्म का पुरोधा कहता है और अपनी सभ्यता के बारे में ऊँचे-ऊँचे दावे करता है, अपनी औरतों के साथ बहुत बुरा सलूक कर रहा है। पहले तो स्त्री को गर्भ में ही मार डालने की कोशिश होती है और जब वह पैदा हो ही जाती है तो उसे बलात्कार के अंदेशों का सामना करना पड़ता है। उसकी खरीद-बिक्री की घटनाएँ इस समाज में आम हैं। यह समस्या सभी वर्गों और सभी तबकों के साथ समान है। बालिकाओं को गर्भ में ही मार डालने और बाजार में बेचने की भारतीय परिघटना का दुनिया के इतिहास में कोई सानी नहीं है। बलात्कार दुनिया के अन्य समाजों में भी होता है लेकिन भारत में इसने सभी हदों को पार कर दिया है। इस देश का अभिजन भी अपने तबके की महिलाओं से जिस तरह का सलूक करता है वह काफी घिनौना है। एक पुलिस अधिकारी द्वारा एक महिला आई.ए.एस. अधिकारी के साथ किया गया व्यवहार इसका उदाहरण है। महिला विरोधी नजरिये का एक सांस्कृतिक प्रमाण यह है कि खुशवंत सिंह जैसे लोग इस अभिजन समाज के हीरो बन जाते हैं और शोभा डे जैसी लेखिकाएँ सबसे ज्यादा बिकनेवाले उपन्यासकारों में गिनी जाती हैं। यह सब काफी चिंतित करनेवाला है। लगता है कि हमने वह आत्मविश्वास ही खो दिया है जिसके आधार पर हम नयी सहस्राब्दी में सकारात्मक रूप से जा सकते हैं। किसी जमाने में मैं भारत के बारे में काफी गर्व और यकीन महसूस किया करता था। लेकिन अब वैसी बात नहीं रही।

भारतीय समाज का सर्वश्रेष्ठ पहलू उसकी उत्तरजीविता रही है। यह अपने बचे रहने के लिए न तो किसी नेता पर निर्भर रहा और न किसी राज्य पर। कई

सदियों से इसके टिके रहने का तर्क इसकी आंतरिक गतिशीलता ही है। दुनिया की सभी पुरानी सभ्यताओं में भारत ने ही यह क्षमता दिखायी है। लेकिन सवाल यह है कि आखिर किस मकसद से हम अभी तक अपनी हस्ती को बनाये हुए हैं? क्या हमारा मकसद कुछ खास लक्ष्यों को वेधने का है? जैसे ही यह सवाल आता है, निराशा की शुरुआत हो जाती है।

□ सबसे अच्छी और सबसे बुरी राजनीतिक पार्टी कौन-सी है?

उत्तर : पार्टी के तौर पर तो नहीं पर एक दलीय प्रणाली के तौर पर कांग्रेस सबसे अच्छी है। मुझे उम्मीद है कि किसी न किसी प्रकार सोनिया गाँधी की कांग्रेस नहीं, बल्कि वही कांग्रेस प्रणाली किसी दूसरे रूप में वापस आयेगी। तभी स्थिरता मिलेगी। केवल इसी प्रणाली ने देश की जनता की सबसे लंबे समय तक सेवा की है, केवल इसी प्रणाली में नाना प्रकार के तत्त्वों को आपसी तालमेल के साथ रखने की क्षमता है, केवल इसी प्रणाली में टिकने का दम है।

देखने की बात यह है कि हजारों साल पुरानी भारतीय सभ्यता इस समय एकदम नयी चुनौतियों का सामना कर रही है। भारतीय राज्य अभिजनवादी होता जा रहा है और उन बुनियादी मूल्यों के खिलाफ काम कर रहा है जिनकी तरफदारी के लिए यह सभ्यता जानी जाती रही है। इसके जिम्मेदार आज के बुद्धिजीवी, आज के प्रोफेशनल और इसका कारोबार चलानेवाले गुट हैं। यह एक विचित्र विरोधाभास है कि इतनी महान सभ्यता इस बुरी हालत में आ गयी है। एकमात्र उत्साहित करनेवाली बात यह है कि उत्पीड़ित जनता के तबके मातहती की स्थिति से बाहर आ रहे हैं। वे लोकतंत्र में भागीदारी कर रहे हैं। यह देख कर मुझे लगता है कि एक बार फिर राजनीतिक प्रक्रिया ही भारत का उद्धार करेगी। अंतर सिर्फ यह होगा कि पहले इस प्रक्रिया के शीर्ष पर मध्य वर्ग था लेकिन इस बार उत्पीड़ित तबके और गरीब होंगे। इस प्रक्रिया का नेतृत्व करने के लिए और इससे सबसे अच्छे नतीजे निकालने के लिए कांग्रेस प्रणाली ही सबसे बेहतर माध्यम हो सकती है। मैं एक बार फिर यह साफ कर देना चाहता हूँ कि मैं यह उम्मीद कांग्रेस प्रणाली से कर रहा हूँ न कि आज की सोनिया गाँधी की कांग्रेस से।

जनसंघ सबसे बुरी राजनीतिक पार्टी थी। इसके अवशेष आज हम शिव सेना, बजरंग दल और विश्व हिंदू परिषद के रूप में देखते हैं। मैं भाजपा को ठीक जनसंघ जैसा नहीं मानता। भाजपा तो जनसंघ की विचारधारा और परियोजना की पराजय का प्रमाण है। जेपी और काफी हद तक वाजपेयी की भूमिका ने भाजपा को जनसंघ से अलग कर दिया है। भाजपा द्वारा जनसंघ की रीति-नीति से अलग हटने का सिलसिला अभी लगातार चल रहा है। वह मंदिर

की राजनीति से दूर खिसकती जा रही है। भाजपा में कुछ ऐसे नेता जरूर हैं कि जो जनसंघी रवैये का प्रतिनिधित्व करते हैं। आडवाणी ऐसे ही नेता हैं। वे भाजपा के गैर-जनसंघी रुख के नुमाइंदे नहीं हैं, जबकि वाजपेयी हैं। यह समझना होगा कि भाजपा हिंदुत्व की पार्टी के तौर पर नाकाम हो चुकी है। निराशा के अंधकार में जो कुछ रोशनी की किरणें हैं उनमें एक तो यही है कि भूमंडलीकरण वह काम नहीं कर पा रहा है जो उसके पैरोकारों को उम्मीद थी और भारतीय स्तर पर सांप्रदायिकता जनता के बीच में अपनी अपील खोती जा रही है। आज जनता को रामशिलाएँ अयोध्या ले जाने के लिए तैयार नहीं किया जा सकता। हाँ, यह जरूर है कि भाजपा के भीतर की दो धाराएँ कहा नहीं जा सकता कि किस करवट बैठेंगी। यह सही है कि आडवाणी वगैरह के पास सत्ता की ताकत है और संघ परिवार उनके जरिये इस ताकत का इस्तेमाल कर रहा है। अगर आडवाणी वगैरह राष्ट्रीय लोकतांत्रिक गठजोड़ (राजग) की राजनीति पर हावी हो गये तो वाजपेयी का उदार चेहरा आखिर में एक धोखा भी साबित हो सकता है।

प्रश्न : और अब अंत में कुछ भविष्यवाणियाँ!

□ गठजोड़ राजनीति का भविष्य क्या होगा?

उत्तर : एक हद तक कहा जा सकता है कि गठजोड़ राजनीति काफी समय तक टिकेगी। राजनीतिक दलों से लोगों का मोहभंग हो चुका है और किसी एक पार्टी को बहुमत मिलने की संभावना दूर-दूर तक नहीं दिखायी देती। त्रिशंकु सरकारें ही बनती रहेंगी। और जब तक ऐसा होता रहेगा तब तक दो बातों का महत्त्व कायम रहेगा : पहला, गठजोड़ राजनीति का महत्त्व और ग्रासरूट्स राजनीति का महत्त्व। यह परिस्थिति कांग्रेस के वर्चस्व के जमाने की राजनीति से पूरी तरह से भिन्न है। इस माहौल में हमेशा एक कारगर गठजोड़ की तलाश की जाती रहती है। मुझे नहीं लगता कि ऐसा कोई गठजोड़ अभी तक उपपब्ध हो पाया है। राजग ऐसा गठजोड़ नहीं है। इसे तो अभी हासिल किया जाना है। लेकिन इसका मतलब यह नहीं है कि कांग्रेस प्रणाली निकट भविष्य में ही दोबारा केंद्रीय मंच पर आ जायेगी। यह मेरी इच्छा जरूर है लेकिन देश की राजनीति किसी और तरफ ही इशारा कर रही है।

मेरा विश्वास है कि जैसे-जैसे उत्पीड़ितों के तबके और उनकी राजनीति की अहमियत बढ़ेगी, वैसे-वैसे एक नयी किस्म की गठजोड़ राजनीति का मीजान बनेगा। मुलायम सिंह जैसे क्षेत्रीय नेता के साथ-साथ राष्ट्रीय पहुँच रखनेवाले नेता आपस में जुड़ेंगे और हाशिये पर पड़े तबकों के नेताओं के साथ मिल कर नयी राजनीति की रचना करेंगे। वह गठजोड़ राजनीति का सबसे श्रेयस्कर रूप होगा। वह एक ऐसा रूप होगा जो उसी तरह काम करेगा जैसे

कांग्रेस प्रणाली काम करती थी। सोचिये, अगर पिछड़े, दलित, अल्पसंख्यक और आदिवासी मिल जायें तो कितना जोरदार बहुमत बनेगा। मंडल के बाद हुए चुनावों में जो लोकसभा बनी थी, उसमें ब्राह्मण हमेशा से खासे कम थे। उसमें द्विज जातियों की संख्या कुल मिला कर कम ही थी। छोटी जातियाँ ज्यादा थीं। लोकसभा का यह रूप बड़ा उम्मीद दिलानेवाला था। मैंने वी.पी. सिंह का ध्यान इस परिवर्तन की तरफ दिलाया भी था। बाद में यह रूप उस राजनीति के उफान में डूब गया जिस पर राष्ट्रीय स्वयंसेवक संघ हावी था। अगर एक बार फिर वह स्थिति बनती है जिसमें निचले तबकों के लोग ऊपर के बजाय नीचे से गठजोड़ बना कर उभरते हैं तो वही परिदृश्य सामने आ सकता है। विचार के तौर पर और प्रवृत्तियों के तौर पर चीजें मौजूद हैं ही। लोग स्वशासन की चर्चा करते हैं। विकेंद्रीकरण संविधान में स्थापित किया जा चुका है। लोग ज्यादा अधिकारों की माँग करने लगे हैं। आदिवासियों द्वारा अपनी जीवनशैली को बचाने की माँग की जा रही है। प्राकृतिक संसाधनों की सुरक्षा का आंदोलन मजबूत होता दिखायी दे रहा है। इन सब बातों को मुख्यधारा बनने में थोड़ा वक्त तो लगेगा, क्योंकि दुर्भाग्य से ये सभी ताकतें फिलहाल मिलजुल कर काम नहीं कर पा रही हैं। इन ताकतों के गठजोड़ से हो सकनेवाले फायदे और उनके मौजूदा आपसी संबंधों की दुखद स्थिति देखनी है तो मुलायम सिंह और कांशी राम के गठजोड़ के नतीजे और उनके बीच के विवादों को देखिए। अब वे कभी मिल कर काम नहीं करेंगे। अगर वे काम कर पायें तो कुछ दिनों के भीतर ही राजनीति की शक्ल बदल डालेंगे।

□ भारतीय मार्क्सवादियों के लिए भविष्य में क्या संभावना छिपी है?

उत्तर : मुझे लगता है कि हम वामपंथियों की ताकत के आमतौर से क्षय की तरफ बढ़ रहे हैं। गठजोड़ राजनीति का तर्क इसी तरफ संकेत दे रहा है। लेकिन भारत जैसे गरीब देश में जहाँ इतना शोषण है, आखिर में जवाब वहीं से आयेगा जहाँ कुछ रूपांतरणकारी राजनीति करने के बारे में सोचा जा रहा है। यह देश तो क्रांति के लिए तैयार है। सवाल यह है कि यह क्रांति कौन करेगा : आज के वामपंथी करेंगे या कोई नये किस्म के वामपंथी उभरेंगे और इस जिम्मेदारी को पूरा करेंगे। मुझे काफी कुछ मार्क्सवादी-लेनिनवादी धारा से उम्मीद है, क्योंकि पीपुल्स वार गुट और माओवादी कम्युनिस्ट केंद्र को छोड़ कर लिबरेशन और अन्य एमएल समूह लोकतांत्रिक प्रक्रिया के नजदीक आ रहे हैं। लिबरेशन ने पिछले दिनों नागभूषण पटनायक और विनोद मिश्र जैसे नेता खो दिए हैं, लेकिन फिर भी उनकी संभावनाएँ मुखर हैं। एमएल गुटों के साथ-साथ मेरा ख्याल है कि बुद्धिजीवियों के समूह भी एक अलग तरह की राजनीति की

आवश्यकता को रेखांकित करेंगे जो भले ही आज के प्रतिनिधित्वमूलक लोकतंत्र जैसी नहीं होगी पर जो नीचे से लोकतंत्र की स्थापना के लिए प्रयासरत होगी। वह राजनीति उस कांग्रेस प्रणाली को जन्म नहीं देगी जिसका संचालन जवाहरलाल नेहरू ने किया था पर ऐसी कांग्रेस प्रणाली को पैदा करेगी जिस पर गरीबों और कमजोरों का वर्चस्व होगा।

प्रश्न : तो क्या वह प्रत्यक्ष लोकतंत्र का मॉडल होगा जिसमें संस्थाओं की नियामक भूमिका नहीं होगी?

उत्तर : अच्छा हुआ तुमने यह सवाल पूछ लिया। चाहे प्राचीन भारत रहा हो या प्राचीन यूनान, गाँव सभाएँ ही लोकतंत्र की मुख्य इकाई हुआ करती थीं। इन सभाओं में किसी मुद्दे पर तब तक बहस होती रहती थी जब तक कि उसका हल नहीं मिल जाता था। हम निश्चित रूप से ऐसी अवधि की तरफ बढ़ रहे हैं जो संसदीय व्यवस्था और पार्टी-पॉलिटिक्स से मोहभंग की अवधि है। यह अनुभूति बढ़ रही है कि अगर गाँव के स्तर पर सूचना के अधिकार के लिए संघर्ष किया जा सके जैसा कि राजस्थान में हुआ है और अगर अपनी तमाम कमियों के बाद भी नर्मदा जैसे आंदोलन चलाये जा सकें तो वह हासिल करने की तरफ बढ़ा जा सकता है जो अभी तक हमारे पास नहीं है। ऐसे आंदोलनों के गर्भ से जिस कांग्रेस प्रणाली का जन्म होगा वह नेहरूवाली कांग्रेस प्रणाली न हो कर उत्पीड़ित तबकों के हितों को प्राथमिकता देनेवाली कांग्रेस प्रणाली होगी।

अगर मुझसे भविष्यवाणी करने के लिए कहा जाये, तो मैं कहूँगा कि फिलहाल अपराधीकरण और सांप्रदायीकरण के कारण हालात और बिगड़नेवाले हैं लेकिन जैसे-जैसे जनांदोलनों का उफान बढ़ेगा वैसे-वैसे परिस्थिति सुधरेगी। मुझे यकीन है कि निकट भविष्य में नहीं पर कुछ आगे चल कर भारत का सितारा चमकेगा।

□ आगे चल कर गाँधीवाद का क्या होगा?

उत्तर : मेरा ख्याल है कि गाँधीवाद खुद गाँधी के संदर्भ में बचा रहेगा और जब-जब आधुनिकता का अतिरेक होगा तब-तब वह संतुलनकारी भूमिका निभाने के काम आयेगा। धीरे-धीरे अगर हम राजनीति के किसी आध्यात्मिक आधार की तरफ बढ़े तो गाँधी की वापसी हो सकती है लेकिन मुझे नहीं लगता कि आज के गाँधीवादियों के पास हमारी समस्याओं का कोई निदान है। गाँधी को पूरी तरह कभी नहीं भुलाया जायेगा। वे इस देश की स्मृति और व्यापक तौर पर दुनिया की यादों में अपना स्थान बनाये रखेंगे। लेकिन उनकी याद हमें एक प्रेरक शख्सियत के रूप में ही रहेगी न कि राज्य चला सकनेवाले एक नेता के रूप में।

□ **राष्ट्रीय स्वयंसेवक संघ का क्या हश्र होगा?**

उत्तर : संघ को तगड़ा झटका लगनेवाला है। अयोध्या आंदोलन के बाद से सांप्रदायिक पार्टियों के लिए कोई खास हमदर्दी नहीं बची है। दूसरे संघ ने रोजमर्रा की राजनीति से जुड़ कर अपना खास चरित्र खो दिया है। वह अपनी छवि खो चुका है कि यह संगठन क्षुद्र राजनीति से अलग किस्म का है। जब बाढ़ आयेगी या कोई अन्य विपदा आयेगी, यह संघठन आगे आ कर मदद करेगा। इससे संघ की प्रतिष्ठा बढ़ती थी। राजनीतिक प्रक्रिया में कूद कर इस संगठन ने यह करिश्मा खो दिया है। उसने हिंदुत्व की राजनीति का आगाज किया और अब वह राजनीति नाकामी के कगार पर खड़ी है। इसलिए संघ का भविष्य उज्ज्वल नहीं है।

□ **गैर-पार्टी राजनीतिक प्रक्रिया किस दिशा में जायेगी?**

उत्तर : इस प्रक्रिया का सकारात्मक विकास होगा। इसमें बात समझने की यह है कि यह प्रक्रिया आखिर में राजनीति ही है। इसे गाँधी और जयप्रकाश की तरह गैर-पार्टी और गैर-राजनीतिक सिलसिला नहीं समझना चाहिए। बुद्धिजीवी, पत्रकार, अकादमीशियन, कार्यकर्ता, जनता के समूह और उनके प्रतिनिधि पार्टी प्रणीली के बाहर इस राजनीति को अंजाम देंगे। प्रचलित पार्टी-पॉलिटिक्स का कोई खास भविष्य रह नहीं गया है। गैर-पार्टी राजनीतिक प्रक्रिया की मुख्य समस्या आजकल यह है कि इस धारा के लोगों में आपसी झगड़े बहुत हैं। दलितों और पिछड़ों के बीच, दलितों और मुसलमानों के बीच और दलितों के एक हिस्से और दूसरे हिस्से के बीच विवाद जारी है। जब तक इस प्रक्रिया का कोई मान्य नेता नहीं उभरता तब तक इस धारा की ऊर्जा का रचनात्मक इस्तेमाल नहीं हो पायेगा। या फिर कोई गठजोड़ उभरे जो गैर-पार्टी हितों को लचीले और उसूली ढंग से अभिव्यक्त करे। फिलहाल नीचे से उभर सकनेवाले किसी गठजोड़ की संभावना बेहद कमजोर है पर अगर समस्याओं का हल कहीं से आ सकता है तो वहीं से आयेगा।

प्रश्न : लेकिन यह गैर-पार्टी राजनीतिक प्रक्रिया वास्तविक ठोस राजनीति से अपना संबंध कैसे स्थापित करेगी?

उत्तर : यह प्रक्रिया राजनीति में उस तत्त्व का समावेश करेगी जो आम दलीय प्रणाली यानी पार्टी-पॉलिटिक्स कर पाने में नाकाम रही है। हुआ यह है कि लोगों को लगने लगा है कि राजनीति में और लोकतंत्र में भागीदारी करके वे कुछ हासिल कर सकते हैं। इसीलिए उत्पीड़ित तबकों के लोग ही ज्यादा वोट डालने जाते हैं। खाते-पीते लोग इस मामले में जानबूझ कर पीछे रह जाते हैं। इस नयी प्रवृत्ति के पीछे गैर-पार्टी राजनीतिक प्रक्रिया ही है। हम दो तरह की

परिघटनाओं का साक्षात्कार कर रहे हैं : एक है गठजोड़ राजनीति और दूसरी है ग्रासरूट्स राजनीति। ये दोनों एक दूसरे के संश्रय में जा कर राष्ट्रीय और क्षेत्रीय स्तर पर ग्रासरूट्स राजनीति के रचनात्मक दबाव में वह कर दिखा सकती हैं जो दलीय प्रणाली नहीं कर पा रही है।

यहाँ मैं यह भी कहना चाहता हूँ कि काफी कुछ इस बात पर भी निर्भर है कि हम राज्य के औजार को फिर से कितना स्वायत्त कर पाते हैं। आज राज्य जनता से दूर हट गया है। राज्य को जनता के हितों का ताबेदार बनाया जाये, जनता के स्तर पर गैर-पार्टी-राजनीति सक्रिय हो और एक ऐसी प्रणाली काम करे जो जिसमें कांग्रेस प्रणाली जैसा आंतरिक लोकतंत्र हो, यह जरूरी है। इस काम को अंजाम देने के लिए हमें कुछ अलग किस्म के बुद्धिजीवी, नेता और कार्यकर्ता चाहिए। इन्हीं लोगों में देश को एक ऐसा वैकल्पिक घोषणापत्र देने की क्षमता होगी जिसकी आजादी के बाद से ही तलाश है और भारत का वास्तविक आश्वासन पूरा कर सकेगा। मुझे उम्मीद है कि यह संभावना देर-सबेर परवान चढ़ेगी।

☐ भारतीय संदर्भ में भूमंडलीकरण का भविष्य क्या है?

उत्तर : इस समय तो भारत भूमंडलीकरण के शिकंजे में पूरी तरह फँसता जा रहा है। इससे भारतीय अर्थव्यवस्था, समाज और सामुदायिक जीवन को बहुत बुरी तरह नुकसान पहुँचनेवाला है। भारतीय कृषि का कबाड़ा होनेवाला है। भारतीय राज्य की स्वायत्तता का उत्तरोत्तर हरण हो रहा है। राज्यतंत्र, संसाधनों के स्रोत और पारिस्थितिकीय स्थिरता कमजोर होने जा रही है। अपनी तमाम कमियों के बावजूद इन पहलुओं की संप्रभुता के कारण हम अभी तक किसी न किसी प्रकार आगे तो बढ़ ही रहे थे।

दूसरी तरफ एक परिदृश्य यह भी है कि भूमंडलीकरण का भविष्य अच्छा नहीं है। यह अपने गढ़ों में ही ठीक से काम नहीं कर पा रहा है। अमेरिका और जापान में व्यापार युद्ध इसकी मिसाल है। यूरोपियन यूनियन और अमेरिका मिल-जुल कर काम नहीं कर पा रहे हैं। संयुक्त राष्ट्र में भारी विभाजन की स्थिति है। भूमंडलीकरण आजकल तीसरी दुनिया के देशों और पूर्व समाजवादी देशों पर ज्यादा निर्भर होता जा रहा है। साथ ही भूमंडलीकरण को काफी प्रतिरोध का सामना करना पड़ रहा है। इस्लामिक देश इसके खिलाफ हैं। चीन एक खास तरह से इसका विरोध कर रहा है। वह इसके प्रौद्योगिकीय पहलू अपनाता है पर अपनी स्वायत्तता और संप्रभुता छोड़ने के लिए तैयार नहीं है। उसने भूमंडलीकरण के प्रभाव में खुद को अभी तक राज्य और पार्टी की स्थापित समझ से वंचित नहीं किया है। कुछ देशों का समूह भूमंडलीकरण के खिलाफ झुकता

जा रहा है। इनमें चीन की भूमिका जोरदार होगी। काफी हद तक ईरान भी इस संघर्ष में हिस्सा लेगा। भारत अगर वास्तविक लोकतंत्र की जमीन पर खड़ा हो सका तो उसकी भी भूमिका होगी। यह दुनिया का दक्षिणी हिस्सा होगा जिसके मोर्चे पर दुनिया के साधारण और उत्पीड़ित लोगों की निगाहें लगी हुई हैं। यह दक्षिण ही पश्चिम की चौधराहट को तोड़ेगा। वरना भविष्य अंधकारमय है। मुझे यकीन है कि पश्चिम का वर्चस्व अवश्य खत्म होगा, क्योंकि बुश की नीतियाँ बहुत ज्यादा दिनों तक नहीं चल सकतीं। अफगानिस्तान और तालिबान पर जीत हासिल कर लेने का मतलब यह नहीं है कि अमेरिका को चीन, इस्लामिक दशों और भारत की तरफ से विरोध का सामना नहीं करना पड़ेगा। धीरे-धीरे एक ऐसा नजारा सामने आयेगा जिसमें सच्ची लोकतांत्रिक और समाजवादी किस्म की ताकतें अंतर्राष्ट्रीय वित्तीय पूँजी के प्रभाव के खिलाफ मोर्चा बना लेंगी। इससे साबित होगा कि दुनिया अमेरिका की ही नहीं है। वैसे भी अब एटमी ताकत होने का महत्त्व कुछ नहीं रह गया है। एक के बाद एक देश एटमी ताकत हासिल करते जा रहे हैं।

मुझे अमेरिका की ताकत पर संदेह है कि वह भूमंडलीकरण के जरिये दुनिया को नियंत्रित कर पायेगा। इसका सबसे बड़ा कारण यह है कि वह सारे विश्व को एक केंद्र से संचालित करना चाहता है। यह नहीं हो सकता। दुनिया इस तरह बनी ही नहीं है। वह तो बुनियादी तौर पर विविधता और बहुलता से मिल कर बनी है। दुनिया चलाने के लिए तो विविध किस्म की ताकतों का एक समूह चाहिए जो पश्चिमी प्रभुत्व गठित कर पाने में असमर्थ साबित हुआ है। अभी तक अपनी फौजी ताकत के दम पर वे वर्चस्व की स्थिति बनाये रख सके हैं लेकिन भूमंडलीकरण और नवउदारतावादी चिंतन के आधार पर दुनिया को आगे भी नियंत्रित कर पाएँगे, इसमें मुझे पूरा शक है। भूमंडलीकरण और उसकी विचारधारा नवउदारतावाद तीसरी दुनिया के देशों में अभी भले ही उछाल पर हो लेकिन उसका भविष्य संदिग्ध है।

भारतीय राजनीति की असलियत

भारतीय राजनीति का यह कच्चा-चिट्ठा रजनी कोठारी ने १९६१ में तैयार किया था। हुआ यह कि उनके दोस्त शांति कोठारी उन्हें भावनगर (गुजरात) में हुए कांग्रेस के सरदारनगर अधिवेशन में ले गये जहाँ इस युवा राजनीतिशास्त्री ने व्यावहारिक राजनीति को अपनी आँखों से घटित होते हुए देखा। वह नजारा लंदन स्कूल ऑव इकनॉमिक्स में की गयी पढ़ायी को ठेंगा दिखा रहा था। एक ओर संविधान-प्रदत्त संसदीय लोकतंत्र का ढाँचा था और दूसरी तरफ भारतीय समाज के प्रोटोटाइप के रूप में काम कर रही सत्तारूढ़ कांग्रेस थी जिसके तत्वावधान में होनेवाली वास्तविक राजनीति में बिखराव के शिकार विपक्षी दलों की कोई खास जगह न थी। कोठारी ने पाया कि भारतीय राजनीति को पारंपरिक ढंग से व्याख्यायित नहीं किया जा सकता। इस राजनीति में केंद्रवाद का आग्रह केंद्र से ही उपजना जरूरी नहीं था। कोठारी ने देखा कि 'लोकतांत्रिक विकेंद्रीकरण' का प्रतीक पंचायती राज 'लोकतांत्रिक केंद्रवाद' का जनक बनता जा रहा है और ज्यादातर प्रेक्षक स्वायत्तता की इलाकाई अवधारणा को वास्तविक संघवाद का पर्याय समझने की समस्या से ग्रस्त हैं। कोठारी को यह देख कर ताज्जुब हुआ कि व्यक्ति की आजादी को लोकतंत्र का केंद्र मानने के बजाय सरकारों के बीच अधिकारों और शक्तियों की लड़ाई को माना जा रहा है। नौकरशाही और राजनीति की अन्योन्यक्रिया का अध्ययन करने पर कोठारी इस नतीजे पर पहुँचे कि अधिकारीतंत्र ने लोकतंत्र के तीन खंभों के बाद एक चौथे खंभे की हैसियत प्राप्त कर ली है। नियोजन तंत्र योजना आयोग के नेतृत्व में एक गैर-संवैधानिक संस्था के रूप में उभर आया है। काबीना शैली की सरकार के असली कामकाज पर एक नजर डालने से उन्हें मालूम हुआ कि काबीना के भीतर काबीना कैसे काम करती है। भारतीय लोकतंत्र में दलीय प्रणाली की खोज करने पर उनके हाथ कांग्रेस लगी जो एक पार्टी न हो कर अपने-आप में एक पूरी प्रणाली थी। उन्होंने पाया कि कम्युनिस्टों को सत्ता में आने से रोकने के लिए कांग्रेस और गैर-कम्युनिस्ट विपक्षी दलों में साठगाँठ हो जाती है, जिसके कारण कांग्रेस का मजबूत विकल्प नहीं बन पाता। कांग्रेस की भीतरी गुटबाजी के सकारात्मक और नकारात्मक पक्षों का विश्लेषण करने पर नतीजा निकला कि इससे लोकतंत्र का काम तो चल रहा है लेकिन यह एक स्वस्थ दलीय प्रणाली का स्थानापन्न नहीं हो सकती। कोठारी की मान्यता बनी कि इस गुटबाजी और नेहरू

जैसे करिश्माई नेताओं के कारण भारतीय राजनीति एक तरह की जिच में फँस गयी है। उसमें लगता रहता है कि परिवर्तन होनेवाला है लेकिन वास्तव में परिवर्तन होता नहीं। एक विकासशील समाज में राजनीतिक प्रक्रिया न तो सामूहिक व्यवहार के रूपों का सेकुलरीकरण कर पा रही है और न ही उसे व्यवस्थित राजनीतिक परिवर्तन के लिए तैयार कर पा रही है। समाज में एक तरफ सेकुलरवाद की मात्रा पर्याप्त नहीं है और दूसरी ओर सामान्य और रोजमर्रा के सामाजिक जीवन का अनावश्यक राजनीतिकरण होता जा रहा है। अपने अकादमीय जीवन की इस् पहली रचना में कोठारी की भाषा-शैली उनकी परवर्ती रचनाओं से भिन्न दिखती है। उनके वाक्य छोटे , सीधी अभिव्यक्ति से भरे हुए, आवेगमय और विवादात्मक लगते हैं। यह रचना तत्कालीन इकनॉमिक वीकली (बाद में इकनॉमिक एंड पॉलिटिकल वीकली) में छः खंडों में प्रकाशित हुई थी। राजनीतिशास्त्र के हलकों में इस पर दोहरी प्रतिक्रिया हुई। कुछ ने इसे नेहरू के नेतृत्व की आलोचना और राजनीतिक बदलाव यानी कांग्रेस की सत्ता पर इजारेदारी तोड़ने की जरूरत रेखांकित करने के बावजूद नेहरू-युगीन मॉडल का समर्थन माना और कुछ ने इसे 'ताजा हवा का एक झोंका' करार दिया। लेकिन खुद कोठारी ने अपने इस पहले काम से वह सैद्धांतिक संरचना प्राप्त की जिसने बाद में आजीवन उनका साथ दिया। कोठारी की इस लेखमाला के सार-संक्षेप में कांग्रेस-प्रणाली, विपक्ष और लोकतंत्र पर किये गये उनके परवर्ती काम का भ्रूण रूप देखा जा सकता है।

१

केंद्र और राज्यों के संबंधों का रहस्य उर्फ संवैधानिक संघवाद बनाम संघवाद का दार्शनिक विचार

भारत में संघीय सरकार के संचालन की व्याख्या आमतौर पर औपचारिक शैली में की जाती है। यह एक तरह का राजनीतिशास्त्रीय रूपवाद है जिसके तहत या तो राज्यों के अधिकारों का 'परंपरागत' पक्ष लिया जाता है या फिर मजबूत केंद्र की 'आधुनिक' वकालत की जाती है। या फिर राज्यों और केंद्र की सरकारों के बीच सहयोग और स्पर्धा को कसौटी मान कर संघवाद को परिभाषित किया जाता है। संघवाद पर बहस का मतलब केंद्र और राज्यों के बीच खाई पर चिंता जताना बन गया है।

अक्सर कहा जाता है कि केंद्र सरकार द्वारा राज्य सरकारों के कार्य-क्षेत्र का अतिक्रमण करना सामान्य बात है और उसके किसी न किसी अंग या शाखा की ओर से राज्यों को कोई-न-कोई हिदायत दी ही जाती रहती है। टिप्पणीकारों को यह डर भी है कि अगर कभी कांग्रेस के अलावा अन्य किसी पार्टी की सरकार एक से अधिक राज्यों में बन गयी तो हो सकनेवाले टकराव के परिणामस्वरूप केंद्र को संविधान में दिये गये असाधारण प्रावधानों का इस्तेमाल करना पड़ेगा।

जाहिर है कि अगर ऐसा हुआ तो केंद्र और राज्यों के संबंध काफी खराब हो जायेंगे। यह भी कहा जाता है कि योजना आयोग सातवीं अनुसूची को धता बताते हुए संघीय प्रणाली को क्षैतिज के बजाय लंबवत किये दे रहा है। यानी प्रत्येक केंद्रीय मंत्रालय को राज्यों के अपने जैसे ही मंत्रालयों को नियमित रूप से अपने निर्देशों पर चलाने की आदत पड़ गयी है। केंद्र-राज्य संबंध इस कदर केंद्र की तरफ झुक गये हैं कि राज्यों के लिए अलग से बनाये गये नियोजन यंत्र को भी एक केंद्रीय मंत्रालय में शामिल कर दिया गया है।

दूसरी तरफ इसका उल्टा तर्क भी सुनने में आता है कि भारतीय संघ की शासन प्रणाली में केंद्र और राज्यों के बीच होड़ नहीं, बल्कि सहयोग का भाव ही प्रमुख है। संविधान ने दोनों के कार्यक्षेत्रों में विभाजन कुछ इसी तर्ज पर किया है। फिर चूँकि एक ही पार्टी की सरकार केंद्र और राज्यों पर हुकूमत कर रही है इसलिए सहयोग की यह भावना और भी बलवती हो जाती है। इस बारे में अंतर्राष्ट्रीय दलील यह दी जाती है कि सारी दुनिया में संघीय सरकारों की न केवल राज्यों को दिये जानेवाले अनुदानों के कारण यह स्थिति है, वरन् सभी जगहों पर लोककल्याणकारी राज्य के प्रभाव के कारण भी ऐसे ही हालात बन रहे हैं। ऐसे तर्क देनेवाला पक्ष केंद्र द्वारा राज्यों के अधिकारों को हड़पने के आरोप का खंडन करने के बजाय बदली हुई परिस्थितियों में इस अतिक्रमण को जायज ठहराता है।

एक तीसरे तरह की दलील भी है जिसके अनुसार केंद्र के पास संसाधनों की इतनी कमी है कि वह नियोजन और पुनर्रचना के कार्यक्रमों को लागू करने में नाकाम है। इस पक्ष के प्रमुख प्रवक्ता प्रोफेसर एगिलबाई हैं जिनका दावा है कि केंद्र तो राज्यों के ऊपर निर्भर है। देखने में हालात इसलिए ज्यादा खराब नजर नहीं आते कि सारे देश में एक ही पार्टी की हुकूमत है। जाहिर है कि इस पक्ष के पैरोकारों का कहना है कि ऐसा ज्यादा दिनों तक नहीं रहनेवाला है और इससे पहले कि मामला हाथ से निकल जाये, परिस्थिति को सुधारने के लिए कदम उठा लेने चाहिए।

ये तीनों दलीलें खुद को लोकतंत्र और सुशासन की कसौटी पर खरा मानती हैं। तीनों ही इस बात से चिंतित हैं कि जब देश में केंद्र और राज्यों में अलग-अलग पार्टियों का शासन होगा तो क्या होगा। यह बहस दो नतीजों पर पहुँचती लगती है। एक आग्रह तो यह है कि केंद्र को ज्यादा-से-ज्यादा मजबूत और आत्मनिर्भर बनाया जाये और दूसरा यह है कि राज्यों को और अधिक स्वायत्तता दी जाये। मेरा ख्याल है कि समस्या को समझा ही गलत तरीके से जा रहा है। भारतीय राजनीति में यथार्थ के दो रूप हैं : एक रूप संवैधानिक है जिसे मैं

औपचारिक यथार्थ मानता हूँ; दूसरा रूप मेरी निगाह में ज्यादा ठोस है। इसी के समझने की जरूरत है।

अंग्रेजों के खिलाफ जिन नेताओं ने आजादी की लड़ाई लड़ी थी, वे ही दिल्ली, बंबई, कलकत्ता, मद्रास, कटक, पटना आदि जगहों में सत्ता पर काबिज हुए। इन नेताओं ने बड़ी सफाई और खूबी से देशी रियासतों को भारतीय संघ में मिला कर राजनीति पर अपनी महारत प्रदर्शित की। इसके बाद उन्होंने एक जोरदार योजना बनायी या यह कहिए कि योजनाओं का एक सिलसिला तैयार किया। हमारे देश में किसी और चीज की कमी भले ही रही हो पर बुद्धि की कमी नहीं रही। फिर हमारे प्रधानमंत्री तो खुद ही पहुँचे हुए बुद्धिजीवी हैं। उन्होंने इन योजनाओं को अलादीन के चिराग की तरह पेश किया कि इनसे देश का रूपांतरण हो जायेगा। इन्हें लागू करने की जिम्मेदारी योजना आयोग और केंद्रीय और राज्यों के मंत्रिमंडलों को सौंपी गयी। यह एक बहुत बड़ा काम था और इसे अंजाम देने के लिए व्याकुल नेताओं के तार एक दूसरे से जुड़े हुए थे। वे सातवीं अनुसूची के मैदान में 'राज्यों के अधिकारों' और 'अति महत्त्वपूर्ण राष्ट्रीय हितों' के बीच बहस तो चलाते रहे, लेकिन उन्होंने संवैधानिक प्रावधानों को अपने मकसद में बाधक नहीं बनने दिया। कहना न होगा कि जब महात्मा की पार्टी कार्ल मार्क्स की पार्टी या गणतंत्र परिषद या किसी स्वतंत्र पार्टी के लिए जगह छोड़ देगी तो यह बहस आज के मुकाबले कुछ ज्यादा मजेदार हो जायेगी।

बात यह नहीं है कि सभी जगहों पर एक ही पार्टी का शासन होने से संविधान-प्रदत्त संघीय प्रणाली पर थोपे जा रहे केंद्रात्मक पूर्वग्रह छिपे हुए हैं और अगर राज्यों में दूसरी पार्टियों की सरकारें आ जायेंगी तो ये उघड़ कर सामने आ जायेंगे। पूरे देश में नेतृत्व के एकसार होने की स्थिति में भी यह समस्या उभरती दिख रही है। लोकतांत्रिक नारेबाजी की आड़ में कुछ ऐसे संवैधानिक उपाय किये गये हैं जिनसे शासन में लचीलेपन, आजादी, अधिकारों के प्रसार और विकेंद्रीकरण के सभी प्रयास कुंठित लगने लगे हैं। एकसार नेतृत्व द्वारा चलायी गयी राजनीतिक प्रक्रिया देश में बिखराव की ताकतों को मजबूत करने की भूमिका निभा रही है। चूँकि सब-कुछ एक ही शासक पार्टी (कांग्रेस) के अंदर हो रहा है और विभिन्न आंदोलन भी अपनी कामयाबी के लिए उसी पार्टी के अंदर अपने पक्ष में राय गोलबंद करने में लगे हुए हैं, इसलिए उस पार्टी में जोरदार गुटबाजी शुरू हो गयी है। अगर कांग्रेस संघवाद के प्रति आधी-अधूरी वफादारी का शिकार न होती तो राजनीतिक प्रक्रिया का यह चिंताजनक रूप भी सामने न आता।

संवैधानिक ढाँचा और राजनीतिक प्रक्रिया एक दूसरे के खिलाफ काम कर

रही हैं। इस कारण से भारतीय राजनीति के रूप और तत्त्व के बीच खाई पैदा हो गयी है। इस खाई के दो पहलू हैं : सैद्धांतिक स्तर पर इसे पाटने के लिए उपयुक्त सूत्रीकरणों का अभाव है, और व्यावहारिक स्तर पर राजनीति की तत्त्वगत प्रक्रिया की व्याख्या नहीं हो पा रही है। जरूरत इस बात की है कि औपचारिकता से पल्ला छुड़ा कर एक तरफ तो सच्चे संघवाद की शिनाख्त की जाये और दूसरी तरफ राजनीतिक प्रक्रिया को स्पष्ट किया जाये ताकि इन दोनों के संविधान-प्रदत्त ढाँचे पर पड़नेवाले असर को समझा जा सके। जो ढाँचा सबसे नीचे पड़े हुए जनसमूहों को ज्यादा अधिकार देता हो उसमें बुनियादी तौर पर कुछ गलत नहीं हो सकता। अगर स्वशासन राजनीतिक लोकतंत्र का आदर्श नहीं तो फिर क्या है? जाँच यह करनी चाहिये कि क्या संघात्मक संविधान लोगों को यह अधिकार देता है? इस सिलसिले में एक दलील यह है कि संविधान में किये गये कार्य-क्षेत्र के औपचारिक बँटवारे से जनता को ये अधिकार असल में नहीं मिल पायेंगे, क्योंकि उनके लिए वास्तव में कुछ और ही किस्म के हालात बनाने की जरूरत है जिनकी गैर-मौजूदगी में संवैधानिक प्रावधान जनता को अधिकार-संपन्न होने में बाधा ही बन जायेंगे। आइए, संविधान के औपचारिक संघवाद को ठोस राजनीतिक यथार्थ की कसौटी पर कस कर देखें, क्योंकि आखिर में यह राजनीतिक प्रक्रिया ही तो उस संघवाद को लागू करेगी।

सबसे पहले हमें यह जाँचना होगा कि क्या संघवाद के जरिये ही असली लोकतंत्र हासिल हो सकता है? आम समझ यह है कि संघवाद के तहत राज्यों और केंद्र के अधिकारों का बँटवारा हो जाता है जिससे 'स्थानीय स्वायत्तता' के हालात बन जाते हैं। केंद्र कमजोर हो जाता है, राज्य मजबूत बनते हैं, सत्ता का 'विकेंद्रीकरण' हो जाता है और यही सच्चा लोकतंत्र है। लोकतंत्र की नाना प्रकार की परिभाषाएँ उपलब्ध हैं जिनमें से व्यक्ति की आजादी के विचार को प्रस्थान बिंदु के रूप में लिया जा सकता है। जिस समाज-व्यवस्था में व्यक्ति को अपनी संपूर्णता हासिल करने के लिए जितनी गुंजाइश मिलेगी वह उतनी ही लोकतांत्रिक मानी जायेगी। इसी पहलू को राजनीतिक प्रक्रिया में भागीदारी की आजादी के रूप में भी जाँचा जा सकता है। यह परिभाषा राजनीतिक सत्ता को आपसी सहयोग के जरिये निर्णय लेनेवाले व्यक्तियों की इच्छा के आधीन कर देती है और सभी को उन निर्णयों का पालन करना होता है। यानी लोकतंत्र की इस परिभाषा के तहत राज्य व्यक्ति से ऊपर न हो कर महज उसकी आवश्यकता का उपकरण होता है। ऐसे राज्य की सत्ता का आधार कोई औपचारिक बंदोबस्त न हो कर शासन प्रक्रिया में भागीदारी कर रहे व्यक्तियों की इच्छा होती है। इसी तरह नागरिकों के राजनीतिक दायित्व भी किसी संविधान में परिकल्पित संविदा

से नहीं बँधे होते, बल्कि एक खास समय में जन-सम्मति के मातहत होते हैं। यही जन-सम्मति मौजूदा संस्थाओं और औपचारिक बंदोबस्तों की 'कारगर आलोचना' की भूमिका निभाती है। संस्थाएँ और बंदोबस्त तो लोकतंत्र को व्यावहारिक आकार-प्रकार देने के लिए होते हैं अन्यथा उनमें कुछ भी अनुलंघनीय नहीं होता।

लोकतंत्र के बाद अब हमें संघवाद को परिभाषित करना है। इसके कई मायने हैं जिनमें एक संवैधानिक संघवाद है जो राज्यों और केंद्र पर किसी तरह की एकरूपता थोपे हुए उनकी एकता की व्यवस्था करता है। संघवाद का यह रूप सांस्कृतिक और भाषायी रूप से विविध राज्यों और केंद्र के बीच एवं देश की संपूर्ण जनता और उसकी समान आकांक्षाओं के बीच एक तरह के तालमेल या समझौते को व्यक्त करता है। लेकिन संघवाद को समझने का एक अधिक बुनियादी तरीका भी है जो हमें हैरल्ड लास्की ने सिखाया है। राजनीतिक विचारों की दुनिया में लास्की के इस एकमात्र मौलिक योगदान के अनुसार शासनकारी-सत्ता को ही अपनी प्रकृति में संघात्मक होना चाहिए, क्योंकि आधुनिक समाज भी अनिवार्यत: संघात्मक होता है। लास्की द्वारा प्रवर्तित संघवाद का यह विचार मूलत: बहुलतावाद पर आधारित है। हालाँकि संघवाद का यह विचार संवैधानिक संघवाद की भी बुनियाद बनता है, लेकिन इसके बावजूद दोनों काफी अलग-अलग भी होते हैं। इनमें व्यक्ति, राजनीतिक समुदाय और राजनीतिक सत्ता के बीच भिन्न किस्म के संबंधों के सिद्धांत काम करते हैं। संवैधानिक संघवाद के मुकाबले इसे 'संघवाद का दार्शनिक सिद्धांत' कहा जा सकता है।

इस बुनियादी तात्पर्य की रोशनी में देखने पर लोकतंत्र को ठीक से चलाने के लिए इस तरह के संघवाद की जरूरत पड़ेगी ही। यही लोकतंत्र का सार बन जायेगा। इसमें न केवल संसदीय संस्थाओं का काम-काज शामिल होगा, बल्कि निर्णय लेने का वह तरीका भी शामिल होगा जिसके तहत पहले नाना प्रकार के हित समूहों और स्वयंसेवी संस्थाओं से परामर्श किया जायेगा और फिर उन्हें विधायी प्रस्तावों के रूप में संसद में लाया जायेगा। जाहिर है कि स्वयंसेवी और स्वशासी संगठन जितने स्वायत्त, सक्रिय, प्रभावी और अपनी प्रकृति में जितने ठोस होंगे और निर्णय प्रक्रिया उनकी लोकतांत्रिक संरचना की मदद से जितनी व्यापक आधारवाली होगी, लोकतंत्र उतना ही लोकतंत्र होगा।

जहाँ तक संवैधानिक संघवाद का सवाल है, वह राज्यों के भीतर अधिकारों के प्रसार की अपने-आप में कोई गारंटी नहीं देता। राज्यों के नेताओं की जगह हो सकता है कि केंद्र के नेता इसमें ज्यादा दिलचस्पी लेते हुए दिखायी दें। राज्यों को केवल भू-क्षेत्रीय स्वायत्तता मिल जाने से भी काम नहीं चलता। स्वशासन

और लेन-देन की भावना जितनी गहन होगी और स्वयंसेवी संगठन जितने ताकतवर और जीवंत होंगे, स्थानीय स्वशासी संस्थाएँ उतनी ही स्वशासी होंगी। लोकतंत्र के इस पहलू की उपेक्षा करनेवाला पंचायती राज किसी एकात्मक और केंद्राभिमुख राजतंत्र से बेहतर नहीं होगा; और जब पंचायती राज लोकतंत्र के लिए रास्ता साफ नहीं कर सकता तो संवैधानिक संघवाद से इसकी उम्मीद कैसे की जा सकती है।

अब देखना यह है कि प्रांतीय स्वायत्तता व्यक्तिगत आजादी और राजनीतिक प्रक्रिया में जनता की व्यापक भागीदारी किस हद तक सुनिश्चित करती है। निजी आजादी की हदें इस बात पर निर्भर हैं कि राजनीतिक समुदाय कितना सुसंबद्ध हो चुका है। उसकी एकता किस तरह की बहुलता पर आधारित है। सहिष्णुता और लेन-देन की परंपराएँ समझाने-बुझाने और विचार-विमर्श और समझौते की प्रक्रियाओं के जरिये कितनी जड़ जमा चुकी हैं। यह भी देखना होगा कि सत्ताधारियों के ऊपर नागरिकों का नियंत्रण किस हद तक है। अगर भारत में राज्य को एक कारगर राजनीतिक समुदाय के रूप में लिया जाये तो यह साफ हो जाता है कि राज्य इनमें से कोई शर्त पूरी नहीं करते। उनकी एकता में सत्तारूढ़ पार्टी की गुटबाजी, तबकाई वफादारियाँ और निजी होड़ बाधक बनी रहती है। राज्यों की बहुलता का चरित्र अलग-अलग गुटों की बहुलता का है न कि 'एसोसियेशनों' जैसी सहचारी बहुलता का। यह जरूर है कि सहिष्णुता की परंपराएँ जरूर पूरी तरह से गैर-हाजिर नहीं हैं। विचार-विमर्श की गुंजाइशें भी हैं। अगर चुनावी फायदे दाँव पर न हों तो समझौता भी हो जाता है वरना कांग्रेस आलाकमान या केंद्रीय मंत्रिमंडल को दखल दे कर झगड़ा निबटाना पड़ता है। केंद्र के मुकाबले राज्यों में जनता का सत्तारूढ़ लोगों पर नियंत्रण कम है। एक-सी शिक्षा, सामाजिक-आर्थिक हैसियत और राजनीतिवाला एक छोटा-सा अभिजन-वर्ग सत्ताधारियों पर अप्रत्यक्ष नियंत्रण रखता है। राज्यों के ऐसे हालात से जाहिर है कि उन्हें मिलनेवाली अधिक स्वायत्तता निजी आजादी के ज्यादा अनुकूल नहीं होगी। राजनीतिक प्रक्रिया अर्थात निर्णय लेने की प्रक्रिया में भागीदारी की हालत यह है कि वह आमतौर पर चुनाव में वोट डालने तक ही सीमित है। सामुदायिक विकास कार्यक्रम और लोकतांत्रिक विकेंद्रीकरण की एक लहर जरूर चल रही है लेकिन उसका स्रोत अधिकांशत: केंद्र सरकार है।

स्पष्ट है कि प्रांतीय स्वायत्तता और बेहतर लोकतंत्र में कोई अनिवार्य संबंध नहीं है। अमेरिका और स्विटजरलैंड में स्थानीय स्वायत्तता ने लोकतंत्र की जीवनी शक्ति को बढ़ाया है लेकिन यह भी नोट किया जाना चाहिए कि नीग्रो लोगों के अधिकारों के मामले में वहाँ की संघीय सरकार ने सुप्रीम कोर्ट की मदद से राज्यों

के मुकाबले कहीं सकारात्मक भूमिका निभायी है। भारत तो लोकतंत्र के लिए आदर्श समझी जानेवाली कई कसौटियों के मामले में अमेरिका के मुकाबले पीछे है। इसलिए यहाँ केंद्रीकरण केवल केंद्र-राज्य संबंधों में आयी किसी विकृति का ही परिणाम न हो कर राज्य के भीतर काम करनेवाले सत्ता-संबंधों के नतीजे के तौर पर उभर सकता है। चाहे राजधानी के साथ जिलों के मातहतीवाले संबंध हों या प्रशासन की लालफीताशाही हो, यह स्थिति हर जगह देखी जा सकती है। इसी तरह जब राज्य अपनी स्वायत्तता का विस्तार आबादी या सामुदायिक इकाइयों की स्वायत्तता तक नहीं करना चाहता तो व्यक्ति की आजादी तक उसके विस्तार की उम्मीद कैसे की जा सकती है।

इस विश्लेषण से एक बात तो साफ तौर पर निकल कर आती है कि औपचारिक संघवाद पुराना पड़ चुका है। वह ज्यादा-से-ज्यादा भारतीय बुद्धिजीवियों की मताग्रही जिदों को संतुष्ट कर सकता है या फिर वह स्थानीय नेताओं के निहित स्वार्थों की तुष्टि का साधन बन सकता है। वैसे भी जब दुनिया में राष्ट्रवाद ही आत्मरक्षात्मक मुद्रा अपना रहा हो तो राज्यों के अधिकारों की बात करने की कोई तुक समझ नहीं आती। सातवीं अनुसूची पर अमल करने से कोई रामराज्य नहीं आ जायेगा। यह बहस तो लोकतंत्र में सत्ता का केंद्र व्यक्ति के बजाय भू-क्षेत्र को बनाये दे रही है। आधुनिक समाजों में केंद्रीकरण की इस प्रकृति को समझने में भी यह बहस नाकाम रही है कि केंद्र सरकार के बजाय राज्य भी केंद्रीकरण के ज्यादा बड़े स्रोत हो सकते हैं। उनसे ऐसे निहित स्वार्थ खड़े हो सकते हैं जिनके कारण असली आजादी के लिए अनिवार्य बड़े समुदायों की स्वायत्तता को नुकसान पहुँच सकता है। निचले स्तर के कारकुनों को दिये गये अधिकार स्थानीय स्तर पर व्यक्तिगत और सामूहिक जीवन में अधिक दखलंदाजी करनेवाले साबित हो सकते हैं।

प्रांतों की भू-क्षेत्रीय स्वायत्तता पर आधारित इस पुराने किस्म के संघवाद की आलोचना से यह नतीजा नहीं निकाल लेना चाहिए कि मैं 'संघवाद के भीतर एकात्मक रुझानों' के तर्क का समर्थक हो गया हूँ। इसके उलट मैं तो यह दिखाना चाहता हूँ कि एकात्मकता की यह दलील संघवाद को उसी तरह के रूपवादी खाँचे में फिट करके देखने से ताल्लुक रखती है। दरअसल, हमारी समस्या सैद्धांतिक है। मेरा सवाल यह है कि संघवाद और लोकतंत्र को भू-क्षेत्रीय स्वायत्तता का पर्याय क्यों समझा जा रहा है। स्वायत्तता का यह रूप लोकतंत्र के लिए रास्ता साफ करने के बजाय एक के बजाय मुट्ठी-भर अभिजनों के समूह का शासन आरोपित करने का जरिया बन सकता है। इस स्वायत्तता का नतीजा आम जनता के लिए ऐसे हालात बनाने में निकल सकता है जिनमें उसे

दायें से बायें और ऊपर से नीचे स्थानीय किस्म की बिखराव की ताकतें राजनीति के दायरे को आच्छादित करके जन-हित को चोट पहुँचाती हुई दिखेंगी।

मैं एक बार फिर साफ कर देना चाहता हूँ कि मैं केंद्रीकरण के पक्ष में नहीं हूँ। मैं तो केंद्रीकरण के साथ-साथ आधुनिक प्रौद्योगिकी और रोजमर्रा की जिंदगी के राजनीतिकरण के अनिष्टकारी प्रभावों का आलोचक हूँ। मेरी मान्यता है कि केंद्रीकरण का मतलब सिर्फ केंद्र सरकार की ताकत नहीं होती। फिर केंद्रीकरण का चरित्र भी एक महत्त्वपूर्ण कारक होता है। तकनीकी रूप से संघात्मक लगनेवाला लेकिन एक के बजाय कई केंद्रों से किया जानेवाला सामंती किस्म का केंद्रीकरण उस शासन के मुकाबले लोकतांत्रिक दृष्टि से खराब होगा जो भू-क्षेत्रीय रूप से एकात्मक होने के बाद भी सत्ता के प्रसार के जरिये अपना काम करता है। सामाजिक-आर्थिक अभिजनों द्वारा नियंत्रित पंचायती राज व्यक्तिगत आजादी के लिए काफी नुकसानदेह हो सकता है। दूसरी तरफ अधिक कार्यकुशलता और एकता के नाम पर और ज्यादा केंद्रीय नियत्रण की वकालत करनेवाले भी ऐसी ही समस्या के शिकार हैं। यह भी रूपवादी संघवाद का ही एक नमूना है कि एकता के लिए केंद्र राज्यों के खिलाफ मोर्चा बना ले। डर्कहीम ने इसी को 'जीवंत एकजुटता के बजाय यांत्रिक एकजुटता' करार दिया है। रूपवादी संघवाद का एक और नमूना उन लोगों ने पेश किया है जो संसाधनों की कमी का रोना रो रहे हैं। ये लोग केंद्र और राज्यों के बीच सहयोगात्मक संबंधों के चश्मे से ही संघवाद को देखने पर आमादा हैं। दरअसल, संघवाद के प्रति ये तीनों रूपवादी रवैये एक समान खामी के शिकार हैं। यह खामी है सत्ता के इस्तेमाल में सरकारों के आपसी सहयोग या आपसी होड़ के आधार पर लोकतंत्र के विकास को परिभाषित करना। ये लोग भूल जाते हैं कि लोकतंत्र का सार सरकारें न हो कर व्यक्ति की आजादी में निहित होता है।

हो यह रहा है कि संविधान द्वारा आरोपित अधिकारों के औपचारिक विभाजनों को राजनीति की वास्तविक प्रक्रिया नीचे से ऊपर तक अपने तरीके से प्रभावित कर रही है जिसके कारण उसे अलग तरह का आवेग और रूप मिल रहा है। कांग्रेस के अंदर पार्टीगत विचार-विमर्श और सम्मेलनों के नये तौर-तरीके विकसित हो रहे हैं। प्रदेश कांग्रेस अध्यक्षों के सम्मेलनों और आलाकमान द्वारा मतभेद निपटाने के लिए भेजे गये प्रतिनिधियों को उदाहरण बतौर लिया जा सकता है। दूसरी ओर सामुदायिक विकास प्रशासन, योजना आयोग और कांग्रेस आलाकमान अपने स्थायी और अस्थायी उपसंगठनों के सहयोग से एक ऐसी विराट कार्य-योजना को अंजाम देने में लगे हुए हैं जो केंद्र और राज्य सरकारों द्वारा किये जा रहे काम के मुकाबले कहीं महत्त्वपूर्ण और व्यापक है। खास बात

यह है कि इस कार्य-व्यापार के दौरान संघात्मक राजतंत्र की अवहेलना भी नहीं हो रही है और यह तंत्र राजनीति की असली प्रक्रिया का आनुषंगिक हो गया है। प्रशासन और राजनीतिक नेतृत्व ने मिल कर केंद्र और राज्यों की खाई के यांत्रिक विचार को अप्रासंगिक कर दिया है। प्रोफेसर एपिलबाई की थीसिस भारत में राजनीतिक प्रक्रिया की गलत समझ पर आधारित है। वह राज्यों को स्वायत्त समझती है जो कि वे हैं नहीं और केंद्रीकरण की वकालत करती है जिसकी कोई आवश्यकता नहीं है।

लेकिन इसका मतलब यह नहीं निकाला जाना चाहिए कि राज्यों की इस वास्तविक राजनीतिक प्रक्रिया में कोई भूमिका नहीं होगी। राज्यों में प्रभावशाली हैसियत रखनेवाले राजनेता भी उतने ही महत्त्वपूर्ण साबित हो सकते हैं जितने केंद्र में बैठे हुए नेता। राज्यों में भी राजनीति की तत्त्वगत प्रक्रिया उसके सभी जोड़-तोड़ के साथ घटित हो सकती है। वहीं प्रशासनिक इकाइयों की जीवंतता और स्थायित्व सुनिश्चित किये जा सकते हैं। स्थानीय संस्कृति, भाषा और संचार को सरकारी अंग बना कर क्षेत्रीय या स्थानीय विविधता को सत्ता से जोड़ा जा सकता है।

मैं अपनी इस टिप्पणी में मान कर चला हूँ कि इस देश में पार्टी-पॉलिटिक्स का ज्यादातर हिस्सा शासक पार्टी के दायरे में ही घटित होगा। मैंने यह भी मान लिया है कि कांग्रेस पार्टी की अंदरूनी धड़ेबंदी को समझना राजनीति के तत्त्वगत कार्य-व्यापार को समझने के लिए ज्यादा जरूरी है, बनिस्पत विभिन्न पार्टियों के बीच संघर्ष को समझने के। इस मान्यता के बाद भी पार्टियों की आपसी स्पर्धा का महत्त्व कम नहीं हो जाता। दरअसल, पार्टियों की यह होड़ ही पूरी राजनीतिक प्रक्रिया को दिशा प्रदान करती है और शासक पार्टी के अंदरूनी संघर्ष को भी प्रभावित करती है। भारतीय परिस्थितियों में होता यह है कि पार्टियों की आपसी होड़ राजनीतिक प्रक्रिया पर अप्रत्यक्ष असर डालती है और कांग्रेस की अंदरूनी गुटबाजी को प्रभावित करके अपनी भूमिका निभाती है। इसकी मिसाल स्वतंत्र पार्टी के उभार में देखी जा सकती है जिसने कांग्रेस के अंदर समाजवादियों के जुझारूपन को काफी हद तक ठंडा कर दिया है। कांग्रेस ने स्वतंत्र पार्टी की शैली में प्रजा सोशलिस्ट पार्टी जैसे प्रतिद्वंद्वी दलों से पहल छीन लेने का हथकंडा विकसित कर लिया है। हिंदू समाज के एक नन्हें रूप की तरह कांग्रेस किसी भी विरोधी लहर को अपने में समा लेती है। दूसरे स्तर पर प्रशासन है जहाँ एक-सा प्रशिक्षण पानेवाले और एक-सी भाषा बोलनेवाले आई.ए.एस. अफसरों के जरिये राजनीतिक प्रक्रिया संवैधानिक संघवाद की औपचारिकताओं से कतरा कर निकल जाती है। यानी एक पार्टी में काम कर रहे राजनेता और एक-से मानक

में से ढाल कर निकाले गये अफसर मिल कर राजनीति की तत्त्वगत प्रक्रिया को आकार देते हैं। यह एक लिहाज से केंद्रीकरण कहा जा सकता है कि एक सुपरिभाषित संरचनावाला अभिजन-वर्ग मिल-जुल कर देश के भाग्य की रचना कर रहा है। लेकिन यह संवैधानिक संघवाद के पैरोकारों के आरोपों जैसा केंद्रीकरण नहीं है। संघवाद का यह पिटा हुआ रूप तो संविधान के धूल खाये हुए पन्नों में ही सिमट कर रह गया है। यह अलग से शोध का विषय है कि कांग्रेस आलाकमान, योजना आयोग और विभिन्न मंत्रालयों के प्रशासन द्वारा मिल-जुल कर किया जा रहा केंद्रीकरण भारत में लोकतंत्र को किस पहलू से और किस हद तक कुंठित कर रहा है। लेकिन मेरे विश्लेषण से एक बात जरूर साफ होती है कि राज्यों को ज्यादा स्वायत्तता की माँग अनिवार्यतः बेहतर लोकतंत्र की जनक नहीं हो सकती। राजनीतिक सत्ता का क्षैतिज प्रसार उसके लंबवत यानी ऊपर से नीचे तक बँटवारे का कारक बनने के लिए बाध्य नहीं है। साथ ही केंद्र को ज्यादा अधिकार देने से भी तत्त्वगत राजनीतिक प्रक्रिया को बल नहीं मिल सकता। यह तथ्य प्रोफेसर के.सी. व्हियरे द्वारा संविधान को अर्धसंघात्मक करार देने की थीसिस से भी साबित होता है। हालाँकि यह थीसिस भी रूपवादी प्रवृत्तियों से ग्रस्त है लेकिन यह यथार्थ के ज्यादा नजदीक जाने की कोशिश करती है और फिर उसकी रोशनी में संवैधानिक संघवाद के सूत्रीकरणों की जाँच करती है।

२
पंचायती राज का पुनर्मूल्यांकन और जे.पी. का सामुदायिक समाज

जो हालत संघवाद पर बहस की है तकरीबन वही स्थानीय स्वशासी संस्थाओं पर बात करते समय बन जाती है। यहाँ भी माना जा रहा है कि गाँव के स्तर तक शक्तियों का प्रसार लोकतंत्र की स्थापना के लिए आवश्यक है। यहाँ भी भू-क्षेत्रीय स्वायत्तता की धारणा को व्यक्तिगत आजादी का पर्याय मान लिया गया है और यह कि लोकतंत्र की गुणवत्ता मात्रात्मक और रैखिक आग्रहों पर निर्भर है यानी कौन-कौन-सा अधिकार सरकार के निचले हिस्सों को दिया गया है। इसे ही 'लोकतांत्रिक विकेंद्रीकरण' कहा जा रहा है। जयप्रकाश नारायण ने स्थानीय स्वायत्तता और राजनीतिक लोकतंत्र के संबंधों का सवाल प्रभावशाली ढंग से उठाया है। इस विश्लेषण में जे.पी. की थीसिस पर भी गौर किया जायेगा।

कांग्रेस ने सरदार नगर में हुए अपने ६६वें अधिवेशन में राष्ट्रीय एकता और

पंचायती राज पर प्रस्ताव पारित किये हैं जो हमारे नेताओं के दिमाग की वैचारिक बनावट और नीतिगत विन्यास की झलक देते हैं। राष्ट्रीय एकता पर प्रस्ताव में जनता में राष्ट्रीय नजरिया विकसित करके प्रांतीयतावाद, सांप्रदायिकता और जातिवाद के उन्मूलन की अपील की गयी है। पंचायती राज के सवाल पर कांग्रेस ने उम्मीद की है कि बचे हुए राज्य भी पंचायती राज अपना लेंगे और पंचायतों को जिम्मेदारियाँ हस्तांतरित करने का महती कार्य अंजाम दिया जा सकेगा।

दुनिया के सबसे बड़े संवैधानिक दस्तावेजों में से एक होने के बावजूद हमारे संविधान में राजनीतिक संगठनों के रूप में पंचायती राज संस्थाओं के बारे में चर्चा नहीं है। ध्यान रहे कि संविधान के मसविदे में पंचायती राज का ही जिक्र नहीं था। इसे तो बाद में गाँधीवादी विचार को गुंजाइश देने के लिए जोड़ा गया। संविधान पारित होने के बाद जब नियोजन के लिए योजना आयोग बनाया गया तो राष्ट्रीय पुनर्निर्माण में जनता का सहयोग और भागीदारी हासिल करने के लिए पंचायती राज की जरूरत महसूस की गयी। खेती के मोर्चे पर ज़डता, आर्थिक विकास की धीमी गति और चीन, युगोस्लाविया और इजरायल के मुकाबले पिछड़ जाने का कारण 'जनता की काहिली' को माना गया। इसी तर्क के परिणामस्वरूप सामुदायिक विकास कार्यक्रम और सहकारी आंदोलन को विकसित करने की मुहिम छेड़ी गयी और फिर भविष्य के राजनीतिक संगठनों के रूप में पंचायती राज संस्थाओं की स्थापना पर जोर देने की शुरुआत हुई।

ग्राम पंचायतों को भारत के छोटे-छोटे गणराज्यों के रूप में देखने के पीछे एक अन्य कारण भी था। संसदीय संस्थाएँ भारतीय लोकतंत्र को व्यापक लोकप्रिय आधार दे पाने में नाकाम रहीं थीं। ऐसे में विचार उभरा कि क्यों न गाँव अपना शासन खुद चलाएँ! एस.के. डे ने कहा कि पाँच लाख ग्राम गणराज्य नैतिक, भौतिक और आध्यात्मिक रूप से महान भारतीय गणराज्य के साथ एकमेक हो जायेंगे। इसी रोशनी में स्वशासी गाँवों से बने सामुदायिक समाज का सपना देखनेवाली जे.पी. की थीसिस को देखा जाना चाहिए। जाहिर है कि जे.पी. के इन विचारों से सरकारी हलके काफी प्रभावित हैं।

इस धारणा के पीछे चार आग्रह काम कर रहे हैं : पहला, पंचायती राज के जरिये लोग राजनीति में ज्यादा प्रभावी भागीदारी कर सकेंगे; दूसरा, स्थानीय समुदाय को परिवर्तन का वाहक बनाने और उनमें योजनागत चेतना फूँकने से आर्थिक परिवर्तन तेजी से और सक्षमतापूर्वक होगा; तीसरा, पंचायतों को शक्तियों का हस्तांतरण होने से सहकारी संस्थाओं, सामुदायिक विकास केंद्रों और योजना समितियों को एक नयी समाज-व्यवस्था बनाने का मौका मिलेगा, यानी वे सहकारी समाज के लिए रास्ता साफ करेंगी; और चौथा, आम जनता के

ऐसे समान तजुर्बे के आधार पर राजनीतिक संगठनों की ऐसी प्रणाली सच्ची राष्ट्रीय एकता की वाहक बनेगी। इन आग्रहों से लगता कि प्राचीन एथेंस के प्रत्यक्ष-लोकतंत्र की तर्ज पर पंचायती राज प्रणाली की रचना की गयी है। यह भी कहा जा रहा है कि प्राचीन भारत में भी ऐसा ही प्रत्यक्ष-लोकतंत्र था और पंचायती राज के सिद्धांत के लिए 'पंच परमेश्वर' की प्राचीन परंपरा से प्रेरणा ग्रहण की गयी है। इसके पीछे स्थानीय स्वशासन का आम उसूल काम कर रहा है : सरकार की निचली इकाइयों को सत्ता का अधिकतम हस्तांतरण और लोकप्रिय निर्वाचन से गठित स्थानीय परिषदों के जरिये स्वशासन। यह उसूल चार बुनियादी धारणाओं पर आधारित है : राजनीति में जनता की भागीदारी, आर्थिक विकास के लिए संसाधनों को जमा करना, लोकतंत्र में 'बुनियादी संस्थाओं' का समावेश और राष्ट्रीय एकता की गारंटी। इस उसूल में इन चारों धारणाओं के कुछ खास अर्थ हैं जिनकी जाँच की जानी चाहिए।

राजनीति में जनता की लोकप्रिय भागीदारी : भागीदारी अपने-आप में एक अस्पष्ट पद है। इसमें से लोकतंत्र भी निकल सकता है और कारपोरेट-राज्य और सर्वहारा की तानाशाही जैसे निरंकुश-तंत्र भी। इस अंदेशे से बचने के लिए हमें नागरिकों के निजी सम्मान और अधिकारों पर आधारित भागीदारी के साथ-साथ सामुदायिक संबंधों के आधार पर भागीदारी पर जोर देना होगा।

लेकिन बलवंत राय मेहता कमेटी की रपट ने जिस अप्रत्यक्ष निर्वाचन के जरिये तीन स्तरीय पंचायती राज का बंदोबस्त किया है, उससे तो केवल श्रेणीक्रम पर आधारित व्यवस्था बनेगी और ऐसे तत्त्वों को सत्ता मिलेगी जो समुदाय से कटे हुए होंगे। इससे असहमति का स्वर शुरू में ही दबा दिया जायेगा। यानी यह लोकतंत्र की बुनियादी भावना का उलट होगा। जिन राज्यों में लोकतांत्रिक विकेंद्रीकरण को व्यवहार में लागू किया गया है वहाँ पंचायतों के कामकाज का अध्ययन बताता है कि ये संस्थाएँ व्यक्तिगत पहलकदमी को खोलने में नाकाम रही हैं। मेहता कमेटी ने प्रशासन के जिस ढाँचे की वकालत की है उसमें कलक्टर और परगनाधिकारी को पंचायत समिति और जिला परिषद का इंचार्ज बना दिया गया है। विधायकों और सांसदों को परिषद में बैठा दिया गया है। ग्राम पंचायतों को अधिकार दिये जाने के बजाय पंचायत समितियों को अधिकार दिये गये हैं। समितियों में भी उनकी स्थायी समितियों के पास ही सत्ता है। देखा गया है कि ये स्थायी समितियाँ न केवल काफी पक्षपातपूर्ण निर्णय लेती हैं वरन कई मामलों में वे नाजायज और भ्रष्ट तरीके भी अपनाती हैं। वस्तुस्थिति यह है कि राजनीति में भागीदारी केवल स्थानीय रंग-रुतबेवाले लोगों तक ही सीमित है। कुल मिला कर ऐसे पंचायती राज ने सामाजिक और आर्थिक खाइयों को बढ़ाया ही है।

संसाधनों का एकत्रीकरण : इस दलील में निश्चित रूप से दम है कि निचले स्तर के प्रशासनिक निकायों को ज्यादा शक्तियाँ देने से नियोजित विकास के लिए संसाधन जमा करने में अपेक्षाकृत आसानी होती है। लोगों में नियोजन के प्रति चेतना में भी बढ़ोतरी देखी गयी है। लोकतांत्रिक विकेंद्रीकरण पर अमल करनेवाले राजस्थान जैसे राज्यों का उदाहरण यही बताता है कि लोग नियोजित विकास से फायदा उठाने के लिए उत्सुक हो उठते हैं। लेकिन इसमें और विकास की प्रक्रिया में योगदान करने की उत्सुकता में फर्क है। यह साबित करना नामुमकिन है कि नीचे के स्तर तक शक्तियों के वितरण के जरिये स्थानीय बचत को योजना की सेवा में और प्रभावी ढंग से लगाया जा सकता है। यहाँ तो दलील उल्टी दी जाती है कि इस जरिये स्थानीय संसाधनों का स्थानीय मकसद से बेहतर इस्तेमाल किया जा सकेगा। जाहिर है कि यहाँ संसाधनों का मतलब मानवीय श्रम से है। आदिम संचय के जरिये किये जानेवाले विकास में बेकार पड़े हुए मानवीय श्रम को बेशी संसाधनों में बदलना एक तरह से ठीक भी है। पर समस्या यह है कि जिन देशों में ऐसा करने में कामयाबी मिली है वहाँ इसके राजनीतिक नतीजे तानाशाही में निकले हैं। राजनीतिक चेतना, लोकप्रिय आंदोलनों और स्वयंसेवी भावना के जरिये ऐसा करवा पाने की पश्चिमी धारणा भारत जैसे राजनीतिक रूप से अविकसित देशों पर लागू नहीं हो सकती। मानवीय श्रम का ज्यादा-से-ज्यादा इस्तेमाल करने के चक्कर में या तो पंचायती राज का लोकतांत्रिक चरित्र कमजोर होगा या फिर इस काम में असफलता मिलने पर अपने बेसी संसाधनों को बरबाद करता नजर आयेगा। वैसे भी इस तर्क में दो समस्याएँ हैं : स्थानीय निकायों को आर्थिक नियोजन के उपकरण के रूप में देखना और यह मानना कि स्थानीय संसाधन केवल स्थानीय मकसद से ही गोलबंद किये जा सकते हैं। ऊपर से समस्या यह है कि स्थानीय पंचायत पर काबिज आर्थिक रूप से मजबूत जातियाँ जब श्रम के लिए कमजोर जातियों के गाँव वालों को गोलबंद करेंगी तो सामाजिक टकराव की नौबत भी आ सकती है।

जमीनी लोकतंत्र : पाकिस्तान और अरब देशों में हो रहे राजनीतिक प्रयोगों को हम कितनी भी हेय दृष्टि से देखें, जमीनी संस्थाओं के बारे में हमारा रवैया उनसे ज्यादा अलग नहीं है। राष्ट्रीय विकास परिषद के अनुसार पंचायतें और सहकारी समितियाँ हर गाँव में लोकतंत्र की बुनियादी संस्थाएँ मानी जाती हैं। उन्हें कई गाँवों से मिल कर बने विकास-खंड (ब्लॉक) का समर्थन होता है। भले ही इस बंदोबस्त को भविष्य के जमीनी लोकतंत्र का ब्लू-प्रिंट माना जाये लेकिन सच्चाई यह है कि इन संस्थाओं के कारकुनों में अधिकारों और कार्य-क्षेत्र को लेकर काफी टकराव होता है। हालत उस समय और बिगड़ जाती है

जब इन निकायों को परंपरागत सरकारी विभागों के साथ मिल कर काम करना पड़ता है। राजस्थान का अध्ययन बताता है कि इनके बीच कोई तालमेल नहीं है और ग्रामीण जीवन में नौकरशाही की दखलंदाजी के कारण अपनी मदद करने और स्वयंसेवी प्रयास करने की भावना भी आहत होती है। हर समस्या को हल करने के लिए सरकार का मुँह देखने का रवैया जोर पकड़ता जा रहा है। सामाजिक संस्थओं की जीवनी-शक्ति का क्षय होता जा रहा है। छोटे-छोटे समुदायों में सरकारी तत्वावधान में संगठन चल रहे हैं। राष्ट्रीय विकास परिषद ने लोगों की भागीदारी को पूरी तरह राजनीतिक शैली में ही देखा है जिससे सभी तरह की पहलकदमियों को संस्थागत रूप मिल गया है और विकेंद्रीकरण के नाम पर प्रशासन का केंद्रीकरण हो गया है। स्थानीय निकायों को इस तरह दिये गये अधिकारों से जवाबदेही के उसूल पर भी अमल नहीं हो पाता। लोग एक दूसरे के पाले में गेंद उछालते रहते हैं। बिना जिम्मेदारी के सत्ता का भोग अक्षमता और हताशा को बढ़ावा देता है। इस तरह के विकेंद्रीकरण पहल को नीचे तक खोलने के बजाय उस तरह की पहले से मौजूद पहलकदमी को भी खत्म कर देता है। अब इस सवाल पर विचार किया जाना चाहिए कि पंचायती राज की स्थापना से राष्ट्रीय एकता को फायदा होता है या वह कमजोर होती है।

राष्ट्रीय एकता : स्थानीय स्वायत्तता को लोकतांत्रिक समाज का प्रमुख लक्षण मानने वालों ने यह धारणा पश्चिम के समुदायों से ली है। वहाँ सांस्कृतिक सहयोजन, आर्थिक बहबूदी और समान विचारधारा के प्रसार के ज़रिये पहले राष्ट्रीय एकता उपलब्ध कर ली गयी थी। स्थानीय निकायों को राजनीतिक सत्ता बाद में दी गयी। इस उदाहरण को भारत पर आरोपित करने से विकृतियाँ ही पैदा होंगी। वास्तविक राजनीतिक एकता की गैर-मौजूदगी में और समान विचारधारावाले और उदारतावाद में रचे-बसे अभिजन के न होने की स्थिति में सत्ता का इस्तेमाल अधिक केंद्रीकृत और निरंकुश होगा ही। अतीत में संस्कृतीकरण और पश्चिमीकरण की प्रक्रिया से और ब्रिटिश विरोधी आंदोलन के जरिये एक सीमा तक समाज में एकता की भावना आयी थी लेकिन इसका चरित्र स्थायी न हो कर गठजोड़ात्मक था। आजादी के बाद ऐसी प्रक्रियाओं की गैर-मौजूदगी में राजनीतिक सत्ता का प्रसार पहले से मौजूद एकता के लिए भी हानिकारक साबित हुआ है। होता यह है कि समान परंपराओं में पले-बढ़े अभिजन ऊपर से यानी शिक्षित मध्यवर्ग और नागरिक केंद्रों के माध्यम से सत्ता के इस्तेमाल की लोकतांत्रिक आचार संहिता का नीचे तक प्रसार करते हैं। जब तक ऐसा नहीं होता तब तक वास्तविक सत्ता को नीचे तक ले जानेवाले दूरगामी और अचानक प्रयोग का जोखिम नहीं उठाया जाना चाहिए। पंचायती राज को

एकता का वाहक मान लेना राजनीतिक आम-सहमति की प्रकृति को गलत समझ लेना होगा। पंचायती राज स्थानीय जड़ीभूत संस्कारों को सिर्फ एक नया नाम दे देगा। राष्ट्रीय एकता के विपरीत यह दूसरे तरह की एकता होगी।

यह एक बार फिर स्थानीय स्वायत्तता को लोकतंत्र का और भू-क्षेत्रीय स्वायत्तता को व्यक्तिगत आजादी का पर्याय समझने का घपला है। लोकतंत्र शासन की इकाई के आकार पर नहीं, बल्कि शासन की क्वालिटी के ऊपर निर्भर करता है। इसी तरह केंद्रीकरण राज्य और उसके स्थानीय निकायों के बीच संबंध का अनिवार्य परिणाम नहीं होता। केद्रीकरण कहीं ज्यादा गंभीर और बारीक रूप में स्थानीयता के भीतर मौजूद हो सकता है। लोकतंत्र का मतलब स्थानीय भू-क्षेत्रों को छोटी-छोटी मात्रा में सत्ता थमा देना नहीं होता, लोकतंत्र का सारतत्त्व इलाका न हो कर व्यक्ति में निहित होता है। इस संदर्भ में 'ग्रामीण लोकतंत्र' की अवधारणा ही संदिग्ध हो जाती है। राजनीतिक भाईचारा और व्यक्तिगत आजादी मूलतः शहर आधारित विचार हैं। वहाँ से वे गाँव की तरफ जाते हैं। गाँवों से ही सीखने या गाँवों को ही आधार बनाने का विचार अतीत की संस्कृति के गौरवगान के अलावा कुछ नहीं है। इससे एकता हो ही नहीं सकती, क्योंकि इससे पहले तो इलाकों में निहित स्वार्थ पैदा हो जायेंगे जिससे व्यापक समुदाय की एकता बाधित होगी और फिर ऐसी राजसत्ता पर संकीर्ण ढंग से अमल का नतीजा राष्ट्रीय एकता के समान बुनियादी उद्देश्यों का विकास रोकने में निकलेगा।

इन चारों मुद्दों पर किये गये विचार से यह अंदाजा निकाल लेना गलत होगा कि यहाँ सत्ता के विकेंद्रीकरण के खिलाफ दलील दी जा रही है। दरअसल, मैं तो सत्ता के केंद्रीकरण के खिलाफ हूँ। यहाँ सवाल यह उठाया जा रहा है कि केंद्रीकरण हो या विकेंद्रीकरण, क्या उसे इलाकाई संदर्भ में देखा जाना चाहिए और वह भी ऐसे इलाकाई संदर्भ में जहाँ सत्ता पर कुछ लोग कब्जा जमा लेते हों और जनता स्वयं-भू नेताओं के रहमोकरम पर रह जाती हो। गाँव के स्तर पर स्थानीय स्वशासन एक हासिल करने योग्य लक्ष्य है पर यह भी स्वतंत्र न्यायपालिका और निर्वाचित संसद की तरह अपने-आप में सबकुछ नहीं है। यह तो उस खुले समाज को बनाने का एक साधन है जिसमें व्यक्ति को आजादी की साँस लेने का मौका मिलेगा। स्थानीय स्वशासन के प्रति तभी तक उत्साह रखना चाहिए जब तक वह इस लक्ष्य को वेधने में मदद करता हो और जैसे ही वह दैनंदिन जीवन का राजनीतिकरण करने लगे और व्यक्ति को जड़ीभूत संस्कारों के मातहत करने की जिद करने लगे वैसे ही उसको संदेह की निगाह से देखा जाना चाहिए।

पंचायतों को क्रमशः राजनीतिक परिस्थिति का लिहाज करते हुए अधिकार

देना वांछनीय है। लेकिन देश-भर में एक साथ पंचायती राज की संस्थागत स्थापना करना एक यूटोपिया बनाने की कोशिश है, एक ऐसा यूटोपिया जो पुराणपंथी स्वर्ण युग को धरती पर उतारने के रोमानी प्रयास के अलावा कुछ नहीं है। ऐसे लोग उन ताकतों को नहीं समझते जो हमारे समाज को बदल रहीं हैं। यूटोपियायी ब्लू-प्रिंट आखिर में विकृत, हताशाजनक और अधिनायकवादी नतीजों पर पहुँचाते हैं। यथार्थ वैचारिक मतवाद के आवरण में छिपा रहता है और राष्ट्रीय पुनर्निर्माण का मकसद उलट जाता है। यह एक पुरानी स्थापना है कि राजनीतिक विकास के चरण को ध्यान में रखते हुए राजनीतिक सत्ता का हस्तांतरण धीरे-धीरे, क्रमशः और जरूरत के मुताबिक किया जाना चाहिए। रातोरात की जानीवाली क्रांतियाँ कितनी भी जोरदार क्यों न लगें, वांछित नतीजे नहीं देतीं।

राजनीतिक विकास की खामी : जैसा कि हम पहले देख चुके हैं कि इस देश में संविधान द्वारा स्थापित औपचारिक ढाँचे और वास्तविक राजनीतिक प्रक्रिया में खासा अंतर है। वास्तविक राजनीति को जातिगत, सांप्रदायिक और तबकाई वफादारियाँ काफी प्रभावित करती हैं। 'संकीर्णता' की अक्सर की जानेवाली आलोचना के विपरीत यह एक तथ्य है कि सत्ता के ऊँचे हलकों में इसकी उपस्थिति सबसे ज्यादा परेशान करनेवाली होती है। कोई एक जाति संघ राजनीतिक व्यवस्था के लिए इतना नुकसानदेह नहीं होता जितना बड़े पदों पर बैठे हुए लोगों की निजी महत्त्वाकांक्षाएँ और गुटीय होड़ होती है। चाहे प्रशासन हो, पार्टीगत निर्णय हों या फिर अन्य सरकारी संस्थाएँ हों, सत्ता के ऊँचे हलकों की संकीर्णता से जिस तरह की परिस्थिति बनती है वह संसदीय लोकतंत्र और स्थानीय स्वशासी निकायों के लिए वांछनीय नहीं होती।

हम जानते हैं कि राजनीतिक संस्थाओं के भीतर होनेवाली गुटबाजी कई तरह से राजनीतिक विकास के लिए लाभकारी भी होती है। यह राज्य के चरित्र को एकसार बनने से रोकती है, समझौते और तालमेल की परंपरा डालती है और इसके कारण अधिक लोकतांत्रिक व्यवस्था के लिए रास्ता साफ होता है। लेकिन यह बात स्थानीय स्वशासी निकायों की भीतरी गुटबाजी पर लागू नहीं होती। जातिगत और सांप्रदायिक विभेदों का राजनीतिकरण और ज्यादा बिखराव को निमंत्रण देता है। स्थानीय समुदायों द्वारा सत्ता का इस्तेमाल पुराने निहित स्वार्थों को उभरने का मौका देता है। राजसत्ता और वित्तीय संसाधनों की इजारेदारी से बदइंतजामी और भ्रष्टाचार निकलते हैं। राजनीतिक विकास की इन खामियों के चलते अगर हम सत्ता के केंद्रीकरण को जाँचने बैठें तो यह देख कर चकित रह जायेंगे कि विकेंद्रीकरण की आड़ में सत्ता का कितना केंद्रीकरण हो रहा है। राज्य

और जिला स्तर पर नौकरशाही अपनी विशेष सुविधाओं और हैसियत को जरा भी नहीं छोड़ना चाहती। राजनीतिक दल देश की सभी संस्थाओं पर छाये हुए हैं, इसलिए स्थानीय राजनीति भी प्रांतीय और राष्ट्रीय राजनीति का उपकरण बना हुई है। राजनीतिक आकांक्षाएँ पारंपरिक रूप से आधिकारिक सीढ़ियों पर ऊपर और ऊपर चढ़ने की रहती है। सामाजिक और राजनीतिक सुधार के प्रभावी आंदोलनों का अभाव है। यही सब कारण मिल कर उस सामाजिक प्रबोधन की प्रक्रिया को रोकते हैं जिसके कारण राजनीतिक और प्रशासनिक शीर्ष और भी भारी-भरकम होता चला जाता है।

स्थानीय स्तर पर दलीय प्रणाली के कामकाज पर नजर डालने से समस्या के एक और महत्त्वपूर्ण आयाम की जानकारी मिल सकती है। पंचायतों के चुनाव में राजनीतिक दलों के हस्तक्षेप के खिलाफ आमतौर पर अपील की जाती रहती है। पंचायतों को निर्वाचन की होड़ से बचा कर सर्वसम्मति से उनके गठन का आग्रह केवल सर्वोदय वालों तक ही सीमित नहीं है। कांग्रेस पंचायत कमेटी ने भी उन पंचायतों को ज्यादा अधिकार देने की सिफारिश की है जो बिना चुनाव के गठित हुईं हैं। मोरारजी देसाई ने गुवाहाटी में कांग्रेसजनों को संबोधित करते हुए इस आग्रह में कांग्रेस की कमेटियों को भी जोड़ दिया है। उनका कहना है कि सर्वसम्मति के आधार पर काम करनेवाली पंचायतें और कांग्रेस कमेटियाँ देश और संगठन की ज्यादा सेवा कर सकती हैं। धीरे-धीरे इस देश में बहुत से लोगों की धारणा बनती जा रही है कि निर्वाचन के आधार पर गठन लोकतांत्रिक प्रक्रिया का अंग जरूर है पर स्थानीय स्तर पर निर्वाचन ठीक नहीं होता।

पंचायती राज पर कांग्रेस का प्रस्ताव भी यही कहता है कि राजनीतिक पार्टियों को इन चुनावों से अलग रखना ही ठीक होगा। यह मान लिया गया है कि पार्टियों की दखलंदाजी से ग्रामों की एकता टूट जायेगी, जबकि यह एकता एक मिथक के अलावा कुछ नहीं है। पार्टियों की भूमिका राजनीतिक शिक्षा देना भी है और उनके आधार पर होनेवाली होड़ से जातिगत और संकीर्ण वफादारियाँ टूटती हैं। उनकी जगह स्वप्रेरित राजनीतिक और सेकुलर संगठन की प्रवृत्ति विकसित होती है। लोग आनुवंशिक सुविधाओं और सामाजिक दर्जे के संकीर्ण दायरों से निकल कर कार्यक्रमों और उसूलों से जुड़ते हैं।

ग्राम समुदायों में राजनीतिक प्रक्रिया की असलियत यह है कि स्थानीय, सामुदायिक और पार्टीगत गुटों ने मिल कर सत्ता पर इजारेदारी कायम कर ली है। जहाँ तक पालिकाओं का सवाल है, बड़े-बड़े शहरों की पालिकाओं ने तो बेहतर काम करके दिखाया है लेकिन छोटे स्तर पर कुछ अपवादों को छोड़ कर पालिकाएँ भीतरी काट-फाँस, निजी होड़, बेहद भ्रष्टाचार और राजनीतिक

उखाड़-पछाड़ की शिकार हैं। इन नतीजों से लगता है कि सभी जगहों पर राजनीतिक चेतना के प्रसार की कमी के कारण स्वशासन का प्रयोग केवल वहाँ लाभप्रद हो पाया है जहाँ शहरी-मध्यवर्गीय मूल्यों की प्रमुखता है। अप्रत्यक्ष निर्वाचन के आधार पर ग्राम पंचायतों को मिला कर पंचायत समितियाँ गठित करने और उन्हें जिला परिषदों के आधीन कर देने से सक्षम स्वशासन के बजाय सत्ता का केंद्रीकरण ही होता है। देखा गया है कि पंचायती राज के जरिये ग्रामों और जिला प्रशासन के बीच बने सूत्र का नतीजा यह निकला है कि अफसरों ने स्थानीय पहलकदमी को हड़प लिया है और 'लोकतांत्रिक विकेंद्रीकरण' के असल में 'लोकतांत्रिक केंद्रवाद' में पतित होने का खतरा पैदा हो गया है।

पंचायती राज के हाल में किये गये अध्ययन बताते हैं कि स्थानीय निकायों में आमतौर पर ऊँची जातियों ने सत्ता पर इजारेदारी कायम कर ली है। पंचायत चुनावों का राज्यव्यापी सर्वेक्षण बताता है कि आबादी के १७ फीसद होने के बाद भी अनुसूचित जातियों को केवल एक फीसद सीटें ही मिल पायी हैं। पदों पर निर्वाचित होने के इच्छुक छोटी जातियों के सदस्यों को डराना-धमकाना, उन्हें पैसा उधार देने से इंकार करना आम बात है। चुनाव मुहिम के दौरान ये सभी हथकंडे अपनाये जाते हैं। आरक्षित सीटों पर चूँकि मजबूरन छोटी जातियों के उम्मीदवार ही खड़े होने होते हैं, इसलिए रंग-रुतबेवाले लोग उनका नामांकन-सा कर देते हैं। बाद में ये सदस्य पंचायतों की बैठकों में कभी शामिल ही नहीं होते और प्रशासन पर ऊँची जातियों का कब्जा हो जाता है। हवा यह बाँधी जाती है कि अगर गाँव पंचायत का गठन चुनाव के बिना ही हो जाये तो गाँव को विकास के लिए ज्यादा कोष मिल सकता है। इन बातों का खंडन कोई नहीं करता और निवर्तमान सदस्य और गणमान्य समझे जानेवाले लोग निर्विरोध चुने जाते हैं। कहना न होगा कि यहाँ दिये गये तर्कों का मकसद ग्राम पंचायतों और दूसरे स्थानीय निकायों को अधिकार देने का खंडन नहीं है। लोग कितने भी अशिक्षित और अज्ञानी हों, उन्हें अधिकाधिक अधिकार देना और राजनीतिक प्रक्रिया में उनकी भागीदारी सुनिश्चित करना लोकतंत्र के लिए जरूरी है। सवाल केवल यह है कि यह काम किया कैसे जाये? समझदार लोगों को संगठित करना हो, नेतृत्व की नयी कतार खड़ी करनी हो या राजनीति से अलग-थलग पड़े लोगों को राजनीति में दीक्षित करना हो, ये तीनों काम एक-दूसरे से जुड़े हुए हैं। गारंटी इस बात की करनी होगी कि जनता को दी जानेवाली सत्ता वास्तव में जनता तक पहुँचे न कि पहले से मौजूद सत्ता के ठिकाने उसे हड़प जायें। लोकतांत्रिक विकेंद्रीकरण की यही कसौटी होनी चाहिए।

पंचायती राज की अपील करनेवाले प्रस्ताव का अध्ययन बताता है कि

राजनीतिक विकास के स्तर को ध्यान में रखे बिना इस प्रणाली की स्थापना के प्रति मताग्रही नजरिया सिद्धांत के लिहाज से गलत समझ पर आधारित है। व्यवहार के लिहाज से इस तरह के राजनीतिक संगठन का दावा देश में चल रही राजनीति के ठोस राजनीतिक अनुभव से मेल नहीं खाता। हमारे लोकतंत्र में दो ऐसी संस्थाएँ हैं जिन्होंने व्यवस्थित, उद्देश्यपूर्ण और अनुशासित ढंग से काम किया है। ये हैं : राजनीतिक दल और प्रशासनिक नौकरशाही। इन दोनों ने राजनीतिक सत्ता का केंद्रीकरण भी किया है लेकिन यह केंद्रीकरण कम संकीर्ण और ज्यादा लचीला है बनिस्पत पंचायती राज के। ये दोनों संस्थाएँ बृहत्तर और व्यापक समुदाय की एकता को चोट पहुँचाये बिना निचले स्तर के राजनीतिक संगठनों को धीरे-धीरे और क्रमशः सत्ता का हस्तांतरण करने में सक्षम हैं।

३
संसदीय प्रणाली : संवैधानिक ढाँचा बनाम सरकार का कामकाज

केंद्र और राज्यों के बीच क्षैतिज यानी दायें से बायें और राज्यों के भीतर लंबवत यानी ऊपर से नीचे तक अधिकारों और शक्तियों के वितरण पर विचार करने के बाद अब मैं उस संसदीय व्यवस्था में सत्ता के संबंधों पर गौर करूँगा जो हमारी राजनीतिक प्रणाली का मर्मस्थल है।

यहाँ यह जिक्र करना जरूरी है कि कई अन्य 'नवस्वतंत्र' देशों के मुकाबले हमारे देश में संवैधानिक ढाँचे की सीमाओं के तहत स्वतंत्र राजतंत्र को बचा कर रखने में कामयाबी हासिल हुई है। बोलने, संगठन करने और विपक्ष की राजनीति करने की पूरी आजादी है। सत्ता का प्रसार करने की कोशिश भी की गयी है हालाँकि इस कोशिश को वक्त से पहले ही कहा जायेगा। हमारा लोकतंत्र तबकाई वफादारियों को भी खतरनाक होने से पहले ही संयमित करने में कामयाब रहा है। कमजोर और बिखरा हुआ होने के बावजूद होने के बाद भी दलीय प्रणाली राजनीतिक स्थिरता और निरंतरता बनाये रखने में कुशल है। जनता की राय व्यक्त होने पर देर से ही सही लेकिन प्रभावी साबित होती है। लेकिन जैसा कि ऊपर कहा जा चुका है कि इन सफलताओं की एक सीमा है जो हमारे संवैधानिक ढाँचे से निकलती है। दूसरे देशों में औपचारिक ढाँचे की जिन सीमाओं से विभिन्न उपयोगी परंपराओं और रिवाजों को विकसित करके पार पा लिया गया है, उनका विकास भारत में होना अभी बाकी है। संस्थागत ढाँचे का विकास जरूर कुछ विश्वस्त लग रहा है। इसमें अभी काफी दिन लगेंगे

पर इसकी दिशा ठीक है। सवाल यह है कि इसके विकास की गति को भटकने से कैसे बचाया जाये।

राजनीतिक व्यवस्था पर बहस के समय संविधान सभा में चार तरह के सुझाव आये थे। पहला, हमारा राजतंत्र प्राचीन भारतीय परंपराओं के मुताबिक होना चाहिए, क्योंकि बालिग मताधिकार पर आधारित शासन गरीबी और निरक्षरता के चलते इस देश की परिस्थितियों के अनुकूल नहीं है। हमें अपने प्राचीन मॉडल को आधुनिक हालात के मुताबिक संशोधित करके अपना लेना चाहिए। दूसरा, अगर किसी भी राजनीतिक संगठन का तजुर्बा हमारे लिए प्रासंगिक है तो वह संसदीय प्रणाली ही है। राजतंत्र का प्राचीन भारतीय अनुभव तो इतना बिखरा हुआ है कि उसके आधार पर कुछ नहीं बनाया जा सकता। तथाकथित भारतीय पारंपरिक प्रणाली से आधुनिक समाजों के लिए जरूरी सामाजिक और आर्थिक न्याय नहीं हासिल किया जा सकता। तीसरा, अगर संसदीय प्रणाली ही अपनानी है तो क्यों न अमेरिका की तर्ज पर राष्ट्रपति-प्रणाली ही क्यों न अपनायी जाये, क्योंकि यह ज्यादा लोकतांत्रिक और भारतीय जरूरतों और परिस्थितियों के ज्यादा अनुकूल भी है। चौथा सुझाव ब्रिटिश नमूने की संसदीय प्रणाली अख्तियार करने पर था जिसे अंततः कुछ तब्दीलियों के साथ स्वीकार कर लिया गया। ये परिवर्तन केंद्र और राज्यों के संबंधों, भारतीय राज्य के मुखिया की हैसियत, संसद के ऊपरी सदन, न्यायपालिका और अधिकारी-तंत्र से संबंधित प्रावधानों के बारे में थे।

संविधान तो लागू हो गया लेकिन मतभेद बने रहे। संसदीय लोकतंत्र के आलोचकों का दावा था कि यह प्रणाली उस किस्म की सामाजिक-आर्थिक क्रांति करने के लिए उपयुक्त नहीं है जो संविधान पारित करने के बाद करने की कोशिश की जा रही है। विनोबा भावे के भूदान आंदोलन की शानदार सफलता का उदाहरण दिया जा रहा है। कुछ लोगों ने तो इसे राजनीति का नया स्तर तक करार दिया है। उन्हें उम्मीद है कि इस आंदोलन से निकलनेवाली ऊर्जा भारतीय राजनीति का चरित्र बदल देगी। कुछ लोगों को शक है कि 'एक व्यक्ति-एक वोट' का उसूल अच्छी और न्यायपूर्ण सरकार दे पायेगा। इस राय के परिणामस्वरूप राजनीतिक संगठन के वैकल्पिक रूपों का सुझाव दिया जा रहा है, ताकि बहुमत के शासन की निरंकुशता और सत्ता के दूरस्थ केंद्र के दायरे से निकाल कर लोकतंत्र को जनता की जिंदगी के तजुर्बों से जोड़ा जा सके। संसदीय सरकार को पूर्व के राजनीतिक संगठनों के मुकाबले काफी आगे बढ़ा हुआ मानने वालों की बेचैनी का कारण यह है कि लोकतांत्रिक आदतों और परंपराओं का विकास बाधित पड़ा हुआ है। सत्ता का केंद्रीकरण हो गया है और पहलकदमी

नौकरशाही के हाथों में फँस गयी है। ये दोनों ही बातें व्यक्तिगत आजादी के विकास के रास्ते में रोड़ा हैं। जनता की भागीदारी पाँच साल में एक बार वोट डालने तक सीमित है। राजनीतिक सत्ता से वंचितों और सत्तारूढ़ों के बीच अंतर ने एक नये वर्ग-वैभिन्य की नींव डाल दी है। राजनीतिक निर्णय इस तरह थोप दिये जाते हैं कि उन्हें मानने के अलावा कोई चारा ही नहीं होता इसलिए लोग संकीर्ण वफादारियों में सुरक्षा तलाशते हैं। परिणामस्वरूप राष्ट्रीय चेतना के विकास को नुकसान पहुँचता है। इस तर्ज पर सोचनेवाले लोग प्रणाली को अस्थिर, अनुशासनहीन और अव्यवस्थित मानते हैं। अन्य देशों में संसदीय लोकतंत्र की सफलता के कारण असहमति और सहिष्णुता की स्वस्थ परंपराओं के साथ-साथ स्वप्रेरित स्वशासी एसोसियेशनों के विकास को जाता है। खास बात यह है कि इन देशों में ये संस्थाएँ पहले बनीं, फिर संसदीय लोकतंत्र आया। भारत में इन परंपराओं और संस्थाओं का तो अभाव है लेकिन संसदीय लोकतंत्र का प्रयोग चालू कर दिया गया है। इसलिए यहाँ कठिनाइयाँ और विकट हो गयी हैं।

भूदान वालों के मुकाबले इन विचारों के समर्थक संसदीय सरकार के संवैधानिक बंदोबस्त को मंसूख करने के हक में नहीं हैं। वे तो संस्थागत क्षेत्र में कोई नया प्रयोग करने को शक की निगाह से देखते हैं। उनका मानना है कि संवैधानिक दायरों में वक्त खर्च करने से पहले जरूरी यह है कि सामाजिक-राजनीतिक चेतना का प्रसार किया जाये, लोगों में अपनी मदद खुद करने की आदत पैदा की जाये और स्वप्रेरित एसोसियेशन बनाने का विचार लोकप्रिय किया जाये ताकि मनमाने शासन की स्थापना नामुमकिन हो जाये। लोग ज्यादा-से-ज्यादा निर्णयकारी प्रक्रिया में भागीदारी करें। जब यह कार्यभार पूरा कर लिया जाये तभी संवैधानिक सुधारों का सिलसिला शुरू किया जाये।

भारत द्वारा अंगीकार किये गये संसदीय लोकतंत्र के ब्रिटिश मॉडल की मुख्य बातें इस प्रकार हैं : व्यापक मताधिकार पर आधारित प्रतिनिधित्वमूलक लोकतंत्र, सामूहिक रूप से उत्तरदायी मंत्रिपरिषद के तहत मजबूत सरकार, स्वतंत्र न्यायपालिका, बुनियादी उसूलों पर एकमत लेकिन सत्ता के लिए होड़ करनेवाली राजनीतिक पार्टियाँ, शासन की योजना में विपक्ष की भूमिका को मान्यता, राज्याध्यक्ष और अधिकारीतंत्र की राजनीतिक तटस्थता, लोकप्रिय जनादेश के सिद्धांत को मान्यता, मंत्रिस्तर पर जवाबदेही और प्रशासनिक नैरंतर्य के साथ प्रशासन द्वारा पृष्ठभूमि में रहना। इस बंदोबस्त का चलना काफी-कुछ संवैधानिक परंपराओं और राजनीतिक प्रथाओं पर निर्भर करता है। इसी आधार पर सरकार और प्रणाली के विभिन्न हिस्सों के बीच संबंध तय होते हैं। इसी मामले में भारतीय लोकतंत्र कमजोर पड़ जाता है और संसदीय सरकार के

सिद्धांत और व्यवहार में खाई पैदा हो जाती है। विचित्र बात यह है कि लोकल्याणकारी राज्य, सामाजिक सुरक्षा और नियोजित विकास की आधुनिक धारणाओं पर अमल की कोशिश ने कुछ परंपरागत धारणाओं को पुनर्जीवन प्रदान कर दिया है। मिसाल के तौर पर ट्रस्टीशिप के सिद्धांत को लिया जा सकता है। इसके मुताबिक राजनीतिक सत्ता को धारण करना तो कुछ लोगों का ही विशेषाधिकार है और यह उन सत्तारूढ़ों का कर्तव्य है कि वे आम जनता के हितों का पूरा ख्याल रखें। यानी साधारण लोग सरकार चला ही नहीं सकते। यह तो 'क्षत्रियों' का काम है। होना यह चाहिए था कि लोकतांत्रिक राज्यतंत्र इस तरह के विचारों का खंडन करता। लेकिन ऐसा नहीं हुआ।

अर्थात लोककल्याणकारी राज्य का परिणाम अक्सर सरकार द्वारा माई-बाप की भूमिका अपनाने में निकलता है। यहाँ तक कि ब्रिटेन में भी ऐसा ही देखा जा चुका है। भारत में तो कई बातों ने इस प्रवृत्ति को और बढ़ावा दिया है : सरकार की 'उपयोगितावादी' धारणा का केवल थोड़े-से उदारतावादियों तक ही सीमित रहना, सरकार को ट्रस्टी समझते रहने के रवैये की व्यापकता, भारतवासियों को सभ्य बनाने पर तुले विजातीय शासन के उत्तराधिकारी के तौर पर राष्ट्रवादी अभिजनों द्वारा जनता की हालत सुधारने की कोशिश। इनका मिला-जुला नतीजा यह निकला है कि गलती होने के डर से ज्यादातर लोग निर्णय लेने से घबराते हैं। राजा की इच्छा जड़ पकड़े हुए है और साहस के साथ जिम्मेदारी लेते हुए फैसले लेने की प्रवृत्ति का विकास रुका हुआ है। ऐसा माहौल सामूहिकतावादी लोकतंत्र के लिए तो उपयुक्त है पर उदारतावादी संसदीय लोकतंत्र के लिए नहीं।

सर्वोच्च राजनीतिक पदों पर बैठे हुए लोग जिम्मेदारी से कतराते हैं। मंत्री नौकरशाहों की सलाह मानने का तर्क देकर कुशासन के आरोप का मुकाबला करते हैं। अफसर पार्टी की तरफ से पड़नेवाले दबाव का बहाना बनाते हैं जबकि असलियत यह है कि वे अक्सर इस दबाव के सामने झुकते रहे हैं। पार्टी संगठन अपनी सरकारी और संसदीय शाखाओं पर इलजाम थोपता है। राज्य केंद्र पर और केंद्र राज्यों पर और दोनों मिल कर योजना आयोग पर आरोप लगाते हैं। राजनेता 'पार्टी अनुशासन' का बहाना बना कर दिक्कततलब सवालों से पल्ला छुड़ा लेते हैं। खुद प्रधानमंत्री पार्टी में गुटबाजी और प्रशासनिक अक्षमता की शिकायत करते नजर आते हैं। काबीना स्तर के मंत्री नीतिगत मसलों पर अपने मतभेद सार्वजनिक करते रहते हैं और राज्यों के राज्यपाल सरेआम कही गयी बातों से भ्रम फैलाते हैं। सरकार से बाहर जाते ही मंत्री काफी आलोचना के मूड में आ जाते हैं जबकि सरकार में रहते हुए वे मुँह खोलना भी मुनासिब नहीं समझते।

लोकतंत्र में सामाजिक और आर्थिक अल्पसंख्यक राजनीतिक अल्पसंख्यक बन कर प्रचार और जनता से संवाद के जरिये बहुसंख्यक बनने की कोशिश करते हैं। यह प्रक्रिया जीवंत दलीय प्रणाली की नींव डालती है और सरकार को अल्पसंख्यकों के खिलाफ मनमाना रवैया अपनाने से रोकती है। लेकिन भारत में होता यह है कि अल्पसंख्यक हमेशा अल्पसंख्यक ही रहता है। उनके संगठन अपने से बाहर के लोगों के लिए अपने दरवाजे नहीं खोलते। न ही राजनीतिक आंदोलन चला कर जनता की राय अपने पक्ष में गोलबंद करते हैं। एक समूह के रूप में वे विशेष सुविधाएँ भोगते रहते हैं जैसे कि उनकी अल्पसंख्यक हैसियत ईश्वर-प्रदत्त है और कभी बदल ही नहीं सकती। सरकार एक तरफ तो अल्पसंख्यकों का खास ख्याल रखने की अपील करती है और दूसरी तरफ राजनीति में तबकाई आग्रहों की भर्त्सना भी करती रहती है। नतीजे के तौर पर राजनीतिक सौदेबाजी सांप्रदायिक रंग ले लेती है और इससे सेकुलरवाद का नुकसान होता है।

विपक्षी दल 'पिछड़ी अर्थव्यवस्था की राजनीतिक मजबूरियों' की दलील देकर सत्ता में हिस्सेदारी चाहते हैं जबकि उनका वास्तविक काम मजबूत विपक्ष का निर्माण करके सत्ता पर कब्जा करना होना चाहिए। विशेषज्ञों के गुट विधायिकाओं और महत्त्वपूर्ण सरकारी संस्थाओं में अपने लिए सीटें माँगने में लगे रहते हैं।

इन कमियों के साथ-साथ हमारे लोकतंत्र के कुछ सकारात्मक पहलू भी हैं। लोकतंत्र के बुनियादी आधार तो अभी कमजोर हैं पर कुछ कारगर परंपराएँ जरूर पड़ गयी हैं। मसलन, बहुसंख्या का शासन निरंकुशता में नहीं बदला है, संसद में विपक्ष को उसकी संख्यात्मक ताकत के मुकाबले ज्यादा महत्त्व दिया जाता है, जब भी शासक पार्टी किसी नियम या आचरण का उल्लंघन करती है तो शासक दल के कुछ व्यक्ति भी विपक्ष का समर्थन करते हैं, कम-से-कम ऊँचे स्तर पर न्यायपालिका जनहित का ख्याल रखने की जिम्मेदारी निभा रही है, प्रेस का एक हिस्सा अपने अधिकारों को छोड़ने के लिए तैयार नहीं है और राष्ट्रीय नेतृत्व शासक पार्टी के भीतर कट्टरपंथ और उग्रराष्ट्रवाद को हद से गुजरने से रोके रहता है। यह जरूर है कि ये सकारात्मक पहलू उन प्रभावशाली लोगों के कारण विकसित हुए हैं जो उदारतावादी परंपराओं में रचे-बसे हैं, इसलिए यह नहीं कहा जा सकता कि इन प्रवृत्तियों की पैठ आमतौर पर गहराई तक हो गयी है और वक्त पड़ने पर इनकी बिना पर अलोकतांत्रिक ताकतों का मुकाबला किया जा सकेगा।

कांग्रेस ने अभी तक यह दावा करना बंद नहीं किया है कि वह संपूर्ण

भारतवासियों की पार्टी है। वह सामाजिक-आर्थिक पुनर्रचना की जैसी मुहिम चला रही है उसका महत्त्व आजादी के आंदोलन से कम नहीं है। अधिकतर राजनीतिक प्रक्रिया कांग्रेस के अंदर ही चलती है और जनता की निगाह में कांग्रेस का मतलब ही सरकार और प्रशासन है। कांग्रेस पार्टी अपने-आप में खुद ही एक विस्तृत दलीय प्रणाली की तरह काम करती है। राजनीतिक विपक्ष तभी प्रभावी होता है जब उसकी आवाज कांग्रेस के अंदर से ही उठती है। कांग्रेस ने ज्यादातर महत्त्वपूर्ण हित-समूहों को अपने भीतर जगह दे दी है और उन्हें दबाव-गुटों में बदल कर उनके बीच मध्यस्थता करते हुए ज्यादातर विवादों का कारगर हल निकाल लिया है। वह आम जनता और केंद्र और राज्य की सरकारों के बीच संपर्क का प्रभावी सूत्र बनी हुई है। हालाँकि उसे हमेशा सफलता नहीं मिलती पर कांग्रेस का संगठन सरकार से आहत हितों की आवाज भी बुलंद करता है। कांग्रेस में सत्ता का केंद्रीकरण चिंताजनक है। चुनाव के समय तो पार्टी अपने करिश्माई नेतृत्व की मुहताज ही हो जाती है। दो चुनावों के बीच की अवधि में पार्टी, सरकार, जनता, राज्य और जिला के बीच चलनेवाले तालमेल से राजनीतिक स्थिरता बनी रहती है। लेकिन इसका मतलब यह भी निकलता है कि देश किसी भी राजनीतिक परिवर्तन के लिए तैयार नहीं है। कांग्रेस विपक्ष को सहन तो करती है लेकिन वह उसके सत्ता में आने की किसी संभावना को भी तरजीह देने के लिए तैयार नहीं है। दुनिया-भर के संसदीय लोकतंत्रों में शायद ही कांग्रेस पार्टी जैसा कोई दल हो।

संविधान में प्रावधान होते हुए भी काबीना और सरकार में सामूहिक उत्तरदायित्व के उसूल का पालन नहीं होता। केंद्र और राज्यों की मंत्रिपरिषदों में एकता और एकरूपता नहीं है। केंद्र में प्रधानमंत्री के प्रभावशाली व्यक्तित्व के कारण एक टीम की तरह काम करने का माहौल जरूर है पर राज्य सरकारें तो क्षेत्रीय और स्थानीय हितों का जमावड़ा जैसा लगती हैं। मंत्रियों के सरकार में लगातार बने रहने से निरंतरता तो कायम रहती है पर दूसरों में लगातार सरकार से बाहर रहने के कारण कुंठा भी पैदा हो जाती है। प्रधानमंत्री का दफ्तर एक नयी संस्था की तरह उभरा है। नेहरू में योग्य व्यक्तियों को छाँट कर जिम्मेदारियाँ देने का माद्दा है। इस मामले में वे अपना जाल राज्यों तक फैलाये रहते हैं और मंत्रिपरिषद में जगह मिलते ही पार्टी की सदस्यता और विधायिका में जगह मिल जाती है। नेहरू को इस मामले में काफी खुला हाथ मिला हुआ है। अपनी हैसियत, प्रतिष्ठा और पहलकदमी के कारण भारत का प्रधानमंत्री ब्रिटेन के प्रधानमंत्री के मुकाबले कहीं ताकतवर और अमेरिका के राष्ट्रपति की भाँति हो गया है। नेहरू द्वारा स्थापित परंपराओं और प्रथाओं को आगे भी अपनाया जायेगा

या नहीं, यह इस बात पर निर्भर है कि अगला प्रधानमंत्री कैसा होता है। राज्यों के मुख्यमंत्रियों की स्थिति ऐसी नहीं है। उसे लगातार तरह-तरह के दबावों का सामना करना पड़ता है और अपने सहयोगियों को चुनने के मामले में वह इतना आजाद नहीं है। नाना प्रकार के हितों के साथ तालमेल करने के लिए उसे अक्सर अपने मंत्रिमंडल का विस्तार करना पड़ता है।

संविधान में राष्ट्रपति को काफी अधिकार मिले हुए हैं जिनके बिना पर वह ब्रिटेन के राजा के मुकाबले ज्यादा ताकतवर हो जाता है। लेकिन संविधान सभा की बहसों से साफ है कि संविधान निर्माता राष्ट्रपति को प्रतीकात्मक राज्याध्यक्ष ही रखना चाहते थे। उनकी यह कामना तभी पूरी हो सकती है जब इस तरह की परंपराएँ और प्रथाएँ मजबूत हों और यह काफी-कुछ आगे आनेवाले कम-से-कम आधा दर्जन राष्ट्रपतियों के आचरण पर निर्भर है। पहले राष्ट्रपति राजेंद्र प्रसाद के रवैये से जाहिर है कि वे केवल प्रतीकात्मक राज्याध्यक्ष बन कर संतुष्ट नहीं हैं। जाहिर है कि आजादी मिलने से पहले वे और नेहरू स्वतंत्रता आंदोलन के दौरान समकालीन नेता थे, इसलिए वे दोनों एक-दूसरे के प्रति दो संस्थाओं के तौर पर नहीं, बल्कि दो व्यक्तियों के तौर पर प्रतिक्रिया करते हैं। इससे लगता है कि संवैधानिक मर्यादाओं की सीमा में रह कर राष्ट्रपति प्रधानमंत्री और अन्य मंत्रियों के साथ अपने अनौपचारिक संबंधों के बिना पर काफी प्रभावी हो सकता है। लेकिन बात केवल इतनी ही नहीं है, क्योंकि राष्ट्रपति शासक दल के गुटों में से अपनी पसंद का गुट छाँट कर राजनीति में सक्रिय रूप से भाग लेने लगता है। वह नेताओं, अफसरों और हित-समूहों के पैरोकारों से सीधे ताल्लुकात रखता है। राजेंद्र प्रसाद का हाथ संसद और सरकार में हिंदी-समर्थकों की पीठ पर रहता है। वे काबीना में उत्तर भारतीय लॉबी से नजदीकी संबंध रखते हैं और सरकार की सामाजिक-आर्थिक नीतियों के प्रति अपना मतविरोध व्यक्त करते रहते हैं। इस तरह वे ब्रिटेन के राजा के मुकाबले सरकार पर ज्यादा असर डालने की स्थिति में आ जाते हैं।

राज्यपालों का आचरण भी तकरीबन ऐसा ही है। ऐसे कई उदाहरण हैं जिनके अनुसार राज्यपाली राज्य में हैसियत का निर्धारण केंद्र सरकार में उनके रुतबे के आधार पर होता है। राज्यपालों ने भी राज्य सरकार की नीतियों के प्रति अपना मतविरोध व्यक्त करके संविधान में प्रदत्त प्रतीकात्मक मुखिया की हैसियत को लाँघने की कोशिश की है।

केंद्र और अधिकतर राज्यों में कांग्रेस के प्रभुत्व का नतीजा यह निकला है कि संसद और विधानसभाओं के सदनों में सांसद और विधायक विभिन्न मसलों पर खुल कर बहस करते देखे गये हैं। सदन के सदस्य पार्टी दायरों से परे जाते

हुए क्षेत्रीय आधार पर जुड़े रहते हैं। इसी तरह संसदीय कमेटियों के कामकाज में एक-दूसरे के खिलाफ कार्यरत पार्टियों के सदस्यों के विचार सामने आते हैं। ये कमेटियाँ सरकार के निर्भीक आलोचक के रूप में जनहित के रक्षकों के रूप में उभरी हैं। विधायक, सांसद और मंत्री के बीच अनौपचारिक संपर्क सरकार को महत्त्वपूर्ण मुद्दों पर जनता की राय में तब्दीली का पता चलता रहता है। एक सांसद के मुकाबले विधायक अपने निर्वाचन क्षेत्र की जनता के ज्यादा नजदीक होता है। विधानसभा के अधिवेशनों के समय सचिवालय के गलियारों और मंत्रियों के दफ्तरों के प्रतीक्षा-कक्षों की गहमागहमी इस बात का सबूत है कि लोकतांत्रिक राजनीति के दबाव में सत्ता के केंद्र को किस तरह अपने दरवाजे खोलने पड़ते हैं। संविधान में दर्ज प्रावधानों, संविधान सभा में हुई बहसों और भारत में ब्रिटिश राज के तजुर्बों के आधार पर किसी राजनीतिक निर्णय को आगे चल कर संसदीय परंपरा का दर्जा मिलता है। ऐसे हालात में विवाद की गुंजाइश नहीं रहती। लेकिन संविधान पारित होने के बाद बनी कई प्रथाओं को परंपरा के तौर पर स्वीकार करने पर निकट भविष्य में उस समय विवाद हो सकता है। जाहिर है कि ये सभी परंपराएँ कांग्रेस सरकार ने डाली हैं। क्या दूसरी पार्टी की सरकारें भी इन्हें मान्यता देंगी? यदि नहीं, तो फिर ये प्रथाएँ परंपरा का रूप नहीं ले पायेंगी, क्योंकि जब तक कोई प्रथा लंबी अवधि तक नहीं चलती तब तक वह सर्वमान्य परंपरा का रूप नहीं ले पाती। 'करिश्माई' नेतृत्व के तौर-तरीकों से निकली कुछ प्रथाओं को इसी श्रेणी में रखा जा सकता है, क्योंकि ये प्रथाएँ आम सहमति से लिए गये निर्णयों पर आधारित नहीं हैं। इसी तरह शासक पार्टी के आलाकमान और काबीना द्वारा गुप्त रूप से लिए गये निर्णयों पर आधारित प्रथाओं के बारे में भी यही बात कही जा सकती है। इन निर्णयों के तो कई तरह के मतलब निकाले जा सकते हैं।

भारतीय लोकतंत्र की इन समस्याओं को देख कर यह तर्क दिया जा सकता है कि काबीना आधारित सरकार की जगह अमेरिका की तर्ज पर कार्यकारी सरकार होती तो बेहतर होता। यह भी कहा जा सकता है कि अगर एक कहीं ज्यादा कारगर राज्यसभा होती और उसमें होनेवाले विभिन्न हित-आधारित विचार-विमर्शों का लाभ निचले सदन को मिल पाता तो बेहतर होता। लेकिन ऐसा ऊपरी सदन बनाने के लिए तो संविधान में संशोधन करना पड़ेगा। हम आशा कर सकते हैं कि तालमेल बैठाने और आत्मसात करने में माहिर भारतीय मेधा संविधान द्वारा आरोपित सीमाओं का हल भी निकाल लेगी। यह भी हो सकता है कि विद्वत्तापूर्ण व्याख्याओं की भारतीय परंपरा इस संविधानगत अनम्यता में से भी कोई रास्ता तलाश ले।

४

सरकार का प्रशासन : अफसरशाही की राजनीति

लोकतंत्र में सरकार का प्रशासनिक कामकाज थोड़ा मुश्किल ही होता है, क्योंकि उसका आग्रह मुख्यत: सक्षमता पर ही नहीं होता। लोकतंत्र के आग्रह कई बार प्रशासनिक कुशलता के लिए रास्ता साफ नहीं करते। अच्छे प्रशासन के लिए साफ-सुथरी हिदायतों और उनके सीधे-सादे पालन की जरूरत होती है जबकि लोकतंत्र की जरूरतें पूरी करने के लिए प्रशासन को कई बार काम करने के पेचीदा तरीके इस्तेमाल करने पड़ते हैं। ऐसा भी होता है कि लोकलुभावन चरित्र के निर्णयों को लागू करने के लिए विभागों की संख्या बढ़ती ही चली जाती है। फिर लोकतांत्रिक सरकार में प्रशासन को हमेशा इस बात का ख्याल रखना पड़ता है कि जनता किस बात को पसंद या नापसंद करेगी।

जिन देशों में लोकतांत्रिक प्रशासन का विकास क्रमश: हुआ है वहाँ तो गनीमत भी है लेकिन जहाँ इसे रातोरात सरकार चलाने का काम अपने हाथ में लेना पड़ा, वहाँ ये कठिनाइयाँ काफी गंभीर रूप धारण कर लेती हैं। आमतौर पर राजनीतिशास्त्रियों का ध्यान इस ओर नहीं जाता, क्योंकि वे लोकतंत्र को विधायिका, न्यायपालिका और कार्यपालिका में बाँट कर देखते हैं। चूँकि प्रशासन को कार्यपालिका के मद में रख कर देखा जाता है इसलिए उससे संबंधित समस्या सिद्धांत के लिहाज से विचार के योग्य नहीं समझी जाती। कहने के लिए मंत्री के पास अपने विभाग के प्रशासन को अपनी मर्जी से गठित करने का पूरा अधिकार होता है ताकि वह संसद के सामने पूरी तरह से जवाबदेह हो सके। लेकिन वास्तव में स्थिति यह है कि कोई मंत्री अधिकारीतंत्र या नौकरशाही के महत्त्व को नहीं नकार सकता। व्यवहार में नौकरशाही इतनी विशाल और महत्त्वपूर्ण होती चली गयी है कि उसे लोकतंत्र के तीन अंगों के बाद अलग से एक चौथा अंग समझा जाना चाहिए। लेकिन इसका मतलब यह भी नहीं है कि हम इस विचार के गर्भ से जन्मे लोक-प्रशासन के 'यथार्थपरक' दृष्टिकोण का समर्थन करने लगें, क्योंकि यह नजरिया भी कम समस्याग्रस्त नहीं है। यह विचार सरकार को एकदम तकनीकी कार्यभार के रूप में देखता है और प्रशासनिक सचिवालय को संसद और कार्यपालिका के समकक्ष रख कर देखने लगता है। यानी पारंपरिक विचार जहाँ प्रशासन को कार्यपालिका में ही समाहित मान लेता है वहीं यह 'यथार्थपरक' नजरिया कार्यपालिका को ही प्रशासन का अंग समझ लेता है। उसकी निगाह में कार्यपालिका भी उसी तरह गैर-राजनीतिक होती है जिस तरह प्रशासन। सरकार की मंत्रिमंडलीय और प्रशासनिक शाखाओं के बीच दीवार को गिराने के चक्कर में यह नजरिया प्रशासन और राजनीति के बीच

ज्यादा बड़ी दीवार खड़ी कर देता है। वह मान लेता है कि सरकार के प्रशासन को सरकार की राजनीति से अलग रखा जा सकता है। वह भूल जाता है कि काबीना एक राजनीतिक निकाय है और उसका जीवन उसके प्रशासन से नहीं, बल्कि उसकी राजनीति के आधार पर तय होता है।

दरअसल, राजनीति और प्रशासन के बीच किसी भी किस्म के द्विभाजन का विचार ठुकरा दिया जाना चाहिए। अलग से प्रशासनिक सेवा बनाना भी असल में राजनीतिक मूल्यों के प्रश्न से ज्यादा जुड़ा हुआ है न कि प्रशासनिक आवश्यकताओं से। प्रशासन अपने-आप में एक राजनीतिक प्रक्रिया है और उसकी समस्याएँ राजनीतिक सिद्धांत के दायरे में ही हल की जानी चाहिए। अगर ऐसा नहीं होगा तो सिद्धांत और व्यवहार में भारी अंतर पैदा हो जायेगा और भारत जैसे देश में ऐसा ही हो रहा है। वास्तविकता यह है कि भारत में प्रशासन और राजनीति को बड़े पैमाने पर अन्योन्यक्रिया करनी पड़ती है लेकिन वे दोनों अपने अलग-अलग दाँव-पेचों में लगे रहते हैं। एक दूसरे पर हस्तक्षेप या मनमानी के आरोप इसीलिए देखने में आते हैं।

आजादी के तुरंत बाद की अवधि बड़ी विकट थी। उथल-पुथल, सांप्रदायिक हिंसा और संकट के उस समय में मुख्यत: प्रशासनिक उपकरण की वजह से स्थिरता कायम की जा सकी। प्रशासन ही राजनीतिक प्राधिकार का आधार बन गया। चूँकि नेता नये थे और उन्हें सरकार चलाना नहीं आता था इसलिए विकास के पहले दौर में लोक-सेवाएँ ही राजनीतिक प्रक्रिया पर हावी बनी रहीं। अचरज की बात यह है कि बाद में भी यही स्थिति कायम रहने दी गयी। आजादी के आंदोलन के समय इंडियन सिविल सर्विस के प्रति काफी नाराजगी का माहौल था। माना जाता था कि अंग्रेजों के तहत बना प्रशासनिक ढाँचा आजाद भारत की आवश्यकताओं के अनुकूल नहीं होगा। लेकिन हालात ऐसे बने कि नयी राजनीतिक जरूरतों के मुताबिक नया प्रशासनिक ढाँचा बनाने का काम नहीं किया जा सका। इसमें परिस्थितियों के साथ-साथ प्रशासन की कला पर महारत रखनेवाले सरदार पटेल की भूमिका भी थी। पटेल ने असाधारण योग्यतावाले लोक-सेवकों की वफादारी जीत कर आजाद भारत के शुरुआती दौर में स्थिरता कायम करने का जबरदस्त काम करके दिखाया। इसका श्रेय उन्हें जितना दिया जाये उतना कम होगा। यह देशी रियासतों के नवोदित गणराज्य में विलय से भी ज्यादा महत्त्वपूर्ण कार्यभार था।

इस घटनाक्रम का नतीजा यह हुआ कि पहले दौर के बाद दूसरे दौर की राजनीतिक प्रक्रिया पर भी प्रशासनिक दायरा हावी रहा और परिणामस्वरूप जो राजनीतिक प्राधिकार का जो रूप सामने आया उसमें प्रशासनिक सेवाओं की

भाँति ही लचीलेपन की कमी थी। पचास के दशक में जब राजनीतिक-आर्थिक पुनर्निर्माण की मुहिम चलायी गयी तो प्रशासन का भारी पैमाने पर विस्तार किया गया जिससे कार्यकुशलता और ईमानदारी के स्तर में खासी कमी आयी। योजना आयोग और सामुदायिक विकास जैसे नये उपकरणों की रचना भी पुराने प्रशासनिक रवैयों के तहत ही हुई। यह विकास के नये लक्ष्यों को वेधने के लिये सुविधाजनक नहीं था। एक नये किस्म का राज्य बनाने के लिये पुराने किस्म की नौकरशाही का इस्तेमाल किया जा रहा था।

लेकिन राजनीतिक प्रक्रिया प्रशासनिक ढाँचे को अपनी तरह से प्रभावित कर रही थी। राजनीति और प्रशासन के बीच दो स्तरों पर अन्योन्यक्रिया हो रही थी। पहला स्तर सत्तारूढ़ दल और नौकरशाही के बीच संबंधों का था। लंबे अरसे से सत्ता की इजारेदारी भोग रहे प्रशासन के समांतर नेताओं की एक नयी सत्ता उभर आयी थी। अफसर तजुर्बे के साथ-साथ लोकतांत्रिक व्यवस्था के प्रति एक तरह की कटुता से भरे हुए थे और नेतागण नये विचारों के साथ-साथ सत्ता हासिल करने के लिए भी उत्सुक थे। दूसरा स्तर सत्तारूढ़ पार्टी के सरकारी और सांगठनिक हिस्से के संबंधों का था। लंबे अरसे तक सरकारी शाखा ही अगाऊ भूमिका निभाती रही। संगठन का काम तो केवल पार्टी को सत्ता में बनाये रखना ही था। बाद में जब कांग्रेस सरकारों की लोकप्रियता घटी और पार्टी के भीतर सत्ता संघर्ष शुरू हो गये तो संगठन की तरफ से सरकार की आलोचना भी सामने आयी। इनकी झलक काबीना की बैठकों में ही नहीं, सदन में होनेवाली बहसों में भी मिलने लगी। कांग्रेस की ताकत न केवल विपक्ष के मुकाबले बढ़ी, बल्कि नौकरशाही की तुलना में भी वह ताकतवर हुई।

सरकार के कामकाज के विस्तार से संविधानप्रदत्त मंत्रिमंडलीय उत्तरदायित्व के उसूल और काबीना आधारित सरकार की परंपरा के अनुसार सामूहिक उत्तरदायित्व के उसूल के बीच टकराव की स्थिति पैदा हो गयी। पहला उसूल मंत्रियों की एक छोटी और सुगठित टीम की माँग करता था और दूसरा एक मंत्री के तहत आनेवाली प्रशासनिक इकाई को सीमित करता था जिससे मंत्रियों की संख्या बढ़ाने की जरूरत सामने आ जाती थी। नतीजे के तौर पर काबीना छोटी और मंत्रिमंडल बड़ा होने लगा। जिस तरह की वरिष्ठता और कनिष्ठता अफसरों की दुनिया में होती थी वैसी ही सरकार की मंत्रिस्तरीय संरचना में होने लगी। मामला उस समय और जटिल हो गया जब काबीना में शामिल न किये जाने के बाद भी कुछ मंत्रियों को उनकी राजनीतिक प्रतिष्ठा के आधार पर कैबिनेट स्तर का माना गया। इसी भ्रमोत्पादक लेकिन व्यावहारिक प्रक्रिया से राज्यमंत्री या प्रभारी राज्यमंत्री के पद निकले। उपमंत्री का पद नये राजनीतिज्ञों को प्रशासन

और सरकार का अनुभव देने के लिए बनाया गया था लेकिन उस समय यह मकसद बेकार हो गया जब कुछ उम्रदराज़ नेताओं को भी उपमंत्री पद दे कर राजनीतिक रूप से तुष्ट करने की कोशिश की गयी। जिम्मेदारियों की समानता से जवाबदेही की भावना का क्षय हुआ। इसका उदाहरण एक स्तर पर उपमंत्री, संसदीय सचिव और स्थायी सचिव की जिम्मेदारियों की काफी-कुछ समानता के रूप में देखा जा सकता है। मंत्रिमंडल संसद के प्रति सामूहिक रूप से जवाबदेह है पर उसकी एक टीम के रूप में बैठक तक नहीं होती। काबीना की बैठक तो होती है लेकिन उसमें ऐसे-ऐसे विषयों पर चर्चा होती है जो उस बैठक में भाग लेने वालों की क्षमता से परे होते हैं। कैबिनेट सचिवालय और प्रतिवेदन-प्रणाली जैसे प्रावधानों से हालात कुछ काबू में जरूर आये हैं लेकिन फिर भी देश को अभी तक ठीक ढंग की काबीना आधारित सरकार नहीं मिल पायी है। मंत्रालयों को बाँटने और नये मंत्रालय बना कर उनकी संख्या बढ़ाने का सिलसिला जारी है। इन कामों की कोई सिद्धांतपरक तर्क-पद्धति नहीं बनायी गयी है। निजी पसंद-नापसंद, फौरी राजनीतिक जरूरतें, नाना प्रकार के तालमेल और राजनीतिक होड़ के पहलू प्रशासनिक कार्यकुशलता के आग्रहों के ऊपर ज्यादा हावी रहते हैं। कैबिनेट कमेटियाँ भी ज्यादा उपयोगी नहीं हो पा रही हैं। दस में से नौ स्थायी समितियों के सभापति प्रधानमंत्री स्वयं हैं। गृहमंत्री दसवीं कमेटी के इंचार्ज हैं। इन कमेटियों के विचार-विमर्श में प्रधानमंत्री, गृहमंत्री और वित्तमंत्री का ही बोलबाला रहता है। निर्णय लेने की प्रक्रिया उस छोटे से ढाँचे में केंद्रित है जिसे कैबिनेट के भीतर कैबिनेट कहा जा सकता है। यह पूरा व्यावहारिक बंदोबस्त सामूहिक उत्तरदायित्व की भावना के कतई अनुकूल नहीं है। योजना आयोग सरकार की एक अर्ध-राजनीतिक और अर्ध-प्रशासनिक शाखा है लेकिन अभी तक यह सरकार का अभिन्न अंग नहीं बन पाया है। इस पूरे कार्य-व्यापार के चलते भारत में काबीना आधारित सरकार के कामकाज में काफी तब्दीलियाँ आ गयी हैं। हमारे देश में इस विचार को अभी तक पूरी मान्यता नहीं मिली है कि सरकार के हर काम के लिए कोई न कोई मंत्री संसद के सामने जिम्मेदार होना चाहिए। मंत्रिगण समझते हैं कि वे प्रधानमंत्री या मुख्यमंत्री के प्रति ज्यादा जिम्मेदार हैं न कि चुनी हुई विधायिका के प्रति। इस रवैये के कारण व्यवहार में यह सरकार राष्ट्रपति प्रणाली जैसी भी लगने लगती है। असल में यह सरकार न तो ठीक-ठीक काबीना मॉडल पर चल रही है और न ही राष्ट्रपति प्रणाली की तर्ज पर। यह तो एक खास तरह की सरकार है जिसकी कोई मिसाल दुनिया के अन्य लोकतंत्रों में मिलना मुश्किल है।

असलियत यह है कि दिल्ली से लेकर जिला स्तर तक प्रशासन का पहला

स्तर तो अधिकारीतंत्र या नौकरशाही के विभागों और कारकुनों के रूप में फैला हुआ है। दूसरा स्तर नियोजन और विकास-संबंधी प्रशासन का है। प्रधानमंत्री की अध्यक्षता और कई कैबिनेट मंत्रियों की सदस्यतावाला संविधानेतर, अर्ध-राजनीतिक और अर्ध-प्रशासनिक योजना आयोग आधुनिक प्रशासनिक प्रणाली का विलक्षण उदाहरण है जिसके जिम्मे केंद्र से लेकर राज्यों तक में जाँच करने, मूल्यांकन करने और कार्यक्रमों को धरती पर उतारने तक का जिम्मा है। आमतौर पर इस बात का एहसास नहीं किया जाता है पर यह एक तथ्य है कि योजना आयोग केवल वैकासिक मामले ही नहीं देखता, बल्कि वह सामान्य प्रशासन के दायरे में महत्त्वपूर्ण भूमिका भी निभाता है। विशाल नियोजनतंत्र को श्रेय जाता है कि उसने प्रशासन की मशीनरी को एकीकृत दिशा दे कर उद्देश्यपूर्ण बनाया और उसे क्षेत्रीय और स्थानीय आग्रहों के तहत बिखराव के शुरुआती अंदेशों से मुक्त किया। इस नियोजन तंत्र में हद से ज्यादा एकरूपता और संस्कारबद्धता का खतरा जरूर है, जिसके खिलाफ सतर्क रहने की आवश्यकता है।

सामान्य प्रशासन और नियोजन तंत्र के बाद प्रशासन की तीसरी परत का निर्माण कांग्रेस पार्टी करती है। सारे देश में फैला हुआ इस पार्टी का सांगठनिक ढाँचा सभी जगहों पर सरकारी मशीनरी के संपर्क में रहता है। अधिकतर जिला विकास बोर्डों में कांग्रेसजन सदस्य होते हैं और सरकार को उनसे सूचनाएँ मिलती हैं। वे स्थानीय समस्याओं के समाधान में अफसरों के विरोध के बावजूद प्रशासन की सक्रिय मदद करते हैं। वैकासिक स्तर पर प्रशासन और पार्टी के आपसी सहयोग का एक उदाहरण भारत सेवक समाज है। प्रशासन, नियोजन तंत्र और पार्टी की इन तीन परतों के बीच होनेवाली अन्योन्यक्रिया के परिणाम आपसी काट-फाँस और विवादों में भी निकलते हैं लेकिन कुल मिला कर राजनीतिक विकास के मौजूदा चरण में इस संयोग ने जरूरत के मुताबिक संगठन और नेतृत्व देने में कामयाबी हासिल की है। समस्या यह है कि यह संरचना पुराने अधिकारीतंत्र की परंपराओं के तहत बनी है जो गैर-लचीला है और जिसमें अधिकार और शक्तियाँ ज्यादातर ऊपर केंद्रित हैं। इसलिए वैकासिक योजनाओं पर अमल का जो उत्साह ऊपर दिखता है वह नीचे आते-आते तिरोहित होता चला जाता है। लक्ष्य कागज पर बने रहते हैं और उन्हें जमीन पर नहीं उतारा जा पाता। निचले स्तरों पर विवेकाधीन निर्णय लेने के अधिकार भी नहीं दिये गये हैं। पुराने ढंग से सोचने की आदत साहस के साथ प्रयोग करने और नये-नये रास्ते तलाश करने के रवैये के ऊपर हावी बनी रहती है। नतीजा हताशा और संसाधनों की बरबादी में निकलता है। लंबे-चौड़े स्टाफ के बावजूद जिला स्तर पर नीतियों के कार्यान्वयन को सुनिश्चित नहीं किया जा सका है। नीचे से आयी

प्रगति की रपटों, आँकड़ों और अन्य सूचनाओं की सत्यता की जाँच करने का कोई तरीका विकसित नहीं किया गया है। ऐसे आँकड़ों के आधार पर किया गया विश्लेषण नीतिगत मामलों में गलत फैसलों पर पहुँचा देता है।

पहले होता यह था कि ज्यादातर फैसले अफसर लिया करते थे और अब लगता यह है कि उसकी प्रतिक्रिया में मंत्रियों ने निर्णयकारी शक्तियाँ अपने हाथों में केंद्रित कर ली हैं। एक तरफ तो सरकारी कार्यविधियों पर पकड़ न होने के कारण मंत्रिगण अफसरशाही पर बहुत ज्यादा निर्भर करते हैं और दूसरी ओर अतिउत्साह में वे अपने पार्टीगत या निजी जरियों से मिली अधकचरी जानकारी पर भरोसा करके निर्णय लेते हैं। सामान्य नीति के अनुपालन तक सीमित न रह कर मंत्रिगण कार्यान्वयन के क्षेत्र में रोजमर्रा के फैसलों में भी दिलचस्पी दिखाते हैं। चूँकि लोकसेवक पृष्ठभूमि में रहने के लिए मजबूर है इसलिए मंत्रिगण विभाग के कामकाज के सकारात्मक पहलुओं का श्रेय लेने के लिए तैयार रहते हैं, लेकिन जब गलतियाँ होती हैं और आलोचना की नौबत आती है तो वे अफसरों के ऊपर दोष मढ़ने से बाज नहीं आते। राजनेताओं के 'प्रिय' अफसरों की भी एक श्रेणी होती है जो लगभग पूरी तरह नेताओं की तरह आचरण करते नजर आते हैं। ऐसे अफसर अपनी सरकारी ड्यूटी पूरी करने में दिलचस्पी नहीं दिखाते। सत्ता की मेहरबानियों से वंचित अफसरों को इस रवैये से खासी तकलीफ होती है।

किसी भी प्रशासनिक बंदोबस्त की खूबी जाँचने की कसौटी यही है कि वह उन राजनीतिक उद्देश्यों को पूरा कर पाने में कितना कामयाब है जिनके लिए उसे खड़ा किया गया है। जहाँ राजनीतिक दल और नौकरशाही सरकार के दो स्तंभ हों, वहाँ स्वस्थ परंपराएँ और व्यवहारिक की विकास राजनीतिक और प्रशासनिक नेतृत्व की क्वालिटी पर निर्भर करता है। अधिकारीतंत्र के प्रति आम जनता में एक तरह की अरुचि है जो औपनिवेशिक शासन के कड़वे तजुर्बों की देन तो है ही, साथ ही उसके पीछे अफसरशाही का गैर-लचीला रवैया भी है। लालफीताशाही की समस्या इतनी विकट है कि लोगों को सोचना पड़ता है कि आखिर यह सब इंतजाम है किसके लिए। अफसर के लिए लोग जीवंत इकाइयाँ न हो कर निर्वैयक्तिक 'केस' होते हैं। इस नजरिये के कारण जनता के मन पर अफसरशाही की छवि अमानवीय, बेपरवाह और अपनी ताकत पर इतराने वालों के रूप में अंकित हो जाती है।

अगर प्रशासनिक मशीनरी का आकार कम करके उसे लोकतांत्रिक प्रवृत्तियों से लैस नहीं किया गया तो भारतीय राज्य नौकरशाह राज्य में पतित हो जायेगा। लोकतंत्र में प्रशासनिक कार्यकुशलता की कमी ज्यादा नुकसानदेह नहीं होती।

लचीलेपन की कमी, सबके लिए पहलकदमी के मौकों की कमी और जाँच-पड़ताल के पारंपरिक रूपों को मानते हुए उन्हें जरूरत के मुताबिक बदलने की क्षमता का अभाव ज्यादा नुकसानदेह होता है। लोकतंत्र के लिए खुला कामकाज और विभिन्न रूपों और विश्वासों पर बीच-बीच में सवाल उठाते रहना जरूरी होता है। अधिकारीतंत्र को लोकतंत्र के लिए अनिवार्य इस प्रवृत्ति के लिए आनुषंगिक बनना पड़ेगा।

५

दलीय प्रणाली : कांग्रेस के भीतर पक्ष भी है और विपक्ष भी!

कई एशियाई देशों में राजनीतिक संस्थाओं का विकास या तो प्रशासनिक नौकरशाही के तहत हुआ है या फिर फौजी अभिजनों के तहत। भारत में इन संस्थाओं के विकास का श्रेय राष्ट्रीय आंदोलन के दौरान हुआ जिसे खुले रूप में संगठित करने की गुंजाइश खुद अंग्रेजों ने ही दी थी। दूसरी महत्त्वपूर्ण बात यह थी कि यह आंदोलन काफी लंबी अवधि तक चलता रहा जिससे एक देशव्यापी सुगठित सांगठनिक संरचना बनाने में मदद मिली। तीसरी भारतीय विशेषता यह है कि आंदोलन को व्यापक जनता में फैलाने की जरूरत जल्दी ही महसूस कर ली गयी। कांग्रेस ने एक लोकप्रिय जन-पार्टी की जगह ले ली जिससे वह मुट्ठी-भर स्वराजपंथियों के दायरे से निकल कर देश-भर में फैल सकी। जाहिर है कि पार्टियों के विकास के मैक्स वेबर द्वारा बताये गये वे तीन चरण भारत पर लागू नहीं होते जिनमें पहले सामंती गुटों के जरिये पार्टी का विकास होता है, फिर संगठन गणमान्य और कुलीन लोगों के हाथ में जाता है और अंत में वह व्यापक जनता की पार्टी बनती है। भारत में तो पार्टी का शुरू से ही सचेत रूप से संगठन किया गया और दूसरे चरण में उसे जन-आधारित बनाया गया। आजादी मिलने से पहले ही कांग्रेस एक सुगठित पार्टी बन चुकी थी और तदनुसार उसके नेताओं ने सभी स्तरों पर देश का नेतृत्व सँभाल लिया। कांग्रेस की एक खास बात यह भी थी कि उसकी आधिकारिक दिशा से मतभेद रखनेवाले लोग पार्टी के भीतर से ही अपने विचारों के लिए समर्थन जुटाने की कोशिश करते थे। पार्टी से बाहर जाने पर उनका राजनीतिक महत्त्व खत्म हो जाता था। इस दल को कई बार विभाजित करने की कोशिश की गयी पर हर बार कुछ मजबूत नेता तो पार्टी छोड़ कर बाहर चले गये और इस तरह पार्टी कुछ कमजोर जरूर हुई, पर ज्यादा समर्थन न मिल पाने के कारण वे प्रभावी विपक्ष की भूमिका नहीं निभा पाये।

ये हालात आजादी के पहले ही नहीं बाद में भी कायम रहे। ब्रिटेन और

अमेरिका में नयी पार्टी गठित करना तकरीबन नामुमकिन-सा है। भारत के मामले में फर्क सिर्फ यह है कि यहाँ कांग्रेस से बाहर निकले हुए असंतुष्टों के सामने शामिल होने के लिए कोई कांग्रेस जैसी ही मजबूत पार्टी होती ही नहीं। दूसरे, कांग्रेस से असंतुष्टों के बीच पार्टी से संबंध तोड़ने के सवाल पर मतैक्य का भी अभाव रहता है। सोशलिस्टों के बीच भी यही बहस थी। उनका एक धड़ा पूरी तरह अलग होना चाहता था और दूसरा चाहता था कि भीतर रह कर ही कांग्रेस को बदलने की कोशिश की जाये। इस सवाल पर समाजवादी आंदोलन में हुई टूट को मिसाल के तौर पर लिया जा सकता है। प्रसोपा कांग्रेस की एक कमजोर प्रतिकृति के अलावा कुछ नहीं रह गयी है।

कांग्रेस का विकल्प न बन पाने की एक बड़ी वजह यह है कि उसका कार्यक्रम काफी लचीला रहता है। समाजवादी शैली के विकास का प्रस्ताव पारित करके उसने प्रसोपा को प्रभावी होने से और व्यवहार में कृषि नीति को संशोधित करके उसने स्वतंत्र पार्टी को भूमिधरों के बीच लोकप्रिय होने से रोक दिया। कम्युनिस्ट भी मजबूर हैं कि या तो नेहरू के साथ सहयोग की नीति पर चलें या फिर पूरी तरह संसदीय प्रणाली के ही खिलाफ हो जायें। यानी कम्युनिस्ट कांग्रेस का विकल्प पेश करने के बजाय इस व्यवस्था का विकल्प ही देने का दावा कर रहे हैं। कांग्रेस कम्युनिस्टों को मौजूदा राजनीतिक व्यवस्था में विजातीय मानती है और उनके संसदीय रूप को स्वीकार करने के लिए तैयार नहीं है। केरल के घटनाक्रम ने कांग्रेस के इस रवैये को पूरी तरह उभार दिया है।

सवाल यह है कि कांग्रेस को पार्टियों की किस श्रेणी में रखा जाना चाहिए? दरअसल, दलीय संदर्भ में भारतीय उदाहरण को किसी भी प्रचलित दलीय प्रणाली के खाँचे में नहीं फिट किया जा सकता। न तो यह एकल-पार्टी प्रणाली है और न ही द्वि-दलीय या बहुपार्टी प्रणाली है। सत्ता से नजदीकी के आधार पर किया जानेवाला वर्गीकरण भी यहाँ फिट नहीं होता। कार्यक्रम आधारित या व्यक्ति आधारित पार्टी का विभेद भी यहाँ काम नहीं करता। अनुदार दल और प्रगतिशील दलवाले ब्रिटिश वर्गीकरण के आधार पर भी भारतीय परिस्थिति की व्याख्या नहीं की जा सकती। यहाँ विपक्षी पार्टियों के पास विचारधारात्मक मुद्दों में उलझे रहने के अलावा ज्यादा कुछ काम नहीं है। वे और कांग्रेस दोनों ही प्रगतिशील होने का दावा करते रहते हैं। अपने कार्यक्रम पर अमल की खामियों से हताश हो कर कांग्रेस में भी विचारधारात्मक मुद्दों से उलझने की प्रवृत्ति है। लगभग सभी पार्टियाँ संस्थागत नेतृत्व की कमी से ग्रस्त हैं और उनमें व्यक्तिगत रूप से कुछ नेताओं का बोलबाला है। यहाँ विपक्षी पार्टियों की वैधानिक मौजूदगी है। लेकिन इसे सिद्धांततः बहुपार्टी और व्यवहारतः एकल-पार्टी प्रणाली

की श्रेणी में भी नहीं रखा जा सकता। भारत में विपक्षी दल कांग्रेस का विकल्प पेश करने के बजाय उसके भीतर के संघर्ष को प्रभावित करने की भूमिका निभाते हैं जो अपने-आप में विलक्षण है। वे कांग्रेसजनों को विरोध के लिए उकसाते हैं और कांग्रेस की धड़ेबंदी खुल कर अन्य पार्टियों की विचारधाराओं और हितों के समर्थन की झलक देती है। यानी विपक्ष कांग्रेस के अंदर ही मौजूद रहता है। इससे थोड़ा-बहुत फैसला लेने की प्रक्रिया भी प्रभावित होती है। कांग्रेस के बड़े नेताओं द्वारा दी गयी तरजीह के आधार पर विपक्षी नेताओं की कुंठा का शमन होता रहता है, वरना सत्ता से लगातार दूर रह कर राजनीति करना उनके लिए मुश्किल हो जाये।

आमतौर से माना जाता है कि एक टूटते हुए सामाजिक ढाँचे में शिक्षित लेकिन बेरोजगार युवकों को जुझारू राजनीतिक दल आकर्षित कर लेते हैं। लेकिन भारत में विपक्ष यह भूमिका नहीं निभा सका है। विपक्षी दल युवकों का राजनीतिकरण नहीं कर सके हैं और युवा-वर्ग उत्तरोत्तर राजनीति से दूर होता जा रहा है। इन पार्टियों की कार्यकर्ता पंक्तियाँ कमजोर होती जा रही हैं और उनके संगठन में नेताओं की संख्या ज्यादा है। उनके बीच आपसी काट-फाँस भी काफी है। वे केवल एक ही तरीके से सत्ता में आने के बारे में सोच सकती हैं कि कांग्रेस टूट जाये। इस समय तो कांग्रेस से कुछ तालमेल करके वे राज्यों में सत्ता का स्वाद चखने की कोशिश में हैं, क्योंकि वहाँ की विधानसभाओं में कांग्रेस के पास पूरा बहुमत नहीं है।

हर विपक्षी दल यह समझता है कि केवल वही कांग्रेस की जगह लेने काबिल है और इसलिए दूसरे विपक्षी दलों को उसमें विलीन हो जाना चाहिए। इस चक्कर में हो यह रहा है कि कोई भी पार्टी वास्तव में कांग्रेस को प्रतिस्थापित नहीं कर पा रही है। नेतागण खुद निर्वाचित होने के लिए चुनाव लड़ते हैं, न कि अपनी पार्टी को सत्ता में लाने के लिए। पार्टी को खड़ा करने में किसी की दिलचस्पी नहीं है। पार्टियों की क्षेत्रीय इकाइयाँ अक्सर अपने राष्ट्रीय नेतृत्व के निर्देशों का उल्लंघन करती रहती हैं। नेतागण कार्यकर्ताओं को कड़े अनुशासन में रहने की सलाह देते हैं लेकिन खुद उनके बीच फूट का मर्ज लाइलाज हो चुका है। पार्टियों की भीतरी फूट ने उनकी आपसी फूट को और बढ़ाया है। केवल कम्युनिस्ट पार्टी इस मामले में अलग तरह की है लेकिन उसे सत्ता में आने से रोकने पर आमादा कांग्रेस को अन्य विपक्षी दलों का सहयोग मिल जाता है।

विपक्ष में लगातार शिकायत करने और सरकार पर दोषारोपण की आदत है। चरित्रहत्या की मुहिम चलाने, सरेआम एक-दूसरे पर कीचड़ उछालने, कांग्रेस की सत्ता पर इजारेदारी, विपक्ष के बिखरे हुए चरित्र, जनता की शिकायतें भी न

उठा पाने की अक्षमता, भ्रष्टाचार और चाटुकारिता के माहौल के कारण जन-साधारण का रवैया राजनीति के प्रति नकारात्मक हो गया है। लोगों को लगता है कि राजनीति भले लोगों का काम न हो कर केवल मौकापरस्तों और करियरबाज़ों के लिए ठीक है। मध्यवर्ग के साथ-साथ बुद्धिजीवियों के ऊपर भी इस तरह की प्रतिक्रिया देखी जा सकती है। इसका नतीजा यह निकलता है कि संगठित विपक्ष हाशिये पर चला जाता है और सत्ता का केंद्रीकरण जारी रहता है। सत्तारूढ़ पार्टी का विरोध करने से इंकार करनेवाले और सहयोग की अपील करनेवाले विपक्षी नेताओं से ये हालात और भी गंभीर बन जाते हैं। 'पिछड़ी अर्थव्यवस्था की मजबूरियों' वाली थीसिस असल में विपक्ष की कमजोरियों की ही अभिव्यक्ति है। इस बिंदु पर भी हमें कम्युनिस्ट पार्टी की व्यूह रचना अलग दिखायी पड़ती है। वे दलीय प्रणाली के प्रति जनता की निराशा में अपना मौका तलाश रहे हैं। कल तक असाधारण राजनेता रहे लोगों से लेकर जनता के महत्त्वपूर्ण तबकों में इस हताशा के लक्षण देखे जा सकते हैं। स्थानीय निकायों के चुनाव सर्वसम्मति से कराने की थीसिस भी इसी रवैये का परिणाम है। विपक्ष का एक हिस्सा भी इससे सहमत है यानी वह राजनीतिक संघर्ष के ऐसे दायरे से हाथ खींच रहा है जहाँ उसके पास सबसे ज्यादा मौके हैं। अगर इसी तरह लंबे अरसे तक विपक्ष को निष्प्रभावी करके कांग्रेस सत्ता का इस्तेमाल करती रही और अगर नेतृत्व कम निष्ठावान हाथों में बना रहा तो व्यवस्था अधिनायकवादी अंदेशों से घिर जायेगी। ऐसे में कम्युनिस्ट सत्ता में आ जायेंगे और पूरी दलीय प्रणाली ही खत्म हो जायेगी।

इस समय पूरी राजनीतिक प्रक्रिया कांग्रेस के अंदर ही चल रही है। कांग्रेस एक पार्टी से कहीं ज्यादा अपने-आप में एक दलीय प्रणाली है। कांग्रेस के भीतर के टकराव और तालमेल विपक्षियों के बीच होनेवाली राजनीतिक घटनाओं के मुकाबले ज्यादा महत्त्वपूर्ण बने हुए हैं। शासक दल के भीतर कार्यरत गुटों और धड़ों द्वारा सरकार और संगठन पर डाले गये दबाव, उनके साथ किये गये तालमेल और तुष्टीकरण को ही भारतीय दलीय प्रणाली की सक्रिय श्रेणियों के रूप में देखा जाना चाहिए। वास्तविक विपक्ष कांग्रेस के बाहर नहीं, बल्कि उसके भीतर है। विपक्षी दल तो अपनी भूमिका हाशिये पर ही निभा रहे हैं।

इसका एक मतलब यह भी है कि सत्ता के लिए होनेवाली ज्यादातर होड़ चुनाव के दौरान होने के बजाय पहले यानी उम्मीदवार चुनने के लिए पड़नेवाले क्षेत्रीय और स्थानीय दबावों के कारण और बाद में यानी मंत्रिमंडल बनाने के दौरान और सत्ता की मेहरबानियों के वितरण के रूप में होती है। अगर कहीं कांग्रेस को पूर्ण बहुमत नहीं मिलता तो चुनाव के बाद असली राजनीति शुरू

होती है। सत्ता हथियाने और उससे ज्यादा-से-ज्यादा चिपके रहने की कोशिश की जाती है। उसके लिए आलाकमान या केंद्र सरकार के हस्तक्षेप की अपीलें की जाती हैं। सभी तरफ से कांग्रेस की ताकत बटोरने की कोशिश की जाती है। गठजोड़ सरकार और संयुक्त मोर्चा बनाने के प्रयास करने के साथ-साथ फायदेवाली स्थितियों में पुनः चुनाव कराने के दाँव भी मारे जाते हैं। चुनाव या दोबारा चुनाव इस प्रक्रिया को वैधानिक मान्यता देते हैं, लोगों की भागीदारी के लिए गुंजाइशें प्रदान करते हैं, प्राधिकार को वैधता देते हैं, सत्तारूढ़ पार्टी को संगठित हितों के साथ सौदेबाजी करने के लिए मजबूर करते हैं और कुल मिला कर मतदाताओं की राजनीतिक चेतना बढ़ाने की भूमिका अदा करते हैं।

यहाँ समझने की बात यह है कि कांग्रेस की प्रणाली तकरीबन भारतीय समाज की तरह काम करती है। कांग्रेस में सभी सामाजिक हिस्सों और हित-समूहों का प्रतिनिधित्व दिख सकता है। यही वह जरिया है जहाँ पारंपरिक संस्थाएँ राजनीतिक प्रक्रिया में प्रवेश पाती हैं। कांग्रेस के विभिन्न धड़ों के रूप में इन हित-समूहों की अपनी संरचना, अपनी बात कहने और फैसला लेने का अपना पेचीदा खास तरीका होता है। इन्हीं के जरिये औपचारिक रूप से स्थापित संस्थाओं के परे जानेवाले राजनीतिक व्यवहार की वे शैलियाँ सामने आती हैं जिनसे भारतीय राजनीतिक जीवन के कई अनुत्तरित प्रश्नों का उत्तर मिल सकता है। कांग्रेस संगठन में जितने नीचे जाते हैं, धड़ेबंदी की परिघटना उतनी ही प्रबल और व्यापक हो कर राजनीतिक प्रक्रिया को अनुकूलित करती नजर आयेगी। बिल्कुल तले में जाकर यानी मंडल कमेटी के स्तर पर तो यह विशुद्ध गुटबाजी बन जाती है। यहाँ मुद्दे, राजनीति की समझ और कसौटियाँ बदल जाती हैं। ऊपर से देखने पर कार्यविधि संगठन के ऊपरी हिस्सों जैसी ही रहती है पर निर्णय लेने की प्रक्रिया कुछ और हो जाती है। राजनीति के आदर्श रूपों की अपेक्षा करने वालों को यह कितना भी आपत्तिजनक लगे पर यही वह मुकाम है जहाँ से राजनीति का असली सिलसिला निर्धारित होता है।

स्थानीय स्तर की गुटबाजी में जाति, रिश्तेदारियों और सबसे ज्यादा निजी वफादारियों का खेल चलता है। गुटों की गोलबंदी प्रभावशाली लोगों के आस-पास होती है और गुटों की अंतरनिहित अस्थिरता को जातिगत जुड़ाव के जरिये स्थायित्व मिलता है। फिर सत्ता के जरिये हासिल मेहरबानियों के आधार पर इनकी नींव और मजबूत हो जाती है। पार्टी की एकता बचाने के लिए इन गुटों के साथ तालमेल किया जाता है। इस लेन-देन में ऊँची जातियों को फायदा पहुँचता है और फायदों के केंद्रीकरण में ज्यादा संख्यावाली छोटी जातियाँ हाशिये पर रह जाती हैं। लेकिन ऐसा हमेशा ही नहीं होता, क्योंकि निर्वाचन प्रणाली के

कारण ऊँची जातियों को छोटी जातियों का समर्थन लेना पड़ता है। फिर प्रशासन का हस्तक्षेप भी निचली जातियों की शिकायतों को पूरी तरह अनसुना नहीं रहने देता। कांग्रेस की विचारधारा धीरे-धीरे स्थानीय राजनीति में रिसती जा रही है और अब हाशिये पर पड़े तबकों को उनके अधिकारों से पहले की तरह वंचित रखना नामुमकिन है। गुटबाजी की अपनी गतिशीलता होती है जो स्थानीय नेताओं को अपने समुदाय के दायरों से बाहर भी अपना प्रभाव फैलाने के लिए प्रोत्साहित करती है। पारंपरिक सामाजिक विभाजनों की सीमाएँ लाँघते हुए एक छोटी-सी दलीय प्रणाली स्थानीय क्षेत्रों में कांग्रेस-प्रणाली की आनुषंगिक बनती जा रही है।

जरूरी नहीं है कि कांग्रेस का संगठन हर गाँव तक पहुँच गया हो। राजनीतिक रूप से सक्रिय गाँवों कें साथ मंडल कांग्रेस के सदस्यों का संपर्क रहता है। इसमें विकास और नियोजन-संबंधी संगठनों के ढाँचे का इस्तेमाल किया जाता है। राजनीतिक सत्ता के प्रति परंपरागत आकर्षण गाँव वालों को कांग्रेस के साथ बाँधे रखता है। मंडल स्तर के कांग्रेस नेता गाँव के झगड़े निपटाने और विवादों में सुलह कराने की भूमिका भी निभाते हैं। प्रदेश कांग्रेस और राज्य सरकार के साथ अच्छे संबंध रखनेवाले नेता का धड़ा स्थानीय स्तर पर मजबूत हो जाता है। इसी तरह व्यापक आधारवाले गतिशील स्थानीय नेता का महत्त्व प्रदेश के स्तर पर भी माना जाता है। प्रदेश स्तर से स्थानीय गुटों के विवाद सुलझाने के लिए नेतागण भेजे जाते हैं लेकिन यह प्रयास ज्यादा आगे नहीं जा पाता, क्योंकि ये नेता खुद किसी न किसी गुट के समर्थक ही होते हैं। राज्य के नेता आलाकमान की निगाहों में अपनी हैसियत से ताकत प्राप्त करते हैं।

प्रेक्षकों को यह देख कर ताज्जुब हो सकता है कि भारत में कांग्रेस की सरकारी शाखा और संगठन की शाखा ही एक तरह की द्विदलीय प्रणाली की रचना करते हैं। इन दो दलों की होड़ पर विपक्षी दल और विभिन्न स्तरों की कांग्रेसी गुटबाजी थोड़ा-बहुत असर डालती है। पिछले दिनों इस संघर्ष में एक परिवर्तन दिखायी पड़ा है। पहले सरकारी पक्ष संगठन पर हावी रहता था लेकिन अब संगठन ने अपना दावा स्वतंत्र रूप से करना शुरू कर दिया है। ये दोनों पक्ष तकरीबन विपक्षी दलों के तौर-तरीके अपनाते हुए एक दूसरे से होड़ करते हैं। प्रतिवेदन देने से लेकर सदन में प्रश्न-प्रहर के दौरान सरकार को आड़े हाथों लेने और अपना असंतोष जाहिर करने के लिए अखबारों का इस्तेमाल करने तक की तरकीबें अपनायी जाती हैं। विधानमंडल दल अथवा संसदीय दल के भीतर बहुमत हासिल करने के बाद यह संघर्ष वैकल्पिक सरकार तक बनाने के चरण में आ सकता है। प्रदेश कांग्रेस में प्रस्ताव पास करने, आलाकमान को प्रतिवेदन

देने, अखिल भारतीय कांग्रेस कमेटी के साथ-साथ प्रदेश निर्वाचन कमेटी, केंद्रीय निर्वाचन कमेटी और कार्य समिति के चुनावों के लिए खुल कर समर्थन जुटाने की मुहिम चलायी जाती है। कांग्रेस का सांगठनिक पक्ष सेवा दल, युवक कांग्रेस और महिला कांग्रेस जैसे मोर्चा संगठनों का राजनीतिक उपयोग करके अपनी ताकत बढ़ा रहा है। ये संगठन दावा करते हैं कि क्षेत्र में काम करना सरकारी काम से ज्यादा महत्त्वपूर्ण है। कांग्रेस के सरदारनगर अधिवेशन में मंत्रियों की वी.आई.पी. हैसियत को घटाने की झलक देखी जा चुकी है। लेकिन इस होड़ का मतलब यह भी नहीं समझ लेना चाहिए कि सरकार और संगठन दोनों एक-दूसरे के खिलाफ ध्रुवीकृत हो गये हैं। दरअसल, दोनों पक्षों के भीतर भी गुट हैं। ये गुट अपनी आपसी लड़ाइयाँ जीतने के लिए दूसरे पक्ष के गुट से मदद लेते हैं। युवक और महिला कांग्रेस जैसे संगठन विपरीत धड़ों के साथ वफादारी रखते हुए दिखायी दे सकते हैं। हर कांग्रेसजन किसी न किसी गुट अथवा धड़े के प्रति वफादार है और पूरी पार्टी ही इसी शैली में चल रही है। दूसरी तरफ कई तरह के संगठित हित-समूह हैं जो संगठन-पक्ष के जरिये सरकारी पक्ष को प्रभावित करते हैं। ट्रेड यूनियन शाखा इंटक इसकी मिसाल है। ऐसे ही छात्रों, महिलाओं, किसानों और नाना प्रकार के पेशों से संबंधित संगठन हैं जिन्हें या तो कोई न कोई कांग्रेसजन चला रहा है या फिर वे पार्टी के साथ किसी-न-किसी औपचारिक रिश्ते में बँधे हुए हैं।

कांग्रेस के इन दोनों पक्षों की होड़ की ब्रिटेन की मिसाल से कोई तुलना नहीं की जा सकती। ब्रिटेन में सरकार केवल सत्तारूढ़ पार्टी के प्रति ही नहीं, बल्कि आम मतदाताओं के प्रति जवाबदेह मानी जाती है और संसद के बाहर पार्टी का काम संसदीय दल की मदद करते हुए शासनकारी गतिविधियों को सफल बनाना है। लेकिन भारतीय हालात ऐतिहासिक रूप से दूसरे रहे हैं। १९३७ में राज्यों में बनी कांग्रेस सरकारें पार्टी के आदेशों पर चलती थीं। आजादी के बाद यह स्थिति बदली। लेकिन जैसे-जैसे कांग्रेस को यह एहसास हुआ कि उसका संगठन अब पहले की तरह मजबूत नहीं रह गया है, वैसे-वैसे संगठन पक्ष को मजबूत करने और सरकार को नियंत्रित करने की प्रवृत्ति पैदा हुई। चूँकि राष्ट्रीय स्तर पर प्रभावी विपक्ष नहीं था, इसलिए भारतीय परिस्थिति दूसरे लोकतांत्रिक देशों के हालात से और अलग होती चली गयी। कांग्रेस का कहना है कि उसकी सरकार पार्टी के प्रति जवाबदेह है और उसके इस दावे के समर्थक सरकार और संगठन में बहुतायत में हैं।

कांग्रेस का राष्ट्रीय नेतृत्व अक्सर पार्टी की धड़ेबंदी की निंदा करता रहता है। जाहिर है कि ऐसा करते समय वह राजनीतिक प्रक्रिया की असलियत की

अनदेखी कर देता है। गुटबाजी राज्य को सर्वग्रासी बनने से तो रोकती ही है, वह सत्तारूढ़ पार्टी के भीतर विपक्ष की रचना कर देती है जिससे सत्ता का बेहद केंद्रीकरण रुक जाता है। इसके कारण किया जानेवाला सामंजस्य लोकतांत्रिक प्रक्रिया को मजबूत करता है। कुछ असमान ढंग से ही सही, लेकिन इस माध्यम से समाज के सभी हिस्सों को पार्टी में जगह मिल जाती है। इनके कारण राजनीतिक प्रक्रिया लचीली हो जाती है और परिवर्तन करने के लिए किसी बड़ी सांगठनिक उथल-पुथल और सफाई की जरूरत नहीं रहती। यह सही है कि इसी धड़ेबंदी से मिले लाभों के कारण कांग्रेस के भीतर विपक्षी दलों को सत्ता में देखने के प्रति सहिष्णुता नहीं है और जनता भी किसी राजनीतिक परिवर्तन के लिए तैयार नहीं है, लेकिन यह भी सच्चाई है कि इन धड़ों ने ही कांग्रेस को विचार-विमर्श के जरिये राजनीति करने का अभ्यस्त बनाया है और उसे अधिनायकवादी पार्टी बनने से रोका है।

कांग्रेस की धड़ेबंदी के कुछ खतरे भी हैं। बहुत ज्यादा बढ़ जाने पर यह एकता खतरे में डाल देती है। यह सही है कि सच्ची राजनीतिक एकता राजनीतिक विभाजनों से मिल कर ही अपना वजूद लेती है, लेकिन एकता के सरोकारों के परास्त होने के बाद यही परिघटना राजनीतिक समुदाय का विघटन भी कर देती है। धड़ेबंदी का सबसे खराब नतीजा है निजी शख्सियतों पर जरूरत से ज्यादा जोर और संस्थाओं और कार्यक्रमों की जगह सत्ता का व्यक्ति-आधारित इस्तेमाल। इसी धड़ेबंदी के गर्भ से करिश्माई नेताओं के पैदा होने का खतरा रहता है जो लोकतंत्र के बजाय अधिनायकवादी रुझानों को ज्यादा प्रोत्साहित करते हैं। अगर धड़ों को काबू करने के संस्थागत उपाय न किये जायें तो राजनीतिक अस्थिरता और उसके कारण हुई जनता की हताशा तानाशाही को निमंत्रण दे सकती है। खास बात यह है कि सुधार और बचाव की ऐसी विस्तृत संरचनाएँ कांग्रेस के भीतर मौजूद हैं। सरकार और पार्टी के बीच मतभेदों को सुलझाने की भूमिका कांग्रेस संसदीय बोर्ड करता है। आलाकमान अक्सर नेताओं को डेपुटेशन पर राज्यों के मामले काबू में करने के लिए भेजता रहता है। सुलह करानेवाली मशीनरी के रूप में कांग्रेस अध्यक्ष द्वारा कई अस्थायी और अस्थायी कमेटियाँ नियुक्त की जाती रहती हैं जो भ्रष्टाचार, सांप्रदायिकता, अल्पसंख्यकों की उपेक्षा जैसे इलजामों और मंत्रियों के खिलाफ आरोपों को निपटाती हैं। प्रदेश समितियाँ और केंद्रीय निर्वाचन समिति उम्मीदवारों के चयन में बड़ी सावधानी बरतती हैं ताकि गुटों में महाभारत न छिड़ जाये। विवादों को सुलझानेवाली यह मशीनरी लगभग लगातार सक्रिय रहती है और समय रहते हस्तक्षेप करके तनाव और टकराव टालती रहती है। इस मशीनरी का खासा असर है और इसे अपनी ताकत

आलाकमान से मिलती है। सवाल यह है कि क्या राष्ट्रहित को सर्वोपरि माननेवाले आज के असाधारण नेताओं के बाद भी यह मशीनरी इसी तरह धड़ेबंदी की बुराइयों से पार्टी को बचाती रहेगी? क्या इनके बाद संगठन और सरकार के टकराव और पार्टी के विभिन्न गुटों के संघर्ष खुल कर सामने नहीं आ जायेंगे और नतीजतन होनेवाला सत्ता संघर्ष इस मशीनरी को निष्प्रभावी नहीं बना देगा? इन खतरों से बचने का एक ही रास्ता है कि कांग्रेस का संगठन एक श्रेणीक्रम के आधार पर पूरी तरह से विभाजित करके चलाया जाये। इससे एक वास्तविक दलीय प्रणाली के विकास के हालात पैदा होंगे।

यह कहना अभी मुश्किल है कि ऐसी दलीय प्रणाली कैसे और कब अस्तित्व में आयेगी जिसमें मतदाता से स्पर्धारत पार्टियों और कार्यक्रमों के बीच चुनाव करने के लिए कहा जायेगा। इस बंदोबस्त में मुकाबले की हालत में हर पार्टी एकताबद्ध ढंग से संघर्ष करेगी लेकिन साथ में समाज के विविध हिस्सों को भी अपने भीतर प्रतिनिधित्व देती रहेगी। विपक्षी दलों का बिखराव खत्म होने का नाम ही नहीं ले रहा है। कम्युनिस्ट पार्टी को 'शैतानी ताकत' के रूप में देखने की प्रवृत्ति के कारण यह बिखराव और बढ़ गया है, क्योंकि कम्युनिस्टों को असरदार होने से रोकने के लिए विपक्ष और कांग्रेस आपस में सहयोग पर उतर आते हैं। इससे होता यह है कि चुनाव में कामयाबी दिलाने लायक मजबूत और एकीकृत गैर-कांग्रेसी संगठन नहीं बन पाता। इस बिखराव के कारण स्थानीय स्तर पर सीमित असरवाले राजनीतिक दलों के उभार की परिघटना सामने आयी है। ये दल कांग्रेस का छोटे-छोटे इलाकों में तो मुकाबला कर पाते हैं लेकिन उसे कोई बड़ी चुनौती दे पाने में नाकाम रहते हैं। इन पार्टियों को नाना प्रकार के मतदाता-हितों को संतुष्ट नहीं करना पड़ता इसलिए इनकी राजनीति अनिवार्यत: संकीर्ण होती है।

ऐसी हालत में स्वतंत्र पार्टी का गठन उपयोगी भूमिका निभा सकता है। लोकतंत्र में दक्षिणपंथी पार्टी जरूरी होती है, भले ही उसका कार्यक्रम कुल मिला कर नकारात्मक ही क्यों न हो। 'निहित स्वार्थों' का प्रतिनिधित्व करने के तर्क के आधार पर किसी पार्टी की निंदा नहीं की जानी चाहिए। हर पार्टी किसी-न-किसी हित की नुमाइंदगी से शुरुआत करती है। लेकिन समस्या यह है कि स्वतंत्र पार्टी में भी विपक्षी दलों की तमाम खामियाँ हैं। उसमें न एकता है और न ही उसका नेतृत्व ठोस है। उसका संगठन कमजोर है और उसकी लोकप्रियता कांग्रेस से असंतुष्ट हिस्सों में ही सीमित है। वह अन्य पार्टियों के प्रति भी गैर-लचीला रवैया रखती है। इस समय वह ज्यादा-से-ज्यादा हाशिये पर रह कर कांग्रेस को उसके भीतरी धड़ों के जरिये प्रभावित कर पा रही है।

सीमित किस्म के स्थानीय प्रभाव के लिहाज से जनसंघ भी एक महत्त्वपूर्ण दल है। वह अपने संकीर्ण अतीत से मुक्त हो कर संगठन खड़ा करने और कांग्रेस से असंतोष का लाभ उठाने की कोशिश कर रहा है। कुछ राज्यों में जनसंघ प्रमुख विपक्षी दल की हैसियत प्राप्त कर सकता है। लेकिन प्रगतिशील ख्यालों के लोग इसकी तरफ आकर्षित नहीं होते और इसके पास भी गतिशील नेतृत्व का अभाव है। कुल मिला कर जनसंघ का भविष्य संदिग्ध है और ऊपरी तौर पर सेकुलरवाद के समर्थन के बावजूद यह पार्टी देश के राजनीतिक विकास के लिए खतरनाक भी है।

दलीय प्रणाली में कम्युनिस्ट पार्टी का स्थान इस देश की एक बहुत बड़ी दुविधा है। इस पार्टी को कांग्रेस के विकल्प के रूप में देखना मुश्किल है। कम्युनिस्टों के सत्ता में आने पर अधिनायकवादी खतरे पैदा हो जाते हैं। इसकी प्रतिक्रिया में दक्षिणपंथी पार्टियाँ भी वैसे ही हथकंडे अपनाने लग सकती हैं। कम्युनिस्टों को सत्ता में आने से रोकने के लिए गैर-संसदीय तौर-तरीके अपनाये जाते हैं। दूसरी तरफ एक ही पार्टी के लगातार सत्ता में बने रहने के कारण जनता में किसी भी तरह के परिवर्तन की इच्छा बलवती होती चली जाती है। कांग्रेस को नापसंद करनेवाले लोगों की संख्या काफी है और वे लगातार उसको वोट देते नहीं रह सकते। यानी जब परिवर्तन होगा तो वह विनाशकारी भी साबित हो सकता है।

कम्युनिस्ट समझते हैं कि कांग्रेस उन्हें सत्ता में नहीं आने देगी। इसका मुकाबला करने के लिए उन्होंने काफी लचीली नीति अपनायी है। वे कुछ खास इलाकों में अपना काम केंद्रित करके उन्हें अपना गढ़ बनाना चाहते हैं ताकि वहाँ से आंदोलन को निर्देशित कर सकें। साथ ही वे जनता से मान्यता प्राप्त करने की भरसक कोशिशों में भी लगे हुए हैं। चीन के बारे में डाँगे की लाइन, अमृतसर थीसिस और विधायिकाओं में सक्रिय भागीदारी ने सार्वजनिक जीवन में कम्युनिस्टों की स्वीकृति बढ़ायी है। कांग्रेस के भीतर भी उनकी घुसपैठ है। कुछ कमजोर लोकतांत्रिक आस्थाओंवाले कांग्रेसजनों पर उनका असर एक जाना-माना तथ्य है। कांग्रेस की अंदरूनी धड़ेबंदी के कारण भी कम्युनिस्ट समर्थक तत्त्वों को लाभ मिलता रहता है। अगर कम्युनिस्टों ने इस घुसपैठ के जरिये सरकार, सत्तारूढ़ दल और गैर-राजनीतिक एजेंसियों के मुख्य ओहदों पर कब्जा जमा लिया तो राजनीतिक हालात बदल जायेंगे।

भारतीय राजनीति की दूसरी दुविधा कांग्रेस द्वारा समाज और देश के रूपांतरण के लिए अपनायी गयी आधुनिक विकास की नीति और परंपरागत विचारों के बीच विरोधाभास की है। इसके कारण हो यह रहा है कि जनता बदल रही है

पर उसे इस परिवर्तन की प्रकृति का एहसास नहीं है। उसे अपनी जीवन-दशाओं में अचानक तब्दीली की उम्मीद है। इससे तनाव पैदा होता है। विकास के कार्यक्रम आशाएँ तो जगा देते हैं पर उन्हें पूरा नहीं कर पाते। हताशा के कारण किसी तानाशाह को सत्ता दे देने या कुछ वर्षों के लिए किसी अनुशासित हरावल के हाथ में शासन थमा देने के आग्रह उभरते हैं। खतरा यह है कि खुद कांग्रेस सत्ता खो देने के डर से इस तरह की दलीलों में फँस सकती है।

उदारतावादी विचारों में रचे-बसे नेतृत्व की मौजूदगी के कारण इस जोखिम पर फिलहाल पार पाना संभव हो पा रहा है। लोकतांत्रिक संस्थाएँ अस्थिरता के दौर में होने के कारण व्यक्तियों के महत्त्व को कुछ ज्यादा ही तरजीह दे रही हैं। एक लोकतांत्रिक मिजाज की दलीय प्रणाली के विकास पर काफी-कुछ निर्भर है। यह भी देखना होगा कि वह मौजूदा संस्थाओं को कितना मजबूत करता है। बीच के संक्रमण काल में सत्तारूढ़ दल के भीतर धड़े अपनी भूमिका निभा रहे हैं। उन्होंने कुछ सीमाओं के अंदर राजनीतिक गतिशीलता, प्राधिकार के खिलाफ प्रभावी विरोध, सत्ता के बँटवारे को सुनिश्चित कर पाया है। खतरे भी साफ हैं : अस्थिरता, व्यक्तियों पर हद से ज्यादा जोर और राजनीतिक साजिशें। पता नहीं भविष्य के गर्भ में क्या है?

६
क्या है लोकतंत्र का भविष्य?

भारत में लोकतंत्र के सफल होने या न होने के बारे में आमतौर पर दी जानेवाली दलीलें इस प्रकार हैं :

हमारे यहाँ लोकतंत्र इसलिए सफल होगा कि हमारे पास एक लोकतांत्रिक संविधान है जिसके तहत चुनी हुई सरकार शासन चलाती है, विपक्षी दलों को काम करने की पूरी इजाजत है, बुनियादी अधिकारों की गारंटी है, स्वतंत्र प्रेस और न्यायपालिका है, मंत्री संसद के प्रति जवाबदेह हैं, संघात्मक संविधान के आधार पर सरकार ने अधिकारों और शक्तियों का प्रसार ग्राम स्तर तक कर दिया है, राज्यों की रचना भाषायी आधार पर की गयी है और उनका प्रशासन वहाँ की स्थानीय भाषा में किया जाता है, वंचित तबकों को सुरक्षा दी गयी है और सरकार और प्रशासन में उन्हें विशेष नुमाइंदगी दी गयी है, और लगातार नियोजन के साथ-साथ सुधारों के जरिये राजनीतिक लोकतंत्र के आर्थिक-सामाजिक आयामों को सुदृढ़ किया गया है।

हमारे यहाँ लोकतंत्र की सफलता इसलिए संदिग्ध है कि भारतीय संघवाद

एकात्मकता के पक्ष में झुका हुआ है, प्रशासन केंद्रीकृत है, राष्ट्रपति के पास आपातकालीन शक्तियाँ हैं, एक पार्टी के हाथ में सत्ता की इजारेदारी है जिसके कारण विधायिका जी-हुजूरों के संगठन में बदल गयी है, मंत्रिपरिषद में काबीना के भीतर काबीना है और उसके हाथ में निर्णयकारी ताकत कैद है, संविधान की भावना के विपरीत निवारक नजरबंदी कानून कायम है, सरकार द्वारा अधिगृहीत निजी संपत्ति का मुआवजा निर्धारित करने में अदालती हस्तक्षेप को रोकने के लिए संविधान में संशोधन कर दिया गया है जिससे संपत्ति रखने के बुनियादी अधिकार पर असर पड़ता है. और आर्थिक नियोजन के कारण योजना आयोग जैसी संविधानेतर संस्था उभर आयी है जो संघवाद और लोकतांत्रिक विकेंद्रीकरण को बेअसर कर देती है।

भारतीय लोकतंत्र की एक तीसरी संस्थागत लेकिन खासी सतही किस्म की आलोचना भी प्रचलित है जो मानती है कि यहाँ का पूरा लोकतंत्र ही फर्जी है, सरकार ही सब कुछ है और व्यक्ति का कोई महत्त्व नहीं है, प्रधानमंत्री तानाशाह ढंग से काम करता है, पुलिस द्वारा गोली चलाने की कितनी घटनाएँ हो चुकी हैं, पंजाबी सूबा अभी तक नहीं बनाया गया है, विदर्भ को आत्मनिर्णय का अधिकार नहीं दिया गया है और कई राज्यों में बहुसंख्यकों की भाषा अल्पसंख्यकों पर थोपी जा रही है।

इस विवेचना के पिछले पाँच खंडों पर एक नजर डालने से स्पष्ट हो जाता है कि लोकतंत्र की सफलता के पक्ष और विपक्ष में दिये गये ये तर्क किस कदर औपचारिक, एक तरह से रूपवादी और राजनीतिक प्रक्रिया के ठोस व्यावहारिक स्वरूप से कितने कटे हुए हैं। हमने देखा है कि केंद्र और राज्य सरकारों के संबंध भले ही विशुद्ध संघवादी न होते हुए भी सत्ता के केंद्रीकरण के स्रोत नहीं हैं, अधिकारों के इलाकाई हस्तांतरण का अनिवार्य मतलब सत्ता के लोकतांत्रिक प्रसार में नहीं निकलता, कांग्रेस पार्टी राजनीतिक प्रक्रिया पर हावी जरूर है पर उसकी भीतरी गुटबाजी ने लचीले ढंग से विभिन्न हित-समूहों के साथ तालमेल को सुनिश्चित कर दिया है, विपक्ष कमजोर और बिखरा हुआ है पर अक्सर उसे उसकी ताकत से ज्यादा महत्त्व दिया जाता है, यह सही है कि सत्ता कुछ राष्ट्रीय नेताओं के हाथ में केंद्रित है पर वे उसका इस्तेमाल राज्यों और स्थानीय नेताओं द्वारा किये जा सकनेवाले इस्तेमाल के मुकाबले कुछ इस ढंग से करते हैं कि व्यक्तिगत स्वतंत्रता और स्थिरता के हालात बने रहते हैं। यह भी सही है कि नियोजन तंत्र का संविधान में प्रावधान नहीं है लेकिन नियोजित आर्थिक विकास चलाने की जिम्मेदारी पूरी करने के साथ-साथ यह तंत्र धीरे-धीरे जनता के बीच राष्ट्रीय चेतना और एकीकृत नजरिया पैदा करने के आधार भी बना रहा है, और

अगर यह तंत्र अपनी इस कोशिश में सफल हो गया तो रुका हुआ राजनीतिक विकास रफ्तार पकड़ लेगा और लोकतांत्रिक संस्थाओं के सुदृढ़ीकरण की प्रक्रिया पूरी हो सकेगी।

इन सकारात्मक पहलुओं के साथ-साथ इस विवेचन में कुछ समस्याओं की ओर भी इंगित किया गया है: विभाजनकारी प्रवृत्तियों के कारण राष्ट्रीय एकता के लिए खतरा, विभिन्न हित-समूहों को प्रतिनिधित्व देनेवाले स्वयंसेवी संगठनों का अभाव, सरकार और प्रशासन में निर्णयकारी ताकत का केंद्रीकरण, सत्तारूढ़ पार्टी में करिश्माई नेताओं के हाथ में सत्ता का केंद्रीकरण, राजनीतिक पद को अपनी सेवाओं के निजी पुरस्कार के रूप में देखने का रवैया, जिम्मेदारी की प्रवृत्ति की गैर-मौजूदगी, सार्वजनिक जीवन की गुणवत्ता में गिरावट और समाज द्वारा उत्तरोत्तर राजनीति की मातहती।

आइए, सबसे पहले राष्ट्रीय एकता की समस्या पर विचार करें। भारत की आध्यात्मिक एकता पर जोर देने और भाषायी या सांप्रदायिक संकीर्णता के खिलाफ संघर्ष करने की जज्बाती अपीलें अब बेअसर हो चुकी हैं। एक 'राष्ट्रीय सेवा' खड़ी करने या विश्वविद्यालय अनुदान आयोग की सलाह के अनुसार भावात्मक एकता को बढ़ावा देने के लिए खास तरह के पाठ्यक्रमों को अपनाने के सुझाव एकता को समरूपता के उस नजरिये का नतीजा हैं जो समझता है कि अगर सारे देश के लोग किसी मानक व्यवहार-शैली को अपना लें तो समस्या हल हो सकती है। 'सर्वसम्मति से चुनाव' की थीसिस के समर्थक मानते हैं कि इसके गर्भ से सर्वसम्मत-समाज का जन्म हो जायेगा। जयप्रकाश नारायण इस धारणा के समर्थक के रूप मे सामने आये हैं। कांग्रेस एक ओर तो सांप्रदायिकता की जम कर भर्त्सना करती है पर दूसरी ओर अल्पसंख्यकों के तुष्टीकरण की नीति अपना रही है। इस संबंध में उसका चिंतन अपराध-बोध से पीड़ित लगता है। मुस्लिम कन्वेंशन के ढुलमुल रवैये ने मुसलमान सांप्रदायिकता की समस्या को कुछ ज्यादा ही उभार दिया है। हम जानते हैं कि समुदायों को अलग से सुविधाएँ देने से इस देश में खासी राजनीतिक समस्याएँ खड़ी हो जाती हैं। सांप्रदायिक तुष्टीकरण से पैदा होनेवाली एकता काल्पनिक ही हो सकती है। इसके कारण अल्पसंख्यक व्यापक राष्ट्रीय समुदाय से नहीं जुड़ पाते और समाज में बिखराव की ताकतें मजबूत होती हैं।

राजनीति में भागीदारी के लिए स्वयंसेवी संगठनों और दूसरे सेकुलर जरियों के न होने के कारण लोग तंगनजरी की राजनीति के फेर में फँस जाते हैं। असम की घटना इसकी गवाह है जहाँ प्रशासन और कांग्रेस पार्टी दोनों ही संकीर्ण रवैये के शिकार प्रतीत होते हैं। कांग्रेस आलाकमान ने भी इस समस्या को दुरुस्त करने

की कोई कोशिश नहीं की। दिल्ली के नेताओं ने तो इस घटना के जिम्मेदारों को केवल मामूली डाँट-फटकार के बाद छोड़ दिया। जबलपुर के दंगों और देश के कई हिस्सों में मुस्लिम लीग के उभार ने सांप्रदायिक समस्या की ओर ध्यान खींचा है लेकिन सांप्रदायिक पार्टियों का विकास होने लायक माहौल फिलहाल इस देश में नहीं है। एकता के लिए ज्यादा बड़ा खतरा भाषायी और क्षेत्रीय वफादारियों के कारण पेश आ सकता है। भाषायी राज्यों की रचना ने समस्या पूरी तरह हल नहीं की है। हर राज्य में अल्पसंख्यक भाषायी समूह हैं जिनकी माँगें बहुसंख्यक भाषायी समूहों को खराब लगती हैं। इस चक्कर में सरकारी भाषा नीति की निंदा होती है, अल्पसंख्यक क्षेत्रों के लिए प्रशासनिक स्वायत्तता की माँग करते हुए अलगाव की धमकी तक दी जाती है। बहुसंख्यकों द्वारा प्रशासन पर इजारेदारी और आर्थिक शोषण के अंदेशे समस्या को और भड़का देते हैं। भाषायी घृणा के आधार पर हुए असम के दंगे इस खतरे का प्रमाण हैं। पिछले आम चुनाव में महाराष्ट्र और गुजरात के अंदर भाषायी और क्षेत्रीय भावनाओं ने महत्त्वपूर्ण भूमिका निभायी। जनता के बीच इस तरह के आंदोलनों के प्रति हमदर्दी साफ दिखती है। फिर यह भी एक तथ्य है कि भाषायी संकीर्णता कांग्रेस पर कम हावी नहीं है। सांप्रदायिक संगठनों को प्रतिबंधित करने से भी काम नहीं चलनेवाला। इससे सांप्रदायिकता भूमिगत हो जाती है। कांग्रेस में आर्यसमाज का धड़ा खासा ताकतवर है। अगर इसे निकाला गया तो यह जनसंघ की तरफ चला जायेगा। कांग्रेस संभवतः अपने सेकुलर उसूलों की बलि दे कर भी इस अंदेशे को रोकेगी।

भारतीय राजनीति में जाति के पहलू को भी अनदेखा नहीं किया जा सकता। पार्टियों की गुटबाजी, संसद की धड़ेबंदी और प्रशासनिक भेदभाव में इसे देखा जा सकता है। चुनाव की प्रचार-मुहिम तो जाति के आधार पर ही चलती है। जाति हमेशा ही महत्त्वपूर्ण थी लेकिन राष्ट्रीय राजनीति पर उसके असर पर निगाह अब गयी है।

किसी भी समाज में राजनीतिक एकता दो पहलुओं पर निर्भर होती है : विचारधारात्मक और संस्थागत। विचारधारा किसी के दिमाग में भरी नहीं जा सकती। गहन विचार-विमर्श के जरिये ही समान वैचारिक चेतना की उपलब्धि हो सकती है। वास्तविक वैचारिक एकता थोपी नहीं जा सकती। राजनीतिक विभाजनों से इसे नुकसान नहीं पहुँचता बशर्ते वे विभाजन बहुत कड़े न हों। राजनीतिक एकता की संस्थागत जरूरतें एक सुगठित और संपूर्ण सामाजिक श्रेणीक्रम की माँग करती हैं। भारत में सामाजिक ऊँच-नीच बहुत ज्यादा है। इस अंतराल को भरने के लिए स्वयंसेवी संगठन मौजूद नहीं हैं। इसलिए जाति

संगठनों को ही नये उसूलों के मुताबिक गठित करना होगा। कुछ जातियों में इस तरह की चेतना है लेकिन परंपरा की जकड़ और संस्थागत जड़ता इस तरह के सेकुलर विकास को रोकती है। बहुलतावादी समाज में लोकतंत्र की प्रगति इस बात पर निर्भर करती है कि वह समाज जन्म-आधारित और सामाजिक दर्जे पर आधारित गठन से निकल कर स्वयंसेवी संगठन का आधार किस सीमा तक ग्रहण करता है।

दूसरा सवाल राजनीतिक प्रक्रिया से जुड़ा हुआ है। राज्य और जनता के बीच स्वयंसेवी संगठनों की गैर-मौजूदगी का ही परिणाम है कि पूरी संगठनात्मक पहलकदमी राज्य के हाथ में चली गयी है और जो काम स्वयंसेवी भाव से होने चाहिए वे राजनीतिक रूप से अंजाम दिये जाते हैं। यहाँ तक कि गैर-सरकारी एजेंसियाँ भी सरकारी मदद के बिना टिक नहीं पातीं और उनका भी नौकरशाहीकरण हो जाता है। जिस देश में सामाजिक सत्ता शास्त्रोक्त शैली में ही वितरित की जाती रही हो, वहाँ राजनीतिक सत्ता का बँटवारा बहुत महत्त्व प्राप्त कर लेता है और अभी तक किसी भी तरह की सत्ता से वंचित रहे समुदायों को पहली बार सत्ता का दावा करने का मौका मिलता है। जब सत्ता नहीं मिलती तो क्षोभ और हिंसा का जन्म होता है। इसके गर्भ से संकीर्ण राजनीति निकलती है। एक तरफ सत्ताहीनता की बढ़ती अनुभूति है तो दूसरी तरफ यह उम्मीद है कि हालात को ठीक किया जा सकता है। अगर व्यवस्था में राजनीतिक भागीदारी की समस्या से जुड़ी इस मुश्किल को ठीक कर लिया जाये तो संकीर्णता के इस असर को दूर तक फैलने से रोका जा सकता है।

दरअसल, राजनीतिक प्रक्रिया में वोट डालने से ज्यादा भागीदारी न के बराबर ही उपलब्ध है। वह भी ज्यादातर लोग समूह द्वारा निर्देशित पक्ष को ही वोट देते हैं। राजनीतिक प्रक्रिया के साथ व्यक्ति का जुड़ाव वोट डालने से ज्यादा इसलिए भी नहीं हो पाया है कि स्वयंसेवी समूह मौजूद नहीं हैं और राजनीतिक दल ज्यादा-से-ज्यादा पहले से ही ताकतवर हित-समूहों का ही ध्यान रखते हैं। कांग्रेस पार्टी की भीतरी गुटबाजी कुछ संगठित समूहों की राजनीति के साथ अन्योन्यक्रिया के लिए गुंजाइश जरूर देती है लेकिन ऐसे समूह बहुत कम हैं जिसके कारण अन्य धड़े जाति और रिश्तेदारियों पर आधारित हो जाते हैं और ऐसे गुटों की माँगों का जनता की समस्याओं से कोई खास नाता नहीं होता। राजनीतिक दलों को अभी तक जनता और सरकार की प्रमुख समस्याओं को उठानेवाले बुद्धिजीवियों के समूह संगठित करने के महत्त्व का एहसास नहीं हो पाया है। राजनेता खुद को बुद्धिजीवी समझने की गलतफहमी पाले रहते हैं और बुद्धिजीवी उनके खिलाफ अरुचि जाहिर करते रहते हैं। यूँ तो मतदाता लोकतंत्र

के आधार होते हैं लेकिन भारत में वे भी असंगठित और अपरिभाषित पड़े हुए हैं। उनका वर्गीकरण ज्यादा-से-ज्यादा जातिगत और क्षेत्रीय किस्म का है इसलिए उनकी राजनीतिक चेतना का विकास पिछड़ेपन को घटाने के बजाय बढ़ा देता है। यानी एक बार फिर बिखरे हुए समाज और असंगठित जनता के बीच असली सत्ता कुछ लोगों की इजारेदारी ही बनी रहती है। ऐसा समाज सब कुछ सरकार के ऊपर छोड़ देता है। समाज विभाजित और ऊर्जाविहीन रहता है और पहलकदमी कुछ एक पेशेवर राजनेताओं के हाथ में सिमटी रहती है। आधुनिक सरकारों की शक्तियों के दायरों को सीमित करने के बजाय नियंत्रित किया जाना बेहतर होता है, लेकिन उसकी नीतियों को प्रभावित करनेवाले संगठित और स्वयंसेवी हित-समूहों की नामौजूदगी के कारण सरकार ज्यादातर लोगों की पहुँच से बाहर रहती है। राजनीति पर कुछ व्यक्तियों के हावी रहने के हालात यहीं से निकलते हैं।

राजनेता समाज के हर हिस्से पर छाये हुए हैं। वे खुद विकास की सभी संस्थाओं और एजेंसियों की बागडोर सँभाले हुए हैं। उनके परिवार की औरतें ज्यादातर समाज कल्याण संगठनों में बैठी हुई हैं। उनके रिश्तेदार सरकारी उत्पादों के आधिकारिक डीलर हैं। वही लाइसेंस और कोटे आबंटित करते हैं। कांग्रेसी नेताओं की चौधराहट व्यापक है और वे समाज के हर मुकाम पर हावी हैं : चाहे कुएँ खुदवाने का सवाल हो, किसानों को कर्ज देने का मामला हो, खाद के वितरण का काम हो या फिर सड़क बनवाने का जिम्मा हो, कांग्रेस के नेता की स्वीकृति के बिना कुछ भी संभव नहीं है। कांग्रेस को सरकार और सत्ता का पर्याय समझते हुए लोग मानते हैं कि उसके नेता को यह सत्ता भोगने का अधिकार है। राष्ट्रीय आंदोलन के असर के कारण लोग नेता को सामाजिक कार्यकर्ता और समुदाय के परामर्शदाता के रूप में लेते हैं। पंचायती चुनावों से पता चलता है कि नेता का असर कितना ज्यादा है। पास के शहर या कस्बों से आनेवाले सत्तारूढ़ दल के नेता बड़ी कुशलता से गाँव की पंचायत में अपना आदमी बैठा देते हैं। दूसरी तरफ जिला स्तर के इन नेताओं का इस्तेमाल राज्य पार्टी के नेता अपनी राजनीति के लिए करते हैं। इस तरह मुट्ठी-भर नेताओं के हाथों में सामाजिक, आर्थिक और राजनीतिक ताकत बंद हो जाती है। इन्हें सत्ता से हटाना नामुमकिन होता है और इनके सत्ता में बने रहने के लिए जनता की मर्जी जरूरी नहीं रह जाती। जनता के बीच अलोकप्रिय होने के बाद भी लंबे अरसे तक पद पर बने रहने की मिसालें अब किसी को चकित नहीं करतीं। संस्था के बजाय व्यक्ति केंद्र में आ जाता है। राजनीति में परिवर्तन का मतलब भी व्यक्ति का परिवर्तन हो जाता है।

राजनीति की इस संरचना ने भारत में राजनीति के नये उद्यमियों को जन्म दिया है। पुराने नेता समृद्ध परिवारों से आये थे और उनके पास उदारतावाद की वैचारिक परंपराएँ थीं। कार्यकर्ताओं की कतारें मध्यवर्ग की देन थीं जो रेडिकल और त्याग-बलिदान के लिए तत्पर रहती थीं। आजादी मिलते ही इन्हीं लोगों ने सत्ता की बागडोर सँभाली। लेकिन थोड़े समय बाद नेताओं और कार्यकर्ताओं की एक नयी खेप आयी जो सत्ता प्राप्त करने की हड़बड़ी में थी। ये लोग परिश्रमी भी थे और उत्साही भी। ये लोग राजनीतिक संसाधन जुटाना भी जानते थे लेकिन इनके मकसद और इनका तौर-तरीका कतई अलग था। इन नये उद्यमियों को आगे बढ़ने के लिए सत्ता तक थोड़ी-बहुत पहुँच ही काफी थी। उन्होंने राजनीति को अपनी हैसियत सुधारने के फायदेमंद उद्योग के रूप में देखा। पहले किसी गुट में शामिल हो कर ये उद्यमी छोटी-मोटी जिम्मेदारियाँ निभाते हुए किसी नेता के प्रिय पात्र बन जाते हैं, उसके लिए चुनाव प्रचार करते हैं और फिर अपने लिए मौके का इंतजार करते हैं। राजनीतिक प्रबंधन की कला में पारंगत हो कर ये उद्यमी शार्टकट अपनाते हुए किसी करिश्माई नेता से अपने निजी संपर्क बना लेते हैं। ये उद्यमी कोई भी हो सकते हैं : ऊँची जाति का कोई वजनदार सदस्य, नीची जाति का कोई कुंठित नेता, चंदा वसूलने में माहिर, अखबारों का रिपोर्टर, डराने-धौंस देने में माहिर कोई गलियों का खिलाड़ी, भाड़े के गुंडे सप्लाई करनेवाला कोई सरगना या राजनीति की तोप में चारे की तरह इस्तेमाल होनेवाला कोई छात्र नेता।

पुराने नेता राजनीति को निजी लाभ का स्रोत नहीं मानते थे पर उनमें दूसरे दर्जे की कतारों को संयमित करने का माद्दा नहीं था। इन नये उद्यमियों के आगमन ने तो सार्वजनिक जीवन को पूरी तरह बदल दिया है। कस्बाई और शहरी जीवन में भ्रष्टाचार बढ़ता जा रहा है और राजनीतिक उठा-पटक में वही जीत सकता है जो पर्याप्त रूप से भ्रष्ट हो। रिश्वत दे कर किसी समूह को फोड़ लेना राजनीति में आम बात है। गुंडागर्दी बढ़ती जा रही है और बहुमत जुटाने के लिए राजनीतिक धौंसपट्टी का इस्तेमाल अक्सर किया जाता है। विचित्र बात है कि राजनीति का यह फूहड़ीकरण जमीनी राजनीति का सीधा नतीजा है। भारतीय राजनीति का यह अजीब विरोधाभास है कि नेता जनता के जितने निकट होगा उतना ही वह प्रतिक्रियावादी होता जायेगा। वोट बटोरने के चक्कर में वह लोगों की भावनाओं और पूर्वग्रहों को स्पर्श देता है, उनकी ही भाषा बोलता है। वह उनके परिचित प्रतीकों यानी जाति, भाषा और धर्म के आसपास ही उन्हें गोलबंद करता है। जो इस कला में जितना पारंगत होगा वह उतना ही सफल होगा। राजनीतिक ज्ञानोदय की गैर-मौजूदगी में राजनीति सत्ता के लिए दौड़ में पतित

होने के लिए बाध्य है। राजनीति शिक्षा से रहित जन-लोकतंत्र राजनीति के इस नये उद्यमी के लिए स्वर्ग के समान है।

यह देश की खुशकिस्मती है कि अभी कुछ पुराने नेता बाकी हैं जो एक अलग किस्म की राजनीतिक शिक्षा के चलते राजनीति में हैं और नियंत्रणकारी भूमिका निभा रहे हैं। अगर ये नेता कुछ और दिन अपना वर्चस्व कायम रख सके तो लोकतांत्रिक राजतंत्र क्षेत्र में काम करनेवाले कार्यकर्ता की माँगें पूरी करके उसे राजनीतिक व्यवहार की न्यूनतम आचरण संहिता स्वीकार करने की तरफ ले जा सकता है। इस बीच में हो सकता है कि सामाजिक श्रेणीक्रम के अंतराल को संगठित हित-समूह भरने की स्थिति में आ जायें और आमतौर पर सत्ता का प्रसार हो सके। मौजूदा नेतृत्व की एक खामी यह है कि उसने राजनीतिक विकास के क्रम को स्थिरता और मकसद तो दिया है पर उसकी स्वाभाविकता को बाधित कर दिया है। उसने मतभेदों पर लीपा-पोती करके गुटों को अपने दायरे में रहने पर मजबूर कर दिया है, जिससे राजनीतिक विभाजन की प्रक्रिया रुक गयी है.। इसने भारतीय राजनीति को एक जिच में फँसा दिया है कि हर समय लगता रहता है कि परिवर्तन होनेवाला है लेकिन असल में उसकी नौबत नहीं आ पाती।

जवाहरलाल नेहरू की जोरदार शख्सियत पर अक्सर इसका दोष मढ़ा जाता है और यह एक तरह से ठीक ही है। उन्होंने इस देश में राजनीतिक विकास के लिए बहुत कुछ किया है और राजनीति पर पूरी तरह हावी हैं। इससे लगने लगा है कि उनके बाद यह देश कैसे चलेगा। इसका मतलब यह नहीं है कि नेहरू का कांग्रेस के ऊपर संपूर्ण वर्चस्व है। यह सही है कि वे जनता की निगाह में हीरो हैं पर कांग्रेस संगठन पर उनकी पकड़ काफी कमजोर हुई है। उन्होंने अपना ज्यादातर समय देश के आर्थिक विकास में लगाया है जिससे संगठन के मामले दूसरे लोगों के हाथों में चले गये हैं। ये लोग केवल राज्यों या बड़े शहरों में पार्टी का काम सँभालनेवाले कामराज नाडार, प्रफुल्ल घोष या सादोबा पाटिल जैसे लोग ही नहीं हैं, बल्कि उन्होंने सरदार पटेल जैसी हैसियत प्राप्त कर ली है। सौराष्ट्र के यूएन ढेबर, आंध्र के संजीव रेड्डी, तमिलनाडु के सी. सुब्रह्मण्यम और भाषायी-बंबई के मोरारजी देसाई ऐसे ही नेता हैं जो संगठन पर अपनी पकड़ के जरिये राष्ट्रीय महत्त्व हासिल करते चले जा रहे हैं। इंदिरा गाँधी भी आगे बढ़ रही हैं। कुछ कनिष्ठ होते हुए भी बंबई के चव्हाण का सितारा राष्ट्रीय मंच पर चमक रहा है। पुराने नेताओं में कृष्ण मेनन और जगजीवन राम हैं। ढेबर ने संगठन की समस्याएँ सुलझाने में कुशलता दिखा कर अपनी उपयोगिता सिद्ध की है। मोरारजी ने विदेशों में अपनी लोकप्रियता के मार्फत स्वदेश में अपनी इस कमी की भरपाई करने की कोशिश की है। सुब्रह्मण्यम ने चिंतक और संगठक के रूप

में ख्याति हासिल की है। संगठन के भीतर ढेबर ने नेहरू को कई मसलों मात दी है। केरल में ढेबर ने इंदिरा गाँधी के साथ साज-बाज करके जो किया है, नेहरू की इच्छा उसके खिलाफ थी।

दरअसल, नेहरू को हमेशा अपने विचारों पर अमल में कामयाबी नहीं मिली। राज्यों में कांग्रेस सरकारों और पार्टी ने मिल कर सहकारी खेती को नहीं होने दिया। कांग्रेस की नीतियों की समाजवादी धार को पार्टी के भीतर जमे बैठे ताकतवर स्वतंत्र-पंथियों ने काफी-कुछ भोथरा कर दिया। अपने कुछ विचारों के मामले में कभी-कभी अड़ियल रुख अपनानेवाले नेहरू में एक मजबूत नेता की दृढ़ता नहीं है। वे फैसला नहीं लेते और महत्त्वपूर्ण मौकों पर ढुलमुलपन दिखाते हैं। ऐसे में दूसरों को उनके नाम पर निर्णय लेने पड़ते हैं जो अक्सर प्रधानमंत्री के जानेमाने रुझानों के विपरीत भी होते हैं। जब तक आजाद और पंत जैसे लोग नेहरू को निर्णय लेने में मदद करते थे, तब तक ठीक था। लेकिन इन नेताओं के देहावसान के बाद से यह समस्या गंभीर हो गयी है। नेहरू के समर्थक उनकी कमजोरियों से वाकिफ तो होते जा रहे हैं पर उनमें अपना दावा करने की हिम्मत नहीं है। नतीजे के तौर पर कुंठा बढ़ती जा रही है। ढेबर और चव्हाण ने जरूर उन्हें कुछ चुनौती देने या उनसे अपनी बात मनवाने की क्षमता प्रदर्शित की है वरना ज्यादातर नेता कुल मिला कर उनकी बात मान लेते हैं। नेहरू का बाकी नेताओं से अलगाव बढ़ता जा रहा है जिससे विभिन्न मतों के बीच टकराव सामने नहीं आ पा रहा है। एक नयी प्रवृत्ति यह देखी जा रही है कि राज्यों के मामलों में कार्यकर्ताओं ने केंद्रीय नेतृत्व को अपना निर्णय बदलने पर मजबूर किया है। कुछ नेता 'राष्ट्रीय प्रतिष्ठा' हासिल करते जा रहे हैं। ये कुछ आशाजनक चिह्न हैं जिनके आधार पर नेहरू के बाद के परिदृश्य के बारे में कुछ उम्मीद बँध सकती है। इन घटनाओं से लगता है कि धड़ेबंदी में डूबी हुई कांग्रेस में टूट हो सकती है। उसके पूरी तरह बिखर जाने से तो यही अच्छा है। अगर कांग्रेस बिखर गयी तो देश कुछ दुस्साहसवादियों के चक्कर में फँस सकता है। विचित्र बात यह है कि नेहरू से ही माँग की जा रही है कि वे स्वत: राजनीति छोड़ दें यानी चूँकि बाकी नेतृत्व खुद पहलकदमी लेने के लिए तैयार नहीं है इसलिए नेहरू को खुद नेतृत्व परिवर्तन के लिए कदम उठाने चाहिए। विपक्ष की अक्षमता ने भी इस जिच को मजबूत करने में योगदान किया है। केवल नये आम चुनाव से ही कुछ नहीं होगा। मतदाताओं के सामने एक बार फिर एकीकृत कांग्रेस नेतृत्व आ जायेगा। जब तक उनके सामने घोषित रूप से विभाजित राजनीतिक नेतृत्व नहीं होगा तब तक राजनीति में जमी हुई बर्फ नहीं टूटेगी। दूसरी तरफ वक्त की माँग यह भी है कि यह विभाजन संगठित किस्म का हो न कि उल्टा-सीधा और

कड़वाहट से भरा हुआ। परिवर्तन होना चाहिए लेकिन बिना किसी अराजकता के। उसके लिए दिमाग भी पहले से तैयार होना चाहिए।

किसी नेता के करिश्मे के आधार पर चलनेवाली सरकार अंदर से अस्थिर और चरित्र में अलोकतांत्रिक होती है। संस्थाओं को लंबे अरसे तक उतार-चढ़ाव की हालत में नहीं रहने दिया जा सकता। हो सकता है कि राजनीति के व्यावहारिक और ठोस रूप उसके शुरुआती विचार के मुताबिक न साबित हों लेकिन इस पर आपत्ति की कोई वजह नहीं होनी चाहिए। लेकिन उन रूपों को स्पष्ट रूप से समझना जरूरी है। पिछले पंद्रह साल में परवान चढ़ी लोकतांत्रिक परंपराओं और प्रथाओं के जड़ पकड़ने पर काफी कुछ निर्भर है। इन्हें ठोस रूप देने और एक स्वीकृत आचरण संहिता का हिस्सा बनाने की जरूरत है।

किसी विकासशील समाज में राजनीतिक प्रक्रिया से दो तरह की भूमिकाएँ निभाने की अपेक्षा की जाती है। उसे सामूहिक व्यवहार का सेकुलरीकरण करना होता है और नियोजित ढंग से राजनीतिक परिवर्तन के लिए समाज को तैयार करना होता है। ऐसे विकासशील समाज में एक खतरा यह भी होता है कि कहीं राजनीति अपने दायरे को लाँघ कर समाज के अन्य मुकामों पर भी काबिज न हो जाये। स्वयंसेवी संगठनों के आस-पास बने संस्थागत ढाँचे की गैर-मौजूदगी में राजनीति के अधिनायकवादी होने का खतरा रहता है। भारत में ये दोनों समस्याएँ पैदा हो सकती हैं, क्योंकि राजनीति पर्याप्त रूप से सेकुलर नहीं है और वह जरूरत से ज्यादा सामाजिक गुंजाइशों को घेरती है।

होना यह चाहिए कि समाज की परंपरागत संस्थाओं को किसी फैशन के तहत ठुकराने के बजाय उनमें मूल्यगत परिवर्तन किया जाये। यह एक धीमी प्रक्रिया ही होगी जो राजनीतिक शिक्षा और सांस्कृतिक ज्ञानोदय के जरिये ही चल सकती है। इस बीच में राजनीतिक स्थिरता की जरूरत होगी जिसे सुनिश्चित किया जाना चाहिए। भारत को अभी तक असाधारण व्यक्तियों का नेतृत्व मिला रहा है। लेकिन लोकतंत्र के भविष्य को ऐसे लोगों के मिलने की शर्त का मोहताज नहीं बनाया जा सकता। लोकतंत्र को अपने टिकने और उज्ज्वल भविष्य के लिए नेताओं के एक सुगठित सामाजिक और प्रशासनिक श्रेणीक्रम की आवश्यकता है जो राजनीतिक संस्थाओं को सुदृढ़ता प्रदान कर सके और कुशल नेतृत्व द्वारा नयी संस्थाओं की रचना करते हुए सामाजिक सत्ता के रखवाले की भूमिका निभा सके।

राजनीतिक संस्कृति और भारतीय व्यक्ति की राजनीतिक शख्सियत का विकास

भारतीय राजनीति का आद्योपांत विश्लेषण करनेवाली अपनी विख्यात पुस्तक ***पॉलिटिक्स इन इंडिया*** *के सातवें अध्याय के सार-संक्षेप में रजनी कोठारी ने सांस्कृतिक मुद्दों को उठाते हुए भारतीय व्यक्ति के मनोजगत में झाँकने की कोशिश की है। इस अनूठे अध्ययन में वे दिखाते हैं कि भारतीय संस्कृति और सामाजिक संरचना के कौन से पहलू व्यक्ति के राजनीतिकरण की प्रक्रिया के अनुकूल निकले हैं और कौन से प्रतिकूल। कोठारी की चिंता यह है कि भारतीय परिवार और समाज का ढाँचा जन्म से लेकर वयस्क होने तक जिस व्यक्ति की रचना करता है, वह आधुनिक सामूहिक जीवन की जरूरतों पर खरा उतर पाता है या नहीं? मूलतः सांस्कृतिक और अ-सेकुलर स्वभाववाले समाज में विकसित होनेवाले राजनीतिक संस्कार जिस राजनीतिक शख्सियत की रचना करते हैं, वह किन अर्थों में पश्चिमी समाजों में पनपे राजनीतिक व्यक्ति से अलग है?*

एक महान ऐतिहासिक सभ्यता के रूप में भारत की सांस्कृतिक अखंडता आज भी कायम है। खास बात यह है कि यह उपलब्धि सदियों तक किसी राजनीतिक केंद्र पर आधारित न होने के बावजूद हासिल की गयी है। साम्राज्य बनते-बिगड़ते रहे, सेनाएँ आती-जाती रहीं, युद्ध होते रहे पर सामुदायिक परंपराओं और मूल्यों का क्षय कभी नहीं हुआ। भारत की एकता किसी एक राजनीतिक प्रणाली के बजाय सांस्कृतिक प्रतीकों और आध्यात्मिक मूल्यों के व्यापक प्रसार पर निर्भर रही है। उसके सभ्यतामूलक नैरंतर्य की शिनाख्त कुछ खास तरह की भूमिकाओं और जिम्मेदारियों की शक्ल में की जा सकती है। इससे स्पष्ट होता है कि भारत की पहचान अनिवार्यतः राजनीतिक न हो कर सांस्कृतिक ही है। भारतीय

संस्कृति में हमेशा से एक सेकुलर आयाम रहा है। राजनीतिक और सांस्कृतिक के बीच और सेकुलर और आध्यात्मिक के बीच लगातार अन्योन्यक्रिया के जरिये भारत की व्यवस्था बदलती परिस्थितियों के साथ तालमेल बिठाती रही है। 'विदेशी' विजेताओं ने राजनीतिक केंद्रों की स्थापना जरूर की, लेकिन बाकी समाज राजाओं और हमलावरों के उठते-गिरते प्रताप के साथ अपना सामंजस्य बनाता रहा। कुछ लूटमार करके चले जानेवाले बर्बरों को छोड़ कर बाकी विजेताओं ने भारतीय समाज की स्वायत्तता और धार्मिक परंपराओं का सम्मान किया। तमाम राजनीतिक अस्थिरता और परिवर्तनशीलता के बीच यह प्रक्रिया सरकार और समाज के बीच के पार्थक्य को कभी खत्म नहीं कर पायी और भारतीय लोग अपनी अस्मिता को राजनीतिक के बजाय सांस्कृतिक के रूप में ही पहचानते रहे।

राजनीति करने वालों और पौरोहित्य करने वालों के बीच गठजोड़ के माध्यम से आध्यात्मिक और सेकुलर आयामों के बीच संबंधों को संस्थागत रूप मिला। मुख्यत: इसी तरीके से भारतीय समाज ने विजातीय प्रभावों को पचाने की क्षमता विकसित की। तरह-तरह के परिवर्तनों की इजाजत देते हुए भी समाज किसी भी मौके पर किसी एक पक्ष में हद से ज्यादा समूहन (एग्रीगेशन) से बचता रहा और संस्कृति के कुछ बुनियादी तत्त्वों में समाज की आस्था का क्षय नहीं हुआ। परिवर्तन के सार्वभौम आंदोलन भी चले, जैसे बुद्ध और जैन धर्म, वैष्णव धर्म और सिख परंपरा आदि। पुराने रीति-रिवाजों को कायम रखने के लिए परंपरागत और जुझारू किस्म के अभियान भी छेड़े गये, जैसे शंकराचार्य द्वारा चलायी गयी मुहिम। दोनों तरह के आंदोलन भारत की सांस्कृतिक परंपरा का लगातार पुनर्सूत्रीकरण करते रहे। इससे हुआ यह कि जब उन्नीसवीं सदी में प्रमुख सामाजिक तबके से निकले अभिजनों ने विचारधारात्मक या सुधारवादी आंदोलन चलाये तो समाज ने उन्हें समाज-व्यवस्था में किसी क्रांतिकारी बदलाव की कोशिश के रूप में न देख कर हिंदू समाज से 'बुराइयों' को निकालने के प्रयासों के रूप में देखा। परिवर्तन की यह खास भारतीय परंपरा उन लोगों की निगाह से ओझल रहती है जो मानते हैं कि आधुनिकीकरण के कारण पारंपरिक समाजों में उथल-पुथल मच जाती है। भारत में तो आधुनिकता को निरंतर परिवर्तनशील परंपरा की रोशनी में देखना पड़ेगा। यहाँ के सेकुलर दायरे में दूरगामी बदलाव समय-समय पर इसीलिए हो पाये कि भारतीय संस्कृति में नाना प्रकार के प्रभावों को पचाने और अपनी विशेषताओं को बचाये रखने की प्रवृत्ति थी। परिवर्तन की प्रक्रिया ने भारतीयता के 'सार' को कभी क्षति नहीं पहुँचायी, क्योंकि यह सार राजनीतिक था ही नहीं। जिन समाजों की प्रमुख अस्मिता

राजनीतिक होती है वहाँ इस तरह के परिवर्तन अपनी प्रतिक्रिया में दीर्घकालीन टकराव को जन्म देते हैं और जब परिवर्तन हो चुकता है तो एक तरह की सामाजिक अवमानना और व्यर्थता का एहसास बाकी रह जाता है। इस लिहाज से देखें तो साफ हो जाता है कि राष्ट्रवादी विरासत के बाद भी भारत के आधुनिकतावादी अभिजनों ने आधुनिकीकरण करने के लिए विजातीय राजनीतिक संस्थाओं को अपनाने पर कोई शत्रुभाव क्यों प्रदर्शित नहीं किया।

इस विशेषता का एक कारण यह भी है कि सांस्कृतिक और सेकुलर, दोनों परंपराओं के आधार अलग-अलग अस्मिताओं से फूटते हैं। साथ ही ये परंपराएँ लचीले, खुले और आत्मसचेत बहुलतावाद से भी आत्यंतिक रूप से जुड़ी हैं। सांस्कृतिक और सेकुलर का पार्थक्य सेकुलर दायरों में होनेवाले बदलाव के लिए रास्ता साफ करता रहा और बहुलतावाद इस बदलाव को लोकतांत्रिक रुझान देने की जमीन तैयार करता रहा। इस तरह परिवर्तन की प्रक्रिया लगातार जमीन से जुड़ी रही। दरअसल, लोकतांत्रिक विचारधारा, सामाजिक और पुरातन / धार्मिक (प्राइमोर्डियल) संस्थाओं की स्वायत्तता, राज्य और समाज के बीच काम करनेवाली मध्यवर्ती संस्थाओं की वैधता, स्थानीय अस्मिताओं को कायम रखने की आजादी और सांस्कृतिक और धार्मिक विविधताओं के प्रति सहिष्णुता रखनेवाले भारतीय मानस को खूब रास आयी।

राजनीतिक दलों और मतदान में भागीदारी करने के बाद भी भारत में कथित 'संकीर्ण' अस्मिताओं ने और कटु रूप इसीलिए धारण नहीं किया कि वे बहुत लंबे समय तक राजनीतिक थी ही नहीं। आखिर में जब भारत में एक राजनीतिक प्रणाली बनी तो उसने दूसरे देशों की तरह पहले से मौजूद आदिवासी या क्षेत्रीय निष्ठाओं के बरक्स विकसित होने के बजाय एक नयी अखिल भारतीय सांस्कृतिक परंपरा का रूप ले लिया। जब तक यह राजनीतिक प्रणाली फैल और विकेंद्रीकृत हो कर क्षेत्रीय और भाषायी अस्मिताओं के उदय के कारण पैदा हुए टकराव का शिकार बनती, तब तक एक ऐसा देशव्यापी ढाँचा बन चुका था जिसमें क्षेत्र और भाषा जैसी नयी राजनीतिक पहचान और जाति और धर्म जैसी पुरानी पहचान के दो अलग-अलग दायरे बन चुके थे। पहले दायरे में राष्ट्रीय अभिजन अपना राजनीतिक विनिमय करते रहते थे और दूसरे दायरे से लोकप्रिय राजनीति करने का मसाला मिलता रहता था। पश्चिमी समाजों में राष्ट्रीय पहचान एक तरह के राष्ट्रीय समूहन के आधार पर बनती रही है और बाद में उसका रूप राष्ट्रीय के अलावा अंतर्राष्ट्रीय भी होता रहा है। इस अनुभव पर जोर देनेवाले लोगों ने भारत में क्षेत्रीय और भाषायी पहचानों को लोकतंत्र और राष्ट्र के लिए संकट के रूप में देखा। लेकिन अस्मिता-रचना का भारतीय मॉडल पश्चिम से अलग

तरह का था। स्थानीय परिस्थितियों के अनुसार भारत में समूहन की प्रक्रिया मध्यवर्ती अस्मिताओं की शृंखला के आसपास चलनी थी।

चूँकि बृहत्तर अस्मिताएँ मूलत: सांस्कृतिक थीं इसलिए नवस्थापित राजनीतिक केंद्र को अपनी सुविधा से काम करने की काफी गुंजाइश मिली। एक नवीन और विशिष्ट किस्म के अभिजन वर्ग का उदय हुआ और आधुनिक क्षेत्र में प्रवेश करनेवाले लोगों की शख्सियत के विकास के लिए नये तरह के सामाजिकीकरण की प्रक्रिया चली। विविधता, स्वायत्तता और सहिष्णुता की परंपराओं ने तो इस नये विकास में मदद की ही, लेकिन यह भी सच है कि नवस्थापित भारतीय राज्य और उसकी राजनीतिक-सामाजिक विचारधारा में भी काफी-कुछ नया था। समाज के अन्य क्षेत्रों की दखलंदाजी न होने के कारण राजनीतिक और बौद्धिक क्षेत्रों के अभिजनों को इस नये सामाजिकीकरण के खाँचे में ढालने में आसानी हुई। उन लोगों ने विजातीय विचारों और संस्थाओं से सहज संबंध कायम किया और जनता की जीवन-शैली सुधारने के लिए महत्त्वाकांक्षी योजना बनायी। नयी राजनीतिक व्यवस्था पहले से मौजूद राजनीतिक अस्मिताओं के अभाव में जल्दी ही समाज में अपने लिए जगह बनाने में कामयाब हुई। दूसरी तरफ परंपरा नवीन और 'आधुनिक' के साथ घुल-मिल गयी। आधुनिकीकरण के अभियान में लगे हुए अभिजनों ने पुरातन / धार्मिक अस्मिताओं और स्थानीय परंपराओं के ऊपर किसी संपूर्णतावादी और समरूपता थोपनेवाली विचारधारा को हावी करने की कोशिश नहीं की। गाँधी ने शहरी अभिजनों को गाँव जा कर 'सेतु बनाने' की सलाह दी। सार्विक मताधिकार और आर्थिक विकास ने इस संदेश के महत्त्व पर और रोशनी डाली। इसके प्रत्युत्तर में पारंपरिक अभिजनों ने अपनी सामाजिक-सांस्कृतिक स्वायत्तता कायम रखते हुए राजनीति के साथ अपनी अन्योन्यक्रिया नये सिरे से व्यवस्थित की। इस प्रकार सार्विक मताधिकार ने परंपरा की निरंतर बहती धारा के साथ सहज रूप से संबंध बना लिया।

सजातीय विवाह और जातिगत पाबंदियोंवाली पंचायतों से लेकर जाति संघों और जाति महासंघों तक का विकास एक ऐसी सांस्कृतिक शैली को क्रमश: अपनाये जाने की कहानी कहता है जो आम सहमति पर आधारित, विकेंद्रीकृत और आत्मसातीकरण के गुणों से भरपूर थी। इसका नतीजा एक ऐसी सेकुलर व्यवस्था में निकला जो नाना प्रकार की विविधताओं और समाज में काम कर रही विभिन्न उपप्रणालियों का सम्मान करती थी। इससे हुआ यह कि भारत विग्रह और उथल-पुथल से बच गया जबकि यह समस्या उन समाजों को झेलनी पड़ी जिन्होंने क्रांति के नाम पर अपने सामाजिक जीवन के अन्य पहलुओं को

खारिज करके सिर्फ राजनीतिक पहलुओं की श्रेष्ठता को स्वीकार किया था।

लेकिन इस विशेषता के कुछ नुकसान भी हुए। किसी ताकतवर राजनीतिक अस्मिता की गैर-मौजूदगी में सेकुलर प्राधिकार के प्रति कुछ नकारात्मक रुझान पैदा हो गये और इसीलिए भारतवासी आज सबको समेट लेनेवाली एक सेकुलर अस्मिता से संपन्न नहीं हैं। सांस्कृतिक और धार्मिक क्षेत्र के बीच लंबे अरसे तक पार्थक्य रहने और राजनीतिक केंद्र को तरजीह न देने के कारण भारत में ग्रामीण कृषि प्रधान समाज के अनुकूल मूल्य-प्रणाली अधिक स्वीकार्य हो गयी, हालाँकि इस देश में बड़े-बड़े शहरी क्षेत्र लंबे समय से मौजूद थे। राजनीतिक केंद्र न होने के कारण प्रांतीय अस्मिताओं पर सामूहिक माँगों का दबाव कम-से-कम पड़ा। नतीजतन नागरिक प्राधिकार को आत्मसात कम किया गया, सेकुलर प्राधिकार से उम्मीदें कम रहीं, राजनीतिक कार्यभारों के प्रति प्रतिबद्धता का स्तर नीचा रहा, राजनीतिक अभिजनों का सक्रिय समर्थन करने की मजबूरियाँ भी कम रहीं और कुल मिला कर स्थानीय और पुरातन / धार्मिक स्तर को छोड़ कर सामूहिक निष्ठाएँ नहीं बन पायीं। विराट और निर्वैयक्तिक किस्म की सामूहिकताओं के प्रति अविश्वास और असुरक्षा भाव खत्म नहीं हुआ, क्योंकि समाज के पास इस तरह की सामूहिकताओं में भागीदारी का कोई तजुर्बा नहीं था। राष्ट्रीय गौरव और राष्ट्रीय इतिहास के बोध की कमी ने भी इस समस्या को बढ़ाया। लचीलेपन पर जोर देते-देते भारतीय संस्कृति ने सामूहिक कार्यकुशलता पर खास ध्यान नहीं दिया। समाज ने राजनीतिक प्राधिकार से कम अपेक्षाएँ कीं। पुराने जमाने के लिए यह ठीक था पर सत्ता के प्रति समर्थन की भावना कमजोर होने के कारण संक्रमण की अवधि लंबी होने की संभावना पैदा हो गयी। एक अंदेशा यह भी था कि इस परिस्थिति के कारण टकराव और विग्रह हाशियों पर जमा होते चले जाते जबकि इन्हें हल करनेवाले राजनीतिक तौर-तरीकों का विकास नहीं होता। टकराव को हल करने के बजाय उसे बर्दाश्त करने पर जोर का नतीजा बेहद गड़बड़ हो सकता था। राजनीतिक कार्रवाई के दायरे से बाहर रखे जाने के कारण जाति-प्रथा की जड़ताएँ इस समस्या को बहुत ज्यादा गंभीर बना सकती थीं। कुल मिला कर एक तरफ राजनीतिक केंद्र की पारंपरिक गैर-मौजूदगी और दूसरी तरफ सांस्कृतिक-आध्यात्मिक दायरे का वर्चस्व कुछ ऐसी परिस्थितियाँ पैदा कर सकता था कि समय के साथ बढ़ने वाली राजनीतिक होड़ के कारण जाति और वर्ग की अनम्यताएँ और कठोर हो जातीं। नतीजे के तौर पर राजनीतिक टकराव का जमाना आते ही ये अनम्यताएँ सांप्रदायिक राजनीति की दावेदारी के रूप में व्यवस्था को तंग करने लगतीं।

राजनीति के युग में कदम रखने पर ऐसे समाज को उस युग की राष्ट्रीय

और अंतर्राष्ट्रीय चुनौतियों का सामना करना ही था। स्वायत्त और एक-दूसरे से कटे विकासवाले सामाजिक क्षेत्रों के बीच संबंधों का विनिमयन विकट समस्या का रूप ले सकता था। अर्थात भारत में आधुनिक राजनीति के विविध और बहुलतालवादी ढाँचे का विकास आसान था लेकिन पूरे देश और समाज को किसी एक ध्रुव पर एकत्र करने के तौर-तरीकों और कार्यकुशलता की संस्कृति का विकास न होने के कारण राजनीतिक आधुनिकीकरण में बाधा पड़ने की आशंका भी थी।

राजनीतिक संस्कृति के आधार

१. अस्पष्टता के प्रति सहिष्णुता : भारत में अस्पष्टता के प्रति काफी ऊँचे दर्जे की सहनशीलता रही है। ऐतिहासिक और सांस्कृतिक रूप से यह समाज अपनी ग्रहणशीलता के लिए जाना जाता है। मतभेदों और अंतर्विरोधों को पचाने और खासी अनिश्चितता और आकस्मिकता के साथ जीने की इसे आदत पड़ चुकी है। उसने मान लिया है कि उसकी विविधता में ही एकता है और उसके बनाव में अंतर्विरोध होंगे ही। इन समस्याओं के साथ अपने सामाजिक प्रबंधन के लिए उसके पास सामाजिक दर्जों और उनके मुताबिक भूमिकाओं का एक बेहद औपचारिक ढाँचा है। दार्शनिक रूप से भारतीय लोग यह मानने के आदी हो गये हैं कि हर व्यक्ति अपनी इयत्ता और मोक्ष की खोज खुद करता है। नाना प्रकार के प्रभावों, चुनौतियों, वैचारिक सुधार आंदोलनों और अनिश्चित राजनीतिक स्थिति का सामना करते रहने के कारण इस समाज को विभेदों, गुटीय विवादों, तरह-तरह की मूल्यवत्ताओं और मताग्रहों के साथ तालमेल बैठाने का अभ्यास पड़ गया है। यहाँ सामूहिक मूल्य और निजी नैतिकता परिस्थिति-सापेक्ष और अस्थायी मानी जाती है जिसके कारण नैतिक सापेक्षतावाद और मतभेदों को बर्दाश्त करने की परंपरा पड़ गयी है। अस्मिताएँ एक-दूसरे में घुल-मिल गयी हैं। आस्थाओं में अस्पष्टता आ गयी है और समाज ने उस अस्पष्टता के साथ जीना सीख लिया है। सहअस्तित्व और विपरीत स्थितियों का संश्लेषण का सिद्धांत ही यहाँ कारगर है। परम तत्त्व को ही अंतिम सत्य मान कर बाकी सभी को सापेक्ष की श्रेणी में डाल दिया गया है और सत्य को आत्म के बाहर अमूर्त रूप में उपलब्ध नहीं किया जा सकता, बल्कि उसे चेतना के उच्चतर अनुभव की सूरत में प्राप्त किया जाता है। चूँकि सत्य सही या गलत का निर्धारण नहीं करता इसलिये वह नैतिकता का आधार नहीं बनता। व्यक्ति अपनी आस्था के मुताबिक आत्मज्ञान और नैतिक श्रेष्ठता का रास्ता अपनाता चलता है। निर्वैयक्तिक होने के कारण ब्रह्म की अनुभूति हर व्यक्ति अलग-अलग करता

है। इस समाज के लिए सत्य के रास्ते एक नहीं, कई हैं। संश्लेषण की धारणा भी इसी वैचारिक रवैये की उपज है। आधुनिक अर्थों में यही जीवन-शैली परंपरा और आधुनिकता को अनिवार्य रूप से अंतर्विरोधी न मान कर उनके बीच संश्लेषण की माँग करती है। जाहिर है कि इन्हीं विशेषताओं के कारण भारतीय मानस व्यक्तिगत आजादी, वैचारिक लचीलेपन और कई तरह की प्रणालियों की स्वायत्तता के लोकतांत्रिक मूल्यों के अनुकूल बैठता है।

भारतीय स्वभाव की अंतर्निहित सहिष्णुता के संबंध में दो बातों को समझना जरूरी है। पहली बात तो यह है कि हर खुली समाज प्रणाली अपना काम चलाने और आत्मविश्वास की उपलब्धि के लिए किसी न किसी दायरे में कुछ न कुछ अनम्यता विकसित कर लेती है। भारत में यह परिघटना सामाजिक और संस्थागत क्षेत्र में देखी जा सकती है। वैचारिक रूप से काफी लचीली लेकिन संस्थागत रूप से काफी कठोर भारतीय सामाज-व्यवस्था जन्मना और अनिवार्य रूप से सुनिश्चित और सुपरिभाषित श्रेणियों, औपचारिक नियमों, परंपराओं, रिवाजों, व्यक्तियों के बीच प्रतीकात्मक और वास्तविक अंतरालों के आधार पर चलती रही है। इस विरोधाभास के कारण एक तरफ तो यह समाज तरह-तरह के मतों और संप्रदायों को अपने आगोश में समेटता रहा और दूसरी तरफ इसकी सहिष्णुता एक तरह की असहिष्णुता बनती चली गयी। अन्याय और विषमता को बर्दाश्त करना, ऊँची श्रेणी और ऊँचे दर्जे के हाथों अवमानना और शोषण सहन करना और इस सबको समाज की स्वाभाविक व्यवस्था और जीवन का कर्तव्य मानना भारतीय स्वभाव का अंग बन गया। ऐसी स्थिति में प्राधिकार और उसके प्रतीकों के साथ-साथ उच्च पदस्थ लोगों और आयु में वरिष्ठ लोगों के प्रति सम्मान का भाव स्थायी होता चला गया। इसने उत्पात और विद्रोही मानस को रोका। लेकिन इसी के नतीजे के कारण सामूहिकता का बोध कमजोर हो गया। हद से ज्यादा समर्पण की आदत पड़ गयी और व्यर्थता का एहसास पैदा हुआ। बृहत्तर प्रणाली की अप्रत्यक्ष उपेक्षा की जाने लगी और उसके प्रति अनमनापन बढ़ गया, लेकिन इसके कारण समाज में विकल्प की जो बेचैनी पैदा हो जानी चाहिए थी, वह नहीं हुई। सत्ता के जायज या नाजायज इस्तेमाल की समाज अनदेखी करता रहा। परिवर्तन और अनिश्चितता के जमाने में यह अनदेखी और साफ तौर से उभर कर सामने आयी। सामूहिकता के बोध की कमजोरी का सबसे बड़ा नुकसान यह हुआ कि परिवर्तनकामी और क्रांतिकारी राजनीति का आयाम परवान नहीं चढ़ पाया।

दूसरी बात आधुनिकता के युग में सामाजिक रूपांतरण से जुड़ी है। आधुनिकता के प्रभाव के कारण जाति-प्रथा का कठोर संस्थागत ढाँचा जैसे ही

टूटता है, वैसे ही कम-से-कम संक्रमण काल में वैचारिक लचीलापन और सहिष्णुता कमजोर होने लगती है, क्योंकि नयी परिस्थिति में समाज के भीतर विभिन्न समूहों को स्थान देना मुमकिन नहीं रह जाता। नतीजतन, उन समूहों और तबकों को तनाव और असुरक्षा झेलनी पड़ती है जो राजनीतिकरण, शहरीकरण और आधुनिक शिक्षा के दौर से गुजरते हैं।

लेकिन लगता यह है कि इस तनाव के बाद भी अस्पष्टता के प्रति सहिष्णुता और वैचारिक लचीलेपन की भारतीय परंपरा ने एक राष्ट्र के रूप में इस देश की नयी पहचान विकसित होने में प्रमुख भूमिका निभायी है। अल्पसंख्यकों के प्रति रवैये, राजनीतिक गठजोड़ बनाने की रणनीतियों, मतभेद और विपक्ष के प्रति सहनशीलता के रूप में इस भूमिका के दर्शन किये जा सकते हैं। लगता यह है कि संरचनागत और संस्थागत परिवर्तनों के कारण संक्रमण काल में प्रभावी हुई असुरक्षा की भावना और असहिष्णुता की प्रवृत्ति ऊपर वर्णित भारत की सभ्यतामूलक विशेषताओं को नुकसान नहीं पहुँचा पायेगी। एक सभ्यता के रूप में भारतीय मानस जिन परिवर्तनों से दो-चार हो रहा है वे धीरे-धीरे उसकी जीवन-शैली का अंग बनते चले जायेंगे। एक ऐसी राजनीतिक संस्कृति उभरेगी जो आधुनिकता की ऐतिहासिक चुनौती का सामना करने में उसकी मदद करेगी।

२. सत्ता का विखंडित स्वभाव : भारतीय जीवन-शैली प्राधिकार की अवधारणा को विखंडित, बिखरी हुई और रुक-रुक कर गतिशील मानती है। भारतीय परिवार, कुटुंब व्यवस्था, जाति-प्रथा, सामुदायिक व्यवस्था और ग्राम्य जीवन के बारे में भी यही सच है। कुल मिला कर भारतीय समाज का ढाँचा अधिकारों और कर्तव्यों के स्पष्ट बँटवारे के आधार पर गठित सामाजिक श्रेणियों के साथ एक ऐसी संस्कृति में रचा-बसा है जो वरिष्ठ और मातहत के भेद पर टिकी है। इस समाज के अभिजनों को मध्यस्थता की भूमिका में तभी आना पड़ता है जब इस बंदोबस्त में कोई उलझाव पैदा हो गया हो। जाहिर है कि अभिजनों द्वारा अपने प्राधिकार का इस्तेमाल यदा-कदा ही करना पड़ता है जिससे उसकी प्रकृति अस्थायी हो जाती है।

यहाँ पर प्राधिकार मध्यस्थता के रूप में सामने आता है और इसका फैलाव बृहत्तर राजनीतिक प्रणाली तक देखा जा सकता है। यानी इसका एक मतलब यह भी निकलता है कि भारतीय समाज-व्यवस्था न्याय करने को राजनीति का एक सार मानती है। राजा अपने सामने पेश किये गये विवादों में मध्यस्थता करता है और बाकी समाज अपने मामले निपटाता रहता है। आधुनिक युग में समाज 'नेता' से भी इसी भूमिका की अपेक्षा करता है। चाहे वह कोई पुरोहित हो, गुरु

हो या फिर किसी संगठन का न्यायिक-राजनीतिक मुखिया हो। भारतीय गाँवों में जम कर धड़ेबंदी रहती है। खानदानों की आपसी होड़ भी चलती है। गाँव और उसकी सीमाओं को लेकर कलह चलता रहता है। इसलिए मध्यस्थता करना एक महत्त्वपूर्ण काम तो है पर यह कोई खास संस्थागत रूप नहीं ले पाया है, क्योंकि इसकी नौबत तभी आती है जब मामला हद से बाहर निकल गया हो।

आधुनिक राजनीति में इसी सामाजिक प्रवृत्ति को हम आम सहमति बनाने और उसके लिए मध्यस्थ के रूप में किसी उच्चाधिकार संपन्न व्यक्ति का जरिया अपनाने के रूप में देखते हैं। वह व्यक्ति जिला कलक्टर हो सकता है या किसी पार्टी (जैसे, कांग्रेस) का कोई बड़ा नेता या आलाकमान का प्रतिनिधि हो सकता है। अंग्रेजों के जमाने में भी ऐसा ही होता था।

लोकतंत्र की स्थापना से भारतीय समाज में राजनीतिक केंद्र का प्रवेश हुआ जिसने लोगों को मौका दिया कि वे झगड़े सुलझाने के लिए स्थानीय मध्यस्थों की मनमानी और उत्पीड़नकारी भूमिका से बच सकें। कांग्रेस से जुड़े स्थानीय नेताओ ने सामाजिक और व्यक्तिगत विवादों के निबटारे के लिए नये मध्यस्थों की भूमिका निभानी शुरू कर दी। प्राधिकार की मध्यस्थतामूलक धारणा इस नयी व्यवस्था में भी जारी रही। भारत में सरकार को कई तरह के मामलों में हस्तक्षेप करके निंपटारा करना पड़ता है, जबकि किसी और समाज में सरकारें शायद ही यह जिम्मेदारी निभाती हों। यहाँ सरकार का मतलब ही न्याय करनेवाली संस्था से समझा जाता है। पंच फैसला सर्वोपरि होता है। उसे सभी मानते हैं। इस परंपरा ने स्थानीय समाज का विस्तार बृहत्तर राजनीतिक समाज तक कर दिया है। बड़े नेता भी धीमी रफ्तार से सुलह-समझौता और बीच-बिचाव जारी रखते हैं। उनकी कोशिश होती है कि ऐसा बीच का रास्ता निकाला जाये जो दोनों ही पक्षों को पूरी तरह पसंद न हो, लेकिन जिसे सभी स्वीकार कर लें। संगठित हितों के बीच टकराव के बजाय भारतीय राजनीति में व्याप्त 'सौदेबाजी की संस्कृति' यही है। सौदेबाजी का संस्थागत रूप भी निम्न स्तर का रहता है। सरकार परिवर्तन की वाहक बन कर तो उभरती है लेकिन वह बदलाव को थोपने के बजाय मौजूदा संबंधों के बीच मध्यस्थता करके इसके लिए रास्ता साफ करती है। इस संदर्भ में हमें दिखता है कि किस तरह नयी राजनीति एक समाज की सांस्कृतिक जीवन-शैली के खाँचे में ढल कर अपनी शक्ल-सूरत प्राप्त करती है।

३. विचारधारा और राजनीति : पुराने सामाजिक मानकों को नफासत से रूपांतरित करने का एक उदाहरण विचारधारा और राजनीति के संबंध में दिख सकता है। भारतीय समाज मध्यस्थता के अलावा अपने अभिजनों से यह उम्मीद भी रखता है कि वे उसे दुनियावी मामलों में नैतिकता का पाठ पढ़ायेंगे। चीन

जैसी अधिक केंद्रीकृत सेकुलर संस्कृतियों में राज्य समाज की अच्छाइयों का संरक्षक माना जाता है और इस हैसियत से उसे नागरिकों के नैतिक सामाजिकीकरण का स्वाभाविक अधिकार मिल जाता है। भारत में चूँकि समाज राज्य से स्वायत्त है इसलिए कौटिल्य की अनुशंसाओं के बाद भी शासकों की समाज की नैतिकता पर इजारेदारी नहीं रहती। बजाय इसके ब्राह्मणों का शिक्षित समुदाय खुद अनुकरणीय जीवन गुजार कर समाज के नैतिक मानकों का संरक्षक बना रहा है। राजनीतिक शासकों से कुछ फौजी किस्म के बहादुराना कृत्यों की अपेक्षा की जाती है जिससे उनका स्थान देवताओं के समकक्ष हो जाता है। ब्राह्मणों के पुरोहित वर्ग में सेकुलर नायकों की हिस्सेदारी भी इस समाज के लिए कोई अनूठी बात नहीं है।

क्या आधुनिक राजनीति के नेताओं और ब्राह्मणों की भूमिका में समानता नहीं लगती? भारत के राजनीतिक अभिजन आधुनिक भारत के पुरोहित नहीं तो और क्या हैं? महान परिवर्तन में क्रांतिकारी भूमिका निभानेवाले इन अभिजनों में गाँधी जैसा अनुकरणीय जीवन है और नेहरू जैसा नायकत्व भी है। सामाजिक जीवन में नेता का महत्त्व बढ़ता चला जा रहा है और सामाजिक जीवन से उसकी अंतरंगता में भी बढ़ोतरी हो रही है। जनता राजनीतिक नेता में विचार और कर्म की एकता देखना चाहती है। वह उसे संस्कृति और सदगुणों का वाहक देखना चाहती है। वह उससे नैतिक बने रहने की अपेक्षा रखती है। दूसरी तरफ समाज के दबाव में नेता ऐसे-ऐसे वायदे करता है जिन्हें हर कोई जानता है कि संपूर्णत: पूरा नहीं किया जा सकता। लेकिन दिलचस्प बात यह है कि समाज को आदर्श नेता की अपनी छवि और उसके वास्तविक आचरण के बीच फर्क से भी ज्यादा बेचैनी नहीं होती। इस अंतराल को समाज लगातार धड़ेबंदी के बीच आम सहमति कायम करके पूरा करता है और सार्वजनिक जीवन में भ्रष्टाचार की व्यापक निंदा करते रहने के बाद भी उसे वास्तव में खत्म करने का कोई ठोस संस्थागत प्रयास नहीं किया जाता।

आधुनिक युग में भारतीय समाज ने अपनी इन्हीं विशेषताओं को विचारधारा के प्रति रवैये में तब्दील कर दिया है। एक तरफ ऊँचे आदर्शों पर जोर दिया जाता है, हमेशा नैतिकता की बात की जाती है और सांस्कृतिक मूल्यों की प्रतिष्ठा का दावा किया जाता है लेकिन यदि सार्वजनिक जीवन में यह सब उपलब्ध नहीं हो पाता तो उस कमी और गलती को भी सहन कर लिया जाता है। किसी को शर्म या पराजय की अनुभूति नहीं होती। पाखंड के प्रति सहिष्णुता ही नहीं है वरन माना जाता है कि पाखंड कुछ-कुछ रहेगा भी। इससे अंदाजा लगाया जा सकता है कि भारतीय राजनीति में इतने बढ़-चढ़ कर लक्ष्य निर्धारित

क्यों किये जाते हैं और फिर उन्हें ठोस माँगों में क्यों नहीं व्यक्त किया जाता। ऊँचे-ऊँचे प्रस्ताव क्यों पारित किये जाते हैं, और उनका इतना कमजोर कार्यान्वयन क्यों होता है और उन्हें जमीन पर उतारने की उम्मीद भी क्यों नहीं होती।

४. विश्वास और अविश्वास : इतना समझ लेने के बाद जरूरी हो जाता है कि हम राजनीतिक संस्कृति के विकास के सबसे जरूरी पहलू पर गौर करें। हमें देखना होगा कि भारत में सामाजिक और राजनीतिक मानकों का कितना संस्थाकरण हुआ है, इसके कारण सहयोगियों के आचार-व्यवहार का कितना पूर्वानुमान लगाया जा सकता है और सामूहिक कार्रवाइयों के दौरान विश्वास करने और अविश्वास करने की सीमाएँ क्या-क्या हैं। ईसाई धारणा मानव को नैसर्गिक रूप से पापी प्रकृति का मानती है और कनफ्यूशस के विचार में मानव बुनियादी रूप से अच्छा होता है। भारतीय धारणा इन दोनों से भिन्न है। वह कर्म पर जोर देती है। ईसाइयों की तरह मानव की स्वाथपरता को नियंत्रित किये बिना या चीनियों की तरह सामाजिकीकरण के जरिये उसकी अच्छाइयों को सामने लाने की कोशिश किये बिना भारत में अच्छे-बुरे कर्मों के जमा-खर्च की धारणा के तहत निजी जीवन चलता है। व्यक्ति को अपनी निगाह में नैतिक रहना होता है और उसके कर्तव्य उसके आत्मज्ञान के अनुसार निर्धारित होते हैं। यहाँ नैतिकता दूसरे के नहीं, खुद के सापेक्ष मानी जाती है। कर्म सिद्धांत के मुताबिक अच्छे कर्मों से मोक्ष की प्राप्ति होती है। भारतीय मानस मिलजुल कर सामूहिक उपलब्धि करने की संभावना के मामले में संदिग्ध रहता है। वह दूसरों पर संदेह करता है कि कहीं वे पीठ पीछे कोई साजिश तो नहीं कर लेंगे। खास कर वह प्राधिकार को शक की निगाह से देखता है। अभिजनों के बीच भी, चाहे वे विशेषज्ञ हों या राजनेता, कोई किसी पर भरोसा नहीं करता। समानता के आधार पर नहीं, बल्कि वरिष्ठता और कनिष्ठता के आधार पर काम करना आसान होता है। गठजोड़ों की स्थिरता हमेशा संदेह के दायरे में रहती है और चिंता बनी रहती है कि अगला व्यक्ति अपने हिस्से की जिम्मेदारी पूरी करेगा या नहीं। यही स्वभावगत विशेषताएँ आधुनिक दायरे में जीवन को मुश्किल बना देती हैं। इससे निकलने के लिए लोग प्राय: भावातीत हो कर खुद को ईश्वर के हाथ में छोड़ कर संतोष कर लेते हैं।

आधुनिक जीवन के दबावों और बहुत बड़े पैमाने पर सामूहिक कार्रवाइयों में भाग लेने की विवशताओं ने भारतीय मानस के इन रुझानों को बदलना शुरू किया है। लेकिन अभी तक ऐसे हालात नहीं बन पाये हैं कि समानता और मैत्री के माहौल में परस्पर भरोसे और सहयोग की भावना से काम करने की प्रवृत्ति

पैदा हुई हो। आज भी किसी चमत्कारी नेता या आध्यात्मिक गुरु के प्रति समर्पण के प्रभाव में ही ज्यादा खूबी से काम हो पाता है। गाँधी अपने आस-पास काफी समतामूलक माहौल रखते थे। उन्हें दूसरों की क्षमताओं से डर नहीं लगता था। नेहरू में भी ये खूबियाँ थीं लेकिन बाद में वे राष्ट्रीय स्तर पर उभरे नेताओं को अपनी हैसियत के लिए खतरे की निगाह से देखने लगे थे। गाँधी और नेहरू के बाद तो यह समस्या बहुत विकट हो गयी है। पहले स्थानीय स्तर पर गाँधी और नेहरू की छवि देने वाले नेता उपलब्ध थे लेकिन आज केंद्र में गाँधी और नेहरू की सशरीर उपस्थिति नहीं है और उनके साथ ही स्थानीय स्तर पर उनकी नुमाइंदगी करने वाली हस्तियों का भी अभाव हो गया है। जरूरत आपसी विश्वास रखनेवाले सामूहिक नेतृत्व की है लेकिन माहौल अविश्वास का है। यही आज की राजनीतिं की मुख्य चुनौती है कि गठबंधन के समान भागीदार एक-दूसरे पर यकीन कैसे करें।

राजनीतिक शख्सियत का विकास

भारतीय व्यक्तित्व के अध्येतागण भारतीय परिवार में बच्चे पर काफी लंबी अवधि तक बरसाये जानेवाले वात्सल्य को आश्चर्य की निगाह से देखते रहे हैं। अपनी माता और परिवार के अन्य सदस्यों की संरक्षा में लगतार रहने के कारण होता यह है कि वंचित होने की किसी भी कुंठा के अभाव में भारतीय बच्चे के स्वभाव को आंतरिक आक्रामकता का पर्याप्त स्पर्श नहीं मिल पाता। वह अपनी आक्रामक ऊर्जा को प्राधिकार के प्रतीकों के संदर्भ में व्यक्त करने में नाकाम रहता है। दूसरी तरफ भारतीय बच्चे में 'आत्म-विकास' की अंतर्मुखी प्रवृत्ति बढ़ जाती है। उसका अपना आदर्शीकृत अहम् तो ताकतवर होता चला जाता है पर उसे समाज की बृहत्तर जरूरतों से जोड़नेवाला परा-अहम् कमजोर रहता है । इस विकास-क्रम का नतीजा यह निकलता है कि उसकी नैतिक और रचनात्मक ऊर्जा अपने परा-अहम् की माँगों को पूरा करने में नाकामी के अपराधबोध पर नहीं, बल्कि स्वविकसित अहम् पर निर्भर करती है। बच्चा स्वनिर्धारित आदर्शों और लक्ष्यों से अधिक अनुप्राणित होता है न कि अपनी सामाजिक जिम्मेदारियों से। इस तरह के बचपन से भारतीय व्यक्ति की क्षमताएँ सामाजिक संदर्भ में समस्याग्रस्त हो जाती हैं। औसत भारतीय अंतर्मुखी हो कर श्रेष्ठता प्राप्त करने की कोशिश में लगा रहता है पर उसमें समाज के लिए कुछ कर गुजरने की खास इच्छा नहीं होती। दूसरी तरफ भारतीय संस्कृति उसके सामने ऊँचे और सार्वभौम आदर्शों को पेश करती है। कुछ मुट्ठी-भर सृजनशील और सत्ताकांक्षी व्यक्ति इन आदर्शों से जुड़ कर खुद को उच्चतर क्षमताओं से लैस करते चले जाते हैं।

साधारण व्यक्तियों और इन 'महान लोगों' के बीच काफी बड़ी खाई पैदा हो जाती है जिसके कारण आम भारतीयों को लगता है कि ऐसा महामानव बनना उनके बस की बात नहीं है। परिणाम यह होता है कि उनके जीवन पर स्वत: स्फूर्तता और अनिश्चितता छा जाती है। इसीलिए वह गुरु, ऋषि और योद्धा को हद से ज्यादा महत्त्व देते हुए श्रेणीबद्ध भूमिकाओं और करिश्मे पर अप्रत्यक्ष भरोसा करने लगते हैं। ऐसे भारतीय मानस के लिए राजनीतिक नेता की हस्ती माता-पिता या बड़े भाई या बहिन जैसी होती है। दूसरी तरफ वह नेता भी किशोरों और नवयुवकों में ऐसे ही मूल्यों का विकास देखना चाहता है।

भारतीय परिवार की कुछ विशेषताएँ भी बालक से व्यक्ति बनने की प्रक्रिया में लगे बच्चे को इसी तरफ धकेलती हैं। परिवार में प्राधिकार की संरचना बिखरी हुई होती है, भीड़ भरे माहौल में कुछ भी अलग और निजी होने के बारे में सोचना भी मुश्क़िल लगता है, कौटुम्बिक संबंध बेहद अंतरंग किस्म के होते हैं, संयुक्त और विस्तारित परिवार में पिता की हैसियत कई अन्य वरिष्ठों के बीच एक और वरिष्ठ से ज्यादा नहीं होती और बच्चे की मौजूदगी को एक व्यक्ति के रूप में स्वीकार न करके एक संक्रमणकालीन वजूद के रूप में देखा जाता है। कुल मिला कर भारतीय परिवार का गठन किसी एक सर्वोच्च व्यक्ति या मुखिया के स्पष्ट प्राधिकार के आस-पास न हो कर मुख्यत: परस्पर निभायी जानेवाली जिम्मेदारियों के संदर्भ में होता है। चाचाओं, मामाओं, बुआओं और दादा या नाना सरीखे कौटुम्बिक संबंधों के जरिये भारतीय बच्चे को किसी न किसी प्रकार अपनी माँगें पूरी करने का मौका मिल ही जाता है। अनुकरण करने के लिए उसके पास कोई एक नहीं, बल्कि कई तरह की छवियाँ और व्यक्तित्व होते हैं। ये तमाम पहलू उसके परा-अहम् को और कमजोर करते हैं और उसकी कीमत पर उसका अंतर्मुखी आदर्शीकृत अहम् प्रभावी होता चला जाता है। बच्चा जैसे ही रोता है, उसे चुप कराने की कोशिश फौरन होती है लेकिन उसका बाकी वक्त किसी खटोले, झूले या गोद में बिना ध्यान दिये गुजर जाता है। वयस्क बच्चे को शांत करने की कोशिश तो करते हैं पर उसे सक्रिय करने या प्रतिक्रिया करने के लिए प्रोत्साहित करने के प्रयास आमतौर पर नहीं किये जाते। इस तरह परिवार में बच्चा न तो कभी पूरी तरह अकेला छोड़ा जाता है, न ही उस पर केंद्रीय रूप से ध्यान दिया जाता है। परिवार में बच्चे की हैसियत उसके जन्म के आधार पर निर्धारित हो जाती है। इन परिस्थितियों में वह तकरीबन निर्वैयक्तिक किस्म के सामाजिकीकरण से गुजरता है। सचेत रूप से सीखने की उम्र आने पर बच्चे को इस विश्वास के तहत पाला जाता है कि वह औपचारिक निर्देशों के पालन के बजाय स्वयं देख-समझ कर ज्यादा सीखता है। इससे बच्चे में एक

तरफ तो स्वायत्तता की प्रवृत्ति बढ़ती है पर दूसरी ओर वह सचेत निर्देशों और अनुशासन के तहत प्राधिकार के प्रतीकों के प्रति किसी विशेष अनुपालन की भावना से लैस नहीं हो पाता। परिवार में साफतौर पर पीढ़ीगत या आयुगत फासले न रखे जाने के कारण बोलना और चलना सीखते ही बच्चा वयस्क जीवन की संरचनाओं में घुलमिल जाता है। परिवार में अपनी विशिष्ट स्थिति का लाभ उठा कर उसमें एक वयस्क को दूसरे वयस्क के मुकाबले इस्तेमाल करने की क्षमता पैदा हो जाती है। औपचारिक शिक्षा शुरू होने से पहले बच्चे को वयस्क जीवन की गतिविधियों से अलग रखने की कोई कोशिश नहीं होती। वह वयस्कों की ही तरह देर तक जागता रहता है। बड़े चर्चा करते रहते हैं जिससे बच्चे को अलग रखने की कोई विधि नहीं अपनायी जाती। कुल मिला कर भारतीय परिवार में बच्चा इतिहास की कालातीत और चक्रीय गति के अंग की तरह विद्यमान रहता है। अन्य संस्कृतियों की तरह रैखिक और समय द्वारा सीमित प्रतीकों से उपजनेवाले संयम से भारतीय बच्चे का साबका कम ही पड़ता है।

परिवार और बच्चे के लालन-पालन से जुड़ी ये विशेषताएँ भारतीय व्यक्तित्व में विविधता और मतभेदों को स्वीकार करने के रवैये का समावेश कर देती हैं। न तो वह किसी केंद्र पर जोर देता है और न ही दूसरों से ऐसी अपेक्षा करता है। परा-अहम् कमजोर होने के कारण किन्हीं खास मूल्यों और मानकों पर खरा उतरने का कोई मानसिक दबाव नहीं होता। अस्मिताओं की बहुलता, अस्पष्टताओं, असमानताओं और अनिश्चितताओं के प्रति सहिष्णुता जैसे गुण इसी तरह के सामाजिकीकरण की उपज होते हैं।

बचपन से ही परिवार के भीतर माँ और अन्य महिलाओं पर दीर्घकालीन निर्भरता के साथ-साथ मध्यवर्गीय घरों में नौकरों और नीच समझे जानेवाले काम करनेवाले चाकरों पर निर्भरता के कारण भारतीय व्यक्तित्व को आत्मनिर्भरता की भावना का ज्यादा स्पर्श नहीं मिल पाता। परिणामस्वरूप नौकरों से उसका जुड़ाव भावात्मक रूप ले लेता है। उसमें वरिष्ठों का आज्ञाकारी होने और कनिष्ठों से आज्ञापालन की अपेक्षा करने का रवैया पैदा होता है जो कुल मिला कर विविधताओं और अनिश्चितताओं के बीच ऊँच-नीच की अनम्य श्रेणियों के माध्यम से व्यवस्था पैदा करने के सामाजिक रवैये को पुष्ट करता है। व्यक्ति और समाज की इन सहजात विशेषताओं में अफसरों और नेताओं के साथ चलनेवाले अधीनस्थों और नौकरों के फौजफाँटे का तर्क देखा जा सकता है। जीवन के हर क्षेत्र में 'वरिष्ठों' के प्रति आदर व्यक्त करने से लेकर ऊँचे प्राधिकार की क्षमताओं में जादुई किस्म का यकीन करने और ऊँचे हलकों पर जिम्मेदारी डालने से लेकर समकक्षों के साथ काम करने में असुरक्षा के बोध

जैसे लक्षणों को इसी रोशनी में समझा जाना चाहिए।

ये भारतीय व्यक्तित्व के विरोधाभास ही हैं जिनके कारण किसी श्रेणीगत परिस्थिति की नामौजूदगी में भारतीय लोग भरोसे की कमी और संदेह के शिकार हो जाते हैं। बच्चे की हर जिद पूरी करने और वयस्क जीवन में कड़े आत्मसंयम के आग्रह का विरोधाभास अस्थिरता और अनिश्चितता का एहसास पैदा करता है। माँ जैसे ही परिवार के अन्य कर्तव्यों की तरफ अपना ध्यान हटाती है, बच्चा भौंचक्का रह जाता है। उसे लगता है कि उसे धोखा-सा दिया गया है। वह विश्वास और असुरक्षा के संकट का शिकार हो जाता है।

भारतीय स्वभाव के विकासक्रम के बारे में कही गयी ये सभी बातें काफी सामान्यीकृत किस्म की हैं। इनसे केवल कुछ मोटे-मोटे अंदाजे ही लगाये जा सकते हैं। इसी तरह यौनिकता के बारे में भारतीय व्यवहार-शैली के कुछ अनुमान लगाये जा सकते हैं। लेकिन यहाँ हमारा विषय सामाजिकीकरण के उन मनोवैज्ञानिक पहलुओं को सामने लाना है जो भारतवासियों के राजनीतिकरण को प्रभावित करते हैं।

परंपरा का आधुनिकीकरण

इस विश्लेषण से एक अंदाजा लगाया जा सकता है कि भारतीय परंपरा की अराजनीतिक प्रकृति और समाज की विविधतामूलक संरचना ने किस तरह बिना पुरानी व्यवस्था को ठुकराये हुए आधुनिकीकरण की चुनौतियों का सामना किया। इससे यह भी पता चला कि एक अराजनीतिक समाज ने नये किस्म के राजनीतिक केंद्र को कैसे स्वीकार किया। अब हम यह देख सकते हैं कि आधुनिक राज्य-तंत्र ने इस समाज की ठोस परंपराओं के साथ कैसा सुलूक किया।

परंपरा की पुनर्व्याख्या

विश्लेषण के इस मुकाम पर पहुँच कर हम भारतीय संस्कृति में व्याप्त परंपरानिष्ठा पर दो परस्पर विपरीत पहलुओं के संदर्भ में गौर करते हुए आगे बढ़ सकते हैं। एक तरफ नैतिकता की परिस्थिति सापेक्ष और बहुलतावादी संहिता है, और दूसरी तरफ वह भावातीत और अद्वैतवादी नजरिया है जिसमें देश और काल के सारे अंतर्विरोध समा जाते हैं। यहाँ की समाज-व्यवस्था के स्थायित्व की गारंटी नैतिकता का कोई सार्वभौम प्रतिमान न अपनाने, कठोर पक्षधरताओं और कठमुल्लावादी रवैयों से बचने और विकल्पों में से किसी एक को चुनने के बजाय चयन से ही कतराने की प्रवृत्ति के कारण हुई है। सहिष्णुता की खूबी

का इस्तेमाल भी असहमति के स्वर के साथ सहअस्तित्व की सकारात्मकता के लिए नहीं, बल्कि अक्सर उसका सामना करने की स्थिति को टालने की नकारात्मकता के लिए किया जाता है। देकार्तपंथी दर्शन में निहित द्वैत के मुकाबले भारतीय समाज का पर्यावरण अद्वैतवादी चिंतन से बनता है जिसका दरवाजा नाना प्रकार के तत्त्वों के लिए खुला है, पर किसी एक तत्त्व के ऊपर खास जोर नहीं दिया जाता। इस तरह का विश्व-दृष्टिकोण अंतर-वैयक्तिक संबंधों और सांगठनिक कौशल को महत्त्व नहीं देता। इस विचार के लिए असहमति का प्रत्येक स्वर उसी एक परम सत्ता का ही अंग है जो सबमें समायी हुई है। जाहिर है कि इन आग्रहों के गर्भ से अपनी ही मूल्य प्रणाली के प्रति गहरी प्रतिबद्धता नहीं निकल सकती। ये वैचारिक आग्रह सुलह-सफाई और आमसहमति को प्रमुखता देते हैं। आधुनिक राजनीति में इन प्रवृत्तियों से काफी दिक्कत आती है, क्योंकि इनके आधार पर लोकतांत्रिक सहिष्णुता के लिए गुंजाइश मिलने के साथ-साथ *गीता* और कौटिल्य के *अर्थशास्त्र* द्वारा प्रतिपादित निरंकुशता के प्रति सहनशीलता भी पैदा हो जाती है। शायद इसी रुझान को संतुलित करने के लिए गाँधी ने भारतीय संस्कृति में सत्य की एक ऐसी अवधारणा का समावेश करना चाहा था जो मूलतः भारतीय न हो कर पश्चिमी किस्म की थी।

पिछली दो शताब्दियों में चली सामाजिक-राजनीतिक रूपांतरण की प्रक्रिया भी भारतवासियों की इस विश्व-दृष्टि को बदलने में नाकाम रही है। हमारे नये अभिजनों ने सामाजिक-धार्मिक सुधारों के माध्यम से इसे प्रभावित करने की कोशिश की। इन सुधारों के दो पहलू थे : निजी आचरण पर जोर, परंपरा के परिप्रेक्ष्य के खिलाफ जाना और पश्चिमी किस्म के सामाजिक आचरण की श्रेष्ठता स्थापित करना। राममोहन राय और गाँधी जैसे सुधारकों और नेताओं ने पुरातन समाज के अतिरेकपूर्ण सापेक्षतावाद से मुक्ति पाने हेतु परंपरा का सार्वभौमिकीकरण करते हुए एक नयी विश्व-दृष्टि की आधारशिला रखी। इन सुधारकों ने व्यक्तिगत विवेक के नैतिक आयामों पर जोर दिया। बाद में भारतीय परंपरा की ग्रहणशीलता का हवाला दे कर पश्चिमी संस्कृति से निकली हुई संस्थाओं और आदर्शों को वैधता देने की कोशिश की गयी।

यह भारतीय संस्कृति की परंपरा से चली आ रही नैतिकता ही थी जिसने राजनीतिक दायरे को पृथक करके उसकी मूल्य प्रणाली को अलग से विकसित होने का मौका दिया। इससे हुआ यह कि अंग्रेजी राज के खिलाफ चले प्रतिरोध आंदोलन को तो वैधता मिली ही, आजादी के बाद नये राजनीतिक केंद्र की सत्ता को स्वीकार करने की परिस्थितियाँ भी तैयार हो गयीं। आजादी के पहले भी बाहर

के आक्रमणों का प्रतिरोध करने और भीतरी स्तर पर सुधार की प्रक्रिया चलाते रहने की प्रवृत्ति मौजूद थी। नयी उदीयमान राष्ट्रीय राजनीतिक संस्कृति को व्यक्त करने के लिए नाना प्रकार के सांस्कृतिक मानकों के जगत और सेकुलर व्यवस्था के परस्पर विपरीत स्वभाव का इस्तेमाल किया गया। इस तरह यह सेकुलर सत्ता इस प्राचीन महादेश की विविध संस्कृतियों के बीच सूत्र बन गयी और उसने संघटन के नये एजेंट की भूमिका ग्रहण कर ली। नये प्रतीकों और नयी अस्मिताओं के विकास का रास्ता खुला। भावातीत और द्वैतवादी परंपराओं को पश्चिम के 'भौतिकवाद' के मुकाबले भारतीय दार्शनिक और आध्यात्मिक महानता के रूप में पेश किया गया। इस तरकीब ने विजातीय संस्थाओं और परंपराओं को अपनाने से होनेवाले बौद्धिक अपमान का मुकाबला करने की मानसिक सुविधा प्रदान कर दी। विलोमों की एकता की अद्वैतवादी अवधारणा ने नयी राजनीति के लिए समाज में सौदेबाजी और मध्यस्थता की भूमिका ग्रहण करना आसान कर दिया। राजनीतिक प्रबंधन के ऐसे रूप विकसित हुए जो परंपरा का स्पर्श तो लिये हुए थे ही, लेकिन समाज में विविधताओं के संघटन की नयी प्रणाली को पुष्ट भी करते थे। भारतीय संस्कृति की 'महान परंपराओं' और ग्रामीण संस्कृति की 'लघु परंपराओं' के साथ-साथ बहुसामाजिक और बहुक्षेत्रीय राजनीतिक संस्कृति की 'मध्यवर्ती परंपराओं' का विकास भी शुरू हो गया। इस प्रक्रिया के गर्भ से जिस राजनीतिक सौदेबाजी की संस्कृति का जन्म हुआ उसे दलीय प्रणाली के कामकाज में देखा जा सकता है। दलीय प्रणाली में आमसहमति का केंद्रीय सरोकार नीतियों और कार्यक्रमों से न जुड़ा हो कर गुटों और धड़ों की राजनीति से होता है।

इतिहास की चक्रीय अवधारणा पर जोर देने के कारण भारतीय मानस पर छाई अनैतिहासिकता के परिणामस्वरूप पैदा हुआ प्रारब्धवाद भारतीय राजनीतिक नेतृत्व को परेशान करता रहा है। पश्चिमीकृत बुद्धिजीवियों की पहली पीढ़ी ने त्याग की भारतीय प्रवृत्ति को पूरी तरह ठुकराने की कोशिश की थी पर बाद में गाँधी ने इस परंपरा की पुनर्व्याख्या करके उसे भारतीय राष्ट्रवाद के खास आयाम के रूप में पेश कर दिया। उन्होंने इतिहास के वर्चस्व को मानने से इंकार किया और अ-ऐतिहासिक मुद्रा अख्तियार की। उन्होंने संतों जैसा जीवन अपना कर इतिहास की गति में हस्तक्षेप करने का अलग मानक स्थापित किया और पूरे संघर्ष को परंपरा से जोड़ते हुए उसमें एक नैतिक आयाम का समावेश किया। जीवन के कठोर यथार्थ से निष्क्रिय हो कर मुँह चुरानेवाले भारतीय मन ने देखा कि उसके इस रवैये को भी असहयोग आंदोलन की अहिंसक व्यूह रचना में बदला जा सकता है।

विविध आस्थाओं के प्रति सहिष्णुता की परंपरा-प्रदत्त प्रवृत्ति के कारण नाना प्रकार के भाषायी और धार्मिक समुदायों को सेकुलरवाद के ढाँचे के तहत एकीकृत करने की सुविधा मिली। यह परंपरा का ही प्रभाव था जिसके तहत लोग सामाजिक विषमताओं के प्रति अपराधबोध महसूस किये बिना आधुनिक क्षेत्र में भागीदारी कर सके। इतिहास के निर्माण के प्रति अनुत्सुक जनता को आजादी के बाद विकसित हुए अभिजनों ने इतिहास के निर्माण का औजार बना लिया। नयी निष्ठाओं और नये प्रतीकों ने भारतीय परंपरानिष्ठा और भारतीय आधुनिकता के बीच सेतु का काम किया। राष्ट्र-निर्माण की प्रक्रिया में कदम-ब-कदम पुरानी विश्व-दृष्टि को खारिज करने का अवसर मिला। परंपरा की अधिक 'भौतिकवादी' व्याख्याएँ होने लगीं। महान साम्राज्यों और मध्ययुग की व्यापारिक परंपराओं के हवाले दिये जाने लगे। जाति-इतिहासों और भाषायी-इतिहासों का लेखन शुरू हुआ। एक नयी हैसियत की आकांक्षा से अनुप्राणित हो रहे भारतवासियों के लिए ये सभी सार्थक परिवर्तन थे। इसी संदर्भ में धर्म और कर्म की अवधारणा की पुनर्व्याख्या को भी देखा जा सकता है। आधुनिक राजनीति ने पुरानी अस्मिताओं और जाति-प्रथा की जकड़ को ढीला करके उपलब्धि और सामाजिक गतिशीलता के नये मानक बनाये। नयी संरचनाओं में अधिकारों और कर्तव्यों के नये रूप उभरे जिन्होंने धर्म और कर्म की अवधारणा को अचानक ठुकराये बिना उसे धीरे-धीरे प्रतिस्थापित कर दिया।

पारंपरिक अभिजनों के लिए राजनीति ऊँचे तबके के रुतबे को स्थापित करने का जरिया बनी लेकिन बहुत से समूहों के लिए वह बेहतर सामाजिक दर्जा हासिल करने की सीढ़ी भी साबित हुई। धर्म की जो अवधारणा इन समूहों को समाज-व्यवस्था की शोषणकारी संरचनाओं को बनाये रखने के लिए मजबूर करती थी, वही उत्पीड़नकारी संरचनाओं को उलट देने का धर्म बन गयी, क्योंकि गाँधी वगैरह ने औपनिवेशिक शासन के खिलाफ संघर्ष को अपना धर्म ही तो करार दिया था। पारंपरिक संस्कृति की अस्पष्टता और अंतर्विरोधी मानकों ने समाज के निचले स्तरों पर पड़े हुए समूहों को अपने जातीय, वंशीय और मिथकीय इतिहास की मदद से नये दावे करने का मौका दिया। वे अधिकार के साथ आधुनिक बंदोबस्त में अपने लिए जगह की माँग करने लगे। नतीजे के तौर पर नयी राजनीति ने परंपरागत अस्मिताओं को उभारा, मगर उन्हें बुनियादी तौर पर बदल भी दिया। ये अस्मिताएँ नये मूल्यों से आवेशित हो कर राजनीतिक संघटन का उपकरण बन गयीं और नयी सांस्कृतिक परंपराएँ विकसित होने लगीं।

परिवर्तन के इस दिलचस्प दौर का श्रेय राष्ट्रीय आंदोलन में और फिर आजादी के बाद उभरे नेतृत्व को जाता है। इस नेतृत्व पर पहले पश्चिमीकृत

आधुनिकतावादी हावी थे। लेकिन आगे चल कर उसकी बागडोर आधुनिकीकरण में यकीन करनेवाले परंपरावादियों के हाथ में चली गयी।

नये राजनीतिक केंद्र की रचना

भारतीय समाज के राजनीतिकरण के संदर्भ में सबसे महत्त्वपूर्ण परिवर्तन नये राजनीतिक और शासकीय केंद्र की स्थापना के रूप में हुआ है। इसका श्रेय राष्ट्रीय आंदोलन की भूमिका को तो जाता ही है, लेकिन ब्रिटिश शासन की भूमिका उससे भी ज्यादा उभर कर आती है। आजादी मिलते ही नयी सरकार द्वारा अपनायी गयी नीतियों ने समाज के परंपरागत ढाँचे को बुरी तरह झकझोर डाला। सामंती विशेष सुविधाएँ खत्म कर दी गयीं, मालिक-मातहत के संबंध गड़बड़ा गये, ग्राम समुदाय का अलगाव टूट गया, नये मध्यस्थों और सत्ता के नये केंद्रों का जन्म हुआ। इस प्रक्रिया में खुद को प्रारब्ध के सहारे छोड़ने की प्रवृत्ति कम हुई, शास्त्रीय और धार्मिक के बजाय सेकुलर और राजनीतिक ताकतों ने समाज के संघटन की जिम्मेदारी सँभाली और सरकार, चुनाव, पार्टियों और नौकरशाही के केंद्रीय चिह्नों से सैकड़ों-हजारों समुदायों का सामना हुआ। इन परिवर्तनों के साथ-साथ पर्याप्त साक्षरता और संपत्ति को आधार बनाये बिना सभी लोगों को सार्विक मताधिकार दिये जाने से राजनीतिक समुदाय के निर्माण में निर्णायक मदद मिली। इससे पहले कि शिक्षा, शहरीकरण और तेज आर्थिक विकास की आधुनिक प्रक्रियाओं के असर में समाज नये विभेदीकरण की तरफ जाता, इस विकासक्रम ने कमोबेश एक नयी बृहत्तर राष्ट्रीय अस्मिता उपलब्ध कर ली। राजनीति और समाज के आर्थिक संगठन में आये परिवर्तनों को यह कह कर स्वीकार और आत्मसात किया जाने लगा कि पहले तो ऐसा नहीं होता था। एक साथ कई मंजिलों को हासिल करने के लिए किए गये इस सफर की बेहद साहसिक परियोजना भारत की अनूठी उपलब्धि थी।

सेकुलर राजनीतिक व्यवस्था के प्रतीक चिह्नों का इस्तेमाल पारंपरिक व्यवस्था को नये सिरे से पुनर्व्यवस्थित करने में किया जाने लगा। 'तर्कबुद्धि' पर आधारित नयी शिक्षा ने अतीत और वर्तमान को एक-दूसरे के बरक्स सचेत रूप से खड़ा कर दिया। यह चेतना जैसे-जैसे बढ़ी, वैसे-वैसे लोगों को लगा कि अतीत में कुछ न कुछ गलत जरूर था जिससे समाज में जड़ता आयी और अब इससे छुटकारा पाने के लिए नियोजित परिवर्तन की जरूरत है। लोगों को यह भी लगा कि समाज के साथ कहीं कुछ नया-सा हो रहा है। इससे पहले के समयों में हुए बदलाव अनिवार्यत: विचारधारात्मक और समाज में समुदायों की हैसियत और दर्जे में यदा-कदा तब्दीली लानेवाले ही थे। उन परिवर्तनों के बाद

भी समाज की संरचना स्थिर ही रही थी। लेकिन आजादी के बाद हुए परिवर्तनों से पहली बार लगा कि समाज की मुख्य धुरी पर ही आक्रमण हो रहा है। बदलाव भले ही कितना भी धीरे और क्रमशः हुआ हो, पर निश्चित रूप से वह समाज के ढाँचे को पुनर्व्यवस्थित करने के लिए था।

समाज के विकास में सरकार की भूमिका बढ़ी। सरकार का दायरा और आकार बढ़ने से राजनीतिक समुदाय का आकार भी बढ़ा। लोग आमतौर पर सरकारोन्मुख हुए। सरकार की वजह से न केवल राजनीतिक संरचनाएँ सामने आयीं, बल्कि आर्थिक कार्यक्रम बने, लक्ष्य और भूमिकाएँ निर्धारित की गयीं। सरकार ने निजी और परिवारगत जीवन-शैलियों और उत्पादक प्रक्रियाओं में परिवर्तन का रास्ता खोला। सरकार की इस व्यापक भूमिका के कारण बृहत्तर रूपांतरणकारी प्रभाव जमीन पर दिखने और सार्थक प्रतीत होने लगे।

यह भी कहा जा सकता है कि इस तरह का परिवर्तन लाने के लिए अभिजनों ने प्राधिकार और सत्ता की उस माई-बाप छवि का इस्तेमाल किया जो भारतीय मन पर गहरायी से उकरी हुई थी। लेकिन सरकार के प्रति लोगों के रवैये में एक नयी बात भी थी कि अब वे सरकार को एक ऐसे दायरे के रूप में देखते थे जिसे अपने फायदों के लिए इस्तेमाल किया जा सकता था और जिससे जवाबतलब किया जा सकता था। समाज परिवर्तन के सिलसिले के इस विश्लेषण से जाहिर है कि भारतवासी शनैः-शनैः खुद को आधुनिकीकृत करते रहे और इसके लिए उन्होंने किसी हिंसक उथल-पुथल का सहारा नहीं लिया। बाहर से देखने पर परिवर्तन की यह रफ्तार बेहद धीमी लगती है; और इस एहसास में देश के पश्चिमीकृत आधुनिकतावादियों के पूर्वग्रहों ने भी योगदान किया है।

और कुछ बाधाएँ

भारतीय परंपरा आधुनिकीकरण की परियोजना के लिए सुविधा ही नहीं, बल्कि अपने कुछ खास तरह के आयामों के कारण मुश्किलें भी पैदा करती है। इनमें एक पहलू जन्मना आरोपित श्रेणीगत विभाजन का है जिसके तहत परंपरा असहमति और विविधता समेत सभी तरह के विभेदों को व्यवस्थित करती चली जाती है। राष्ट्रीय आंदोलन और आजादी के बाद के शुरुआती वर्षों की राजनीतिक गोलबंदी के दौरान इस प्रवृत्ति का काफी कुछ सफलतापूर्वक सचेत मुकाबला किया गया था। लेकिन जैसे-जैसे नयी राजनीतिक प्रणाली मजबूत हुई और उसे नौकरशाहाना नियमों और कार्यविधियों का आधार मिला, वैसे-वैसे तरह-तरह की औपचारिकताओं और शासकीय कर्मकांडों की शक्ल में इस रवैये को फिर

से जड़ जमाने का मौका मिल गया। सामाजिक-आर्थिक संबंधों और सरकारी कामकाज में लालफीताशाही या नियम आधारित अक्षमता की परिघटना प्रकाश में आयी। आधुनिक सेकुलर राजनीतिक संस्थाओं द्वारा प्रतिपादित सार्वभौम मूल्यों के जमने से पहले ही श्रेणीक्रम पर आधारित मूल्यों ने माहौल को प्रभावित करना शुरू कर दिया। नयी शिक्षा और नये पेशागत अवसर भी इसी हिसाब से स्थानीय श्रेणीक्रम से बाँधे जाने लगे। आधुनिक क्षेत्र में भी श्रेणीकरण ने अपने आप में एक सामूहिक मूल्य का दर्जा प्राप्त कर लिया। इसी शैली में असहमति से निपटने की तरकीबें बनायी जाने लगीं। प्रतिरोध को सत्ता और सामाजिक दर्जों की संरचना में जगह पाने का जरिया बनाया जाने लगा। इससे हुआ यह कि परिवर्तन की हर कोशिश का नतीजा जन्मना आरोपित श्रेणीपरक संबंधों को सुदृढ़ करने में भी निकला। भारतवासियों को आर्थिक और राजनीतिक क्षेत्र की बृहत्तर सेकुलर श्रेणियों पर उस समय तक अविश्वास रहता है जब तक वे राजनीतिक दल और स्थानीय अधिकारी तंत्र के माध्यम से छोटी-छोटी स्थानीय किस्म की श्रेणियों की शक्ल में उन तक नहीं पहुँचतीं। परिणामस्वरूप 'विकेंद्रीकरण' जैसी परिघटना कई उपसंस्कृतियों में विभक्त हो कर रह जाती है। लगभग एक-सी संरचना के बावजूद इन उपसंस्कृतियों का वजूद अलग-अलग होता है और वे उसी तरह की जन्मना आरोपित प्रवृत्तियों में रची-बसी होती हैं। करिश्माई सत्ता के प्रभाव को छोड़ कर कुल मिला कर कहा जा सकता है कि भारतीय लोग अनुशासित सामूहिक कार्रवाई और बृहदाकार श्रेणियों को नापसंद करते हैं। भारतीय परंपरा व्यक्ति के मनोजगत में कुछ ऐसी अंतर्बाधाएँ भी पैदा करती है जिनके कारण लोग विभाजन और टूट के अंदेशे का सामना करके उसे हल करने के बजाय टालते रहते हैं। यह अलग बात यह है कि यह रवैया भारतीय परिस्थितियों में अक्सर कारगर भी रहता है।

निष्कर्ष

भारतीय संस्कृति में संस्थाओं और प्रतीकों की केंद्रीय प्रणाली और उसका नैरंतर्य नहीं है। यहाँ अस्मिताएँ बिखरी हुई हैं। समाज किसी केंद्र की निकटता महसूस नहीं करता। उपकेंद्र स्वायत्त किस्म के हैं। राजनीति और संस्कृति के बीच आमतौर पर अलगाव है।

केंद्राभिमुख संस्कृतियों में आधुनिकीकरण की प्रक्रिया प्राधिकार की पूरी प्रणाली को ही चुनौती दे डालती है। इस तरह व्यक्तियों और समूहों की अस्मिता पर सवालिया निशान लग जाता है। पूरी व्यवस्था ही हिल जाती है। लेकिन किसी केंद्र को समर्पित न होनेवाली भारत जैसी संस्कृति में आधुनिकीकरण के तत्त्व

पूरी प्रणाली को हिलाने में कामयाब नहीं होते। केंद्राभिमुख संस्कृति की परंपराएँ ज्यादा सेकुलर होती हैं। उसके लोग ज्यादा राजनीतिकृत और प्राधिकार के प्रति ज्यादा निष्ठावान होते हैं। भारत में निष्ठाएँ टुकड़ों में बँटी होती हैं और मनुष्य की मुक्ति उसके निजी आत्मज्ञान पर निर्भर मानी जाती है। उसकी हैसियत समाज में उसके समुदाय की हैसियत के हिसाब से आँकी जाती है। ऐसे समाज में प्राधिकार बिखरा और विकेंद्रीकृत रहता है। केंद्राभिमुख राजतंत्र अस्थिर और अस्थायी प्रवृत्तियों का शिकार रहता है। संस्कृति स्थायी प्रवाह के रूप में मौजूद होती है। राजतंत्र और संस्कृति के बीच भारी अंतरालवाली इस व्यवस्था में 'समष्टि' व्यक्तिगत अंगों का योग नहीं होती, न ही वह उन अंगों से परे जा सकती है। यहाँ तो समष्टि संबंधों और गठजोड़ों के एक संजाल की तरह काम करती है।

केंद्राभिमुख संस्कृतियों में आक्रामकता के आयाम को प्राधिकार की प्रमुखता के तहत नरम कर लिया जाता है। समाज का परा-अहम् ही सर्वोच्च रहता है जिससे आधुनिक युग में राजनीति को केंद्रीय भूमिका मिल जाती है। भारत जैसी गैर-धार्मिक संस्कृतियों में राजनीति की केंद्रीय भूमिका एकदम अलग कारणों से विकसित होती है। शेष संस्कृति से कटी होने के कारण भारत में 'नयी राजनीति' को एक तरह की स्वायत्तता और सत्ता मिल जाती है। भारत में राजनीतिक अभिजन परिवर्तन को प्रोत्साहित करने की भूमिका जरूर निभाते हैं पर वे सामुदायिक जीवन-शैली को पुनर्व्यवस्थित करने की हैसियत नहीं रखते। उनकी वैधता का स्रोत न तो इतिहास होता है और न ही वे अपनी सत्ता आरोपित करके वैधता प्राप्त कर पाते हैं। बजाय इसके उन्हें जीवन के अन्य क्षेत्रों में सत्ता के संसाधनों का प्रसार करके, मध्यस्थता करके और अपने प्रति लोगों को कायल करके वह भूमिका निभानी पड़ती है जो गैर-राजनीतिक अभिजन निभाते रहे हैं।

विरोधाभास यह है कि नये जरियों से राजनीतिक केंद्र और उसके प्रतीकों की समाज में पैठ ऐतिहासिक रूप से गैर-सेकुलर संस्कृतियों में अधिक आवश्यक और आसान साबित हुई है। ऐसे समाज इस पैठ को नौकरशाहीकरण और शासन की ताकत के माध्यम से नहीं, बल्कि अनुग्रह और कृपा के माध्यम से आत्मसात करते हैं। ऐसी संस्कृति में सरकार को समाज के विभिन्न हलकों में हो रहे बदलाव के प्रति संवेदनशील होना पड़ता है। तभी वह शासन कर पाती है। अधिक सेकुलर संस्कृतियों में सरकार ऐसे परिवर्तन की तरफ से आँखें बंद करके शासक अभिजनों की इच्छा थोप सकती है। गैर-राजनीतिक समाजों में अगर सरकार अन्य क्षेत्रों में हो रहे परिवर्तनों के साथ हमदर्दी न रखते हुए उनके

लिए रास्ता साफ करने का काम नहीं करती तो ऐसी सरकार जल्दी ही अपनी वैधता खो देती है। उसके और नेताओं के प्रति नफरत का भाव पैदा होता चला जाता है।

कांग्रेस 'प्रणाली'

भारतीय राजनीति की दलीय प्रणाली पर किये गये इस क्लासिक अध्ययन में रजनी कोठारी ने बेहद संश्लिष्ट विश्लेषण के जरिये प्रदर्शित किया है कि यह पश्चिमी अर्थों के अनुसार एक-दलीय या द्वि-दलीय या बहु-दलीय न हो कर एक पार्टी के वर्चस्व की प्रणाली रही है। साठ, सत्तर और अस्सी के दशकों तक यह वर्चस्ववाली पार्टी कांग्रेस थी। आज कांग्रेस का वर्चस्व गठजोड़ राजनीति के कारण टूट चुका है। लेकिन आज भी एक मॉडल के रूप में वही प्रणाली काम कर रही है जो भारतीय संस्कृति की मूल प्रवृत्तियों के साथ एकाकार होते हुए कमजोर विपक्ष के बावजूद आम सहमति और पंच फैसलों के जरिये लोकतांत्रिक चरित्र ग्रहण करती है।

दलीय प्रणाली का अध्ययन करते समय अब तक आपस में दो विपरीत परिघटनाओं पर ध्यान दिया गया है। इनमें एक है द्वि-दलीय प्रणाली या बहु-पार्टी प्रणाली और दूसरी है 'एकल-पार्टी प्रणाली'। पिछले कुछ दिनों से इस विषय पर चर्चा करने के लिए दलीय प्रणाली को दो या तीन भागों में बाँटने का तरीका अपनाया जा रहा है। इसके पीछे मुख्य आग्रह यह है कि दलीय प्रणाली में दलों के बीच चुनाव का मौका मिलना चाहिए जो जाहिर है कि एकल-पार्टी प्रणाली में नहीं मिल सकता। द्वि-दलीय प्रणाली यह अवसर देती है। बहु-पार्टी प्रणाली भी यह मौका देती है लेकिन उसमें इसकी उपलब्धि कुछ जटिल तरीके से होती है।[१] जो भी हो, दलीय प्रणाली की प्रचलित किस्मों के पीछे यही दलील काम कर रही है। हाँ, यह जरूर है कि कुछ दलीय प्रणालियों, खासतौर से अफ्रीका के कुछ नये राष्ट्रों की प्रणालियों, के काम-क़ाज को ठीक-ठीक समझने की कोशिश भी की गयी है। साथ ही अमेरिकी और ब्रिटिश दलीय प्रणालियों का 'व्यवहारवादी विश्लेषण' करने का प्रयास भी किया गया है।[२] इन अध्ययनों की रोशनी में राजनीतिक दल नाम परिघटना को देखने की नयी दृष्टियों का उद्‌घाटन हुआ है और विद्वानों के सामने प्रचलित नजरिये की खामियाँ साफ हुईं हैं।

दलीय प्रणाली पर बहस के इसी माहौल में भारतीय उदाहरण पर एक नजर डालना ठीक होगा। भारतीय दलीय प्रणाली व्यवहार में सफल होने के साथ-साथ प्रचलित दलीय प्रणालियों से अलग किस्म की है और राजनीतिक कामकाज को आँकने की आमतौर से इस्तेमाल की जानेवाली कसौटियों पर सवालिया निशान भी लगाती है। मेरी मान्यता है कि राजनीति को हमेशा इस नजरिये से नहीं देखा जाना चाहिए कि उसके जरिये किसको क्या, क्यों और कैसे मिलता है। यह तो राजनीति नामक परिघटना की बेहद सरलीकृत व्याख्या हो जायेगी कि उसे सिर्फ कुछ नीतियों और उनसे जुड़े नेताओं के बीच चुनाव के अवसर के रूप में ही देखा जाये। बहरहाल, मेरा इरादा यहाँ इस तरह के बुनियादी सवालों का जवाब खोजना नहीं है। मैं तो अपने इस आलेख में भारतीय दलीय प्रणाली के वास्तविक कार्य-व्यापार का वर्णन करना चाहता हूँ।

भारत और पश्चिम में देखने में यह बात समान लगती है कि दोनों ही जगह कई-कई पार्टियाँ सक्रिय हैं और नयी पार्टियाँ गठित करने की छूट है। जाहिर है कि इन समानताओं और दोनों की साझा विरासत के तथ्य से इंकार नहीं किया जा सकता—लेकिन उनके बीच दो फर्क भी हैं जिनका जिक्र शुरू में ही कर देना ठीक रहेगा। पश्चिम में होता यह है कि वहाँ दो 'विकल्पों के बीच चुनाव' का पैमाना काम करता है और मतदाताओं से उम्मीद की जाती है कि वे इसी तर्ज पर चुनाव की आजादी का इस्तेमाल करेंगे। भारतीय दलीय प्रणाली में यह पहलू निर्णायक नहीं है। दूसरे, पश्चिम में सरकार और पार्टी के बीच के संबंध में पार्टी सरकार के औजार की आनुषंगिक भूमिका ही निभाती है, जबकि भारत में ऐसा नहीं है।[३]

भारतीय दलीय प्रणाली : एक अवधारणा

भारतीय दलीय प्रणाली को एक पार्टी के वर्चस्व की प्रणाली कहा जा सकता है। यहाँ यह साफ कर देना जरूरी है कि एकल-पार्टी प्रणाली से यह बिल्कुल अलग किस्म का बंदोबस्त है। यह एक ऐसी स्पर्धात्मक दलीय प्रणाली है जिसमें एक-दूसरे से होड़ कर रही पार्टियाँ असमान भूमिकाएँ निभाती हैं। इसका एक हिस्सा 'आमसहमति की पार्टी' से और दूसरा हिस्सा 'दबाव की पार्टियों' से मिल कर बनता है। दबाव की पार्टियाँ हाशिये पर रह कर सक्रिय रहती हैं। इस तरह इस दलीय प्रणाली में 'दबाव के हाशिये' की धारणा काफी महत्त्वपूर्ण बन जाती है। हाशिये के भीतर आमसहमति की पार्टी में सक्रिय गुट या धड़े भी कार्यरत रहते हैं। हाशिये के बाहर कई विपक्षी समूह, पार्टियाँ, सत्तारूढ़ पार्टी के असंतुष्ट गुट, दूसरे हित-समूह और महत्त्वपूर्ण शख्सियतों की मौजूदगी रहती है। खास बात

यह है कि हाशिये के बाहर के इन तत्त्वों से सत्तारूढ़ पार्टी का विकल्प तैयार नहीं होता। ये तत्त्व तो लगातार सत्तारूढ़ दल पर दबाव डालने, उसकी आलोचना करने और निंदा करने में व्यस्त रहते हैं। वे हाशिये के भीतर कार्यरत हितों और विचारों को प्रभावित करके सत्तारूढ़ पार्टी पर अपना असर डालते हैं। उनकी कार्रवाइयों में सत्तारूढ़ पार्टी के लिए हमेशा एक अंदेशा छिपा रहता है कि अगर जनता की प्रचलित राय या पसंद और उसके बीच फासला बढ़ा और अगर उसके भीतर की धड़ेबंदी के जरिये इस संतुलन को फिर से कायम नहीं किया गया तो विपक्ष उसे सत्ता से हटा देगा। एक पार्टी के वर्चस्व की प्रणाली में ये दो पहलू अनिवार्यतः होते हैं कि उसमें सत्तारूढ़ पार्टी के भीतर गुटों के जरिये समस्याओं के निराकरण का बंदोबस्त काम करता है और दबाव के हाशिये के बाहर मौजूद ताकतों द्वारा उसे सत्ता से हटाये जाने की चेतावनी भी मौजूद रहती है। इस दलीय प्रणाली में यह माना जाता है कि सत्ता के एकमात्र वैध उपकरण के रूप में आमसहमति की पार्टी हमेशा जनता की माँगों और दबावों के प्रति संवेदनशील रहेगी। लेकिन एक सुरक्षा उपाय के तौर पर उसके लिए एक अप्रत्यक्ष चेतावनी कायम रखी जाती है ताकि एक सुपरिभाषित समूह या कुछ समूहों का उन परिस्थितियों में राजनीतिक स्पर्धा और बाह्य नियंत्रण सुनिश्चित करने के लिए आह्वान किया जा सके, जब सत्तारूढ़ पार्टी के भीतर होड़रत अभिजन सामान्य तौर पर हालात से निपटने में नाकाम हो जायें या उसे हल करने के लिए तैयार न हों। इस पूरी प्रणाली की संवेदनशीलता दबाव के हाशिये की संवेदनशीलता पर और उसके लचीलेपन पर निर्भर करती है। यह इस बात पर भी निर्भर करती है कि विभिन्न धड़ों, असंतुष्ट गुटों और विपक्षी दलों को सक्रियता के लिए सत्तारूढ़ पार्टी कितनी गुंजाइशें देती है, ताकि वे महत्त्वपूर्ण मसलों पर चुनाव और निर्णय में सक्षम हो सकें।

राजनीति के इस बंदोबस्त में आमसहमति की व्यवस्था का केंद्रीय महत्त्व रहता है और उसे 'आमसहमति की पार्टी' के जरिये लागू किया जाता है। भारत में कांग्रेस ही यह आमसहमति की पार्टी है जो विभिन्न धड़ों की एक विस्तृत संरचना के जरिये काम करती है और जिनसे पूरी दलीय प्रणाली का स्पर्धा-तंत्र संचालित होता है। मैंने इस कांग्रेसी धड़ेबंदी और उसकी भूमिका के मुख्य पहलुओं को अपने एक अन्य लेख में विस्तार से व्याख्यायित किया है।[४] इस रचना में मैंने दिखाया है कि धड़ेबंदी के हर स्तर पर राजनीतिक परिवर्तन कैसे घटित होता है और न केवल नये किस्म के लोग सत्ता में आते हैं, बल्कि अपने साथ नये रवैये और सत्ता के प्रति नया नजरिया भी लाते हैं। साथ ही विचारधारा और मुद्दों को वाणी देने की नयी शैलियाँ सामने आती हैं। उस लेख के कुछ

तर्कों को मैं यहाँ संक्षेप में दोहराऊँगा। १९४७ में भारतीय राष्ट्रीय कांग्रेस ने एक पार्टी के रूप में राष्ट्र पर अपना वर्चस्व स्थापित किया। हालाँकि कई विपक्षी पार्टियाँ भी उभरीं लेकिन आमतौर से यह माना गया कि कांग्रेस ही देश की मुख्य राजनीतिक पार्टी है जो ऐतिहासिक आमसहमति की नुमाइंदगी करती हुई देश-भर के समर्थन और विश्वास से लगातार लैस है। इन हालात में राजनीतिक होड़ कांग्रेस के भीतर ही रह गयी और वहीं चलती रही। इसी क्रम में पार्टी और सरकार की गतिविधियों के हर स्तर पर गुटों अथवा धड़ों का एक विस्तृत बंदोबस्त विकसित हुआ। नीचे से ऊपर तक यानी लंबवत काम करनेवाली 'धड़ों की शृंखला' के माध्यम से इन स्तरों के बीच समन्वय कायम हुआ।[५] नेताओं के बीच निजी होड़ के आधार पर जन्म लेनेवाले इन गुटों ने विभिन्न सामाजिक समूहों और नेता-अनुयायी संबंधों की संरचनाओं के आस-पास अपना विकास किया। फिर इस गुटीय संरचना के तहत देहाती इलाकों में सत्ता की मेहरबानियों के वितरण के साथ-साथ रिश्तेदारियों और जाति के पारंपरिक पहलुओं को भी शामिल कर लिया गया। नतीजतन दबाव और समझौतों का एक सिलसिला बना। राजनीतिक संगठन में सक्रिय दो तरह के कारकुनों ने इसे सँभाला। इनमें एक था राज्यों और जिलों में महत्त्वपूर्ण सांगठनिक पदों पर बैठा प्रबंधक किस्म के नेताओं का तबका और दूसरा था क्षेत्र में जनता और नेताओं के बीच संपर्क-सूत्र की तरह काम करनेवाला कार्यकर्ता।[६] जैसे-जैसे इस प्रणाली ने काम किया वैसे-वैसे राजनीतिक स्पर्धा तीखी हुई, तब्दीलियाँ आयीं और अधिक विस्तृत सामाजिक आधार से निकले नेताओं की कतारों ने सत्ता हासिल की। कांग्रेस के भीतर टकराव, मध्यस्थता, सौदेबाजी और सहमति की जटिल संरचना बनती चली गयी।

इस प्रणाली का ठोस रूप राज्य स्तर पर उभरा, जहाँ कांग्रेस संगठन की बागडोर सँभालनेवाले लोगों ने कई बार सरकार के मुख्य विपक्ष की भूमिका निभायी, वैकल्पिक नेतृत्व प्रदान किया और उसे सत्ता से हटा कर नयी सरकार भी बनायी।[७] इस प्रक्रिया में न सिर्फ कांग्रेस के सांगठनिक चुनावों की, बल्कि आम चुनावों और उनके लिए उम्मीदवार चुनने की भी महत्त्वपूर्ण भूमिका रही। आखिर में मध्यस्थता और सुलह-सफाई के साथ-साथ कांग्रेस के भीतर विभिन्न स्तरों के बीच तालमेल कायम करने की जरूरत के कारण केंद्रीय नेतृत्व भी इस गुटीय संरचना में शामिल हो गया। नेहरू की मृत्यु के बाद एक नया विकास यह हुआ कि कांग्रेस के शीर्ष पर भी यही गुटबाजी दिखायी देने लगी। पार्टी की केंद्रीय कार्यकारिणी सक्रिय हुई और उसने नेहरू के बाद सरकारी उत्तराधिकार की समस्या में दृढ़तापूर्वक सफल मध्यस्थता की।[९] इस पूरे विकास-क्रम का

नतीजा सभी स्तरों पर पार्टी संगठन को मिलनेवाली प्राथमिकता में निकला, चाहे वह सरकार और पार्टी के बीच स्पर्धात्मक संबंध हो या इन दोनों में सक्रिय गुटों के बीच संबंध हो।

संरचनागत लक्षण

संरचनागत रूप से इस दलीय प्रणाली के दो लक्षण दिखायी देते हैं। पहला, वर्चस्वशाली पार्टी के भीतर बहुलता का प्रभाव है जिसके कारण वह ज्यादा प्रतिनिधित्वमूलक, लचीली और आंतरिक होड़ के अनुकूल बन जाती है। दूसरा, वह अपने दायरे से बाहर से गुटों और आंदोलनों को अपने आगोश में लेने के लिए तैयार रहती है ताकि दूसरी पार्टियों की ताकत न बढ़ने पाये। यह एक ऐसी प्रणाली है जो पहले वर्चस्वशाली पार्टी के भीतर शक्ति को केंद्रित करता चली जाती है और फिर उस शक्ति के प्रयोग को सीमित करने के लिए आंतरिक उपायों की रचना करती है। इससे होता यह है कि यह ऐतिहासिक आमसहमति का प्रतिनिधित्व करनेवाली वर्तमान की आमसहमति का प्रतिनिधित्व भी करने लगती है। परिणामस्वरूप उस व्यवस्था और संस्थागत ढाँचे की वैधता भी सुनिश्चित होती है जिसके तहत यह वर्चस्वशाली पार्टी काम करती है।

ऐसी दलीय प्रणाली में विपक्ष की भूमिका पर पहले ही चर्चा की जा चुकी है। सत्तारूढ़ पार्टी के लिए लगातार खतरा बने रह कर वह कांग्रेस में सत्ता के भीतरी ढाँचे को जीवंत और गतिशील रखता है। दूसरी तरफ, विपक्ष की अपनी ताकत कांग्रेस की ताकत के हिसाब से बढ़ती-घटती है। जब कांग्रेस कमजोर होती है तो विपक्ष मजबूत होता है। उस समय विपक्ष काफी ताकतवर हो जाता है जब कांग्रेस की हालात पर पकड़ छूट जाती है या उसकी आंतरिक गुटबाजी का संतुलन बिगड़ जाता है।[१०]

इस परिस्थिति के कुछ संरचनागत परिणाम भी होते हैं। चुनाव के लिहाज से विपक्ष केवल स्थानीय या क्षेत्रीय स्तर पर ही अच्छा प्रदर्शन कर पाने की स्थिति में रह जाता है। जहाँ तक विधायिका का सवाल है, विपक्ष राष्ट्रीय स्तर पर भी सक्रिय रहता है और व्यवस्था को टिकाये रखने में बड़ी उपयोगी भूमिका निभाता है। उल्लेखनीय है कि संसदीय परंपराओं की विरासत और संसद में राष्ट्रीय आंदोलन के नेताओं द्वारा उन्हें और मजबूती प्रदान कर देने के कारण विपक्ष को उसके आकार के मुकाबले कहीं ज्यादा महत्त्व मिला हुआ है। यही कारण है कि सत्ता में आने के नाममात्र के मौकों के बावजूद विपक्ष अपना नैतिक और सक्रियता का उत्साह बनाये रखता है। फिर, कांग्रेस का सत्तारूढ़ गुट कुछ विपक्षी नेताओं को काफी निजी किस्म की महत्त्व देता है जिससे उनकी कुंठा

और कड़वाहट अवांछित रूप ग्रहण नहीं कर पाती और विपक्ष के नेताओं और उसकी कार्यकर्ता-पंक्ति के बीच काफी अंतराल पैदा हो जाता है। सत्ता द्वारा दी गयी तरजीह विपक्ष के नेताओं को अपनी कार्यकर्ता-पंक्ति के रेडिकल रवैये से सुरक्षित रखती है।

राष्ट्रीय राजनीतिक अभिजनों के साथ इस संबंध को अगर छोड़ दिया जाये तो भारत का विपक्ष हर तरह से एक क्षेत्रीय परिघटना के अलावा कुछ और नहीं है। विपक्ष की 'राष्ट्रीय' पार्टियाँ भी अपनी राज्य इकाइयों का ढीला-ढाला गठजोड़ ही हैं। इसीलिए विपक्षी दल अपने गठन में काफी पंचमेल किस्म के लगते हैं और उनमें ऊपर से अनुशासन लागू करना मुश्किल होता है। विपक्ष बिखरा हुआ और काफी विभाजित रहता है। आमसहमति की पार्टी होने के बजाय दबाव की पार्टी होने के कारण विपक्ष का मोर्चा भानुमती के कुनबे की तरह लगता है। इस कारण की रोशनी में समझा जा सकता है कि क्यों द्रमुक जैसी क्षेत्रीय पार्टियाँ, आदिवासियों और विभिन्न भाषाओं का प्रतिनिधित्व करनेवाली पार्टियाँ और कुछ जातियों पर आधारित पार्टियाँ (जैसे, केरल में कम्युनिस्ट या पहले कभी आंध्र में कम्युनिस्ट, कुछ क्षेत्रों में जनसंघ और स्वतंत्र पार्टी) कांग्रेस का बेहतर ढंग से मुकाबला कर पाती हैं। हाँ, यह जरूर हुआ है कि संसदीय गतिविधियों से मिले अनुभव के सकारात्मक प्रोत्साहन और देश के कई हिस्सों में कांग्रेस के नकारात्मक क्षय के कारण दबाव की इस संरचना में कुछ सुधार की शुरुआत हुई है : विपक्षी दल भी नाना प्रकार के सामाजिक समूहों का प्रतिनिधित्व करते नजर आने लगे हैं। तबकाई समूहों की गतिशीलता में सेकुलर तत्त्वों का कहीं ज्यादा समावेश भी हुआ है जिससे विपक्ष की आवाज और बुलंद होने की संभावना बनी है।[११] इसके बावजूद आमसहमति के दूसरे दल की आहट दूर-दूर तक नहीं सुनायी दे रही है। आगे कुछ उभरती हुई प्रवृत्तियों पर विचार करने के दौरान मैं इस मुद्दे पर फिर से विचार करूँगा।

अभी तक मैंने जो कुछ कहा है, उससे भारत में चल रही एक पार्टी के वर्चस्ववाली प्रणाली के बारे में कुछ मोटी-मोटी परिभाषाएँ और विवरण ही सामने आये हैं। इस लेख में मैं इस प्रणाली के जन्म और विकास की व्याख्या कर सकनेवाली परिकल्पना पेश नहीं करना चाहता, क्योंकि मेरी दिलचस्पी इसके संचालन के मूल तर्क में है। साथ ही मैं राजनीतिक और संस्थागत विकास को प्रभावित करनेवाले ढाँचे पर इसके असर को भी देखना चाहता हूँ। लेकिन इस प्रणाली के कुछ खास पहलुओं को सामने लाने के लिए मैं उस ऐतिहासिक और राजनीतिक आबोहवा की संक्षिप्त झलक जरूर पेश करूँगा जिसमें इसका विकास हुआ है।

विचारधारात्मक आयाम

यह याद रखना जरूरी है कि कांग्रेस का जन्म और सत्तारोहण एक राजनीतिक पार्टी के रूप में न हो कर आजादी और सुधार के एक आंदोलन के रूप में हुआ था। इस संगठन का यह पहलू बहुत महत्त्वपूर्ण है कि इसके द्वारा चलाये गये आंदोलन और इसके रूप के विकसित होने में बहुत लंबा समय लगा। १८८५ में स्थापित होने के बाद यह संगठन बौद्धिक आंदोलन के लंबे दौर से गुजरा जिसमें इसके लक्ष्यों का सूत्रीकरण हुआ। बीस और तीस के दशक में यह जनांदोलन में रूपांतरित हो गया जिसकी जड़ें और परंपराएँ गहरी होती चली गयीं। इसके दो मतलब थे। समाज के सभी तबकों और हितों को अपने दायरे में ले कर कांग्रेस ने वैधता हासिल कर ली और उसके साथ ही उस आमसहमति से लैस हो गयी जिसे मैं 'ऐतिहासिक आमसहमति' कहता हूँ। लेकिन इसका एक मतलब यह भी था कि इसी प्रक्रिया में संगठन की संरचना सुदृढ़ हो चुकी थी और इसकी क्षमताओं की शर्तें भी तय हो चुकी थीं। कांग्रेस के रूप में खास तरह के राजनीतिक अभिजनों ने खुद को संगठित कर लिया था और वह संगठन दूर-दूर तक फैले हुए जिलों, प्रदेशों और पूरे भारत में एक सुगठित आंदोलन का नेतृत्व कर रहा था। कांग्रेस को इसी के जरिये अपनी पहचान मिली। यह सही है कि कांग्रेस के संगठन का निर्माण समाजवादी और कम्युनिस्ट पार्टियों की तरह आधुनिक नौक़रशाही की शैली में नहीं हुआ, लेकिन इसके बावजूद इस ताकतवर आंदोलन में अपने लक्ष्यों के प्रति पूर्ण समर्पण और अनुशासन के गुण थे। इसी प्रकृति ने कांग्रेस की संगठनात्मक विचारधारा का निर्माण किया। यह विचारधारा आज भी जारी है। 'कामराज योजना' को इसकी ताजी और सर्वाधिक विशिष्ट प्रतिध्वनि के रूप में देखा जा सकता है।

दूसरे, कांग्रेस शुरू से ही लोकतांत्रिक विचारधारा के प्रति प्रतिबद्ध थी। अच्छी-खासी पश्चिम विरोधी भावनाओं और अतीत के प्रति वायवीय मोह के बाद भी कांग्रेस लोकतंत्र के प्रति अपनी निष्ठा के मामले में कभी ढुलमुल नहीं दिखी। अतीत मोह ने कांग्रेस के नेतृत्व की लोकतांत्रिक प्रवृत्तियों को ही पुष्ट किया जिसका प्रमाण हमें परंपरागत राजशाही के बजाय 'पंचायती राज' के समर्थन में मिलता है (इस पंचायती राज को बाद में 'लोकतांत्रिक विकेंद्रीकरण' का नाम दिया जाना भी महत्त्वपूर्ण है)। इसी तरह बोलने की आजादी और असहमति के प्रति सहिष्णुता (जो दरअसल विपक्ष की आवश्यकता की स्वीकारोक्ति थी) को कांग्रेस ने राजनीतिक आधुनिकता के बुनियादी नियमों की तरह मान्यता दी। अहिंसक राष्ट्रवाद और बौद्धिक शांतिवाद ने भी इसी लोकतांत्रिक रुझान को रेखांकित किया। कांग्रेस की इन प्रतिबद्धताओं के कारण

सोच-विचार के माहौल पर लोकतांत्रिक और स्पर्धात्मक हवाओं का असर कायम रहा जिसके तहत विकसित हुई दलीय प्रणाली अन्य देशों की 'एकल दलीय प्रणालियों' से कतई अलग किस्म की थी। एक पार्टी पर आधारित राज्य का मॉडल शुरू से ही कांग्रेस को सख्त नापसंद था।

किसी भी प्रणाली को कारगर होने के लिए ऐतिहासिक कारणों की जरूरत तो होती है लेकिन केवल उन्हीं से काम नहीं चलता। निश्चित रूप से कांग्रेस ने आजादी की लड़ाई का जो आंदोलन चलाया वह अपने चरित्र और गहराई में बेमिसाल था और देश में कांग्रेस के संगठन की मौजूदा हैसियत का भी यही कारण है। लेकिन कांग्रेस प्रणाली के मौजूदा स्वरूप के पीछे आजादी के बाद हुए उसके सुदृढ़ीकरण की भूमिका है। इसके अलावा एक खास तरह के माहौल ने भी सत्ता में कांग्रेस की स्थिति निर्द्वंद्व बनाने में ही नहीं, बल्कि उसकी ताकत बढ़ाने और उसे एक तरह के जमीनी यथार्थ में बदल देने का काम किया। अक्सर कहा जाता है कि आजादी मिलते ही कांग्रेस एक आंदोलन न रह कर एक राजनीतिक दल में बदल गयी थी। यह दावा भारतीय परिस्थिति की गलत समझ पर आधारित है, क्योंकि कांग्रेस आजादी मिलने के बाद भी एक आंदोलन ही बनी रही। विदेशी शासन से मुक्ति हासिल करने के बाद उसे राष्ट्र-निर्माण की मुहिम छेड़नी थी। राष्ट्र-निर्माण के माध्यम से आधुनिकीकरण करने की इस शैली ने भारतीय दलीय प्रणाली के कई मौजूदा लक्षणों की रचना की है। इस लिहाज से यह प्रणाली कई विकासशील कम्युनिस्ट और गैर-कम्युनिस्ट देशों की सरकारी और आंदोलनात्मक पार्टियों से मिलती-जुलती है, लेकिन कांग्रेस ने उनके अधिनायकवादी आयामों से खुद को दूर रखा है। स्वतंत्र संस्थाओं की सक्रियता के जरिये विकसित की गयी आमसहमति पर आधारित आंदोलन चलाते हुए कांग्रेस प्रतिरोध संघर्षों में आमतौर पर होनेवाली हिंसाओं से भी बचती रही। उसका आजादी के बाद का स्वरूप इसी प्रकार बना। आइए, देखें कि आज की इस दलीय प्रणाली के मुख्य पहलू कौन-कौन से हैं।

सरकार की भूमिका

सत्तारूढ़ होने के बाद कांग्रेस ने समाज के विकास में सरकार और राजनीति की सकारात्मक और अत्यंत प्रमुख भूमिका को मान्यता दी। दूसरे, उसने केंद्रीय सत्ता की ताकत को राष्ट्र के बचे रहने की मुख्य शर्त बनाया। इस ताकत को न केवल सुदृढ़ किया गया, बल्कि उसकी क्षमता को काफी बढ़ाया गया। तीसरे, उसने वैधता को राजनीति की मुख्य शर्त बना कर सरकार और सत्तारूढ़ दल को प्रतीकात्मक रूप से काफी महत्त्वपूर्ण बना दिया। इस तरह उसने दावा किया कि

'केवल कांग्रेस पर ही यकीन किया जा सकता है'। यही कारण है कि केवल कांग्रेस ही आमसहमति की पार्टी बन सकी। राजनीतिक व्यवस्था एक विशेष नेतृत्व, उसके उत्तराधिकारियों और एजेंटों का पर्याय बन गयी। इस प्रकार कांग्रेस के नाम से जुड़ी प्रतीक-योजना की अभिव्यक्ति यथार्थपरक होती चली गयी। चौथे, कांग्रेस ने सत्ता में संसाधनों को अपने हाथ में केंद्रित कर लिया, सत्ता की मेहरबानियों के बँटवारे पर भी उसी की इजारेदारी रही और इस तरह उसकी ताकत इतनी बढ़ गयी कि उसके साथ राजनीतिक प्रतियोगिता बहुत कठिन हो गयी। पाँचवें, शासन के स्पर्धात्मक मॉडल को अपना कर कांग्रेस ने जन-गोलबंदी और जन-सहयोग के लिए राजनीतिक भागीदारी का तरीका अख्तियार किया न कि नौकरशाहाना नियंत्रण और पुलिस की निगरानी का। जाहिर है कि विरासत में मिले विराट सांगठनिक ढाँचे, अपने नेतृत्व और संस्थाओं पर अपने वर्चस्व के कारण लाभान्वित करने की क्षमता के साथ केवल कांग्रेस ही इस प्रकार की भागीदारी के लिए हालात मुहैया कर सकती थी।

भारतीय राजतंत्र के सामाजिक और विचारधारात्मक आधार की व्यापकता का विस्तार कांग्रेस के भीतर अवसरों के विस्तार और व्यापकता पर निर्भर करता था। नये तबके और हित-समूह विपक्षी दलों से जुड़ने से घबराते थे, क्योंकि इससे उन्हें सत्तारूढ़ दल की नाराजगी का सामना करना पड़ता और वे अपने पैरों पर कुल्हाड़ी ही गार लेते। ऐसा कई बार देखा गया कि किसी खास तबके की माँगों को विपक्ष ने आंदोलन के जरिये सफलतापूर्वक उठाया लेकिन उससे फायदा कांग्रेस को हुआ, क्योंकि उस तबके के नुमाइंदे कांग्रेस की कतारों में खींच लिये गये। इन हालात से कांग्रेस के मुकाबले विपक्ष की बदहाली का अंदाजा लगाया जा सकता है।[१२]

कांग्रेस के प्रति आमसहमति न केवल ऐतिहासिक विरासत, बल्कि विभिन्न हितों के साथ लगातार तालमेल का नतीजा थी। ऐसा नहीं है कि इस तालमेल के लिए कांग्रेसजनों में कोई खास बौद्धिक चैतन्यता या दृष्टि की व्यापकता रही हो। दरअसल, कांग्रेस का रवैया कई हित-समूहों के प्रति काफी कठोर रहा, नये हितों को अपने संगठन में नुमाइंदगी देने के मामले में वह अनुदारता प्रदर्शित करती रही, नयी भर्ती के लिए उसने अपने दरवाजे मजबूरी में ही खोले और ऐसी नौबत आने पर अक्सर फायदे में रही। लेकिन, हालात कुछ ऐसे बने कि कांग्रेस की हैसियत आमसहमति की पार्टी के रूप में उत्तरोत्तर पुष्ट होती चली गयी। जिन जगहों पर वह जमे हुए या नये उभरते हुए गुटों के लिए गुंजाइश नहीं निकालने में नाकाम रही वहाँ उसे असंतुष्ट गुटों या विपक्ष ने पराजित कर दिया।[१३]

टकराव के प्रति रवैया

भारतीय राजनीतिक व्यवस्था में कुछ ऐसे अंतर्निहित निरोधात्मक पहलू विकसित हो गये हैं जो टकराव की स्थितियों को एक हद से बाहर नहीं जाने देते और वह नाजुक संतुलन नहीं बिगड़ पाता जिस पर कांग्रेस प्रणाली आधारित है। इन निरोधात्मक पहलुओं को राजनीतिक विकास के एक महत्त्वपूर्ण रुझान की तरह देखा जाना चाहिए। लगता है कि नेतृत्व को इस मामले में सतर्क रहने की आदत पड़ गयी है कि चाहे पार्टी की गुटबाजी हो या बाहर चल रहा कोई प्रतिरोध संघर्ष हो, उसे लाइलाज होने से रोकते हुए काबू में रखा जाना चाहिए। दूसरी तरफ कांग्रेस में धड़ेबंदी की जो गुंजाइशें हैं वे उसमें जड़ता नहीं आने देतीं और जब भी जरूरत पड़ती है, नया संतुलन हासिल करने में मदद करती हैं। पिछले कुछ वर्षों में कांग्रेस के भीतर सुलह-सफाई का एक तंत्र विकसित हो गया है जो विभिन्न स्तरों पर विभिन्न तरीके के कार्यभार अंजाम देता है। यह तंत्र लगातार सक्रिय रह कर गुटों के आपसी झगड़ों में मध्यस्थता करता रहता है, राज्यों और जिलों में राजनीतिक फैसलों को प्रभावित करता रहता है। ऐसे कई उदाहरण मिल सकते हैं जब इस तंत्र ने एक धड़े के मुकाबले दूसरे धड़े का साथ दिया हो और चुनाव प्रणाली और लाभान्वित करने के अन्य तरीकों की मदद से सत्ता में उस धड़े की स्थिति मजबूत हो गयी हो। विवादों को सुलझाने और मध्यस्थता करने के साथ-साथ अखिल भारतीय कांग्रेस कमेटी और प्रदेश कांग्रेस कमेटियों के स्तर पर तीखे टकराव से बचने की प्रवृत्ति बढ़ती जा रही है। छोटे आकार की कार्यकारिणी समितियों, अनौपचारिक किस्म की सलाहकार समितियों और नेतृत्व के भीतर सक्रिय अंदरूनी गुटों के जरिये पैदा हुए लचीलेपन के कारण ऐसा हो पाया है।

यही रुझान सत्तारूढ़ दल के बाहर देखा जा सकता है। भारतीय संसद के कामकाज में कांग्रेस संसदीय दल के बढ़ते हुए महत्त्व को इस मामले में मिसाल के तौर पर लिया जा सकता है। दूसरी मिसाल विधायी मामलों और राजनीतिक निर्णय लेने के लिए बनायी गयी कई तरह की कामकाजी समितियों की है। संसदीय आमसहमति बनाने में यह समितियों की प्रणाली केंद्रीय भूमिका निभाती है। संसद में कार्यवाही-संबंधी प्रमुख मसलों ५र विभिन्न पार्टियों के नेताओं से सलाह लेना और कांग्रेस संसदीय दल में राज्य समितियों की रचना इसी कमेटी-प्रणाली का ही विस्तार है। इसी तरह मंत्रिपरिषद में महत्त्वपूर्ण जिम्मेदारियाँ विशेषज्ञों और 'निर्विवाद' किस्म के लोगों की तैनाती का नया रवैया सामने आया है। राजनीतिज्ञ मंत्रियों के बीच भी टकराव और विवाद को सीमित कर दिया गया है और इसके लिए दो तरीके अपनाये गये हैं : मंत्रिपरिषद में एक अंदरूनी

गुट सामूहिक रूप से जिम्मेदारियाँ निभाने लगा है और दार्शनिक किस्म के विचारधारात्मक मुद्दों पर बहस रोकने के लिए महत्त्वपूर्ण पदों से 'सिद्धांतवेत्ताओं' को हटा दिया गया है। मंत्रिपरिषद के अलावा अन्य क्षेत्रों में भी या तो निर्णय की स्वायत्तता और गैर-राजनीतिक कामकाज की पद्धति लागू कर दी गयी है या इसकी माँग की जा रही है। यही वजह है कि फौज को उसके अंदरूनी प्रशासन और नीति-निर्माण में और ज्यादा स्वायत्तता दी जा रही है जिससे नागरिक और सैन्य प्रशासन के बीच संबंधों में आपसी विश्वास की भावना में बढ़ोतरी हुई है। फौज का नैतिक बल ऊँचा हुआ है और उसमें नागरिक प्राधिकार के प्रति आदर में वृद्धि हुई है। योजना आयोग और राष्ट्रीयकृत उद्योगों में भी इसी तरह की स्वायत्तता और पेशेवराना नजरिये की माँग हो रही है। धड़ेबंदी की राजनीति से पैदा हो सकनेवाली नाजुक परिस्थितियों के दायरे सीमित करने की दिशा में भी काम हो रहा है, हालाँकि इसके पीछे राजनीतिक भागीदारी को सीमित करने का मकसद नहीं है और न ही सरकार की आलोचना या उसकी कुछ खास विफलताओं की निंदा करते हुए जनता की राय व्यक्त करने के अधिकार को कम करने की मंशा है। ये तो कांग्रेस प्रणाली को चलानेवाली संस्थाओं की बेहद राजनीतिक संरचना के कारण पैदा हुई समस्याओं को दुरुस्त करने के अंतर्निहित उपाय मात्र हैं।

कांग्रेस की हैसियत के और मजबूत हो जाने का एक कारण यह भी है कि उसने देश में असंतोष और टकराव के कुछ अत्यंत संभावित स्रोतों को बेअसर करने की नीतियाँ अख्तियार कर रखी हैं। ये नीतियाँ हैं : सामंतवाद का उन्मूलन, राज्यों का भाषायी आधार पर पुनर्गठन, मजदूर संघों में कांग्रेसजनों की जम कर घुसपैठ और उसके साथ-साथ मजदूरों के लिए सुरक्षात्मक कानूनों को बनाना, उत्पीड़ित तबकों को विशेष सुविधाएँ दे कर जघन्य किस्म की सामाजिक विषमताओं का उन्मूलन और हिंसा, अलगाववाद और राजद्रोह भड़काने की सभी हरकतों को कड़ाई से दबाना। इन नीतियों से कांग्रेस ने एक ओर तो वैधता प्राप्त करने की मुहिम चलायी और दूसरी ओर रूपांतरण का अभियान चलाया। इन तमाम पहलुओं ने मिल कर आमसहमति की पार्टी के रूप में कांग्रेस के दावे को मजबूत किया और विपक्ष की स्थिति को खासा समस्याग्रस्त कर दिया।

कांग्रेस के हाथ में सत्ता के इस कदर केंद्रीकरण के बावजूद तानाशाही नहीं आयी तो इसका कारण यह था कि निर्वाचन प्रक्रिया स्वतंत्र रूप से काम करती रही, आमसहमति की पार्टी के भीतर धड़ेबंदी की संरचनाएँ मजबूत होती चली गयीं और विपक्ष सत्तारूढ़ दल पर जरूरी दबाव डालने में सफल रहा। नेतृत्व की यह खूबी रही कि उसने लोकतांत्रिक तौर-तरीकों के प्रति अपनी रुचि कायम

रखी, कानून के शासन का आदर किया, अनावश्यक कलह को टाला और नाना प्रकार के तत्त्वों को एक साथ रख कर हितों का एक किस्म का संतुलन बनाये रखा। कांग्रेस ने राजनीतिक अल्पसंख्यकों समेत अल्पसंख्यकों के प्रश्न पर खासी संवेदनशीलता का परिचय दिया और जहाँ तक हो सका, उनके लिए गुंजाइशें निकालीं। उसने आमतौर पर राष्ट्रीय राजनीति में व्यापक आधारवाली आमसहमति बनाने की हरचंद कोशिश की। मैं इन मुद्दों पर पहले भी चर्चा कर चुका हूँ इसलिए इन्हें दोहराने के बजाय एक बार फिर इस तथ्य पर जोर देना ही मुनासिब होगा कि आमसहमति की पार्टी के विकास और उसे सुदृढ़ करने की प्रक्रिया में विपक्ष की भूमिका का भी ध्यान रखा गया। भारत ने असहमति से बचने और एकता बनाये रखने के लिए दलीय प्रणाली के किसी भी अधिनायकवादी प्रकार को ठुकराने में कभी कोताही नहीं की। यही कारण है कि भारत में पायी जानेवाली एक पार्टी के वर्चस्ववाली दलीय प्रणाली घाना जैसे देशों की एकल पार्टी दलीय प्रणाली से पूरी तरह भिन्न है। इस वर्चस्व के आधार में केवल नागरिक या फौजी ताकत न हो कर आमसहमति से निकलनेवाली सत्ता है।

नेहरू की भूमिका

देश को ऐसी शक्ति और विशेषताओं से संपन्न संस्थाएँ देने में उसके पहले प्रधानमंत्री जवाहरलाल नेहरू ने निर्णायक भूमिका का निर्वाह किया। नेहरू की भूमिका को बढ़ा-चढ़ा कर दिखाना आसान है। साथ ही यह भी सोचा जाना चाहिए कि क्या नेहरू राष्ट्रीय आंदोलन की महान विरासत और कांग्रेस के तैयारशुदा संगठन के बिना भी ये उपलब्धियाँ कर सकते थे? लेकिन इस बात से इंकार नहीं किया जा सकता कि अगर नेहरू न होते और उनका कार्यकाल इतना लंबा न चलता तो स्वाधीनता के लाभों की बुनियाद को इस शैली में मजबूत करना कठिन साबित होता। नेहरू की भूमिका के दो पहलू थे। सिर्फ अपनी प्रभावशाली शख्सियत के दम पर उन्होंने देश को एक रखा, विघटनकारी ताकतों को काबू में रखने में कामयाबी हासिल की और दूरगामी समाज परिवर्तन के रास्ते को अपनाया। इतने लंबे समय तक एक व्यक्ति को राष्ट्रीय एकता का प्रतीक बना कर[१४] भारत मुश्किलों के उस तकलीफदेह दौर से बच निकला जिसका सामना करने से दूसरे कुछ कम सौभाग्यशाली नवस्वाधीन देश नहीं बच सके। लेकिन नेहरू की एक अन्य भूमिका भी थी जिसे कहीं ज्यादा महत्त्वपूर्ण और ठोस समझा जाना चाहिए। उन्होंने देश को संस्थाएँ प्रदान कीं और उन्हें वैधता और आधुनिक उद्देश्यों से आवेशित किया। इस लक्ष्य की पूर्ति के लिए वे धैर्य और दृढ़निश्चय के साथ लगे रहे। जैसा कि मैं पहले भी तर्क दे चुका हूँ कि

नेहरू की उपलब्धि किसी क्रांति की शुरुआत करने के बजाय एक आमसहमति बनाने की समझी जानी चाहिए।[१५] उन्होंने देश की संस्थाओं को जड़ें जमाने के लिए पर्याप्त समय दिया और उनके मुख्य प्रभारी के रूप में उनकी मजबूती सुनिश्चित की। उन्होंने देशवासियों को समता, स्वाधीनता और मतदान जैसे कुछ महत्त्वपूर्ण मूल्यों को स्वीकार करने के लिए मनाया। इस दौरान नेहरू ने सत्ता को अपने और पार्टी के हाथ में केंद्रित किया, एक प्रकार का संतुलन कायम रखते हुए लोकतंत्र की संस्थाओं में आस्था बनाये रखी, लेकिन राजनीतिक टकराव को काबू से बाहर नहीं जाने दिया। यह कहा जा सकता है कि यह सब करते हुए नेहरू समय की धारा में इस उम्मीद के साथ बहते रहे कि अंत में समस्याएँ अपना हल खुद-ब-खुद खोज लेंगी। हालात जो करवट ले रहे थे उसके प्रति शायद नेहरू बहुत आश्वस्त नहीं थे। लेकिन सत्ता के मामलों पर उनकी पकड़ अच्छी थी और लोकतांत्रिक संस्थाओं की प्रभावोत्पादकता पर काफी भरोसा था। इन कारणों से भारत को एक बुनियाद बनाने के लिए समय मिल गया।

एक लिहाज से नेहरू का काल भारतीय इतिहास की एक असाधारण अवधि थी। एक ऐसी अवधि जो बेहद जरूरी तो थी पर उतनी ही सहज नहीं थी। इसका दलीय प्रणाली के कामकाज पर असर पड़ा। यह सही है कि ऊपर बताये गये कारणों से कांग्रेस की ताकत बढ़ी लेकिन एक दूसरे लिहाज से ताकत को अपने हाथों में केंद्रित करके पार्टी को कमजोर कर दिया। उन्होंने ऐसा दिखाया कि जैसे केवल वे ही देश को एक रख सकते हैं। नेहरू ने राज्यों में और निचले स्तर पर हालात को अपने-आप चलने दिया। वहाँ पार्टी का संगठन अक्सर अपनी मनमानी करने में कामयाब रहा। लेकिन राष्ट्रीय स्तर पर उन्होंने संगठन के विकास को रोक दिया। कांग्रेस जैसी बेहद सुगठित और ताकतवर संस्था के संगठन में यह विसंगति बहुत ज्यादा दिनों तक नहीं चल सकती थी। इसीलिए अपने कार्यकाल के आखिरी दौर में उन्हें एक ऐसी पेशकश माननी पड़ी जिसने उनकी निर्बाध सत्ता की तो पुष्टि की पर साथ में कांग्रेस के संगठन की ताकत और प्रतिष्ठा भी बहाल हो गयी।

कामराज योजना

इस पेशकश को हम कामराज योजना के नाम से जानते हैं।[१६] कामराज योजना ने बहुत से लोगों का ध्यान अपनी ओर खींचा है। इसकी प्रशंसा के साथ-साथ इसका उपहास भी खूब हुआ है पर इसकी वास्तविक भूमिका को ठीक से नहीं समझा गया है। इस योजना को अगर सिर्फ उसके औपचारिक रूप से घोषित

उद्देश्यों के संदर्भ में समझा जायेगा तो उसके गलत नतीजे ही निकलेंगे। योजना की घोषणा के कुछ दिनों में ही प्रेक्षकों और स्तंभकारों को इस बात का एहसास हो गया था।[१७] लेकिन इन लेखकों ने कामराज योजना को कुछ नेताओं को साफ करने के हथकंडे के रूप में ही समझा। यह भी एक तरह की औपचारिक व्याख्या ही थी जिसके कारण योजना का महत्त्व कतई नहीं समझा जा सका। कामराज योजना का महत्त्व उसके तहत की गयी फौरी कार्रवाई में न हो कर उसके बाद उठाये गये कदमों में निहित है। पार्टी के काम के लिए केंद्रीय मंत्रियों और मुख्यमंत्रियों को पदों से हटाये जाने से ज्यादा ध्यान इस तथ्य पर दिया जाना चाहिए कि पार्टी के प्रबंधकों को राष्ट्रीय स्तर पर सत्ता में स्थान दिया गया है। राज्य स्तर के इन पार्टी प्रबंधकों को केंद्र में स्थान देने का मतलब राष्ट्रीय मामलों में उनके महत्त्व को स्वीकार करने के साथ-साथ नेहरू के हावी रहने के कारण केंद्रीय संगठन की खोई हुई प्रतिष्ठा फिर से स्थापित होना भी था। इस रोशनी में देखने पर कामराज योजना एक दुस्साहसवादी तख्तापलट न हो कर संगठन का जीर्णोद्धार ज्यादा लगती है।

नेहरू की मृत्यु के बाद कामराज योजना के शिकार नेताओं की सरकारों में वापसी को इस योजना की विफलता भी नहीं समझा जाना चाहिए। दरअसल, यह नतीजा नेहरू के उत्तराधिकार के मसले को गलत ढंग से समझने के कारण निकलता है। इसके पीछे सरकार और संगठन के बीच संबंधों में आये एक और परिवर्तन को ठीक से न समझ पाने की समस्या भी है। महत्त्वपूर्ण नेताओं का सरकार छोड़ कर संगठन की देखरेख में लग जाना उस हालत में ठीक था, क्योंकि तब सरकार में बैठे लोगों द्वारा संगठन कमजोर कर दिया गया था। लेकिन जब संगठन की हालत पहले की तरह मजबूत हो गयी हो और उसे राजनीतिक निर्णय लेने की प्रक्रिया में अपनी वाजिब जगह हासिल हो गयी हो, तब इस तरह का बंदोबस्त जारी रखने की कोई तुक नजर नहीं आती। नेहरू की मृत्यु के बाद यही हुआ है। उत्तराधिकार के सवाल पर लालबहादुर शास्त्री और मोरारजी देसाई में हुआ संघर्ष पार्टी संगठन के दो उसूलों के बीच का संघर्ष भी था। परिणाम यह हुआ कि संगठन (और साथ में मंत्रिमंडल) के महत्त्व को व्यवस्था के बुनियादी उसूल के रूप में स्वीकार किया गया। यह उसूल भारत में काम कर रही एक पार्टी के वर्चस्ववाली दलीय प्रणाली की बुनियाद में है। इसी उसूल के आधार पर भारतीय दलीय प्रणाली और पश्चिमी लोकतंत्रों की दलीय प्रणालियों और नवस्वाधीन देशों की एकल-दलीय प्रणालियों के बीच अंतर दिखता है, क्योंकि वहाँ पार्टी संगठन कार्यपालिका के उपकरण की भूमिका में रहता है। पश्चिमी लोकतंत्र में पार्टी की सहयोगी भूमिका संगठन की एकता को बनाये

रखती है और द्वि-दलीय प्रणाली के लिहाज से यह कारगर भी है। अधिनायकवादी और 'एकजुटता' पर बहुत जोर देनेवाली सरकारों में भी यह बंदोबस्त राजतंत्र को एकजुट और धड़ेबंदी को सीमा में रखता है। भारत जैसे देश में अगर एक ताकतवर और सुगठित पार्टी को अपने दोषनिवारण के तरीके खुद-ब-खुद खोज कर लोकतांत्रिक बना रहना है तो उसके संगठन को यह सकारात्मक भूमिका निभानी ही पड़ेगी।

बुनियादी मॉडल

ऊपर हमने देखा कि एक पार्टी के वर्चस्व की प्रणाली की मुख्य विशेषताएँ क्या-क्या हैं और वह कौन-से राजनीतिक और ऐतिहासिक माहौल में विकसित हुई है। यह एक ऐसी प्रणाली है जो कई अन्य चीजों के साथ-साथ बदलाव का एक विस्तृत तंत्र मुहैया कराती है। पश्चिमी दलीय प्रणालियों के विपरीत यह परिवर्तन उसी पार्टी के भीतर घटित होता है और एकल पार्टी प्रणाली के विपरीत इस परिवर्तन का मतलब तख्तापलट नहीं होता। भारतीय प्रणाली टकराव की अभिव्यक्ति और उसके हल का तंत्र भी प्रदान करती है। यह काम भीतरी और बाहरी दबाव के हाशियों के जरिये किया जाता है। यह प्रणाली धड़ेबंदी की संरचनाओं के जरिये समाज और राजनीति के बीच संपर्क सूत्र बनाती है। अभी तक इसका कामकाज संतोषजनक साबित हुआ है। इसकी कुछ समस्याएँ भी हैं जिनमें से कुछ गंभीर भी हैं। आखिरकार यह प्रणाली अभी विकसित हो रही है और काफी कुछ इस बात पर निर्भर है कि इससे बाहर के दायरों की उपलब्धियाँ क्या होंगी। ऊपर बताया जा चुका है और चालू रुझानों से लगता भी है कि कुछ क्षेत्रों में विपक्ष कांग्रेस को पीछे धकेलेगा। लेकिन ऐसा होना तो इस दलीय प्रणाली का अंतर्निहित और अनिवार्य हिस्सा समझा जाना चाहिए। जिन एकाधिक राज्यों में कांग्रेस की पकड़ कमजोर हुई है वहाँ विपक्ष सरकार भी बना सकता है। प्रणाली में भारी बदलाव तभी माना जायेगा जब ऐसा बहुत बड़े पैमाने पर हो और केंद्र भी उससे अछूता न बचे। ऐसा होने पर भी सवाल कायम रहेगा कि क्या नयी पार्टी या गठजोड़ के जरिये हमें आमसहमति की दूसरी पार्टी मिल पायेगी? या यह परिवर्तन जनता के मन में जमा हो चुकी असंतोष की अभिव्यक्ति मात्र रह जायेगा और अगर ऐसा हुआ तो थोड़े दिनों की सत्ता के बाद इसके तिरोहित हो जाने की संभावना होगी।

अंत में एक महत्त्वपूर्ण सैद्धांतिक प्रश्न पर विचार करना भी जरूरी है : आखिर एक स्थिर दलीय प्रणाली कैसे बनती है? अगर वह अभी संक्रमण की हालत में है तो उसकी परिपक्वता का क्षण कब आयेगा? क्या एक और

आमसहमति की पार्टी के रूप में 'वैकल्पिक सरकार' का उभरना जरूरी है? क्या कांग्रेस प्रणाली में पायी जानेवाली अभिजन-स्पर्धा और बिना किसी उलझन के सरकार में होनेवाले परिवर्तनों के सिलसिले का स्थायित्व ग्रहण कर लेना ही राजनीतिक संगठन की संतोषजनक स्थिति नहीं है?

हो सकता है कि एक पार्टी के वर्चस्व की भारतीय प्रणाली अपनी धड़ेबंदी, समर्थन-आधार और जनता के साथ संपर्क के बंदोबस्त के बावजूद एक संक्रमणकारी प्रणाली ही साबित हो और राष्ट्रीय विकास की विशेष अवधि के लिए आवश्यक यह प्रणाली आगे जा कर एक अधिक 'सहज' दलीय प्रणाली में विकसित हो जाये। इस प्रश्न के उत्तर को भविष्य के लिए छोड़ा जा सकता है। हो सकता है कि भविष्य में कांग्रेस के असंतुष्ट गुटों और विपक्ष के उद्देश्यपूर्ण गठजोड़ से या कांग्रेस के भीतर किसी जोरदार विभाजन से या फिर किसी विपक्षी दल के स्वतंत्र रूप से ताकतवर हो जाने से यह संभावना भविष्य में साकार हो। यह भी हो सकता है कि कांग्रेस प्रणाली की वैधता और ताकत जिस नाजुक संतुलन पर निर्भर है, वही बुरी तरह गड़बड़ा जाये। एक अधिक अधिनायकवादी प्रणाली भी उभर सकती है। समय के साथ राजनीतिक प्रणालियाँ बदलती ही हैं और किसी एक खास प्रणाली के ही बने रहने की कोई गारंटी नहीं होती। हाँ, यहाँ इतना जरूर कहा जा सकता है कि विभिन्न दलीय प्रणालियों की किस्मों में मेरे द्वारा वर्णित एक पार्टी के वर्चस्व की इस प्रणाली को एक विचारणीय योगदान के रूप में देखा जाना चाहिए। यह भारतीय तजुर्बे से निकली है और राजनीतिक संगठन के एक टिकाऊ मॉडल का नमूना है।[१८]

संदर्भ और टिप्पणियाँ

१. इंग्लेंड को छोड़ कर यूरोपीय महाद्वीप के देशों की दलीय प्रणालियों में अंतर करने के लिए न्यूमान ने कुछ तरीकों का सुझाव दिया है। वे सत्ता से नजदीकी के हिसाब से 'पार्टी ऑव एक्शन' और 'पार्टी ऑव प्लेटफार्म' में फर्क करके देखते हैं। एक दूसरा फर्क वे कार्यक्रम आधारित पार्टी और व्यक्ति आधारित पार्टी के रूप में करते हैं। इन्हें मोटे तौर पर संस्थागत और व्यक्तिगत सरकार के रूप में समझा जा सकता है। देखें : सिग्मंड न्यूमान (सं.), माडर्न पॉलिटिकल पार्टीज, शिकागो, शिकागो यूनिवर्सिटी प्रेस, १९५६

२. सेमुअल जे. एल्डर्सवेल, *पार्टी सिस्टम : ए बिहेवियरल एनालैसिस,* रैंड मेकनेली, १९६४; आर. रोज, 'पार्टीज, फेक्शंस एंड टेंडेंसीज इन ब्रिटेन', पॉलिटिकल स्टडीज, खंड १२, अंक-१, १ फरबरी १९६४

३. इस फार्मूले को लोकप्रिय बनाने का श्रेय रॉबर्ट मेकेंजी को जाता है। देखें उनकी रचना : ब्रिटिश पॉलिटिकल पार्टीज, दूसरा संस्करण (लंदन: हाइनमेन, १९६३)

४. रजनी कोठारी, 'पार्टी सिस्टम', 'दि फार्म एंड सब्सटेंस ऑव इंडियन पॉलिटिक्स' नामक लेखमाला का पाँचवा हिस्सा, *दि इकनॉमिक वीकली*, बंबई, ३ जून, १९६१; रजनी कोठारी, 'इंडियाज पॉलिटिकल टेकऑफ', *दि इकनॉमिक वीकली*, बंबई, विशेषांक, जुलाई, १९६२

५. रजनी कोठारी और घनश्याम शाह, 'कास्ट ओरियेंटेशन ऑव पॉलिटिकल फेक्शंस : मोडासा कांस्टीट्वेंसी—ए केस स्टडी', *दि इकनॉमिक वीकली*, बंबई, विशेषांक, जुलाई, १९६३

६. एफ.जी. बेली, *पॉलिटिक्स एंड सोशल चेंज* (बर्कले : यूनिवर्सिटी ऑव केलिफोर्निया प्रेस, १९६३); बेली ने इन लोगों के लिए 'ब्रोकर' शब्द का इस्तेमाल किया है।

७. सरकार में काम करनेवाले नेताओं की जगह पार्टी को नियंत्रित करनेवाले नेताओं द्वारा लेने की शुरुआत मद्रास में हुई थी जब मुख्यमंत्री के तौर पर चक्रवर्ती राजगोपालाचारी की जगह १९५३ में राज्य कांग्रेस के अध्यक्ष कामराज नाडर को बैठाया गया था। उत्तर प्रदेश में चंद्रभानु गुप्ता ने पहले तो राज्य पार्टी पर कब्जा जमाया और फिर १९६१ में प्रधानमंत्री जवाहरलाल नेहरू की इच्छा के विपरीत संपूर्णानंद सरकार को हटा दिया। १९६२ में ओडीशा के मुख्यमंत्री हेरकृष्ण मेहताब की गद्दी पार्टी अध्यक्ष विजयनंद पटनायक ने छीन ली थी। मेहताब कांग्रेस और गणतंत्र गठजोड़ की सरकार चला रहे थे। पटनायक ने पार्टी की ओर से सरकार के खिलाफ आंदोलन छेड़ कर आलाकमान को अपने पक्ष में हस्तक्षेप करने पर मजबूर कर दिया। इसी तरह गुजरात और मैसूर में प्रदेश कांग्रेस कमेटियों के नेताओं ने मुख्यमंत्रियों की गद्दी हस्तगत कर ली थी।

८. राज्यों में पार्टी की आपसी धड़ेबंदी से पैदा होनेवाली समस्याओं को सुलझाने के लिए केंद्र खासी भूमिका निभाता है। इसमें केंद्रीय संसदीय बोर्ड और तीखे सांगठनिक विवादों में फँसे राज्यों के मामले देखने के लिए नियुक्त की जानेवाली कार्यकारिणी की उपसमितियों के साथ-साथ राज्यों के सांगठनिक चुनावों के लिए बनाये जानेवाले आलाकमान के 'प्रेक्षकों' का इस्तेमाल किया जाता है। इन 'प्रेक्षकों' के पास काफी अधिकार होते थे। वे प्रदेश के पदाधिकारियों के चुनाव करवाने से लेकर प्राथमिक सदस्यों के वोट दे सकने का पैमाना तक निर्धारित करते हैं। ये 'प्रेक्षक' राज्य स्तर पर किसी एक गुट के खिलाफ दूसरे गुट का समर्थन करके प्रदेश के संगठन पर उसका कब्जा करवाने में मदद करते हैं। खुद आलाकमान कुछ मामलों में इस या उस पक्ष में पलड़ा झुकाने की भूमिका निभाता है या स्थानीय गुटों की प्रार्थना पर वह आपस में झगड़ रहे गुटों के बीच सुलह-सफाई कराने के लिए भी हस्तक्षेप करता है।

९. नेहरू के उत्तराधिकारी के चुनाव में कामराज ने महत्त्वपूर्ण भूमिका निभाई थी। मुकाबला लालबहादुर शास्त्री, जगजीवन राम और मोरारजी देसाई में था और कामराज को यह आकलन करना था कि कितने-कितने सांसद, प्रदेश अध्यक्ष और मुख्यमंत्री किसके साथ हैं। सभी से अनौपचारिक रूप से बात करने के बाद कामराज ने संसदीय दल की बैठक को बताया कि सांसदों और अन्य पक्षों का सबसे ज्यादा समर्थन शास्त्री को है। चूँकि अनुरोध किया गया था, इसलिए इस बैठक की अध्यक्षता कामराज ने ही की थी। संसदीय दल ने कामराज की रपट को स्वीकार किया और

शास्त्री को सर्वसम्मति से नेता चुन लिया।

१०. यहाँ संतुलन बिगड़ जाने से तात्पर्य है धड़ेबंदी की प्रक्रिया द्वारा अपनी समस्याएँ खुद सुलझा लेने की क्षमता में कमी आ जाना।

११. आंदोलन के जरिये जाति संघों द्वारा संपूर्ण राजनीतिक प्रक्रिया में भागीदारी के वर्णन के लिए देखें : रजनी कोठारी और ऋषिकेष मारू, 'कास्ट एंड सेकुलरिज्म इन इंडिया : ए केस स्टडी ऑव गुजरात क्षत्रिय सभा', *जरनल ऑव एशियन स्टडीज,* २५, अंक १, नवंबर १९६५

१२. उदाहरण के लिए महाराष्ट्र और गुजरात में भाषायी राज्यों के लिए हुए ताकतवर आंदोलनों को देखा जा सकता है। इनके जरिये राजनीति को बहुत से नये कार्यकर्ता मिले। आंदोलन की सफल परिणति के बाद कांग्रेस ने बड़ी संख्या में इन नये लोगों को समेट लिया और प्रदेश की राजनीति में पहलकदमी अपने हाथ में ले ली। इसी तरह पंजाब में मुख्यमंत्री प्रतापसिंह कैरों के खिलाफ आंदोलन करते समय जो लोग कांग्रेस छोड़ गये थे वे रामकिशन के नेतृत्व में नयी सरकार बनते ही पार्टी में वापस आ गये।

१३. उदाहरण के लिए देखें : अमरोहा, फरुखाबाद और राजकोट के निर्वाचन क्षेत्रों के बारे में लेख। इन जगहों पर १९६३ में कांग्रेस चुनाव हार गयी थी। ये लेख क्रमशः बशीरुद्दीन अहमद, रामाश्रय रॉय और आर.एम. मारू ने लिखे थे। इनका परिचय मैंने लिखा था और *दि इकनॉमिक वीकली,* १७ (२१ से २४), १९६५ ने इन्हें प्रकाशित किया था।

१४. शिशिर गुप्ता, 'सम आस्पेक्ट्स ऑव दि प्राब्वम्स ऑव नेशनल इंटीग्रेशन इन इंडिया, पाकिस्तान एंड सीलोन', *पार्लियामेंटरी स्टडीज,* खंड ८, अंक १ और दो, १९६४

१५. रजनी कोठारी, 'दि मीनिंग ऑव जवाहरलाल नेहरू', *दि इकनॉमिक वीकली,* विशेषांक, जुलाई १९६४

१६. अखिल भारतीय कांग्रेस कमेटी ने १० अगस्त, १९६३ को कामराज योजना पर अमल करना स्वीकार किया। इसका प्रस्ताव मद्रास के तत्कालीन मुख्यमंत्री कामराज ने पेश किया और एस.के. पाटिल ने इसका समर्थन किया जो उस समय केंद्र में खाद्य और आपूर्ति मंत्री थे। इस योजना का घोषित उद्देश्य वरिष्ठ कांग्रेसजनों द्वारा खुद-ब-खुद मंत्रिपद छुड़ा कर पार्टी के सांगठनिक काम में लगाना था ताकि पार्टी में गुटबंदी और धड़ेबंदी के उस 'अस्वस्थ रुझान' को रोका जा सके जिसके कारण माना जा रहा था कि 'कांग्रेस संगठन में ढिलाई' आती जा रही है। सर्वसम्मति से प्रस्ताव पास होते ही राज्यों और केंद्र में सभी मंत्रियों ने अपने इस्तीफे कांग्रेस कार्यकारिणी को भेज दिये और कार्यकारिणी ने नेहरू को उन्हें स्वीकार करने का अधिकार दे दिया। २४ अगस्त को नेहरू ने काबीन स्तर के छः केंद्रीय मंत्रियों और छः मुख्यमंत्रियों की सूची कार्यकारिणी को सौंपी जिनसे संगठन का काम करने के लिए कहा जाना था। नेहरू का सुझाव मान कर कार्यकारिणी ने सिफारिश की कि इन बारह वरिष्ठ कांग्रेसजनों के त्यागपत्र स्वीकार कर लिए जायें। ये छः केंद्रीय मंत्री थे : मोरारजी देसाई, लालबहादुर शास्त्री, जगजीवन राम, एस.के. पाटिल, बी. गोपाल रेड्डी और डॉ. के.एल. श्रीमाली। छः मुख्यमंत्री थे : मद्रास के के. कामराज, ओडीशा के बीजू

पटनायक, कश्मीर के बख्शी गुलाम मुहम्मद, उत्तर प्रदेश के चंद्रभानु गुप्ता, बिहार के विनोदानंद झा और मध्य प्रदेश के बी.ए. मंडलोई।

१७. के. संथानम, 'केन कामराज प्लान प्रोवाइड ऑल दि आंसर्स?', *हिंदुस्तान टाइम्स,* १४ अगस्त, १९६४; कृष्ण भाटिया, 'कांग्रेस पार्टी प्रपोजिज ए मेजर टोनिंग अप', *स्टेट्समेन,* १५ अगस्त, १९६३; 'गो बैक टु दि पीपुल', संपादकीय, *ईस्टर्न इकनॉमिस्ट,* खंड ४१, अंक १०, (६ सितंबर, १९६३); रोमेश थापर, 'कांग्रेस रिबर्थ ऑर हारा कीरी?', *दि इकनॉमिक वीकली,* खंड १५, अंक ३५, (३१ अगस्त, १९६३)

१८. इस प्रणाली की व्याख्या मैंने एक बार पहले भी की है। उस प्रयास के लिए देखें मेरा लेख : 'पार्टी सिस्टम', *पूर्वोद्धृत,* मेरी डब्ल्यू.एच. मॉरिस-जांस द्वारा विकसित ऐसी ही अवधारणा पर भी नजर पड़ी है जिसके उनके लेख 'पार्लियामेंट एंड डामिनेंट पार्टी : इंडियन एक्सपीरियेंस', *पार्लियामेंटी एफेयर्स,* खंड १७, अंक ३, (ग्रीष्म १९६४) में देखा जा सकता है। वर्चस्ववाली पार्टी का मेरा विश्लेषण उनसे कुछ अलग है, खासतौर से कांग्रेस को आमसहमति की पार्टी करार देने के संदर्भ में।

जातियों का राजनीतिकरण

राजनीतिशास्त्र के लिहाज से ऐतिहासिक समझे जानेवाले इस लेख में रजनी कोठारी ने तर्कसंगत रूप से सिद्ध किया है कि भारतीय जाति-प्रथा आधुनिक संसदीय राजनीति में भागीदारी करके समाज परिवर्तन की प्रक्रिया को अंजाम दे रही है। कोठारी का दावा है कि जाति और राजनीति के इस मेल के कारण बिना किसी भारी उथल-पुथल के समाज का सेकुलरीकरण जारी है। इसी वजह से लोकतंत्र में आम जनता सक्रिय हुई है और इस राज्य-व्यवस्था को उसकी विशिष्ट भारतीय शक्ल मिली है।

परंपरा और आधुनिकता के दायरों को एक-दूसरे से अलग समझने के कारण हमारे संज्ञानात्मक व्यवहार में एक अजीब तरह की दरार पड़ गयी है। विचारधारात्मक चिंतन में ही नहीं वरन समाजविज्ञान के अधिकांश सिद्धांतों में भी इस द्वैत की पहचान की जा सकती है। इसने समाज और राज्य-तंत्र को पृथक कर दिया है। समाज को कुछ इस तरह परिभाषित किया जाता है जैसे कि वह 'परंपरागत' की श्रेणी में आता हो और इसके बरक्स राज्य-तंत्र को 'आधुनिक' और 'विकासमान' बताया जाता है। दरअसल आधुनिकीकरण की परिघटना को समझने का यह तरीका गलत है। लोकतांत्रिक राजनीति के संदर्भ में आधुनिकीकरण की प्रक्रिया को आत्मसात करने के मामले में तो यह रवैया खास तौर से गुमराह करता है। हमें ध्यान रखना चाहिए कि राजनीतिक और वैकासिक संस्थाएँ कहीं भी शून्य में सक्रिय नहीं रहतीं। उन्हें भी समाज में अपना आधार तलाशना पड़ता है। इसके लिए वे या तो मौजूदा सांगठनिक रूपों का इस्तेमाल करती हैं या इन रूपों को मिला-जुला कर किसी नयी संरचना का आह्वान करती हैं और इस प्रकार सामाजिक आधार ग्रहण कर लेती हैं। दूसरी ध्यान रखनेवाली बात यह है कि लोकतांत्रिक समाज एक व्यापक आधारवाली वैधता की फिक्र में रहता है। ऐसे समाज नवीन और पुरातन के बीच संवाद के जरिये आगे बढ़ते

हैं। दोनों तरह के तत्वों के संयोग पर निर्भर ये समाज आधुनिकतावादियों और पुरातनतावादियों से लचीले और सामंजस्यपूर्ण रवैये की माँग करते हैं। लेकिन कभी-कभी सामाजिक उद्देश्यों की प्राप्ति और राष्ट्रीय सहमति के विकास में बाधक तत्वों को दबाने की जरूरत भी पडती है। इसी जगह दृढ़निश्चयी नेतृत्व काम आता है। जाहिर है कि इस समस्त कार्य-व्यापार की आधार भूमि पूर्वनिर्धारित न होकर परिणाममूलक और वैकासिक ही होती है।

सवाल यह है कि किसी समाज में लाए गये संस्थागत परिवर्तनों को स्थायित्व और वैधता कब प्राप्त होती है? क्या वे उस समाज के साथ कामकाजी संबंध स्थापित किये बिना यह उपलब्धि कर सकते हैं? आधुनिकीकरण से गुजरता हुआ समाज न तो आधुनिक होता है न पारंपरिक। वह तो संघटन और अपनी कार्यसूची पर अमल के एक सिरे से दूसरे के बीच यात्रा करता हुआ देशज संरचनाओं और प्रवृत्तियों के साथ-साथ नयी संस्थाओं और नये विचारों को भी रूपांतरित करता चलता है। इस परिघटना को हमें खास तौर पर समझना चाहिए। भारत और पश्चिमी जगत में चल रही विकास की प्रक्रिया को आजकल अधिकांशत: बड़े मताग्रही तरीके से समझने की चेष्टा की जा रही है। इसके कारण अवधारणात्मक द्वैत पैदा हो गया है जो विकास-प्रक्रिया की यथार्थ व्याख्या में अड़चन डाल रहा है। संतोष की बात यह है कि समाज-परिवर्तन बुद्धिजीवियों और समाजविज्ञानियों की इन मनोगत समस्याओं के बावजूद जारी रहता है। एक खुले और स्पर्धात्मक राज्यतंत्र की यही विशेषता है। इस लिहाज से भारत सौभाग्यशाली है, क्योंकि इसकी समाज प्रणाली पारंपरिक रूप से लचीली रही है। सामाजिक-राजनीतिक व्यवस्था के संतुलन में आये बड़े-बड़े परिवर्तनों के साथ यह प्रणाली अपना तालमेल बैठाने में कामयाब साबित हुई है। भारत इस मामले में और भी खुशनसीब है कि उसने एक ऐसी राजनीतिक संरचना अपनायी जो उग्र विच्छिन्नताओं और अशांति से बचती हुई राजनीतिक आधुनिकीकरण को आगे बढ़ाती रही। इस संरचना की विशेषता थी निजी हितों की मुक्त अभिव्यक्ति और अनुकूलन और संघटन के जरिये स्पर्धा को परिवर्तन के प्रमुख वाहक की तरह स्वीकार करना।

भारत की पारंपरिक समाज-व्यवस्था जाति-संबंधी संरचनाओं और अस्मिताओं के आसपास संगठित है। इस तथ्य से शायद ही कोई इंकार करेगा। लेकिन जैसे ही जाति और राजनीति के संबंधों का प्रश्न उभरता है, वैसे ही आधुनिकीकरण के हामी मताग्रही बुद्धिजीवी भारतीय परिस्थिति के प्रति गंभीर द्वेष के शिकार लगने लगते हैं। वे अपनी शुरुआत ही इस सवाल से करते हैं—क्या जातियाँ विलुप्त हो रही हैं? जाहिर है कि कोई समाज-व्यवस्था इस

तरह विलुप्त नहीं होती। बेहतर होता कि वे शुरुआत कुछ इस तरह करते : आधुनिक राजनीति के दबाव में जाति क्या रूप ले रही है और जातिगत समाज में राजनीति की शक्ल कैसी बन रही है? दूसरी तरफ राजनीति में जातिवाद का रोना रोनेवाले भारतीय बुद्धिजीवी हैं जो दरअसल एक ऐसी राजनीति की चाह से ग्रस्त हैं जिसका समाज में कोई आधार ही नहीं है। संभवत: इन लोगों को न तो राजनीति की प्रकृति की साफ समझ है और न ही वे जाति-प्रथा के बारे में ज्यादा कुछ जानते हैं। (इनमें से कई तो राजनीति और जाति-प्रथा दोनों से ही चिढ़ने लगे हैं)। वे राजनीति को एक ऐसी स्पर्धात्मक कार्रवाई की तरह नहीं समझते जिसका उद्देश्य कुछ निश्चित लक्ष्यों को वेधने के लिए सत्ता प्राप्त करना होता है। राजनीति गोलबंदी करने और अपनी स्थिति मजबूत करने के लिए पहले से मौजूद और उभरती हुई निष्ठाओं की शिनाख्त करती है और फिर उनका अपने हक में इस्तेमाल करती है। इसके लिए जरूरी है कि संगठन और उसके समर्थन का आधार सुस्पष्ट हो। खासतौर पर जनाधारित राजनीति में जनसमर्थन संगठनों के जरिये व्यक्त होता है और संगठनों के ही झंडे तले विशाल जनसमूह गोलबंद किये जाते हैं। इस परिभाषा का सीधा मतलब है कि जिस समाज में जातिगत संरचनाओं के माध्यम से संगठन और गोलबंदी की सुविधा हो और जिस समाज में अधिकांश जनगण जातियों के रूप में ही संगठित हों, वहाँ राजनीति जाति आधारित गोलबंदी की कोशिश करेगी ही। इस विश्लेषण से साफ हो जाना चाहिए कि 'राजनीति में जातिवाद' की कथित परिघटना असल में 'जाति का राजनीतिकरण' ही है। जाति और राजनीति को एक दूसरे के नजदीक लाते हुए इस प्रक्रिया ने दोनों के रूपों को बदला है। अपने संगठन के दायरे में लाकर राजनीति ने जाति से अपनी अभिव्यक्ति के लिए सामग्री प्राप्त की है और उसे अपनी योजना के अनुसार ढाला है। उधर जाति-समूहों ने राजनीति को अपनी गतिविधियों का केंद्र बना कर अस्मिता का दावा पेश करने और राज्य-तंत्र में अपनी स्थिति सुधारने का मौका हासिल किया है। इन दोनों संरचनाओं की अन्योन्यक्रिया से राज सत्ता के मंच पर स्पर्धारत वास्तविक राजनीतिक अभिनेता उभर आये हैं। ये राजनीतिक तत्त्व अपनी सत्ता के संगठन के लिए जाति-समूहों और अस्मिताओं पर निर्भर करते हैं जिनमें उन्हें संगठन के लिए बेहद सुस्पष्ट और ललीचा आधार मिल जाता है। यह आधार सामाजिक प्रतिष्ठा-क्रम की विभिन्न श्रेणियों में बँधा हो सकता है, लेकिन उसकी जड़ उस समूह की चेतना में भी होती है और साथ में वह राजनीति के हाथों में खेले जाने के लिए खुद को प्रस्तुत भी करता है। राजनीतिक नेता जाति से इतर समूहों और संगठनों से भी संवाद स्थापित करते हैं। इस प्रकार वे हर जगह इन संगठनों के

रूप को तो बदलते हैं, साथ-साथ इन संगठनों के सानिध्य के कारण जाति के रूप को भी बदलते हैं।

कुछ बुद्धिजीवी ऐसे भी हैं जो आधुनिकीकरण के मताग्रही हामियों की भाँति विचारधारात्मक मजबूरियों से घिरे हुए नहीं है। वे जाति और राजनीति के सुस्पष्ट तथ्यात्मक संबंधों को समझना चाहते हैं लेकिन एक दूसरे किस्म की पूर्वधारणा से ग्रस्त होकर अक्सर अपने ही विरोधी के सैद्धांतिक जाल में फँस जाते हैं। समाजविज्ञान में प्रचलित सैद्धांतिकता की मातहती में ये लेखकगण यांत्रिक नजरिया अपना कर राजनीतिक गतिविधि को सामाजिक गतिविधि का सहायक मात्र मानने की गलती कर बैठते हैं। उनके विचार में राजनीतिक संबंध सामाजिक संबंधों की प्रतिच्छायाओं से अधिक कुछ नहीं होते, अर्थात वे सामाजिक और आर्थिक प्रभुत्व को प्रभावित करने की स्वतंत्र हैसियत नहीं रखते। इन बुद्धिजीवियों के विचार से समाज के विशेष तबके अपनी हैसियत बढ़ाने अथवा मजबूत करने के लिए राजनीति को औजार की तरह इस्तेमाल कर लेते हैं यानी राजनीति के गर्भ से सामाजिक प्रभुत्व की संरचनाओं का पुनरुत्पादन ही हो सकता है और राजनीति खुद में समाज के मौजूदा अथवा बदलते हुए ढाँचे में कोई भूमिका नहीं निभाती। चिंतन का यह तरीका वैकासिक यथार्थ को ठीक से समझने में मदद नहीं करता। दरअसल, यथार्थ पूर्ववर्ती समाज से संबंधित मोटे-मोटे अनुमानों और पूर्वनिर्धारित विचार शृंखलाओं पर आधारित नहीं होता। वह एक गतिमान परिस्थिति के घटकों की निरंतर परिवर्तनशील अन्योन्यक्रिया पर निर्भर करता है। जाति और राजनीति के विशेष संदर्भ में तो यह बात भी आंशिक रूप से ही प्रासंगिक है। जब जाति स्वयं में एक राजनीतिक श्रेणी बन जाती है तो यह बहस करना फिजूल हो जाता है कि जाति राजनीति का इस्तेमाल कर रही है या राजनीति जाति का। इस विवाद से निजी पूर्वग्रहों अथवा कुछ खास तरह के बौद्धिक प्रशिक्षण के कारण उपजे पूर्वग्रहों को तो बल मिल सकता है लेकिन इस से जाति और राजनीति के अंतर्संबंधों की समझ बढ़ने में मदद नहीं मिलती। यह तो एक बेजान विवाद ही है।

कुछ तीसरी तरह के बुद्धिजीवी भी हैं जिन्होंने ऐसे विसर्जनवादी आग्रहों से बचते हुए समकालीन भारतीय समाज में होनेवाले परिवर्तनों की यथार्थ समझ प्रदर्शित की है। लेकिन इन लोगों की समस्या उनके बौद्धिक अभ्यास के कारण उपजी संकीर्णता है। इन लोगों को सोचने की ट्रेनिंग कुछ इसी तरह मिली है कि वे मूलतः परिभाषावादी बन गये हैं। वे विकासमान यथार्थ को एक साफ-सुथरे मॉडल में सरलीकृत करके रख देने की आदत के शिकार हैं। इस तीसरी किस्म में तरह-तरह के बुद्धिजीवी शामिल हैं। इनमें समानता यह है कि ये कभी जाति

की, कभी राजनीति की और कभी-कभी दोनों की स्वायत्तता का दावा करते रहते हैं। इन्हीं लोगों में वे प्रगतिशील अर्थशास्त्री भी शामिल हैं जो जाति से जुड़ी हर चीज को प्रतिक्रियावादी बताते हैं और हर परिवर्तन को जाति से वर्ग संबंधों की तरफ गतिशील मानते हैं। दूसरे सिरे पर वे हैं जो जाति को राजनीति के प्रदूषण से बचाना अपना फर्ज समझते हैं। जाति-प्रथा के सारतत्त्व से संबंधित अपने दावों को तर्कों के रूप में पेश करते हुए ये 'विशेषज्ञ' अन्य सभी पहलुओं को जाति-प्रथा की गतिशीलता के दायरे से बाहर परिभाषित करते चले जाते हैं। इन विशेषज्ञों में कई भारत-विद्याविद और सांस्कृतिक मानवशास्त्री हैं। कुछ ऐसे सामाजिक मानवशास्त्री भी हैं जो विश्लेषण के धरातल पर जरा महीन कताई करते हुए राजनीतिक रूपों के महत्त्व को साफ तौर पर स्वीकार करते हैं लेकिन जाति और राजनीति दोनों को स्वायत्त बताते हुए जाति-प्रथा को ही समाज की प्राथमिक पाठशाला करार देने पर तुले हुए हैं। जब जाति किसी एक तबके की हितसाधक बनती है और श्रेणी विभाजन के बंद कमरे की तरह व्यवहार करती है तो ये लोग जाति-प्रथा का झंडा बुलंद कर देते हैं, पर राजनीति में भाग लेते समय अथवा राजनीतिक व्यक्ति के तौर पर वे राजनीतिक व्यवस्था से जुड़े हुए और जाति-प्रथा से एकदम अलग नजर आते हैं।[१] बुद्धिजीवियों की यह तीसरी किस्म राजनीति में जाति-प्रथा के महत्त्व से चकाचौंध रहती है। ये लोग धीरे-धीरे जाति और राजनीति की अन्योन्यक्रिया को एक साफ-सुथरे मॉडल में सीमित करनेवाले चिंतकों के रूप में उभरते जा रहे हैं। यह सही है कि इन लोगों ने जाति के प्रति पारंपरिक राजनीतिशास्त्रियों की अरुचि से अपना दामन बचा लिया है। यह भी सही है कि ये लोग स्वयंसेवी और राजनीतिक गतिविधियों के द्विभाजन (अर्थात 'आधुनिक' सेकुलर व्यवस्था के मुकाबले जाति रूपों की 'परंपरागत' व्यवस्था) को भी पहले की तरह अब नहीं मानते। लेकिन राजनीति में भागीदारी के जरिये जाति-प्रथा के पूर्ण रूपांतरण की कल्पना करके ये लोग वही पुरानी गलती कर देते हैं। इसी काल्पनिक रूपांतरण को एक अमेरिकी विश्लेषक ने 'जाति का लोकतांत्रिक पुनर्जन्म' करार दिया था।[२] यह विश्लेषण एक दूसरी अति पर जाकर समकालीन भारत में जाति को एक राजनीतिक शक्ति के दर्जे पर प्रतिष्ठित कर देता है। जाहिर है कि यह वैचारिक रवैया एक तथ्यात्मक परिघटना को एकीकृत धारणात्मक मॉडल में फिट करके व्याख्यायित करता है और इस तरह एक जटिल यथार्थ पर सरलीकृत सामान्यीकरण थोप देता है।

ये सभी चिंतन पद्धतियाँ मूलतः जाति और राजनीति के प्रचलित 'अंतर्विरोध' से निकलनेवाले द्विभाजन के रास्ते पर ले जाती हैं। यह चिंतन विभिन्न तरह की विचारधारात्मक जकड़बंदियों और बौद्धिक प्रशिक्षण की

सीमाओं का एहसास कराता है। ये पद्धतियाँ नहीं समझ पातीं कि जाति-प्रथा और राजनीतिक व्यवस्था में पूर्ण ध्रुवीकरण की स्थिति कभी थी ही नहीं। वे यह भी नहीं समझ पातीं कि परिवर्तन की समकालीन प्रक्रियाओं के पीछे न तो निहित स्वार्थों का खेल है, न इसमें एक व्यवस्था से दूसरी व्यवस्था में पूर्ण संक्रमण निहित है। ये चिंतन पद्धतियाँ वास्तविकता देख पाने में असमर्थ हैं। यह वास्तविकता राजनीतिक गतिविधियों के बदलते हुए संदर्भ और सामाजिक प्राथमिकताओं में बदलाव के संयोग से बनी है। इस वास्तविकता ने भारतीय सामाजिक-राजनीतिक कार्य-व्यापार में गतिशील नाना प्रकार के तत्वों में से कुछ को अपनी जरूरत के मुताबिक चुन कर अपनाया है। यही वजह है कि आज जातिगत ऊँच-नीच में छुआछूत का महत्त्व पहले से कम हो गया है और जजमानी प्रणाली जैसी व्यवस्थाओं की साख उतनी नहीं रह गयी है।

इन नवीन परिघटनाओं के पीछे जाति-प्रथा का ध्वंस न होकर सामाजिक जागरूकता के आलोचनात्मक मानदंड में आया बदलाव है। साथ ही इसमें एक संरचनात्मक विभेदीकरण भी निहित है जिसके माध्यम से यह जागरूकता स्वयं को गतिशील और संगठित करती है। यह भारत की अत्यंत परिष्कृत समाज-व्यवस्था का विशेष गुण है कि इतना बड़ा दिशा-परिवर्तन करने के बावजूद उसने अपने संपूर्ण स्थायित्व को नुकसान नहीं पहुँचने दिया। और तो और, समाज-व्यवस्था इस प्रक्रिया के कारण अलगाव और असंगति के एहसास का शिकार भी नहीं बनी। भारत में जाति-राजनीति की समस्या परिभाषा के संकट का परिणाम नहीं है वरन् यह साफ तौर पर अनुभवसिद्ध समझदारी की माँग करती है। ऐसी अनुभवसिद्ध समझदारी जिसके जरिये एक स्पर्धात्मक और गतिशील व्यवस्था का अर्थग्रहण किया जा सके और जिसमें से सामाजिक गतिशीलता का एक तर्कसंगत मॉडल निकल सके।

आइए, अब जाति और राजनीति के संबंधों की पड़ताल करें। इस संबंध को हम मूलतः सार्वजनिक जीवन के संगठन की जरूरतों के तहत देखेंगे और इसके लिए दो तरीके अपनायेंगे—जाति और राजनीति की अन्योन्यक्रिया की प्रकृति को परखना और उस के नतीजों को समझना। जातियाँ अपने संगठनों के जरिये अलग-अलग समय में राज्य-तंत्र के विभिन्न स्तरों में भागीदारी करती हैं। इससे राजनीतिक व्यवस्था में परिवर्तन होते हैं। इन्हीं परिवर्तनों को जाति और राजनीति की अन्योन्नक्रिया की पैदाइश माना जा सकता है। जाँच-पड़ताल के दौरान हमारा जोर राजनीति में भागीदारी के कारण जाति-प्रथा पर पड़े असर पर ज्यादा नहीं होगा। बजाय इसके हमारी रुचि इस बात में होगी कि संबंधों की कौन-कौन-सी संरचनाएँ और कौन-कौन से गठजोड़ राजनीति में क्यों और कैसे

प्रवेश करते हैं। जाहिर है कि हम जाति-प्रथा पर राजनीति के असर को पूरी तरह नजरअंदाज नहीं कर सकते, क्योंकि व्यापक सेकुलर संबंधों के दबाव में ही जातियों ने भी अपनी सभाएँ और संघ बनाये हैं। यहाँ तक कि उनके पारंपरिक अंतरजातीय संबंध भी राजनीति के अंग बनते जा रहे हैं। लेकिन फिर भी हम इस पहलू पर इतना ही जोर देंगे जितने से सामुदायिक हित साधन के अध्ययन में मदद मिल सके। मसलन, देखने की बात यह है कि विभिन्न पार्टियाँ, आंदोलन या एक पार्टी के अंदर कार्यरत कई गुट अपने राजनीतिक उद्देश्यों के लिए विभिन्न सामाजिक तबकों की गोलबंदी को एक संसाधन की तरह कैसे इस्तेमाल करते हैं। समाज सुधार के आंदोलन, जाति सभाएँ और संघ, सामाजिक-आर्थिक सहायक प्रणालियों में कार्यरत गठजोड़ और अंतर्संबंध इसी परिप्रेक्ष्य में विश्लेषण के लिए प्रासंगिक हो जातें हैं। हमारी दिलचस्पी इस बात में भी हो सकती है कि किसी जाति में अंदरूनी असंतोष अथवा शोषण की स्थितियाँ क्या जन-गोलबंदी का मजबूत आधार प्रस्तुत करती हैं या नहीं? क्या इससे उस जाति के अंदर सुधार की प्रक्रिया शुरू हो सकती है और क्या अंततः इसी गोलबंदी के जरिये वह जाति अन्य जातियों के बरअक्स अपने अधिकारों का दावा पेश कर सकती है? इस विश्लेषण-विधि से हम जातिसमूह की मनोवैज्ञानिक और संगठनात्मक स्थिति को राजनीति की सामग्री बना देंगे, अर्थात हमें राजनीतिक विश्लेषण का उचित मसाला मिल जायेगा।

चूँकि हमारे अध्ययन का मकसद जातिगत समाज द्वारा विशिष्ट उद्देश्यों के लिए किये गये जन-राजनीति और जन-गतिविधि के संगठन को केंद्र में रखना है इसलिए हमें जाति-प्रथा के तीन पहलुओं पर विशेष ध्यान देना होगा। पहले नंबर पर आता है—जाति द्वारा स्वयं अपनी सीमाओं को लाँघनेवाला (अथवा सेकुलर जाति-उत्तर अथवा सेकुलर) पहलू। हम जानते हैं कि जाति को एक स्तरित प्रणाली बताया जाता रहा है। इस परिभाषा के अनुसार सजातीय विवाह, छुआछूत और रीति-रिवाजों के माध्यम से एक जाति दूसरी जातियों से दूरी बना कर रखती है। इस व्याख्या की खामी यह है कि इसके कारण टकराव और अन्योन्यक्रिया की प्रणाली के रूप में जाति की भूमिका पर कम ध्यान जा पाता है। जातीय दलबंदियाँ, जातीय विभेद, विभिन्न तबकों के बीच गठबंधन-पुनर्गठबंधन और सामाजिक प्रगति की लगातार कोशिशें हमेशा से जाति-प्रथा के प्रमुख तत्वों में शामिल रही हैं। समाज के जाति-निरपेक्ष विकास के लिए जाति-प्रथा का यह पक्ष हर तरह से बेहद प्रासंगिक है।

जाति-उत्तर संगठनों के हमेशा से दो पहलू रहे हैं—**सरकारी पहलू** (जाति की पंचायतें, ग्रामीण पंच फैसले की प्रक्रिया, आदि) और **राजनीतिक पहलू**

(जातिगत और अंतरजातीय चौधराहट और सामाजिक दर्जे के गठजोड़ या विभेद)। राजनीतिक व्यवस्था के केंद्र के साथ स्थानीय प्रभु-वर्ग के प्राधिकारात्मक संबंधों के हिसाब से ये पहलू महत्त्वपूर्ण या महत्त्वहीन होते रहते हैं। सेकुलर गतिशीलता अपना आधार धर्म, व्यवसाय और भौगोलिक क्षेत्र में प्राप्त करती है। जाति-उत्तर विकास की सामान्य प्रक्रिया के लिए ये तीनों बातें आज भी प्रासंगिक हैं। जाति आधारित समाज में हुए प्रमुख परिवर्तनों के पीछे इन कारणों को देखा जा सकता है। हालाँकि समय के साथ इस या उस पहलू पर जोर और अनुपात घटता-बढ़ता रहता है। इन्हीं परिवर्तनों के कारण आज स्थिति यह है कि जातियों को किसी राजशाही के प्रति निष्ठा दिखाने में कोई रुचि नहीं है। न ही उनमें किसी नये संप्रदाय अथवा किसी खास जाति या क्षेत्रीय दलबंदी के उभार के बिना पर राजशाही का औचित्य साबित करने की कोई इच्छा है। जातियों को विभिन्न स्तरों पर समाज के नियमन में भी दिलचस्पी नहीं है। बजाय इसके जातियों ने निर्वाचन और दलगत राजनीति से खुद को जोड़ दिया है। परिणामस्वरूप गतिशीलता के अधिक सामूहिक और सहभागी रूप सामने आये हैं और विभिन्न स्तरों के बीच बेहतर समन्वय हुआ है। राष्ट्र-राज्य और राजनीतिक लोकतंत्र के उत्थान और उनमें अंतरनिहित सांगठनिक ढाँचे के कारण जातियों का परिप्रेक्ष्य भी काफी बदला है। यह जरूर है कि यह परिवर्तन उतना आमूल-चूल साबित नहीं हुआ जितना पहली नजर में लगता था। लेकिन यह निरंतर हो रहा है। इसकी मात्रा क्रमशः बढ़ती जा रही है। राजनीति की निर्णयकारी प्रक्रिया में अधिकाधिक तबके भागीदारी करते जा रहे हैं। यह प्रक्रिया उन्हें अपना अंग बनाये ले रही है। कई क्षेत्रों में अंग्रेजी शिक्षा को सबसे पहले द्विजों ने स्वीकार किया था। इसीलिए राजनीतिक और प्रशासनिक सत्ता की संरचनाओं से वे ही सबसे पहले लाभान्वित भी हुए थे। लेकिन धीरे-धीरे मताधिकार और दलीय प्रणाली का विस्तार हुआ और अन्य तबके भी उसके दायरे में आये। कुछ ऐसे क्षेत्र भी थे जिनमें ब्राह्मणों का प्रभुत्व नहीं था और सामाजिक सत्ता की बागडोर खेती करनेवाली ऊँची जातियों के हाथ में थी। इन इलाकों में जातियों के बीच संबंधों की प्रकृति पिरामिडीय अथवा लंबवत थी जिसके कारण राजनीति में दीक्षित होने के लिए संरचनागत आधार मिलता रहता था। इन परिस्थितियों में सवर्ण जातियों का जैसे राजनीति से परिचय हुआ वैसे ही इन क्षेत्रों का पूरा-का-पूरा सामाजिक ढाँचा ही राजनीति से जुड़ गया। फलस्वरूप इन क्षेत्रों में मजबूत क्षैतिज गठबंधनों के निर्माण लायक अनुकूल परिस्थितियाँ नहीं बन सकीं।

कुछ अन्य क्षेत्रों में नये धार्मिक संप्रदायों का प्रसार हो रहा था। गुजरात

और मारवाड़ के जैन और वैष्णव सरीखे समुदाय इन परिवर्तनों को समझते हुए आर्थिक सत्ता सँभालने पर ध्यान दे रहे थे। ये शक्तियाँ राजसत्ता प्राप्त करने के लिए एक दूसरे सिलसिले का सहारा ले रही थीं। मध्य जातियों में एक तरह की नयी एकता का प्रस्फुटन ब्रिटिश प्रभाव की शुरुआत के पहले ही होने लगा था। कृषि उत्पादन की सामाजिक अर्थव्यवस्था की मुख्य धारा में पशुचारी और जनजातीय समाजों के नये और 'निचले' तबके शामिल होते जा रहे थे। इससे निचली और ऊँची जातियों के बीच विवाह संबंधों की परिघटना सामने आ चुकी थी। इसे व्यावसायिक जड़ता टूटने की एक मिसाल की तरह लेना चाहिए। व्यवसाय-संबंधी परिवर्तनशीलता ने न केवल कौटुम्बिक संबंधों के ढाँचे को बदला वरन पारंपरिक समाज के जाति से इतर संगठनात्मक पक्ष का प्रचार करने में भी योगदान दिया। साफ है कि पिछले कुछ दशकों में चली सेकुलरवाद की प्रक्रिया का श्रेय बहुत कुछ बहुजातीय समाज को भी है। यहाँ तक कि आधुनिकीकरण के प्रभाव से पहले हमारे समाज में मौजूद वर्णक्रम और बहुदेववादी धर्मों के कारण भी यह प्रक्रिया आगे बढ़ी। उधर क्षेत्रीय सीमाओं का उल्लंघन करते हुए व्यावसायिक परिवर्तनशीलता का आधार विस्तृत करनेवाली एक और घटना हो रही थी। सौराष्ट्र की पशुचारी जाति रबाड़ी गुजरात के खेतिहर कणबियों में बदल गयी थी। बाद में निचली जाति के यही कणबी उस इलाके के ताकतवर और ऊँची जाति के पट्टीदारों के साथ विवाह संबंध स्थापित करके अपना दर्जा बढ़ाने में कामयाब हो गये। इसी तरह सौराष्ट्र के मोची (जूता गाँठनेवाले) गुजरात के दर्जियों में बदल गये। और भी परिवर्तन हो रहे थे। नये भूमि अधिकारों की उपलब्धि के साथ ही मराठों की एक उपजाति पाटील से देशमुखों की नयी उपजाति निकल आयी। इस प्रक्रिया के परिणामस्वरूप भी नीची और ऊँची जाति के बीच विवाह संबंध पैदा हुए जो उस समय तक जारी रहे जब तक ब्राह्मण विरोधी राजनीतिक आंदोलन और बाद में बने भूमि कानूनों ने इन दोनों उपजातियों की पहचान पुनः एक नहीं कर दी। सजातीय और नीची-ऊँची जाति के बीच होनेवाले विवाह की परंपराओं को अपनानेवाली उपजातियों की रचना ने दोनों काम किये। उन्होंने परंपरागत विभेदीकरण को बढ़ाया और उनका तीखापन भी कम किया। पुरुष को श्रेष्ठ और महिला को अधीनस्थ दर्जा देनेवाले भारतीय समाज के विशिष्ट स्त्री-पुरुष संबंध ने भी जाति-प्रथा में कुछ खास तरह के श्रेणीबद्ध संबंधों के विकास में अपनी भूमिका निभाई। इससे भी खास किस्म के विभेदीकरण और गतिशीलता को बल मिला। इन दोनों बातों ने राजनीतिक अस्मिताओं और सेकुलर (संगठनात्मक आकांक्षाओं के लिए रास्ता खोला।

हमारे विश्लेषण के इसी मोड़ पर संघटन से संबंधित पहलू उभरता है। जाति-प्रथा व्यक्ति को न केवल अपने जन्मना समूह के साथ बाँध देती है, बल्कि उसे दूसरे समूहों से अलग करती हुई उसकी व्यावसायिक और आर्थिक भूमिका भी तय कर देती है। इस तरह जाति-प्रथा में ऊँचे से ऊँचे और नीचे से नीचे व्यक्ति को अलग-अलग हैसियत मिल जाती है। वह सभी को जातिगत पहचान और उसके जरिये संघटन का पूरा मौका देती है। संघटन की इस विशिष्ट संरचना को गतिशील करती हुई यह प्रक्रिया एक तरफ तो छोटे समुदाय के हितों और एकनिष्ठ वफादारियों में व्यक्त होती है, और दूसरी तरफ उस में विभेदीकरण के जरिए बनी व्यापक वफादारियाँ भी निहित होती हैं। लोकतांत्रिक राष्ट्र-निर्माण के संरचनात्मक प्रभाव को समझने के लिहाज से यह एक महत्त्वपूर्ण पहलू है। हमें ध्यान रखना चाहिए कि लोकतांत्रिक राजनीति की स्पर्धात्मक शैली न सिर्फ वितरण और विग्रह की ओर ले जाती है, बल्कि सामूहिक कार्रवाई और संबद्धता को भी बढ़ावा देती है। लोकतांत्रिक राजनीति में सामूहिकता और जुड़ाव और बिखराव और विभाजन एक साथ होता है। लेकिन जाति-प्रथा के अध्ययनों में विभेदीकरण और विभाजन पर ज्यादा जोर दिया जाता रहा है। उसके जुड़ाव और संघटनवाले पक्षों की उपेक्षा होती रही है।[३] इस इकतरफापन के विपरीत आज का राजनीतिक युग दोनों पहलुओं पर जोर देता है। वह जाति के जोड़नेवाले पक्ष को प्रभावी बनाता है लेकिन साथ में इसी प्रक्रिया में निहित विग्रहकारी अंदेशों को भी एक व्यापक संदर्भ में उभार देता है। हमें नहीं भूलना चाहिए कि भारतीय चिंतन पद्धति के तहत विभेदीकरण के तत्त्व जोड़नेवाली प्रक्रिया के विभिन्न अंग रहे हैं। वर्तमान लोकतांत्रिक प्रक्रिया के विकास में ये परिवर्तनकारी कारक महत्त्वपूर्ण हैं।

जाति संबंध व्यावहारिक धरातल पर वर्णों के पिरामिडीय, समरूप, वर्गीय और श्रेणीगत रूपों को न अपना कर जाति के क्षैतिज, विकेंद्रित और विभाजित रूपों को अपनाते हैं। इस सबके अलावा इतने लंबे समय से टिकी हुई यह व्यवस्था अपने निजी मिथकशास्त्र, अपना औचित्य और अपने निजी प्रतीकों की दुनिया भी रचती चलती है। इसमें वर्ण की भूमिका 'मूल्य विधान' प्रदत्त करनेवाले स्त्रोत के रूप में सामने आती है। संघटन के आग्रह को भी यही मूल्य विधान प्रेरित करता है और स्पर्धा के जरिये और ऊँचे दर्जे का दावा करनेवाले गतिशील महत्त्वाकांक्षी समूहों को भी इसी से प्रेरणा मिलती है। यह मूल्य विधान एक अखिल भारतीय परिप्रेक्ष्य देता है जिसमें किसी भी भाषायी इलाके की अनगिनत जातियाँ समा सकती हैं। कुछ वर्ण ऊँचे सामाजिक दर्जे के ही प्रतीक नहीं होते, वे परस्पर 'विरोध' के प्रतीक भी होते हैं। इस सिलसिले में ब्राह्मण

और क्षत्रियों का आपसी विरोध उदाहरण के रूप में देखा जा सकता है। दरअसल सामाजिक दर्जे को लेकर चलनेवाले विवाद जाति-प्रथा के अनिवार्य अंग रहे हैं। इन विवादों के कारण ही छोटी जातियों को भारतीय समाज के सर्वमान्य मूल्य अपनाने और उसी आधार पर ऊँची हैसियत का दावा करने का मौका मिल जाता है। इस विश्लेषण से साफ है कि भारतीय समाज-व्यवस्था में जाति और वर्ण के बीच एक अंतरंग सूत्र है। प्रौद्योगिकीय और राजनीतिक परिवर्तन की प्रक्रिया के कारण उभरनेवाले अनिवार्य संरचनागत और मनोवैज्ञानिक तनावों को सीमित करने के साथ-साथ यह सूत्र पूरी व्यवस्था में अखंडता के आग्रह को भी कायम रखता है।[४]

एक अन्य पहलू चेतना का है। हम देखते हैं कि समाजशास्त्री जाति-प्रथा की व्याख्या में स्तरीकरण के चक्कर में इस कदर फँस जाते हैं कि उन्हें समाज-व्यवस्था में अनिवार्यत: मौजूद रहनेवाली चिंतन की एक अंतरधारा का ध्यान ही नहीं रहता। होता यह है कि सामाजिक दर्जे के लिए विभिन्न जातियों में होनेवाली होड़ का असर वर्णों पर पड़ता है, जिससे वर्ण अपनी जगह से हिल जाते हैं। मसलन, ब्राह्मणों को अपनी वैचारिक हवाबाजी छोड़ कर थोड़ा जमीन के साथ भी जुड़ना पड़ता है और कुछ अन्य जातियाँ क्षत्रिय होने का दावा करने लगती हैं। क्षत्रिय वर्ण धारणा के लिहाज से बड़ा तरल और अस्थिर है लेकिन ऊँचा सामाजिक दर्जा प्राप्त करने के लिए उसका ऐतिहासिक रूप से प्रतीकात्मक महत्त्व है। वस्तुत: यह एक ऐसा वर्ण है जिसने समय-समय पर विभिन्न क्षेत्रों में जाति-निरपेक्षता के लिए संघर्षों में महत्त्वपूर्ण आलंब की भूमिका निभाई है। इस वर्ण के कारण विभिन्न समूहों की सामाजिक और आर्थिक हैसियतों में वास्तविक परिवर्तन आया है। ब्राह्मण प्रतीकों और साथ में कुछ मध्य जातियों के प्रतीकों के लिए भी यह व्याख्या थोड़ी-बहुत सही लगती है। वर्ण जहाँ एक सुगठित और तार्किक संरचना है, वहीं जाति लाक्षणिक रूप से अस्पष्ट संरचना है। जाति कई तरह से खुद को व्यक्त करती है। एक स्तर पर वह वर्ण के साथ जुड़ती है तो दूसरे स्तरों पर विभाजन के अन्य रूपों से जुड़ जाती है। एक संदर्भ से दूसरे में जाते हुए वह विभिन्न संदर्भों की बुनियादी निरंतरता प्रदर्शित करती चलती है। ये संदर्भ मतवादी, क्षेत्रीय, आर्थिक, व्यावसायिक, कर्मकांडीय और संगठनात्मक (राजनीतिक) आदि होते हैं। इससे पता चलता है कि जाति को उसके किसी एक गुण अथवा लक्षण के आधार पर व्याख्यायित नहीं किया जा सकता। सामाजिक अन्योन्यक्रिया की विभिन्न परिस्थितियों में विभिन्न तरीकों से व्यक्त हो कर जाति बेहद लचीली, निरंतरता से परिपूर्ण और तनाव शैथिल्य की क्षमता से युक्त संस्था के रूप में सामने आती है। जाति के माध्यम से लोग स्वयं

को और दूसरों को भी विभिन्न संदर्भों में परिस्थितियों की माँग के मुताबिक तरह-तरह की जीवन व्यवस्थाओं से जोड़ पाते हैं। इससे यह भी लगता है कि जाति-प्रथा अपनी कुछ खास विशेषताओं के क्षय के बावजूद टिकी रह सकती है। इन विशेषताओं को कुछ विद्वानों ने जाति के बने रहने के लिए अनिवार्य माना हुआ था। इन में विभेद और संकलन की भूमिका निभानेवाली जजमानी प्रथा और ऊँच-नीच करनेवाली छुआछूत की प्रथा भी शामिल है। हम जानते हैं कि अब अंतरसंबंधों की नव विकसित सेकुलर आधारभूमि पर इन प्रथाओं द्वारा निभायी गयी भूमिकाओं का जिम्मा दूसरे तत्वों ने उठा लिया है।

उक्त व्यवस्था हमें यह देखने पर मजबूर कर देती है कि 'संस्कृतीकरण' की परंपरागत आकांक्षा कितने महत्त्वपूर्ण ढंग से 'पश्चिमीकरण' और सेकुलरीकरण की आधुनिक आकांक्षा से घुल-मिल गयी है।[५] लगभग सभी जातियाँ आर्थिक खुशहाली, तर्कसंगत सोच-विचार और राजनीतिक संघटन की सार्वभौम आकांक्षाओं को पाल रही हैं। इनके प्रभाव में इन जातियों के नेतृत्वकारी तत्त्व ब्राह्मणीकरण की इच्छा के विरोध में खड़े हो सकते हैं। आधुनिकता की दुनिया में आगे बढ़ने की कोशिशों को अपनी जाति की मान्यता और एकजुट समर्थन दिलाने के लिए इन नेतृत्वकारी तत्वों को अपनी गैर-ब्राह्मण जड़ों की तरफ लौटना पड़ सकता है। इसकी मिसाल नये औद्योगिक वर्गों में देखी जा सकती है। एक दूसरी परिघटना भी संभव है। कोई जाति अपनी समकालीन आकांक्षाओं की जरूरतों के मुताबिक अपनी पारंपरिक हैसियत की पुनर्व्याख्या कर सकती है और उस नयी व्याख्या के अनुकूल बैठनेवाले मिथक गढ़ सकती है। गुजरात के पट्टीदार, बंगाल के महीषिया और राजस्थान के जाट ऐसा ही कर चुके हैं। जिन इलाकों में ब्राह्मणों का वर्चस्व नहीं रहा और जहाँ आधुनिकीकरण के हरावल में शक्तिशाली किसान जातियाँ रहीं, वहाँ एक दूसरी ही प्रक्रिया चली। इन किसान जातियों ने अन्य जातियों से लंबवत संबंध कायम कर लिए। इस से ब्राह्मणीकरण और जातिगत एकजुटता में समय खर्च करने की जरूरत ही नहीं रह गयी और ये जातियाँ सीधे-सीधे अंतरजातीय राजनीतिक धड़ेबंदी के माध्यम से सामाजिक प्रगति के रास्ते पर चल पड़ीं। विभिन्न जाति-समूह आपसी गठबंधनों के जरिये राजनीतिक दलबंदी को अपनी प्रगति का कितना बेहतर माध्यम बना सकते हैं, इसका प्रमाण बिहार और आंध्र प्रदेश की किसान जातियों ने दे दिया है।

'ब्राह्मणीकरण' की आकांक्षा जाति-समूह में एक आधारभूत मनोवैज्ञानिक तनाव पैदा कर देती है। ऊँचे सामाजिक दर्जे के लिए नयी पहचान हासिल करने के चक्कर में उस जाति की सामाजिक हैसियत आत्मगत अस्पष्टता का शिकार

हो जाती है। इसी कारण से वह समूह असुरक्षित महसूस करने लगता है। यहूदियों, नीग्रो लोगों और अन्य अल्पसंख्यक समूहों के साथ ऐसा ही हो चुका है। 'ब्राह्मणीकरण' के लिए की जानेवाली कोशिश दरअसल एक 'नकारात्मक' कोशिश ही है जिसके कारण जाति-समूह अपने से ऊँचे दर्जेवाले समूह के सामने घुटने टेकने और साथ ही उसका मुकाबला करने की विरोधाभासी मानसिकता में फँस जाता है। यह स्थिति उसे तनावग्रस्त कर देती है। खासतौर पर उस समूह के सचेत हिस्से को यह तनाव ज्यादा झेलना पड़ता है। सामाजिक दर्जा बढ़ाने के इस लक्ष्य को वेधने में हमेशा ही बेहद लंबा समय लगता है। इस दौरान उस जाति-समूह की अनिश्चित हैसियत उसे समाज में अस्थिर और असुरक्षित बनाती है। सामाजिक मान्यता के लिए उसे एवजी तौर-तरीकों का सहारा लेना पड़ता है। अथवा वह किसी और ही दुनिया में चला जाता है। हिंदू समाज में ऊँचा दर्जा प्राप्त करने की आकांक्षा एक बेहद पीड़ाजनक और कुंठाजनक प्रक्रिया है। तकलीफ उस समय और बढ़ जाती है जब जाति के मूल अस्तित्व को ही नकारती हुई यह प्रक्रिया उस जाति-समूह को मृगतृष्णा के समान तड़पाती है। ऐसी विकट स्थिति में वह जाति कभी-कभी प्रतिपीड़न पर भी उतर सकती है। दक्षिण भारत की मिस्त्री जातियों के साथ यह दुर्घटना घट चुकी है।

इतनी बड़ी मनोवैज्ञानिक कीमत चुकाने के बावजूद हिंदू समाज 'ब्राह्मणीकरण' के साथ हमेशा तालमेल बैठाता रहता है। इसका श्रेय इस समाज की बेहद परिष्कृत परिवर्तनशीलता को दिया जाना चाहिए। होता यह है कि सामाजिक हैसियत बढ़ाने के लिए लगाई जानेवाली लंबी छलाँग अक्सर समाज के आधुनिकीकृत क्षेत्रों में सत्ता और हैसियत के अन्य सूचकांकों से जोड़ कर देखी जाती है। न केवल छलाँग लगानेवाला समूह वरन ज्यादातर दूसरे समूह भी इसी आधार पर इस परिवर्तन का मूल्यांकन करते हैं। इससे प्रयासरत समूह की नयी हैसियत के बारे में एक तरह की सहमति बनाने की सुविधा मिल जाती है। उधर सेकुलर सत्ता का विवरणात्मक चरित्र हिंदू समाज के अंदर पद-प्रतिष्ठा निर्धारित करने में महत्त्वपूर्ण साबित होता है। परिणामस्वरूप पूरी व्यवस्था ही परिवर्तनशील श्रेणीबद्धता के साथ समायोजन करने की क्षमता प्राप्त करती रहती है।

कुल मिला कर कहा जा सकता है कि जाति-प्रथा के सेकुलर दायरे में आनेवाले संघटनात्मक और विचारधारात्मक पक्षों के कारण हमारे समाज को एक काफी परिष्कृत और विशिष्ट सांस्कृतिक पृष्ठभूमि मिल गयी है। इसके सहारे वह बिना किसी भीषण अशांति, निराशा अथवा विग्रह में फँसे हुए आधुनिकता के प्रभावों को आत्मसात करके उनके प्रति अनुक्रिया करने में समर्थ हो गया है।

इस प्रकार के समाज पर 'पश्चिमीकरण' और लोकतांत्रिक सेकुलरवाद के प्रभाव का अध्ययन भी अपने आप में दिलचस्प है। अपनी छाप छोड़ने में इन दोनों प्रभावों ने बेहद लंबा समय लिया और पूरे समाज ने इनके प्रति बड़ी सकारात्मक प्रतिक्रिया की। इसके इतिहास में जाना यहाँ अनावश्यक है। इतना कहना काफी होगा कि उदारतावादी मूल्यों की शिक्षा, सरकारी मदद, संरक्षण और धीरे-धीरे विस्तृत हुए मताधिकार ने कई चरणों में जाति-प्रथा को प्रभावित किया। जाति-प्रथा से इन तत्वों का तालमेल परस्पर लेन-देन की प्रक्रिया के तहत हुआ। नयी संस्थाओं और नये नेतृत्व ने आर्थिक अवसर, प्रशासनिक संरक्षण और सत्ता में भागीदारी की पेशकश करके समाज के मुखर तबकों को आधुनिकीकरण की तरफ खींचा। बदले में नेतृत्व को अपना जनाधार मिला जिसका शहरों से देहातों तक और एक जाति से दूसरी जाति तक विस्तार होता चला गया।

लोकतांत्रिक राजनीति मूलतः आवश्यकताओं की राजनीति थी जिसके कारण पारंपरिक समाज और उसके नेतृत्व का उसके साथ जुड़ाव हुआ। इसके दो नतीजे निकले। पहला, जाति-प्रथा ने नेतृत्व को राजनीतिक गोलबंदी के लिए संरचनात्मक और विचारधारात्मक आधार प्रदान किया जिससे राजनीति को विभिन्न तबकों के प्रतिनिधि संगठन मिले और पहचान का वह पैमाना मिला जिसके जरिये समर्थन को जमीन पर उतारा जा सकता था। दूसरा, स्थानीय दावों के साथ नेतृत्व को रियायती सलूक करना पड़ा। उनके बीच सत्ता की आकांक्षा को लेकर बनी सहमति को मान्यता देनी पड़ी और राजनीतिक स्पर्धा को पारंपरिक शैली में संयोजित करना पड़ा। इस तरह जातियाँ आर्थिक और राजनीतिक उद्देश्यों के लिए संगठित हुईं। इस सब के साथ राजनीतिक संगठन प्रणाली ने जन्म लिया जो विभिन्न समूहों के हितों से जुड़ी हुई थी और जिससे इन हितों को सेकुलरात्मक और सहभागिता की दिशा भी मिली। इस प्रकार राजनीति और समाज में निकटता की शुरुआत हुई और एक नयी अधिरचना उभरने लगी।

जाति और आधुनिक संस्थाओं के बीच हुई वास्तविक अन्योन्यक्रिया अनिवर्यातः चयनात्मक थी। अर्थात उसने जाति के कुछ पहलुओं का कुछ अन्य पहलुओं की अपेक्षा अधिक अतिक्रमण किया था। उसने सबसे पहले जाति-प्रथा की सत्तामूलक संरचना को आधुनिकीकरण की धारा में खींचा। फिर आर्थिक लाभों के वितरण की बारी आयी। दोनों में घनिष्ठ संबंध था। आर्थिक लाभों के वितरण और जाति-प्रथा की सत्ता-संबंधी संरचना में एक आंतरिक सूत्र था। इन दोनों के साथ तीसरा पहलू जुड़ा जातिगत चेतना और बोध का। जाति-प्रथा के ये सभी परंपरागत घटक परिवर्तन की नयी प्रक्रिया के अंग बन गये।

इस प्रक्रिया के तीन चरण थे। सत्ता और आर्थिक लाभों का संघर्ष पहले सामाजिक श्रेणीक्रम में जमी बैठी जातियों तक ही सीमित था।[६] नेतृत्व देनेवाले और सरकारी संरक्षण तक पहुँच रखनेवाले लोग एक सीमित दायरे से ही आते थे। ये वे लोग थे जिन्होंने आगे बढ़ कर नये शैक्षणिक अवसरों को लपका था। ये लोग उस जमाने की सीमित राजनीति के लिए ज़रूरी वक्तृत्व कौशल और शैक्षणिक योग्यता से संपन्न थे। इनका स्रोत कुछ खास ऊँची जातियों तक सीमित था लेकिन इसके बावजूद इन लोगों में कोई जुझारू जाति चेतना नहीं थी। इनकी एकता का कारण सांगठनिक अथवा राजनीतिक गोलबंदी न होकर एक समान सामाजिक-बौद्धिक प्रतिभा और अभिव्यक्ति थी। इसके बावजूद जब-जब नेतृत्वकारी व्यक्तियों की यह एकजुटता एक ऊँची जाति या उपजाति के आधार पर बनी, तब-तब इससे अन्य ऊँची जातियों में असंतोष और वंचित होने का एहसास पैदा हुआ, खास कर उन जातियों में जो कभी सामाजिक-आर्थिक सत्ता से लाभान्वित हो चुकीं थीं। इसलिए दूसरी ऊँची जातियों से एक और राजनीतिक समूह उभरा। सत्ता के सोपानों पर जमी बैठी जाति के वर्चस्व की प्रतिक्रियास्वरूप एक उदीयमान जाति सामने आयी। यह उदीयमान जाति पारंपरिक व्यवस्था में चली आ रही अंतरनिर्भरता और अंत:पूरकता की भूमिका से संतुष्ट रहनेवाली नहीं थी। यही वह बिंदु था जहाँ जाति-प्रथा सेकुलरवाद के साथ पहली मुठभेड़ होते ही ध्रुवीकृत हो गयी। जाति-राजनीति का द्विपक्षीय ढाँचा पैदा हुआ। कभी वह दो जातियों या उपजातियों में बँटा हुआ नजर आता जिनमें एक वर्चस्ववाली जाति होती तो दूसरी उदीयमान जाति। कभी ऐसा भी होता कि उदीयमान जाति के दायरे में एक से ज्यादा जातियाँ और उपजातियाँ आ जातीं।[७] यह ध्रुवीकरण उन जगहों पर नहीं हुआ जहाँ वर्चस्ववाली जाति और अन्य जातियों के बीच सामाजिक सत्ता और कर्मकांडीय प्रतिष्ठा का अंतर बहुत बड़ा था और जहाँ क्षेत्रीय अथवा संस्थागत सत्ता के सोपानों पर श्रेणीक्रम में विभिन्न ऊँची जातियाँ ही जमी बैठी थीं और इसी कारण से उनमें गठजोड़ बनने की ज्यादा संभावना थी।

फिर आया दूसरा चरण। सत्ता की आकांक्षा और आर्थिक लाभों की माँग मौजूद संसाधनों से ज्यादा हो गयी। स्पर्धारत समूहों को अपने जनाधारों की संख्या बढ़ानी पड़ी और सत्ता क्रम में जमे बैठे मुखर तबकों के अंदर भी होड़ शुरू हो गयी। इस दौर को जातियों के टूटने अथवा 'दलबंदी' का दौर कहा जा सकता है।[८] वर्चस्ववाली जाति और उदीयमान जाति के बीच होड़ के साथ-साथ अब इन जातियों के अंदर भी होड़ और राजनीतिकरण होने लगा। जाहिर है कि यह प्रक्रिया वर्चस्ववाली जाति (अथवा जातियों) से ही शुरू हुई। इन जातियों

में दलबंदी होते ही राजनीतिक संगठन का नया ढाँचा उभरा। नेतृत्व में दरारें पड़ने लगीं। एकजुटता और सहमति के प्रतीकों को राजनीतिक प्रवृत्तियाँ अपने अनुकूल ढालने लगीं। बहुजातीय और बहुगुटीय गठजोड़ सामने आये। प्रत्येक स्पर्धारत गुट अपना समर्थन बढ़ाने के लिए उन जातियों को भी पटाने में लग गया जो अभी तक सत्ता के ढाँचे से दूर रखी जाती थीं। ठीक ऐसा ही 'उदीयमान जातियों' में भी हुआ। वे भी वर्चस्ववाली जातियों की तरह व्यवस्था का अंग बन चुकी थीं, इसलिए उनमें भी धड़ेबंदी हो गयी। इस परिघटना ने जाति-प्रथा का सत्तामूलक ढाँचा और पेचीदा बना दिया। अब उसमें अंतरसंबंधों का जाल पहले से कहीं बारीक हो चुका था। उसने आर्थिक संरक्षण, संरक्षक-आश्रित संबंध में निहित वफादारियों, रिश्तेदारियों, जाति-सभाओं और संघों जैसे सांगठनिक रूपों के युग में कदम रखा।

जिन इलाकों में पिरामिडीय जाति संबंध पहले से मौजूद थे, वहाँ की तस्वीर थोड़ी अलग थी, क्योंकि वहाँ कृषिगत और अन्य आर्थिक संबंधों, परंपरागत रूप से ऊँची और नीची जातियों के बीच विवाह संबंधों और संरक्षक-आश्रित संबंधों में क्षेत्रवार विभिन्नताएँ थीं। इन क्षेत्रों में गोलबंदी और स्पर्धा के लिए बनायी गयी पिरामिडीय दलबंदियाँ और भी ज्यादा स्पष्ट होती चलीं गईं। जाहिर है कि संबंधों की इस शृंखला में पहले से ही बँधे हुए क्षेत्रों में राजनीति को एक तैयार जमीन मिल गयी और जाति सभाओं और जाति संघों के रूप में नये गठजोड़ों और एकजुटताओं का आह्वान करने की खास जरूरत नहीं रही। शृंखला की ऊपरी कड़ी के लोग सीधे-सीधे राजनीति में कूद पड़े। इस प्रक्रिया में उनके आसपास की दुनिया भी राजनीति में दीक्षित हो गयी। अन्य जातियों के नेतृत्वकारी तत्वों को व्यवस्था की तरफ आकर्षित करना और भी सरल हो गया, क्योंकि इसकी परंपरा पहले ही पड़ चुकी थी। राजनीतिक गोलबंदी ने जैसे-जैसे अपना विस्तार किया वैसे-वैसे उसे पहले से बने हुए लंबवत सामाजिक संबंधों से मदद मिली। जहाँ ये संबंध नहीं थे, वहाँ राजनीति ने धड़ेबंदी के जरिये इन्हें कायम किया। जाति की सामाजिक संरचना राजनीतिक संगठन की महत्त्वपूर्ण वाहक बन गयी। उसने राजनीतिक संगठन का संरक्षण और सामाजिक-आर्थिक संबंधों के रूपों तक विस्तार कर दिया।

चूँकि राजनीतिक संगठन का ढाँचा पिरामिडीय था, इसलिए उच्च स्तर पर विभिन्न वर्चस्ववाली जातियाँ आमने-सामने आ गयीं। आंध्र में कम्मा और रेड्डी, गुजरात में पट्टीदार और अन्नावल, मैसूर में लिंगायत और वोक्कलिगा, मद्रास में जिला और क्षेत्रीय स्तर की कई ताकतवर जातियाँ और बिहार की रंग-रुतबेवाली जातियाँ राज्य स्तर पर एक दूसरे के मुकाबले दलबंद हो गयीं। इस श्रेणी में हर

स्तर पर जाति को नये तरह के विखंडन से गुजरना पड़ा। कहीं जाति सभाओं के रूप में, तो कहीं जाति संघों के रूप में और कहीं दलबंदियों के सिलसिले के रूप में यह गुट विभाजन हुआ। यह बँटवारा वंशानुक्रम और पूजा-पद्धतियों के आधार पर चले आ रहे बँटवारे का अक्सर इस्तेमाल करता था लेकिन वह इससे परे भी जा चुका था। इसी कारण से राजनीति में व्यक्तियों और व्यक्तिगत संबंधों का महत्त्व बढ़ा। नेतृत्व की भूमिका और सकारात्मक होने लगी।

लेकिन यह परिघटना दो-तीन नेतृत्वकारी जातियों तक ही सीमित रही। ये जातियाँ आमतौर पर सवर्ण, संपन्न और सुशिक्षित थीं। निचली जातियाँ अभी भी वर्चस्ववाली जातियों के साथ अधीनस्थ संबंधों में ही बँधी हुई थीं। यह जरूर है कि राजनीतिकरण के दूसरे चरण में स्पर्धारत नेताओं ने अपनी दलबंदियों का जनाधार बढ़ाने के लिए इन जातियों को राजनीति में लाना शुरू कर दिया था। लेकिन जातिगत पहचान अभी तक मजबूत और सुस्पष्ट थी। इसलिए वही राजनीतिक भागीदारी का मुख्य माध्यम बनी। लंबवत अंतरजातीय संबंधों की परंपरावाले इलाकों में भी यह घटित हुआ, क्योंकि वहाँ भी जाति-प्रथा अपने मूल्यों और संरचनाओं के लिए छोटी-छोटी इकाइयों की इस प्रवृत्ति पर ही निर्भर थी।

वर्चस्ववाली जातियों के नेता एक दूसरे के मुकाबले अपना जनाधार विस्तृत करने के लिए दो तरह की तरकीबें अपनाने लगे। उन्होंने निष्क्रिय पड़ी जातियों के नेताओं को अपनी ओर खींचा। चुनावी समर्थन के बदले में उन्हें अपने से कनिष्ठ पदों पर आसीन किया। आर्थिक फायदे भी दिलवाए। जहाँ यह संभव न हो सका वहाँ उन्होंने जनाधार के लिए उपजातियों के गठजोड़ों का सहारा लिया। तरह-तरह के नेताओं से जुड़ कर और 'बिचौलियों' से सौदेबाजी करके काम चलाया। उन्होंने जातियों की एक दूसरे के प्रति दुर्भावना तक का फायदा उठाया। उनकी पहचान के व्यापक पहलुओं को स्पर्श दिया। पहलेवाले तरीके में पिछड़ी हुई 'जनता' की परवाह न करते हुए उसके नेताओं को पटाना ही काफी था। लेकिन जहाँ जनता ज्यादा जागरूक थी, वहाँ उन्होंने उस जनता को ही तरह-तरह की गोलबंदियों में ढाला। इस दूसरे तरीके में कुछ नयी संभावनाएँ भी थीं। राजनीति का नया स्वाद चखनेवाली जनता और उसके नेता अपने अलग गठजोड़ बना कर वर्चस्ववाली जातियों के नेताओं को चुनौती देने लायक शक्ति अर्जित कर सकते थे। यह संभावना उन जातियों के संख्या बल, आर्थिक आत्मनिर्भरता और नेतृत्व की प्रकृति पर निर्भर थी। शर्त यह थी कि वे जातियाँ चेतना के स्तर पर खुद को राजनीतिक वर्ग के रूप में देखने लगीं हों और उनमें अपनी आत्म-पहचान का दावा हो। वे द्विजों के शोषण के खिलाफ विक्षोभ से भरी हों और राजनीतिक सत्ता का स्वाद चखने के लिए बेचैन हों।

इस बिंदु पर जरूरी है कि अलग-अलग परिस्थितियों में आवश्यक नेतृत्व की किस्मों और सांगठनिक आंदोलनात्मक कौशल के महत्त्व को समझ लिया जाये। हो सकता है कि एक परिस्थिति के लिए उचित नेतृत्व दूसरी स्थिति के योग्य साबित न हो। ऐसी स्थिति में एक तरह की क्षमताओं से संपन्न सामाजिक समूह दूसरी तरह की क्षमताओंवाले समूह को प्रतिस्थापित कर ही देगा। बौद्धिक जागृति और शहरी किस्म के राजनीतिक संगठन के शुरुआती दौर में ऐसे लोगों की जरूरत थी जो पश्चिमीकृत प्रशासन के साथ तालमेल रख सकें। विचारधारात्मक विवादों और बहस की बारीकियों में महारत हासिल करना उस समय की माँग थी। कानूनी दिमाग और सार्वजनिक कार्यों में संलग्न छोटी-छोटी सभाओं के संचालन की योग्यता की भी उन दिनों बड़ी पूछ थी। ये सभाएँ कुछ खास मकसदों के लिए आंदोलनरत रहती थीं। इन जरूरतों को पूरा करनेवाला नेतृत्व मुख्यतः ब्राह्मणों और प्रशासनिक काम-काज से जुड़ी रही जातियों से निकला। इन लोगों ने न केवल नयी शिक्षा को अंगीकार किया था, बल्कि ये विद्वत्ता, ज्ञान और औपचारिक प्रतिभाओं से संस्कारित थे। लेकिन जैसे-जैसे अधिक विविध और जनाधारित राजनीति का जमाना आया वैसे-वैसे अधिक विस्तृत जनाधार की आवश्यकता पड़ी। उसके लिए नये तरह की प्रबंधात्मक और संगठनात्मक कुशलता चाहिए थी। यही कारण था कि ब्राह्मणों और प्रशासनिक कामकाजवाली जातियों के साथ-साथ व्यापारिक पेशों और भूमिधर जातियों के लोग राजनीति में ज्यादा आने लगे। इन लोगों के पास व्यक्ति प्रबंधन का संस्कार कहीं ज्यादा गहरा था। इनका रवैया व्यावहारिक और समस्याओं को लेन-देन करके निपटानेवाला रहा था। वे अपनी जातियों में एक नवीन एकजुटता का आह्वान कर सकते थे। इसके लिए उन्हें अपनी पारंपरिक हैसियत की पुनर्व्याख्या करने और आकर्षक ब्राह्मण विरोधी सूत्रीकरणों का सहारा लेने में भी हिचक नहीं होती थी।

यही लोग राजनीति के नये उद्यमी और नये आविष्कारक थे। खास बात यह थी कि ये अपने पूर्ववर्ती प्रभु वर्ग के मुकाबले कम 'आधुनिक' थे, कम प्रशिक्षित थे, उनका ज्यादातर आधार गाँवों में था और अधिक सरलीकृत और पारंपरिक मुहावरे को अपनाते थे। लेकिन उनमें संगठन और समस्याओं के व्यावहारिक मूल्यांकन की क्षमता थी। वे जोखिम उठाने को तैयार थे और प्रौद्योगिकी और संगठन के 'आधुनिक' माध्यमों का उपयोग करते थे। इन लोगों ने ये खूबियाँ आनुवंशिक संस्कारों के रूप में प्राप्त कीं थीं और तत्कालीन जीवन-शैलियों से समरस होकर इन्हें विकसित कर लिया था। इनके पीछे आधुनिक संस्कृति को सचेत रूप से ग्रहण करने की भूमिका कम ही थी। मेरे

ख्याल से भारत में राजनीतिक आधुनिकीकरण के लिए यह तथ्य सबसे महत्त्वपूर्ण है। आधुनिकता को परंपरा के मुकाबले रखनेवाली व्याख्याएँ इस पहलू को ठीक से नहीं उभार पातीं। इसे समझने के लिए ऐसे अवधारणात्मक चिंतन की जरूरत है जिसमें नयी राजनीतिक संस्कृति अपनाने में पूर्ववर्ती परंपराओं और कौशल के महत्त्व को उचित स्थान दिया जाता हो। जैसे ही ये नयी राजनीतिक-सांगठनिक कुशलताएँ स्थापित हुईं और उनके मुताबिक राजनीति का सामाजिक आधार बदला वैसे ही भारतीय राजनीति एकदम नये आयाम में पहुँच गयी। वह अन्य सामाजिक गतिविधियों से अलग लगने लगी। उसका अलग अस्तित्व बन गया। उसकी प्रवृत्ति, आंतरिक संरचना और प्रक्रिया ने एक निजीपन ग्रहण कर लिया। यह जरूर है कि राजनीति के इस आयाम की अभिव्यक्ति उस तीसरे चरण में ही हो पाई जब राजनीति के आधार का और भी विविधीकरण हुआ। जाति के अलावा अन्य तत्त्व भी अपना रंग दिखाने लगे।

वर्चस्ववाली जातियों की आंतरिक दलबंदी, उदीयमान जातियों की संरचनाओं में भी उसी के मुताबिक परिवर्तन, उनके नेतृत्व को व्यवस्था द्वारा अंगीकार करने और जातिगत गठजोड़ों की प्रक्रिया ने जाति-प्रथा को तोड़ा तो अवश्य था लेकिन अंतिम विश्लेषण में यह सब जाति आधारित ही रह गया था। जाति अस्मिताओं में ही अपना आधार तलाशा जाना आम बात थी। इसका सकारात्मक पहलू यह था कि जातियों में कुछ राजनीतिकृत मूल्य पैदा हो गये थे और व्यक्तियों में निजी सत्ता की महत्त्वाकांक्षा का बीजारोपण हो गया था। इस पहलू का फायदा उस समय मिला जब राजनीति ने तीसरे चरण में कदम रखा। शिक्षा, प्रौद्योगिकी, प्रतिष्ठा के प्रतीकों में परिवर्तन और शहरीकरण के प्रभाव के कारण समाज में आये बदलाव ने पुरानी अस्मिताओं को और कमजोर करते हुए राजनीतिकृत मूल्यों को और प्रमुखता दी। नये और अधिक विस्तृत संबंधों की शृंखलाएँ सामने आयीं। आत्मतुष्टि के नये मानदंड खड़े किये गये। लगभग सभी तबके भौतिक लाभों की कामना करने लगे। परिवार की संस्था और एक इलाके से दूसरे इलाके में जा बसने के तरीकों में भारी परिवर्तन आया। इन सबके कारण एकनिष्ठ वफादारियोंवाली राजनीति पर सामाजिक-राजनीतिक सहभागितावाली अधिक परिष्कृत व्यवस्था हावी हो गयी। यह नयी व्यवस्था जाति-निष्ठाओं से परे जाती थी और व्यक्तिगत स्वार्थों के प्रति सतर्क थी। इसमें जुड़ाव और अलगाव के वे रूप शामिल थे जो मूलतः आधुनिक शिक्षा और आधुनिक संचार प्रणाली के गर्भ से निकले थे। विभेदीकरण के नवीन और सुस्पष्ट रूपों का विकास आधुनिकीकरण का अनिवार्य तत्त्व था। पहले केवल एक सामाजिक संरचना को ही राजनीतिक, आर्थिक, शैक्षणिक और संचारगत

जिम्मेदारियाँ उठानी पड़ती थीं। अब इन सभी कार्रवाइयों ने अपना अलग-अलग उद्देश्य, गतिशीलता और संरचना प्राप्त कर ली।

राजनीति इन सभी कारकों को अभी भी समान रूप से प्रभावित कर रही है। लेकिन नयी परिस्थिति में उसे आधुनिकीकरण में सक्रिय भागीदारी के रूप में समझना बेहतर है। राजनीति को जाति की जगह लेनेवाले या उसे नष्ट करनेवाले सेकुलर सामाजिक कारक की तरह न देख कर विकासशील समाज-व्यवस्था पर संघटन और विभाजन लागू करनेवाले योजनागत आधार के रूप में देखा जाना उचित होगा। इस नयी दृष्टि ने संस्थाओं के संगठनात्मक आधार को विस्तृत किया है। जाति अस्मिताओं ने स्वयं को नये रूपों में व्यक्त किया है। जाति का कर्मकांडीय और पूजा पद्धति-संबंधी महत्त्व घटा है और समाज-व्यवस्था के नीतिगत मूल्य बदल गये हैं। दूसरी तरफ नाना प्रकार के संगठनों और हितों की पहचान ने राजनीतिक प्रणाली में कदम रखा है, जिनके जरिये बेहद गतिशील और व्यापक किस्म की निष्ठाओं ने अपना स्थान बना लिया है। जाति राजनीतिक जनाधार का अकेला स्रोत नहीं रह गयी है और दूसरी तरफ उसे कहीं अधिक राजनीतिक सुस्पष्टता मिली है। ये दोनों बातें जाति को संबंधों के ज्यादा व्यापक दायरे में खींच ले गयी हैं। एक जड़ स्तरित प्रणाली की जगह स्पर्धा और संघटन के गतिशील आधार को अधिक महत्त्व मिलने लगा है। जाति की संस्था ने अपने पारंपरिक रूप में मूल अस्मिताओं को हैसियत और व्यवसाय के श्रेणीक्रम से बाँध कर सामाजिक संघटन की भूमिका निभाई थी। वही जाति जब आधुनिक राजनीतिक प्रणाली के संपर्क में आयी तो पहले टूट का शिकार हुई और बाद में सार्वभौम एकनिष्ठ संबंधों के नये रास्ते पर चल कर नयी तरह से एकीकृत हो गयी। हम देख चुके हैं कि यह परिवर्तन एक प्रणाली द्वारा दूसरी का सहज प्रतिस्थापन नहीं था, बल्कि संक्रमण के दौरान जाति ने राजनीति को विभाजन और सामंजस्य का द्वंद्वात्मक स्पर्श दिया था। उसे संबद्धता के कुछ ऐसे तत्वों से लाभान्वित किया था जिनके दम पर राजनीति जाति के अंतर्भूत एकनिष्ठ माध्यमों के जरिये तनावों और कुंठाओं को पचा जाने में सफल रही। परिवर्तन की यह तरतीब बड़ी अन्योन्यक्रियात्मक थी। वह तबकों के आपसी मतभेदों और निजी हितों को दबाती नहीं थी। यह सत्ता संबंधों में आये आकस्मिक परिवर्तनों को उभारती थी। यह आधुनिक समाज में संक्रमण के दौरान अनिवार्यत: पैदा होनेवाले विग्रहमूलक और असमतल आवेगों को संयमित भी रखती थी।

आधुनिक युग में सेकुलर आग्रहों के कारण नयी प्रवृत्तियों ने जन्म लिया और नयी उपलब्धियों की संभावनाएँ जगीं। इन आग्रहों ने एक बात और साबित की कि केवल जातिगत और समुदायगत संबंध स्थायी समर्थन आधार बनाने के

लिए नाकाफी ही नहीं, वरन हानिकारक भी होते हैं। पहली बात तो यह थी कि बड़ी-बड़ी जातियाँ समरूप नहीं थीं और जहाँ वे छोटी और समरूप थीं, वहाँ उनमें संख्याबल का अभाव था। दूसरे, एक जाति से अधिक निकटता का मतलब दूसरी जातियों से अलगाव में निकलता था। तीसरे, राजनीतिक दल सभी तबकों की भागीदारी से ही स्थिरता प्राप्त कर सकते थे। ऊपर से जातियों के राजनीतिकरण ने उनमें बहिर्मुखी और ऊर्ध्वगामी रुझान पैदा कर दिए थे। इन कारणों से जातिगत अस्मिताएँ अस्पष्ट हो गयी थीं और विभिन्न जातिगत हितों से जुड़ने की परिघटना उभर आयी थी। इस चीज ने समाज और राज्य-तंत्र दोनों को और ज्यादा सेकुलर बनने में मदद की।

व्यवस्था के इस 'गहन विकास' का और ज्यादा बारीक विश्लेषण करना होगा। देखना होगा कि राजनीति में जातिवाद और 'सांप्रदायिकता' पर चल रही चौतरफा बहस से पैदा हुए भ्रम की असलियत क्या है। पार्टियों का नेतृत्व भी इस बहस से भ्रमित हो गया है जबकि उसे अधिक सावधान रहना चाहिए था। लोगों के मन में एक बात बैठ गयी है कि शिक्षा, शहरीकरण और उद्योगीकरण ने पारंपरिक संकीर्ण निष्ठाओं को झकझोरा तो है लेकिन चुनावी राजनीति ने इन निष्ठाओं को उनकी वैधता के साथ पुनःस्थापित कर दिया है। इससे विखंडनकारी प्रवृत्तियाँ पैदा हुई हैं जो भारतीय राज्य-तंत्र के लोकतांत्रिक और सेकुलर ढाँचे को नष्ट करने पर तुली हुई हैं। इस विचार के पक्ष में पार्टियों की कार्रवाइयों के उदाहरण दिए जाते हैं कि उन्होंने कब और कैसे जातिगत प्रभाव के जरिये पुरातन/धर्म-आधारित भावनाओं का इस्तेमाल कर के समर्थन हासिल किया। कुछ अतिश्योक्तिपूर्ण होने के बावजूद ऐसे ज्यादातर उदाहरण अक्सर सही होते हैं लेकिन उनसे निष्कर्ष गलत निकाले जाते हैं। जाति और राजनीति की आपसी क्रिया के परिणाम वे नहीं होते जो बताए जाते हैं, बल्कि उसके ठीक विपरीत होते हैं। राजनीति जाति से प्रभावित नहीं होती, बल्कि जाति का राजनीतिकरण हो जाता है। यह परिघटना कुछ द्वंद्वात्मक-सी जरूर लगती है लेकिन यह एक सच्चाई है कि स्पर्धात्मक राजनीति की गतिविधियों ने जाति को उसके अराजनीतिक संदर्भ से बाहर निकाल लिया है। उसे एक नयी हैसियत प्रदान की है। अब तक जिसे हम जाति-प्रथा कहते थे उसका क्षय हो गया है। उसमें विखंडन शुरू हो चुका है। कुछ धीमी गति से यही घटना सामुदायिक और धार्मिक निष्ठाओं के साथ घट रही है। मुसलमानों और अनुसूचित जाति-जनजातियों के अल्पसंख्यक समूहों पर भी इसका प्रभाव पड़ रहा है।[९]

यहाँ मैंने समायोजन की एक बेहद गहन प्रक्रिया का वर्णन करने की कोशिश की है। यह समायोजन तीन अलग-अलग लेकिन अंतरसंबंधित रूपों में

व्यक्त होता है। पहला, इससे एक प्रभावशाली अभिजन वर्ग पैदा होता है। इसके सदस्य विभिन्न समूहों से आने के बावजूद समान दृष्टिकोण और समान सेकुलर दिशा के हामी होते हैं। यह प्रभु वर्ग संबंधों की एक ऐसी छितरी हुई संरचना से बनता है जो सामाजिक सीमाओं से परे भी जाती है और साथ ही महत्त्वपूर्ण तबकों में से नेताओं को लेकर अपने वर्ग में शामिल भी करती जाती है। यह प्रभु वर्ग राजनीतिक मूल्यों और नियमों के मामले में समरूप होता है लेकिन इसके अंदर छोटे-छोटे गुट और तरह-तरह के प्रमुखों और उपप्रभुओं के हित टकराते रहते हैं। प्रभु वर्ग की यह जटिल संरचना विशेष हितों को व्यक्त करती हुई समाज के अधिक संगठित तबकों का सार्थक प्रतिनिधित्व करती है। यह प्रभु वर्ग विशाल जन-समूहों को अपने हिसाब और अपनी गति से बदलने की गुंजाइश देता हुआ आधुनिक विश्व से समायोजन करता रहता है।

दूसरा, जातियाँ संगठन के नये लक्ष्यों के लिए खुले सेकुलर रूपों को अपनाने में नहीं हिचकतीं। 'जाति सभाएँ', 'जाति संस्थान' अथवा 'सम्मेलन' और 'जाति संघ' भी इन्हीं रूपों में से एक हैं। जाति सभाओं में जाति सदस्यों के छात्रावास, आमोद-प्रमोद की संस्थाएँ, सुधार क्लब और दबाव-समूह आते हैं। जाति संस्थाओं अथवा सम्मेलनों का गठन जिला और राज्य स्तर पर अधिक व्यापक आधार पर होता है। ये कई जातियों को मिला कर गठित होते हैं। इनकी सदस्य जातियाँ कभी तो सामाजिक तौर से समरूप होने के कारण एक जगह जमा होती हैं तो कभी कुछ खास हितों और राजनीतिक उद्देश्यों की समानता के लिए गठजोड़ करती हैं। इन्हीं खास उद्देश्यों और हितों के कारण जाति सभाएँ और जाति संघ अर्थात संगठन के नये रूप पारंपरिक जातियों के कर्मकांडीय और पूजा-पद्धति संबंधित लाभों, नौकरियों विशेष रियायतों के लिए ही नहीं, बल्कि 'द्विजों', या 'शासक जातियों' की चौधराहट के खिलाफ एकताबद्ध संघर्ष करने के स्पष्ट राजनीतिक उद्देश्य के लिए भी काम करते हैं। ये सभाएँ और जातियाँ विभिन्न दलों से सौदेबाजी करती हैं। लेकिन हर हालत में इनके लक्ष्य कुछ खास हितों से ही बँधे होते हैं। जाति संघों के बारे में यह एक दिलचस्प तथ्य है कि कभी इनका गठन जातिगत पहचान के आधार पर जरूर हुआ था लेकिन उनकी परिणति गैर-जातिगत लक्ष्यों में हुई। वक्त गुजरने के साथ उनके संगठन में अधिक लचीलापन आया और वे अपनी मूल सदस्य जातियों के अलावा दूसरी जातियों के सदस्यों को भी स्वीकारने लगे। इन संघों की पहुँच नये क्षेत्रों तक हुई। उन्होंने अन्य स्वयंसेवी संगठनों, हित-समूहों और राजनीतिक दलों के साथ समान लक्ष्यों के लिए मेल-जोल किया। आगे चल कर ये जाति संघ राजनीतिक समूह में ही बदल गये। सौदेबाजी की काफी ताकत और संख्या बल उनकी

विशेषता हो गयी। साथ में वे 'गैर-ब्राह्मण' अथवा 'क्षत्रिय' जैसे लकबों के रूप में परिभाषित होकर जातिगत भावनाओं और जातिगत चेतना का आह्वान भी करते रहे। इन संघों ने अतीत में अपनी ऊँची हैसियत और वर्तमान में उससे वंचित किये जाने के एहसास को कुरेदना जारी रखा। इन तमाम तरकीबों ने उन्हें मजबूत और सुसंबद्ध राजनीतिक समूह बना दिया। राजनीतिक माध्यम से अपने समूहगत हितों को व्यक्त करने में ये संघ पूर्ववर्ती जाति सभाओं से काफी आगे निकल गये। ऊपर जिस 'वर्चस्ववाले अभिजात वर्ग' का जिक्र किया गया है उसमें ऐसे ही संगठनों से आये नेता शामिल किये जाते हैं और वह वर्ग ऐसे ही संगठनों से जुड़ा रहता है।

तीसरे, इन नये संगठनों के साथ-साथ दलबंदी की एक ऊर्ध्व संरचना भी विकसित हुई जिसके आसपास अभिजन समूहों और उनके जनाधारों ने खुद को राजनीतिक रूप से संगठित किया। इनके जरिये ही राजनीतिक और सामाजिक रूपों में संवाद कायम किया गया। हम देख चुके हैं कि धड़ेबंदी की यह संरचना या तो उन क्षेत्रों के अंतरसंबंधों के आधार पर बनी थी जिनमें किसान जातियों का प्रभुत्व था या फिर पूर्ववर्ती सामाजिक ढाँचे पर राजनीतिक और चुनाव प्रणाली की अनुक्रिया से विकसित हुई थी। इसी के कारण एकजुटताओं और गठबंधनों के नये ध्रुवीकरण हुए थे। धड़ेबंदी की संरचना ने राजनीतिक ही नहीं सामाजिक समूहों को भी विभाजित कर दिया। पारंपरिक जाति रूपों के साथ-साथ नवगठित जाति सभाएँ और अन्य हितों के संगठन भी बँट गये। इससे जातिगत पहचानों का अतिक्रमण करने में मदद और सत्तामूलक संबंधों के लिए स्पर्धा कर रहे नेतृत्व को जनाधार विस्तृत करने का अवसर मिला। दलबंदी पारंपरिक क्षेत्रों की भागीदारी का ही नहीं, बल्कि आधुनिकीकृत क्षेत्रों की भागीदारी का समान माध्यम साबित हुई। अंतिम विश्लेषण में इसी के जरिये दोनों क्षेत्रों का परस्पर समायोजन और अंततः एक दूसरे में विलय संभव हुआ।

जाहिर है कि समाज और राजनीति इस प्रक्रिया से एक साथ प्रभावित हुए और संघटन के नये रूपों की ओर बढ़े। इस संघटन की खास बात यह थी कि आधुनिक राजनीतिक संस्थाओं के साथ पारंपरिक सामाजिक रूप भी जुड़े रहे। संघटन ने पारंपरिक निष्ठाओं के आधार को खत्म करने की कोशिश नहीं की। लेकिन उन्हें बदलने में कोई हिचक भी नहीं दिखायी और उनकी पहचान सहभागिता की अधिक व्यापक व्यवस्था के अधीन कर दी। हम पहले कही गयी इस बात को दोहराना चाहेंगे कि राजनीति और समाज में हुआ जुड़ाव दरअसल संगठन और संघटन की विभिन्न प्रणालियों का जुड़ाव था। जाति का पारंपरिक रूप सामाजिक संघटन का वाहक था, जिसके लिए वह स्थानीय और एकनिष्ठ

अस्मिताओं को बल देते हुए जाति के अंदर विभिन्न समूहों और समूहों के अंदर व्यक्तियों की भूमिका निर्धारित करता चला जाता था। दूसरी ओर जाति की विभाजक और दलबंदी संबंधित अभिव्यक्तियाँ थीं उसकी आत्मचेतना थी, उसकी अलग-अलग अस्मिताएँ थीं जिन्हें प्रोत्साहित करके जाति-प्रथा सेकुलर संगठन और संघर्ष के लिए समय-समय पर गुंजाइश पैदा करती थी।

यह सही है कि राजनीति खुद में विभाजन और विग्रह की प्रणाली होती है और उसी के लिए सामग्री की तलाश में रहती है। लेकिन वह साथ में संघटन का औजार भी है जिसके अपने तर्क और संगठन के अपने तरीके हैं। जब जाति-प्रथा और राजनीति के संघटनात्मक और विभाजक पहलू अन्योन्यक्रिया करते हैं तो विभिन्न चरणों में एक नये तरह का संघटन और विभाजन पैदा होता है। इसी प्रक्रिया को समाज-व्यवस्था का सेकुलरीकरण कहा सकता है और यही प्रक्रिया भारतीय समाज में राजनीति द्वारा लाए गये जबरदस्त बदलाव को समझने की कुंजी भी है। ब्राह्मणीकरण हाशिए पर पड़े जाति-समूहों को समाज की मुख्य धारा में ले आया है और पश्चिमीकरण ने ब्राह्मणीकरण से गुजर चुकी जातियों को आधुनिकीकरण के दायरे में जोड़ दिया है। दोनों तरह के समूहों का राजनीति में भागीदारी के जरिये सेकुलरीकरण हो गया है। पुरानी व्यवस्था टूट कर फिर धीरे-धीरे सेकुलर संगतनात्मक आधार पर पुनः एकीकृत हुई है।[१०] संक्रमण के दौरान पुनः संघटन की यह प्रक्रिया संकीर्ण प्रतीकवाद का सहारा भी लेती है, क्योंकि उसी में उसे पहचान और संबद्धता मिलती है। इससे सार्विक और एकनिष्ठ रुझानों का नया मिश्रण तैयार होता है। यह सेकुलर संबंधों के पारंपरिक आधार को अक्षम और व्यक्तिगत और समूहगत हितों के लिए हानिकारक साबित कर देता है। यही मिश्रण राजनीतिक निरक्षरता की शिकार जनता को धीमी गति से राजनीतिक सामुदायिकता के महत्त्व के प्रति जागरूक करता है और फिर राजनीतिक सामुदायिकता उस जनता की जरूरत बन जाती है।

हमें ध्यान रखना चाहिए कि कोई भी राजनीतिक प्रणाली तभी स्थायित्व प्राप्त कर सकती है जब उसकी प्रक्रियाओं और प्रतीकों को समाज आत्मसात करके परंपराओं में ढाल ले। केवल उपयोगिता के नजरिये से स्वीकार न करके उन्हें नैसर्गिक रूप से सराहनीय, मूल्यवान, अंतरनिहित अच्छाइयों से युक्त मान कर स्वीकार किया जाना चाहिए। अर्थात नयी प्रक्रियाओं और मूल्यों को खुद में 'परंपरा' बन जाना चाहिए। इस परंपरा का सावधानी से पालन-पोषण करते हुए विकसित और मजबूत किया जाना चाहिए। कोई भी समाज परंपराओं के बिना जीवित नहीं रहता। आधुनिकता की असली चुनौती परंपरा को नष्ट करने में नहीं, बल्कि स्वयं आधुनिकता के पारंपरीकरण में निहित है। जाति और राजनीति के

संदर्भ में इसके दो अर्थ होते हैं। पहला अर्थ है जाति-प्रथा के सेकुलर और संघटन की संभावनाओंवाले पहलुओं को पुरातनपंथी और निष्क्रिय तत्वों की कीमत पर मजबूत किया जाना। हम देखते हैं कि ऐसा पहले से ही हो रहा है। दूसरा अर्थ यह है कि लोकतांत्रिक राजनीति ने समाज-व्यवस्था में जिन आयामों का समावेश किया है उन्हें भारतीय परंपरा का एक स्थायी अंग बना देना। यह काम अभी होना है। समाज परिवर्तन की भारतीय रणनीति की असली परीक्षा आधुनिकता के इसी पारंपरीकरण की कसौटी पर होगी। सहिष्णुता और आत्मसातीकरण की लोकप्रसिद्ध क्षमताओं से संपन्न महान भारतीय समाज-व्यवस्था की कसौटी भी यही है। सवाल यह है कि क्या इस समाज-व्यवस्था में नये मूल्यों और नयी संस्थाओं को हिंदू समाज की स्मृति का अंग बनाने के लिए आवश्यक नम्यता है? यही कसौटी उस द्वैत की जगह ले सकती है जिसके केंद्र में पुरातन को पूरी तरह हटा कर नवीन को लाने की जिद छिपी हुई है।

संदर्भ एवं टिप्पणियाँ

१. एमजी बेली, 'क्लोज्ड सोशल स्ट्रेटिफिकेशन', *आर्काइव्ज यूरोपियनेस डि सोशियोलोजी,* खंड-४, (१९६३)

२. लायड आई. रुडोल्फ, 'द माडर्निटी ऑव ट्रेडीशन : द डेमोक्रेटिक इनकारनेशन ऑव कास्टइन इंडिया', द अमेरिकन पॉलिटिकल साइंस रिव्यू, खंड-Lxi, नं-४, दिसंबर १९६५; लायड आई. रुडोल्फ और सूजन होवर रूडोल्फ ने अपनी रचना 'द पॉलिटिकल रोल ऑव इंडियाज कास्ट एसोसिएशंस,' पेसिफिक एफेयर्स, खंड-xxxiii, नं-१, मार्च १९६० में संगठन के 'स्वयंसेवी' और जाति-रूपों के उस द्विभाजन की व्याख्या भी की है जिसकी तरफ मैंने इशारा किया है।

३. देखें इरावती कर्वे का ज्ञानवर्द्धक लेख 'हिंदू सोसाइटी: एन इंटरप्रिटेशनल' (पूना: डेकन कालेज, 1961)।

4. वर्णों की संघटनवाली भूमिका के लिए देखें : एम.एन. श्रीनिवास, *रिलीजन एंड सोसाइटी एमंग द कुर्ग्स साउथ इंडिया,* (बंबई एशिया पब्लिशिंग हाउस, १९५२)।

५. 'संस्कृतीकरण' या ब्राह्मणीकरण और 'पश्चिमीकरण' की अवधारणाएँ एम.एन. श्रीनिवास की रचनाओं से प्रचलन में आयी हैं। इस विषय पर उनकी सबसे ताजी राय के लिए देखें : द *सोशल चेंज इन माडर्न इंडिया* (बर्कले : केलीफोर्निया यूनिवर्सिटी प्रेस, १९६६) और द *कोहिसिव रोल ऑव सेंस्कृटाइजेशन* (मीमियोग्राफ्ड, दिल्ली विश्वविद्यालय, १९६६)।

६. श्रीनिवास ने 'प्रभुत्वशाली जाति' अभिव्यक्ति का इस्तेमाल किया है। मेरी अभिव्यक्ति 'वर्चस्ववाली जाति' उससे अलग है। श्रीनिवास के मुताबिक प्रभुत्वशाली जाति न केवल आर्थिक और राजनीतिक रूप से अपने असर का इस्तेमाल करती है वरन 'गाँव अथवा स्थानीय इलाके में संख्या बल में भी सबसे ज्यादा मजबूत होती है।' 'द डोमिनेंट कास्ट इन रामपुरा', *अमेरिकन एँथ्रोपोलोजिस्ट,* फरवरी १९५६)। जबकि

वर्चस्ववाली जाति आर्थिक-राजनीति सत्ता में मजबूत होने के पैमाने पर तो खरी उतरती है और वह आमतौर पर 'कर्मकांडीय' रूप से ऊँची जाति भी होती है। पर यह जाति संख्या बल के लिहाज से अक्सर छोटे आकारवाली होती है। जिन इलाकों में संख्या बल के लिहाज से विशाल कृषक जातियाँ सत्ता के सोपानों पर जमी बैठी हैं, जैसा कि मैंने उसी पैरे में कहा भी है, वहाँ 'प्रभुत्वशाली' और 'वर्चस्ववाली जाति' में काफी मिलावट भी हो सकती है, भले ही श्रीनिवास द्वारा बतायी गयी सभी शर्तें उन इलाकों में पूरी न भी होती हों।

७. उदाहरणस्वरूप मद्रास और महाराष्ट्र में ब्राह्मण बनाम गैर-ब्राह्मण, राजस्थान में राजपूत बनाम जाट, गुजरात में बनिया-ब्राह्मण बनाम पट्टीदार, बिहार में कायस्थ बनाम राजपूत, आंध्र में कम्मा बनाम रेड्डी, केरल में नायर बनाम एडवा इत्यादि। इस प्रक्रिया में जब किसी एक जाति या जाति-समूह के पक्ष में एक ध्रुवीकरण का फैसला हो जाता है तो दूसरा ध्रुवीकरण उभर आता है। गुजरात में पट्टीदार बनाम क्षत्रिय और महाराष्ट्र में मराठा बनाम महार का उदाहरण सामने है। कभी-कभी सत्ता का अधिक छितरा हुआ और जटिल गठजोड़ भी उभर आता है।

८. धड़ेबंदी को जातिगत समाज की पारंपरिक धड़ेबंदी से अलग करके समझना चाहिए। पारंपरिक धड़ेबंदी कौटुंबिक और वंशगत आधार पर होती है जबकि जिस धड़ेबंदी की मैंने चर्चा की है, वह राजनीतिक होड़ का परिणाम होती है और जिसमें सेकुलर सत्ता के लिए अलग-अलग नेताओं का समर्थन आधार स्पर्धारत रहता है।

९. इन मुद्दों पर प्रवृत्तियों के विश्लेषण के लिए देखें- गोपाल कृष्ण, 'इलेक्ट्रोरल पार्टिसिपेशन एंड पोलिटिकल इंटीग्रेशन', ईपीडब्ल्यू, सालाना विशेषांक, खंड-२ नं.-३, ४, ५ फरवरी १९६७; सांप्रदायिक दायरों को तोड़नेवाले मतदान के आँकड़ागत विश्लेषण के लिए देखें रजनी कोठारी और तरुण शेठ, 'एक्सटेंट एंड लिमिट्स ऑव कम्युनल वोटिंग : द केस ऑव बड़ौदा ईस्ट', मायरन वीनर और रजनी कोठारी (सं), *इंडियन वोटिंग बिहेवियर*, (कलकत्ता : फर्मा केएल मुखोपाध्याय, १९६५)

१०. 'पुनर्येकीकरण' की अवधारणा के विकास, इस तरह के पुनः एकीकरण की प्रक्रिया और उस में संक्रमण के विस्तृत विवरण के लिए देखें डी.एल. शेठ और रजनी कोठारी, 'सोशल चेंज, पॉलिटिकल इंटीग्रेशन एंड द वेल्यू प्रोसिस' (*इंटरनेशनल राउंडटेबल आन वेल्यूज इन पॉलिटिक्स* में पढ़ा गया आलेख), दुब्रोन्निक, युगोस्लाविया। इसी विचार को दोनों लेखकों ने 'ट्रेडीशन एंड मॉडर्निटी रिविजिटिड' गवर्नमेंट एंड अपोजीशन, खंड ३, नं.-३, ग्रीष्म, १९६८ में आगे बढ़ाया।

११. हम इस दलील का उल्लेख पहले भी कर चुके हैं कि चुनाव प्रणाली ने जाति अस्मिताओं को नवजीवन प्रदान कर दिया है। यह एक सही समझ है लेकिन इससे आमतौर पर गलत निष्कर्ष निकाल लिया जाता है। दरअसल राजनीतिक सत्ता के एकमात्र आधार के रूप में जाति की वैधता का क्षय हो जाने के कारण जातीय गणित का महत्त्व बढ़ गया है। विभिन्न परिस्थितियों में विभिन्न जातियों के संख्या बल, उम्मीदवारों के चुनाव, जातियों की अंदरूनी दलबंदी और जातियों के आर्थिक संबंधों का गणित बदलता रहता है। यह किसी भी राजनीतिक प्रणाली के लिए स्वाभाविक ही है और अन्य तरह के सामाजिक संगठनों और जातीय समूहों पर भी लागू होता

है। समझने की बात तो यह है कि जातीय गणित की उस समय जरूरत नहीं थी जब कुछ जातियों के लोग ही सत्ता के दावेदार थे। जाति अपनी सर्वशक्तिमत्तता के कारण राजनीति के लिए अप्रासंगिक थी। आज ऐसा नहीं रह गया है। सत्ता के लिए व्यावहारिक होड़ में जाति अन्य तत्वों की भाँति राजनीति की दुनिया को प्रभावित करनेवाला एक तत्त्व मात्र रह गयी है। हेरल्ड ए. गोल्ड के शब्दों में जाति राजनीति की निर्धारक भूमिका से गिर कर उसे प्रभावित करनेवाला एक परिवर्ती तत्त्व बन गयी है। देखें गोल्ड का आलेख: 'चेंजिंग पॉलिटिकल बिहेवियर इन रूरल इंडियन सोसाइटी', ईपीडब्ल्यू, खंड-२, नं. ३३-३५, विशेषांक, अगस्त १९६७

दलित उभार के मायने

यह आलेख १९९३ में हुए उत्तर प्रदेश के ऐतिहासिक विधानसभा चुनाव में समाजवादी पार्टी और बहुजन समाज पार्टी के गठजोड़ के हाथों हिंदुत्ववादी शक्तियों की पराजय के बाद लिखा गया था। जातियों और लोकतांत्रिक राजनीति के अंतर्संबंधों की बहस को नये सिरे से उठाने वाली इस रचना के प्रस्तुत अंश में रजनी कोठारी ने दिखाया है कि जाति से जुड़ी राजनीतिक-चेतना पर द्विज जातियों की इजारेदारी चली आ रही थी और अब जाति-प्रथा से पीड़ित लोगों ने जातिगत पहचान और उससे जुड़े दावों को पेश करना शुरू कर दिया है। इस दलित उभार से वामपंथी, गाँधीवादी, उदारतावादी और नये सामाजिक आंदोलनों की पहल करनेवाले स्वयंसेवी संगठनों की सामाजिक-राजनीतिक विफलताएँ और सीमाएँ बेनकाब हो गयी हैं। बहुतलतावाद का पारंपरिक उदारतावादी नजरिया अपनी रेडिकल व्याख्या के बरक्स खड़ा है। एक बार फिर साबित हुआ है कि जाति राजनीतिक प्रक्रिया के सेकुलर उपादान की तरह काम कर सकती है। दलित उभार उन सामाजिक-सांस्कृतिक नायकों को सामने ला सकता है जो कांग्रेस और गाँधी की प्रमुखता वाले राष्ट्रीय आंदोलन के कारण पृष्ठभूमि में चले गये थे। लेकिन ब्राह्मणवाद के दबावों का सामना करनेवाली इस दलित परिघटना को 'एकला चलो रे' की प्रवृत्ति त्याग कर वामपंथी रुझान कायम रखते हुए समाज-परिवर्तन के नये हरावल की रचना करनी होगी।

जाति के मुद्दे पर एक बार फिर बहस शुरू हो चुकी है। ... जैसे-जैसे दलित और अन्य निचले वर्ग अपने अधिकारों के प्रति सचेत हो कर उनकी दावेदारी करने लगे हैं, वैसे-वैसे उनके ऊपर होनेवाली ज्यादतियों में क्रूरता और आतंक की मात्रा बढ़ती जा रही है। दमित वर्गों के पूरे-के-पूरे समुदाय गहरे विक्षोभ से गुजर रहे हैं। उन्हें निरंतर अपमानजनक हालात का सामना करना पड़ रहा है। राष्ट्र,

राज्य और नागरिक समाज के अंग के रूप में उनकी पहचान और उनके अस्तित्व का निरंतर क्षय हो रहा है। देश के किसी-न-किसी हिस्से में उनके ऊपर ढाये जानेवाले जुल्मों की दिल हिला देनेवाली कहानियाँ सुनने में आती रहती हैं। घटनास्थलों पर पुलिस, संबंधित प्रशासनिक अधिकारी और राजनीतिक पार्टियों के प्रतिनिधि हमेशा देर से ही पहुँचते हैं। फिर संवाददाताओं, फोटोग्राफरों, वकीलों और मानवाधिकार कार्यकर्ताओं की लाइन लगती है। मंत्री और मुख्यमंत्री का आगमन और भी देर से होता है। राजनीतिक फायदा उठाने के लिए प्रधानमंत्री महोदय हेलीकाप्टर से मौके का मुआयना करने पहुँचते हैं। फटाफट एक जाँच आयोग बैठा दिया जाता है। मृतकों के परिजनों के लिए मुआवजा घोषित कर दिया जाता है। इन सरकारी कदमों का व्यापक प्रचार करने के बाद हमें बताया जाता है कि यह तो 'असामाजिक तत्त्वों', विपक्षी दलों और गुटों की कारस्तानी थी। यह घटनाक्रम गरीबों और दबे-पिसों के साथ भारतीय राज्य-तंत्र की मुख्यधारा के संबंधों का स्थायी भाव बन चुका है।

यह मान्यता लंबे अरसे से चली आ रही थी कि राष्ट्र-निर्माण की परियोजना में प्रगति के साथ ही जनता को लोकतांत्रिक अधिकारों का अवदान भी मिलेगा। ज्यादा-से-ज्यादा लोगों और समुदायों को इससे फायदा पहुँचेगा। गरीबी, बेरोजगारी और मानवीय दुर्दशा के सभी कारणों का उन्मूलन हो जाएगा। इतिहास की द्वंद्वात्मकता जैसे-जैसे गति पकड़ेगी और उत्पादक शक्तियों का जैसे-जैसे विकास होगा वैसे-वैसे जाति, समुदाय, जनजाति और विभिन्न सामंती अवशेषों की संकीर्ण संरचनाएँ अनावश्यक हो जाएँगी। अर्थात लोग नये किस्म के सेकुलर और राजनीतिक संबंधों को स्वीकार करते चले जाएँगे।

आज ये अनुमान गलत साबित हो चुके हैं। ... लंबे अरसे तक धीरज और सहनशीलता दिखाने के बाद लोगों का यकीन डगमगाने लगा है और वे इस नतीजे पर पहुँचते जा रहे हैं कि अब शायद उन्हें अपना ख्याल खुद ही रखने के लिए तैयार हो जाना चाहिए। वैसे यह ठीक ही है, क्योंकि राज्य और राजनीतिक दलों का अनंतकाल तक मुखापेक्षी हुए बिना आखिरकार जनता को अपने हित से जुड़े मामले अपने हाथ में ले ही लेने चाहिए। यही तो लोकतांत्रिक प्रक्रिया का सारतत्त्व है।

जातिगत पहचान और जाति-चेतना के नये विस्फोट को इसी पृष्ठभूमि में देखा जाना चाहिए। न जाने कब से जातिगत-चेतना पर ब्राह्मणवादी ऊँची जातियों की इजारेदारी चली आ रही थी। आज कुछ और ही घटित हो रहा है। जाति-प्रथा समेत व्यवस्था से पीड़ित लोग जातिगत पहचान और उससे संबंधित दावों को पेश कर रहे हैं। दरअसल, जिन लोगों से श्रेणीक्रम पर आधारित जातिगत

विभाजनों और विषमताओं को खत्म करने की कोशिश करने की उम्मीद की जाती थी उन्होंने ही इनका सबसे ज्यादा इस्तेमाल करना शुरू कर दिया है, हालाँकि उन्हें अभी भी उम्मीद है कि समाज-व्यवस्था में बुनियादी परिवर्तन के जरिए ऊँच-नीच और उत्पीड़न को खत्म किया जा सकता है। जनता के इन तबकों ने जातिगत विभाजनों का इस्तेमाल करके सांप्रदायिकता और फासीवाद की ताकतों को परास्त किया है और इस तरह शोषण, दमन और तिरस्कार-विहीन समाज की तरफ बढ़ने के उस कार्यभार की पूर्ति की है जिसे व्यापक सेकुलर व्यवस्था द्वारा अंजाम दिया जाना चाहिए था। जनता के इन तबकों का दावा मजबूत होने के साथ ही ऊँची जातियाँ और साधनसंपन्न लोग इसके खिलाफ गोलबंद होते जा रहे हैं। ऐसे लोगों के लिए यह जन-उभार असहनीय है, क्योंकि उनके जीवनकाल और इतिहास में ऐसा कभी हुआ ही नहीं। इसी कारण से इस जन-उभार को विभाजित और भ्रमित करने के साथ-साथ बदलाव की ताकतों को फुसला कर अपने पक्ष में करने की कोशिशें चल रही हैं। इन नये संघर्षों को दिशा देने के लिए कोई स्पष्ट और सुचिंतित विचारधारात्मक संरचना उपलब्ध न होने के कारण भी व्यवस्था पर हावी वर्ग और पार्टियों को फुसलाने, खरीदने और बाँट कर हुकूमत करने में कामयाबी मिल रही है। जाहिर है कि विषमता और शोषण के अंत की संभावनाएँ अभी दूर-दूर तक भी नहीं हैं लेकिन ऐसे कई संकेत अवश्य हैं जिनसे लगता है कि यह प्रक्रिया शुरू हो चुकी है। इसे नया आवेग और नयी बौद्धिक समझ प्रदान करने का वक्त आ गया है। यह समझ वंचित और दमित सामाजिक तबकों का गठजोड़ बनाने के नये मॉडलों पर आधारित राजनीतिक कार्यक्रम की बुनियाद पर खड़ी होगी।

जाति के नये उभार का ऐतिहासिक संदर्भ

... जाति और जाति जैसी अस्मिताओं के आधार पर हो रहे सामाजिक आलोड़न के प्रति आमतौर पर बौद्धिक और राजनीतिक मुख्यधारा का रवैया द्वैध से ले कर शत्रुता और तिरस्कार के बीच कहीं न कहीं स्थित रहता है। जाति एक तथ्य है जो गैर-भारतीय ही नहीं, भारतीय प्रेक्षकों को भी लगातार चकित करता रहता है। एक सामाजिक परिघटना के रूप में इस देश के वासियों को भी 'जाति-प्रथा' अजीबोगरीब और पहेली जैसी लगती है, क्योंकि उनके लिए जाति की लंबी वंशबेलि अस्मिताओं की ही नहीं, बल्कि टकराव की स्रोत भी है। उनके लिए जाति आपसी गठजोड़ों का अवसर तो प्रदान करती ही है साथ ही वह ऊँच-नीच के आधार पर होनेवाले शोषण और दमन की प्रतीक भी है। अगर व्यापक जनता की नहीं तो सुशिक्षित मध्यवर्ग की जाति संबंधी समझ तो ऐसी ही है।

हुकूमत करनेवाले अभिजन भी जाति को इसी दृष्टि से देखते हैं। चूँकि इस वर्ग को शासन करना है इसलिए अपने सामाजिक प्रभुत्व के क्षेत्र को समझना और उसके यथार्थ को स्वीकार करना उसकी जिम्मेदारी होनी चाहिए। लेकिन यह पूरी तरह से भ्रमित दिखायी देता है। इन अभिजनों को अर्थविषयक और विचारधारात्मक रूप से 'जाति-प्रथा' को सांप्रदायिकता की कोटि में रख कर तो देखने का अभ्यास हो गया (हिंदुत्ववादी राजनीति के सांप्रदायिक रुझानों के प्रति आकर्षित होनेवाले कई तत्त्व जातिगत गोलबंदी पर आधारित नये या पुराने दावों के विरोधी हैं)। जाति का तेजी से राजनीतिकरण होता जा रहा है। साथ ही जातिगत अस्मिताओं के आधार पर की जानेवाली माँगों और दावों की प्राथमिकता भी बदल रही है। पहले इन माँगों में आर्थिक प्रगति की आकांक्षाएँ ही मुख्य होती थीं, फिर इनमें सामाजिक हैसियत का दावा भी जुड़ गया और अब वे राजनीतिक सत्ता को अपना केंद्र बनाने लगी हैं। इसने जाति के विरोधियों की बेचैनी को और बढ़ा दिया है। वैसे तो बहुलतावाद हमेशा से ही भारतीय सामाजिक जीवन के आधार के रूप में स्वीकृत रहा है लेकिन अब इसकी अभिव्यक्ति समता और सामाजिक न्याय के पक्ष में ऐसे उभार के तौर पर हो रही है जिसे सरकारी नीतियों के माध्यम से नहीं वरन् राजसत्ता को अधिग्रहीत करने के जरिये हासिल किया जाना है। जाहिर है कि बहुलतावाद के पारंपरिक उदारतावादी नजरिए को अपनी अधिक रेडिकल व्याख्या का सामना करना पड़ रहा है।

जाति और उत्पीड़न के खिलाफ संघर्ष

सामाजिक न्याय के इस संघर्ष ने वर्ग-संघर्ष या समाजवाद के लिए किये जानेवाले संघर्ष के परे जा कर नये आयाम ग्रहण कर लिये हैं जिसके कारण वामपंथी राजनीति के साथ-साथ 'नये सामाजिक आंदोलनों' के नाम से प्रचलित राजनीति के सामने भी चुनौती खड़ी हो गयी है। इस संघर्ष ने उस नेहरूवादी परिप्रेक्ष्य को भी चुनौती दी है जो आजादी के बाद से भारतीय अभिजनों के चिंतन को निर्देशित करता रहा है। इसी परिप्रेक्ष्य के तहत समाज-परिवर्तन, आर्थिक विकास, आधुनिकीकरण, सेकुलरवाद, आधुनिक शिक्षा और चुनावी लोकतंत्र को देखा जाता रहा है। इसी परिप्रेक्ष्य के तहत माना जाता रहा है कि ये प्रक्रियाएँ देश को अंततः एक प्रगतिशील, अखंड और श्रेणीगत विभाजनों से मुक्त 'खुले समाज' के निर्माण की ओर ले जाएँगी। जाति-आधारित संघर्षों की इस चुनौती ने राष्ट्र-निर्माण की परियोजना और 'धर्मनिरपेक्ष' समाज बनाने में व्यस्त बहुत से व्यक्तियों और संस्थाओं को रक्षात्मक स्थिति में डाल दिया है। इनमें से

ज्यादातर जाति को आधुनिक भारत के एक पुरावशेष से ज्यादा महत्त्व नहीं देते। ये लोग मानने के लिए तैयार ही नहीं हैं कि कुछ खास परिस्थितियों में जाति और जातिगत पहचान राजनीतिक प्रक्रिया का एक सेकुलर उपादान भी साबित हो सकती है जिसके जरिए सांप्रदायिक पार्टियों और विचारधाराओं का प्रतिकार भी किया जा सकता है। राष्ट्रीय मोर्चा सरकार द्वारा मंडल आयोग की सिफारिशों पर अमल के बाद मेरी इस दलील पर देश के प्रमुख समाजविज्ञानियों ने कड़ी असहमति दर्ज करायी थी। लेकिन मैं आज तक अपने विचार पर कायम हूँ, क्योंकि जाति मुझे उत्पीड़नकारी ही नहीं लगती, बल्कि उत्पीड़न के खिलाफ संघर्ष का आधार भी मुहैया कराती दिखती है। यह एक साथ परंपरा में भी बाँधती है और आधुनिकीकरण का वाहक भी हो सकती है। इसमें दो तरह के प्रभाव डालने की संभावना है : इसके जरिए सामूहिक पहचान तो उपलब्ध हो ही सकती है, यह उस पहचान के स्रोत अर्थात श्रेणीक्रमवाली व्यवस्था को खत्म करने का माध्यम भी हो सकती है। इससे भी आगे जा कर जातिगत गोलबंदी के कुछ तरीकों से धार्मिक संकीर्णतावादी सांप्रदायिकता का मुकाबला भी किया जा सकता है। इसी दृष्टि से मैंने जाति के राजनीतिक उभार को सेकुलर उभार की संज्ञा दी थी जो प्रमुख समाजविज्ञानियों को हजम नहीं हुई।

दरअसल, ऐसा होना लोकतांत्रिक प्रक्रिया को जड़ीभूत, समतल और प्रगतिविरोधी बनाने के बजाय अधिक सक्रिय और गहन बनाने पर निर्भर है। एम.एन. श्रीनिवास और कुछ अन्य समाजविज्ञानियों ने काफी पहले राय व्यक्त की थी कि लोकतंत्र जाति को पुनर्जीवन प्रदान कर देगा। आज इस धारणा को और भी जोरदारी से दोहराया जा रहा है। वस्तुस्थिति यह है कि लोकतांत्रिक प्रक्रिया के परिणामस्वरूप जाति का पुन: प्रकटीकरण तो होता है लेकिन इस चक्कर में जाति अपने-आप में परिवर्तित हो जाती है। मैं बेहिचक कहना चाहता हूँ कि 'राजनीति में जातिवाद' के जरिये जाति-प्रथा का रूपांतरण मुमकिन है। मैं अपने इस दृष्टिकोण को सत्तर के दशक में प्रकाशित एक रचना में विस्तार से प्रतिपादित कर चुका हूँ। मेरा निष्कर्ष था कि 'राजनीति में जातिवाद असल में जातियों के राजनीतिकरण के अलावा और कुछ नहीं है', जिसका परिणाम जाति-प्रथा के संरचनागत और विचारधारात्मक रूपांतरण में निकलता है। राजनीति के कारण जाति की सामाजिक संरचना के दायरे में तरह-तरह के गठजोड़ करने पड़ते हैं जिससे इस प्रथा की कठोरता और अनम्यता का उल्लंघन होता है। धर्म-जाति निरपेक्ष राजनीतिक उद्देश्यों से जाति का टूटना और जातियों का आपस में जुड़ना उन्हें विभिन्न पार्टियों के साथ सौदेबाजी की स्थिति में ले जाता है और राजनीति की माँगों को पूरा करने के लिए जातियों को

आवश्यकतानुसार उपयुक्त सांगठनिक रूप ग्रहण करने पड़ते हैं। विचारधारात्मक लिहाज से इस प्रक्रिया में जाति श्रेणीगत से बहुलतावादी होने के बुनियादी परिवर्तन से गुजरती है। वह दैवी सामाजिक दर्जे की वाहक न रह कर राजनीतिक प्रयास के जरिए हासिल की जानेवाली सत्ता का स्रोत हो जाती है। इस तरह जातिगत भूमिकाएँ कर्मकांडीय न रह कर नागरिक और राजनीतिक दायरों में परिभाषित होने लगती हैं।

यह एक तथ्य है कि आजादी के बाद की अवधि में जाति की सामाजिक शक्ति को घटाने और धीर-धीरे उसकी सक्रियता का उन्मूलन करने के कई प्रयास हुए थे। ये प्रयास नाकाम रहे। इन कोशिशों के पीछे कुछ लोगों का विचार यह था कि सेकुलरवाद के विकास के साथ-साथ सांप्रदायिक और धार्मिक अस्मिताएँ ही नहीं, जातिगत पहचानों का विलोपन भी होता चला जाएगा। कुछ दूसरी तरह के लोग मानते थे कि वर्ग-चेतना के बढ़ने के साथ ही जाति-चेतना घटती चली जाएगी। इन दोनों मान्यताओं के अनुसार अवसरों की सुलभता और समानता मिलने पर लोग जाति, पंथ और अन्य ऐसी ही पारंपरिक पहचान के दायरे से निकल कर आधुनिक दायरे में आएँगे। आधुनिक शिक्षा उन्हें एक समरूप मध्यवर्ग का अंग बना देगी और इस तरह एकता-आधारित राष्ट्रीय पहचान की नयी अवधारणा उभर आयेगी। इस विकास-क्रम में धार्मिक दावे पर आधारित सांप्रदायिकता और जाति या वर्ण के दावे पर आधारित परंपरागत अस्मिताएँ महत्त्वहीन हो जाएँगी।

'जाति' और 'सांप्रदायिकता' को एक श्रेणी मानने से सबसे ज्यादा गलतफहमी फैलती है। इसमें होता यह है कि धार्मिक आधार पर ध्रुवीकरण की कोशिशों और बहुलतावादी अस्मिताओं के राजनीतिक दावों को एकसमान समझा जाने लगता है। ध्यान रहे कि 'सांप्रदायिक पहचान' के दो परस्पर विपरीत असर पड़ सकते हैं : एक ओर वह सर्वभारतीय सांप्रदायिक अस्मिता की रचना करती है और दूसरी ओर पहले से जारी छोटी-छोटी अस्मिताओं का क्षय करते हुए उन्हें अधीनस्थ बना कर उनका उन्मूलन कर देती है। इसी तरह 'समुदाय' के भी दो अलग-अलग अर्थ हो सकते हैं। इसका मतलब सर्वभारतीय पैमाने पर समुदायों का ध्रुवीकरण करके एक समुदाय बनाने की कोशिश के रूप में भी निकाला जा सकता है (इस अर्थ का महत्त्व हाल ही में बढ़ा है) और छोटे दायरे में समुदायों के बहुलीकरण के रूप में भी इसे देखा जा सकता है (ग्रामीण भारत में यह प्रवृत्ति हमेशा से मौजूद रही है)। लोकतांत्रिक राजनीतिक प्रक्रिया के प्रभाव के कारण बहुलतावाद को बढ़ावा देनेवाले लघु और स्थानीय परिप्रेक्ष्य ने बड़े पैमाने पर ध्रुवीकरण में यकीन करनेवाले सर्वभारतीय परिप्रेक्ष्य के ऊपर

प्रमुखता प्राप्त कर ली। सर्वभारतीय ध्रुवीकरण की यह समझ विभाजन से पहले की राजनीति की देन है। इस दौरान हुआ यह कि छोटे पैमाने पर होनेवाली नाना प्रकार की राजनीतिक प्रक्रियाओं ने समाज और राजनीति के बीच अन्योन्यक्रिया का एक दूसरा सर्वभारतीय परिप्रेक्ष्य रच दिया। इस माहौल में तब्दीली तब आयी जब मंडल परिघटना की चुनौती के जवाब में ध्रुवीकरणवाले सर्वभारतीय नजरिए ने एक धमाके के साथ राष्ट्रीय मंच पर खुद को पेश कर दिया। ...

... बहरहाल, पिछले कुछ वर्षों के राजनीतिक घटनाक्रम से लगता है कि बेहद जटिल और उथल-पुथल भरी यह प्रक्रिया अभी जारी है और इसमें कुछ नये सामाजिक पहलुओं का समावेश हुआ है। निस्संदेह सांप्रदायिकता और जाति-प्रथा लोकतांत्रिक प्रक्रिया के लिए खतरा हैं, लेकिन सकारात्मक दृष्टि की माँग है कि दोनों को एक-दूसरे से अलग करके देखा जाय, क्योंकि जाति को सेकुलरीकरण और लोकतंत्रीकरण के आंदोलनों के समर्थन में इस्तेमाल किया जा सकता है।

नकारात्मक लिहाज से जाति और सांप्रदायिकता मिल कर लोकतंत्र को काफी नुकसान पहुँचा सकते हैं। सांप्रदायिकता समाज की बहुलता-विविधता और उसकी बुनियादी लोकतांत्रिक दृष्टि को क्षति पहुँचा सकती है और जाति-प्रथा उस ब्राह्मणवादी समाज-व्यवस्था को नवजीवन दे सकती है जिसमें मेहनतकश वर्गों और खास कर अत्यंत दुष्कर और नीच किस्म के श्रम के लिए तिरस्कार के अलावा और कुछ नहीं है। इस व्यवस्था का अंतिम तर्क छुआछूत की परिघटना के रूप में निकला है जिसके पीछे सभी तरह के ज्ञान का अवदान करनेवाले ब्राह्मण और सभी तरह के श्रम और सेवा की जिम्मेदारी का वहन करनेवाले शूद्र का बुनियादी द्विभाजन मौजूद है। दूसरी तरफ जाति-प्रथा से निकलनेवाले बहुलतावाद की अंतर्निहित सीमाओं को भी नजरंदाज नहीं किया जाना चाहिए। बहुलतावाद सुधारक ही नहीं, शोषणकारी भूमिका भी निभा सकता है। बहुलता को भी श्रेणीक्रम में आबद्ध करके विद्वेष और नृशंसता से भरा जा सकता है। ऐसी बहुलता आर्थिक अभाव और सामाजिक छुआछूत के परंपरागत रवैयों से मिल कर कारपोरेट पूँजीवाद और नौकरशाहाना चौधराहट के प्रभाव को और मजबूत कर सकती है। इस प्रक्रिया से करोड़ों लोग को गैर-जरूरी मान कर अपने दायरे से बाहर फेंक देनेवाली दुनिया का जन्म हो सकता है। इस दुनिया में दलित और प्रगतिकांक्षी लगनेवाली जातियाँ हाशिये पर जा सकती हैं। ऐसे में खतरा यह है कि सुविधासम्पन्न ऊँची जातियों से नीचे की सम्पूर्ण सामाजिक जमीन सर्वहाराकरण, दरिद्रीकरण और यहाँ तक कि दलितीकरण की भी शिकार हो सकती है। ...

सामाजिक प्रक्रिया के लिए जाति का महत्त्व

उदारतावादी हों या रेडिकल, किसी भी तरह की सेकुलर ताकतें जाति और जातिगत अस्मिता को परिवर्तनकारी प्रक्रिया का अंग मानने के लिए तैयार नहीं हैं। ... मैं उदारतावादी लोकतांत्रिक-प्रणाली की संबंधित असफलताओं के बारे में बता ही चुका हूँ और वैसे भी इसके बारे में काफी जानकारी उपलब्ध है। अब मैं सामाजिक आंदोलनों और विचारधारा-आधारित वामपंथियों द्वारा किए जानेवाले सेकुलर प्रयासों की चर्चा करूँगा।

मेरे विचार से सभी तरह के नये सामाजिक आंदोलन कुछ खास किस्म की व्याधियों का इलाज करने के मकसद से सामने आये हैं। ये समस्याएँ पर्यावरण के क्षय, स्त्री-अधिकारों के हनन, जनजातीय संस्कृतियों के विनाश और मानवाधिकारों के उल्लंघन की देन हैं। लेकिन समस्या यह है कि इनमें से कोई भी आंदोलन अपने-आप में समाज के रूपांतरण की भूमिका निभाने की शक्ति नहीं रखता। इस लिहाज से ये आंदोलन अतीत की क्रांतिकारी विचारधाराओं से भिन्न हैं। लेकिन उनकी बुनियादी कमजोरी उनके बेहद विखंडित चरित्र की देन है। यही दिक्कत समाज-परिवर्तन के पहले किए जा चुके प्रयासों के साथ थी और यही समस्या मौजूदा दलगत राजनीति के साथ है। भारतीय समाज में भी यह खास बात है कि वह पूरी तरह तो कभी नहीं बिखरता लेकिन कुछ-कुछ टूटा-बिखरा जरूर रहता है। यह सही है कि भारतीय समाज अपने अंतर्निहित बहुलतावाद के कारण विखंडित हो कर नष्ट होने से बचा रहता है लेकिन यह भी सही है कि इसके कारण समूची सामाजिक प्रक्रिया में एक दुर्बलता आ जाती है। तीखे ध्रुवीकरण के कारण विभाजित हुए राष्ट्रों को हिंसा और युद्ध को हाहाकारी दौर से गुजरना पड़ा लेकिन जब वे उससे उबरे तो उनकी हालत कोई बहुत खराब नहीं थी। कम-से-कम वे उन देशों से तो बेहतर हालत में थे जिन्हें निरंतर हिंसा और छोटे पैमाने पर चल रहे अलगाववादी आंदोलनों के कारण धीरे-धीरे होनेवाले क्षय से गुजरना पड़ता है। अगर विखंडन की इस स्थिति से जनता के बहुत बड़े हिस्से में व्याप्त निष्क्रियता, चुप्पी और विवेकहीन सहमति के संस्कारों को जोड़ दिया जाय तो अनुर्वरता और उदासीनता की ऐसी सामाजिक स्थिति बन जाती है जिसमें गहरे तनाव, व्यथा और बहुध्रुवीयता की विकृतियाँ भी रहती हैं। नये सामाजिक आंदोलन जिस दायरे में सक्रिय हैं उसका बड़ा हिस्सा इस तरह की विभिन्न खामियों से पीड़ित है। इन्हीं के कारण ये आंदोलन जनता के ठोस एकीकृत आंदोलन के रूप में उत्पीड़ितों और गरीबों के लिए प्रासंगिक नहीं बन पाते। ये आंदोलन विखंडित, प्रतिक्रिया-आधारित और अस्थायित्व की प्रवृत्तियों के शिकार होते हैं। इनके पास बुनियादी समाज-

परिवर्तन का कोई विस्तृत ढाँचा मौजूद नहीं होता। पश्चिम-विरोधी, पूँजीवाद-विरोधी या विकास-विरोधी होने या ऐसे ही दावे करते रहने मात्र से न उनमें सुसंगति आ पाती है और न ही वे उत्पीड़ितों और हाशिए पर पड़े समुदायों के संघर्ष को आगे बढ़ा पाने में सक्षम हो पाते हैं।

नया 'दलित' आंदोलन

... कई प्रमुख मुद्दों पर दलित आंदोलन नये सामाजिक आंदोलनों अथवा 'वैकल्पिक आंदोलनों' के मुकाबले भिन्न किस्म का है। खासतौर से प्रभुत्वशाली शक्तियों के खिलाफ संघर्ष के मामले में इसका यह फर्क साफ उभर कर आता है। दलित आंदोलन सवाल उठाता है कि जोर पश्चिमी देशों के साम्राज्यवादी वर्चस्व के खिलाफ संघर्ष पर होना चाहिए या देश के अंदर जातिगत उत्पीड़न के खिलाफ लड़ाई पर? दलित आंदोलन की इस बहस से आजादी की लड़ाई में उठे इस विवाद की याद ताजा हो जाती है कि राजनीतिक स्वायत्तता अधिक महत्त्वपूर्ण है या सामाजिक मुक्ति और किसी समुदाय की स्वायत्तता,(और आंदोलनकारी राजनीति) पर जोर दिया जाना चाहिए अथवा अंतर्राष्ट्रीय व्यवस्था में राष्ट्र की स्वायत्तता पर? अगर दोनों ही जरूरी हैं तो दोनों पर समान जोर देते हुए कैसे आगे बढ़ा जाए? जाहिर है कि दलित आंदोलन द्वारा उठाए गये इन प्रश्नों में आंबेडकर और गाँधी के बीच हुई बहस का परिदृश्य सामने आ जाता है। इसी तरह दलित आंदोलन आधुनिकता और पश्चिमी सभ्यता की आलोचना को भी विवादित कर देता है जिससे नये सामाजिक आंदोलनों और वैकल्पिक आंदोलनों पर प्रश्नचिह्न लग जाता है, क्योंकि यह आलोचना ही इनकी वैचारिक भित्ति का निर्माण करती है। दलित आकांक्षाएँ और रणनीति मुख्य तौर पर शिक्षा, रोजगार और विशेषाधिकारों के संदर्भ में ऊँची जातियों के वर्चस्व को चुनौती देती लगती हैं। अर्थात दलितों की प्राथमिकता व्यवस्था के खिलाफ संघर्ष करते हुए उसे अंदर से चुनौती देना है। साम्राज्यवाद के खिलाफ संघर्ष जैसे कार्यभारों का महत्त्व उनके लिए गौण प्रतीत होता है। अपनी इसी प्राथमिकता को कुछ दलित प्रवक्ता इस तरह भी कहते हैं कि साम्राज्यवाद की प्रकृति को अनिवार्य तौर पर अंतर्राष्ट्रीय और स्थानीय संदर्भों के अनुसार सामाजिक परिप्रेक्ष्य में पुनः व्याख्यायित किया जाना चाहिए।

इसी तरह इस परिप्रेक्ष्य को जैसे-जैसे आगे ले जाया जायेगा और सामाजिक प्रश्न प्रमुखता प्राप्त करेगा वैसे-वैसे आंबेडकर, फुले और पेरियार जैसे अलग किस्म के आलोचकों, सुधारकों और क्रांतिकारियों की वापसी होना शुरू हो जायेगी। इन विचारकों का महत्त्व कांग्रेस आंदोलन और गाँधी के प्रभाव के

कारण पृष्ठभूमि में चला गया था। यह परिप्रेक्ष्य विभिन्न जातियों और समुदाय के लिए श्रद्धा के पात्र भक्ति आंदोलन के संत कवियों समेत कई क्षेत्रीय नायकों और 'संतों' को एक बार फिर प्रकाश में ले आयेगा। इस परिप्रेक्ष्य के प्रभाव में एम.एन. राय, राजा राममोहन राय और हिंदू समाज की बुराइयों को मिटाने के लिए प्रतिबद्ध कई उदारतावादी चिंतकों के काम फिर प्रासंगिक लगने लगेंगे। गाँधी के आगमन ने इन लोगों और राष्ट्रीय मुक्ति के संपूर्ण सामाजिक आयाम को नेपथ्य में धकेल दिया था। जाहिर है कि दलित आंदोलन के दूरगामी नतीजों का हमें अभी तक पूरा अंदाजा नहीं हो पाया है। अपनी जड़ें जमाने के बाद यह आंदोलन मौजूदा विचारधाराओं को नये मुद्दों से आवेशित करना शुरू कर देगा और इस प्रक्रिया में सामाजिक सिद्धांत का स्वदेशीकरण हो जायेगा।

उत्पीड़ितों द्वारा गाँधीवाद की आलोचना

एक लंबे अरसे से गाँधी और गाँधीवाद के जरिये भारत और एक हद तक दुनिया-भर में स्वदेशी और वैकल्पिक चिंतन के लिए महत्त्वपूर्ण सामग्री मिलती रही है। पश्चिम की विचार-दृष्टि और परिप्रेक्ष्य को बेहद मौलिक चुनौती देने के कारण गाँधी प्रासंगिक बने रहेंगे। लेकिन हो सकता है कि भारत के अंदर उनके विचारों की लोकप्रियता घट जाय। इस समय दलितों की कतारों से एक ऐसी आलोचना उभर रही है जो उन संकटों से निपटने की गाँधीवादी योजना को आड़े हाथों लेती है जिनका सामना इस समय भारत कर रहा है। यहाँ पर हमें एक विचित्र विरोधाभास दिखायी पड़ता है। गाँधी में भारतीय समाज को बाँटने और उसकी एकता की संभावनाओं को खत्म करनेवाली दो समस्याओं को पहचानने की अनूठी क्षमता थी। इनमें एक थी दलितों का उत्पीड़न और दूसरी थी मुसलमानों का समाज में अलग-थलग पड़ जाना। हालाँकि गाँधी की ज्यादातर शक्ति ब्रिटिश शासन की ताकत के खिलाफ प्रतिरोध की अपनी विलक्षण तकनीक के इस्तेमाल में खर्च होती रही लेकिन भारतीय राष्ट्र और सभ्यता में दरार डाल कर उसे दुर्बल बना सकनेवाले ये दोनों मसले उनकी चिंताओं के केंद्र में हमेशा रहे। अंतिम विश्लेषण में गाँधी इन दोनों समस्याओं का समाधान करने में नाकाम रहे। न वे देश का विभाजन रोक सके और न ही वे हिंदू धर्म का मानवीकरण कर सके। हालाँकि अपनी लंबी पदयात्रा और नोआखाली में आमरण अनशन के जरिये उन्होंने सांप्रदायिकता के ज्वार को रोकने की शानदार कोशिश की और अंत में मुस्लिम हितों की रक्षा के लिए अपने प्राणों की बलि भी दे दी लेकिन वे अपने 'हरिजनों' की तरफदारी करते हुए द्विज हिंदुओं से टक्कर लेने के लिए समय नहीं निकाल पाये।

भारत के भविष्य की पुनर्रचना करने के लिए गाँधी द्वारा सुझाये गये मॉडल में भी कुछ खामी थी। उन्होंने केवल ग्रामीण अर्थव्यवस्था पर जोर दिया और राज्य तंत्र के विकेंद्रीकरण का आग्रह किया जो अपने-आप में नाकाफी था। वे सामाजिक सत्ता के उस ढाँचे की ओर पूरा ध्यान देने में नाकाम रहे जो हर सामाजिक और राजकीय संस्था पर हावी था। आज गाँधी के इस मॉडल पर ठीक ही सवाल उठाये जा रहे हैं। कम-से-कम मुझे तो इस आलोचना में कुछ भी आपत्तिजनक नहीं लगता। जितनी जल्दी उदार पूँजीवादी, मार्क्सवादी और गाँधीवादी मॉडल दलित उभार द्वारा प्रदत्त नयी समझ की रोशनी में अपने-आपको परखेंगे, उतनी ही जल्दी वे नयी परिस्थिति के हिसाब से अपने कार्यक्रम की पुनर्रचना कर सकेंगे। १९४८ में गाँधी का देहांत होने के बाद से उनके विचार के तहत कोई नया चिंतन नहीं हुआ है। भारतीय समाज के बड़े हिस्सों के लिए वे या तो पुराने पड़ चुके हैं या अप्रासंगिक हो चुके हैं। उन्हें लगता है कि गाँधी का नजरिया कुछ ज्यादा ही संरक्षणात्मक होने के कारण अपनाया जाना मुश्किल है। दरअसल गाँधी को अमरत्व प्रदान करने की कोई जरूरत ही नहीं है। भारत में वैसे भी इतिहास में से नायकों को निकालने की परंपरा नहीं रही है। यहाँ तो पूजा योग्य देवी-देवताओं की रचना करके उन्हें बहुलतावादी लोक-परंपरा में समाहित करने का चलन है। ये देवी-देवता जनता की दैनंदिन-चेतना और भावजगत में कुछ इस प्रकार समाहित हो जाते हैं कि किसी एक संस्कृति और किसी एक राजनीति द्वारा उन्हें अपने स्वार्थ में इस्तेमाल करना नामुमकिन हो जाता है। दूसरी तरफ यही बहुलता जनता की तकलीफों और साधनहीनता को सघन बनने से रोकती है और सत्ता के क्षेत्र में लोग एकजुट होने के बजाय बिखरे रहते हैं। ज्यादा-से-ज्यादा छिटपुट विरोध की कुछ विखंडित चीखें जरूर सुनायी पड़ती हैं। बदले में उन्हें प्रभु वर्ग की ओर से दया और संरक्षण की सौगात मिलती है। जाने-अनजाने गाँधी भी इसी परंपरा के शिकार बन गये हैं। गाँधी की विरासत को मिली यह दलित चुनौती अधीनस्थ वर्ग की चेतना में नयी करवट की सूचक भी है। यह नयी चेतना किसी की मेहरबानी पर रहने से इंकार करते हुए सामाजिक सत्ता के ढाँचे में अपने न्यायपूर्ण हिस्से का दावा करती है।

दलितों, अन्य उत्पीड़ितों और सताये गये तबकों की राजनीति के इस परिवर्तनकारी उभार का दूसरा और समस्यामूलक पहलू यह है कि रेडिकल राजनीति का प्रतिनिधित्व करने और स्थापित विचारधारात्मक रुझानों को चुनौती देने के बावजूद अभी तक इस आधार पर 'राजनीतिक शक्तियों का कोई नया गठजोड़' साफ तौर पर नहीं उभर सका है। साथ ही 'जाति-प्रथा' की समूची संरचना में नीचे से ऊपर तक बढ़ते हुए तीखे टकराव जैसे हालात के बाद भी

निचली जातियों की एकजुटता की कोई वास्तविक परिघटना नहीं उभर पाई है। जाति को वर्ग जैसा मानने की धारणा भी हमें कहीं नहीं ले जाती और न ही जाति और वर्ग को मिली-जुली इकाई के रूप में देखने की कोशिश के सकारात्मक नतीजे निकलते हैं। अगर जाति में वर्ग-चेतना का समावेश हो गया होता तो अभी तक जाति को एक नयी सबाल्टर्न अथवा निम्नवर्गीय पहचान मिल गयी होती। ...

वामपंथी आंदोलन की नाकामी

जाति-धर्मनिरपेक्ष राजनीति की तीसरी धारा के रूप में वामपंथी आंदोलन पर विचार करने से पता चलता है कि यह धारा भी उदार-लोकतांत्रिक और नये सामाजिक आंदोलनों की धाराओं की भाँति वास्तविक सामाजिक परिवर्तन के लिए आधार प्रदान करने में असफल रही। इसके कई कारण हैं। पहला कारण तो यह है कि वामपंथी आंदोलन बहुत पहले से ही अपना आंदोलनकारी चरित्र खो चुका है। पहले माना जाता था कि वामपंथी राजनीति ऐसे जनांदोलनों पर आधारित होगी जो व्यवस्था के संस्थागत ढाँचे में मौजूद गुंजाइशों का इस्तेमाल करेंगे। लेकिन व्यवहार में ऐसा हुआ नहीं। जो हुआ वह उल्टा था। विधायिकाओं और निर्वाचन की प्रक्रिया से मिली गुंजाइशों ने जनांदोलनों का इस्तेमाल करके उनसे फायदा उठा लिया। वामपंथी कतारों में आंदोलनकारी वेग एक हद तक बना रहा और विचारधारात्मक मसले उनका सरोकार बने रहे लेकिन ये पार्टियाँ राजनीतिक व्यवहार के ऐसे दायरे नहीं बना पायीं जिनमें सामाजिक रूप से उत्पीड़ित लोगों को प्रतिनिधित्व मिल सकता। वामपंथी आंदोलन एक तरफ तो सांगठनिक रूप से विखंडित रहा और दूसरी तरफ लोकतांत्रिक केंद्रवाद के नाम पर उसमें शिला जैसी एकाश्मिता रही। कई हिस्सों में टूटने के बावजूद उसका चरित्र बहुलतावादी नहीं हो पाया। उसकी सांगठनिक संरचना में कभी किसी जीवंत लोकतांत्रिक प्रक्रिया का समावेश नहीं हो सका। लंबे अरसे से और आज भी इस आंदोलन के नेतृत्व पर ऊँची जातियाँ हावी रही हैं। न केवल शैली, बल्कि बौद्धिक पकड़ में भी यह नेतृत्व ब्राह्मणवादी रहा है। यह आज भी राष्ट्रवादी सेकुलर मतवाद का विकल्प देने के बजाय उससे चिपका हुआ है। वैकासिक प्रतिमान के संदर्भ में भी वामपंथी लोग प्रगतिवाद और प्रौद्योगिकीवाद की खिचड़ी पकाते हुए दिखते हैं। जनांदोलनों से अपनी वैधता ग्रहण करने के बजाय वे संसदीय लोकतंत्र और राष्ट्रवादी-धर्मनिरपेक्ष ढाँचे के अंदर अपनी गतिविधियाँ चला कर संतुष्ट हैं जिसके कारण वे इस व्यवस्था का कोई विकल्प देने में असमर्थ रहे हैं। हालत इतनी खराब है कि भाकपा और माकपा जैसी उनकी पार्टियाँ आपातकाल के कड़वे तजुर्बे के बावजूद कांग्रेस-कम्युनिस्ट संसर्ग की

व्यूह-रचना से नहीं उबर पायी हैं जिसके निर्माण में मार्क्सवादी बुद्धिजीवियों और पार्टी के सिद्धांतकारों ने प्रमुख भूमिका निभायी है। ये बुद्धिजीवी पदों और रंग-रुतबे का प्रलोभन नहीं ठुकरा सके। कांग्रेस से पूरी तरह मोहभंग हो जाने के बाद भी दक्षिणपंथी चुनौती का सामना करते ही इनमें से ज्यादातर काँग्रेस के साथ अवसरवादी तालमेल बनाने में लग जाते हैं। किसी महत्त्वपूर्ण क्रांतिकारी विकल्प बनाने का प्रयास तो छोड़ ही दीजिए, व्यवस्था के दायरे में किसी दीर्घकालीन और कारगर वामपंथी विकल्प बनाना भी उनकी प्राथमिकताओं के दायरे में नहीं आता।

नक्सलवादी संगठनों में भी ग्रामीण और क्षेत्रीय स्तर पर एक अरसे तक शानदार संघर्ष चलाने के बाद थकान के लक्षण दिखने लगे हैं और उन्होंने चुनाव के मैदान में कदम रख दिये हैं। इन संगठनों ने ज्यादातर द्विज और पिछड़ी जातियों में से ही अपने उम्मीदवार छाँटे हैं। वर्ग-शत्रु के सफाये की कार्यदिशा के प्रति प्रतिबद्ध अतिवादी किस्म के माओवादी गुटों पर भी ब्राह्मणों और ब्राह्मणवादी लोगों के वर्चस्व के कारण जातिगत कलह हावी है। मार्क्सवादी-लेनिनवादी धारा के कुछ व्यक्तियों और समूहों ने आत्मनिर्णय के लिए चलाये गये क्षेत्रीय आंदोलनों और संघवादी आधार पर चल रहे कुछ जातीयतावादी आंदोलनों में भागीदारी शुरू कर दी है। इनमें पंजाब, कश्मीर, असम और उत्तर-पूर्व में चल रहे आंदोलन शामिल हैं। दो किस्म की जुझारू राजनीति के मिलन के बावजूद ये तत्त्व ज्वलंत सामाजिक मुद्दों से रूबरू होने में नाकाम रहे हैं। वास्तव में उत्पीड़ित और समाज से बहिष्कृत सामाजिक समूहों की तो इन ताकतों ने उपेक्षा की ही है। इसकी एक मिसाल पंजाब में देखी जा सकती है जहाँ अनुसूचित जातियों और मजहबी सिखों का समर्थन अभी भी कांग्रेस को ही मिलता है।

वामपंथी धारा में संभवतः एकमात्र अपवाद जाति-वर्ग में सामंजस्य का दावा करनेवाली सत्यशोधक विचारधारा ही है। लेकिन इसकी पहली समस्या तो यह है कि इसका प्रभाव केवल महाराष्ट्र के कुछ जिलों तक ही रह गया है और वहाँ भी यह ताकत महारों और अन्य अनुसूचित जाति-समूहों के बीच कारगर गठजोड़ निकालने में नाकाम रही है। सत्यशोधकों की दूसरी समस्या यह है कि वे माकपा से अपना पुराना हिसाब-किताब चुकता करने में ज्यादा फँसे रहते हैं। माकपा असंतोष के ऐसे किसी रेडिकल स्वर को सहन करने के लिए तैयार नहीं है जिसमें जाति और जातिगत-चेतना को राजनीतिक गोलबंदी के वैध तरीके के रूप में स्वीकार करने का आग्रह किया गया हो। माकपा निचली और उत्पीड़ित जातियों में भी इस आधार पर राजनीति करने से बेचैनी महसूस करने लगती है।

इसीलिए माकपा के पास सत्यशोधकों के लिए तिरस्कार और उपहास के अलावा कुछ नहीं है। कुछ इलाकों में सत्यशोधकों ने शासक वर्ग, यहाँ तक कि पुलिस के साथ हेल-मेल का अवांछित कदम भी उठाया है। कुल मिला कर मार्क्सवादी विचारधारा में सत्यशोधक किस्म के सुधारवादी प्रयास और शेतकरी संगठना सरीखी जमीनी और प्रामाणिक पहलकदमियाँ दक्षिणपंथी प्रतिक्रियावाद और स्थापित वामपंथी ताकतों के दोहरे दबाव के बीच पिसी जा रही हैं।

इन हालात का नतीजा यह निकला है कि दलितों और अन्य उत्पीड़ित समूहों में जनचेतना के ज्वार से तेज हुई राजनीतिक प्रक्रिया के निश्चित वामपंथी रुझान के बावजूद वामपंथी आंदोलन इन सामाजिक तबकों में जड़ें जमाने और उनके जरिए व्यापक राजनीतिक दायरे में अपना वर्चस्व कायम करने में नाकाम रहा है। दरअसल, उनकी बजाय टिकैत, शरद जोशी और नाजुंदास्वामी जैसी पूरी तरह गैर-वामपंथी और सामाजिक रूप से द्विजों के बीच से आयी ताकतों ने अपनी घुसपैठ कर ली है। दलितों के साथ गहरी हमदर्दी रखनेवाले कुछ संवेदनशील बुद्धिजीवियों और कार्यकर्ताओं ने भी इन लोगों का दामन थाम लिया है। इस संबंध में गेल ऑम्वेट का उदाहरण दृष्टव्य है। आज तक वामपंथी आंदोलन अर्थवाद का शिकार बना हुआ है और उसकी दुनिया में सामाजिक पहलुओं को जान-बूझ कर नजरंदाज किया जाना जारी है, जबकि असलियत यह है कि देश आजकल जिस राजनीतिक संकट का सामना कर रहा है उसके केंद्र में सामाजिक संकट ही है और इस सामाजिक संकट का मर्म है जाति-प्रथा का संकट। यही कारण है कि हवाएँ एक नये विचारधारात्मक आह्वान से गूँज रही हैं जो गाँधी, नेहरू, मार्क्स, लेनिन अथवा माओ के नाम से नहीं, बल्कि आंबेडकरवाद के नाम से पहचाना जा रहा है।

दुर्भाग्य से आंबेडकरवादी अपील भी भ्रम और फूट की शिकार है। ऊपर से इसे ब्राह्मणवादी दशानन भी हवा दे रहा है। आम समझ के विपरीत ब्राह्मणवाद कोई जड़सूत्रीय वैचारिक संरचना नहीं है, बल्कि यह बड़े लचीले ढंग से सक्रिय होते हुए नित नये दायरों पर वर्चस्व स्थापित करने की परियोजनाओं में व्यस्त रहता है। यह नयी उदीयमान ताकतों पर पलट कर हमला करता है। इसका उदाहरण १९९३-९४ के दौरान उप्र में दलित-विरोधी हिंसा के उफान में देखा जा सकता है। दूसरी ओर यह विचारधारात्मक प्रवृत्ति मँझोली और निचली जातियों को अपने दायरे में समेटने की कोशिश भी चलाती रहती है। ब्राह्मणवाद के प्रभाव से पिछड़ों और दलितों के वे उच्च्व शिक्षित और प्रभावशाली तबके भी अछूते नहीं रह पाते हैं जो नीच समझे जानेवाले कामों और मेहनतकश जनता के हताशाजनक हालात से छुटकारा पा कर उत्पीड़ितों के आंदोलन का नेतृत्व करने

की स्थिति में आ गये हैं। ब्राह्मणवाद 'संस्कृतिकरण' की प्रक्रिया के जरिए विद्रोही चेतना को कुंद कर देता है। आंबेडकरवादी आंदोलन भी ब्राह्मणवाद द्वारा किये जानेवाले इस आत्मसातीकरण के लाइलाज मर्ज का शिकार रहा है। शेड्यूल्ड कास्ट फेडरेशन से ले कर रिपब्लिकन पार्टी तक आत्मसातीकरण के इस इतिहास को देखा जा सकता है। दलित पेंथरों और विभिन्न आरक्षण समर्थक आंदोलनों से ले कर आंबेडकर के नाम पर बड़े पैमाने पर तेजी से उभरे संगठन तक इस समस्या का सामना कर रहे हैं। चूँकि आंबेडकरवाद के इस प्रसार के पीछे दलित आईएएस अफसरों की मुख्य भूमिका है और उन्हीं को इसका सबसे ज्यादा फायदा भी मिला है, इसलिए यह आंदोलन आरक्षण पर कुछ ज्यादा ही जोर देता है। दूसरी तरफ ऊँची जातियाँ दलितों के उभार और मध्यवर्गीय व्यवसायों में उनके धीरे-धीरे प्रवेश से डर गयी हैं। उन्होंने समाचार माध्यमों पर अपनी पकड़ और ग्रामीण राजनीति में अपनी चालबाजियों का सहारा ले कर इस समूची परिघटना को जबर्दस्त जातिवादी उछाल के रूप में चित्रित करना शुरू कर दिया है। टकराव और हिंसा की स्थानीय घटनाओं को ये जातियाँ जाति-युद्ध फूट पड़ने के रूप में दिखाती हैं।

दलित-बहुजन गठजोड़

प्रतिक्रिया और हताशा के इन अफसोसनाक अनुभवों के मुकाबले एक ऐसी रेडिकल धारा ने जन्म लिया है जो वामपंथी नहीं है। इसे अनुसूचित जातियों और अन्य पिछड़े वर्गों के दलित-बहुजन गठजोड़ के नाम से जाना जाता है। यह संरचना मंडल नारे की पैदाइश है लेकिन यह केवल सामाजिक न्याय की धारणा तक ही सीमित नहीं है। सामाजिक न्याय का अर्थ है मौजूदा राज्य और उसके सत्ताधारियों को निचले सामाजिक तबके की माँगों के प्रति अधिक न्यायोचित और अनुकूल बनाना। लेकिन दलित-बहुजन गठजोड़ इस सीमा को लाँघ कर अपने लिए राजसत्ता का दावा करता है। लेकिन इस गठजोड़ की भी कुछ समस्याएँ हैं। पहली बात तो यह है कि दलित और पिछड़े वर्गों के बीच सामाजिक और सांगठनिक रूप से बहुत कम समानताएँ हैं। अनुसूचित जातियाँ संरचनागत रूप से अपेक्षाकृत समरूप हैं। पिछड़े वर्ग आंतरिक रूप से बेहद अलग-अलग और असम हैं। देहाती इलाकों में कई पिछड़ी जातियाँ दलितों पर आतंक बरपाती हुई देखी जाती हैं। दूसरे, ब्राह्मणवाद द्वारा आत्मसातीकरण की लंबे अरसे से चल रही मुहिम के प्रतिक्रियास्वरूप दलितों में एक स्वायत्त किस्म की पृथक पहचान और सदस्यता पर अत्यधिक जोर देने की प्रवृत्ति पैदा हो गयी है, जिसके कारण वे ऐसे आंदोलनों, बुद्धिजीवियों और राजनीतिक कार्यकर्ताओं

से भी कटे रहते हैं जो दूसरी जातियों के होते हुए भी उनके तरफदार हैं। बसपा की नेता मायावती द्वारा गाँधीवादी, लोहियावादी और वामपंथी ताकतों के खिलाफ हमलावर तेवर अपनाने को इसी संदर्भ में देखा जाना चाहिए। दलित हितों की सेवा करने के लिए अपनायी गयी इस रणनीति का लाभ शासक वर्ग और उसकी कांग्रेस व भाजपा जैसी पार्टियों को मिल सकता है। दलितों को अपनी कतारों में भर्ती करके वे स्वयं को उनके हितों का रक्षक बताती हैं और फिर कई तरह की रियायतों के जरिये उनके आत्मसातीकरण और उन्हें भ्रष्ट करने की योजना पर अमल करती हैं।

जनता के बीच संघर्ष और पहचान से जुड़े इस अलगाववादी रवैये की व्याप्ति इतनी ज्यादा है कि दलित उभार वामपंथ के जुझारू आंदोलनों से कट गया है जिसके कारण इन दोनों के आमूलवादी सामाजिक-आर्थिक आग्रहों के ऊपर विपरीत असर पड़ा है। इसी वजह से शासक वर्ग और मुख्यधारा में उनके वामपंथी पार्टियों समेत आत्मसातीकरण की परिस्थितियाँ पैदा कर देता है। इसके कारण वामपंथी और रेडिकल राजनीति के लिए नया संकट पैदा हो गया है। वामपंथी आंदोलन दुनिया के पैमाने पर पहले से ही भारी संकट का शिकार है। एक राजनीतिक व्यवस्था के रूप में समाजवाद ध्वस्त हो चुका है। मार्क्सवादी विचारधारा पर ही नहीं, निजी तौर पर मार्क्स और लेनिन के ऊपर भी तीखे सवाल उठाये जा रहे हैं। ऐसे हालात में दलितों द्वारा अपनाया गया आक्रामक रवैया वामपंथ को और भी रक्षात्मक मुद्रा अपनाने के लिए मजबूर कर देगा। लेकिन इससे दलित संघर्ष को भी इतिहास की उत्प्रेरक शक्ति बनने लायक आवश्यक राजनीतिक आधार नहीं मिल पा रहा है। ध्यान रखना होगा कि एक तरफ पूँजीवादी और साम्राज्यवादी साजिशें हैं जो अंतर्राष्ट्रीय स्तर पर कार्यरत हैं। दूसरी तरफ कट्टरपंथी और फासीवादी ताकतें हैं जिन्हें दलितों और मुसलमानों ने उप्र में भाजपा को पराजित करके कुछ पीछे जरूर धकेला है। जब तक रेडिकल रूपांतरण के लिए प्रतिबद्ध नयी चेतना खुद को इन दोनों नकारात्मक शक्तियों के उफान के खिलाफ चल रहे व्यापक सामाजिक और अंतर्राष्ट्रीय आंदोलन के अंग के रूप में नहीं देखेगी तब तक वह ब्राह्मणवाद के पलट कर किये गये हमले के साथ-साथ शासक वर्ग द्वारा आत्मसातीकरण के दोहरे दबाव का सामना करने के लिए अभिशप्त रहेगी। दलित आंदोलन को एक सच्चे मुक्तिकामी आंदोलन के रूप में उभरना होगा और इसके लिए उसे ऐसे तमाम संघर्षशील सामाजिक समूहों से जुड़ना होगा जो समाज-परिवर्तन की राजनीति में लगे हुए हैं। ब्राह्मणवादी समाज-व्यवस्था की अंतिम पराजय के लिए दलित आंदोलन को इन सभी समूहों को गोलबंद करने की जिम्मेदारी निभानी होगी।

समाज-परिवर्तन की धारणा पर हावी अर्थवादी परिभाषाओं को बदलने के लिए दलित आंदोलन को बुनियादी तौर पर इसकी सामाजिक पुनर्परिभाषा करने की कोशिश करनी होगी। साम्राज्यवाद और 'नयी विश्व-व्यवस्था' के खिलाफ किये जानेवाले संघर्ष में भी राष्ट्रों के अंदर और उनके बीच सामाजिक आयाम का प्रवेश करना होगा। लेकिन जातिगत पहचान के रूप में या किसी अन्य सामाजिक श्रेणी के संदर्भ में दलितों को अलगाववाद का शिकार होने से बचना होगा। अपने संघर्ष का आधार व्यापक बनाने की प्रक्रिया में न तो झुकने या पीछे हटने की जरूरत है और न ही किसी भय अथवा असुरक्षा की ग्रंथि से पीड़ित रहने की आवश्यकता है।

दलित आंदोलन के लिए परिप्रेक्ष्य

विभिन्न जातियों और वर्गों में संवेदनशील और परिवर्तन के लिए प्रतिबद्ध लोगों की कोई कमी नहीं है। ये लोग देश-भर में अपने-अपने क्षेत्रों में नया समाज बनाने के लिए अपने ढंग से काम में लगे हुए हैं। इन्हीं के प्रयासों के कारण व्यथित कर देनेवाले नाटक और फिल्मों की रचना होती है, सामाजिक उत्पीड़न और सरकारी आतंकवाद की जानकारी दे कर बेचैन कर देनेवाली रपटें प्रकाशित होती हैं, साहित्यिक और मानवतावादी कोशिशें हमारी आत्मा को झिंझोड़ देती हैं ('सहमत' के तत्वावधान में ६ दिसंबर १९९२ के बाद कलाकारों, संस्कृतिकर्मियों और साहित्यकारों द्वारा चलायी गयी मुहिम इसकी एक मिसाल है)। दलित कविता का आवेग, नारीवादियों द्वारा पितृसत्ता के खिलाफ संघर्ष, दमन, अत्याचार, हमलों और बलात्कार के खिलाफ प्रतिरोध का जन्म भी इसी दायरे से होता है। अपनी जमीन, जंगल, पूर्वजों की विरासत और अपनी सर्वांग विश्व-दृष्टि को बचाने और समृद्ध करने के लिए चलाए जानेवाले छोटे-छोटे आंदोलनों के प्रेरक ब्योरे भी इन्हीं लोगों की प्रतिबद्धता के परिणाम होते हैं। दलित आंदोलन को चाहिए कि वह इन सभी को अपने आगोश में समेट कर समाज-परिवर्तन के नये हरावल की रचना करे। इस प्रक्रिया में दलित आंदोलन का आधार तो व्यापक होगा ही, उसकी सामाजिक और सांस्कृतिक जमीन भी अधिक पुख्ता और बेहतर बनेगी।

लेकिन इस प्रकार की समेकित दृष्टि को धरती पर उतारना आसान नहीं है। यह केवल विचारों की दुनिया में किये जानेवाले अकादमीय व्यायाम से संभव नहीं हो सकता। दरअसल ऐसी घटना तो किसी के कल्पना-जगत में भी अभी तक घटित नहीं हुई है। मानवता को सुसंगत भविष्य की तरफ बढ़ा सकनेवाली ऐसी कोई समेकित दृष्टि विचारों के इतिहास में अभी तक नहीं उभरी है, जिसे

यथार्थ के धरातल पर लागू किया जा सका हो और जिसके जरिये आशा और संकल्प का संयोग उपलब्ध किया जा सका हो। मानवीय उद्यम की लंबी प्रसव-पीड़ा के विभिन्न मोड़ों पर चलाये गये आदर्शवादी और उद्भावक आंदोलन सामाजिक यथास्थिति में ऐसा हस्तक्षेप करने में नाकाम रहे हैं जिनका असर उनके दायरों के बाहर भी पड़ा हो। यूरोपीय ज्ञानोदय की बौद्धिक बुनियाद रखने की कोशिश करनेवाले फ्रांस के विश्वकोषवादियों के प्रयासों का भी कोई नतीजा नहीं निकल सका है। ऊपर की गयी चर्चा में हम देख चुके हैं कि इस विचार-श्रेणी की लोकतांत्रिक उदारतावादी किस्म और कुछ अधिक रेडिकल मार्क्सवादी किस्म भी इस दायित्व का निर्वाह नहीं कर सकी है। ये दोनों ही उद्यम सामाजिक रूप से उत्पीड़ित लोगों और समुदायों की वैचारिक और व्यावहारिक जरूरतों को पूरा नहीं कर सके हैं। आध्यात्मिक और नैतिक दायरे पर नजर डालने पर दिखता है कि गाँधी और उनकी शिष्य-मंडली की पहुँच भी समाज के इस तबके तक नहीं हो सकी है। श्रीअरविंद और रमण महर्षि की दार्शनिक शिक्षाओं की पहुँच तो और भी कम साबित हुई है। उनकी बातें ज्यादा-से-ज्यादा मंच से किये जानेवाले उपदेशों तक ही सीमित रह गयी हैं। लेकिन मौजूदा वैचारिक धाराओं की अपर्याप्तताओं के कारण निष्क्रिय हो कर बैठ जाने के बजाय हमें प्रासंगिक सूत्रों को उठा कर नयी शुरुआत करने में जुट जाना चाहिए। उम्मीद और सतत संघर्ष के सहारे मानवीय उद्यम के गर्भ से निकले विविध मंथनों में से ही सकारात्मक भविष्य अपना आकार ग्रहण करेगा। भारत के दलित आंदोलन को इसी विराट मंथन के अंग की तरह समझा जाना चाहिए।

गैर-पार्टी राजनीतिक प्रक्रिया

मानव-मुक्ति के लिए प्रतिबद्ध समझी जानेवाली राज्य की संस्था और उस पर हावी अभिजन अगर अपनी ऐतिहासिक जिम्मेदारी त्याग कर अंतर्राष्ट्रीय पूँजी की ताकतों के सामने घुटने टेक दें और बहुलतावादी राष्ट्र-राज्य बनाने के बजाय तकनीकशाही-प्रबंधकीय तौर-तरीकों का सहारा ले कर पश्चिम की तर्ज पर एकरूपतावादी राष्ट्र का निर्माण शुरू कर दें तो लोकतांत्रिक राजनीति के समर्थकों को क्या करना चाहिए? रजनी कोठारी के विख्यात लेख ***नॉन-पार्टी पॉलिटिकल प्रासेस*** *के इस* ***सार-संक्षेप*** *में इसी सवाल का जवाब दिया गया है। कोठारी का कहना यह है कि ऐसी हालत में लोकतंत्र को उबारने की जिम्मेदारी गैर-चुनावबाज राजनीतिक समूहों के कंधों पर आ जाती है। राजसत्ता पर कब्जे के मोह में फँसे बिना इन समूहों को रचनात्मक और समाज परिवर्तनकारी मुद्दों पर राजनीति को केंद्रित करके अपनी छोटी-छोटी पहलकदमियों को एक राष्ट्रीय संरचना मोर्चाबद्ध करने की कोशिश करनी चाहिए।*

जब स्थापित विचारधाराएँ और सिद्धांत ठोस नतीजे देने बंद कर देते हैं तो सार्वजनिक जीवन में अनिश्चितता छा जाती है। आजकल प्रगति के सिद्धांत, विकास के सिद्धांत और भागीदारी के सिद्धांत का यही हाल है। इन तीनों की विफलता आपस में जुड़ी हुई है लेकिन इन तीनों की चर्चा करते हुए इस विश्लेषण में मेरा जोर खासतौर से भागीदारी के सिद्धांत से जुड़ी समस्याओं पर रहेगा। मेरा दावा है कि इसका संदर्भ बदल रहा है, इसके विरोधाभास बढ़ते जा रहे हैं और नयी संभावनाएँ बलवती हो कर नये सैद्धांतिक सरोकारों और नयी कार्यसूचियों की तरफ इशारा कर रही हैं।

प्रगति, समता और लोकतंत्र के उदारतावादी प्रतिमानों के लिए भागीदारी की अवधारणा का महत्त्व सर्वोच्च माना जाता है। उदारतावाद के विरोधियों समेत सभी तरह के पश्चिमी चिंतक इससे सहमत हैं। लेकिन दुनिया के पैमाने पर जैसे

ही राजनीतिक प्रक्रिया में गरीब और पिछड़े समाजों की आम जनता के प्रवेश का युग शुरू हुआ, वैसे ही भागीदारी के सिद्धांत के अंतर्विरोध सामने आने शुरू हो गये। साठ का दशक खत्म होते-होते यह साफ हो गया कि विकास प्रक्रिया में सभी की भागीदारी का दावा जरूर किया जाता है पर वास्तव में जिनके नाम पर विकास चलाया जाता है, उसी गरीब जनता को इसमें हिस्सा नहीं मिल पाता।

इस असलियत के बाद भी लोकलुभावन राजनीति और लोकलुभावन अर्थशास्त्र की ताकतवर धाराओं ने भागीदारी का यह भ्रम टूटने नहीं दिया। इस तरह की राजनीति जनता को यकीन दिलाये रही कि वह उसी के हित के लिए काम कर रही है और यह अर्थशास्त्र इस राजनीति के लिए वैधता का बंदोबस्त करता रहा। ये धाराएँ कितनी ताकतवर हैं इसका अंदाजा इससे लगाया जा सकता है कि गरीबी जितनी बढ़ती है, लोकलुभावनवाद भागीदारी के नाम पर लोगों को उतना ही ज्यादा पटाने में कामयाब होता चला जाता है। जनता को विकास और प्रगति के दायरों से जितना बाहर रखा जाता है उतना ही ज्यादा उसे भागीदारी का आमंत्रण दिया जाता है। गरीबी बढ़ने का दोष बाहरी कारणों पर मढ़ दिया जाता है : कभी भ्रष्टाचार की भूमंडलीय परिघटना का, कभी विश्व संस्थाओं की तरफ से पर्याप्त पूँजी न मिलने का, कभी तेल की कीमतें बढ़ने का, कभी विश्वव्यापी मंदी का और कभी विदेशी ताकतों की साजिशों का सहारा ले कर जनता को समझा लिया जाता है। शासक दावा करते हैं कि उनकी नीतियाँ ठीक हैं और विकास का मॉडल भी एकदम दुरुस्त है, बस उन्हें थोड़े और संसाधन चाहिए, और उन्नत प्रोद्योगिकी चाहिए, विदेशी मुद्रा के और कर्जे चाहिए ताकि वे उत्पादकता बढ़ा सकें, सेवा क्षेत्र का विकास कर सकें और कुल मिला कर जनता की खुशहाली में बढ़ोतरी कर सकें।

अपने घोषित लक्ष्यों में सफलता के लिए शासक वर्ग भागीदारी के नाम पर कम-से-कम टकराव, कम-से-कम आंदोलन और कानून के ज्यादा-से-ज्यादा पालन की माँग करता है। वह राजनीतिक प्रणाली का संचालन करने में विपक्ष और असहमति की भूमिका को विकास और रचनात्मक राजनीति की दुहाई दे कर गैर-राजनीतिकरण के दायरे में धकेलना चाहता है। नतीजे के तौर पर संगठित क्षेत्र के हाशियों पर पड़ी गरीब जनता संगठित राजनीति के हाशियों पर चले जाने के लिए अभिशप्त हो जाती है। उसे अपने उद्धार के लिए कुछ दादा किस्म के लोगों, कुछ तकनीकशाहों और कुछ विशेषज्ञों का मोहताज हो जाना पड़ता है। विपक्षी दल भी इस तरह की राजनीति के फेर में फँसते जा रहे हैं। लोकलुभावन राजनीति की अपील जितनी बढ़ती जा रही है, जनता की राजनीति में वास्तविक भागीदारी उतनी ही कम होती जा रही है। ऐसी बात नहीं कि

भागीदारी के प्रतीक पूरी तरह ठुकरा दिये गये हों। उन्हें एक तरह की जनमतसंग्रही राजनीति में बदल दिया गया है। इसमें नेता जनता के पास सीधे जाता है और बिना पार्टीगत या संस्थागत मध्यस्थता के उसकी निष्ठा और वोट की माँग करता है। अपनी निजी शख्सियत को उभार कर वह जनता को एहसास दिलाता है कि उसका समुदाय, धर्म और राष्ट्र खतरे में है। लोकलुभावन राजनीति के इस जनमतसंग्रही चरित्र का परिणाम यह निकलता है कि जनता और उसके संगठनों की सत्ता से जितनी दूरी होती जाती है, उतना ही कुछ नेताओं के साथ उनका संबंध प्रगाढ़ होता चला जाता है। उत्पीड़न जितना बढ़ता है, सत्ता के केंद्र पर उतनी ही निर्भरता बढ़ती चली जाती है। चुनाव के दिनों में गरीबों के सामने रियायतों के कुछ टुकड़े फेंक दिये जाते हैं। भागीदारी का यह तरीका एक संकीर्ण पिरामिड की तरह होता है जिसमें सिर्फ ऊपर से गुंजाइशें टपकायी जाती हैं। विकास की ही भाँति भागीदारी का यह संस्करण भी केंद्रीकृत शासन, संस्थाओं की उपेक्षा और कानून के शासन के नाम पर दमन को बढ़ावा देनेवाला साबित होता है।

१.
राज्य की भूमिका

मौजूदा माहौल में राज्य की भूमिका का तात्पर्य भी बदल गया है। आजादी के बाद सत्तारूढ़ हुए अभिजन और रेडिकल समूह राज्य को रूपांतरण का औजार समझते थे। कुछ तो राज्य की अक्षमता के कारण और काफी कुछ जानबूझ कर आज इस रूपांतरणकारी भूमिका को नकारा जा रहा है। राज्य पर हावी अभिजनों ने करीब २५ साल तक उसके हस्तक्षेप के जरिये अपनी खास तरह की जीवन-शैली कायम रखने के लिए उत्पादन का आधार बढ़ाया और राजनीतिक खेल की सुविधा के लिए आवश्यक संसाधन पैदा किये। लेकिन जब राज्य की भूमिका जनोन्मुख और समृद्धि के वाजिब बँटवारे की हो सकती थी, इस अभिजन ने उसे सामाजिक और आर्थिक क्षेत्र से खींचना शुरू कर दिया। रूपांतरण का औजार होने के बजाय अब राज्य को प्रौद्योगिकीय आधुनिकीकरण के माध्यम की तरह देखा जा रहा है। गरीबों की जरूरतें पूरा करने के बजाय वह अमीर देशों की तरह बनना और कठोर राज्य के रूप में क्षेत्रीय शक्ति की तरह उभरना चाहता है।

दूसरे, शासक वर्ग समृद्धि के बँटवारे की नीतियाँ न अपना कर आंतरिक बाजार का विकास करने से इंकार करता है जिससे आर्थिक जड़ता पैदा होती है। जनता का विक्षोभ बढ़ जाता है और व्यवस्था राजनीतिक अस्थिरता से पीड़ित हो जाती है। नतीजे के तौर पर राज्य को और ज्यादा दमनकारी होना पड़ता है।

नागरिक समाज के भीतर से उद्भूत एकता और मतैक्य की जगह राज्य आज्ञापालन के नजरिये से इन चीजों की माँग करने लगता है। ऐसी परिस्थिति में एक तरफ पुलिस और अर्धसैनिक बलों पर निर्भरता बढ़ती है और दूसरी तरफ स्थानीय माफिया और किराये पर उपलब्ध गुंडों की बन आती है। राजनीतिक प्रक्रिया एजेंटों और दूतों की गतिविधियों में सिमट जाती है जो धीरे-धीरे मध्यस्थ की जगह खुद को कानून समझने लगते हैं।

तीसरे, सरकार पर काबिज करिश्माई नेताओं का प्राधिकार कमजोर होता जा रहा है। वे कहीं ज्यादा बड़ी ताकतों के हाथ का खिलौना बनते जा रहे हैं। उनका नियंत्रण न देहातों पर है, न फैलते हुए शहरों पर और न औद्योगिक ताकतों पर। कहीं जमींदार अपनी चला रहे हैं तो कहीं रंग-रुतबेवाली जातियाँ। व्यावसायिक हित देहातों और आदिवासी इलाकों का दोहन करने में लगे हैं। ठेकेदारों, नवधनाढ्यों, शराब के गैर-कानूनी व्यापारियों और जुआघर चलाने वालों की पीठ पर स्थानीय नेताओं, उनके कारिंदों, पुलिस वालों और नौकरशाहों का हाथ है।

चौथे, शासक अभिजनों के प्राधिकार में आयी इस गिरावट के कारण वे कट्टरतापंथी ताकतें फिर प्रभावी हो गयी हैं जिन्हें पहले पूरी तरह रक्षात्मक स्थिति में डाल दिया गया था। विश्व हिंदू परिषद, राष्ट्रीय स्वयंसेवक संघ, जमाते इस्लामी जैसे धर्म आधारित राजनीति करनेवाले संगठन सेकुलर राज्य के आवरण में सांप्रदायिकीकरण कर रहे हैं।

अन्य जमीनी राजनीति करनेवाली ताकतें भी राज्य की विफलताओं के कारण उसे चुनौती दे रही हैं। कुल मिला कर राज्य सामाजिक अशांति के हालात में मध्यस्थता करने की हैसियत खोता जा रहा है। वैकासिक नियोजन की आड़ में दलालों का प्रभाव बढ़ रहा है। नंगे भ्रष्टाचार के कारण उत्पादन-प्रक्रिया का लंपटीकरण हो रहा है। प्रशासन तंत्र, न्यायिक नियंत्रण और जवाबदेही की कमजोरी ने हालात और बिगाड़ दिये हैं। असंगठित क्षेत्र के साथ-साथ आपराधिक क्षेत्र का विस्तार बहुत तेजी से हो रहा है।

अंतर्राष्ट्रीय शक्तियाँ राज्य की भूमिका में आयी तब्दीली, गैर-राजनीतिकरण के रुझान, विकास के दायरे से गरीबों के बहिष्करण और शोषणकारी-दमनकारी-तकनीकशाही व्यवस्था के उदय के रूप में सामने आयी इस नयी परिघटना को बढ़ावा दे रही हैं। नयी नस्ल के उद्यमी राज्य के प्रभाव का क्षरण करनेवाली भूमंडलीय यथास्थिति की सेवा में लगे हुए हैं। विश्व पूँजीवाद हथियारों की अभूतपूर्व होड़ और प्रौद्योगिकी के हमेशा भूखे राक्षस के जरिये श्रम का नया अंतर्राष्ट्रीय विभाजन करके संगठित सर्वहारा के प्रभाव को खत्म करने

के दौर में पहुँच गया है। सारी दुनिया में मौज-मस्ती की जीवन-शैलियों को अपनाने और ज्यादा-से-ज्यादा संसाधनों को हड़पने के सवाल पर आपाधापी मची हुई है। अंतर्राष्ट्रीय शक्तियों ने तीसरी दुनिया की सरकारों को पूँजी, प्रौद्योगिकी और हथियार सप्लाई करके पटा लिया है। इन देशों के आधुनिकतावादी मध्यवर्ग की महत्त्वाकांक्षाएँ पूरी की जा रही हैं। उन्हें गरीबों के गुस्से, सामाजिक उथल-पुथल और सामाजिक उत्तरदायित्व की भावना से दूर रखा जा रहा है। बदले में इन देशों की प्राकृतिक संपदा और सस्ते श्रम का तरह-तरह से दोहन हो रहा है। अंतर्राष्ट्रीय मुद्रा कोष और विश्व बैंक के सशर्त कर्जों को तीसरी दुनिया की भ्रष्ट और अक्षम सरकारों को टिकाये रखने के लिए इस्तेमाल किया जा रहा है। राष्ट्रों और विचारधाराओं से ऊपर अभिजनों और समृद्ध वर्गों का एक सार्वभौम संघ प्रतिरोध के सभी तर्कों और आंदोलनों को निष्प्रभावी करने की कला में पारंगत हो चुका है। उसने बुनियादी जरूरतों को पूरा करने के लिए बनायी जानेवाली वैकल्पिक रणनीतियों, राष्ट्रीय आत्मनिर्भरता के उसूल, सभी के लिए स्वास्थ्य और पोषण की योजनाओं, रोजगार बढ़ाने और उत्पादन की प्रक्रिया में सभी की भागीदारी को ठंडे बस्ते में डाल दिया है।

२.
बचे रहने के लिए संघर्ष

अंतर्राष्ट्रीय परिस्थिति एक विराट संघर्ष से गुजर रही है। इसमें एक तरफ जीवन-शैली के भूमंडलीय मानक, कारपोरेट जगत और शासकों की इजारेदारियाँ हैं और दूसरी तरफ किसी तरह जिंदा रहने, जनोन्मुख राज्यों और संस्कृतियों को बचाने और करोड़ों-अरबों लोगों के सम्मान की रक्षा करने की जद्दोजहद है। जाहिर है कि ऐसी दुनिया में लोकतांत्रिक राजनीति का महत्त्व काफी गिर जाता है, तकनीकशाह और प्रबंधक किस्म के लोग लोकप्रिय नेताओं का स्थान ले लेते हैं। जनता से कहा जाता है कि अगर वह राजनीति से दूर रहते हुए सभी तरह के रेडिकल तत्त्वों से किनारा नहीं करेगी तो उसके कल्याण और समृद्धि की गारंटी नहीं दी जा सकती।

संतोष की बात यह है कि इसके बावजूद जनता राजनीतिक प्रक्रिया छोड़ने के लिए तैयार नहीं है। अपनी बेचैन चेतना के साथ वंचितों के विशाल तबके समझ गये हैं कि न ईश्वर उनकी मदद करनेवाला है और न कोई राजाधिराज। शासक अभिजन भी उनसे अपना पल्ला झाड़ चुके हैं। भारत में यह परिघटना खास तौर से देखी जा सकती है। इसमें कुछ तो लोकतांत्रिक राजनीति का हाथ है, कुछ सदियों पुरानी सामाजिक विषमता, कुछ विकासवादी आग्रहों में डगमगा

चुके यकीन और कुछ गरीबों पर बरपायी जानेवाली हिंसा और उनके उत्पीड़न की भूमिका है। सत्तर के दशक के बाद से तरह-तरह की पार्टियों द्वारा बनायी गयी सरकारों से हुए मोहभंग ने भी जनता के विक्षोभ को बढ़ाया है। यह विक्षोभ बिखरा हुआ और असंगठित जरूर है लेकिन लोग अपने अधिकारों के प्रति बढ़ती हुई जागरूकता को राजनीतिक रूप से महसूस ही नहीं करते वरन उसे राजनीतिक रूप से व्यक्त भी करते हैं। गोलबंदी का कोई तरीका हाथ लगते ही उनकी भावनाएँ मुखर हो उठती हैं। वे तमाम दिक्कतों और बेहद ताकतवर निहित स्वार्थों की बाधाओं के बाद भी उठ कर खड़े हो जाते हैं। संघर्ष के लिए आतुर जनता के ये तबके दरिद्रों को जानबूझ कर भुखमरी के कगार पर फेंकनेवाले प्रतिमान के विरोध में हैं।

हमें समझना होगा कि गरीबों को इस समस्या का सामना केवल सरकार की विफलता के कारण ही नहीं, बल्कि संगठित राजनीतिक दलों और शासक अभिजनों का विरोध करनेवाले पारंपरिक रूपों की विफलता के कारण भी करना पड़ रहा है। दलीय स्पर्धा के जरिये चलनेवाली संसदीय लोकतंत्र की प्रणाली उत्तरोत्तर निराशोन्मत और हिंसक होती जा रही है। मिश्रित अर्थव्यवस्था सभी के लिए अवसरों को मुहैया कराने में सफल नहीं हो पायी है। खेतिहर और वन आधारित अर्थव्यवस्था की उत्पादकता कमजोर हो गयी है और उस पर व्यावसायिक हित हावी हो गये हैं। विज्ञान और प्रौद्योगिकी का प्रतिष्ठान आयातित विचारों के दम पर चल रहा है। आत्मनिर्भरता के विचार की जगह अंतर-निर्भरता के दावों ने ले ली है। फ़ौजी प्रतिष्ठान लगातार अपना बजट बढ़ाने की माँग ही करता रहता है और नागरिक अशांति के प्रकरणों में उसकी तैनाती की प्रवृत्ति बढ़ती जा रही है। न्यायपालिका और प्रेस के हस्तक्षेप को सेफ्टी वाल्व की तरह इस्तेमाल किया जा रहा है। संसद, योजना आयोग और कार्यपालिका बदली हुई परिस्थिति का सामना करने में अक्षम हैं। न वे जनता की उम्मीदों पर खरे उतर पा रहे हैं और न टकराव, हिंसा और उत्पात को रोक पाने की क्षमता दिखा पा रहे हैं। यह विफलता विपक्षी दलों, ट्रेड यूनियनों, किसान संगठनों और वामपंथी बुद्धिजीवियों की भी है। सबसे ज्यादा फायदे में मध्यवर्ग है जिसे विकास के सभी लाभों को हड़प लेने दिया गया है। लंपट तत्त्वों ने नौकरशाही के निचले स्तरों में घुसपैठ कर ली है। राजनीति प्रक्रिया दलबदलुओं की मोहताज हो गयी है।

लोकतांत्रिक प्रणाली की इस नाकामी की जड़ सिद्धांत के संकट में है। बाजार के जरिये हितों की होड़ को व्यवस्थित करने का विचार बहुत पहले ही बेकार हो चुका है। दूसरी तरफ ऊँची विकास दर, भरे हुए सरकारी खजाने और

ईमानदार और दक्ष राजतंत्र की गैर-मौजूदगी में राज्य की कल्याणकारी भूमिका का कोई मतलब नहीं रह गया है। मार्क्सवाद जैसी रेडिकल विचारधाराएँ भी ऐसे देश में कोई कारगर कार्यक्रम देने में नाकाम हैं जिसकी खास बात फैलता हुआ मजदूर वर्ग न हो कर ग्रामीण अर्थव्यवस्था की जड़ता और रोजगार को बाधित करनेवाली प्रौद्योगिकीय जकड़ का संयोग है। इसके साथ अगर हाशिये पर पड़ी हुई जनता की आबादी में जबरदस्त बढ़ोतरी और निचले वर्गों के भीतर नागरिक अशांति और हिंसा के प्रकोप को जोड़ लिया जाये तो हालात काफी जटिल हो जाते हैं। पारस्थितिकीय विनाश के कारण देहाती गरीबों से पेट भरने के पारंपरिक स्रोत भी छिन गये हैं। गैर-राजनीतिकरण के तर्क ने स्थानीय स्तर के ध्रुवीकरणों को राष्ट्रीय और अंतर्राष्ट्रीय स्तर के ध्रुवीकरण में विकसित करने की संभावनाओं का अंत कर दिया है। किसी और जमाने और किसी अन्य सांस्कृतिक पृष्ठभूमि में सूत्रीकृत किये गये सिद्धांतों और मॉडलों की उपयोगिता न के बराबर रह गयी है, क्योंकि भारत जैसे देश में गरीबी पूरी तरह नये रूपों में प्रगट हो रही है। यहाँ तो 'प्रगति' और 'दरिद्रता' के बीच एक आत्यंतिक संबंध स्थापित हो चुका है। इसीलिए भागीदारी के सभी सिद्धांत भी अप्रासंगिक हो गये हैं। पूरे परिदृश्य का सिंहावलोकन करने पर ताज्जुब होता है कि न केवल नेतृत्व की क्वालिटी और नैतिक मूल्यों में जबररदस्त गिरावट आयी है, बल्कि सिद्धांत किसी भी किस्म का सार्थक कार्यक्रम देने के मामले में किस कदर दरिद्र साबित हो रहे हैं। परिणामस्वरूप पैदा हुआ बौद्धिक और नैतिक शून्य लोकलुभावन नारों से भरा जा रहा है। यह नारेबाजी सिद्धांतों की जगह लेती जा रही है। जोर-जबरदस्ती और भ्रष्टाचार ने नीतियों की जगह ले ली है। ऊपर से इन दोनों को करिश्माई नेतागीरी अपने आवरण में छिपा लेती है जिससे होता यह है कि शासक वर्ग को किसी किस्म की नाकामी और संकट का एहसास तक नहीं हो पाता।

३.
गैर-पार्टी संरचनाओं का राजनीतिक और विचारधारात्मक संदर्भ

यही है वह बृहत्तर संदर्भ जिसमें हम जनता के आंदोलनों, जमीनी (ग्रासरूट्स) राजनीति और गैर-पार्टी राजनीतिक संरचनाओं की परिघटना पर चर्चा कर सकते हैं। समाज, संगठित राजनीति, क्रांतिकारी सिद्धांतों और सभी तरह के आयातित विचारों के दायरों से बहिष्कृत जनसमूह इन संरचनाओं के दायरे में आते हैं। इस परिघटना को लोकतांत्रिक संघर्ष का अंग मानना होगा। यह परिघटना जन-चेतना में हो रही गहरी उथल-पुथल के साथ संकट के प्रति उस जागरूकता का परिणाम है जिसके आधार पर संकट को नया रास्ता खोजने के अवसर में बदला

जा सकता है। इन कोशिशों को प्रचलित दलगत और सरकारी हलकों के बाहर (राज्य की संस्था के बाहर नहीं) वैकल्पिक राजनीतिक गुंजाइशें बनाने के रूप में परिभाषित किया जाना चाहिए। यह राजनीति संघर्ष और संगठन के नये रूप अपना कर राज्य की संस्था को फिर से शोषणकारी संरचनाओं से छुटकारा दिलाने का औजार बनाने की कोशिश करेगी। राजनीति की सीमाओं को संकीर्ण बनाने की कोशिशों के जमाने में गैरदलीय संरचनाएँ राजनीति को चुनावी और संसदीय अर्थों की जकड़ से निकालने के कार्यभार पर अपना ध्यान केंद्रित करेंगी। यह राजनीति चालू राजनीति के मुहावरे से इसलिए भिन्न होगी कि उसकी शक्ति राजसत्ता पर कब्जा करने पर केंद्रित न हो कर ऐतिहासिक प्रक्रिया में व्यापक हस्तक्षेप करने में खर्च होगी। गैर-दलीय राजनीति प्रचलित राजनीति की सारवस्तु, मुद्दों और कार्यक्रम को नये सिरे से निर्धारित करना चाहेगी। इस नयी राजनीति के मुद्दे वे होंगे जिन्हें आमतौर पर आंदोलन करने लायक ही नहीं समझा जाता है : मसलन, जन-स्वास्थ्य, कुपोषण, वन और सामुदायिक संसाधनों पर अधिकार, लैंगिक विषमता, स्त्री अधिकारों के दायरे में आनेवाले काफी निजी और मूलगामी किस्म के मुद्दे, आदि। गैर-दलीय राजनीति इन प्रश्नों को राजनीतिक प्रश्न के रूप में सामने रखेगी। ऐसे गैर-दलीय आंदोलनों और संगठनों के कई नमूने हमारे सामने हैं : वामपंथ की मुख्यधारा से अलग काम कर रहे वाम संगठनों द्वारा शुरू किये गये आंदोलन, चिपको, छत्तीसगढ़ के खनिकों का संघर्ष, आंध्र के रैयत कुली संघम का आंदोलन, ग्रेनाइट के खनन और निर्यात के खिलाफ कर्नाटक के कनकपुरा में किसानों का सत्याग्रह, झारखंड मुक्ति मोर्चे का संघर्ष, आदि। ये तमाम लड़ाइयाँ आर्थिक और राजनीतिक माँगों तक ही सीमित नहीं हैं, बल्कि पारिस्थितिकीय, सांस्कृतिक और शैक्षणिक प्रश्नों को भी अपने दायरे में समेट लेती हैं। ये लड़ाइयाँ समाज के भीतर भी झाँक कर देखती हैं और शराबखोरी, पर्यावरण को नुकसान पहुँचाने, गंदे और अस्वास्थ्यकर तरीकों से रहने की आदतों जैसी वजहों की तरफ भी ध्यान देती हैं। इस लिहाज से ये स्वराज्य के लिए छेड़े गये उस संघर्ष की याद दिला देती हैं जिसमें न केवल विजातीय शासन के खिलाफ संघर्ष होता था, बल्कि आंतरिक क्षय को राकने की कोशिश की जाती थी। इस तरह यह परिघटना व्यवस्था विरोधी ताकतों को विश्वास और ऊर्जा से पुन: आवेशित करना चाहती है। यह उत्पीड़ित जनता को आधुनिक क्षेत्र की लोकलुभावन नारेबाजी और परंपरा की पितृसत्तात्मक जकड़ से बचाते हुए संघर्ष और सृजनशीलता के मार्ग पर चलाना चाहती है ताकि वह केवल किसी स्थानीय शोषक के खिलाफ ही नहीं, वरन पूरी समाज-व्यवस्था के खिलाफ भी खड़ी हो सके।

लोकप्रिय आंदोलनों में लगी हुई बहुत-सी ताकतें फौरी लड़ाइयों में इतनी उलझी हुई हैं कि वे गैर-दलीय संरचनाओं की इन व्यापक संभावनाओं को देख पाने में असमर्थ हैं। कुछ ताकतें विचार और व्यवहार के लिहाज से इस आयाम पर भरोसा नहीं कर पा रही हैं। वैसे भी हम देख चुके हैं कि ठोस और संगठित कार्यक्रम बनाने के लिए हमारे पास कोई तैयारशुदा सिद्धांत नहीं है। लेकिन यह जरूर लगता है कि छोटे पैमाने के ये आंदोलन एक तलाश में लगे हुए हैं। उनमें इस युग की प्रभावी ताकतों की समझ विकसित करने की बेचैनी अवश्य है। इन आंदोलनों की कतारों में एक ऐसा भरोसा व्याप्त है जो प्रचलित विचारधाराओं और औपचारिक राजनीति के उपादानों के जरिये नहीं मिल सकता। लोकायन में काम करने के दौरान हमने दलितों, भूमिहीनों, बँधुआ मजदूरों, आदिवासियों और ग्रामीण गरीबों के विभिन्न तबकों में काम करनेवाले कार्यकर्ताओं के साथ संवाद करते हुए पाया कि रेडिकल नारेबाजी करनेवाली मौजूदा राजनीतिक पार्टियाँ इस विशाल असंगठित क्षेत्र के प्रति कतई चिंतित नहीं हैं। इससे हमारे सामने स्पष्ट होता है कि जनता के इन हिस्सों को एक नये किस्म के संगठन और नयी किस्म की राजनीति की जरूरत है। गैर-पार्टी राजनीतिक संरचनाओं से हमारा तात्पर्य विभिन्न वैकासिक योजनाओं से जुड़ी हुई गैर-राजनीतिक स्वयंसेवी संस्थाओं से नहीं है। गैर-पार्टी परिघटना एक तरह की राजनीति ही है जो एक तरफ तो उन भूमिकाओं का निर्वाह कर रही है जिनसे सरकार और विपक्षी दलों ने अपना पल्ला झाड़ लिया है, और दूसरी तरफ करोड़ों जनता की विकट बदहाली के कारण पैदा हुई समस्याओं को राजनीतिक अभिव्यक्ति दे रही है। गैर-दलीय राजनीति करनेवाले कुछ ऐसे संगठन भी हैं जो अपने लघु और स्थानीय स्तर के संघर्षों को बड़े पैमाने के संघर्षों के साथ जोड़ने के प्रयास भी कर रहे हैं। उनकी कोशिश है कि यह काम या तो बहुत से मुकामों पर छोटे-छोटे आंदोलन चलाने और उन्हें एक दूसरे से जोड़ने की विधि से होगा या फिर अपने आंदोलन को मिसाल के तौर पर पेश करके जनता की राय को प्रभावित करके हो सकेगा। ऊपर से नीचे और दायें से बायें तक इन आंदोलनों को आपस में जोड़ने की जरूरत महसूस की जा रही है पर ऐसा बृहद सांगठनिक प्रयास फिलहाल होता हुआ नहीं दिख रहा है।

आंदोलनरत समूहों को राजनीतिक दलों की तरह नहीं देखा जाना चाहिए। उनकी भूमिका न तो पार्टियों की पूरक है, न ही उनके खिलाफ है। इन समूहों की भूमिका तो काफी सीमित लेकिन काफी रेडिकल है। वे पार्टियों से प्रतियोगिता नहीं कर रहे हैं लेकिन उन मुद्दों को उठा रहे हैं जिन्हें पार्टियाँ नहीं उठाना चाहतीं। इनमें वे मुद्दे भी शामिल हैं जो अंतर्राष्ट्रीय शक्तियों की

कारगुजारियों से जुड़ते हैं। ऐसे आंदोलनों की अभिव्यक्ति लघु रूप में अवश्य होती है, पर वे उन हालात से जूझते हैं जिनके पीछे विराट अंतर्राष्ट्रीय ताकतों की योजनाओं के फलितार्थ होते हैं। इसलिए गैर-पार्टी संरचनाओं को भूमंडलीय रूपांतरण की बृहत्तर परियोजना के अंग के रूप में भी देखा जाना चाहिए। इस रूपांतरण में एक तरफ राज्य से इतर ताकतों और दूसरी तरफ भू-क्षेत्रीय सीमाओं को लाँघनेवाले बहुराष्ट्रीय निगमों की नकारात्मक भूमिका है जिनके खिलाफ गैर-पार्टी संरचनाएँ गोलबंद हो रही हैं।

खास बात यह है कि तीसरी दुनिया के देशों की अधिकतर सरकारों की कार्यसूची में भूमंडलीय चौधराहट और शोषण के खिलाफ संघर्ष की प्राथमिकता घटती जा रही है। वाम समेत ज्यादातर राजनीतिक दलों की भी यही स्थिति है। भारत में तो जैसे ही विदेश नीति के और अंतर्राष्ट्रीय मुद्दे सामने आते हैं, ये पार्टियाँ काफी रक्षात्मक रुख अख्तियार कर लेती हैं। दरअसल, सत्तारूढ़ दल ने इन्हें अपने पक्ष में खींच लिया है। हालत यह है कि कारपोरेट हितों, भूमंडलीय वित्तीय और सैन्य संस्थानों के सामने खड़े होने का साहस इस समय न सरकारों को है और न ही विपक्षी दलों को। अगर कोई कहीं प्रतिरोध कर रहा है तो वह गैर-पार्टी और राज्य की संस्था से इतर ताकतें ही कर रही हैं। राष्ट्र-राज्यों की हालत तो यह है कि वे नयी विश्व व्यवस्था की बड़ी-बड़ी बातों के बाद भी विश्व बाजार की मातहती कबूल करते जा रहे हैं। प्रगतिशील और क्रांतिकारी कार्यसूची के आधार पर सक्रिय रहनेवाली पारंपरिक राजनीति के पतन और व्यवस्था द्वारा उसे फुसला कर अपने पक्ष में कर लिये जाने के बाद तो गैर-पार्टी राजनीतिक प्रक्रिया का महत्त्व और बढ़ गया है।

यहाँ सवाल उठता है कि विफलता के इस चौतरफा माहौल में गैर-दलीय संरचनाओं के कामयाब होने की क्या गारंटी है? इस संदेह के बाद भी संघर्ष की जरूरत से तो मुँह नहीं चुराया जा सकता। ऐसी रणनीति तो बनानी ही पड़ेगी जो लोगों, कार्यकर्ताओं और लोकतांत्रिक प्रक्रिया में नया यकीन पैदा कर सके, ताकि वे पिट चुकी विचारधाराओं और रुझानों से पिंड छुड़ा कर नयी ठोस संभावनाओं को आजमा सकें। इन संघर्षों को केवल फौरी लक्ष्यों तक ही सीमित नहीं रहना होगा। इन्हें लोकतांत्रिक प्रक्रियाओं को जनहित के मातहत बनाने के दूरगामी और बृहत्तर मकसद के साथ जुड़ना होगा। इसी पर मुख्यधारा की संरचनाओं के पुनर्जीवन, रूपांतरण और राज्य के राजनीतिकरण का दारोमदार है। केवल इसी तरह राज्य को साम्राज्यवाद के चुंगल से आजाद कराया जा सकता है। इसी तरीके से उस स्वदेशी और वास्तविक संस्कृति को उपलब्ध किया जा सकता है जिसमें भारत की जनता रमी हुई है। धीरूभाई शेठ ने कहा भी है कि जनता तो हमेशा

जमीन से जुड़ी ही रहती है। संघर्ष तो उन लोगों से करना है जो उसे अपनी जमीन से उखाड़ना चाहते हैं। यह एक ऐसा संघर्ष है जिसमें रोमानी विचारों और बेतहाशा आशावाद से काम नहीं चलेगा। एक तरफ व्यवस्था की दैत्याकार ताकत को असलियत के रूप में स्वीकारना होगा और दूसरी तरफ यह भी मानना होगा कि बहुत-सी जगहों पर गंभीर और ठोस काम हो रहा है, हालाँकि यह प्रक्रिया अभी कमजोर, बिखरी हुई, तमाम तरह की निजी, संगठनात्मक और समझ-संबंधी समस्याओं और संसाधनों की कमी की शिकार है। गैर-दलीय संरचनाओं की समस्याओं और संभावनाओं को ठीक से ग्रहण करके ही राजनीतिक गतिविधि की नयी विधा को स्थापित किया जा सकता है। इसके लिए पुराने तौर-तरीके छोड़ कर कदम जमाने होंगे, मैदान में टिके रहना होगा और करिश्माई हस्तियों की प्रतीक्षा बंद कर देनी होगी।

हो सकता है कि यथास्थिति के प्रति बढ़ते हुए असंतोष के कारण कभी-कभी गैर-पार्टी संगठनों और पार्टी जैसे संगठनों को आपस में तालमेल भी करना पड़े। इसी संदर्भ में हमें क्षेत्रीय राजनीति की परिघटना को समझना पड़ेगा। अभी इस किस्म की राजनीति के सभी पहलू साफ नहीं हुए हैं लेकिन क्षेत्रीय राजनीति केंद्र की निरंकुशता, महानगरों के वर्चस्व, पूँजीवादी सार्वदेशिकता के सांस्कृतिक प्रभुत्व और राष्ट्रवादी अभिजनों के केंद्रीकरणवादी अभियानों के प्रति-ध्रुव के रूप में उभरी है। इस कारण से इसे व्यापक लोकतांत्रिक संघर्ष का अंग समझा जा सकता है। एक तरह से ये क्षेत्रीय आंदोलन पूरी तरह गैर-पार्टी गुटों द्वारा चलाये जा रहे आंदोलनों के अंतरनिहित आवेग के नजदीक ही लगते हैं। आखिर ये राष्ट्रीय संकट के स्थानीय जवाब ही तो हैं। अपनी गैर-पार्टी किस्म की ऐतिहासिक विशेषताओं और राजनीतिक प्रकृति के साथ इस क्षेत्रीय परिघटना को व्यवस्था के खिलाफ जनाक्रोश व्यक्त करनेवाले उभारों के रूप में देखना होगा। विकास का एजेंट होने का दावा करनेवाली स्वयंसेवी संस्थाओं से अलग गैर-पार्टी आंदोलन भी तो दरअसल विकल्प की तलाश में ही है और समाज के निचले हिस्सों तक सत्ता का विकेंद्रीकरण करना चाहता है। इसी भाँति असम, झारखंड, उत्तर-पूर्व के जनजाति बहुल प्रदेशों और आंध्र प्रदेश जैसे इलाकों में ही नहीं, बल्कि कश्मीर में एक अलग तरीके से और पश्चिम बंगाल और कर्नाटक में दूसरे तरीके से क्षेत्रीय स्वायत्तता की माँग एक स्वर में गूँज रही है। लगता है कि समाज के आधार में क्षेत्रीय और उपराष्ट्रीयता के प्रश्नों के आसपास कुछ असंतोष गोलबंद हो रहा है, हालाँकि दुर्भाग्य से यह खदबदाहट सामाजिक सवालों से संबंधित नहीं है। क्षेत्रीय राजनीति भाषा, संस्कृति और आत्मगरिमा पर अपने दावे केंद्रित करने के साथ-साथ शिक्षा, रोजगार और पारिस्थितिकी पर

भी जोर देते हुए लगती है। वह स्थानीय संसाधनों और सत्ता के केंद्र की तरफ गमन के खिलाफ है। क्षेत्रीय राजनीति के इन पहलुओं की तरफ गैर-पार्टी परिघटना को ध्यान देना ही पड़ेगा।

क्षेत्रीय परिघटना की दो खूबियाँ ऐसी हैं जो उन्हें गैर-पार्टी आंदोलनों के नजदीक ले जाती हैं। पहली, पार्टी हो या गैर-पार्टी, क्षेत्रीय भावना सभी हलकों में फैली हुई है और रूपांतरण के लिए संघर्ष को एक बहुत बड़े दायरे में ले जा सकती है। दूसरी, यह राजनीति वास्तविक जमीनी राजनीति से लेकर राष्ट्रीय-अंतर्राष्ट्रीय स्तरों तक सक्रिय है। अब यह कार्यकर्ताओं का फर्ज है कि वे क्षेत्रीय राजनीति में लोकतांत्रिक हस्तक्षेप करके इन पार्टी सरीखी संरचनाओं को जनता के उन वर्गों और श्रेणियों की आकांक्षाओं का वाहक बनायें जिनके विश्वास को सरकार और विपक्ष दोनों ने ही धोखा दिया है। सवाल यह है कि क्या तेलुगु देशम, नेशनल कांफ्रेंस, असम और झारखंड के आंदोलन क्षेत्रीयतावाद और विकेंद्रीकरण के अन्य दावेदारों से मिल कर राजनीति और सत्ता में जनता की ज्यादा भागीदारी सुनिश्चित करेंगे या फिर वे भी अन्य विपक्षी दलों की भाँति जनअसंतोष का सहारा ले कर राजनीतिक जोड़-तोड़ करते हुए सत्तारूढ़ दल की जगह खुद लेने तक ही सीमित रहेंगे? इस सवाल का जवाब काफी-कुछ गैर-पार्टी समूहों और उनके कार्यकर्ताओं पर निर्भर है कि वे कैसे इन क्षेत्रीय आकांक्षाओं को परिवर्तन की बृहत्तर परियोजना से जोड़ पाते हैं और इसके लिए क्षेत्रीय संरचनाओं को नवचिंतन के लिए मजबूर कर पाते हैं।

४.
इतिहास की भूमिका

गैर-दलीय, ग्रासरूट्स या जमीनी आंदोलनों के सामने सबसे बड़ी उलझन यह है कि वे अपने लघु और स्थानीय स्वरूप को विराट और राष्ट्रव्यापी स्वरूप से कैसे जोड़ें। गैर-पार्टी समूहों को इस समस्या से संबंधित दो तरह की आलोचनाओं का सामना करना पड़ता है। पहली, ये समूह राजनीतिक प्रक्रिया में किसी बुनियादी परिवर्तन के वाहक नहीं हैं। ज्यादा-से-ज्यादा ये एक संक्रमणकालीन अंतराल को भरते हुए लगते हैं। जैसे ही वामपंथी दल अपनी क्रांतिकारी भूमिका अपना कर राजसत्ता पर कब्जा करने की मुहिम शुरू करेंगे, इन संगठनों की जरूरत नहीं रह जायेगी। दूसरी, इन संगठनों की सफलता स्थानीय किस्म की ही रहेगी और इनके कारण हुआ रूपांतरण राष्ट्रीय या अंतर्राष्ट्रीय चरित्र ग्रहण नहीं कर पायेगा।

ये दोनों आलोचनाएँ इतनी प्रभावशाली और तर्कसंगत हैं कि बहुत से गैर-

पार्टी कार्यकर्ता भी इनके कारण आत्मसंदेह के शिकार हो जाते हैं। मैं इन आलोचनाओं से सहमत नहीं हूँ। मेरी मान्यता है कि इन नये किस्म के संगठनों और नये किस्म की राजनीति को रूपांतरित होते हुए विश्व की रोशनी में देखा जाना चाहिए। बहुत से समाजों के निचले और हाशिये पर पड़े हुए तबके राजनीति के सारतत्त्व को पुनर्परिभाषित करना चाहते हैं। सामाजिक टकराव, भागीदारी के बंद दायरों और निरंतर विषमतामूलक होती जा रही दुनिया में इन तबकों की यह कोशिश नयी चेतना, अधिकारों और उत्तरदायित्व की नयी समझ और नयी गुंजाइशें निकालने की कोशिशों का प्रतिनिधित्व करती है। शासन व्यवस्थाएँ, पार्टियाँ, ट्रेड यूनियनें और विकास एजेंसियाँ जैसी सत्ता की संरचनाएँ इन तबकों की महत्त्वाकांक्षाएँ पूरी करने में नाकाम हैं; संस्थागत ढाँचा शून्य का शिकार होता जा रहा है; राजनीति की संभावनाओं का विस्तार करने की कोशिशों और उन्हें और घटाने के प्रयासों के बीच टकराव जारी है; राज्य की भूमिका बदलती जा रही है और अंतर्राष्ट्रीय हालात पहले के मुकाबले कतई अलग हैं। जनता और 'विकास' के बीच का रिश्ता पूरी तरह बदल चुका है। जैसे ही हम गैर-पार्टी परिघटना को इस परिप्रेक्ष्य में रख कर देखते हैं, वैसे ही उन पर लगाया जा रहा अस्थायी प्रकृति का बिल्ला हमें गलत लगने लगता है। तब गैर-पार्टी-राजनीति हमें ऐतिहासिक परिघटना लगने लगती है जिसकी खास सामाजिक भूमिका है और जो अचानक कहीं से टपक नहीं पड़ी है, वरन जो समकालीन दुनिया की समस्याओं के कारण अपने आप उभरी है।

अगर इस परिघटना को मौजूदा राजनीतिक सिद्धांतों और वैचारिक संरचनाओं के जरिये व्याख्यायित करने में दिक्कत आ रही है तो यह सिद्धांत की कमी है, उधार ली हुई बुद्धि की कमी है, न कि इस परिघटना की। मेरा विचार है कि जिस तरह राजनीति की प्रकृति और व्यापकता को हमें नये सिरे से समझना होगा उसी तरह हमें क्रांतिकारी परिवर्तन की धारणा पर भी पुनर्विचार करना होगा। यह मान्यता घिसपिट गयी है कि क्रांतिकारी तख्तापलट के लिए जरूरी मजदूर वर्ग पूँजीवादी व्यवस्था से ही निकलेगा और हिंसक रास्ते से ही सत्ता पर कब्जा करके क्रांतिकारी हरावल एक नये युग का सूत्रपात कर पायेगा। आज के उत्पीड़ितों को तो व्यवस्था के बाहर से संघर्ष करना होगा, शासक वर्ग को पराजित करके राजसत्ता पर कब्जा करने के बजाय उसे राजनीति को नये सिरे से परिभाषित करना होगा ताकि समाज के सबसे निचले तबकों का सबलीकरण हो सके और रूपांतरण के फायदे आखिरी आदमी को भी मिल सकें।

इसकी कोई गारंटी नहीं है कि गैर-पार्टी परिघटना राजनीति के इस संकट का समाधान कर ही पायेगी। लेकिन इस सच्चाई से इंकार नहीं किया जा सकता

कि इस आंदोलन में कुछ प्रणालीगत लक्षण हैं। इसलिए इसे सिद्धांतबद्ध करना वक्त की जरूरत है और इसका लाभ उठा कर राजनीतिक कार्रवाई के नये रूपों और दायरों की रचना की जानी चाहिए। इसी जगह मैं यह भी कहना चाहूँगा कि 'भूमंडलीय समस्याएँ, स्थानीय समाधान' जैसी उक्ति कोरी नारेबाजी नहीं है। हम अच्छी तरह जानते हैं कि जिस दुनिया में हम रह रहे हैं उसमें अंतर्राष्ट्रीय समस्याओं के कोई अंतर्राष्ट्रीय हल उपलब्ध नहीं हैं। जीवन निजी, सामुदायिक और राजनीतिक स्तरों पर अनिश्चित, जोखिमग्रस्त और खतरनाक हो गया है। उसे प्रभावित करनेवाली ताकतें हमारे नियंत्रण से पूरी तरह बाहर हो चुकी हैं। इसलिए अब संभावना भूमंडलीय समस्याओं के स्थानीय समाधानों में ही रह गयी है। साथ ही हम यह भी कह चुके हैं कि स्थानीय समाधानों के लिए काम करने वालों के पास राष्ट्रीय और अंतर्राष्ट्रीय परिप्रेक्ष्य का अभाव नहीं है। आज हम कह सकते हैं कि अंतर्राष्ट्रीय परिप्रेक्ष्य भूमंडलीय बुद्धिजीवियों और सत्ता के बहुराष्ट्रीय प्रबंधकों की ठेकेदारी नहीं है। दरअसल, ये लोग तो इस समय किसी भी दृष्टि और परिप्रेक्ष्य से वंचित हैं।

अगर हम व्यष्टि और समष्टि या लघु और विराट के संबंध को इस गतिशील नजरिये से समझेंगे तो पायेंगे कि ये दोनों तो एक ही प्रक्रिया की दो अभिव्यक्तियाँ हैं। हमें देखना होगा कि ये दो अभिव्यक्तियाँ किन्हीं विपरीत ध्रुवों को नहीं, बल्कि विविधताओं की आपस में गुँथी हुई लेकिन उसके बाद भी स्वायत्त और अंतर्संबधित संरचनाओं का प्रतिनिधित्व करती हैं। पता नहीं गैर-पार्टी आंदोलन के विराट दायरे में कब और कैसे समष्टिगत आयाम विकसित होना शुरू होंगे। अभी तक तो यही समझा जाता रहा है कि या तो हिंसक क्रांति के जरिये या फिर वोट के जरिये सत्ता पर कब्जा करके ही ये आयाम उपलब्ध किये जा सकते हैं। लेकिन संभावनाओं को केवल इन्हीं दोनों रूपों तक सीमित रखना भी एक तरह के अराजनीतिकरण को बढ़ावा देना है। मौजूदा संकट के समय में हम यह खतरा नहीं उठा सकते। यह वक्त रूपांतरण और प्रतिक्रिया के बीच संघर्ष का है, दरिद्रता और अमानवीयकरण के खिलाफ नयी संभावाओं के उदय का है, साथ ही यह वक्त राजनीति की गुंजाइशों को विस्तृत करते हुए जनसंघर्षों के क्षितिज के विस्तार का है। नये-नये तजुर्बे किये जा रहे हैं, नयी ऊर्जा का विस्फोट हो रहा है। फिल्म, रंगमंच, कला और साहित्य में मानवीय जीवन को शक्तिमंत अभिव्यक्ति मिल रही है। अभी हाल तक अलग-थलग पड़े हुए स्कूलों और कालेजों के युवा आदिवासियों के हकों के जुलूस निकालने लगे हैं। यही वह मुकाम है जहाँ से नये समाज की रचना की सामग्री मिलती है और लोग अपने भाग्य के खुद निर्माता बनने के लिए आगे आते हैं। इतिहास बताता

है कि जब यथास्थिति खुद को कायम रखने के लिए घबराहट में परिवर्तनकामियों को धकेल कर दीवार से लगा देती है तभी बदलाव की आकांक्षा और बलवती हो कर सांगठनिक रूप में फूट पड़ती है। जब संगठन के मौजूदा रूप अपनी प्रासंगिकता खोने लगते हैं तब जनता नयी समझ के साथ स्वयं सक्रिय हो कर हस्तक्षेप करती है। उसे नयी दृष्टि मुहैया कराने के लिए कुछ शख्सियतें, कुछ नये बुद्धिजीवी, कुछ युवा कार्यकर्ता और कुछ नये किस्म के राजनीतिज्ञ सामने आते हैं। जनता की यह स्वत:स्फूर्त सक्रियता अनिवार्यत: स्थानीय और क्षेत्रीय स्तर पर ही शुरू हो सकती है। वहीं से प्रयास और इच्छाशक्ति के दम पर वह पूरी राजनीति में प्रतिध्वनित हो सकती है।

सैद्धांतिक नजरिये से गैर-पार्टी परिघटना स्थानीयता को निहित स्वार्थों का गढ़ मानने और राज्य, प्रौद्योगिकी, क्रांतिकारी हरावल जैसे दूरस्थ उपादानों को मुक्ति के केंद्र मानने के रवैये पर पुनर्विचार करने की माँग करती है। इस परिघटना को ऐसी राजनीतिक संरचनाओं का इंतजार है जो लघु और स्थानीय को ही नहीं, भूमंडलीय को भी पार कर जायेंगी। हम अभी नहीं कह सकते कि ये राजनीतिक संरचनाएँ किस हद तक राज्य जैसी संरचनाओं सरीखी होंगी और किस हद तक ये नयी शैली की संस्थाएँ बनायेंगी। इस सवाल पर चर्चा जारी रखनी होगी। गैर-पार्टी परिघटना और दूसरे संभावित रूपों के उदय पर विचार के सिलसिले में हमें देखना होगा कि मानवता के समकालीन हालात की रोशनी में संगठन और विचारधारा के बीच कौन से वैकल्पिक संबंध हो सकते हैं। सैद्धांतिक अनुसंधान का एक पूरा कार्यभार हमारी प्रतीक्षा कर रहा है।

सांप्रदायिकता का अष्टावक्र

लोकतांत्रिक राजनीतिक प्रक्रिया की उपेक्षा करके जब राज्य प्रौद्योगिकीय विकास और प्रबंधकीय शैली के दम पर राष्ट्र-निर्माण की कोशिश करता है तो उसके गर्भ से बहुलतावाद की उपेक्षा और समरूपीकरण का आग्रह निकलता है। नतीजे के तौर पर कठोर राज्य बनाने की परियोजना बल पकड़ती है, विविधताओं को खूबी के बजाय खामी समझा जाने लगता है, गरीबों को राजनीतिक-आर्थिक रूप से त्याज्य मान लिया जाता है और बहुसंख्यकवाद का जन्म होता है। ये तमाम परिघटनाएँ मिल-जुल कर सांप्रदायिक राजनीति को परवान चढ़ाती हैं। रजनी कोठारी की पुस्तक ***सांप्रदायिकता और भारतीय राजनीति*** *के आठ अंशों को मिला कर बनाया गया यह लेख भूमंडलीकरण की प्रक्रिया, अराजनीतिकरण और उग्र हिंदुत्व के बीच सैद्धांतिक और व्यावहारिक संबंध निरूपित करता हुआ एक सर्वथा नयी दृष्टि का संधान करता हुआ नजर आता है।*

१.
सामीकरण बनाम भारतीय बहुलतावाद

पश्चिमी संदर्भ में सांप्रदायिकता का अर्थ है समुदाय आधारित कार्रवाई। यानी पश्चिम में इसका इस्तेमाल सकारात्मक अर्थों में किया जाता है। लेकिन दक्षिण एशियाई संदर्भ में यह समुदायों के बीच, आमतौर पर धार्मिक समुदायों के बीच, होड़ और टकराव का द्योतक है। ये सांप्रदायिक द्वन्द्व यदा-कदा हिंसक रूप भी ले लेते हैं। भारत लंबे अरसे तक इन्हें काबू में रखने में कामयाब रहा। आजादी के बाद उसने सेकुलरवाद को अनूठे ढंग से अपने निजी साँचे में ढाला, अर्थात राज्य और धर्म के बीच पूरे संबंध-विच्छेद की पाश्चात्य अवधारणा के बदले सर्व-धर्म समभाव के विचार को अपनाया। भारत में राजनीतिक लोकतंत्र,

आर्थिक विकास और सामाजिक न्याय पर ज्यादा जोर दिया गया। सेकुलरवाद की इस अवधारणा में अल्पसंख्यकों और उनके अधिकारों के प्रति विशेष आदर का भाव शामिल था। लेकिन अल्पसंख्यक सांप्रदायिकता को भी बहुसंख्यक सांप्रदायिकता के समान ही हतोत्साहित किया जाना था। सांप्रदायिक पार्टियाँ इस दौरान भी मौजूद रहीं, लेकिन आजादी के बाद के लगभग चार दशकों तक उनका असर इतना व्यापक नहीं हो पाया।

पंजाब, कश्मीर और अन्य क्षेत्रों के क्षेत्रीय और जातीयतावादी जन-उभारों में भी कुछ हद तक सांप्रदायिकता के तत्त्व दिखायी देते थे। कांग्रेस और अन्य पार्टियों ने उन्हें उकसाने की कोशिश भी की, लेकिन उन्होंने पूरे देश पर कोई खास असर नहीं डाला। वैसे भी, न सिर्फ जातीयतावाद, बल्कि अलगाववाद और आतंकवाद का उदय सांप्रदायिकता से अलग किस्म की समस्या है। इसी प्रकार धार्मिक अल्पसंख्यकों द्वारा न्याय और सम्मान की माँग भी अलग किस्म की माँग है। लेकिन हाल के दिनों में उभरी 'हिंदू कट्टरता' एक नयी परिघटना है। बुनियादी तौर पर इसका जन्म लोकतांत्रिक संस्थाओं, खासकर पार्टी प्रणाली में आयी कमजोरी और विकास प्रक्रिया को जारी रख पाने में राज्य की असमर्थता से पैदा हुए शून्य की प्रतिक्रिया में हुआ है। इस शून्य ने जनसमुदाय के बीच हताशा और मोहभंग को जन्म दिया और इसका फायदा उठा कर कुछ नेताओं और पार्टियों ने जनसमुदाय को इस दलील के आधार पर गोलबंद किया कि भारत का बहुसंख्यक हिंदू समुदाय पिछड़ा, अशिक्षित और अविकसित है, जबकि अल्पसंख्यकों (मुसलमानों, ईसाइयों और सिखों) की खास तरफदारी की जाती है, यानी उनका 'तुष्टीकरण' किया जाता है। यह बात अविश्वसनीय भले ही हो, इसकी अपील काफी असरदार साबित हुई। तर्क दिया जाता है कि हिंदुओं के पिछड़े और सुविधाहीन होने का कारण है उनका बेहद विभाजित और बिखरा होना। इसलिए उन्हें एक एकीकृत विचारधारा के तहत गोलबंद करना जरूरी है। इस काम को भारतीय जनता पार्टी (भाजपा) और उसके वैचारिक आका राष्ट्रीय स्वयंसेवक संघ और हिंदूवाद की कट्टरपंथी व्याख्या करने पर आमादा विश्व हिंदू परिषद (विहिप) ने बखूबी अंजाम दिया है। इन्हीं संगठनों ने रथ यात्राओं और कार सेवाओं के जरिये आम हिंदुओं, खासकर महिलाओं और युवकों को 'राम' मंदिर के निर्माण और अंत में छः दिसंबर के तांडव यानी बाबरी मस्जिद के विध्वंस के लिए गोलबंद किया।

अधिकांश स्वतंत्र और यथार्थवादी चिंतक और पर्यवेक्षक मानते हैं कि छः दिसंबर की घटना को जन्म देनेवाली हिंदू और हिंदुत्व की यह नयी परिभाषा भारत की आध्यात्मिक और सामाजिक सच्चाई को तोड़-मरोड़ कर पूरी तरह

गलत ढंग से पेश करती है। मैंने अपने कई लेखों में इसे हिंदूवाद के सामीकरण की संज्ञा दी है, यानी उसे इस्लाम या ईसाइयत या यहूदीवाद की तर्ज पर एक धर्मसिद्धांत, एक धर्मग्रंथ, एक पुजारी वर्ग और एक चर्च या मंदिर के अधीन लाने की चेष्टा की जा रही है।

हिंदू कहे जानेवाले जनसमुदाय की खास बात क्या है? यह किसी भी प्रकार से 'सेकुलर' न होने के बावजूद हिंदू इस्लाम या ईसाइयत या यहूदी धर्म के अनुयायियों की तरह 'धार्मिक' नहीं है। सेकुलरवाद और संगठित धर्म, दोनों ही उनके लिए परायी अवधारणाएँ हैं। हिंदुओं की यह प्रवृत्ति विदेशी विद्वानों के लिए हमेशा कौतूहल, जाँच-पड़ताल और अनुसंधान का विषय रही है। इन विद्वानों को यह समझने में मुश्किल होती है कि एक स्वतंत्र राज्य के रूप में अपनी शुरुआत में ही जिस देश को बँटवारे के हाहाकारी अनुभव से गुजरना पड़ा हो वह 'सेकुलरवाद' पर एक बहु-सांस्कृतिक और बहु-धार्मिक विचारधारा के रूप में अमल कैसे कर पाया और समय-समय पर भड़क उठनेवाले दंगे-फसादों और हिंसा के बावजूद अधिकांश भारतीय शांति के साथ कैसे रह पाये। ये विद्वान इस नतीजे पर पहुँचे हैं और भारतीय विद्वानों का निष्कर्ष भी यही है कि ऐसा 'हिंदू' समाज की विविधता के कारण हो सका और यह कि हिंदू एक 'धर्म' की चौधराहट के तहत नहीं, बल्कि विभिन्न जातियों, समुदायों, क्षेत्रों और विचारधाराओं के बीच जुड़ावों और पारस्परिकता के ढाँचे के रूप में संगठित हैं। मैं भी अरसे से यह कहता रहा हूँ कि बहुलतावाद हमारे लिए कार्यकारी लोकतंत्र का एक राजनीतिक उपाय मात्र नहीं है, बल्कि वह सामाजिक व्यवस्था की हमारी अवधारणा की बुनियाद है। इस संदर्भ में मैं हमेशा भारतीय समाज की लोकतांत्रिक बनावट को सकारात्मक मान कर उस पर गर्व करता रहा हूँ।

दरअसल, मैं समझता हूँ कि इसी की वजह से हमारी सांस्कृतिक विरासत और पश्चिम से आयातित लोकतांत्रिक संस्थाओं के बीच ऐसा उत्तम 'मेल' संभव हो सका। मैं अब भी मानता हूँ कि हममें कुछ न कुछ अनूठापन जरूर है, तभी तो हमारी हस्ती इतनी विविधतापूर्ण है, जबकि पूरी दुनिया एकरूप और एकात्मक बनती जा रही है। छः दिसंबर की घटनाओं से इन विचारों और कल्पनाओं को गहरा धक्का लगा है। इसने भारतीय समाज की लोकतांत्रिक परंपरा के सामने एक गंभीर चुनौती पेश की है। यह आज तक की सबसे गंभीर चुनौती है।

बहुसंख्यक समुदाय के सोच में हुए इस उलट-फेर के चलते अल्पसंख्यकों खासकर मुसलमानों के बीच पैदा होनेवाली प्रतिक्रिया भी कोई कम गंभीर नहीं है। मुसलमानों के बीच यह भावना गहरी हुई है कि हिंदू 'भाइयों' और 'बहनों'

ने उनके साथ विश्वासघात किया है। सरकार ने भी उनको धोखा दिया है, क्योंकि उनकी जान-माल और पूजास्थलों की सुरक्षा की जिम्मेदारी उसी की थी। मुसलमान जनसमुदाय में असुरक्षा की भावना घर करती जा रही है, फिर भी उनके मजहबी लीडरों समेत भारत के तमाम मुसलमान नेताओं ने काफी संयम और विवेक का परिचय दिया है। जबकि इस्लामी दुनिया—पाकिस्तान, बांग्लादेश और खाड़ी के देशों—की प्रतिक्रिया कहीं ज्यादा तीखी थी। बांग्लादेश में इस्लामी कट्टरपंथियों ने तो अयोध्या 'मार्च' भी आयोजित किया, लेकिन वहाँ की सरकार ने उन्हें सीमा पार नहीं करने दी। दूसरी तरफ ढाका में आयोजित होनेवाला दक्षेस (सार्क) शिखर सम्मेलन रद्द कर दिया गया, हालाँकि बाद में उसे वहीं आयोजित किया गया। यह भारतीय कूटनीति के लिए काफी बड़ा धक्का था। भारत के अंदरूनी हालात ही इस धक्के के लिए जिम्मेदार थे।

२.

बहुसंख्यकवाद का खेल

क्या चुनाव आधारित लोकतंत्र उग्रराष्ट्रवादी भावनाओं को भड़काता है? क्या वह सांप्रदायिकता को बढ़ावा देता है? हम बुद्धिजीवी अक्सर इस मुद्दे से कतराने की कोशिश करते रहे हैं। ऐसा लगता है कि चुनावी मजबूरियाँ लोकतंत्र पर हावी होती जा रही हैं। ... ऐसे लोकतंत्र की नजर में लोगों की हैसियत सिर्फ वोटर की होती है और ऐसे वोटरों की गिनती-भर की जाती है या उन्हें एक खास पक्ष में झुकने के लिए मजबूर कर दिया जाता है। यानी उनकी भूमिका बहुत ही सीमित हो जाती है। चुनाव के इस खेल का उद्देश्य है उसके बहुमत को येन-केन-प्रकारेण अपने पक्ष में कर लेना। यानी लोकतंत्र बहुसंख्यकवादी बन जाता है और समाज में बढ़ते ध्रुवीकरण के माहौल में यह बहुसंख्यकवाद बहुसंख्यकों और अल्पसंख्यकों के बीच झड़प का रूप ले लेता है। सांप्रदायिकता की राजनीति इसी बहुसंख्यकवाद की उपज प्रतीत होती है।

लोकतंत्र की ऐसी विकृत समझ का जब तक जोरदार विरोध नहीं किया जाता, राजनीति को सांप्रदायिकता के गर्त में जाने से बचाया नहीं जा सकता। इस बात पर जोर देने की जरूरत है कि चुनावी लोकतंत्र आंशिक लोकतंत्र है। चुनावी लोकतंत्र के भीतर घोर प्रतिक्रियावादी तत्त्व भी जिंदा रह सकते हैं। इसके उलट, सच्चा लोकतंत्र जनसंगठनों की व्यापक बुनियाद पर टिका होता है। ये जनसंगठन अमेरिकी तर्ज पर सत्ता के गलियारों तक सीमित 'दबाव गुट'-भर नहीं, बल्कि हर स्तर पर, खासकर जमीनी स्तर पर काम करनेवाले संगठन होते हैं। अगर

हमने इस सच्चाई को नहीं समझा तो हम आसन्न सर्वनाश की चपेट से बच नहीं पायेंगे। चुनावी और संसदीय मजबूरियों ने पार्टियों की जन-भूमिका को भी इस कदर सीमित बना दिया है कि चुनावी राजनीति का इस्तेमाल जनाधार के विस्तार के लिए नहीं होता, बल्कि जनाधार का इस्तेमाल चुनावी राजनीति के संकुचित उद्देश्य के लिए किया जाता है।

सचमुच, लोकतांत्रिक बदलाव में आस्था रखनेवाली पार्टियाँ और गैर-पार्टी संगठनों के लिए यह निर्णायक मुद्दा है। अगर हमने इसे नजरंदाज किया तो हम चुनावी और संसदीय राजनीति की जद्दोजहद में फँसे रहेंगे और राष्ट्रीयता, विकेंद्रीकरण और गरीबों के वर्गीय संगठन सरीखे कहीं ज्यादा महत्त्वपूर्ण मुद्दे हमारी नजरों से ओझल हो जायेंगे। इन मुद्दों के नजरों से ओझल होते ही सांप्रदायिकता का मुकाबला करने की हमारी क्षमता भी घट जायेगी। इस प्रकार सांप्रदायिक राजनीति का बढ़ाव लोकतंत्र के बुनियादी ढाँचे को कमजोर होने के साथ जुड़ा है। अतः इसकी पराजय इस बुनियादी ढाँचे में नयी जान फूँकने के ऊपर निर्भर है।

इस बुनियादी लोकतांत्रिक ढाँचे में नयी जान डालने के लिए प्रभावित तबकों को लगातार कोशिश करनी होगी, अर्थात खुद अल्पसंख्यकों को इसके लिए प्रयास करना होगा। न सिर्फ धार्मिक अल्पसंख्यकों को, बल्कि सामाजिक रूप से तमाम अल्पसंख्यक समूहों को भी इसके लिए काम करना होगा। दलितों, आदिवासियों, ऐतिहासिक रूप से उत्पीड़ित 'पिछड़े' समुदायों से लेकर जंगलवासी और प्रवासी सभी सामाजिक रूप से अल्पसंख्यक समुदाय हैं। यह जमावड़ा रंग-बिरंगा लग सकता है और है भी। लेकिन ये सभी उस आर्थिक और सामाजिक प्रक्रिया के जरिये हाशिए पर धकेले जा रहे हैं जो अपने स्वभाव में तकनीकशाही है।

भारत में तमाम अल्पसंख्यकों को एक जगह इकट्ठा करना संभव है। लेकिन असलियत यह है कि वास्तव में, इलाका और आबादी के लिहाज से भारत अल्पसंख्यकों का जमावड़ा है। उसकी समृद्धि इसी बात में निहित है कि हर समूह अल्पसंख्यक है और वह एक-दूसरे के साथ ताल-मेल के जरिये ही शक्तिशाली और सामर्थ्यवान बन सकता है। यही वजह है कि औपनिवेशिक काल के पहले 'सांप्रदायिकता' का नामोनिशान मौजूद नहीं था। निश्चय ही, यह एक आधुनिक परिघटना है और इसका सबसे घातक पहलू है भारत की विविधता, यानी अल्पसंख्यक-बहुल समाज की अवधारणा का परित्याग और बहुसंख्यकवादी एकरूपीकरण और सामान्यीकरण की अवधारणा का थोपा जाना। सांप्रदायिकता का उदय इसी का परिणाम है। नागरिक अधिकारों से वंचित

किये जानेवाले अल्पसंख्यक ही नागरिकता के संघर्ष के दौरान एकता कायम करके भारत की उस विविधता की रक्षा कर सकते हैं, जो खुद उसके अस्तित्व के लिए जरूरी है। आज उन्हें ही इस कर्तव्य को निबाहने के लिए आगे आना होगा।

३.

इंदिरा गाँधी, अराजनीतिकरण और तकनीक का वर्चस्व

राजनीतिक प्रक्रिया पर आधारित व्यवस्था की जगह एक ऐसी व्यवस्था की स्थापना करने की कोशिश की जा रही है जो राजनीति को बदनाम करती है। उसकी जगह विशेषज्ञों और तकनीकशाहों के माध्यम से कारपोरेट क्षेत्र, आयात क्षेत्र और बहुराष्ट्रीय कंपनियों के वर्चस्व को कायम करने का प्रयास किया जा रहा है। ये तत्त्व हमेशा इस बात पर जोर देते हैं कि भारतीय राज्य कुछ ज्यादा ही राजनीतिक और खुला है। उनके ख्याल से भारतीय राज्य ट्रेड यूनियनों, झुग्गीवासियों और आदिवासियों के अधिकारों और प्रगति के मार्ग में आनेवाली दूसरी बाधाओं के प्रति कुछ ज्यादा ही सहनशील है। 'विकसित' राष्ट्रों की बराबरी तक पहुँचने के लिए उसे इस स्थिति को बदलना होगा। प्रगति के लिए जरूरी है कि आधुनिक प्रौद्योगिकी, दूरसंचार, कृषि आधारित व्यवसाय, आदि में बड़े पैमाने पर निवेश किया जाय।

इस सोच के मुताबिक सामाजिक बदलाव के मायने ही बदल जाते हैं। इसके मुताबिक सामाजिक बदलाव का लक्ष्य ऐसे समाज की रचना होनी चाहिए जिसकी प्रेरक शक्ति लोकतांत्रिक राजनीति नहीं, बल्कि प्रौद्योगिकीय ज्ञान होगी। इसके अनुसार प्रौद्योगिकीय ज्ञान राष्ट्र को शक्तिशाली और महान बनाता है और उसकी एकता को मजबूत करता है। राजनीति की जरूरत सिर्फ इसलिए है कि एक समूह के शासन को बनाये रखा जा सके, भले ही इसके लिए धार्मिक और जातीय अल्पसंख्यकों, सीमांत इलाकों और विभिन्न प्रकार के जनआंदोलनों का दिमाग दुरुस्त करने के उपाय क्यों न करने पड़ें, या उन्हें खरीदना ही क्यों न पड़े।

राज्य के तकनीकशाही स्वरूप और राष्ट्र के सांप्रदायिक स्वरूप का यह मेल पिछले कुछ वर्षों की खासियत है। साधारणतः यह समझा जाता है कि तकनीकशाहों की कोई राजनीति नहीं होती और मुनाफा और सत्ता के अलावा उनका कुछ भी दाँव पर नहीं लगा है। लेकिन ध्यान रखना चाहिए कि अराजनीतिक दृष्टिकोण में चूँकि मूल्यों का अभाव होता है, इसलिए वह

अनिवार्यत: अनैतिक होता है...

बहुत सारे लोग यह मानते हैं कि इंदिरा गाँधी ने कांग्रेस के बहुलतावादी मॉडल को कमजोर किया। यह लेखक इस सपाट निष्कर्ष से असहमत है। इंदिरा गाँधी हमारी सारी समस्याओं की जननी नहीं थीं। ... दरअसल, जब इंदिरा गाँधी और उनके सलाहकार सत्ता में आये तो उन्होंने देखा कि उनके पिता से विरासत में मिली और पार्टी नेताओं द्वारा प्रबंधित राजनीतिक प्रक्रिया में सामाजिक-आर्थिक सार का अभाव है। उन्होंने आर्थिक मुद्दों को केंद्रीय मुद्दा बना कर पार्टी और राज्य-तंत्र का राजनीतिकरण प्रारम्भ किया। 'गरीबी हटाओ' का नारा सामने आया। हालाँकि यह एक नारा-भर ही था, फिर भी स्वीकार करना पड़ेगा कि वह ऐसा नारा था, जो इस विशाल देश के कोने-कोने में काफी लोकप्रिय हुआ। इसके बाद ही श्रीमती गाँधी के बहुचर्चित सामाजिक गठबंधन ने आकार ग्रहण किया जिसमें अल्पसंख्यकों, 'हरिजनों', आदिवासियों और दक्षिण का एक बड़ा हिस्सा शामिल था। इसके तहत बहुत से ऐसे कदम उठाए गये जिनके जरिये सरकार को विशाल संसाधन मिल सके। यह माना गया कि इन संसाधनों का इस्तेमाल गरीबों का हितसाधन करनेवाले कार्यक्रमों में किया जायेगा। दुर्भाग्यवश, सत्ता को लेकर श्रीमती गाँधी में घोर असुरक्षा की भावना थी। स्वतंत्र विचारोंवाले और योग्य लोगों के साथ काम कर पाने की उनकी अक्षमता ने उन्हें इस नये राजनीतिक कार्यक्रम को अमली जामा नहीं पहनाने दिया। जल्दी ही बीस सूत्री कार्यक्रम और समाजवाद वास्तव में लोगों को झाँसा देने के लोकलुभावनवादी शब्दाडंबर में परिवर्तित हो गये। अपने छोटे बेटे के प्रभाव में उन्होंने पूरे पार्टी संगठन और सरकारी तंत्र को विघटित कर दिया। १९८० में सत्ता में पुन: काबिज होने के बाद उनका पूरा नजरिया ही बदल गया। वे गरीबों, अल्पसंख्यकों और आम लोगों के बजाय अपने व्यक्तिगत करिश्मे, दमनकारी और प्रबंधकीय उपायों पर ज्यादा भरोसा करने लगीं।

चंद लोग ही इस बात को समझ सके हैं कि देश के कामकाज में लोकलुभावनवादी तौर-तरीकों की जगह प्रबंधकीय तौर-तरीकों के इस्तेमाल का मतलब 'सेकुलर' राजनीति के बदले 'सांप्रदायिक' राजनीति की ओर बढ़ना है। बहुत सारे लोग यह सोचते थे कि अर्थव्यवस्था को उदार बनाना, निजी विदेशी निवेश को बढ़ावा देना और अंतर्राष्ट्रीय मुद्रा कोष और विश्व बैंक को ज्यादा छूट देना और वरिष्ठ पार्टी नेताओं को हटा कर उनकी जगह युवा नेताओं को बिठाना इत्यादि एक नये व्यवहारकुशल युग के सूचक हैं। इसकी शुरुआत इंदिरा गाँधी के छोटे बेटे ने की थी और बड़े बेटे ने इसे और आगे बढ़ाया। वे इस बात को महसूस ही नहीं कर सके कि इस परिवर्तन का निहितार्थ है अराजनीतिकरण की

प्रक्रिया और ऐसा अराजनीतिकरण एक विशाल शून्य को जन्म देगा, जिसे भरने के लिए सतही और राक्षसी किस्म के हरसंभव उपाय किये जायेंगे। यह शून्य अंतहीन द्वन्द्वों और हिंसा को जन्म देगा। लोगों की अव्यक्त हताशा और उन्मादी प्रवृत्तियाँ इसे और बढ़ाएँगी।

१९८२-८३ तक 'गरीबी हटाओ' के नारे का आकर्षण समाप्त हो चुका था और कांग्रेस का ठोस वोट बैंक माने जानेवाले अल्पसंख्यक, आदिवासी और गाँव के गरीब उससे दूर जाने लगे थे। कांग्रेस का गढ़ समझे जानेवाले राज्यों में भी सत्ता के सूत्र उनके हाथों से खिसकते जा रहे थे। ऐसी स्थिति में, हर कीमत पर सत्ता में बने रहने की श्रीमती गाँधी की निराशोन्मत चाहत ने उन्हें इस बात के लिए मजबूर किया कि वे कोई नया रास्ता ढूँढें और एक वैकल्पिक 'विजयी गठबंधन' का निर्णय करें। ... ऐसा गठबंधन उन्हें देश के हिंदी-भाषी मर्म-स्थल में लगभग तैयारशुदा मिल गया। इस गठबंधन में शहरी मध्य और निम्न-मध्य वर्ग के साथ-साथ हिंदी-भाषी क्षेत्र की लगभग पूरी जनता शामिल थी। इन लोगों में राष्ट्र की एकता पर मँडराते खतरे की एक आम चिंता पैदा करना ज्यादा आसान था, क्योंकि पूरा माहौल भिंडराँवाले से आक्रांत था। श्रीमती गाँधी ने ही अकाली दल को शिकस्त देने के चक्कर में उसे बढ़ावा दिया था और अब वह उनके ही लिए भस्मासुर साबित हो रहा था। श्रीमती गाँधी ने पंजाब-समस्या को हिंदू-सिख समस्या में बदल दिया और इसका इस्तेमाल 'भीतरी और बाहरी' खतरे का हौवा पैदा करने में किया। इस खतरे का केंद्र बिंदु पाकिस्तान बना। लेकिन जल्दी ही इसे भारतीय मुसलमानों के खिलाफ मोड़ दिया गया। ... बंबई-भिवंडी दंगों के पहले और बाद में शिव सेना के साथ गुपचुप दोस्ती, कश्मीर में फारूख अब्दुल्ला की निलंबित सरकार का गिराया जाना और ऊपरी तौर पर आतंकवादियों के खिलाफ निर्देशित, लेकिन वास्तव में सरकार और पुलिस को राजनीतिक विरोधियों के खिलाफ अभूतपूर्व और निरंकुश शक्तियों से लैस करनेवाले नये-नये 'काले कानूनों' का निर्माण इसी रणनीति के अंग थे। विपक्षी दलों और प्रेस सहित व्यापक जनसमर्थन से संचालित आपरेशन ब्लूस्टार से पैदा माहौल में लोगों ने इन सबको चुपचाप बर्दाश्त कर लिया।

राजीव गाँधी ... बिगड़ती सामाजिक स्थिति को समझने में अक्षम थे और 'राजनीति' के प्रति तिरस्कार की भावना रखते थे। उन्होंने जनसमुदाय से मुँह मोड़ने और तकनीक-आधारित आधुनिकीकरण की उस नयी विचारधारा पर ज्यादा भरोसा किया, जिसका आज दुनिया-भर में बोलबाला है। इसका अनिवार्य मतलब था रूपांतरण के लिए समाज के आगे बढ़े हिस्से पर ध्यान केंद्रित करना और पिछड़े हिस्से को भाग्य के भरोसे छोड़ देना। इस रणनीति का दूसरा पहलू

था जनता के बीच सांप्रदायिकता और धर्म के प्रति आकर्षण में बढ़ोतरी के साथ-साथ विभिन्न अभिजन समूहों और राजनीतिक पार्टियों को क्षेत्रीय 'समझौतों' के जरिये अपने पक्ष में करना ताकि नयी दिल्ली और उसके उपनगरों में शांति बनी रहे।

यह कोई सुविचारित योजना नहीं थी, बल्कि यह एक प्रबंधकीय दिमाग से सत्ता और प्राधिकार के मुद्दों को दंभ और आक्रामकता की हद तक अनुचित आत्मविश्वास के साथ सुलझाने की कोशिश थी। प्रबंधकीय नजरिया आक्रामक प्रवृत्तियों को बढ़ावा देता है और समझौतों के जरिये अपना रास्ता बनाने के बजाय चुस्ती-दुरुस्ती और हठधर्मिता पर ज्यादा भरोसा करता है। जगजाहिर है कि श्रीमती गाँधी के अंतिम वर्षों में उनके बेटे के इर्द-गिर्द जमा युवकों का दल पंजाब, जम्मू और कश्मीर इत्यादि में कठोरता की नीति की वकालत कर रहा था। यह दृष्टिकोण उनकी हत्या के बाद भी जारी रहा, बल्कि ज्यादा मजबूत हुआ। यहाँ हत्या के बाद घटनेवाली जघन्य और पीड़ादायी घटनाओं के विस्तार में जाने की जरूरत नहीं है, न ही यह बताने की जरूरत है कि पंजाब 'समझौते' को दोनों पक्षों ने किस तरह निष्प्रभावी बनाया। असम और मिजोरम के प्रश्नों पर राजीव सरकार का दृष्टिकोण यह दिखलाता है कि राज्यों में सांप्रदायिक या जातीयतावादी द्वन्द्वों के परिणामों के प्रति वह संवेदनशील नहीं थी। मुसलमान जनसमुदाय के खिलाफ दमन और तिरस्कार का सिलसिला जारी रहा। उनके खिलाफ 'दंगे' न सिर्फ जारी रहे, बल्कि पूरे देश में उनके फैलने का खतरा पैदा हो गया। शाहबानो प्रकरण का इस्तेमाल घृणा और द्वेष फैलाने के लिए किया गया। इन सबके साथ 'राष्ट्रीय एकता पर खतरे' के अनवरत शोर ने हिंदुओं में व्यापक तौर पर सांप्रदायिक प्रवृत्तियों को भड़काया। उनसे लगातार यह अपील की जाती रही कि वे एक हों और अल्पसंख्यकों को इस बात के लिए बाध्य करें कि वे चुपचाप घुटने टेक दें या परिणाम भुगतने के लिए तैयार रहें।

बदले में इसने दूसरे पक्ष के भीतर भी सांप्रदायिकीकरण को बढ़ावा दिया, अर्थात सिखों, मुसलमानों, दलितों और आदिवासियों और हाशिये पर पड़ी 'राष्ट्रीयताओं' को प्रतिक्रियाजन्य सांप्रदायिकता का शिकार बनाया। बहुसंख्यक सांप्रदायिकता ने अल्पसंख्यक सांप्रदायिकता को जन्म दिया। एक बार इस महामारी के शुरू होने के बाद इसकी चपेट से कोई भी अछूता नहीं रहा। अब नरमपंथी माने जानेवाले सिख नेताओं ने भी घोर सांप्रदायिकों और यहाँ तक कि संदिग्ध 'आतंकवादियों' से मेलजोल बढ़ाना शुरू कर दिया। नेताओं द्वारा बढ़ा-चढ़ा कर पेश किये गये प्रादेशिक दावों से जन्मे अंतहीन विवादों की वजह से केंद्र अपने रास्ते से भटक गया। परिणामस्वरूप, पंजाब के बारे में पूरा सोच

चण्डीगढ़ के बारे में समझौते यानी हरियाणा के साथ चण्डीगढ़ की अदला-बदली के समझौते तक सिमट कर रह गया। इसके बाद आयोगों का बेतुका सिलसिला शुरू हुआ, जिसने इस सम्मानजनक अर्द्ध-न्यायिक संस्था को भी उपहास का पात्र बना दिया। फिर 'कानून और व्यवस्था' को बहाल करने के नाम पर दुर्भाग्यों का एक सिलसिला शुरू हो गया। संघवाद के केंद्रीय मुद्दे को, जो आनंदपुर साहिब प्रस्ताव की आत्मा है, पर्दे के पीछे धकेल दिया गया और नौजवानों को बेरोजगारी और मजहबी सिखों को हाशिए पर धकेले जाने जैसे बड़े मुद्दों को महत्त्वहीन बना दिया गया। परिणामस्वरूप उत्पन्न सामाजिक शून्य ने न सिर्फ आतंकवादियों, बल्कि हर तरह के जोखिमबाज और अपराधी तत्वों को सर उठाने का सुनहरा मौका प्रदान किया। इसने पंजाब में हिंदुओं और पंजाब के बाहर रहनेवाले सिखों के बीच भय और असुरक्षा का भाव पैदा किया और दोनों ही पक्षों की भावनाओं को भड़काया। परिणामस्वरूप, निचले स्तरों पर भी अलगाव बढ़ा, जबकि पहले ऐसा नहीं था।

४.
दक्षिणपंथी हमला और राज्य की अवनति, कारपोरेट मॉडल और वर्गीय आधार

विकास के मॉडल में शुरुआती आस्था के पीछे यह यकीन निहित था कि राज्य बदलाव के प्रमुख एजेंट की भूमिका निभायेगा। इस मामले में आमसहमति का माहौल था। इस बात से वैसे दक्षिणपंथी समूह और बड़े व्यावसायिक घराने भी सहमत थे जो आमतौर पर राज्य की भूमिका को न्यूनतम स्तर तक सीमित करने की चाहत रखते हैं। वैसे धुर मार्क्सवादी समूह भी इस बात से सहमत थे जो आमतौर पर राज्य को शासक वर्गों का हथियार मानते हैं। सभी इस बात से सहमत थे कि शुरुआती दौर में कुछ अरसे तक राज्य को काफी प्रमुख भूमिका निभानी होगी। ... दिलचस्प बात यह है कि (ऐसे) राज्य के खिलाफ हमला वामपंथ और दक्षिणपंथ दोनों ही ओर से हो रहा है। यहाँ वामपंथ से मतलब है उत्पीड़ित तबके यानी उत्पीड़ित वर्गों, लैंगिक भेदभाव की शिकार महिलाओं, जातीयतावादी अल्पसंख्यकों और राष्ट्रीयताओं की ओर से राज्य से टकरानेवाले विभिन्न आंदोलनकारी समूह, जमीन से जुड़े कार्यकर्ता और रेडिकल बुद्धिजीवी, वकील और पत्रकार। दूसरी तरफ दक्षिणपंथ की ओर से हमला दूसरे किस्म का है। यह हमला संभवतः हाल के वर्षों में राज्य की अवनति के कहीं ज्यादा चिंताजनक पहलू को उजागर करता है। तर्क दिया जाता है कि राज्य का मौजूदा

स्वरूप, यानी नौकरशाह-राज्य किसी का भला नहीं कर सकता। यह कुछ ज्यादा ही शक्तिशाली और स्वतंत्र हो गया है। यह प्रगति, विकास और आधुनिकीकरण को उचित ढंग से प्रोत्साहित नहीं करता। इसलिए राज्य को व्यवस्था की केंद्रीय संस्था बनाने के बदले बाजार को उसका मुख्य उपकरण बनाना होगा। परिणामस्वरूप, नौकरशाह-राज्य की समाप्ति के साथ-साथ उदारीकरण, अर्थव्यवस्था के निजीकरण, स्वयंसेवी संगठनों (गैर-सरकारी संगठनों) को ज्यादा बड़ी भूमिका सौंपने के विभिन्न प्रयास किये जा रहे हैं। कहा जा रहा है कि निजी क्षेत्र, स्वयंसेवी संस्थाएँ, व्यावसायिक घराने, विभिन्न राष्ट्रीय और अंतर्राष्ट्रीय सलाहकार समूह विकास के काम को राज्य की बनिस्बत ज्यादा बेहतर अंजाम दे सकते हैं। इस प्रकार का सोच हमें समाज के कारपोरेट मॉडल की ओर ले जायेगा। इस समाज में निगम, पंजीकृत संस्थाएँ, अंतर्राष्ट्रीय गैर-सरकारी संगठनों (एनजीओ) की तर्ज पर गठित तथाकथित 'स्वयंसेवी' संगठन निर्णायक भूमिका अदा करेंगे। संसद और जनसाधारण के प्रति जवाबदेह राजकीय मशीनरी पीछे धकेल दी जायेगी।

यह नया मॉडल सांप्रदायिक संगठनों के लिए दरवाजा खोलता है। इस प्रकार सामुदायिक संबंधों, जातीय समूहों के आपसी संबंधों और जातियों के बीच के संबंधों के नियमन में और विभिन्न प्रकार के चुनावी गठबंधनों के निर्माण में एक मध्यस्थ के रूप में राज्य या पार्टी की भूमिका समाप्त हो जाती है। उनकी जगह निजी संगठनों की भूमिका बढ़ने लगती है। ऐसे कई उदाहरण हमारे सामने हैं जब हिंसा की किसी बड़ी घटना, या दो संप्रदायों के बीच झड़प या दंगे के बाद संबंधित राज्य सरकार ने राजनीतिक पार्टियों या यूनियनों या व्यापार संघों जैसे सेकुलर संगठनों के बजाय हिंदू रक्षा समिति, बाबरी मस्जिद कमेटी या जामा मस्जिद के इमाम जैसी सांप्रदायिक संस्थाओं से समझौता किया। राज्य धीरे-धीरे ऐसी प्रक्रिया में फँसता जा रहा है जिसमें सेकुलर संगठनों के बदले सांप्रदायिक संगठन मान्यताप्राप्त पक्ष बन जाते हैं। यह ब्रिटिश राज के दिनों की याद दिलाता है।

मुख्य बात यह है कि प्रौद्योगिकीय-आर्थिक किस्म के मुद्दे हों या सांप्रदायिक मुद्दों से निपटने का मामला हो, व्यवस्था का संचालन एक ऐसे अभिजन वर्ग के हाथों में आ गया है जिसे विविधता पर आधारित लोकतंत्र में कोई आस्था नहीं है। ... अभिजन वर्ग का प्रभावशाली हिस्सा खुल्लम-खुल्ला निचले तबकों को बाधा मानने के सोच को प्रतिध्वनित करता है। यह जनसंख्या के बारे में दिये जानेवाले पुराने तर्कों की तरह का तर्क नहीं है। यह वास्तव में पूरी गरीब आबादी के खिलाफ है। यह शोषित-उत्पीड़ित और किसी तरह गुजारा

करनेवाले तबकों और अल्पसंख्यकों के खिलाफ है। अभिजन वर्ग राज्य और विकास एजेंसियों को प्रौद्योगिकीय बदलाव की व्यापक प्रक्रिया का औजार मानता है। तकनीकवादी सोच में एक महत्त्वपूर्ण बदलाव दिखायी देता है। पहले के दशकों में इस्तेमाल पुरानी पड़ चुकी प्रौद्योगिकी या प्रदूषण फैलानेवाली खतरनाक प्रौद्योगिकी को भारत जैसे देशों के मत्थे मढ़ दिया जाता था। लेकिन अब इन देशों को उनके लिहाज से 'नवीनतम' तकनीक दी जा रही है। जैव-प्रौद्योगिकी और जेनेटिक इंजीनियरिंग से संबंधित हाल के उदाहरणों से स्पष्ट है कि भारत जैसे देशों का नयी जेनेटिक इंजीनियरिंग के मॉडलों के लिए परीक्षण-भूमि के रूप में इस्तेमाल करने की योजना है।

पिछले दशक के दौरान विकास के बारे में सोच में विश्व-स्तर पर एक महत्त्वपूर्ण बदलाव आया है। पहले सोच यह था कि विज्ञान, प्रौद्योगिकी और आर्थिक उन्नति का लाभ संपूर्ण मानवजाति को मिलना चाहिए। कहा जाता था कि समाजवादी और मार्क्सवादी सिद्धांत और राष्ट्रीय आत्मनिर्भरता की रूमानी अवधारणा इसके मार्ग में बाधाएँ हैं। दावा यह था कि अगर औद्योगिक दिग्गजों को दुनिया के हर इलाके में जाने की इजाजत होती तो लाभों को हर व्यक्ति तक पहुँचाना संभव होता। आज यह तर्क नहीं दिया जाता। आज तो कहा जाता है कि दुनिया-भर के सभी लोगों की जरूरतों को पूरा करना संभव ही नहीं है। हमें एक भूमंडलीय मध्यवर्ग का निर्माण करना होगा, जो आधुनिक संचार माध्यमों का इस्तेमाल करते हुए एक अंतर्राष्ट्रीय व्यवस्था, एक विश्व-संस्कृति इत्यादि के निर्माण के लिए आधार प्रदान करेगा। लेकिन इस नये ढाँचे में सभी लोगों, इलाकों और राज्यों को जगह मिलेगी ही, इस बात की कोई गारंटी नहीं है।

इसके साथ-साथ एक दूसरा सैद्धांतिक बदलाव भी आया है। अब विकास का लक्ष्य समृद्धि के बजाय स्थायित्व बन गया है। सभी के जीवन स्तर में उन्नति के बदले विकास का उद्देश्य स्थायित्व और सुरक्षा के एक ढाँचे का निर्माण करना बन गया है। यह काफी महत्त्वपूर्ण बदलाव है। सभी चीजों का संचालन और द्वन्द्वों का निपटारा इसी स्थायित्व और सुरक्षा के ढाँचे के तहत होगा। हमें इस बात पर खासतौर पर गौर करना होगा, क्योंकि आज भारत में जो कुछ हो रहा है, यानी सुरक्षा और कानून-व्यवस्था पर जोर देना, वह विश्व चिन्तन स्रोतों, बहुराष्ट्रीय कंपनियों के संचालक मंडलों और विश्व बैंक के सोच को ही प्रतिबिंबित करता है।

एकरूपीकरण के विचार के जोर पकड़ने के साथ-साथ जातीयतावाद और धार्मिक किस्म की विविधताएँ भी समस्या लगने लगती हैं। इस दौरान न सिर्फ गरीबों और शोषित-उत्पीड़ित लोगों ने, बल्कि धार्मिक और जातीय

अल्पसंख्यकों ने भी, अपने अधिकारों का दावा पेश किया है। यह अवधि राज्य और निचले स्तरों पर ज्यादा स्वायत्तता और स्वतंत्रता की माँग और अल्पसंख्यकों, क्षेत्रीय स्तर की राष्ट्रीयताओं और आदिवासियों के आंदोलनों की है। दूसरे शब्दों में, एक सच्चे संघीय ढाँचे की माँग बढ़ती जा रही है। इसे नयी एकीकृत विश्व व्यवस्था के अंग के रूप में राष्ट्र-निर्माण के एकरूप प्रौद्योगिकीय प्रयासों के मार्ग में रुकावट समझा जाता है। परिणामस्वरूप, विश्व का संचालन करने के प्रौद्योगिकीय-प्रबंधकीय सोच और सांप्रदायिक सोच के बीच एक सेकुलर मेल दिखायी देता है। सैद्धांतिक रूप से इन दोनों का मेल संभव नहीं है, यानी एक तकनीकशाह सांप्रदायिक नहीं हो सकता, बल्कि उसे ज्यादा सेकुलर होना चाहिए। लेकिन असलियत यह नहीं है। चूँकि नये किस्म के (गैर-राजनीतिक और गैर-नौकरशाह) प्रबंधक एकरूप प्रौद्योगिकीय-आर्थिक रुझान की उपज हैं, उनके लिए अल्पसंख्यकों को स्वीकार करना, विविधताओं को सहन करना, एक बेहद बहुरंगी दुनिया के साथ तालमेल बिठाना काफी मुश्किल है। फलस्वरूप आगे बढ़ने और ज्यादा एकीकृत भारत के निर्माण की अवधारणा अंधराष्ट्रवादी सोच को जन्म देती है। इस सोच के तहत हिंदू समाज के ऊपरी हिस्से को राज्य पर नियंत्रण कायम करने के उद्देश्य से ज्यादा-से-ज्यादा उग्र बहुसंख्यकवाद की ओर धकेला जा रहा है। यह भावना जोर पकड़ती जा रही है कि चूँकि हिंदू 'बहुसंख्यक' हैं, इसलिए राज्य के संचालन में उनका प्रभुत्व होना चाहिए और अल्पसंख्यकों को उनका मातहत बन कर रहना होगा। यह अपने आप में एकदम नया विचार है, क्योंकि हिंदू भी अपने बारे में इस ढंग से नहीं सोचते रहे हैं।

५.

सांस्कृतिक पृष्ठभूमि : प्रतिस्पर्द्धा, द्वैत और विभेद

इस बीच इन प्रभावों के साथ-साथ हमने एक अलग किस्म के सांस्कृतिक प्रभाव को भी महसूस किया है। यह प्रभाव विचारों और मूल्यों के क्षेत्र से संबंधित है। इन विचारों और मूल्यों का सार प्रतिस्पर्द्धा की भावना है। इस भावना के अनुसार सभी व्यक्ति, समूह और राष्ट्र प्रतिस्पर्द्धात्मक संघर्ष में रत हैं। पश्चिमी विश्व-दृष्टि के तहत स्वतंत्रता की अवधारणा की कल्पना प्रतिस्पर्द्धात्मक और संघटनवादी संदर्भों में की जाती है। यह भारतीय सोच के लिए विजातीय है। समता की धारणा भी प्रतिस्पर्द्धा पर आधारित है। समता और न्याय एक ही चीज नहीं है। हर समाज-व्यवस्था में न्याय के लिए चाहत रही है, लेकिन समता के

जरिये न्याय की स्थापना की कोशिश ने आधुनिक विश्व-दृष्टि के प्रतिस्पर्द्धात्मक स्वरूप पर लगातार जोर दिया है। इसने आधुनिक दुनिया के पूरे सोच को प्रभावित किया है और जाहिर है कि भारत में भी अपने लिए जगह बनायी है। इस प्रक्रिया में सामुदायिकता की भावना कमजोर हुई है। इसके विपरीत व्यक्तिगत पहचान की भावना, व्यक्ति के अधिकारों और वांछित वस्तु को प्राप्त करने के लिए कोई भी तरीका अपनाने की जरूरत को कहीं ज्यादा महत्त्व दिया जा रहा है। यह आधुनिकीकरण के उस पूरे सोच का केंद्रीय बिंदु है जिससे आज हम आक्रांत हैं। मतलब यह कि हम एक तरफ राष्ट्र-राज्य की विचारधारा और आधुनिक प्रौद्योगिकी पर जोर और दूसरी तरफ प्रत्यक्षवादी मूल्यों पर आधारित प्रतिस्पर्द्धात्मक सोच के बीच फँसे हैं। दोनों ही समुदाय की उस भावना और विविधतापूर्ण पहचान को कमजोर कर रहे हैं, जो इतने लंबे अरसे से भारतीय सभ्यता को रोशन करती रही है।

...एक बुनियादी दार्शनिक समस्या भी है। इस्लाम या ईसाइयत की परंपराओं के तहत एक सुस्पष्ट और संगठित केंद्र का होना अनिवार्य है। यह बात मौलिक हिंदू ढाँचे से पूरी तरह भिन्न है, हालाँकि हिंदूवाद को आधुनिक बनाने के चक्कर में लगे लोग हिंदूवाद को भी पश्चिमी ईसाइयत या इस्लाम की तर्ज पर संगठित करना चाहते हैं। यानी वे चाहते हैं कि उसके पास भी एकीकृत आदर्श हो, एक शक्तिशाली चर्च हो और एक प्रामाणिक धर्मग्रंथ हो। हिंदुओं के पास ऐसा कुछ कभी भी नहीं रहा है। उनका कोई केंद्र नहीं रहा है। वे उन्हीं धर्मों की नकल करना चाहते हैं, जिनके खिलाफ वे लड़ रहे हैं। यहाँ जानबूझकर पश्चिमी ईसाइयत शब्द का इस्तेमाल किया गया है, क्योंकि पूर्वी ईसाइयत उस तरह की नहीं है। भारतीय इस्लाम भी अंदर से काफी विभाजित है। उसका स्वरूप भी उतना एकीकृत नहीं है, जितना कि दुनिया के दूसरे हिस्सों में। हिंदूवादी आज इन समुदायों की एक खास छवि प्रचारित कर रहे हैं और हिंदुओं से उन्हीं की तरह का बन जाने का अह्वान कर रहे हैं। अर्थात वे उनसे मौजूदा विभाजित, कमजोर और 'नपुंसक' नजरिया छोड़ कर केंद्रीकृत, एकताबद्ध, मजबूत और कठोर नजरिया अपनाने की अपील कर रहे हैं। आधुनिकता के पुजारी यह मानते हैं कि हिंदुओं की संस्कृति बेहद पौरुषहीन है। वे उसे आक्रामक स्वरूप प्रदान करना चाहते हैं।

यह काफी दुर्भाग्यपूर्ण है। लेकिन यह सोच आज जोर पकड़ता जा रहा है। यह हिंदू पहचान और हिंदू संस्कृति को विकृत करने की कोशिश है, क्योंकि पूरे हिंदू सोच, दर्शन और आध्यात्मिक प्रवृत्ति में बहुरंगी आंतरिक ढाँचे का केंद्रीय स्थान है। उसका सारतत्व है : मेरे जीवन का उद्देश्य और ब्रह्म के साथ मेरा

संबंध मेरा निजी मामला है, लेकिन मेरी कुछ जिम्मेदारियाँ, कर्तव्य और अधिकार हैं। जिस प्रकार मैं इनका आदर करता हूँ, उसी प्रकार दूसरों की जिम्मेदारियों, कर्तव्यों और अधिकारों का भी आदर करना होगा।, क्योंकि सिर्फ मुझे और मेरी जाति को ही नहीं, बल्कि दूसरी जातियों, दूसरे समूहों, दूसरी पहचानों, दूसरी परंपराओं को भी सम्मान के साथ जीने का हक है।

आज इस विशाल, संवेदनशील और उदार सोच का स्थान एक पूरी तरह गैर-हिंदू और अंधराष्ट्रवादी प्रतिक्रिया ले रही है और यह हिंदू प्रतिक्रिया का रूप लेती जा रही है। इसके पीछे दो प्रमुख धारणाएँ काम करती हैं और इसे मजबूती प्रदान करती हैं। ये धारणाएँ आज हिंदुओं के मन में घर करती जा रही हैं। पहली धारणा यह है कि राष्ट्र और राष्ट्रीय एकता खतरे में है। शासक समूह लोगों में यह भावना भरने में कामयाब रहा है। परिणामस्वरूप, लगभग हर तबके के लोगों में इस बात को लेकर बेचैनी है कि हमारे देश की हालत काफी बुरी है, हम बिखराव की ओर बढ़ रहे हैं और इसके लिए मूलत: अल्पसंख्यकों की राजनीति और विदेशी प्रभाव, यानी बहुचर्चित 'विदेशी हाथ' जिम्मेदार है।

यह महज संयोग नहीं है कि 'विदेशी हाथ' को कुछ भीतरी समूहों के साथ जोड़ दिया जाता है—मसलन, मुसलमानों को पाकिस्तान के साथ, पश्चिमी देशों को ईसाइयों के साथ और सिखों के बारे में यह कहा जाता है कि उनकी मदद पाकिस्तान और पश्चिमवाले दोनों ही करते हैं ताकि देश को 'अस्थिर' बनाया जा सके। अत: एक ताकतवर राज्य के निर्माण की जरूरत है। हमें एक ऐसे राज्य का निर्माण करना होगा जो पड़ोसियों पर दबदबा कायम कर सके और हमें दुनिया के सर्वाधिक उद्योगीकृत और ताकतवर राष्ट्रों की कतार में खड़ा कर सके। अगर ऐसा करना है तो हमें अल्पसंख्यकों, आदिवासियों और अन्य समूहों के प्रति इस नरमी भरे बर्ताव को त्यागना होगा। एक सुसंगठित केंद्र का निर्माण करना होगा। धीरे-धीरे यह अघोषित रूप से एक मजबूत हिंदू राज्य की अवधारणा में बदलता जा रहा है। संभव है कि यह हिंदू राज्य पूरी तरह कट्टरपंथी इस्लामी राज्यों की तरह का न हो, फिर भी इसमें एक प्रभुत्ववादी संस्कृति और धर्म के रूप में हिंदुओं का वर्चस्व होगा और राज्य के बारे में बहुलतावादी सोच का स्थान एक कहीं ज्यादा एकरूपतावादी सोच ले लेगी। यकीनन, यह राष्ट्रवाद की काफी विकृत अवधारणा है। यह भारतीय राष्ट्रीय कांग्रेस के नेतृत्व में संचालित राष्ट्रीय आंदोलन के सृजनात्मक राष्ट्रवाद से पूरी तरह अलग है।, बल्कि यह तो उसी प्रकार का राष्ट्रवाद है जो तीसरी दुनिया के उन देशों में प्रचलित है, जहाँ निरंकुशतावादी, सैन्यवादी या कट्टरपंथी विचारधारा हावी है। लेकिन यह काफी शक्तिशाली विचारधारा भी है। यह धीरे-धीरे मध्यवर्ग, खासकर उच्च-

मध्यवर्ग पर हावी होती जा रही है। यह अल्पसंख्यकों के प्रति सांप्रदायिक दृष्टिकोण को हवा देती है और उसे और तीखा बनाती है।

इस प्रकार हम काफी खतरनाक दौर में प्रवेश कर रहे हैं। अगर हिंदुओं में आक्रामकता की भावना घर कर जाती है और वे अल्पसंख्यकों को झुकाने या नियंत्रित करने के लिए बड़े पैमाने पर हिंसा के इस्तेमाल को स्वीकार कर लेते हैं तो एक स्थिर राजव्यवस्था का स्थायित्व खतरे में पड़ जायेगा। यह भावना धीरे-धीरे जोर पकड़ती जा रही है कि सिख काफी प्रभावशाली और सुविधासम्पन्न हैं, उन्होंने हमेशा अपने हिंदू भाइयों को नीची नजर से देखा है, इसलिए उनका सर कुचलने के लिए उनके साथ भी ऐसा ही बर्ताव करना होगा। अगर ऐसी भावना हावी हो रही है तो यह समाज उस स्थिति का मुकाबला नहीं कर पायेगा।

एक कठोर राज्य का निर्माण और गरीबों के प्रति उदारता साथ-साथ नहीं चल सकती। यह संभव नहीं है। संसाधनों की मौजूदा स्थिति, देश के मौजूदा वर्गीय चरित्र और कठोर राज्य की अवधारणा में निहित विकास, आधुनिकीकरण और राज्य-निर्माण के स्वरूप को देखते हुए गरीबी और अमीरी की खाई का और बढ़ना निश्चित है। ऐसे में गरीबों की मदद का दिखावा करना भी संभव नहीं रहेगा। ऐसा होना शुरू भी हो गया है। हमसे कहा जाता है कि अगर आप 'प्रगति' और आधुनिकीकरण चाहते हैं, तो आपको उसकी कीमत चुकानी पड़ेगी। अगर इस प्रक्रिया में ३०-४० फीसदी लोग कंगाल हो जाते हैं, लाचार और अशक्त हो जाते हैं, तो भी कुछ नहीं किया जा सकता। संभव है कि जब हम काफी शक्तिशाली और मजबूत देश बन जायें और पर्याप्त आर्थिक आधार, संभवतः उपनिवेशों की स्थापना कर लें, तब शायद हम उनकी ओर ध्यान दे सकें, लेकिन अगर इस दौरान उन्हें कष्ट झेलना पड़ता है या वे तबाह हो जाते हैं, तो भी हमें बर्दाश्त करना पड़ेगा।

१०-१५ साल पहले इस प्रकार की मानसिकता की कल्पना भी नहीं की जा सकती थी, लेकिन आज यह असलियत बनती जा रही है। यह पश्चिम के कुछ शक्तिशाली समूहों के इस सोच से ज्यादा भिन्न नहीं है कि हाँ, तीसरी दुनिया के गरीब देशों की मदद जरूर करनी चाहिए, लेकिन धीरे-धीरे ये बोझ बनते जा रहे हैं। अगर ये न हों, तो दुनिया कितनी खुशहाल होगी। विभिन्न समाजों के भीतर भी ऐसा ही कुछ हो रहा है। सैन्य विज्ञान में एक सिद्धांत है जिसे 'छँटाई (ट्रिएज) का सिद्धांत' कहा जाता है। इसके अनुसार लड़ाई के मोर्चे पर जाते समय अपंग या बीमार लोगों को पीछे छोड़ देना चाहिए। जिन लोगों के जल्दी ठीक हो जाने की आशा है उन्हें साथ ले जाना चाहिए और निस्संदेह,

बाकी बचे तीसरे हिस्से को आगे बढ़ाना चाहिए। इस सिद्धांत के अनुसार एक-तिहाई हिस्से को आगे बढ़ने की कीमत चुकानी होगी। इसी प्रकार समाज के मामले में भी आगे बढ़ने के क्रम में अगर बीमार, गरीब और कमजोर लोग पीछे छूट जाते हैं तो दुर्भाग्यपूर्ण भले ही हो, लेकिन जरूरी है। यह सोच धीरे-धीरे यहाँ भी पैदा हो रही है और यह संयोग मात्र नहीं है कि 'समाजवाद', और 'गरीबी हटाओ' जैसे नारों का इस्तेमाल आज दिखावे के तौर पर भी नहीं होता। आज राजनीति धूर्तता का पर्याय बनती जा रही है। कुछ लोग इसे 'व्यावहारिक' राजनीति का नाम देते हैं। अल्पसंख्यकों और बहुसंख्यकों के आपसी संबंध को नियंत्रित करनेवाले सांस्कृतिक पहलू और गरीबों और अमीरों के संबंध को नियंत्रित करनेवाले आर्थिक पहलू एक दूसरे से संबंधित हैं। इन दोनों ही पहलुओं में समान बात है शक्तिशाली राज्य के निर्माण का प्रयास। ऐसे में राज्य बनाम जनता, ताकतवर बनाम कमजोर, शिक्षित बनाम अशिक्षित की धारणा जोर पकड़ने लगती है और गरीबों, पिछड़ों और अशिक्षित लोगों को फालतू मान लिया जाता है। अल्पसंख्यकों के खिलाफ ताकत और हिंसा का इस्तेमाल वैध बन जाता है। इस प्रकार भारतीय राष्ट्रीयता के बारे में उभरती इस नयी अवधारणा के तहत हम असल में पश्चिमी वर्चस्ववाली आधुनिक विश्व-व्यवस्था के अंग बनते जा रहे हैं। यह नयी अवधारणा भारतीय सोच और स्वतंत्रता आंदोलन और संविधान द्वारा निरूपित आदर्शों के ठीक उलट है।

६.

लुटियंस की वास्तुकला और सांप्रदायिक हिंसा को बढ़ावा देनेवाला राज्य

इंदिरा गाँधी की हत्या के तुरंत बाद फैली हिंसा के तथ्यों का संकलन किया जा चुका है। इंडियन एक्सप्रेस में छपी रपटें, मानवाधिकार संगठनों पी.यू.डी.आर.-पी.यू.सी.एल. की संयुक्त रिपोर्ट, दिल्ली के शिक्षाविदों द्वारा तैयार सुल्तानपुरी की रिपोर्ट, नानकसर आश्रम की रिपोर्ट इत्यादि सभी रपटें साहस और साफगोई के साथ इन घटनाओं का ब्योरा प्रस्तुत करती हैं। इनके आधार पर हम कह सकते हैं कि दिल्ली में जो कुछ हुआ, वह पंजाब की तरह छोटे-छोटे आतंकवादी समूहों की कार्रवाई नहीं थी, या हैदराबाद या जमशेदपुर जैसा सांप्रदायिक दंगा नहीं था, बल्कि वह एक समुदाय के खिलाफ राज्य का सुविचारित और सुनियोजित कहर था।

सच्चाई दिल दहलानेवाली है। सबसे पहले एक सूचनातंत्र के रूप में इस

नरसंहार की पहुँच को ही लें। इसके लिए हर इलाके में सिखों के घरों की पहचान जरूरी थी। राशन की दुकानों या घासलेट डिपो के मालिकों की मिलीभगत के बगैर- मौके पर ऐसी पहचान संभव नहीं होती। कहीं-कहीं तो स्कूलों के हेडमास्टरों की भी मदद ली गयी और पहचान के लिए स्कूली रजिस्टरों का इस्तेमाल किया गया। सूचना के साथ-साथ साधन भी जरूरी थे। कई इलाकों में व्यापक रूप से मिट्टी का तेल वितरित किया गया। दक्षिणी दिल्ली में तो लुटेरे गिरोहों द्वारा डी.टी.सी. की बसों का इस्तेमाल किया गया।

राज्य मशीनरी की भूमिका इनकी अनदेखी करने और पीड़ित लोगों की मदद न करने तक सीमित नहीं थी, उसने सीधे तौर पर इस सब में भाग भी लिया। पुलिस ने सिखों के हथियार रखवा लिये। लूट और बलात्कार में भी हिस्सा लिया। हरियाणा से ट्रकों में भर-भर कर दंगाइयों को दिल्ली लाया गया और उन्हें मिट्टी का तेल जैसी चीजें मुहैया करायी गयीं। गौरतलब यह है कि यह सब इंदिरा गाँधी की हत्या के बाद स्वाभाविक अलर्ट और दिल्ली की सीमाओं को सीलबंद कर देने के बाद हो रहा था। दरअसल, यह सब एक आतंकवादी राज्य का व्यवस्थित काम था।

इतिहासकारों के लिए यह घटना काफी महत्त्व रखती है। इसकी तुलना १९४७ के सांप्रदायिक बँटवारा-जनित कत्लेआम से नहीं की जा सकती। दोनों का आधार एक नहीं था। इतिहास के घालमेल से काम नहीं चलनेवाला। पहले हम बँटवारे के हिंसात्मक चरित्र को समझने में असफल रहे और आज एक को दूसरे के साथ गड्डमड्ड कर रहे हैं। यह इतिहास की गलत समझ है। सांप्रदायिक हिंसा के दौरान पड़ोसी आपस में लड़ते हैं। लेकिन इस मामले में इस सकारात्मक तथ्य की चर्चा की जानी चाहिए कि बहुत-से इलाकों में हिंदू पड़ोसियों ने असामाजिक तत्वों से अपने सिख दोस्तों को बचाया। सांप्रदायिक बँटवारे से जुड़ी हिंसा स्वत:स्फूर्त पागलपन का परिणाम थी, जिसमें हत्याएँ एक अनुष्ठान बन गयी थीं। नवंबर, १९८४ की हिंसा मूलत: पूर्वनियोजित थी। दिल्ली विश्वविद्यालय के एक इलाके में गड्ढे खोदे गये और उनको 'सरदार घाट' का नाम दे दिया गया। लोगों को जिंदा जलाया जाना हिंसा का कहीं ज्यादा नया ढंग था। डॉक्टरों के अनुसार मानव शरीर को जलाना काफी कठिन काम है। इस हिंसक कार्रवाई में फास्फोरस (सफेद चीज) की उपस्थिति पूर्व योजना का भयावह प्रमाण है।

इन सबसे यही निष्कर्ष निकलता है कि यह सांप्रदायिक हिंसा का स्वत: स्फूर्त उभार नहीं, बल्कि राज्य की छत्रछाया में विकसित उत्पीड़न की तकनीक का परिणाम था। लेकिन बहुत से लोगों की याददाश्त इतनी कमजोर है कि वे

इमरजेंसी और हाल के राजकीय आतंकवाद के बीच संबंध को नहीं देख पाते। दोनों ही एक जन-विरोधी राज्य की स्थापना की घोषणा करते हैं। इस परिप्रेक्ष्य में दिल्ली का समाजशास्त्र हमारे विश्लेषण की पुष्टि करता है।

वर्तमान हिंसा के दौर के बीज दिल्ली पर जगमोहन राज के इतिहास में छिपे हैं। उनके और दूसरे नौकरशाहों द्वारा निर्मित इस शहर के समाजशास्त्र को हमें समझना होगा। मुगल काल की पुरानी दिल्ली में ब्रिटिश साम्राज्यवाद ने एडमंड लुटियंस की नयी दिल्ली को जोड़ा। एक तकनीकवादी वास्तुकार के रूप में लुटियंस ने भारत में नगर योजना की हाउसमानी शैली की शुरुआत की, जिसकी खासियत है रेखीय धाराएँ, जो मानव समुदायों को भावहीन तरीके से साम्राज्यवाद या मशीन की जरूरत के मुताबिक विभाजित कर देती हैं। इमरजेंसी की घोषणा के बाद तीसरे किस्म की दिल्ली जन्म लेती है। पहले वाइस चेयरमैन और बाद में लेफ्टिनेंट-गर्वनर के रूप में जगमोहन के कार्यकलाप इसके परिचायक हैं। इसमें आधुनिक राजनीति का तकनीकशाही झुकाव निहित है।

जगमोहन और इमरजेंसी काल के दूसरे नौकरशाहों की नजर में झुग्गी-झोपड़ियों में रहनेवाले गरीब लोग प्रगति के मार्ग में बाधक थे। कानूनी रूप से उन्हें गैर-कानूनी बाशिंदा माना जाता था, 'स्वास्थ्य' की दृष्टि से रोगों का वाहक माना जाता था, इसलिए उनके उद्धार, उनकी सफाई और उनसे छुटकारा पाने के लिए राज्य द्वारा सख्त कदम उठाना जरूरी था। स्वरचित एक कविता में जगमोहन ने स्वीकार किया है :

मैं जानता हूँ
मैं कोई जीनियस नहीं
न ही मैं हाउसमान का अवतार हूँ
मेरे पास न तो लुटियंस जैसा संयोग है
न कारबुजिए की तरह नेहरू का समर्थन ...

इस समर्पित नौकरशाह को इमरजेंसी में संजय गाँधी के समर्थन से अपने तकनीकशाही सपनों अर्थात हाउसमानवाद को जमीन पर उतारने का मौका मिला। पूरी दिल्ली में झुग्गी-झोपड़ियों के अस्तित्व को मिटा देने का प्रयास किया गया, ताकि देखने में दिल्ली साफ-सुथरी लगे। इस व्यक्ति के लेखों में प्रौद्योगिकीय प्रेरणा साफ दिखती है। उसने लिखा कि झुग्गी-झोपड़ियों का हटाया जाना राजनीति से परे एक प्रौद्योगिकीय कार्य है। उसने दावा किया कि 'स्लमों को नहीं, बल्कि उनकी राजनीति को ध्वस्त किया गया है। झुग्गी-झोपड़ियों को नहीं, बल्कि उनमें व्याप्त शारीरिक और मानसिक व्याधियों को मिटाया गया है। बुलडोजर विध्वंस के नहीं, बल्कि विकास के उपकरण हैं।'

साम्राज्यवादी लुटियंस के हाउसमानवाद को इमरजेंसी के नौकरशाहों ने असामाजिक मोड़ दे दिया। पुराने समुदायों को विभाजित करके शहर की सीमा पर धकेल दिया गया। पुनर्वास की प्रक्रिया अनिवार्यत: और स्वभावत: धीमी थी। इससे भी ज्यादा महत्त्वपूर्ण बात यह है कि नये इलाकों में सामुदायिकता की भावना का घोर अभाव था। नये संदर्भ में विभिन्न समूहों के बीच आदान-प्रदान का या तो पूर्णत: अभाव था या फिर बहुत ही सीमित था। इन्हीं सीमाओं से शासक दल अपनी रैलियों के लिए भीड़ जुटाता है। किसी समुदाय पर हमलों के लिए इन्हीं लंपट तत्वों का इस्तेमाल किया जाता है। इन्हें इससे कोई मतलब नहीं कि शिकार कौन है?

दिल्ली के यही बाहरी क्षेत्र—सुल्तानपुरी, त्रिलोकपुरी, शकरपुर—नवंबर १९८४ में हिंसा के सबसे ज्यादा शिकार हुए। जहाँ इमरजेंसी ने नेता और जनसमूह के बीच की मध्यस्थ संस्थाओं (मसलन, ट्रेड यूनियन, विश्वविद्यालय, न्यायपालिका, प्रेस) को कमजोर करके स्वायत्तता पर पहला आघात किया, वहीं नवंबर, १९८४ की हिंसा इस बात की सूचक है कि राज्य ने इन लपंट तत्वों के बीच से एक ऐसा औजार तैयार कर लिया है जिसका इस्तेमाल बचे-खुचे विरोध को भी शांत करने के लिए किया जायेगा।

७.

इंदिरा ने बोया, आडवाणी ने काटा

इंदिरा गाँधी के मातहत कांग्रेस के सांप्रदायीकरण और लालकृष्ण आडवाणी के मातहत भाजपा के मंडल-विरोधी और मंदिर-समर्थक रूपान्तारण में कोई खास फर्क नहीं है। असल में पहले ने जिस बीज को बोया, दूसरे ने उसी की फसल काटी। सांप्रदायिक कार्यक्रम को अंजाम देने के मामले में कांग्रेस के पास इंदिरा गाँधी के जमाने में भी उस प्रकार का अनुभव या वैचारिक प्रशिक्षण नहीं था जैसा कि संघ आधारित जनसंघ और बाद की भाजपा के पास है। फिर, व्यवस्था के भीतर 'सांप्रदायिकता' के हथकंडे के इस्तेमाल और मुसलमानों के खिलाफ धार्मिक उन्माद पैदा करने और इस प्रक्रिया में राजनीति के पूरे आधार को ही बदल देने के बीच काफी फर्क है। इस प्रक्रिया में बदलवाद की जगह प्रभुत्ववाद ले लेता है, बहुदेववाद की जगह एकेश्वरवाद ले लेता है और विविधता की स्वीकृति की जगह एकरूपता की स्थापना और एक प्रभुत्वशाली 'धर्म' के ढाँचे के रूप में परिलक्षित आस्था की एकता ले लेती है। पुनर्जागरण के पहले पश्चिम के समाजों और इस्लामी समाजों में भी ऐसा ही हुआ था। कांग्रेस द्वारा मूलत:

चुनावी कारणों से सांप्रदायिक और धार्मिक भावनाओं के इस्तेमाल और भाजपा द्वारा मुसलमानों के खिलाफ धर्म के इस्तेमाल के बीच एक दूसरा फर्क भी है। कांग्रेस के विपरीत भाजपा एक ऐसी पार्टी है, जिस पर मूलतः ऊपरी जातियाँ हावी हैं। इस प्रकार वह न सिर्फ मुसलमान-विरोधी और ईसाई-विरोधी है, बल्कि वह दलित-विरोधी और पिछड़ा-विरोधी भी है। इसलिए यह बुनियादी तौर पर अलोकतांत्रिक है।

अतः अयोध्या में जमा कार सेवकों के उन्माद की उपलब्धि सिर्फ एक पूजास्थल की तबाही नहीं थी, बल्कि अयोध्या की घटना कहीं ज्यादा बुनियादी सूचकांक की प्रतीक थी—वह भारतीय सभ्यता और संस्कृति की बुनियाद, यानी भारतीय पहचान, उसकी परंपरा और उसकी विरासत पर भारी हमले का सूचक थी, हालाँकि ये कार सेवक और उनके राजनीतिक गुरु इन्हीं को बचाने का दावा करते हैं।

असल में आडवाणी और उनका कुनबा हिंदूवाद को आक्रामक और सुसंगठित स्वरूप प्रदान करने के प्रयासों का प्रतिनिधित्व करता है। यह धर्म के मामले में पश्चिमी अमीर देशों की बराबरी का प्रयास है। राजीव गाँधी भी उनकी बराबरी तक पहुँचने को आतुर थे। फर्क सिर्फ इतना था कि वे प्रौद्योगिकीय क्षेत्र में बराबरी का प्रयास कर रहे थे। दोनों ही प्रयास भारतीय संस्कृति और राज्य-व्यवस्था के देशी आधारों पर आघात करते हैं। नरसिंह राव और उनके बाद की पूरी राजनीति में दोनों धाराओं, सांप्रदायिक और तकनीकशाही रुझान, का मेल दिखायी देता है।

भले ही विरोधाभासी लगे, लेकिन शिक्षित भारतीय मध्यवर्ग का प्रौद्योगिकीय आभिजात्य और ब्राह्मणवादी वर्ग का सांप्रदायिक आभिजात्य मिल-जुल कर सत्ता और प्राधिकार के एकरूप और प्रभुत्ववादी ढाँचे का निर्माण करते हैं। दोनों ही उस बहुलतावादी लोकतंत्र को कमजोर करते हैं जो इस उदार और समन्वयकारी सभ्यता को राजनीतिक अभिव्यक्ति प्रदान करता है। यह मेल वर्ग-आधारित द्वन्द्वों के साथ-साथ धर्म-आधारित गृहयुद्धों को जन्म देता है। भारत इस दोहरे हमले को किस प्रकार झेल पायेगा, यह तो भविष्य ही बतायेगा। भारत का अस्तित्व बना रह पायेगा इसमें भी संदेह है, कम-से-कम उसका मौजूदा स्वरूप तो नहीं ही रहेगा।

इस नियति से हमें सिर्फ एक ही बात बचा सकती है कि भारतीय भीतर से उस प्रकार का 'धार्मिक' नहीं है, जैसा कि विश्व हिंदू परिषद प्रचारित करने की कोशिश कर रही है और न ही एक समाज और सभ्यता के रूप में भारत की राष्ट्रीय विरासत किसी धर्म को मान्यता प्रदान करती है। तथाकथित हिंदूवाद भी

(तथाकथित इसलिए कि यह भारतीय शब्द नहीं है, बल्कि इसे तो यूरोपीय प्राच्यविदों ने गढ़ा था) उस प्रकार का धर्म नहीं है जिसकी पहचान 'धार्मिक' किस्म की हो। आप किसी भी गाँव में चले जाएँ और किसी का भी दरवाजा खटखटाएँ और उससे उसका परिचय पूछें। कोई भी व्यक्ति हिंदू के रूप में अपना परिचय नहीं देगा, बल्कि यह बतायेगा कि वह फलाँ जाति का है और फलाँ गाँव या मोहल्ले का रहनेवाला है। भारतीय लोगों की पहचान के सदंर्भ में धर्म की बनिस्बत जाति ज्यादा महत्व रखती है। मुसलमान या ईसाई या सिख इसके अपवाद हों, ऐसा नहीं कहा जा सकता। उत्तरोत्तर इनकी पहचान भी जातीय या भौगोलिक बनती जा रही है। बुनियादी तौर पर 'हिंदू' विरासत के साथ अच्छी बात सिर्फ यही नहीं है कि वह खुद विविधतापूर्ण है, बल्कि वह दूसरे (गैर-हिंदू) समुदायों को भी विविधतापूर्ण बना देता है। विश्व हिंदू परिषद और आज की भाजपा जिस चीज का प्रचार कर रहे हैं, वह पूरी तरह गैर-भारतीय और गैर-हिंदू है।

भाजपा एक ऐसे गंगा-जमुनी और सबको समाहित करनेवाले ढाँचे का निर्माण नहीं कर सकती (जैसा कि कांग्रेस ने किया था), जो परंपरागत और आधुनिक असमानताओं के शिकार बिखरे हुए सामाजिक तबकों को समुचित जगह दे सके। वह तो 'हिंदू' समुदाय के भीतर भी ऐसे तबकों को जगह दिला सकनेवाले ढाँचे का निर्माण नहीं कर सकती। प्रतिनिधिमूलक लोकतंत्र का संस्थागत ढाँचा अगर कायम रहा (वह कितना भी कमजोर क्यों न हो) तो भाजपा का कोई भविष्य नहीं है। एक राजनीतिक पार्टी से एक मजहबी 'आंदोलन' में उसका रूपान्तरण एक पार्टी के रूप में उसके भविष्य को अंधकारमय बनाता है। अगर शिक्षित और 'प्रबुद्ध' मध्यवर्ग उसके सामने स्वेच्छा से घुटने टेक दे और वह भारत के बिखरे और अतिसंवेदनशील जनसमुदाय के ऊपर एक मजहबी तानाशाही राज्य थोपने में कामयाब हो जाय, तभी और सिर्फ तभी उसका कोई भविष्य हो सकता है। यह असंभव नहीं है। हमें भारतीय जनगण के स्वभाव और प्रकृति के बारे में किसी भ्रम में नहीं रहना चाहिए। वे भविष्य के लिए किसी नये वैचारिक ढाँचे का निर्माण करने में विफल रहे हैं। उनकी सबसे बड़ी कमजोरी यह है कि वे किसी भी धारा में बह जा सकते हैं। वे धार्मिक उन्माद, मुसलमानों के खिलाफ घृणा और प्रतिशोध की भावना से भी ग्रस्त हो सकते हैं। वे इतने भोले-भाले लोग हैं कि धार्मिक अंधराष्ट्रवाद के वीभत्स आकर्षण में भी फँस सकते हैं। वे बंधुत्व और 'जुड़ावों' की उस शृंखला के वाहक भी बन सकते हैं, जो हम सबको, बूढ़ों और बच्चों को, महिलाओं और पुरुषों को, अगड़ों और पिछड़ों को, विविध समुदायों और जातियों को,

और हिंदुओं, मुसलमानों, सिखों और ईसाइयों को एकसूत्र में बाँधती है।

इंदिरा-काल और आडवाणी-काल के भारतीय जन की त्रासदी यह है कि वह खुद अपने बारे में और भविष्य के बारे में दिशाहीनता, असुरक्षा, अज्ञानता और अनिश्चय के भाव से ग्रस्त है। वे यह मानते हैं कि 'दूसरे जैसा करते हैं वैसा ही करो', यानी अगर दूसरे नाचते हैं तो उन्हें भी नाचना चाहिए, अगर दूसरे हत्या करते हैं तो उन्हें भी हत्या करनी चाहिए। कुछ मायने में वे संस्कृतिहीन बन गये हैं। ऐसे नेतृत्व का घोर अभाव है जो उनके भीतर छुपे संतुलन और विवेक का इस्तेमाल उनके लिए एक संतुलित और विवेकसम्मत भविष्य का निर्माण करने के लिए कर सके।

८.

आत्मसंतुष्टि का अंत : प्रभुत्ववाद और धर्मतंत्र बनाम बहुलतावाद और लोकतंत्र

छः दिसंबर आत्मसंतुष्टि के युग के अंत का प्रतीक था। आधुनिक विज्ञान और प्रौद्योगिकीय, संप्रभु राज्य, वर्ग चेतना पर आधारित ऐतिहासिक द्वन्द्ववाद और आर्थिक विकास के मॉडल में आस्था पर आधारित आत्मसंतुष्टि की यह भावना छः दिसंबर के साथ ही काफूर हो गयी। यह अनिश्चित भविष्य की ओर संक्रमण की शुरुआत थी। यह लक्ष्य, नीति और सांस्थानिक स्वरूप के मामले में बुनियादी सोच में एक तरह के शून्य का द्योतक था। इस शून्य ने कई नयी प्रवृत्तियों और कल्पनाओं को जन्म दिया है—भूमंडलीकरण, हिंदुत्व, विश्व मानचित्र का जातीयतावादी रेखांकन, एक नये किस्म की अमेरिकी दादागिरी। इन नयी प्रवृत्तियों के पास पीड़ित मानवता की वेदना को कम करने का कोई उपाय नहीं है, बल्कि इन्होंने स्थिति को और बदतर ही बनाया है। इनके विपरीत राज्य और प्रभुत्वशाली प्रौद्योगिकीय मॉडल की ज्यादतियों के जवाब में नागरिक समाज में एक नये तरह का आलोड़न भी दिखायी देता है। यह आलोड़न मानव व्यवस्था की बहुलतावादी और विकेंद्रित दृष्टि पर आधारित है। यह आलोड़न है दुनिया-भर में लोकतांत्रिक सोच के महान उभार का आलोड़न। इनमें से कौन विजयी होगा—प्रभुत्ववाद और धर्मतंत्र या बहुलतावाद और लोकतंत्र—यह इस बात पर निर्भर है कि इतिहास की समझ के साथ लोकतांत्रिक बहुलतावाद पर कितनी स्पष्टता के साथ अमल किया जाता है। ऐतिहासिक फैसले लेने में कोई भूल या नागरिक समाज के पुनर्जीवन, जातीयता के उभार और विकेंद्रीकरण के मॉडल से संबंधित नये विचारों की व्यापकता और सीमा के बारे में कोई भी गलत धारणा

विश्व प्रभुत्ववादी प्रयास को ही मजबूत बनायेगी और कट्टरपंथी-फासीवादी खतरे को बढ़ा देगी।

जैसा कि ऊपर कहा जा चुका है कि हम क्रमशः अनिश्चित भविष्य की ओर बढ़ रहे हैं। इन अनिश्चितता के प्रति आम लोगों को प्रतिक्रिया नागरिक समाज के नये आलोड़न की केंद्रीय बात है। आज कुछ भी स्पष्ट नहीं दिखता। तरह-तरह की अटकलबाजियाँ जारी हैं—फ्रांसिस फुकुयामा जहाँ साम्यवाद की पराजय के साथ इतिहास के अंत की घोषणा करते हैं, वहीं उन्हीं के देशवासी सैमुअल हंटिंग्टन सभ्यताओं की भिड़ंत की दुंदुभि बजाते हैं। पूर्व पर हावी होने के बाद अब उनकी नजरें इस्लाम और कंफ्यूशसवादी सुदूर-पूर्व की विजय पर टिकी हैं। यूरोपीय चिंतक समूह जोर-शोर से 'शांतिपूर्ण शताब्दी' की भविष्यवाणी कर रहे हैं। सोवियत संघ की अकाल मृत्यु के बाद अब प्रथम-विश्ववादी एकध्रुवीय दुनिया के उदय पर विलाप करने में लगे हैं, जबकि चीनियों को बहुपक्षीयता रास आती लगती है और भारतीय कहते कुछ हैं पर उसका मतलब कुछ और होता है और आशा किसी और चीज की करते हैं। कुछ भी साफ नहीं है। हम सब अनिश्चितता के महासमुद्र में गोते लगा रहे हैं।

जहाँ तक भारत का सवाल है, अनिश्चिता तो उसकी खासियत बन गयी है। हैरत की बात यह है कि बहुत कम लोग ही इसके प्रति चिंतित दिखते हैं। भाजपा कोई विश्वसनीय विकल्प दे पाने में विफल रही है। कांग्रेस पूरी तरह दुविधा में फँसी है और मध्यमार्गी वामपंथी विकल्प के रूप में आधुनिक सेकुलर शक्तियाँ मध्यमार्गी रास्ता तैयार करने में बुरी तरह विफल रही हैं। लिहाजा मैदान मुलायम सिंह यादव और लालू प्रसाद यादव जैसे व्यक्तियों के लिए खाली है। रामकृष्ण हेगड़े और जार्ज फर्नांडिस जैसे लोग बुरी तरह उलझनग्रस्त दिखायी देते हैं। एक समय के जुझारू 'समाजवादी' जार्ज फर्नांडिस ने भाजपा के साथ हाथ मिला लिया है और एक समय राष्ट्रीय मोर्चा के जनक की भूमिका निभानेवाले रामकृष्ण हेगड़े भी उन्हीं के नक्शेकदम पर चल पड़े दिखते हैं। नागरिक समाज के लोकतांत्रिकीकरण में लगे मंडलवादियों की राजकीय मशीनरी पर कोई पकड़ नहीं है। निष्कर्ष यह है कि भारतीय राज्य आज अनिश्चितता की लंबी डगर पर चल पड़ा है। ...

... समस्याओं के हल की भी अपनी गति होती है जो स्पष्ट 'समाधान' की दिशा में किये गये बाहरी हस्तक्षेप से निरपेक्ष होती है। स्वाभाविक प्रक्रिया में शक्तियों का संतुलन बदल जाता है और वे बिल्कुल नयी, जटिल और ... अराजक रूप में सामने आती हैं। इस प्रक्रिया में राज्य हाशिये पर धकेल दिया जाता है, हालाँकि उसके संचालकों को यह भ्रम होने लगता है कि उन्होंने मामले

को हल कर लिया है ... इस तरह शासकों का अनर्णिय उनके शक्तिहीन जाने का लक्षण बन जाता है। यह लोगों की नहीं वरन अभिजन वर्गों की शक्तिहीनता का लक्षण है। मीडिया में प्रायः सरकारी और गैर-सरकारी अभिजन वर्गों की आलोचना और उनसे निर्णय करने की माँग की प्रवृत्ति दिखती है। वे यह नहीं समझते कि समय गुजरने के साथ-साथ सामाजिक क्षेत्र में हस्तक्षेप करने की इन अभिजन वर्गों की क्षमता खत्म होती गयी है।

'समस्या पूर्ति' एक पूरी तरह आधुनिक मानसिकता है। एक मायने में यह प्रबंधकीय मानसिकता का लक्षण है। मानो, कुछ चुनिंदा लोग—प्रशासक, राजनीतिज्ञ और विशेषज्ञ—सभी कुछ कर सकते हैं और अगर चीजें ठीक-ठाक नहीं चलतीं तो समस्याएँ पैदा होती हैं। इनका समाधान भी यही लोग कर सकते हैं। पारंपरिक समाजों में भी समस्याएँ थीं लेकिन उनका समाधान नहीं किया जाता था, बल्कि उनके समाधान की कोई कोशिश ही नहीं की जाती थी। तनावों और असंतुलनों को तो दूर किया गया लेकिन समस्याएँ अपनी जगह बनी रहीं। वे समय-समय पर सिर उठाती रहीं, लिहाजा मध्यस्थता पंचों का लगातार चलनेवाला काम बना रहा। पारंपरिक नागरिक समाज में आम शांति या सौहार्द्र कभी नहीं था लेकिन विरोधी दावों के बीच समन्वय का काम लगातार चलता रहता था। ऐसे कामों के लिए शक्ति और प्राधिकार का ढाँचा भी मौजूद था। लेकिन वह केंद्रीकृत नहीं, बल्कि विकेंद्रित था।

दरअसल एक गैर-आधुनिक नागरिक परिवेश में आधुनिक राज्य की स्थापना ने नये शासकों के भीतर चीजों को दुरुस्त करने, 'आगे बढ़ने', बदलाव लाने और प्राधिकार के परंपरागत केंद्रों की जगह अपनी वैधता को स्थापित करने की प्रवृत्ति को बढ़ावा दिया है। ऐसा लगता है कि आधुनिक राज्य की स्थापना के इस प्रयास ने कई समस्याओं को जन्म दिया है। नतीजा यह निकला है कि जब चीजें ठीक-ठाक नहीं चलतीं तो नयी उलझनें पैदा होती हैं। स्थापित संस्थाएँ उन गुत्थियों को सुलझाने में असफल हो जाती है और बेमेल बन जाती हैं। लोग भी आधुनिक राज्य की जादुई ताकत में भरोसा करने लगे थे। उन्हें विश्वास था कि नये और आधुनिक तौर-तरीके पुराने और भरोसेमंद तौर-तरीकों से ज्यादा बेहतर साबित होंगे।

पिछले कुछ सालों से उनका यह भरोसा टूटता-सा लग रहा है। उन्होंने पुनः चीजों को प्राधिकार और शासन के पराये केंद्रों की जगह अपने हाथों लेना शुरू कर दिया है। यह प्रक्रिया अब भी जारी है। मंडलीकरण की प्रक्रिया को अभी और आगे जाना है। राज्य की मशीनरी पर उनका भरोसा आज भी काफी ज्यादा है। उन्हें अपनी ताकत और संभावनाओं को पहचानना होगा और सत्ता

का विकेंद्रीकरण करना होगा। यह विकेंद्रीकरण सिर्फ राजनीतिक स्तर पर ही नहीं, बल्कि सामाजिक और आर्थिक स्तर पर भी होना चाहिए। यह कोई आसान काम नहीं है। उपनिवेशवादी आकाओं से सत्ता हासिल करनेवाले नये शासक अपनी लोकतांत्रिक नारेबाजियों के बावजूद चीजें आसानी से लोगों के हवाले नहीं करनेवाले, बल्कि उन्हें तो अपनी वर्तमान प्रमुख भूमिका और इस भूमिका को जारी रखनेवाले संस्थागत ढाँचे में कोई भी कटौती बर्दाश्त नहीं है। शायद ऐसा होने के पहले उनकी वैधता को कुछ और धक्का लगना जरूरी है। बहरहाल, इसकी प्रक्रिया शुरू हो गयी है।

विकल्पहीनता का महासंकट

राष्ट्रीय-अंतर्राष्ट्रीय स्तर पर तेजी से हुए आर्थिक और राजनीतिक परिवर्तनों ने राज्य के मध्यमार्गी स्वरूप की ताकत का क्षय कर दिया है। उसकी जगह किसी वैसी ही संस्था का उदय न होने के कारण चारों तरफ विकल्पहीनता का शून्य-सा व्याप्त है। उदारतावादी हों या क्रांतिकारी, प्रचलित विचारधाराएँ भी इसे भरने में कोई मदद नहीं कर पा रही हैं। सैद्धांतिक संरचनाएँ चुकी हुई लग रही हैं। नये सामाजिक आंदोलन गैर-दलीय राजनीतिक प्रक्रिया को ठोस शक्ल देने में नाकाम रहे हैं। आशाओं का संसार छटपटा रहा है। रजनी कोठारी का चर्चित लेख ***दि यॉनिंग वैक्यूम*** *इस भूमंडलीय परिघटना को उसकी तमाम बारीकियों के साथ सामने रखता है। उनका दावा है कि आनेवाले वर्ष और दशक महान अनिश्चितता के युग का प्रतिनिधित्व करने जा रहे हैं।*

आज की दुनिया में सत्ता की संरचना काफी हद तक बदल गयी है। इस परिवर्तन के साथ राजनीतिक तालमेल बैठाने के लिए नाना प्रकार के तौर-तरीके अपनाये जा रहे हैं। चूँकि इन कोशिशों का उद्देश्य यहीं तक सीमित है, इसलिए इनके जरिये परिवर्तनों और रूपांतरणों की पूर्ण व्याख्या करना मुश्किल है। अस्सी के दशक के मुख्य रुझानों के साथ इन परिवर्तनों का रिश्ता समझने में बुद्धिजीवीगण नाकाम हैं। कुछ ने इसे 'खोया हुआ दशक' करार दे कर पल्ला छुड़ा लिया है और कुछ ने 'इतिहास के अंत' की घोषणा करके उत्सव की मुद्रा अपना ली है। इस तरह मानव इतिहास के महाप्रवाह में इस दशक के महत्त्व को रेखांकित करने का काम अधूरा रह गया है।

चूँकि मैं किसी तरह के ऐतिहासिक नियतत्ववाद का हामी नहीं हूँ इसलिए मैं अस्सी के दशक के परिवर्तनों को अपरिहार्य नहीं समझता। न ही मैं इनका कारण आधुनिकतावादी दुनिया के बुनियादी ढाँचे की विशेषताओं में तलाशना चाहता हूँ। दरअसल मेरी रुचि तो हमेशा की तरह निरंतरता में कम और निरंतरता-भंग के कारणों में अधिक है। यह सही है कि आधुनिकता के प्रतिमानों

के तले मानवजाति ने महान सफलताएँ अर्जित की हैं। लेकिन मेरी नजर संस्थाओं और प्रक्रियाओं के उस क्षरण पर टिकी हुई है जिसने इन सफलताओं का पूरा लाभ मानवता को नहीं मिलने दिया। ये वही संस्थाएँ और प्रक्रियाएँ हैं जिन्हें कभी हमने ही स्थापित किया था। इतिहास की यही विच्छिन्नता और संस्थागत-संरचनागत क्षरण इस आलेख का विषय है। इस विवेचना के लिए आवश्यक है कि विचार जगत की विभिन्न दृष्टियों के माध्यम से ऐतिहासिक घटनाओं के नतीजों की जांच की जाय। बुद्धिजीवियों के जाने-अनजाने उन की समझ से परे चले गये इन परिवर्तनों को इसी तरह समझा जा सकता है।

१.
परिवर्तन की दहलीज पर

हम संभवत: लगभग विकल्पहीनता के युग में कदम रख चुके हैं या रखने जा रहे हैं। वर्तमान ऐतिहासिक परिस्थिति के आकलन में मुझे यह परिघटना बहुत महत्त्वपूर्ण लगती है। विश्व-व्यवस्था हो अथवा स्थानीय, उसके बाह्य और आंतरिक जगत की यही हालत है। मुख्य धारा की संस्कृति अथवा उसके खिलाफ प्रतिरोधरत प्रतिसंस्कृति भी विकल्पहीनता से पीड़ित है। दरअसल, आधुनिक जगत की सर्वाधिक अस्थिरताकारी विच्छिन्नता यही है।

मानवीय उद्यम के सभी मुकामों पर विकल्पों का संकट छाया हुआ है। पश्चिमी साम्राज्यिक पूँजीवाद से संघर्ष करनेवाली वैचारिक और सत्ता-संबंधी वैकल्पिक भित्तियों में पड़ी दरारें साफ दिख रही हैं। केवल समाजवादी विकल्प ही ध्वस्त नहीं हुआ है, आर्थिक और सामाजिक दायरों में वैकल्पिक चिंतन और संगठन पद्धतियों का प्रतीक भी तीसरी दुनिया के रूप में ढह गया है। यह तीसरी दुनिया पश्चिमी पूँजीवाद और राजकीय समाजवाद से अलग एक 'तीसरे रास्ते' के रूप में स्वयं को पेश करती थी। परिणामस्वरूप, दुनिया में मानवीय शासन पद्धतियाँ और सत्ता की जनोन्मुख संरचनाएँ कमजोर हुई हैं। विपरीत दावों के बावजूद समाजों, राष्ट्रों अथवा वर्गों के बीच सत्ता और शासन प्रणाली का द्वंद्वात्मक शक्ति संतुलन गड़बड़ा गया है।

'राज्य' की जगह 'बाजार' लेता जा रहा है। यह एक बहुत बड़े परिवर्तन की शुरुआत है और इसका ताल्लुक भी किसी न किसी तरह वैकल्पिक सत्ता केंद्रों के क्षय से है। यहाँ हमारा तात्पर्य समग्र जीवन के बाजारीकरण से है, क्योंकि इस का अर्थ सिर्फ राज्य की संस्था को मानवीय और सामाजिक परिवर्तनों की चालक शक्ति के दर्जे से हटा कर बाजार को बैठा देना ही नहीं है। न ही यह प्रक्रिया पूर्व समाजवादी अर्थतंत्रों पर बाजार प्रधान पूँजीवाद के

हावी हो जाने तक सीमित रहनेवाली है। (चीन के नेतृत्व की यह खामख्याली ही है कि वह साम्यवादी राज्य और पूँजीवादी अर्थव्यवस्था को साथ-साथ चला कर इस विश्वव्यापी प्रक्रिया का कोई विकल्प दे सकता है।) समग्र जीवन के बाजारीकरण का अर्थ है नागरिक समाज की समृद्धि और उसके संकुल चरित्र को बाजारी सतहीपन और सरलीकरण में सीमित कर देना यानी नाना प्रकार के नागरिक समाजों को विश्वव्यापी दैत्याकार सुपर मार्केट की शाखाओं में बदल देना। इसी क्रम में आगे चल कर तरह-तरह की अर्थव्यवस्थाओं के ऊपर एक ही प्रकार की व्यापारिक और उपभोक्ता संस्कृति छा जायेगी। न गाँव के मेले बचेंगे, न हाट। किस्म-किस्म के 'इथनिक' मार्केटों और बाजारों का भी यही हाल होगा। तमाम देशज अर्थव्यवस्थाओं और समाजों में अपनाये जानेवाले विनिमय के परंपरागत तौर-तरीके अनुपयोगी हो जायेंगे। अफ्रीका और एशिया में अधिकांश जगहों पर समाज और अर्थतंत्र फिलहाल तो कायम है लेकिन उन्हें विश्वव्यापी समरूपीकरण के दबाव के तहत अपने विलुप्त होने के खतरे का सामना करना पड़ रहा है। दस्तकारों और कारीगरों द्वारा बनायी गयी 'इथनिक' चीजें अपनी विविध विशिष्टताओं के बावजूद बड़ी फैक्ट्रियों के सस्ते उत्पादन के सामने लाचार होती जा रही हैं। तीसरी दुनिया के अमीरों समेत दुनिया-भर का उपभोक्ता वर्ग अपनी प्राथमिकताएँ बदल रहा है।

इन दो प्रमुख परिवर्तनकारी शुरुआतों के पीछे शक्तिशाली आर्थिक दबाव है। एक बड़े विचारधारात्मक हमले द्वारा इसकी जमीन तैयार की जा रही है और इसका तीसरा आयाम है—दुनिया-भर में प्रति-संस्कृतियों का कमजोर पड़ जाना। कभी ये प्रति-संस्कृतियाँ देशज सभ्यताओं और नयी पीढ़ी के विद्रोही नारों के बीच पनपती थीं। जमीनी स्तर पर होनेवाले तरह-तरह के आंदोलन भी अब मजबूत नहीं रह गये हैं। मैं इस समस्या पर विस्तार से विचार करूंगा। लेकिन पहले मैं सत्ता और विचारधारा के वैकल्पिक केंद्रों के साथ राष्ट्रों और महाद्वीपों में राज्य की संस्था के कमजोर पड़ने के महत्त्व को रेखांकित करना चाहूँगा। इसके पीछे विश्व पूँजीवाद और प्रौद्योगिकीय तंत्र की प्रभुत्ववादी शक्तियाँ हैं। साम्राज्यिक युग अभूतपूर्व ढंग से एक बार फिर रूपाकार ले रहा है। राजनीति के माध्यम से होनेवाले प्रबंध और नियंत्रण की बागडोर अब प्रौद्योगिकीय तंत्र में बैठे प्रभुओं के हाथ में चली गयी है। यह एक बिल्कुल नयी परिघटना है। मानवीय कार्य-व्यापार के नियोजन में आयी भारी तब्दीलियाँ भी इसके दायरे में शामिल हैं। यह परिघटना न केवल राज्य की जगह बाजार के आ जाने की प्रतीक है वरन इसमें राजनीति का स्थान प्रौद्योगिकीय तर्कणावाद द्वारा ले लिया जाना भी निहित है। संस्कृतियों की विविधता पर किसी एक संस्कृति का हावी हो

जाना, क्षैतिज संरचनाओं की जगह ऊर्ध्वमुखी 'पिरामिड' अर्थात बहुध्रुवीयता की जगह एक ध्रुवीयता आ जाना, विविधता और स्वत:स्फूर्तता पर बल देनेवाली पर्यावरण और परिस्थितिकी के लिए चिंतित दुनिया की जगह अखंडता और जकड़बंदी की वकालत करनेवाली एकरस दुनिया का आग्रह इसी परिघटना का अंग है। 'इतिहास के अंत' का सिद्धांत हँस कर टाल देने के लिए नहीं है। यह तो एक युग के अंत की घोषणा है। इतिहास के अंत में पूँजीवादी दुनिया को मिलनेवाली समाजवादी चुनौती का अंत ही नहीं, राष्ट्र-राज्यों की बहुध्रुवीयता का अंत भी शामिल है। द्वितीय विश्व युद्ध के बाद हुए सत्ता के बँटवारे और उसके नतीजे के तौर पर बनी बहुलतावादी विश्व व्यवस्था पर इस घोषणा ने प्रश्नचिन्ह लगा दिया है। फुकुयामा और पश्चिमी पूँजीवाद के उन जैसे उद्धत चैंपियनों ने पूँजीवादी उपनिवेशवाद की वापसी का उत्सव मनाना प्रारंभ कर दिया है।[१]

२.
विश्व-व्यवस्था का संकट

द्वितीय विश्व युद्ध के बाद घटनाएँ इतनी तेजी से घटी थीं कि साम्राज्यिक केंद्रों और उनके सिद्धांतकारों के हाथ से उनका नियंत्रण निकल गया था। पश्चिमी साम्राज्यवाद के स्पष्ट समर्थक और सिद्धांतकार विंस्टन चर्चिल की आंखों के सामने ही उनकी दुनिया तिरोहित हो गयी। वह 'नंगा फकीर' और उस से जुड़ी हुई दुनिया कहीं ज्यादा ताकतवर निकली। (यहाँ मेरा तात्पर्य केवल गाँधी से न होकर उस युग के साम्राज्यवाद विरोधी और उपनिवेशवाद विरोधी संपूर्ण प्रवाह की प्रतीकात्मक प्रस्तुति से है।) यह परिस्थिति भूतपूर्व उपनिवेशों और काली जातियों की चुनौती के कारण ही नहीं बनी थी। याल्टा कांफ्रेंस में समझौते पर दस्तखत के थोड़े दिन बाद ही मित्र राष्ट्रों में उभरे अंतर्विरोध भी इसका कारण थे। अपनी दूरदर्शिता के प्रमाणस्वरूप चर्चिल ने अमेरिकी जमीन से ही शीत-युद्ध के प्रारंभ की घोषणा की। यह कई मोर्चों पर लड़ा जानेवाला 'युद्ध' था। पूर्वी मोर्चा तो था ही, उसके विस्तार के रूप में और स्वतंत्र रूप से दक्षिणी मोर्चा भी था। इसके अलावा पश्चिमी साम्राज्यिक पकड़ कमजोर होने और वियतनाम और क्यूबा में असफल कार्रवाइयों के कारण शीत-युद्ध का एक मोर्चा पश्चिम में भी खुल गया। यूरोप में साम्राज्यवाद को वियतनाम युद्ध विरोधी आंदोलन और एटमी मिसाइल विरोधी आंदोलनों से जूझना पड़ा। अमेरिका ने अति-आधुनिक हथियार और युद्ध प्रणाली बना कर फिर से पहलकदमी लेने की कोशिश तो की, लेकिन इस अत्यंत जटिल, खर्चीली और मंथर रणनीति का असर अनुकूल नहीं हुआ।

इसी दौर में युद्धोपरांत विकसित पश्चिमी राजनय की कमजोरी साफ हो गयी। यह राजनय द्वितीय विश्व युद्ध के बाद उपजी परिस्थितियों से निपट पाने में नाकाम था। राजनीतिज्ञों की क्वालिटी गिर चुकी थी। विश्व इतिहास के नये दौर के लिए आवश्यक समझ और दृष्टिकोण का पूरी तरह अभाव था। दुनिया के पहले से कहीं जटिल यथार्थ का सामना करने के लिए आवश्यक तंत्र गैर-हाजिर था। इस शून्य को विदेश सेवा के अनगिनत अधिकारियों और अकादमीय विशेषज्ञों ने भरा। ये लोग बहुत छोटे कद के थे। इनका इतिहास बोध बहुत कम विकसित था। दरअसल राजनयिकों और विशेषज्ञों की यह फसल पश्चिम के पतन की आहट थी। ब्रिटिश और फ्रांसीसी साम्राज्य खत्म हो ही चुका था। लगातार दावे करते रहने के बावजूद अमेरिकी शक्ति अपने बेइंतिहा घमंडी और संस्कारहीन रवैए के कारण 'दुनिया का नेतृत्व' करने में असफल थी।[२] इसी क्रम में पश्चिमी (विशेषकर अमेरिकी) रणनीति की मुख्य खामी भी साफ हो गयी। दरअसल पश्चिम ने पूर्वी दुनिया को राजनीतिक रूप से विखंडित कर देने की साजिश रची थी। इस रणनीति का फौजी पहलू बेहद प्रबल था। लेकिन पश्चिम फौजी ताकत के दम पर पूर्व के प्रतिरोध को नहीं तोड़ पाया। उलटे उसे एक के बाद एक तरह-तरह की राष्ट्रवादी चुनौतियों का सामना करना पड़ा।

जब बम की ताकत और औपनिवेशिक राजनय के हथकंडे असफल हो गये तो पश्चिम ने बाजार की ताकत का आह्वान किया। इसमें उसे सोवियत संघ और पूर्वी यूरोपीय के कम्युनिस्ट देशों के आंतरिक ध्वंस से मदद मिली। तीसरी दुनिया की अधिकांश राज्य संस्थाओं में आयी खासी कमजोरी भी उसके पक्ष में गयी। अब सवाल यह रह गया : क्या साम्राज्यिक विश्व व्यवस्था के पुनर्निर्माण की यह कोशिश सफल होगी? या यह भी वक्त गुजर जाने के बाद किया गया एक अदूरदर्शी प्रयास ही साबित होगा? एक ऐसा प्रयास जिस की प्रतिक्रिया में नये तरह के सांस्कृतिक-राजनीतिक प्रत्याक्रमणों का सिलसिला भड़क उठेगा और वही राज्य संस्थाएँ और क्षेत्र इनके केंद्र बनेंगे जो आज पूँजीवादी व्यवस्था में एकीकृत हो गये या उसके हाथों बिक गये लग रहे हैं? इन सवालों के जवाब में एक बात तो निश्चित रूप से कही जा सकती है कि इस एकध्रुवीय/निगमीकृत/प्रौद्योगिकीय-तंत्र आधारित भूमंडलीय विश्व व्यवस्था के मॉडल का भविष्य कतई आश्वस्तकारी नहीं है। यह जरूर है कि आज उसकी कामयाबी का दौर है। इस मॉडल की सबसे बड़ी सफलता यह है कि उसने किसी जमाने की पूर्वी दुनिया और बची-खुची दक्षिणी दुनिया के शासक वर्गों के दिमाग में अपना तर्क कूट-कूट कर भर दिया है।

इस बिंदु पर विश्व व्यवस्था के ताजे विकास और सुदृढ़ीकरण के साथ-

साथ उसके मौजूदा संकट को रेखांकित करना बेहतर होगा। यह भी देखना होगा कि राष्ट्रीय और अंतर्राष्ट्रीय रूप से अधिकृत नीतियों के जरिये इस संकट से निपटने के कौन-कौन से उपाय किये गये हैं। इसके लिए हमें विश्व युद्ध के तुरंत बाद उभरे शक्तियों के उन सहसंबंधों की जाँच करनी होगी जिनके कारण पश्चिम अपना प्रसार आज के दमनकारी और सर्वग्रासी रवैए के मुकाबले अधिक उदार चरित्र के साथ करने के लिए मजबूर हो गया था। इसके कई कारण थे। पहला था—कींस से प्रभावित पूँजीवादी सिद्धांतों की जबर्दस्त सफलता। इस किस्म के पूँजीवाद ने एक तरफ इतना बेशी माल पैदा किया कि पूँजीवादी देशों में अभूतपूर्व समृद्धि आ गयी; दूसरी तरफ इस समृद्धि के कारण लोकहितकारी राज्य के सिद्धांतों को धरती पर उतारने की इच्छा को टिकाऊ आधार मिला। ऐसा औद्योगिक ढाँचा खड़ा करने की गुंजाइश मिली जिसमें औद्योगिक शांति एक दीर्घकालीन परिघटना के रूप में शामिल थी। कुल मिला कर इस परिस्थिति ने मजदूर वर्ग को पूँजीवादी लोकतांत्रिक राज्य का मॉडल स्वीकार कर लेने के लिए प्रोत्साहित किया। इस प्रक्रिया में इन देशों के आंतरिक बाजारों का जबर्दस्त प्रसार हुआ जिसका आधार साफ तौर से मजदूर वर्ग की क्रय शक्ति ही थी। साथ में मुनाफा वृद्धि और पूँजी संचय की संभावनाएँ भी पर्याप्त रूप से बनी रहीं। दूसरा पहलू यह था कि नवउपनिवेशवाद के नये हथकंडे अपना कर पश्चिम ने अपना बाह्य विस्तार किया और अपने देशों के मजदूरों (और किसानों) को दक्षिण यानी गरीब दुनिया के शोषण में सचेत भागीदार बना लिया।

यह पूरा दौर पश्चिमी पूँजीवाद के सुदृढ़ीकरण और प्रसार का था। दुनिया के गरीबों की मदद करने के लिए और एक अंतर्राष्ट्रीय मानवतावादी विचारधारा के सहारे पूँजीवाद अपना 'मानवीय चेहरा' भी चमकाता रहा। इस चेहरे के नाक-नक्श कई तरह की संस्थागत और नीतिगत पहलकदमियों से बने थे। इनमें ट्रूमेन के सिद्धांत से लेकर पश्चिम (और पूर्व में भी) में उभरे सैनिक-औद्योगिक तंत्र के विकास के खिलाफ आइजनहावर की चेतावनी भी शामिल थी। इनकी परिणति कैनेडी युग के बेहद आकर्षक और लुभावने प्रतीकों में हुई। इसी युग में पूँजीवादी दुनिया अपने अंदर से उठते हुए असहमति के स्वरों को नियंत्रित करने में कामयाब हुई। असहमति के ये स्वर नागरिक अधिकार आंदोलन, वियतनाम युद्ध विरोधी आंदोलन, पर्यावरण के प्रति चिंता, नारीवादी आंदोलन और सैन्यवाद विरोधी अभियानों से मिल कर बने थे।

दूसरे, मिश्रित अर्थव्यवस्था और उदारतावादी लोकतंत्र ने पूँजीवाद के लिए तीसरी दुनिया के नये क्षितिज खोल दिये। इसका सब से बड़ा उदाहरण तो भारत ही था, जहाँ राज्य ने स्वयं रियायतें और संसाधन जुटा कर पूँजीवादी प्रसार का

रास्ता खोला। आज यह समझना आसान है कि कैसे इस प्रक्रिया में प्रौद्योगिकी के प्रतिमानों का आकर्षण बढ़ता चला गया और पूँजीवाद के उत्तरोत्तर विकास ने तीसरी दुनिया की सरकारों और उद्योगों को अंतराष्ट्रीय पूँजी के जाल में फँसाने की कगार पर खड़ा कर दिया।

सच्चाई यह है कि किसी जमाने में विकास के स्वतंत्र रास्ते[3] का दावा करनेवाले तीसरी दुनिया के नव-स्वतंत्र देश कोई वास्तविक विकल्प नहीं बना सके। अंततः उन्होंने भी पूँजीवादी विकास के प्रमुख मॉडल को अपना लिया। पश्चिम के बुद्धिजीवियों के बीच लोकप्रिय यह मॉडल कारपोरेट पूँजीवाद में निहित संघटनवादी रुझानों का प्रतिनिधित्व करता था। धीरे-धीरे तीसरी दुनिया के नौकरशाह-औपनिवेशिक राज्य और बहुराष्ट्रीय पूँजी-प्रौद्योगिकी में एक गठजोड़ बन गया। दक्षिण-पूर्व एशिया और पूर्वी एशिया के साथ-साथ लातीनी अमेरिका में इस गठजोड़ की कामयाबी के कुछ उदाहरण निकल आये जिन्हें जम कर विज्ञापित किया गया। इनके सामने अपने अलग और विशिष्ट मॉडल अपनानेवाले देशों का उदाहरण फीका पड़ गया। इन देशों ने अपनी जनता के प्रति अपेक्षाकृत कम बेरहमी का परिचय दिया था और बहुराष्ट्रीय घुसपैठ को कुछ कम इजाजत दी थी। इन देशों के मॉडल नाकाम बताये गये और कहा गया कि उनमें अपनी निजी दृष्टि और परिप्रेक्ष्य के प्रति विश्वास का अभाव है। इस तरह के प्रचार के शिकार होकर ये देश भी अपने मॉडल को त्याग कर पश्चिमी मॉडल की होड़ में फँस गये और उसी दुनिया में चले गये।

असहमति और विपक्ष की ताकतें अभी तक एहसास नहीं कर पायी हैं कि सामाजिक प्रश्न किस कदर पृष्ठभूमि में धकेल दिया गया है अथवा प्रौद्योगिकी आधारित मॉडल ने सामाजिक मॉडल पर कितनी अधिक बढ़त हासिल कर ली है। अंतर्राष्ट्रीय वैकल्पिक आंदोलनों को तो इसका एहसास और भी कम है। ये आंदोलन पर्यावरण, महिलाओं की स्थिति और निःशस्त्रीकरण जैसे अभियानों में खो कर हाशिए पर चले गये हैं। किसी जमाने में वैकल्पिक मॉडलों के लिए प्रतिबद्ध रहे देशों द्वारा पूँजीवादी दबाव के सामने झुकने का विरोध करने के लिए मार्क्सवाद भी दुर्भाग्य से पर्याप्त ऊर्जा पैदा नहीं कर पाया। इससे पहले कि मार्क्सवादी प्रलय का पूर्वानुमान लगा पाते, समाजवाद का दुर्ग ही ढह गया।

इस आर्थिक रूपांतरण के आधार में एक बड़ा वैचारिक परिवर्तन था। इस की शुरुआत पहले पश्चिम में हुई और फिर वहीं से सारे विश्व में उस का प्रसार हुआ जिसके लक्षण पहले तीसरी दुनिया में दिखायी दिये। १९७० के दशक के मध्य में वहाँ उदारीकरण के प्रति आग्रह बढ़ा। फिर यह छूत समाजवादी देशों को लगी। इन समाजों की आत्मा पर स्तालिनवादी जख्मों के गहरे निशान पहले

से ही थे। ऊपर से पश्चिमी उपभोक्तावाद के धुँआधार प्रचार और चमक-दमक ने पूर्वी यूरोप के देशों में उदारीकरण को सोवियत संघ, चीन अथवा निकारागुआ की अपेक्षा गहरी पैठ बनाने का मौका दे दिया। अंत में सोवियत संघ के बिखरने के साथ ही यह परिवर्तन रणनीतिक और विचारधारात्मक रूप से पूरे तीसरे विश्व पर छा गया। यहाँ तक कि एक दूसरे से काफी भिन्न होते हुए भी अरसे तक वैकल्पिक मॉडलों से जुड़े रहे भारत और चीन भी इस के शिकार हो गये।

३.
दक्षिणपंथी प्रतिक्रिया

दक्षिणपंथी प्रतिक्रिया सबसे पहले पश्चिमी जगत में पैदा हुई। उसने लोकहितकारी राज्य और सबके लिए न्याय के आधुनिक विचार के खिलाफ अपना सिर उठाया। वह गरीबों के बढ़ते हुए अधिकारों और सत्ता के लिए उनके दावे के खिलाफ थी। विशेषकर यह प्रतिक्रिया अल्पसंख्यकों (खास तौर से अमेरिकी अश्वेत), तीसरी दुनिया के समर्थकों, संयुक्त राष्ट्र (जिस की अंकटाड, यूनेस्को, विश्व श्रम संगठन और यूनीसेफ जैसी संस्थाएँ तीसरी दुनिया की तरफदारी करती नजर आती थीं) एवं तथाकथित रेडीकल बुद्धिजीवियों से नाराज थी। उसने सामरिक विशेषज्ञों, प्रतिष्ठित अर्थशास्त्रियों, तकनीकशाह परामर्शदाताओं (इनमें से कई भारत के थे) और सलाहकार संस्थाओं के सदस्यों को अपनी तरफ फोड़ लिया और इस तरह कमजोर होते हुए सैनिक-औद्योगिक तंत्र को मजबूत करने की कोशिश की। इस दक्षिणपंथी प्रतिक्रिया के नेतृत्व में एक पेशेवर प्रभु वर्ग उभरा जो वास्तव में अंतर्राष्ट्रीय प्रकृति का था। यह वर्ग सरकारी नौकरशाहों, मीडिया के प्रतिनिधियों आदि से मिल कर बहुराष्ट्रीय पूँजीवाद की सेवा करना चाहता था।

राजनीतिक और बौद्धिक चुनौतियों के बाद भी कारपोरेट पूँजीवाद की ताकत और पहुँच बढ़ती चली गयी। दूसरी ओर रेगनोमिक्स और थैचराइजेशन के जरिये दक्षिणपंथी प्रतिक्रिया ने एक शक्तिशाली और बेहद आक्रामक आवेग ग्रहण कर लिया। ब्रेटनवुड्स करार से निकली विश्व बैंक और अंतर्राष्ट्रीय मुद्रा कोष जैसी संस्थाओं ने भी नया रूप धारण करके इस में योगदान दिया। अमेरिका की घटती हुई आर्थिक ताकत देख कर लोग खुद को तसल्ली दे लेते हैं। लेकिन वे अमेरिकी राज्य के हाथों में थमी वह बागडोर नहीं देखते जो नाना प्रकार के क्षेत्रों को नियंत्रित करनेवाली शक्तिशाली संस्थाओं के विश्वव्यापी जाल से जुड़ी है। इन संस्थाओं में सबसे ज्यादा महत्त्वपूर्ण सैनिक संधियाँ और गठजोड़ हैं लेकिन ऋण और ऋण देनेवाली संस्थाओं के ऊपर अमेरिकी नियंत्रण भी कम

महत्त्वपूर्ण नहीं है। इन्हीं संस्थाओं में यूरोप और जापान के वित्तीय संसाधन जमा होते हैं। अंतर्राष्ट्रीय आर्थिक राजनय से लेकर अंतर्राष्ट्रीय व्यापार व्यवस्था तक अंतर्राष्ट्रीय बैंकिंग व्यवस्था और ऋण देने-संबंधी नीतियों तक के सूत्र अमेरिका के हाथों में हैं। अमेरिकी प्रभुत्व त्रिआयामी है—सामरिक, वित्तीय और व्यापारिक। उसकी जड़ें महत्त्वपूर्ण संस्थाओं के नियंत्रण में हैं। पूँजीवादी दुनिया में चल रही मंदी का उसकी चौधराहट पर अभी तक कोई असर नहीं पड़ा है। इसी तरह गिरते हुए डालर, बढ़ती हुई बेरोजगारी के कारण सामाजिक समस्याओं में वृद्धि, नस्लवादी दंगों और गरीबी उन्मूलन कार्यक्रमों की निष्फलता से भी अमेरिकी प्रभुत्व प्रभावित नहीं हुआ है।

तीसरी दुनिया और समाजवादी दुनिया के प्रमुख देशों (चीन और रूस समेत) के लिए पेश किया जा रहा उदारीकरण/निजीकरण/भूमंडलीकरण का फार्मूला इसी दक्षिणपंथी प्रतिक्रिया का अंग है। विचित्र बात यह है कि अंतर्राष्ट्रीय पूँजीवाद के केंद्र देशों में पनपी इस प्रतिक्रिया को दुनिया के उन दो हिस्सों में ज्यादा हाथों-हाथ लिया जा रहा है जो कभी पश्चिम की चौधराहट का प्रतिकार करने का आश्वासन दे रहे थे। इनमें एक हिस्से को पूर्वी और दूसरे को दक्षिणी दुनिया कहा जा सकता है। लगता है कि वैकल्पिक प्रतिमानों के ये भूतपूर्व केंद्र पूँजीवादी गढ़ों से भी अधिक उत्सुकता के साथ दक्षिणपंथी प्रतिक्रिया को प्रश्रय देने में लगे हैं, जबकि रेगनोमिक्स और थैचराइजेशन के उद्‌गम राष्ट्रों में इस विचारधारा को करारी टक्कर झेलनी पड़ रही है। खनिकों की हड़ताल के मुद्दे पर ब्रिटेन के प्रधानमंत्री जान मेजर की हार, पूर्वी जर्मनी के वासियों और अन्य आप्रवासियों के हितों से तालमेल बैठाने के लिए जर्मन चांसलर हेलमूट कोल द्वारा अपने पार्टी सदस्यों को जीवन-स्तर थोड़ा घटाने की सलाह, रेगन और बुश द्वारा छोड़े गये कर्जे के बोझ से उत्पन्न आर्थिक संकट पर अमेरिका में चली बहस और वहाँ की संघीय सरकार द्वारा हस्तक्षेपकारी नीतियाँ अपनाने की बढ़ती हुई माँग इस बात का प्रमाण है कि पूँजीवादी देशों में रेगनवादी और थैचरवादी युग खात्मे की ओर है।

दुर्भाग्य से तीसरी दुनिया के शासक वर्गों को दक्षिणपंथी प्रतिक्रिया के खिलाफ चिंतन का यह स्पर्श नहीं मिल पाया है। इसी कारण अमीर देशों के बजाय गरीब देशों में ही बाजारप्रधान पूँजीवादी विचारधारा के वास्तविक सीमांत मिलते हैं। यह हालत बताती है कि आत्मनिर्भर उत्तर-औपनिवेशिक देशों के रूप में हमारे मूल चिंतन का किस हद तक क्षय हो चुका है और राष्ट्रीय विकास के जिन वैकल्पिक परिप्रेक्ष्यों को हम अस्त-व्यस्त शैली में आजमा रहे थे, उन्हें त्यागने की प्रक्रिया क्यों चल रही है।

४.
राज्य की संस्था का क्षरण

एक तरफ विकास के प्रमुख प्रतिमानों की गिरती हुई साख और दूसरी तरफ विश्वसनीय विकल्पों का अभाव हमें घूर रहा है। इस प्रक्रिया को राज्य की संस्था की वर्तमान स्थिति के संदर्भ में समझना आसान होगा। इसके लिए अंतर्राष्ट्रीय जगत के साथ-साथ विविध समाजों के आंतरिक जगत को भी टटोलना होगा। हमें दिखायी देगा कि हर जगह राज्य को अक्षम और अधिकारहीन बनाया जा रहा है। उसकी विश्वसनीयता गिरी है। उसकी वैधता संदिग्ध हो चुकी है। भूमंडलीकरण और क्षेत्रीयकरण तो है ही, साथ-ही-साथ जातीयताएँ भी और अधिक संघवाद के लिए दबाव डाल रही हैं। इनके अलावा कई ऐसी प्रक्रियाएँ हैं जो राष्ट्र-राज्य के सिद्धांत पर आधारित राज्य प्रणाली से परे जाकर उसका विखंडन करती हुई लग रही हैं। आंतरिक लोकतंत्रीकरण और बाह्य औपनिवेशीकरण का सम्मिलित प्रभाव राज्य की संस्था को कमजोर कर रहा है।

इतिहास की नागरिक और सेकुलर प्रक्रिया में आया संस्थागत संकट एक अर्थ में इससे भी ज्यादा गंभीर है। बात केवल यही नहीं है कि राज्य की संस्था द्वारा प्रायोजित सेकुलर नागरिक समाज बनाने का कार्यक्रम आक्रांत हो गया है, दरअसल आधुनिक इतिहास के लोकतांत्रिक उभार के अंग की तरह विकसित हो रहा नागरिक समाज और शासन प्रणालियों का अंतरसंबंध ही गड़बड़ा गया है। पुनरुत्थानवाद, आतंकवाद, शासन प्रणाली में 'विशेष हितों' का प्रतिनिधित्व करनेवाली ताकतें, औद्योगिकी और उसके कारण अराजनीतिकरण का हमला उभार पर हॅ, जिससे राष्ट्र और समुदाय हाशिए पर पहुँचते जा रहे हैं।

तीसरी दुनिया में राष्ट्र-राज्य की अक्षमता, कमजोरी और सामाजिक प्रबंधन करने के अधिकार पर चौतरफा हमले चिंता का विषय हैं। लेकिन इस पर विचार करते समय आधुनिक राज्य की परियोजना के ऐतिहासिक महत्त्व की उपेक्षा नहीं की जानी चाहिए। इस परियोजना ने जैसे-जैसे अपने आयामों को उद्‌घाटित किया वैसे-वैसे उसे मानव-संबंधी व्यवस्थाओं में केंद्रीय मध्यस्थ की निश्चित हैसियत मिलती चली गयी। लेकिन साथ में यह परियोजना राज्य और राष्ट्र के विपरीत ध्रुवों में से पैदा होनेवाले आंतरिक अंतर्विरोधों में भी फँसी रही (एक तरफ सामासिक सेकुलरवाद था तो दूसरी तरफ एकरूपीकरण का आग्रह रखनेवाला राष्ट्रवाद था)। इस परियोजना ने युद्धोपरांत उभरी विश्व प्रभुत्व पर आधारित स्पर्धात्मक राजनीतिक व्यवस्था के कारण नुकसान उठाया। नव-औपनिवेशिक अर्थतंत्र, बाजार और मीडिया के सांस्कृतिक हमले ने भी उसे परेशान किया। इन तमाम विकृतियों को ही बाद में नयी विश्व व्यवस्था का नाम

दे दिया गया। आधुनिक राज्य एक के बाद एक इन चरणों से गुजरा। एक परिस्थिति से दूसरी में विकसित होने के इस क्रम की विवेचना करते समय आवश्यक है कि हम आधुनिक राज्य द्वारा मानवता से किये गये 'मूल वायदे' को भी परखें और अगले कुछ दशकों में उसके संभावित अंत के कारणों और प्रकृति का अनुमान लगायें।

आधुनिक सेकुलर राज्य की अवधारणा विश्व इतिहास के एक अभूतपूर्व युग की देन है। इस्लामिक और ईसाई विजयों के युग में भी घटनाओं की रफ्तार इतनी तेज नहीं थी कि उनके ज्वार-भाटे में पूरी दुनिया ही डूबने-उतराने लगे, जबकि अपने बीजारोपण और मूल तर्क के कारण आधुनिक राज्य ने मानवीय पहचान के आधार को ही पूरी तरह उलट दिया था। प्रकृतिजन्य, परामानवीय और ईश्वर आधारित आत्मपहचान के बजाय आधुनिक राज्य ने मानव अस्तित्व को एक नयी पहचान दी जो गृहकेंद्रित (इहलोकवादी) और ज्ञान-केंद्रित (तर्कणावादी) यथार्थ को बढ़ावा देती थी। (इस विश्व-दृष्टि के तहत मनुष्य स्वामी था और राज्य उसके हाथ में काम कर रहा शक्तिशाली उपकरण था)। लेकिन केंद्रीकरण करनेवाली इस जबरदस्त ताकत के गर्भ से लोकतंत्र, बहुलतावाद, पारिस्थितिकीय आंदोलन, जातीयतावाद और आध्यात्मवाद के जीर्णोद्धार जैसी द्वंद्वात्मक प्रतिक्रियाएँ भी उत्पन्न हुईं।

अपने उत्थान के दिनों में भी राष्ट्र-राज्य केंद्रित यह मॉडल अधिकांश मानवता के लिए जमीनी यथार्थ नहीं बन पाया। भविष्य की आकांक्षा के रूप में यह मॉडल अन्य अस्मिताओं और पक्षधरताओं से टकराता रहा। यह सही है कि इस मॉडल के कारण केंद्रीकृत राज्य को नयी वैधता मिली और पूँजी की सघनता पर आधारित विकास पद्धति को अपना लिया गया, लेकिन इसके बावजूद तीसरी दुनिया के अधिकांश हिस्सों (तकरीबन पूरे अफ्रीका और एशिया के ज्यादातर भाग) में इस मॉडल को स्वीकार नहीं किया गया।[४] अब हालत यह है कि भूमंडलीकरण के हमले के कारण और कमजोर हो गये राज्य के खिलाफ अन्य अस्मिताएँ और नागरिक समाज के दूसरे आयाम अपनी आवाज उठा रहे हैं। मानवीय कार्य-व्यापार और मानवीय चेतना के एक बड़े दौर का युगांत होने जा रहा है। कभी इस युग को टिकाये रखनेवाली और अब इस जिम्मेदारी में नाकाम होती जा रही संस्थागत पद्धतियों को रेखांकित करना जरूरी है। इसीलिए तात्कालिक इतिहास में राज्य के संकट के मूल्यांकन की महती आवश्यकता सामने आती है। देखना यह है कि विश्व पूँजीवाद से निकली भूमंडलीकरण और समरूपीकरण की प्रवृत्तियों के धक्के से ढहे जा रहे विकल्पों की इस परिस्थिति में राष्ट्र-राज्य की संस्था की जगह कौन लेगा। कई तरह की नयी संभावनाएँ

गतिशील हैं। बहरहाल पूँजीवादी दबाव विश्व को चाहे किसी आर्थिक दिशा में ले जाय, राष्ट्रों के परे जाकर कोई राजनीतिक अस्तित्व बनने की संभावना नहीं है। बजाय इसके एक दूसरा ही परिदृश्य उभरता लग रहा है। आधुनिक राज्य के क्षय से उत्पन्न शून्य को भरने का काम जातीयतावादी राष्ट्रवाद की ताकतों और समता और न्याय के लिए किये जा रहे संघर्षों ने करना शुरू कर दिया है। इन दोनों के कारण दुनिया काफी हिंसा और विग्रह से गुजर रही है। ऐतिहासिक पुनर्निर्माण के किसी भी बड़े प्रयास को इस रक्तपात से दो-चार होना ही पड़ता है। हो सकता है कि जातीयता और वर्ग-संघर्ष के दौर और आधुनिक सेकुलर राज्य के क्षरण से कोई एकदम नयी अखिल-राष्ट्रीय संरचना का जन्म ही हो जाये।

ऐसी ही किसी संरचना के तौर पर इस समय यूरोपीय एशियाई राजनीतिक क्षेत्र में एक नयी सामासिक इस्लामी संरचना उभरती प्रतीत हो रही है। कुछ दूसरी संरचनाएँ भी उभर सकती हैं—मसलन एक चीनी सांस्कृतिक क्षेत्र आकार ग्रहण कर सकता है जिस में राष्ट्रवादी आग्रहों और भूमंडलीकरण के दबावों के विपरीत सामासिक संस्कृतियों को बचाने के लिए आज भी संघर्ष चल रहा है। बहुलतावादी अस्मिताओं और विविध सांस्कृतिक धाराओं की मदद से एक सच्ची सामासिक हिंदू विश्व-दृष्टि पुनः सामने आ सकती है। इस सबके विपरीत हिंदुत्व के झंडे तले एकरूपीय, अखंडित और ईश्वर आधारित पुनरुत्थानवाद भी खड़ा हो सकता है।[५] या सामीकरण को नया रूप देनेवाली प्रवृत्तियाँ अपना सिर उठा सकती हैं। इनके तहत एक बार फिर असुरक्षा और अलगाव की मानसिकता और उदारता और बहुराष्ट्रीयता की प्रवृत्तियों के बीच चुनाव का प्रश्न पैदा हो सकता है। अमेरिका और यूरोप में आज भी सुदृढ़ प्रतीत होनेवाली सेकुलर संरचनाएँ इस सामीकरण का स्रोत हो सकती हैं। आखिर यूरोप और अमेरिका को अपनी सैन्यवादी और औपनिवेशिक विरासत को दुरुस्त करने की चुनौती भी तो इन्हीं संरचनाओं से मिल रही है।

मेरी नजर में भूमंडलीकरण के रुझानों और जातीयतावादी प्रवृत्तियों का एक सभ्य विकल्प ही मौजूदा उथल-पुथल को शांत कर सकता है। यह विकल्प एक विश्वव्यापी संघात्मक जनवादी आंदोलन के रूप में ही हो सकता है। इस आंदोलन के राजनीतिक और सामाजिक आयाम न केवल क्षेत्रीयताओं और जातीयताओं की आत्मनिर्णय की माँग को संतुष्ट करेंगे, बल्कि सभ्यता और न्याय के लिए होनेवाले संघर्ष की तरफदारी भी करेंगे। नयी सामाजिक-आर्थिक अनिवार्यताओं, मानवीय सामुदायिकता को संगठित करने-संबंधी नये विचारों और नयी अस्मिताओं के विकास के लिए विभिन्न राष्ट्रेतर संरचनाओं अर्थात राष्ट्रों

की सीमाओं को लाँघने के प्रयोग की आज वास्तव में आवश्यकता है। यह आंदोलन ही इसकी पूर्ति कर सकता है।

५
हिंसा का तर्क

जाहिर है कि इस प्रकार के आंदोलन का उदय अभी भविष्य के गर्भ में है। हमारे सामने फौरी समस्या तो समकालीन परिवर्तनों के कारण प्रमुख देशों में हो रही उथल-पुथल है। इन देशों में हर जगह हिंसा की महामारी फैलती जा रही है और यह केवल शहरों और बेरोजगार युवकों तक ही सीमित नहीं है। विभिन्न क्षेत्रों के अंदरूनी इलाकों, आदिवासीबहुल क्षेत्रों और जंगलों में (यहाँ तक कि अभयारण्यों में भी) आतंकवादी (नक्सलियों समेत) पनप रहे हैं। ये लोग बहुत सुसंगठित भी नहीं हैं।[६] हिंसा, अपराध और नशे की तिजारत की संस्कृति विकासमान है। इसका असर नागरिक समाज के संगठन पर कुछ इस तरह पड़ रहा है कि सामाजिक नियंत्रण और सामाजिक संरचना अपने आप में भंग होती जा रही है। समाज में नियंत्रणकारी और संतुलनकारी ताकतों का प्रतीक ढाँचा चरमरा गया है। इस पर संपूर्ण व्यवस्था की बढ़ती हुई संवेदनहीनता, निष्ठुरता और बेपरवाही से गरीबों, बेरोजगारों, बच्चों, अल्पसंख्यकों और दुनिया-भर के 'दलितों' और सबसे ज्यादा महिलाओं अर्थात वंचित तबकों की तकलीफें बढ़ती जा रही हैं। भारतीय इंटेलीजेंस ब्यूरो के पूर्व महानिदेशक ने कहा है कि परिवर्तन की प्रक्रिया से उत्पन्न चुनौती ने हमें बड़े नाटकीय ढंग से एक ठंडी मानवद्वेषी और नियोजित हिंसा के दौर में धकेल दिया है। कानून और व्यवस्था की मशीनरी इस नयी परिस्थिति से निपटने में अक्षम है। इंटेलीजेंस ब्यूरो के इस पूर्व अधिकारी के अनुसार 'बुनियादी रूपांतरण और सामाजिक पुनर्निर्माण के दौर में मुख्य सवाल यह है: क्या सारे देश में फैलते जा रहे विक्षोभ का पुलिस पर बुरा असर नहीं पड़ेगा?' वे आगे पूछते हैं कि इतनी गंभीर चुनौतियों का सामना करने में व्यस्त पुलिस क्या 'रचनात्मक आंदोलन' और 'हिंसक उत्पात' के बीच 'बारीक फर्क' करते हुए दोनों से अलग-अलग उपयुक्त ढंग से निपटने में सक्षम है?[७]

दुनिया-भर में बेरोजगारी बढ़ती जा रही है। पूर्ण रोजगार का राजनीतिक और आर्थिक लक्ष्य त्याग दिया गया है। कुछ समुदायों और वर्गों (जैसे कालों, दलितों और मुसलमानों) को इस कारण दूसरों से ज्यादा तकलीफ उठानी पड़ रही है। उन्हें सामाजिक अपमान का शिकार होना पड़ रहा है। उन्हें मुख्य धारा से दूर रखा जा रहा है। इस प्रक्रिया में अक्सर उनके खिलाफ हथियारबंद पुलिस

लगा दी जाती है। उनके भौतिक और सामाजिक अस्तित्व को नष्ट होने के योग्य मान लिया गया है। आर्थिक संकट अधिकांश वंचितों पर गरीबी, बेरोजगारी, निरक्षता और खराब स्वास्थ्य के रूप में हमला करता है। इसका उदाहरण अमेरिकी अश्वेतों के संदर्भ में न्यूयार्क टाइम्स की इस टिप्पणी में देखा जा सकता है: 'यह एक राष्ट्रीय त्रासदी है कि अमेरिका का एक महत्त्वपूर्ण अल्पसंख्यक तबका लाइलाज आर्थिक संकट में है। उसके ४० फीसदी बच्चे गरीबी में दिन काट रहे हैं और इसका छोटा-सा हिस्सा, संभवत: लगभग दस फीसदी, अपराधी और आत्मनाशक जीवन शैली के जाल में फँस गया है। हमें इस वास्तविकता का एहसास भी है और त्रास भी।' भारत का संदर्भ कुछ ऐसी ही तस्वीर पेश करता है। यहाँ के गरीबों में भी अपराध जगत की ओर चले जाने के अंदेशे के शिकार १४ से २५ साल की नाजुक उम्र के युवकों की संख्या बढ़ती जा रही है। आपराधिक जीवन-शैली युवकों में तेजी से लोकप्रिय हो रही है। दूसरी ओर अकुशल और अर्धकुशल मजदूरों के लिए रोजगार के मौके कम-से-कम होते जा रहे हैं। बेरोजगारी का यह संकट प्रौद्योगिकीय प्रगति और श्रम-प्रधान की जगह पूँजी-सघन उत्पादन पद्धतियों के आगमन से और बढ़ेगा। सरकार ने विदेशी दबाव और शर्तों के सामने घुटने टेक ही दिये हैं। दिनों-दिन लोग निराशा के शिकार होकर नशे और अपराध के भयावह संसार में 'पलायन' करते जा रहे हैं।

'ढाँचागत समायोजन' पर आधारित नयी अर्थनीति के अलमबरदार बढ़ती हुई मंदी, गरीबी, अनुलब्ध होती हुई शिक्षा, स्वास्थ्य, आवासन, परिवहन और बेहतर जीवन स्थितियों के अभाव की दीर्घकालीन आर्थिक समस्याओं की तरफ से लापरवाह हैं। प्राकृतिक संसाधन वाजिब कीमतों पर हासिल होना नामुमकिन हो गया है। पीड़ितों के प्रति राज्य की हमदर्दी और चिंता कम से कमतर होती जा रही है। राजनीतिक-सामाजिक व्यवस्था के नियामकों ने उन बेचारों को सामाजिक सुरक्षा का पात्र मानने से लगभग इंकार कर दिया है अर्थात वे अपने ही देश में विजातीय, नष्ट होने योग्य और मूल सामाजिक संविदा से काट कर अलग कर दिये गये हैं। मानवीय त्रासदी के उत्तरोत्तर हृदयविदारक होने के प्रमाण चौतरफा बिखरे हुए हैं। मानवीय गरिमा को और आहत करनेवाली घटनाओं की भरमार है। महिलाओं और बच्चों पर बलात्कार और जुल्मों और लाखों-लाख आदिवासियों की जबरन बेदखली में अविश्वनीय वृद्धि होती जा रही है। उनकी न्यूनतम देखभाल भी नहीं होती। सामान्य दयाभाव तक का ह्रास हो गया है।

इस निष्ठुर लापरवाही और अमानवीयता की एकमात्र प्रतिक्रिया आपराधिक मनोवृत्ति की बढ़ोतरी में होना स्वाभाविक ही है। इसके तहत बंदूक ही संवाद

का माध्यम रह जाती है। बंदूक उन लोगों के लिए शक्ति का स्रोत और एहसास बन जाती है जो अन्यथा शक्तिहीन बन गये हैं। बंदूक के दम पर रहना ही उनका लक्ष्य बन गया है। ये अपराधी युवक मरने और मारने दोनों के लिए तत्पर रहते हैं। राज्य की मशीनरी और अपराधी गिरोहों को जीवन के बुनियादी मूल्यों की कतई चिंता नहीं है। सच्चा लोकतांत्रिक विकल्प बनाने की किसी भी कोशिश को गरीबी, नागरिक समाज से अलगाव, हिंसा और अपराध से मिल कर बनी इस राक्षसी परिस्थिति से निपटना पड़ेगा। यह समस्या सारी दुनिया के लिए ही महामारी बनती जा रही है लेकिन तीसरी दुनिया के लोगों के लिए यह विशेष रूप से नुकसानदेह है।

वैकल्पिक आंदोलन निस्तेज क्यों हुए?

उक्त विश्लेषण का सार संकलन करने और कुछ निष्कर्षों तक पहुँचने की प्रक्रिया में हम निम्न परिघटनाओं का सामना करते हैं :

☐ अंतर्राष्ट्रीय संबंधों और राष्ट्र-राज्य के आंतरिक संबंधों में 'संरचनागत' क्षय। इसके साथ ही व्यवस्था और संतुलन की शक्ति के रूप में और नागरिक समाज में लोकहित और न्याय की ताकत के आधार बतौर राज्य की संस्था का क्षरण।

☐ मानवीय कष्टों और दरिद्रता को दूर करने की सभी मानवतावादी दृष्टियों का खात्मा और विषमताओं में अभूतपूर्व वृद्धि। अंतर्राष्ट्रीय रूप से और अलग-अलग देशों के बीच तेजी से बढ़ती हुई विषमता और असमानता।

☐ गरीबी मिटाने का दावा करनेवाले विकास के 'मॉडल' में से निकली दरिद्रता और उस कारण बढ़नेवाली भुखमरी, बेघरों की बढ़ती संख्या, पूरे के पूरे समुदायों की जबरन बेदखली, बुनियादी मानवीय गरिमाओं पर चोट और सांस्कृतिक चित्तवृत्ति के रूप में करुणा के उत्तरोत्तर अभाव के कारण प्रियजनों के प्रति भी न्यूनतम प्रेम और स्नेह में कमी।

☐ औद्योगिक विकास के पूँजीवादी रास्ते को दुनिया-भर में मान्यता मिल जाने के कारण निकट भविष्य में होनेवाली गंभीर पर्यावरणीय और सांस्कृतिक हानि। (मेरे ख्याल से संयुक्त राष्ट्र पर्यावरण विकास सम्मेलन भी यही चाहता है कि लोग और स्थानीय समुदाय प्रकृति का संरक्षण न करें और इस नाजुक काम की जिम्मेदारी संसाधनों और पर्यावरण का प्रबंधन करनेवाले विश्वव्यापी प्रौद्योगिकीय तंत्र को सौंप दी जाये ताकि बहुराष्ट्रीय पूँजी और विश्व बैंक जैसी संस्थाओं को इस क्षेत्र में प्रमुख भूमिका मिल सके।)

☐ आर्थिक विकास की संभावनाओं में गिरावट अर्थात विकास-दर न

बढ़ना और गरीबी और अन्याय को खत्म करने की संभावना में कमी। विकास के विषमतामूलक मॉडल के कारण समाजों के अंदर और उनके बीच विषमताओं को व्यवस्थित प्रोत्साहन। इन दोनों के बीच अंतरंग संबंध (यानी दो तरह के उपनिवेशवादी)

□ नयी जातीयताओं और नये राष्ट्रवादों का उभार (आर्थिक विषमताएँ और गरीबी-बेरोजगारी की वृद्धि भी इसका कारण है)। इनमें से कई आंदोलन स्वायत्तता और आत्म-निर्णय की मूल इच्छा से प्रेरित सृजनात्मक प्रयास हैं, लेकिन कई आंदोलन बेहद उग्रवादी रवैये के अधीन होकर 'जातीय शुद्धता' के नाम पर पूरे के पूरे समुदायों और राष्ट्रीयताओं को नष्ट करने पर आमादा हैं।

□ विचारों और दृष्टियों के स्तर पर निर्विवाद शून्य। विश्वसनीय विकल्पों का निर्माण करने के लिए आवश्यक आत्मविश्वास और उत्साह में गिरावट। शासन और प्रबंधन के स्थापित तौर-तरीकों के साथ-साथ विकास और समाज परिवर्तन की भारी-भरकम धारणाओं को चुनौती देनेवाले सामाजिक आंदोलनों का कमजोर पड़ जाना।

इस निराशाजनक परिदृश्य की तुलना में पिछले तीन दशकों में उभरे वैकल्पिक आंदोलन और तत्कालीन प्रभुवर्ग के खिलाफ असहमति और अवज्ञा के आंदोलन हमारा ध्यान आकर्षित करते हैं। १९६८ के वसंत में नवीन विचारों की लहर और उनकी अंतर्वस्तु ने एक विश्वव्यापी युवक आंदोलन को जन्म दिया था। पेरिस में मजदूर वर्ग और युवकों के बीच एक मोर्चा बनाने की असफल कोशिश हुई थी। आंदोलन की इस हवा ने १९७० के दशक में अकादमीय जगत के वैकल्पिक आंदोलनों को भी एक हद तक स्पर्श किया। अस्सी के दशक में ग्रीन और पीस मूवमेंट शुरू हुए और सत्तर के आखिर से लेकर अस्सी के पूरे दशक तक दुनिया में जगह-जगह मानव अधिकार आंदोलन उभरे। इसी दौरान सारी दुनिया में महिला आंदोलन भी फैला। लेकिन इनमें से कोई भी आंदोलन सैनिक-औद्योगिक गठजोड़ के अंतर्राष्ट्रीय स्वरूप और विभिन्न देशों में निजी पूँजी और नौकरशाहों के बीच साठ-गाँठ पर आधारित तंत्र का सामना नहीं कर पाया। वैकल्पिक संरचनाओं के आधार पर भविष्य बनाने निकले बहुत से तत्त्व किसी न किसी प्रकार व्यवस्था के अंग ही बना लिये गये।

आज हालत यह है कि नयी पीढ़ी को अपने हश्र की कोई चिंता नहीं लगती। वह एकदम बेखबर है कि उसका क्या होनेवाला है। ऐतिहासिक प्रक्रिया के उलझाव के कारण युवा पीढ़ी व्यवस्था में अपनी जगह भी तलाशती है और उससे अलगाव भी महसूस करती है। उकताहट, नाराजगी और विक्षोभ के कारण वह व्यवस्था के चक्र से निकलना चाहती है लेकिन अधिकांशतः वह अवसरवाद

का शिकार होकर इसी विजातीय व्यवस्था द्वारा हड़प ली जाती है। पश्चिमेतर देशों में तो यह प्रक्रिया युवकों को अपनी जड़ों से भी काट देती है। विशेष तौर से शिक्षित, अधिक प्रतिभाशाली और प्रगतिकामी युवक खुद को अपनी मूल सामाजिक अस्मिता और अपने ही लोगों के खिलाफ खड़ा पाते हैं। भारत में इस परिघटना का चरम मंडल विरोधी हिंसा के विस्फोट में देखा जा सकता है।

मनुष्यों को मनुष्यों से जोड़नेवाले सभी बंधन इस परिस्थिति के कारण तनाव झेल रहे हैं। परिवार, रिश्तेदारी, पास-पड़ोस और प्रेम और यौन संबंधों जैसे बेहद बुनियादी किस्म के बंधन भी इस तनाव से अछूते नहीं रह गये हैं। सामाजिक और दूसरे नंबर पर आनेवाले संस्थागत किस्म के बंधन, जैसे राजनीतिक दल, जनसंगठन, सौंदर्यशास्त्रीय और साहित्यिक गोष्ठियाँ, क्लब और संगठन भी इसके शिकार हैं। यहाँ तक कि औद्योगिक क्षेत्र में सृजनात्मक उद्यम की पहलकदमियों पर भी इस माहौल का पतनकारी असर पड़ा है। परिणामस्वरूप और अधिक गहरा शून्य पैदा हो गया है। यह राज्य की संस्था के सामाजिक आयामों के क्षरण को विश्लेषित करने की प्रक्रिया में सामने आये शून्य से कहीं ज्यादा गंभीर है।

सामुदायिकता की अनुभूति में आयी कमी के कारण 'सच्चे समुदाय' की आकांक्षा तो पैदा हुई है लेकिन यह किसी को नहीं पता कि उसे कैसे उपलब्ध किया जायेगा। जिस जमाने में निजी संबंध इस कदर तनावग्रस्त हो, उनमें सच्चे समुदाय की खोज समस्याग्रस्त होने के लिए अभिशप्त है (गरीब तबके की अपेक्षा मध्यवर्ग इन उलझनों का ज्यादा शिकार लगता है)। सवाल यह है कि क्या 'सच्चा समुदाय' पारिस्थितिकीय और पर्यावरणीय आंदोलनों में मिल सकता है? समाज की जटिलता, उसकी विविध संरचनाओं और नैतिक आवश्यकताओं से सृजनात्मक पलायन के लिए तो यह रास्ता ठीक हो सकता है, लेकिन इससे समस्या का हल नहीं निकलनेवाला। तो क्या सच्चा समुदाय यौन-उन्मुक्तता, देश-विदेश में होनेवाले सभा-सम्मेलनों में लगातार भागीदारी, निरंतर पर्यटन, प्रकृति से कटे रहने के बावजूद वन्य जीवन के सुखभोग अथवा उपभोक्ता संस्कृति की अंतहीन खरीददारी में मिलेगा?

इन प्रश्नों के उत्तर के लिए आइए देखें कि पश्चिमी और दक्षिणी जगत में व्यवस्था विरोधी और प्रतिसंस्कृति कें समर्थक आंदोलनों की कौन-कौन से किस्में और संभावनाएँ मौजूद हैं[८]:

यूरोप का पीस मूवमेंट : यूरोप से नाभिकीय प्रक्षेपास्त्र हटवाने जैसे संकुचित लक्ष्यों के कारण यह प्रयास दोनों महाशक्तियों के शांति अभियान का अंग बन कर रह गया और 'शांति की फसल काटने' की होड़ कर रहे राजनेताओं

ने इसे हड़प लिया।

ग्रीन मूवमेंट : यह भी यूरोप में ही शुरू हुआ। इसका कुछ हिस्सा दलगत राजनीति की खाई में समा गया और बचा-खुचा आंदोलन मध्यवर्ग द्वारा समर्थन न दिये जाने के कारण कमजोर पड़ गया। आज भी पर्यावरण का सवाल सारी दुनिया में एक महत्त्वपूर्ण मुद्दा है लेकिन पर्यावरणीय आंदोलनों में उपयुक्त दृष्टि अथवा राजनीतिक समझ का अभाव जारी है।

महिला आंदोलन : भारत में इसकी शुरुआत संयुक्त राष्ट्र की प्रेरणा से किये गये सभा-सम्मेलनों के जरिये हुई। यहाँ यह आंदोलन अधिकांशत: अभिजनपरक और निचले तबकों के प्रति कृपाभाव से ग्रस्त रहा। वैसे निचले तबकों और उत्पीड़ित समुदायों के कुछ-कुछ हिस्से इससे जुड़ने लगे हैं जिससे आंदोलन को वास्तविक संस्कार, शैली और रंगत मिल रही है। इसकी मुख्य कमी अन्य आंदोलनों से कटे रहने की है, हालाँकि कुछ महिला कार्यकर्ता पर्यावरण, शांति और मानवाधिकार आंदोलनों में काम करती हैं। दरअसल इस युग की सबसे प्रभावशाली महिलाएँ उत्पीड़ितों के हकों के लिए लड़ती रही हैं। लेकिन महिला आंदोलन के झंडे तले बहुत कम संघर्ष चलाये गये हैं।[१]

विकल्प और वैकल्पिक भविष्य के आंदोलन : ये प्रयास अधिकांशत: अकदामीय सीमा में रह गये हैं। उनकी पत्र-पत्रिकाओं और टीवी-रेडियो तक ही पहुँच है, जनता से तो वे बहुत दूर हैं।

मानवाधिकार आंदोलन : राज्य की संस्था द्वारा बढ़ते दमन और लोकहित और विकास कार्यों में उसकी घटती भूमिका के कारण इस आंदोलन के बढ़ने और व्यापक आधार ग्रहण करने की संभावनाएँ हैं। लेकिन आंदोलन की यह प्रवृत्ति भी अमेरिकी सरकार की राजनयिक मुहिम में समा जाने के अंदेशे से पीड़ित है। अमेरिकी सरकार सैनिक जुंताओं, तानाशाहियों और फासीवादी सरकारों को मजबूत करके कंलकित हो चुकी है। उसके साथ जुड़ कर मानवाधिकार आंदोलन की अपील भ्रमित और कुंठित हो जायेगी। आखिर पिनोशे जैसे तानाशाहों और विश्व बैंक जैसी संस्थाओं का समर्थन करनेवाला देश मानवाधिकार का अलमबरदार कैसे बन सकता है?

जाहिर है कि सभी आंदोलन सत्ता के नये गठजोड़ों की साजिशों अथवा हमलों के कारण खतरे में हैं। यह भी सच्चाई है कि राजनीतिक प्रक्रिया और गरीब तबकों के हित के लिहाज से इन आंदोलनों ने सत्ता के लिए बुनियादी संघर्ष से ध्यान बँटाने की भूमिका अदा की है। दूसरी ओर ये आंदोलन सेकुलर ऐतिहासिक प्रक्रिया की महत्त्वपूर्ण धाराओं का प्रतिनिधित्व भी करते हैं। इन्होंने नयी कार्यसूचियों को पेश किया है और मानव चेतना के नये आयामों को

उद्घाटित किया है। इस संदर्भ में प्रश्न उठाया जाना चाहिए : किस का इतिहास और किस के लिए इतिहास? क्या ये आंदोलन विश्व व्यवस्था के नये प्रबंधकों के अनुकूल नहीं हैं? क्या ये आंदोलन भी कारपोरेट पूँजीवाद पर आधारित विश्व व्यवस्था के मुताबिक ही अराजनीतिकरण को ही बढ़ावा नहीं दे रहे हैं? क्या ये भी राजनीति और उसके लिए आवश्यक दृष्टि के बिना इतिहास में हस्तक्षेप की कोशिश नहीं है?

मैं पहले ही संकेत कर चुका हूँ कि इन आंदोलनों को बड़े पैमाने पर व्यवस्था अपना अंग बनाये ले रही है। इस प्रक्रिया ने इनके सामने बेहद बुनियादी चुनौती पेश कर दी है। कहना न होगा कि कई चिंतित लोगों द्वारा इस समस्या की साफ तौर पर शिनाख्त भी कर ली गयी। (मैं इस विषय पर कई वर्ष से लिख रहा हूँ। यह प्रक्रिया लंबे अरसे से जारी है।[१०]) वैकल्पिक आंदोलनों को व्यवस्था द्वारा हड़पे जाने की यह समस्या आज पहले से कहीं ज्यादा गंभीर हो चुकी है, क्योंकि व्यवस्था के निहित स्वार्थ बड़ी चालाकी से हेर-फेर के जरिये इन आंदोलनों का उन्हीं स्थापित प्रतिमानों के हित में इस्तेमाल किये ले रहे हैं जिनका विकल्प देने का लक्ष्य लेकर वे निकले थे। जनता के चिंतन को प्रभावित करनेवाले बुद्धिजीवियों और प्रमुख कार्यकर्ताओं को 'खरीदा' जा रहा है। यह खरीददारी मोटे पारिश्रमिकों, प्रोजेक्ट, यात्रा खर्चों और विदेशी यात्राओं के जरिये ही नहीं की जा रही (ये तमाम सुविधाएँ भ्रष्ट करने और मतिभ्रम के लिए पर्याप्त होती हैं)। और भी गहराई में जाकर मान्यता और प्रशस्ति के नफीस जरियों से व्यवस्था उन्हें अंगीकार कर लेती है। इनमें से कई ने शिक्षा के क्षेत्र में स्कूल जाना छोड़ने की मजबूरियों के खिलाफ काम का सूत्रपात करने से लेकर जनजातीय आयुर्विज्ञान को प्रोत्साहित करने जैसे कार्यक्रम चला कर अपना प्रभाव छोड़ा है। लेकिन अंततः उन का काम भी व्यवस्थामूलक सोच की मुख्य धारा में योगदान करना ही दिखायी दिया। जिन बुद्धिजीवियों ने पश्चिम की प्रौद्योगिकी आधारित सभ्यता की बुनियादी आलोचना पेश की थी, उन्हें 'लीक से हटे' बता कर और 'गाँधीवादी' विचारों के लिए भूरि-भूरि प्रशंसा से सराबोर कर दिया गया।

आखिर इन बुद्धिजीवियों को व्यवस्था का अंग क्यों बन जाना पड़ा? गाँधी को लगातार उद्धृत करते रहनेवाले इन लोगों और गाँधी के बीच बुनियादी फर्क में इस प्रश्न का उत्तर तलाशना पड़ेगा। गाँधी एक राजनीतिक आंदोलन के नेता थे और पश्चिमी सभ्यता और वैज्ञानिक प्रतिमानों की उनकी आलोचना इसी आंदोलन का एक हिस्सा थी। इस के विपरीत बुनियादी असहमति का दावा करनेवाली आज के बुद्धिजीवियों की पीढ़ी अपने विरोधी स्वरों को एक

राजनीतिक आंदोलन की शक्ल देने में नाकाम रही है। वह ज्यादा-से-ज्यादा विभिन्न मतों और वक्तव्यों की एक मिली-जुली आवाज बन कर रह गयी। इनमें से कुछ मत और वक्तव्य प्रासंगिक जरूर हैं लेकिन उनकी भी पूछ पश्चिम के बौद्धिक बाजार में ही ज्यादा है। पश्चिमी सभ्यता के अधिकांश प्रचंड आलोचक पश्चिमी देशों में होनेवाली संगोष्ठियों में ही तलवारबाजी करते नजर आते हैं। उनमें कितनों ने अपने समाज की जमीन से जुड़ कर पश्चिम का मुकाबला किया है? दलितों, आदिवासियों, पिछड़ों और अल्पसंख्यकों की सभाओं और रैलियों में मुझे तो पर्यावरणवादियों, स्त्रीवादियों, वैकल्पिक तकनीक के वकीलों, विकास विरोधियों और देशज जनगणों के तरफदारों में से कभी कोई नहीं दिखायी दिया। मानवाधिकार कार्यकर्ता जरूर इन सभाओं में दिखते हैं क्योंकि उनका काम मूलतः राजनीतिक है, हालाँकि उनका भी अधिकांश हिस्सा राजनीति की गहमा-गहमी से अक्सर बचना चाहता है।

संक्षेप में, नये सामाजिक आंदोलनों की मुख्य असफलता का कारण एकीकृत राजनीतिक आंदोलन के रूप में विकसित न हो पाना है।[११] अराजनीतिक होना ही उनकी अंतर्वस्तु है। अंतिम विश्लेषण में ये तत्त्व आंदोलनों के अगुआ भी साबित नहीं होंगे। बौद्धिक आंदोलन वस्तुतः खुद में इतिहास के आंदोलन नहीं होते। चूँकि वे ऐतिहासिक परिवर्तन के आंदोलनों का अंग नहीं बनते इसलिए वे बौद्धिकता और राजनीति के विरोधी ही निकलते हैं, भले ही उनका शुरुआती एजेंडा बौद्धिक रहा हो।

नतीजतन, राजनीतिक प्रक्रिया की उपेक्षा करने और अपने समाज में भूमिका-विहीनता के शिकार होकर ये तत्त्व अपना अंतर्राष्ट्रीयकरण अर्थात पश्चिमीकरण करने के लिए मजबूर हो जाते हैं। दरअसल इनके इतिहास को कुरेदते ही पता चल जाता है कि पश्चिम विरोधी मुहिम शुरू करने से पहले ही ये लोग पश्चिमीकरण के गर्त में गिर चुके थे। बाद में उनके पश्चिम विरोध का मीडियाकरण और बाजारीकरण भी हो गया। असहमति के स्वर बाजार की भूल-भुलैया में खो गये। प्रतिसंस्कृति के भव्य सम्मेलन और विचार-विमर्श आयोजित करने के लिए बाजार के पास 'कोष' की कभी कमी नहीं होती। सम्मेलनों के खत्म होने के बाद केवल शेष रह जाती है यह उत्सुकता कि कितने दस्तावेज बिक गये, कितनी समीक्षाएँ, कितनी प्रशस्तियाँ और कितने पुस्तकांश छपे और इस या उस बुद्धिजीवी के मुख्य भाषण का क्या असर पड़ा।

व्यवस्था का अंग बनते जाने की व्यापक प्रक्रिया

सामाजिक आंदोलनों, उनके कार्यकर्ताओं और उनके बुद्धिजीवियों द्वारा व्यवस्था

का अंग बनते चले जाने की कहानी यहीं खत्म नहीं होती, अन्यथा इस का प्रभाव हाशिए पर बैठे कुछ लोगों तक ही होता। (ऐतिहासिक परिवर्तन के लिहाज से ऐसे लोग संख्या में बेहद कम ही होते हैं)। दरअसल, व्यवस्था द्वारा अपने जाल में फँसाने का यह क्रम कहीं गहरा और व्यापक है। व्यवस्था बहुत चालाकी के साथ प्रतिरोध और विविधता की ताकतों को पहले खासी छूट देती है। आजकल ढील देने का यह काम बड़ी सफाई और दूरगामी प्रभाव के तहत बाजार के विभिन्न आयामों के जरिये किया जाता है और हम जानते हैं कि इसका असर किस कदर घातक होता है। हर बार तरह-तरह के लुभावने प्रतीक नियोजित रूप से उभारे जाते हैं। पोशाकों, संगीत, हेयरस्टाइलों, हाथों और पैरों के शृंगार की नयी विधियों को विज्ञापित किया जाता है। बाजार इनसे संबंधित परंपरागत विधियों को दिक्कततलब और समय का अपव्यय करनेवाला करार दे देता है। साथ-ही-साथ फैशन-बातिक संस्कृति का उभार भी चलता रहता है (दिल्ली में भी एक इंस्टीट्यूट ऑव फैशन टेक्नालाजी है)। इसके अलावा युवा प्रतिभाशाली डिजाइनरों की कथित अगुआई में हुई डिजाइन क्रांति (ग्राफिक्स से लेकर घर-बाहर को सजाने की विविध तरकीबों तक) भी इन्हीं आयामों का अंग है। पुरुष प्रधान समाज के खिलाफ स्त्री के विद्रोह का दुरुपयोग करते हुए सृजनात्मकता के नाम पर हर तरह की वासनाओं की तुष्टि और जन्म दिन उत्सवों के निर्दोष माहौल में तोहफों के प्रदर्शन की विकृति बाजारीकरण की सर्वग्रासी प्रक्रिया की ही देन है।

बाजारीकरण के जरिये व्यवस्था का अंग बनते चले जाने की इस प्रक्रिया में मीडिया की भूमिका खास तौर से महत्त्वपूर्ण है। मीडिया विभिन्न असहमतियों को बाजार के प्रतिमान की तरफ धकेलनेवाला सर्वाधिक शक्तिशाली उत्प्रेरक है। लीक से हट कर बनाये गये वृत्तचित्रों और कथा फिल्मों, प्रतिसंस्कृति की प्रतिनिधि प्रदर्शनियों, पोस्टर प्रचार अभियानों, पर्यावरणीय और विज्ञान विरोधी पुनरुत्थानवादी अभिव्यक्तियों और आचार्यों-गुरुओं के संप्रदायों तक हर चीज को व्यावसायीकरण करके व्यवस्था में शामिल कर दिया गया है। तीसरी दुनिया के अर्थशास्त्रियों और समाजविज्ञानियों, जिनमें कई मार्क्सवादी और राष्ट्रवादी विचारधाराओं से जुड़े हुए हैं, को बेहद ऊँचे पारिश्रमिक देकर विश्व अर्थतंत्र और नयी विश्व व्यवस्था के साथ तीसरी दुनिया को जोड़ने के काम में लगा दिया गया है। असहमति के कुछ गंभीर प्रवक्ताओं के पास योगदान के लिए काफी कुछ था, लेकिन व्यावसायीकरण पर बढ़ती हुई निर्भरता ने विश्वव्यापी व्यवस्था के लोभ-लालच के मुकाबले उन्हें इतना कमजोर बना दिया कि वे न चाहते हुए भी इस सांस्कृतिक हमले में भागीदार बन गये।

बड़े पैमाने पर बाजार की घुसपैठ के पीछे सामाजिक-सांस्कृतिक विविधताओं के समतलीकरण की साजिश है। साथ ही यह घुसपैठ विभिन्न जनगणों द्वारा एक सच्चा बहुलतावादी मतैक्य बनाने की लोकतांत्रिक कोशिशों को नाकाम भी करना चाहती है। इसीलिए तमाम राष्ट्रों में चल रही बाजारीकरण की इस प्रचंड मुहिम को ही 'मतैक्य' का नाम दे दिया गया है। आंतरिक रूप से विभाजित राष्ट्रों के प्रधानमंत्री और राष्ट्रपति मतैक्य की राजनीति का दावा करते कभी नहीं थकते।

इस आलोचना की रोशनी में पर्यावरण आंदोलन के हश्र को देखने से साफ हो जाता है कि समस्या की बुनियाद कहाँ है। इस आंदोलन का जबरदस्त उभार और जबरदस्त पराजय, उसकी सांस्कृतिक जड़ों को नष्ट करनेवाला अंतर्राष्ट्रीयकरण, उस में पैठता पेशेवराना और बाजारी दृष्टिकोण अपनी कहानी स्वयं कहता है। इस आंदोलन का संपूर्ण तर्क तो प्रकृति और संस्कृति के जीर्णोद्धार में निहित था अर्थात उसे सामुदायिक जीवन में और गहरे उतरना चाहिए था। उलटे वह अधिकाधिक अंतर्राष्ट्रीयकृत होता गया और उत्तरोत्तर ऊर्ध्वमुखी बन कर हवाई ख्यालगोई में चला गया। आंदोलन की इस दुर्गति का कारण काफी कुछ पर्यावरण कार्यकर्ताओं के बढ़ते हुए व्यावसायीकरण में देखा जा सकता है। ध्यान रहे कि अंतर्राष्ट्रीय गैर-सरकारी संगठनों (एनजीओ) ने उनके ऊपर अनाप-शनाप धन की बरसात कर दी थी। पश्चिम में पर्यावरण को हाथों-हाथ लिया जा रहा था। संयुक्त राष्ट्र संस्थाओं और अनुदानदाता एजेंसियों की निगाह में इसके जरिये वैधता आसानी से प्राप्त की जा सकती थी। इन दो कारणों से गैर-सरकारी संगठनों का कोष लबालब भरा हुआ था। कइयों के पास तो इस धन के उपयोग का कोई कार्यक्रम नहीं था। यही हालत तीसरी दुनिया की सरकारों और मंत्रियों की थी। आज एक के बाद एक पर्यावरण-संबंधी करार हो रहे हैं और आयोग गठित किये जा रहे हैं। इनमें विश्व बैंक द्वारा संचालित ग्लोबल एनवायरोमेंटल फेसिलिटी (जीईएफ) भी है। पर्यावरणीय परियोजनाओं की कोई कमी नहीं है। इनमें कुछ ही बेहतर और कल्पनाप्रणव हैं, लेकिन ज्यादातर उलटी-सीधी और बेहद सामान्य किस्म की हैं।

पर्यावरण कार्यकर्ताओं के लोभ-लालच में फँसते जाने के अलावा पर्यावरणवाद खुद में मनोरंजन का स्रोत, बैठे-ठाले का काम और एक जिंस में बदल गया है। इस तथाकथित आंदोलन में लगे कई युवक अपेक्षाकृत आराम का जीवन गुजार रहे हैं। केवल एक सकारात्मक पहलू शेष रह गया है कि इस अधोपतन के बावजूद सभी सभाओं में युवकगण पर्यावरण के प्रति चिंतित बने हुए हैं अन्यथा यह आंदोलन आधारहीन और प्रेरणाहीन हो चुका है। नयी पीढ़ी

की ऊर्जा और उत्साह के आधार पर रेडिकल संभावनाओं के साथ आंदोलन के पुनर्निर्माण की उम्मीद की जा सकती है। लेकिन दूसरी तरफ व्यावसायिक मूल्यों ने उसे जकड़ भी लिया है। (एक हद तक यही हश्र स्त्रीवादी आंदोलन का भी हो गया है।) पर्यावरण का मुद्दा लोगों को आकर्षित और प्रेरित करता है (हालाँकि इनमें से कई का विचारधाराओं से कोई पूर्वसंपर्क नहीं होता और न ही राजनीति में उनकी जड़ें होतीं हैं)। यह मुद्दा लोगों को अंदर से स्पर्श करता है। इसके बावजूद अधिकांश आंदोलन व्यवस्था का अंग बन कर कुम्हला गया है। वह मंजिल से भटक चुका है। उसने आसान रास्ता अपना लिया है और यही उसका अंतर्विरोध है।

ब्राजील के रियो डि जनेरियो में पृथ्वी सम्मेलन हुआ। यह यूएनसीईडी सम्मेलन पर्यावरण आंदोलन का उत्सव जैसा था। इससे बड़ा सम्मेलन शायद ही पहले हुआ हो। इसे किसी भी किस्म के सम्मेलनों में महानतम सम्मेलन अथवा सम्मेलनों के सम्मेलन का दर्जा भी दिया जा सकता है। इससे साफ हो गया कि पर्यावरण आंदोलन न सिर्फ 'विदेशों से मिलनेवाले अनुदान' पर निर्भर है, बल्कि बड़े पूँजीपति घरानों का भी मोहताज है।[१२] इस प्रवृत्ति में आगे चल कर संपूर्ण आंदोलन को औद्योगिक–नौकरशाह–प्रौद्योगिकीय तंत्र के गठजोड़ के हाथों में सौंप देने का खतरा निहित है।

निष्कर्ष

आइए, अब बुनियादी मुद्दे की तरफ लौटें। सामाजिक आंदोलनों के पटरी से उतर जाने के पीछे मात्र भूमंडलीकरण, उपभोक्तावाद और विविध मानवीय प्रयासों का बाजारीकरण ही नहीं है, बल्कि इसके आधार में बुनियादी दृष्टि और विचार का संकट है। अब लोग अपने–अपने यूटोपिया को जमीन पर उतारने के लिए पहले से बहुत कम जूझ रहे हैं। वास्तविक और व्यापक अर्थों में 'विकल्पों' का अंत हो गया है। सत्ता, विकास प्रणाली और शासन पद्धति (समाजवादी और तृतीय विश्व के ध्रुवों का ध्वंस) का क्षरण तो हुआ ही है, विकल्पहीनता का एक कारण विचारधारात्मक परिप्रेक्ष्यों, ज्ञान के दायरों और चेतना के माध्यमों की कमी पड़ जाना है।

आज सवाल पूछने का समय है: आज तमाम ग्रास–रूट चर्चाएँ और प्रयास कहाँ खड़े हैं? आईएफए और 'थर्ड सिस्टम', 'आल्टरनेटिव्ज़' जैसी पत्रिकाओं, ग्रीन आंदोलन, फ्रेंड्स ऑव अर्थ, जंगल बचाओ आंदोलन, गांधियन वेल्सशुंग (कुमारप्पा वगैरह), द इकोलोजिस्ट, थर्ड वर्ल्ड नेटवर्क और ऐसे ही संस्थागत प्रयासों का नतीजा क्या निकला? ये सभी कोशिशें राष्ट्र–राज्य और उदारतावाद

को ठुकरानेवाले सैनिक-औद्योगिक गठजोड़ की उदारतावादी आलोचना का अंग थीं। वैसे उदारतावादी विकल्प के भी विकल्प मौजूद हैं—समाजवादी, तीसरी दुनियावादी ('सामूहिक आत्मनिर्भरता' के समर्थक) गाँधीवादी, रेडीकल ह्यूमनिस्ट, विश्व संघवादी आदि। लेकिन आज कोई प्रभावी नहीं रह गया है। इनमें से कई धुँधली-सी आशा के स्रोत बने हुए हैं लेकिन यह आशा और ज्यादा धुँधली होती जा रही है। (मैं लंबे अरसे से इन प्रयासों से जुड़ा रहा हूँ। आज भी मेरा ख्याल है कि किसी वैकल्पिक दृष्टि और परिप्रेक्ष्य के अभाव में मानव सभ्यता को भारी टूट का सामना करना पड़ सकता है, इसलिए मौजूदा माहौल के बावजूद मैं एक विकल्प बनाने की भरसक और साफ तौर पर कहूँ तो बेहद कठिन लग रही कोशिश में लगा हूँ।)

मुख्य धारा की ताकतों द्वारा अपनी विश्वव्यापी योजनाओं के हित में वैकल्पिक आंदोलनों को इस्तेमाल करने की प्रक्रिया काफी समय से चल रही है लेकिन प्रतिव्यवस्था और प्रतिसंस्कृति के आंदोलनों की घटती हुई ताकत की अनुभूति अभी तक ठीक से नहीं हो पायी है। इसलिए विभिन्न प्रकार के कार्यकर्ताओं, उनके संगठनों आदि का मोहभंग होना बाकी है। बेशक कुछ सफलताएँ भी गिनाई जा सकती हैं। तीसरी दुनिया और समाजवादी विश्व के कुछ देशों में लोकतंत्र की वापसी एक ऐसी ही सफलता है। लेकिन इसका श्रेय भी नये सामाजिक आंदोलनों को नहीं है। दुनिया-भर में चल रहे मानवाधिकार संगठनों की कुछ भूमिका जरूर रही है, क्योंकि उनकी गतिविधियाँ काफी कुछ राजनीतिक किस्म की होती हैं। इसके अलावा आणविक हथियारों के भंडार में कटौती भी एक सफलता है, हालाँकि सैन्यवाद के पुनः उभार ने उसे जल्दी ही निष्प्रभावी कर दिया है।[१३]

स्त्रियों के अधिकारों और पर्यावरण के क्षेत्र में प्रस्तावों और विधि-निर्माण के रूप में कुछ सीमित सफलताएँ मिली हैं। कई तरह की समस्याओं के प्रति चेतना बढ़ी है। इन उपलब्धियों के बावजूद आँखें खोलनेवाला तथ्य यह है कि दुनिया जहाँ की तहाँ है। अगर कुछ हुआ है तो यही कि प्रभुत्ववादी संरचनाएँ और शक्तिशाली हुई हैं। उन्हें चुनौती देनेवाली प्रमुख ताकतों की पराजय हो चुकी है। राज्य की शक्ति के वैकल्पिक केंद्र ध्वस्त पड़े हैं। गरीबों की हालत बदतर होती जा रही है। समाजवाद अस्त-व्यस्त हो चुका है। जी-७७ और गुटनिरपेक्ष आंदोलन की उपयोगिता संदिग्ध हो गयी है। ज्यादातर गैर-सरकारी संगठन व्यवस्था द्वारा इस्तेमाल किये जा रहे हैं। उन्हें एक-दूसरे से भिड़ाया जा रहा है। मीडिया भी उन्हें निगले जा रहा है। यह सही है कि समाज और सचेत हुआ है—स्त्री, पुरुष और यहाँ तक कि बच्चे भी विषमता और शोषण की

प्रभुत्वकारी संरचनाओं से लड़ने के लिए तत्पर हैं। लेकिन नीचे से आनेवाले इन प्रतिरोधात्मक दबावों की व्यवस्था की स्थापित संरचनाओं पर कोई असर नहीं पड़ रहा है। व्यवस्था और निर्लज्ज होती जा रही है, क्योंकि निचले स्तर के संघर्षों को ऊपरी स्तर पर कार्यरत वैकल्पिक संरचनाओं से सहारा नहीं मिल रहा है (क्योंकि ये ऊपरी और ज्यादा व्यापक संरचनाएँ अब रह ही नहीं गयी हैं)। अतएव बढ़ी हुई चेतना कुंठा और विक्षोभ का स्रोत बन जाती है। अंततः इसका नतीजा भी लोगों द्वारा व्यवस्था का अनुगमन करने की स्वीकृति में निकलता है।

प्रभुत्व और समरूपीकरण के कठोर आग्रहों के नीचे आशाओं का संसार छटपटा रहा है। करोड़ों लोग और राजनीतिक सत्ता के प्रमुख केंद्र हाशिए पर चले गये हैं। अधिकांश देशों में नागरिक समाज निरंतर शून्यग्रस्त होता जा रहा है। इस शोचनीय परिस्थिति में किसी चिंतनशील व्यक्ति अथवा किसी शासन पद्धति को राहत नहीं मिल सकती। शासक वर्ग भी ऐसी स्थिति से खुश नहीं रह सकता, क्योंकि आखिरकार उसे भी एक हद तक स्थायित्व और विभिन्न हितों की आपसी भागीदारी के दायरे में काम करना होता है। आनेवाले वर्ष और दशक महान अनिश्चितता के युग का प्रतिनिधित्व करने जा रहे हैं। शासन पद्धति अथवा प्रबंधन की समस्याओं को चौधराहट कायम कर के या प्रभुत्ववाद थोप कर हल नहीं किया जा सकता। वास्तविक चुनौतियों से रहित यह दुनिया मंजिल से बुरी तरह भटक चुकी है। दीर्घकालीन लक्ष्यों का अभाव हो चुका है। चारों तरफ शून्य ही शून्य है जो अपना मुँह खोले हुए सामाजिक गुंजाइशों को निगले जा रहा है। जातीय किस्म के उभार अचानक टूट पड़ते हैं। जनता जनता के ही साथ तर्कहीन हिंसा में लिप्त है। गरीबी और व्याधि महामारी का रूप ले चुके हैं। सर्वोच्च पदस्थ लोगों से लेकर वंचितों के निम्नतम तबकों तक नियंत्रणहीनता आम परिघटना बन चुकी है।

संदर्भ और टिप्पणियाँ

१. देखें रजनी कोठारी, 'ग्लोबल हिस्टोरिकल कंटेक्स्ट ऑव कैपीटलिज्म एंड कोलोनियलिज्म', दिल्ली में ५-६ जून १९९२ को *नेशनल सेमीनार एंड कंवेंशन इन डिफेंस ऑव सोवरनिटी* में पढ़ा गया आलेख।

२. हाल ही में ज्बिग्न्यू ब्रजेजिंस्की ने माँग की है कि अमेरिका विश्व में नेतृत्वकारी भूमिका निभाये। देखें उनका लेख 'आर्डर, डिसआर्डर एंड यूएस लीडरशिप', द *वाशिंगटन क्वार्टरली,* स्प्रिंग, १९९२

३. कई बुद्धिजीवियों ने इसे 'थर्ड वे' या 'तीसरा रास्ता' करार दिया था, देखें *आल्टरनेटिव्ज १,* नं.-१ (१९७५), पूरा अंक और विशेष कर जिम्हो ओयो-फडका का लेख, 'द थर्ड वे'। वैसे अभी भी कुछ बुद्धिजीवी नार्थ अर्थात समृद्ध देशों से 'डिलिकिंग'

अर्थात उनसे अलग हट कर काम करने की वकालत कर रहे हैं, देखें सामीर अमीन की विभिन्न रचनाएँ विशेष तौर से *डिलिंकिंग* (लंदन: जेड बुक्स, 1990) और *एंपायर ऑव केयोस* (न्यूयार्क मंथली रिव्यू प्रेस, 1992)

४. इस पूरे विमर्श और खास तौर से अफ्रीकी परिस्थिति के लिए महमूद ममदानी का बेहतरीन विश्लेषण देखें, 'अफ्रीका: डेमोक्रेटिक थ्योरी एंड डेमोक्रेटिक स्ट्रगल', *ईपीडब्ल्यू,* २९, नं.-४१, अक्तूबर १०, १९९२

५. देखें रजनी कोठारी, 'प्लेइंग द कम्युनल कार्ड', *न्यूजवीक,* इंटरनेशनल एडीशन, २१ दिसंबर १९९२ और कोठारी 'ए मोमेंट ऑव ट्रुथ' हिंदुस्तान टाइम्स, दिल्ली, २३ दिसंबर १९९२

६. इस विषय में कई खबरें छपी हैं। उदाहरण के लिए देखें 'नेशनल पार्क्स : न्यू हेवेंस फार टेररिस्ट', *इंडियन एक्सप्रेस,* १३ नवंबर, ९२

७. ये विचार इंटेलीजेंस ब्यूरो के पूर्व निदेशक एम.के. नारायणन ने व्यक्त किये थे : *इंडियन एक्सप्रेस,* 22 अक्तूबर, 1992।

८. लेकिन 'पूर्व' के साथ यह बात नहीं थी। वह तो विशाल 'समाजवादी' दुनिया का अंग था और इस दुनिया ने मेरे ख्याल से दुनिया के लोगों और खास तौर से दुनिया-भर के मजदूरों को सब से ज्यादा नीचा दिखाया है।

९. देखें मधु किश्वर, 'व्हाई आई डू नाट काल माईसेल्फ ए फेमिनिस्ट', मानुषी, नं.-६१, नवंबर-दिसंबर १९९०)।

१०. रजनी कोठारी, 'आन द नान पार्टी पॉलिटिकल प्रोसेस : एनजीओज, द स्टेट एंड बर्ल्ड केपीटलिज्म, लोकायन बुलेटिन नं.-५, (१९८६) पृष्ठ ५-२६, इसे 'स्टेट अगेस्ट डेमोक्रेसी (नयी दिल्ली अजंता पब्लिकेशंस, १९८८), पृष्ठ ७२-८७

११. विभिन्न वैकल्पिक विकास और वैकल्पिक प्रौद्योगिकीय संस्थानों के मुकाबले इंडिपेंडेंट इनीशेटिव, द फेडरल फ्रंट, भारत जन आंदोलन और पीयूसीएल और पीयूडीआर जैसे नागरिक अधिकार संगठन अधिक प्रासंगिक हैं। हालाँकि वैकल्पिक संस्थान यदा-कदा बौद्धिक उत्तेजना पैदा करनेवाले सवाल उठाते रहते हैं।

१२. अंतर्राष्ट्रीय पर्यावरणवाद के साथ बेहद प्रतिबद्ध और यूएनसीईडी के महानिदेशक मारिस स्ट्रांग ने न केवल एक प्रमुख स्विस उद्योगपति को अपना सलाहकार बनाया वरन रियो के पृथ्वी सम्मेलन के अनाप-शनाप खर्चे की पूर्ति कारपोरेट घरानों से लिये गये लाखों-लाख डालरों से की।

१३. नोबेल पुरस्कार विजेता बर्नार्ड लोन ने इस विषय में पत्र-पत्रिकाओं में लिखा है। देखें लोन, 'रशिया एंड यूएस परफार्म ए मेकाबर न्यूक्लियर टेंगो', *पायनियर,* १३ अक्तूबर, १९९२

भूमंडलीकरण बनाम राष्ट्र-राज्य

भूमंडलीकरण के अध्ययन के रूप में लिखे गये इस लेख के प्रस्तुत अंश में रजनी कोठारी ने दावा किया है कि भारत के अभिजन राष्ट्र-राज्य की भारतीय किस्म विकसित करने का प्रयोग बीच रास्ते में छोड़ते जा रहे हैं। ये अभिजन चिंतित हैं कि जनता की माँगों और दावेदारियों के कारण राजकाज चलाना कठिन होता जा रहा है पर उन्हें विश्व बैंक और विश्व व्यापार संगठन जैसी राष्ट्रातीत संरचनाओं के वर्चस्व के कारण हो रहे राष्ट्र-राज्य और अपने प्राधिकार और प्रताप में हो रहे क्षय की चिंता नहीं है। वे यह भी देखने के लिए तैयार नहीं हैं कि घरेलू मोर्चे पर कदम खींचने के कारण भारत की अंतर्राष्ट्रीय हैसियत भी गिर गयी है। दरअसल, शीतयुद्ध खत्म हो जाने के बाद एक नये किस्म के साम्राज्यवाद ने दुनिया को अपनी गिरफ्त में लेने की मुहिम छेड़ दी है। यह राज्य प्रणाली के दायरों में सक्रिय रहने वाला पुराने किस्म का भूमंडलीय साम्राज्यवाद नहीं है। यह अराजनीतिक, प्रौद्योगिकी आधारित और राष्ट्र-राज्य को कमजोर करने वाला नवपूँजीवादी सम्राज्यवाद है। ये ताकतें किसी किस्म के विकल्प को सहन करने के लिए तैयार नहीं हैं। वे असहमति के सभी स्वरों को या तो कुचल देना चाहती हैं या फिर प्रलोभन देकर अपनी ओर मिला लेना चाहती हैं। इस हथकंडे को नागरिक समाज की संस्थाओं से लेकर प्रतिरोध के सभी रूपों पर आजमाया जा रहा है। f

... सत्तर के दशक के मध्य में अमेरिका, यूरोप और जापान के तीन प्रमुख बुद्धिजीवियों ने एक दस्तावेज प्रकाशित किया था। इसमें बदलते हुए घरेलू और अंतर्राष्ट्रीय माहौल के हवाले से पश्चिमी और जापानी उदार लोकतंत्रों के तहत राजनीतिक भागीदारी सीमित करने की आवश्यकता पर जोर था। एक त्रिपक्षीय सम्मेलन में एक रपट की तरह पेश किये गये इस दस्तावेज का शीर्षक था : 'क्राइसिस ऑव डेमोक्रेसी : रिपोर्ट ऑन द गवर्नेबिलिटी ऑव डेमौक्रेसी टु द ट्राईलेटरल कमीशन'। इसके लेखक थे मिशेल जे. क्रोजियर (फ्रांस), सेमुअल पी. हटिंग्टन (अमेरिका), जोजी वातानुकी (जापान)। पिछले कुछ वर्षों से

विकासशील देशों के अकादमीशियन और अन्य बुद्धिजीवी इसी किस्म की चिंताओं से ग्रस्त लग रहे हैं, जबकि इन देशों की अपेक्षा पश्चिम इस तरह की चिंताओं में कुछ कम दिलचस्पी दिखा रहा है। प्रवासी हो चुके एक प्रमुख राजनीतिशास्त्री अतुल कोहली ने १९९० में एक किताब लिखी जिसे हाथोंहाथ लिया गया। इसका शीर्षक था : 'डेमौक्रेसी एंड डिस्कंटेंट : इंडियाज़ ग्रोइंग क्राइसिस ऑव गवर्नेबिलिटी'। इसे केम्ब्रिज यूनिवर्सिटी प्रेस, न्यूयार्क ने छापा था। देश के भीतर भी प्रमुख पत्रकार और बुद्धिजीवी भी कोहली से मिलती-जुलती चिंताएँ व्यक्त करते देखे गये हैं कि अगर भारतीय राज्य को तरह-तरह के गुटों और क्षेत्रों की तरफ से उठने वाली सभी तरह की माँगों को मानना पड़ा तो वह कैसे टिक पायेगा। ...

... अजीब बात यह है कि जो अभिजन जनता की माँगों के कारण राज्य के कमजोर होने का रोना रो रहे हैं, उन्हें उदारीकरण और भूमंडलीकरण की नीतियों के कारण हो रहे राज्य की ताकत के क्षय की कोई चिंता नहीं है। उन्हें अपनी ही जनता की माँगों और दबावों से तो ज्यादा खतरा लगता है, लेकिन विदेशी कारपोरेशनों, विश्व बैंक और अंतर्राष्ट्रीय मुद्रा कोष जैसी संस्थाओं, विश्व व्यापार संगठन, दुनिया-भर के आर्थिक और प्रौद्योगिकीय भविष्य को अपने शिकंजे में जकड़ने वाले अमेरिका और पश्चिमी यूरोप के व्यापारिक गठजोड़ों और तंत्रों की तरफ से भारतीय राज्य पर पड़ने वाले दबावों में उन्हें कोई जोखिम नहीं दिखायी देता। इस तथ्य के प्रमाण देखना मुश्किल नहीं है कि भूमंडलीकरण के विविध दबावों के सामने राज्य और राष्ट्रीय अभिजन कमजोर पड़ते जा रहे हैं। अब वे पहले की तरह न तो राष्ट्रीय प्राथमिकताएँ निर्धारित करने काबिल रह गये हैं और न ही उनकी सत्ता अपने मातहतों पर पहले की तरह चलती है। नौकरशाही अब बाहरी एजेंसियों की तरफ से आने वाले इशारों का ज्यादा से ज्यादा ध्यान रखती है और प्रदेश सरकारें विदेशी कारपोरेशनों तक सीधी पहुँच बनाने की कोशिश में एक-दूसरे से होड़ करती रहती हैं। अभिजनों, नौकरशाही और राज्य सरकारों को इस बात की भी फिक्र नहीं रह गयी है कि ये बहुराष्ट्रीय कारपोरेशन उन्हीं देशों से आते हैं जो शीत युद्ध खत्म हो जाने के बाद भी हथियार बनाने और उनकी तिजारत करने वाले प्रमुख देश हैं। हथियारों के इन्हीं सौदागरों के कारण भारत जैसे देश अपनी सीमाओं पर खतरा महसूस करते रहे हैं। इन देशों का हाथ हमारी आंतरिक उथल-पुथल में भी समझा जाता है। विद्रोही राष्ट्रीयताओं और क्षेत्रों के साथ-साथ निचले तबकों और अल्पसंख्यकों के असंतोष का जिम्मा भी इन्हीं देशों की कारसाजियों पर डाला जाता रहा है।

अब यह तकरीबन साफ हो गया है कि बेहतर वेतन और बेहतर रोजगार अवसरों जैसी लोकतांत्रिक माँगों के प्रति कुछ बुद्धिजीवियों, पत्रकारों और राजनेताओं के रवैये और इस मुद्दे पर विदेशी निवेशकों के सरोकारों के बीच कोई खास फर्क नहीं रह गया है। दोनों के बीच इस बात पर भी लगभग सहमति ही बन गयी है कि राज्य की भूमिका को कम करके देश का कामकाज बाजार के हाथों में सौंपते हुए 'विश्व बाजार' के साथ ज्यादा से ज्यादा एकजुट होते चले जाना चाहिए। देश में इस तरह से सोचने वालों की संख्या बढ़ती चली जा रही है कि उदारीकरण और भूमंडलीकरण न केवल हमारी आर्थिक दिक्कतों से छुटकारा दिला देगा वरन् उसके जरिये उदीयमान सामाजिक वर्गों की माँगों के कारण पैदा हुई राजनीतिक बीमारी का इलाज भी मिल जायेगा। लगता है कि ये लोग शासन की एक ऐसी प्रणाली चाहते हैं जिसे अपनी ताकत बाह्य हस्तक्षेप से प्राप्त करनी होगी। प्रस्तावित 'नयी विश्व-व्यवस्था' का असली मतलब यही हो सकता है। यह नयी विश्व-व्यवस्था ऐसी एकीकृत और प्रबंधित दुनिया बनाना चाहती है जिसमें वह अपने ढंग से अपने किस्म की अंतर्राष्ट्रीय सुरक्षा और 'शांति' की गारंटी कर सके। शीत युद्ध खत्म होने के बाद राष्ट्रों और वर्गों के बीच जो भी विवाद और टकराव पैदा हुए हैं, उन्हें भी मानवीय हित के ये नये संरक्षक अपनी प्राथमिकताओं के हिसाब से निपटाना चाहते हैं।

'नयी विश्व-व्यवस्था' और उसके तहत हो रहे भूमंडलीकरण का परिणाम राज्य की ताकत के क्षय में निकला है। राष्ट्रों की कार्यसूची में अब राज्य की हैसियत पहले जैसी नहीं रह गयी है। उधर राज्य को अपनी जनता की नाराजगी अलग से झेलनी पड़ रही है। आखिरकार, जनता अपने सबलीकरण के लिए राज्य पर निर्भर थी। आज लोगों में यह एहसास बढ़ता जा रहा है कि राज्य को उनकी खुशहाली में कोई दिलचस्पी नहीं रह गयी है, इसलिए अपनी तत्कालीन और दूरगामी समस्याओं का सामना करने के लिए उन्हें अपनी व्यूह रचना खुद ही करनी पड़ेगी, अपनी संस्थाएँ खुद बनानी पड़ेंगी, नागरिक समाज पर उत्तरोत्तर निर्भर होते हुए अपने ही सामुदायिक संसाधनों को खँगोलना पड़ेगा। हालात का दूसरा पहलू यह है कि जनता के चिंतन में राज्य के प्रति उम्मीदें कम जरूर हो गयीं हैं पर उसने मध्यवर्गीय अभिजनों की भाँति उसे पूरी तरह त्यागा भी नहीं है। जनता आज भी नागरिक समाज के स्तर पर उत्पीड़न और शोषण की संरचनाओं के खिलाफ संघर्ष में उपलब्धियाँ प्राप्त करते हुए उस प्रक्रिया में राज्य की संस्था को रूपांतरित करना चाहती है। सच्चाई तो यह है कि गरीबों का काम एक संस्था के रूप में राज्य या चुनाव और पार्टियों के जरिये चलने वाली लोकतांत्रिक राजनीतिक प्रक्रिया के बिना चल ही नहीं सकता।...

... राष्ट्र-राज्य का ... मॉडल आज तितर-बितर पड़ा हुआ है। एक तरफ तो हालत यह है कि राज्य को राष्ट्र के केंद्रीय तंत्र की हैसियत से वंचित कर दिया गया है और दूसरी तरफ अभी तक बने 'राष्ट्र' ने बिखराव, एकाधिक ध्रुवीकरणों और संभावित विखंडन की तरफ जाने की शुरुआत कर दी है। राज्य की हैसियत में कटौती और राष्ट्र के प्रभामंडल में क्षय एक साथ घटित हुआ है। राज्य के अधिकार भूमंडलीय 'व्यवस्था' और बाजार द्वारा हड़प लिये गये हैं, जबकि राष्ट्र को हाशिये पर पड़ी हुई बहुत-सी अस्मिताओं के साथ-साथ विभिन्न क्षेत्रों और 'राष्ट्रीयताओं' की तरफ से चुनौती मिल रही है। इस परिघटना के कारण राष्ट्र-निर्माण की परियोजना को धक्का लगने का अंदेशा है जिसका नुकसान समाज परिवर्तन के केंद्रीय एजेंट के रूप में राज्य की भूमिका को उठाना पड़ेगा। नागरिक समाज की स्वायत्तता कमजोर होगी और आदर्श लोकतांत्रिक व्यवस्था की आधुनिक खोज में भी रुकावट आयेगी। हालाँकि भूमंडलीकरण के पैरोकारों का दावा दुनिया के पैमाने पर एक संघटनकारी डिजाइन को प्रोत्साहन देने का है, पर असल में होगा यह कि भूमंडलीकरण में अंतर्निहित समरूपीकरण का आग्रह पहले से ही कार्यरत विघटनकारी प्रवृत्तियों को बढ़ावा देगा। बाजार समरूपीकरण का ही एक ताकतवर उपकरण है जो भूमंडलीकरण से प्रेरित जनसंचार माध्यमों के जरिये एक तरह की छवियों और संदेशों को परोसता रहता है, ताकि उपभोक्ताओं की प्राथमिकताओं को समरूप बनाया जा सके। ...

राष्ट्र-राज्य का बढ़ता हुआ क्षय और कदम-वापसी

... राष्ट्र और राज्य के क्षय का पहला आयाम तो यह है कि पिछले काफी समय से भारत की जनता को राज्य की वैधता लगातार कमजोर होती लग। रही है। जो तबके अपनी खुशहाली के लिए राज्य पर निर्भर थे वे भी इसी तरह सोच रहे हैं कि अब राज्य में उन्हें लाभ पहुँचाने की क्षमता नहीं रही। मध्यवर्ग, पेशेवर वर्ग और मीडिया जैसे कामों से जुड़े तबकों की निगाह में भी राज्य की साख पहले जैसी नहीं रह गयी है। दूसरे, नागरिक हों या प्रांतीय, जिला और स्थानीय स्तर की संस्थाएँ हों; मध्यवर्ती स्थानीय इकाइयाँ या संस्थान हों; सामुदायिक संस्थाएँ हों या स्वयंसेवी संस्थाएँ और नागरिक समाज की अन्य संस्थाएँ हों; राज्य को केंद्र सरकार के रूप में देखने पर उन्हें लगता है कि उसके पास न पहले जैसा प्राधिकार रह गया है, न ही उसका प्रभामंडल और प्रताप पहले जैसा है।[८] कभी स्वायत्तता और कभी अलगाव के लिए चलाये जाने वाले किस्म-किस्म के क्षेत्रीय आंदोलनों ने राज्य को टकराव और हिंसा के दौर में फँसा दिया है। तीसरे, देश के भीतर उद्योग, श्रम, धर्म, जाति, भाषायी और जातीय अस्मिताओं जैसे सत्ता

के अन्य केंद्रों के संदर्भ में राज्य की विशिष्ट और प्रभावी भूमिका की अवध अब उतनी असरदार नहीं रही। इसी तरह देश के बाहर भू-राजनीतिक सामरिक सत्ता के केंद्रों से लेकर अंतर्राष्ट्रीय वित्तीय संस्थानों के साथ-साथ पूँजी और वाणिज्य की बहुराष्ट्रीय संरचनाओं के संदर्भ में भी राज्य के प्रभाव का क्षय हो गया है। इसी के परिणामस्वरूप स्वायत्तता और आत्मनिर्भरता पर जोर कम हुआ है। अंतर्राष्ट्रीय बिरादरी भी इन मुद्दों के लिए कम समर्थन दे रही है। जी-७७ से लेकर संयुक्त राष्ट्र की अंकटाड, विश्व श्रम संगठन, यूनीसेफ और यूएनआरआईएसडी जैसी संस्थाओं की जगह विश्व बैंक, अंतर्राष्ट्रीय मुद्रा कोष और विश्व व्यापार संगठन जैसी संरचाएँ लेती जा रही हैं।

सामाजिक और आर्थिक मामलों में केंद्रीय मंच पर रहने के बजाय भारतीय राज्य अपने कदम वापस खींच रहा है। आर्थिक मामलों में तो कदम-वापसी का यह सिलसिला अब कम से कम बीस साल पुराना हो गया है। १९९१-९२ में इसकी नाटकीय शुरुआत हुई थी। सामाजिक दायरे में हालत यह है कि अब राज्य पहले की भाँति अल्पसंख्यकों, पिछड़ों, आदिवासियों, महिलाओं और बच्चों को नये-नये अवसर उपलब्ध कराने की भूमिका नहीं निभा रहा है। अब शिक्षा, पर्यावरण, स्वास्थ्य और आवासन जैसे प्रमुख क्षेत्रों में राज्य जनता की पहलकदमी खोलने और देशज चिंतन के लिए प्रोत्साहन देता नजर नहीं आता। अब उसे समाज के दरिद्र और उत्पीड़ित हिस्सों के लिए बनाये गये कानूनों के कार्यान्वयन में भी उतनी दिलचस्पी नहीं रही। अब यह साबित हो चुका है कि जब तक शिक्षा, स्वास्थ्य और प्रदूषण रहित पर्यावरण के संदर्भ में गरीबों की क्षमताओं का विकास नहीं होगा तब तक वे अपने लिए बेहतर आर्थिक भविष्य की रचना कर पाने में सक्षम नहीं हो पायेंगे। केवल नौकरशाहाना नियोजन के जरिये जनता के बड़े-बड़े हिस्सों की बदहाली दूर नहीं की जा सकती। इस मामले में तो केवल गरीब ही अपनी मदद अपने आप कर सकते हैं जिसके लिए जरूरी है कि ऊपर बताये गये सामाजिक क्षेत्रों में गरीबों का सबलीकरण हो। और राज्य इसी जिम्मेदारी से मुँह चुरा रहा है।

जनता अपनी तरफ से राज्य पर दबाव डाल रही है कि वह ऐसा न करे। यह दबाव जातीय और क्षेत्रीय आंदोलनों के साथ-साथ लोकतांत्रिक अधिकारों के लिए चलाये जा रहे वर्ग और जाति आधारित संघर्षों के रूप में देखा जा सकता है। पर समस्या यह है कि ठीक इसी समय राज्य की बागडोर सँभालने वालों ने तकरीबन नियोजित रूप से अपनी पकड़ ढीली कर दी है। सामाजिक और क्षेत्रीय दायरों के प्रति उनका सरोकार कमजोर पड़ गया है। एक तरफ राज्य की पुनर्संरचना होने की कोशिश हो रही है और दूसरी तरफ राज्य अपनी संवैधानिक

जिम्मेदारियों से मुँह चुरा रहा है।[१] ये दोनों पहलू एक ऐसी स्थिति की तरफ इशारा कर रहे हैं जिसमें समग्र राजतंत्र ही बिखराव की तरफ जाता लग रहा है।

विश्व-व्यवस्था के शिकंजे में

घरेलू मोर्चे पर कदम पीछे खींचने का नतीजा यह निकला है कि एक राजनीतिक अभिनेता के तौर पर भारतीय राज्य की अंतर्राष्ट्रीय हैसियत में भी गिरावट आ गयी है। विकासशील देशों का सहयोग ले कर सत्ता के अंतर्राष्ट्रीय केंद्रों के मुकाबले अपनी स्वतंत्रता और अस्मिता का दावा करने के बजाय भारतीय राज्य पर हावा नौकरशाहाना, औद्योगिक और तकनीकशाह अभिजन उसे विश्व-व्यवस्था के साथ जोड़ने के लिए तैयार कर रहे हैं। इस विश्व-व्यवस्था का खाका पश्चिम केंद्रीय चिंतन और नियोजन करने वाले रैंड कारपोरेशन और तीनों ब्रेटनवुड संस्थाओं के दफ्तरों में तैयार किया गया है। अभी तक यह जुड़ाव केवल विश्व बाजार का अंग बनने के रूप में ही सामने आया है। समझाया यह जा रहा है कि आर्थिक संघटन का नतीजा राजनीतिक परनिर्भरता और सामाजिक-सांस्कृतिक मातहती में नहीं निकलेगा। मेरा मानना है कि इस तरह की मान्यता बचकानी और धोखे से भरी हुई है। विश्व-व्यवस्था से इस तरह के संघटन का मतलब साफ तौर से भारतीय राज्य की स्वायत्तता के क्षय में ही निकलेगा। यहाँ यह ध्यान रखना होगा कि उदारीकरण के तहत बाजार का बोलबाला बढ़ने से राज्य के प्राधिकार का क्षय अनिवार्य नहीं होता और न ही विश्व बाजार से जुड़ने का रास्ता दिखाने के लिए भूमंडलीकरण के पैरोकारों के लिए भारत में मौजूद रहना जरूरी है। भूमंडलीकरण का सिलसिला चालू रखने के लिए कोई जरूरी नहीं कि राज्य को हर क्षेत्र में अपनी स्वायत्तता खोनी ही पड़े। कई देशों के राज्य भूमंडलीकरण करते हुए भी किसी भी तरह की मातहती स्वीकार करने से बच कर दिखा चुके हैं। दक्षिण कोरिया, ताइवान, जापान, हाल ही में मलेशिया और सबसे ज्यादा ज्वलंत उदाहरण के रूप में चीन को देखा जा सकता है। इन देशों में राज्य की संस्था और बाजार ने एक दूसरे को ताकत प्रदान की है। यह काम एक ऐसे अभिजन ने अंजाम दिया है जो एक तरफ बहुराष्ट्रीय कंपनियों का इस्तेमाल करता है और दूसरी तरफ राजनीतिक असहमति और नागरिक समाज के सामाजिक-सांस्कृतिक दायरों के असंतोष को सफलतापूर्वक नकारते हुए चलता है।

उदारीकरण और निजीकरण का सीधा मतलब यह कतई नहीं समझ लेना चाहिए कि राज्य की संस्थाओं की जगह बाजार ले लेगा। जो लोग यह मानते हैं वे गलतफहमी में जिंदा हैं और उन पर कारपोरेट सत्ता का भूमंडलीय प्रचारतंत्र

हावी है। यह भूमंडलीय प्रचारतंत्र अपने धुआँधार प्रोपेगंडे के जरिये राज्य को कमजोर और अधिकारहीन करने में लगा हुआ है। कुछ खास तरह के नेताओं (तकनीकशाह कम राजनेता), नौकरशाहों और उद्योगपतियों के उदीयमान गठजोड़ को यह स्थिति पसंद है। राज्य की जगह बाजार रखने की थीसिस पर यकीन करने की प्रवृत्ति साधारण लोगों में काफी दिखायी पड़ती है। इसकी वजह एक विचारधारात्मक और राजनीतिक शून्य में देखी जा सकती है जो एक विचार और यथार्थ के रूप में तीसरी दुनिया की अवधारणा को तकरीबन खारिज करने के कारण पैदा हुआ है। इस शून्य के कुछ और भी कारण हैं : जैसे, समाजवादी खेमे का संपूर्ण ध्वंस, कुछ दूसरे ही तरीके से सामाजिक जनवाद के विचार का क्षय (यह विचार लोकोपकारी राज्य और पश्चिमी पूँजीवाद उत्तर-कींसीय मॉडल पर टिका था)। इस शून्य को भरने के लिए पूँजीवाद एक ऐसी संकेंद्रित अवधारणा ले कर आया जिसके तीन आयाम थे : साम्यवाद की चुनौतियों से निपटना, तेल उत्पादक देशों की तर्ज पर किये जा रहे तीसरी दुनिया के हस्तक्षेप का सामना करना और सोवियत संघ के ध्वंस के बाद अंतर्निर्भरता के नये मॉडल को प्रोत्साहित करना। भारत जैसे बहुसांस्कृतिक समाजों में वास्तविक लोकतंत्र के क्षय के बाद पैदा हुए शून्य को भरने की भूमिका धार्मिक और संकीर्णतावादी विचारधाराओं ने निभायी।

भविष्य की संभावनाएँ

ऊपर वर्णित संदर्भों में भविष्य की संभावनाओं का आकलन करने पर दो रुझान दिखायी पड़ते हैं। आज की दुनिया अवधारणात्मक रूप से अलग-अलग राष्ट्र-राज्यों और विविध संस्कृतियों से मिल कर बनी है। भूमंडलीकरण के तहत उस पर पहला असर तो यह पड़ सकता है कि इस अवधारणा के विपरीत दुनिया को एक तथाकथित विश्व-व्यवस्था में एकीकृत करने की कोशिश की जाय। इस संघटनवादी रुझान के साथ दूसरा रुझान यह हो सकता है कि राष्ट्र-राज्यों को आंतरिक रूप से जमीनी आंदोलनों, क्षेत्रीय दावेदारियों और हाशिये पर पड़े नाना प्रकार के तबकों की चुनौती का सामना करना पड़े। यह राष्ट्र-राज्य को लोकतांत्रिक बनने के लिए दबाव डालने क। रुझान होगा। ये दोनों प्रवृत्तियाँ भारत जैसे राष्ट्र-राज्यों की स्वायत्तता कम करने की भूमिका निभायेंगी। विश्व-व्यवस्था के साथ जुड़ने के आग्रह के पीछे वे तत्त्व होंगे जो राजनीतिक और वित्तीय हितों और संसाधनों की दृष्टि से संगठित हैं। राष्ट्र-राज्य को अधिक बहुलतावादी और विकेंद्रीकृत बनाने के लोकतांत्रिक आग्रह के पीछे जनता के बहुसंख्यक तबके होंगे जिनकी अधिकार-चेतना लगातार बढ़ रही है।

संघटनवादी रुझान का मकसद भूमंडल के पैमाने पर मध्यवर्ग के एकरंगे भविष्य की रचना करना होगा। इसके तहत अपनायी गयी नीतियों के कारण मानवता का एक बहुत बड़ा हिस्सा न केवल ऐतिहासिक प्रक्रिया से बाहर कर दिया जायेगा, बल्कि वह राज्य की संस्थाओं और बाजार के आदान-प्रदान में भी सहभागी नहीं रह जायेगा। इस रुझान में उत्तरोत्तर केंद्रीकृत और सर्वसत्तावादी शासन की संरचनाओं के अपनाये जाने के अंदेशे निहित हैं। राष्ट्र-राज्य और राष्ट्रीय अर्थव्यवस्था भूमंडलीय प्रणाली से जितना जुड़ेगी, शासक वर्ग दुनिया-भर की जनता, समुदायों और राष्ट्रीयताओं से उतना ही कटता चला जायेगा।

देश के भीतर भी ऐसा ही होगा। राज्य जितना केंद्रीकृत होगा, जमीन से उठने वाली माँगें उसे उतनी ही कम सुनायी देंगी। वह विविध समुदायों और राष्ट्रीयताओं की जरूरतों को नहीं समझ पायेगा। इन अंदरूनी और बाहरी रुझानों का मिला-जुला असर यह होगा कि जनता के एक बहुत बड़े हिस्से को हताश हो कर मजबूरन विद्रोह, बगावत, धरना, बंद और हड़ताल के तरीके अपनाने पड़ेंगे? इनमें से ज्यादातर कार्रवाइयाँ शांतिपूर्ण होंगी, पर कुछ तत्त्व ऐसे भी होंगे कि व्यवस्था से घोर अरुचि और अन्याय के खिलाफ क्रोध के कारण दुनिया-भर में चल रहे हिंसा-चक्र में फँस जायें और क्रांति करने के दावे करने लगें।

अक्सर यह दलील दी जाती है कि ऊँचे स्तर पर बैठे लोगों के खयाल अधिक उदार और समतामूलक होने के नाते निचले स्तर पर कार्यरत लोगों के मुकाबले अधिक समझदारीपूर्ण होते हैं। इसी के साथ यह भी कहा जाता है कि पंचायतों जैसी स्थानीय स्तर की संरचनाओं पर रंग-रुतबे वाले लोग हावी हो जायेंगे, इसलिए उन पर भरोसा नहीं किया जाना चाहिए। गौर से देखा जाये तो इन दलीलों में ज्यादा दम नहीं नजर आयेगा, क्योंकि निचले स्तर पर लोकतांत्रिक प्रक्रिया चल निकलने के बाद सामाजिक वर्गों का सबलीकरण होता है और वे ऊँचे तबकों के वर्चस्व को चुनौती देने की हैसियत प्राप्त कर लेते हैं। ठीक इसी तरह का तर्क भूमंडलीय पैमाने पर दिया जाता है कि भूमंडलीय संस्थाएँ और अभिजन राष्ट्रीय और क्षेत्रीय अभिजनों के मुकाबले ज्यादा समझदार होते हैं। यह भी कहा जाता है कि राष्ट्र-राज्य और अन्य 'संकीर्ण' हितों और संस्थाओं के परे जाने की जरूरत है। यह कोई नयी दलील नहीं है। प्रथम विश्व युद्ध के बाद से ही इसे उछाला जा रहा है। शुरू में इसका मकसद अधिक शांतिपूर्ण और प्रगतिकामी दुनिया बनाने के लिए लोगों की आक्रामक प्रवृत्तियों को संयमित करना था। पूरी दुनिया को एक इकाई के रूप में देखने के आग्रह (एक-विश्ववाद) से शुरू हुई यह दलील धीरे-धीरे हाल ही में चले विश्व-संघ बनाने के आंदोलन तक पहुँची। इसका अगला चरण था 'विश्व-व्यवस्था' की

अवधारणा जिसकी रूपरेखा संयुक्त राष्ट्र के ढाँचे का ही विस्तार करने के जरिये बनायी गयी थी। इस विश्व-व्यवस्था में राष्ट्रेतर संस्थाओं को हितकारी रुझानों वाले अंतर्राष्ट्रीय कानून (विश्व-कानून) के तत्वाधान में सक्रिय रहना था। आज इस विचार को तरजीह देने के लिए कोई तैयार नहीं है और इसे कुछ ज्यादा ही रोमानी कह कर खारिज कर दिया गया है। लेकिन इसके बेअसर होने का एक कारण यह भी है कि इसमें अंतर्निहित विश्व-दृष्टि को भूमंडलीय पूँजीवाद ने हड़प लिया है। इसके जरिये वह एक बार फिर सारी दुनिया को अपना उपनिवेश बनाना चाहता है। 'विश्व-व्यवस्था' बनाने का प्रयास बुश और क्लिंटन की नयी विश्व-व्यवस्था में पतित हो गया है। अब वह एक ऐसी विश्व-दृष्टि में बदल गया है जो उदारीकरण और निजीकरण पर आधारित विचारधारात्मक योजना के माध्यम से दुनिया-भर में लोकतांत्रिक उभारों को दबाना चाहती है। यह विश्व-दृष्टि हर जगह मध्य और उच्च वर्गों की सुविधाओं और लाभों को बरकरार रखने के लिए उन्हें विश्व बाजार के साथ संघठित करना चाहती है। स्वायत्तता और आत्मनिर्णय के लिए चलाये जा रहे संघर्षों को पराजित करने की कोशिशों में निहित राजनीतिक इरादों को समझने में हमें कोई भूल नहीं करनी चाहिए। ये संघर्ष तीसरी दुनिया के बुद्धिजीवी अपने-अपने राष्ट्र-राज्यों की स्वायत्तता और आत्मनिर्भरता को बचाने के लिए चला रहे हैं। साथ ही विभिन्न समाज जातीय और आर्थिक माँगों को ले कर उठायी गयी माँगों पर आधारित जन-उभारों के दौर से भी गुजर रहे हैं।

दुनिया को राजनीतिक-आर्थिक-विचारधारात्मक रूप से विश्व पूँजीवादी और पश्चिमी चौधराहट के तहत एकीकृत करने के इन प्रयासों की रोशनी में हमें भारत और तीसरी दुनिया के भारत जैसे देशों के राष्ट्र-राज्यों के भविष्य पर गौर करना चाहिए। इस संबंध में तीन महत्त्वपूर्ण रुझानों की शिनाख्त करना जरूरी है :

पहला, नाना प्रकार की क्षेत्रीय और सांस्कृतिक अस्मिताओं को समेट कर चलने वाले पुराने किस्म के राष्ट्रवाद पर अब उपराष्ट्रीय चेतना हावी हो गयी है। केंद्रीय प्राधिकार के खिलाफ बगावत बढ़ती जा रही है और कुछ क्षेत्रों में प्रांतीय सरकारों के खिलाफ भी विद्रोह हो रहा है जिससे हालात काफी अस्थिर हो गये हैं। केंद्र इन चुनौतियों के मुकाबले अपने प्राधिकार की रक्षा नहीं कर पा रहा है और उसे बार-बार फौज और अर्धसैनिक बलों का सहारा ले कर उनका दमन करना पड़ रहा है। कभी एक क्षेत्र में फौज का इस्तेमाल होता है तो कभी दूसरे में, जिससे अस्थिरता और परिणामस्वरूप केंद्र की नाकामी और भी बढ़ जाती है।

दूसरा, इन समस्याओं से निबट पाने में अक्षम होते जाने के कारण राष्ट्रीय

अभिजन राष्ट्र-निर्माण की बुनियादी राजनीतिक जिम्मेदारी और उससे जुड़े आर्थिक विकास की चुनौती से मुँह फेरता जा रहा है। निहित स्वार्थों के खिलाफ हस्तक्षेप करने में अब उसे उतनी रुचि नहीं रह गयी है। विषमता की बढ़ती हुई खाई को पाटना और लोगों की न्यूनतम जरूरतें पूरा करने वाले विकास का मॉडल अपनाना भी अब उसकी प्राथमिकताओं का हिस्सा नहीं रह गया है। अब वह अन्याय और विषमता घटा कर असंतुष्ट सामाजिक तबकों और क्षेत्रों को अपने साथ ले चलने और इस प्रकार सामाजिक तनाव और हिंसा को कम से कम करने के रास्ते पर चलने के मूड में नहीं है।

अभिजनों की नयी पीढ़ी जिम्मेदारियों से कतराती हुई संकटों से अपने बचाव के लिए अंतर्राष्ट्रीय और बहुराष्ट्रीय संस्थाओं का मुँह ताकती हुई लगती है। ये लोग मानने लगे हैं कि विकास का रास्ता प्रौद्योगिकी की मंजिल से हो कर गुजरता है। यह मान्यता उन्हें आत्मनिर्भरता से दूर और विदेशी ताकतों पर निर्भरता की तरफ ही ले जा रही है, हालाँकि इस निर्भरता को आजकल परस्पर-निर्भरता का नाम दिया जाता है। इसी रवैये के कारण हुआ यह है कि राज्य और उसकी एजेंसियों का आचरण और कार्य-दिशा जनता के राजनीतिक प्रतिनिधि तय नहीं करते, बल्कि उत्तर-औपनिवेशिक राज्य के नौकरशाह कारकुनों के हाथ में पूरा बंदोबस्त चला गया है। ये कारकुन पहले ही औपनिवेशिक परंपराओं की तर्ज पर काम करते रहे हैं। चूँकि प्राथमिकताओं और लक्ष्यों के निर्धारण में राष्ट्रीय अभिजनों ने अपनी मर्जी से विदेशी ताकतों की हिदायतें मानना स्वीकार कर लिया है, इसलिए इन नौकरशाहों का उपनिवेशीकरण और भी संपूर्ण हो गया है।

तीसरा, कुछ ऐसे नये सांगठनिक रूप उभर आये हैं जो राज्य और राष्ट्र के परे चले जाते हैं। पहले भी इनका हवाला दिया जा चुका है। लगता है कि मानव जाति का सांगठनिक विकास होते-होते अचानक किसी दुर्घटना के चलते कोई विकृत अस्तित्व बन गया हो। इन नये संगठनों को हम बहुराष्ट्रीय कंपनियों के नाम से जानते हैं। इन कारपोरेशनों के कब्जे में बेतहाशा वित्तीय और प्रौद्योगिकीय संसाधन रहते हैं। तरह-तरह के द्विपक्षीय और बहुपक्षीय समझौतों के जरिये ये संगठन जमीन से उठने वाले विद्रोही आंदोलनों के खिलाफ पेशबंदी करते रहते हैं। इस तरह कुल मिला कर दुनिया को चलाने के लिए एक नया संस्थागत उपकरण तैयार होता है जिसे हम 'त्रिश्व व्यवस्था' के नाम से जानते हैं।

राज्य और 'आंदोलनों' को मिलने वाली चुनौतियाँ

भारत जैसे देश में राष्ट्र-राज्य का भविष्य ... उसके अधिक केंद्रीकृत होने या अधिक लोकतांत्रिक होने पर निर्भर करेगा। अगर वह और केंद्रीकृत होता है और

उसका संचालन उत्तरोत्तर केंद्र पर निर्भर होता चला जाता है तो वह जनसाधारण के लिए विजातीय होता चला जायेगा और भूमंडलीय स्वार्थ उसे आसानी से अपना निशाना बना सकेंगे। अगर वह आंतरिक रूप से लोकतांत्रिक होगा तो अपनी अंदरूनी ताकत के दम पर बाहरी दुनिया में भी उसकी भूमिका लोकतांत्रिक होगी। ... राष्ट्र-राज्य को चाहिए कि वह इस दुनिया में अपनी ऐतिहासिक भूमिका निभाये जिसके लिए उसे विविध संस्कृतियों और जनसमूहों की आवाज को बुलंद करना होगा। केवल तभी एक विरल और विकेंद्रीकृत विश्व-व्यवस्था की रचना की जा सकती है। ... अस्मिताओं और आंदोलनों को समझना होगा कि सभी राष्ट्रों के शोषण और समरूपीकरण की जड़ भूमंडलीय संरचनाओं में निहित है। अगर इन ताकतों को स्वायत्तता और आत्मनिर्णय हासिल करना है तो उन्हें राज्य के प्राधिकार और वैधता का उल्लंघन करने के बजाय संघीय आधार पर संगठित बहुसांस्कृतिक और बहुलतावादी राज्य की रचना सुनिश्चित करनी होगी। सिर्फ राज्य के खिलाफ लड़ते रहने से राज्य की दमनकारी प्रवृत्तियों को बल मिलता है। उसके दरवाजे बहुराष्ट्रीय और भूमंडलीय उद्यमों के साथ-साथ सुरक्षा के नाम पर किये गये फौजी संधि-समझौतों के लिए खुलते हैं। एक बार जब यह प्रक्रिया शुरू हो जाती है (जो पिछले दिनों शुरू हो ही चुकी है) तो देश के भीतर लोकतांत्रिक आंदोलनों की कामयाबी के लिए गुंजाइश कम रह जाती है। अगर राष्ट्र-राज्य की वैधता को तरजीह नहीं दी जायेगी तो उन भूमंडलीय ताकतों के सामने उसके समर्पण की संभावना और बढ़ जायेगी जो पूरी दुनिया को अपनी 'विश्व-व्यवस्था' के तहत लाना चाहते हैं। जरूरी यह है कि उत्तरोत्तर घिरते जा रहे राष्ट्र-राज्य और उत्पीड़ित सामाजिक तबके, जातीय और क्षेत्रीय ताकतें एक ऐसे समान भविष्य के लिए काम करें जिसके तत्त्वाधान में बहुराष्ट्रीय और भूमंडलीय ताकतों की चुनौती का मुकाबला किया जा सके। लेकिन इस तरह का गठजोड़ बनाने की मुख्य जिम्मेदारी राष्ट्र-राज्य के नेतृत्व की है लेकिन आंदोलनों (खासकर मानवाधिकार आंदोलनों) को भी चाहिए कि वे विंकास और शासन के भूमंडलीय बनते हुए मुहावरे के सापेक्ष राष्ट्र-राज्य को स्वायत्तता और आत्मनिर्भरता का महत्त्व समझाएँ।

यह दूसरी बात है कि ऐसा होने के लिए आंदोलनों को केंद्र सरकार और राज्य सरकारों पर भरोसा करना पड़ेगा। यह विश्वास तब तक पैदा नहीं हो सकता जब तक राष्ट्र-राज्य एक सर्वथा नये तरीके से खुद को संगठित न करे। राज्य में वैधता का दोबारा समावेश करने के लिए राष्ट्रीय अभिजनों को यह हकीकत स्वीकार करनी होगी कि भारतीय राज्य एक बहुलवादी संरचना है। उन्हें आंतरिक

लोकतंत्र की संघीय (जरूरत हो तो महासंघीय) तर्ज पर पुनः रचना करनी होगी। उन्हें विकास प्रक्रिया में राज्य की हैसियत घटाने के लिए पड़ने वाले विदेशी दबाव का प्रतिरोध करना होगा।...

लोकतंत्र के संघीय परिप्रेक्ष्य पर आधारित राष्ट्र-राज्य की ऐतिहासिक भूमिका की पुनर्स्थापना के लिए यह भी जरूरी है कि बाजार के बढ़ते हुए लुभावने आकर्षण, निजीकरण की विचारधारा, उपभोक्तावाद के जाल और नवधनाढ्यों की संस्कृति में न फँसा जाय। भारत में बाजार की ताकतों और उपभोक्तावाद की ताकत सरकारी दूरदर्शन पर अभिव्यक्त होने लगी है। नियोजन, विकास और वित्त की कई संस्थाएँ कारपोरेट सेक्टर के कहने पर पहले से ही चल रही हैं। निजी क्षेत्र का कारपोरेटीकरण और बहुराष्टीयकरण बढ़ रहा है। उसका वर्चस्व उछाल पर है। उसके द्वारा नियंत्रित जनसंचार माध्यमों की भूमिका बढ़ रही है। विज्ञापन एजेंसियों और मीडिया की मदद से लोगों की रुचियों और चयन को नया मोड़ दिया जा रहा है। अगर मौका मिले तो निजीकरण पर जोर देते हुए ये ताकतें लोकतांत्रिक राजनीति की जगह प्रौद्योगिकीय समाधानों को स्थापित कर डालेंगी। हमें यह नहीं भूलना चाहिए कि एक तरफ राज्य को और दूसरी तरफ मजदूर यूनियनों, उपभोक्ता, पर्यावरण और नारी आंदोलनों को समतामूलक वितरण, पर्यावरण औचित्य और आरक्षण के प्रति प्रतिबद्धता सुनिश्चित करनी पड़ी थी। वहाँ उद्योगों, गैरेतर व्यापारिक घरानों, विश्वविद्यालयों, विज्ञान और प्रौद्योगिकी प्रतिष्ठानों और बाजार से संबंधित एजेंसियों को भी राज्य के कानूनों का पालन करना पड़ता है।

हमें यह भी नहीं भूलना चाहिए कि जब पश्चिम को बाजार के हाथों में छोड़ दिया गया था तो इजारेदारियों, व्यापारिक गुटों, सट्टेबाजी करने वाले शेयर मार्केटों और व्यापार चक्रों की बन आयी थी। पश्चिम को इस अँधेरे से निकालने के लिए ही कींस के सिद्धांतों की जरूरत पड़ी थी। इससे पहले कि हम राज्य और राष्ट्र-निर्माण की विस्तृत प्रक्रिया और राज्य-केंद्रित राजनीतिक अर्थतंत्र के लाभों से हाथ धोने का निर्णय कर लें, हमें बाजार आधारित विकास प्रक्रिया के रोगाणुओं को अच्छी तरह समझ लेना चाहिए। निस्संदेह हमें राज्य की जघन्यताओं से भी निबटना होगा, लेकिन इसका मतलब यह कतई नहीं है कि हम उससे भी ज्यादा जघन्य विचारधारओं को अपना लें।

अराजनीतिक 'विकास' का कुटेव

... राजनीति के नियंत्रण से पूरी तरह मुक्त आर्थिक विकास का ... मॉडल प्रगति के पश्चिमी विचार पर आधारित आक्रामक और अधिनायकवादी विश्व-दृष्टि के

विभिन्न आयामों को ही जन्म दे सकता है। हम इस तथ्य को कैसे भूल सकते हैं कि जब यह मॉडल लागू किया गया था तो काफी समय तक उसने यकीन और रुतबे के साथ किसी बाधा की परवाह नहीं की। ... इस मॉडल ने दुनिया के सामाजिक यथार्थ की संरचना और ढाँचे को बड़ी तेजी से बदला। भारी ऊर्जा पैदा हुई। शासन का विशाल तंत्र बना। दुनिया के विविध क्षेत्रों पर वर्चस्व कायम किया गया। जरूरत के मुताबिक तख्ते पलटे गये, फौजी हस्तक्षेप किये गये। बड़े पैमाने पर लोगों, समूचे समाजों और संस्कृतियों को रक्षात्मक मुद्रा अख्तियार करने पर मजबूर कर दिया गया। ... लेकिन, द्वितीय विश्व युद्ध की विभीषिकाओं, सोवियत संघ की चुनौती और बाद में उत्तर-औपनिवेशिक दुनिया के राजनीतिक उदय के बाद (खासकर माओवादी क्रांति और पूँजीवादी अर्थतंत्र में आये तेल संकट के बाद) इस मॉडल का यकीन डगमगा गया। ... पिछले कुछ अरसे से यह मॉडल फिर से यकीन की भाषा बोलते हुए इतिहास की गति को पलटने की कोशिशें करने लगा है।

प्रगति के विचार का नया अवतार है 'विकास' ।... यह एक ऐसा निर्वैयक्तिक विचार है जो ठोस मानवीय अस्तित्व के बजाय अमूर्त और संकलित किस्म की श्रेणियों और मात्राओं में दिलचस्पी रखता है। वह राजनीतिक प्रक्रियाओं की कोई परवाह नहीं करता। ... यह बुनियादी तौर पर अराजनीतिक है। नतीजे के तौर पर इसमें बड़े पैमाने की किसी भी राजनीतिक सहभागिता और सत्ता के विकेंद्रीकरण को अच्छी निगाह से न देखने की प्रवृत्ति घर कर गयी है। यह तानाशाही की सीमा तक जाने वाले परले दर्जे के केंद्रीकरण का समर्थन करते हुए पारंपरिक समाजों की विविधता और बहुलता के क्षरण का कारण बनता है। यह एक ऐसा केंद्रीकरण थोपता है जो अपने स्वभाव में नौकरशाहाना भी नहीं होता यानी जिसमें कुछ नियमों, परंपराओं और 'लाला फीताशाही' पर आधारित जवाबदेही भी नहीं होती। इसका केंद्रीकरण तो पूरी तरह प्रौद्योगिकीय समाधानों पर आधारित होता है जो किसी भी संस्थागत व्यवस्था के प्रति जवाबदेह नहीं होते। ... इसके कारण राष्ट्र-राज्य विदेशी निवेश, 'सहायता', प्रौद्योगिकी हस्तांतरण (प्रमुख प्रौद्योगिकीय मॉडलों के हस्तांतरण समेत), बहुराष्ट्रीय निगमों और उनके तकनीकशाहों, बढ़ते हुए कर्जे और राष्ट्रीय सुरक्षा की खातिर सुरक्षा और 'प्रतिरक्षा' की भूमंडलीय संस्तुतियों का मोहताज बन गया है। तीसरी दुनिया के अधिकतर समाज इन बाहरी दबावों के कारण काफी नुकसानदेह भीतरी समस्याओं के शिकार हो रहे हैं। ...जनता की तरफ से मिलने वाली चुनौती के कारण चिंतित अभिजन और उनके बुद्धिजीवी इस समस्या को 'सरकार चलाने के संकट' के रूप में पेश करते हैं।

सत्ता के विरोधाभास

... कहा जा रहा है कि लोकतंत्र को अब केवल 'सभ्यतामूलक धरातल' पर एक लड़ाई लड़नी शेष रह गयी है। उसे इस्लामिक और बहुराष्ट्रीय इस्लामिक नजरिये को परास्त करना है, उसे कनफ्यूशस की शिक्षाओं पर आधारित विश्व-दृष्टिकोणों को हराना है और हिंदू नजरियों पर फतह हासिल करनी है। इसके लिए भूमंडलीकरण के पैरोकार संबंधित देशों के शासक अभिजनों पर दबाव डाल रहे हैं कि वे अपने-अपने राज्यों की आधारभूत संस्थाओं को विघटित करके उनकी जगह कारपोरेट पूँजीवाद के नये धर्म की स्थापना कर दें। लगता है कि अमेरिकी मानस कुछ खास तरह का है। वह दुनिया में आजादी और लोकतंत्र के लिए किये जाने वाले संघर्ष में अपेक्षाकृत कम उद्धत भूमिका निभाने के लिए तैयार नहीं हो सकता। किसी जमाने में कुछ कम आदर्शवादी होते हुए भी अंग्रेजों ने बड़े नफीस तरीके से लोकतंत्र को परवान चढ़ाया था। डच और फ्रांसीसी प्रयास भी कुछ इसी तरह के थे। लेकिन अमेरिकी अपनी लोकतंत्र संबंधी ऐतिहासिक भूमिका को इस तरह से नहीं देखते। यही कारण है कि मानवीय उद्यम के सबसे ज्यादा नाजुक हल्कों में भी हमें बार-बार 'अप्रिय अमेरिकी' संलक्षणों के दर्शन होते रहते हैं। परिणाम यह निकलता है कि अमेरिका मानवाधिकारों के मुद्दे को व्यापार, आर्थिक सहायता, प्राथमिकता देने की कसौटी और पूँजी के हस्तांतरण संबंधी नीतियों के मातहत कर देता है। वह मानवाधिकार हनन के कसूरवार देशों पर दबाव डाल कर उनके बाजार में पश्चिमी घुसपैठ के लिए रास्ता खोल लेता है, लेकिन बदले में वहाँ के समाजों में गरीबों और उत्पीड़ित तबकों के मानवाधिकारों की स्थिति में कोई सुधार नहीं होता।

भूमंडलीकरण के तहत लोकतंत्र का भविष्य

केंद्रीय प्रश्न यह है कि बढ़ती हुई गरीबी, नाइंसाफी और अमानवीयता के कारण बुरी तरह विभाजित दुनिया में राजनीतिक प्रक्रिया को प्रोत्साहन दिये बिना क्या मानवाधिकारों और लोकतंत्र को प्रोत्साहित किया जा सकता है? क्या ये राजनीतिक प्रक्रियाएँ भूमंडलीय पैमाने पर और राष्ट्रों के भीतर नहीं चलायी जानी चाहिए? आज स्थिति यह है कि एक भूमंडलीय कारपोरेट उद्यम ने सारी दुनिया को दो हिस्सों में बाँट दिया है : एक तरफ दुनिया का वह हिस्सा है जो भूमंडलीकृत हो चुका है और दूसरी तरफ वह जो इस प्रक्रिया से बाहर रह गया है। भूमंडलीकृत हिस्सा उत्तरोत्तर प्रौद्योगिकीय समाधानों, वित्तीय सट्टेबाजियों और 'घोटालों' के जरिये दूसरे हिस्से का अतिक्रमण करने में लगा हुआ है। उसके भीतर अंतर्राष्ट्रीय व्यापार, बैंकिंग, स्थानीय स्तर के भ्रष्टाचार और

अपराधीकरण के बीच गठजोड़ बढ़ रहा है। भूमंडलीकृत हिस्सा आर्थिक और पर्यावरणीय संसाधनों को हड़पे ले रहा है। वह खेतिहर जमीन के बहुत बड़े हिस्से को अपने कब्जे में किये ले रहा है। एक तरफ वह किसानों को फुसला रहा है और दूसरी तरफ शहरी क्षेत्रों में मध्यवर्ग को पटाया जा रहा है। उसका इरादा यह है कि इन सभी तत्त्वों को भूमंडलीकृत दुनिया में 'शामिल' कर लिया जाय और दुनिया पर विभिन्न 'शर्तों' की बंदिशें थोप कर उसे अधिकारवंचित कर दिया जाय। ऊपर से भूमंडलीकृत दुनिया यह भी नहीं चाहती कि हाशिये पर चले जाने के बाद भी उससे पूरी तरह नाता तोड़ कर गैर-भूमंडलीकृत लोग किसी 'वैकल्पिक भविष्य' की खोज कर सकें। भूमंडलीकृत अभिजन उसे हाशिये पर फेंकने के लिए तो तैयार हैं पर उस पर अपनी चौधराहट नहीं छोड़ना चाहते।

दरअसल, भूमंडलीकरण की परियोजना किसी विकल्प की इजाजत देने के लिए तैयार नहीं है। बुनियादी तौर पर वह एक ऐसी रणनीति की पेशकश कर रही है जिसके तहत दुनिया को कुछ इस तरह संगठित किया जायेगा कि उस व्यवस्था को बाहरी (सत्ता की वैकल्पिक संरचनाएँ) और भीतरी (पर्यावरण और मानवाधिकारों सरीखे सामाजिक आंदोलन) स्तर पर कोई चुनौती न मिल सके। इसलिए दोनों संभावित चुनौतियों को शक्तिहीन कर दिया गया है, ताकि वे आपस में मिल कर एक भूमंडलीकरण विरोधी समष्टिगत संघर्ष न कर सकें। यहाँ समझना यह होगा कि सामाजिक आंदोलन अगर आज की तरह बिखरे हुए और राजनीतिक रूप से शक्तिहीन न भी हों, तो भी वे अपने-आप में सत्ता की कोई संरचना नहीं खड़ी कर सकते। इसके विपरीत भूमंडलीकृत राजनीति की विश्वव्यापी डिजाइन साफ देखी जा सकती है। 'शीत युद्ध के अंत' से लेकर खाड़ी युद्ध और 'नयी विश्व-व्यवस्था' के फार्मूले तक कमजोर क्षेत्रों में राजनीतिक और फौजी हस्तक्षेप के जो खेल खेले गये हैं, वे यही बता रहे हैं। ये दखलंदाजियाँ संयुक्त राष्ट्र का, रियो में हुए पर्यावरण सम्मेलन का और वियना में हुए मानवाधिकार सम्मेलन का, राजनीतिक इस्तेमाल करके अंजाम दी गयी हैं। मरक्कश में हुए गैट समझौते पर दस्तखत और विश्व व्यापार संगठन के गठन को इसी रोशनी में रख कर देखा जाना चाहिए।

भूमंडलीकरण के इन इरादों का नतीजा यह निकला है कि उसके दायरे में न आने वाले क्षेत्रों, लोगों और राज्यों को अलग-थलग करके हाशिये पर डाल दिया गया है। भूमंडलीकरण और हाशियाकरण एक ही परिघटना की प्रति-छवियाँ हैं। हाशियाकरण भूमंडलीकरण का अनिवार्य परिणाम है। भूमंडलीकरण ऐसी परिस्थितियाँ तैयार करता है जिसके कारण लाखों-करोड़ों लोग खुद को

हाशिये पर पा कर अवांछित और त्याज्य समझने लगते हैं। भूमंडलीकरण के मौजूदा रुतबे का आलम यह है कि सारी दुनिया को एक इकाई बनाने का सपना देखने वाले, विश्व-संघवादी और हाल ही में सामने आये शांतिपूर्ण और शस्त्रविहीन 'विश्व-व्यवस्था' की वकालत करने वाले भी विषमता और शोषण पर आधारित बंदोबस्त को मान्यता देने लगे हैं। किसी भी तरह के सामाजिक दर्शन और सच्चे राजनीतिक वैकल्पिक मॉडल की समझ से वंचित ये लोग प्रौद्योगिकीय क्रांति से उम्मीदें लगाये बैठे हैं। उन्हें लगता है कि आधुनिक संचार और सूचना व्यवस्था मानवता को एकीकृत कर देगी जबकि असलियत में इसने मानवता को ऐसे प्रौद्योगिकीय प्रतिमान के मातहत कर दिया है जिसके कारण वर्चस्व और उसे बढ़ाने वाली भूमंडलीय संरचनाएँ ही मजबूत हुई हैं। इन विश्ववादियों में कुछ के इरादे जरूर नेक हैं पर इनमें से किसी के पास नयी विश्व-व्यवस्था के ताजे पैरोकारों जैसी नफासत और वितंडे की क्षमता नहीं है। ये विश्ववादी नहीं समझ पा रहे हैं कि भूमंडलीकरण के वकीलों के पास एकजुटता का कोई परिप्रेक्ष्य या संतुलित परिप्रेक्ष्य जैसी कोई चीज नहीं है जिससे व्यवस्था और 'स्थिरता' की उम्मीद भी बँध सके। इस धरती के वंचितों को जब तक ऐसी व्यवस्था और स्थिरता नहीं मिलेगी तब तक वे अपने-आप को टिकाये रखने और बेहतर भविष्य के लिए कोई गुंजाइश नहीं निकाल पायेंगे। व्यवस्था और स्थिरता स्थापित करने की कोशिश करने के बजाय भूमंडलीकरण के पैरोकार बाकी दुनिया के सामने उपनिवेशीकृत हो जाने और उसके बदले जीवित और सुरक्षित बने रहने की पेशकश रख रहे हैं। संक्षेप में वे एक नये भूमंडलीय लेवायथन के तत्वावधान में एक नयी 'सामाजिक संविदा' प्रस्तुत कर रहे हैं। टामस हॉब्स के लेवायथन के विपरीत यह भूमंडलीय लेवायथन सभी व्यक्तियों के लिए न हो कर दरअसल लाखों-करोड़ों लोगों की कीमत पर होगा। अगर हम यह मान भी लें कि रेगन और थैचर के प्रेत पृष्ठभूमि में धकेले जा चुके हैं और अब क्लिंटन जैसों के नेतृत्व में हमें फासीवादी के बजाय यथार्थपरक राजनीति का ऐसा भूमंडलीय मॉडल मिल गया है जो सच्ची स्थिरता, सुरक्षा और शांति में दिलचस्पी रखता है तो भी हॉब्स की दृष्टि इसके मुकाबले कहीं अधिक प्रबुद्ध साबित होगी।

भूमंडलीकरण और उसके कारणों की रोशनी में एक नयी 'वैश्विक' प्रवृत्ति उभरती लग रही है। इसके कई आयाम हैं। किसी वैकल्पिक संरचना में पुनर्संगठित होने से पहले ही 'राष्ट्र' टूट कर बिखरे जा रहे हैं। नये राजनीतिक गठजोड़ों को कहीं जातीयता के जबर्दस्त उभारों का सामना करना पड़ रहा है तो कहीं वे खुद को तरह-तरह की राष्ट्रीयताओं और उपराष्ट्रीयताओं से टकराता पा

रहे हैं। गृह युद्धों का सिलसिला लगा हुआ है और संभावित युद्ध अपने भयानक अंदेशों के साथ बता रहे हैं कि ये नयी राजनीतिक व्यवस्था शांतिपूर्ण या अहिंसक नहीं रह पायेगी। आणविक प्रसार का खतरा पहले से कहीं ज्यादा डरावना हो चुका है जिसके कारण राजनयिक टकराव इतना तीखा हो गया है कि क्षेत्रीय हिंसा और आतंकवाद को फैलने से रोकना नामुमकिन-सा होता जा रहा है। ऐसी विकट परिस्थिति से निपटने का जिम्मा सत्ता की आस्थाविहीन और स्वार्थकेंद्रित गुटबंदियों के हाथों में है। इन गुटबंदियों की कार्यशैली खासा निराशाजनक नजारा पेश कर रही है। ऐसे हताश माहौल में अगर कोई किसी 'वैश्विक' समाधान के बारे में सोचे भी तो उसके हाथ कुछ नहीं लगने वाला। कोई चाहे तो उम्मीद कर सकता है कि विश्व युद्ध के बाद उभरे मुक्ति, समता और शांति के विचार के आधार पर शायद एक बार फिर राष्ट्र-राज्य खड़ा हो जायेगा। यह सोचा जा सकता है कि शायद इस नये राष्ट्र-राज्य का चरित्र पहले के मुकाबले कहीं कम दमनकारी और अधिक मानवीय होगा जिससे उसे सच्ची लोकोन्मुख विश्व-व्यवस्था बनाने के लिए जनगोलबंदी के मकसद से इस्तेमाल किया जा सकेगा। लेकिन यह एक भगीरथ कार्य है जिसके रास्ते में भूमंडलीकरण की वे ताकतें अनगिनत बाधाएँ डालेंगी जिनके लिए 'विघटन' ही 'संघटन' का आधार बन चुका है।

भूमंडलीकरण के केवल दो दावे ऐसे हैं जिनके आधार पर वह कुछ बेहतर करने का दावा करता है : पहला, उसके कारण हथियारों की होड़ कमजोर पड़ जायेगी और दूसरा, अर्थशास्त्र और प्रौद्योगिकी को मिला कर एक ऐसा भूमंडलीय बाजार बनेगा जिससे किस्म-किस्म की अर्थव्यवस्थाएँ खुद को जोड़ लेंगी। इस मॉडल ने जिन बहुत से लोगों को आकर्षित किया है, उनमें तीसरी दुनिया के नेतागण और बुद्धिजीवी भी हैं। दिक्कत यह है पूरी तरह नेक इरादों के बाद भी ये दोनों दावे व्यवहार में एक-दूसरे को काटने वाले ही हो सकते हैं। जिस भूमंडलीय अर्थव्यवस्था की बात की जा रही है उसने कुछ को छोड़ कर बाकी अर्थव्यवस्थाओं को कर्ज के दलदल में धँसा दिया है जिससे निकलने के लिए उन देशों को या तो काफी नुकसानदेह किस्म का उद्योगीकरण करना पड़ रहा है या फिर हथियार उद्योग (जो खुद में उद्योगीकरण का काफी खतरनाक और नुकसानदेह रूप है) के चक्कर में फँस जाना पड़ रहा है। नतीजे के तौर पर चीन, भारत, पाकिस्तान, ब्राजील, इराक और इजराइल जैसे देश एटमी हथियार बना रहे हैं। बदले में इन देशों को क्षेत्रीय और 'भूमंडलीय' महाशक्तियों की प्रतिक्रिया का सामना करना पड़ रहा है। इस परिप्रेक्ष्य में देखने से लगता है कि राष्ट्रीय अथवा क्षेत्रीय हितों से परे जा कर भी इन देशों को कुछ भी

'भूमंडलीय' हासिल नहीं हो सका है। यहाँ टॉयनबी का वह विख्यात उद्धरण याद कर लेना जरूरी है जिसमें उन्होंने कहा था, 'भूमंडलीकरण एक बहुस्तरीय प्रक्रिया न हो कर एक प्रभुत्वशाली केंद्र का घटक बन जाने का नाम है।' भले ही आज किसी को यह बात अच्छी न लगे लेकिन भूमंडलीकरण अंतत: असुरक्षा की भावना का भी भूमंडलीकरण कर देगा और जाने-अनजाने हम सभी फौजी और खुफिया नेटवर्कों की भूमंडलीय 'अंतर्निर्भरता' के शिकार हो जायेंगे। उग्रराष्ट्रवादी मुहिमों और उदारीकरण-निजीकरण की नीतियों के बीच संबंधों पर नजर डालने से यह बात और साफ हो जाती है। चाहे वह तिब्बत का मसला हो, कश्मीर का हो या फिर ईरान, इराक और इंडोनेशिया जैसे देशों में जातीय अल्पसंख्यकों के दमन का प्रकरण हो।

अमेरिकीकरण

यह एक सच्चाई है कि घरेलू आर्थिक मोर्चे पर कमजोर पड़ जाने और जापान व पश्चिमी यूरोप की चुनौतियों से घिरे होने के बाद भी अमेरिका ही भूमंडलीकरण की प्रक्रिया के केंद्र में है। इसका कारण यह है कि केवल अमेरिका ही भूमंडलीय नजरिये और भूमंडलीय व्यूह रचना से लैस है। दुनिया के हालात कुछ इस तरह के हैं कि चाहे यूरोपीय संघ से संबंध हो, जापान से हो, अमीर-गरीब देशों का मामला हो या पूर्व-पश्चिम के आपसी संबंधों की बची-खुची संरचनाएँ हों, अमेरिका की भूमिका हर मामले में निर्णायक लगती है। अमेरिका की श्रेष्ठता अगर देखनी है तो केवल क्लिंटन की युवकोचित ताजगी, जीवंतता और बौद्धिक क्षमता को मितराँ, कोल और येल्स्तिन के मुकाबले रख कर देख लेना काफी होगा। जापान के वे भ्रष्ट राजनेता तो इसके मुकाबले में कहीं नहीं आते जो अपने देश की प्रौद्योगिकीय ताकत, वित्तीय और व्यापारिक हैसियत को बरबाद करने में लगे हुए हैं। नेतृत्व को इस तुलनात्मक दृष्टि से देखते ही पता लग जाता है कि भूमंडलीय राजनीतिक प्रक्रिया पर कौन और क्यों हावी है। यह भी एक सच्चाई है कि आर्थिक उदारीकरण जमैका में हुआ हो, अर्जेंटीना, वियतनाम, चीन, भारत या रूस में हुआ हो, हर जगह उसके प्रमुख लाभ अमेरिका ने ही उठाये हैं। दुनिया में नया रणनीतिक और फौजी चिंतन और नियोजन अमेरिका ही करता है। सभी प्रमुख पहलकदमियाँ भी अमेरिका की तरफ से होने की संभावनाएँ रहती हैं। चाहे पूर्व सोवियत संघ के गणराज्यों का मामला हो या पूर्व यूगोस्लाविया का, इस्लामिक दुनिया हो या इस्लामी बहुराष्ट्रीयता के दावे हों, इजराइल-फिलस्तीनी टकराव हो, दक्षिण अफ्रीका का मसला हो या फिर चीन की विस्तारवादी महत्त्वाकांक्षाएँ हों, हर

जगह अमेरिका का हस्तक्षेप दिखायी देता है। जाहिर है कि पैक्स-अमेरिकाना या चौतरफा अमेरिकीकरण की प्रक्रिया को नजरंदाज नहीं किया जा सकता, क्योंकि कारपोरेट पूँजीवाद की दैत्याकार संस्थाओं और अमेरिकी विदेश विभाग की जुगलबंदी ने ही भूमंडलीकरण के नये केंद्र का निर्माण किया है।

इस अमेरिकीकरण को लोकतंत्र के नाम पर वैधता दी जा रही है और यह लोकतंत्र, जैसा कि पहले भी संकेत किया जा चुका है, न बहुध्रुवीय है, न बहुपक्षीय है और न ही बहुलतावादी सभ्यतामूलक विचार का समर्थक है। यह तो एक युद्धरत लोकतंत्र है जिसे नये दोस्त मिलना बंद हो गये हैं। न ही वह दुनिया-भर में जनता को सकारात्मक रूप से प्रभावित कर पा रहा है। बजाय इसके यह युद्धरत लोकतंत्र पोटने-फुसलाने, लालच देने और भ्रमित करने की मुहिम में लगा हुआ है। इसके लिए वह एक तरफ राज्यवादी 'विश्व-व्यवस्था' के मॉडल का इस्तेमाल कर रहा है और दूसरी तरफ कारपोरेट ताकत का प्रयोग कर रहा है जो अपने आर्थिक और प्रौद्योगिकीय स्वरूप के साथ संयुक्त राष्ट्र जैसे संगठन के बजाय विश्व बैंक, अंतर्राष्ट्रीय मुद्रा कोष, विश्व व्यापार संगठन जैसी भूमंडलीय संरचनाओं पर निर्भर है। इस तरह लोकतंत्र का यह युद्धरत संस्करण एक संयुक्त परियोजना के रूप में उभरता है जिसमें दुनिया-भर के राज्यों को एक भूमंडलीय बाजार के दायरे में लाते हुए उन राज्यों के राजनीतिक-प्रशासनिक ढाँचे को अस्थिर करने का अभियान चलाया जा रहा है जिन्होंने कभी पश्चिमी वर्चस्व को चुनौती दी थी, हालाँकि ये राज्य अब इस चौधराहट को अघोषित रूप से स्वीकार करने के लिए तैयार हैं। आज इन राज्यों को भूमंडलीय विश्व-व्यवस्था के मातहत बनाने का माध्यम बाजार को बनाया जा रहा है। यह साम्राज्यवाद और पूँजीवाद का ताजा चरण है जिसका राजनीतिक लाभ धीरे-धीरे अमेरिका को ही पहुँचेगा।

मैं कहना यह चाहता हूँ कि न तो अब पहले वाले राज्य रह गये हैं और न ही वैसा 'स्वतंत्र बाजार' रह गया है जिसकी वकालत की जा रही है। राज्य का मॉडल भी दूसरा है और उसके साथ जुड़ा हुआ बाजार का मॉडल भी दूसरा है। इन दोनों के पीछे जो मानस काम कर रहा है वह भूमंडलीय पैमाने पर समरूपीकरण करना चाहता है। वह संप्रभु राज्यों को उनकी वैधता से वंचित करके उन्हें नष्ट कर देना चाहता है। साथ ही वह भूमंडलीय दायरे से कई तरह के समुदायों और संस्कृतियों को निष्कासित करके हाशिये पर फेंक देना चाहता है। इस हाशियाकरण के शिकारों में अरबों लोग शामिल हैं। इनमें महिलाएँ, बच्चे, बूढ़े, युवा, आदिवासी और वनवासी शामिल हैं। इन लोगों में देहाती क्षेत्रों के भूमिहीन और बँधुआ मजदूर और शहरी क्षेत्र के झोपड़-पट्टियों में रहने वाले

प्रवासी श्रमिक हैं। इन लागों में गरीबों और नाइंसाफी के शिकारों की भरमार है। हाशियाकरण का यह सिलसिला काफी पहले से चल रहा है लेकिन जब से सोवियत संघ एक सामासिक राज्य के रूप में ध्वस्त हुआ है, तीसरी दुनिया के कई राष्ट्रों के आत्मगौरव और ताकत का क्षय हुआ है और 'नयी विश्व-व्यवस्था' बननी शुरू हुई है तब से यह प्रक्रिया बहुत ज्यादा आक्रामक हो गयी है। बाँटो और राज करो के पुराने हथकंडे को नये तरीके से इस्तेमाल किया जा रहा है। सामाजिक और जातीय विविधता की नयी अभिव्यक्तियों और उनमें निहित राजनीतिक-सांस्कृतिक बहुलता का चालाकी के साथ शैतानी लक्ष्यों के साथ दोहन किया जा रहा है। भूमंडलीय समरूपीकरण की यह मानसिकता चाहती है कि प्राकृतिक और मानवीय विविधता और तरह-तरह की सामुदायिक जीवन-शैलियों के विराट दायरे को एक दैत्याकार और वर्चस्वी संरचना के तहत ले आया जाये।

प्रतिरोध में कमी

मुश्किल यह है कि समरूपीकरण की इस मानसिकता का विरोध करने के बजाय प्रभावित राज्य और राष्ट्रीयताएँ इसके सामने हाथ जोड़े खड़े हुए हैं, बावजूद इसके कि भूमंडलीकरण के कारण वे ही सबसे ज्यादा नुकसान में रहने वाले हैं। लगता है कि उन्होंने खुद को किस्मत के हवाले कर दिया है और अपनी तबाही और बढ़ते हुए जोखिमों को वे हाथ पर हाथ रखे स्वीकार करते जा रहे हैं। 'विकास' का बिना सोचे-समझे बनाया गया मॉडल धरती को रेगिस्तान में बदलता जा रहा है और ग्लोबल वार्मिंग की परिघटना तेजी से बढ़ती जा रही है। दोनों मिल कर सामूहिक आत्महत्या जैसी परिस्थितियाँ तैयार कर रहे हैं। मैं अपने लेख 'डेमौक्रेटिक सिविटाज़' में विस्तार से दर्शा चुका हूँ कि बच्चों और महिलाओं की स्थिति किस कदर खराब होती जा रही है। सम्मान और गरिमा के साथ जीना उनके लिए तकरीबन असंभव हो गया है। इस लेख में पहले ही भोगवादी समाज के उपभोक्तावादी मूल्यों और हत्यारी होड़ से उपजी हिंसा की चर्चा की जा चुकी है (पर्यावरण आंदोलन का ध्यान इस ओर से लगातार हटता जा रहा है। संभवतः इसका कारण उससे जुड़े हुए स्वयंसेवी संगठनों और उन पर हावी 'कार्यकर्ताओं' की खर्चीली जीवन-शैली है)। खास बात यह है कि यह सब जानते हुए भी हर क्षेत्र में पूँजीवादी कारपोरेट संस्कृति का प्रभाव बढ़ता जा रहा है। समाजवादी दुनिया हो, तीसरी दुनिया हो, पश्चिम के लोकोपकारी राज्य के दायरे हों, या फिर 'जनता के प्रतिनिधि' (चुने हुए प्रतिनिधि और खुद को प्रतिनिधि कहने वाले स्वयंसेवी संगठन) हों; सभी इस संस्कृति के सामने

झुक गये हैं, बावजूद इसके कि इन लोगों को अच्छी तरह पता है कि इस म का नतीजा केवल एक ही होगा : कुछ लोगों को लाभ, बड़े पैमाने पर जनता की विपन्नता, अशांति, विद्वेष और कलह में बढ़ोतरी और परिणामस्वरूप राजनीतिक अस्थिरता।

जो समाज अपेक्षाकृत खुले और लोकतांत्रिक हैं, उनमें भूमंडलीकरण का मॉडल उस आजादी को ही नुकसान पहुँचायेगा जिसकी वहाँ एक अरसे से रक्षा की जाती रही है। इन समाजों के अभिजन लगता है कि पूँजीवादी देशों की समृद्धि के स्तर तक पहुँचने की सनक के शिकार हो गये हैं। इसी कारण से वे दमनकारी हथकंडों का इस्तेमाल करते हुए सरकार को भूमंडलीकरण की प्रक्रिया के मातहत बनाने में लगे हुए हैं। विश्व की अंतर्निर्भरता और एकता की वकालत करते हुए ये ताकतें इसे गलाकाटू होड़ और प्रतिद्वंद्विता में हर किस्म का हथकंडा अपना कर हासिल करना चाहती हैं। उन्नीसवीं सदी की तर्ज पर यह मूल्यहीन कार्रवाई दुनिया को ऐसी सत्ता-संरचना में तब्दील करना चाहती है जिसमें जंगल राज का उसूल चलता हो यानी जिसमें केवल ताकतवर को ही जिंदा रहने का हक हो।

इस जंगल राज में उसे खत्म हो जाना होगा जिसे जरूरत की कसौटी पर अक्षम, अयोग्य और अनुपयुक्त माना जायेगा। लोगों को इतिहास के हाथों का खिलौना मानने का यह रवैया समता और न्याय की धारणाओं को निष्प्रभावी करार दे देगा। करुणा और दया जैसी भावनाओं का कोई मतलब नहीं रह जायेगा। एक ऐसी हताशा जन्म लेगी जिसके कारण बेहतरी की संभावनाएँ ही तिरोहित लगने लगेंगी। नतीजे के तौर पर जिंदगी की निचली पायदानों पर पड़े लोगों की उपेक्षा और अवमानना बढ़ती चली जायेगी। कर्ज, गंदगी, बीमारी और अपराध के भँवर में फँसे दरिद्रों, बेरोजगारों और अक्षम लोगों को साफ कर डालने की प्रवृत्ति पैदा होगी। यह रवैया किसी अजीब से तर्कहीन मनोविकार के बजाय एक जानी-बूझी डिजाइन का परिणाम होगा। इस डिजाइन में एक तरफ जबर्दस्त संसाधनों, सत्ता, गुमराह करके लोगों के दिमागों में अपनी बात भरने की कला से लैस मुट्ठी-भर लोग हैं और दूसरी ओर आर्थिक रूप से कमजोर होने, सामाजिक रूप से बँटे होने और राजनीतिक रूप से धकियाये जाने के बाद भी इस ध्रुवीकरण के खिलाफ समान रणनीति बना कर संघर्ष में एकजुट न हो पाने वाले बहुसंख्यक लोग हैं।

कमजोरों की आवाज बुलंद करने और उनकी रक्षा के लिए विकसित की गयी अवधारणाएँ और आंदोलन एक के बाद एक या तो किनारे धकेल कर रक्षात्मक मुद्रा अपनाने पर मजबूर किये जा रहे हैं या फिर उन्हें नयी विश्व-

व्यवस्था अपने आगोश में समेटे ले रही है। गरीब देशों के अपने अलग संगठन और उनके आपसी सहयोग का विचार, तेल उत्पादक देशों द्वारा दी गयी चुनौती के वक्त गरीब देशों द्वारा हासिल किये गये आत्मविश्वास, गुटनिरपेक्ष आंदोलन से उनके गठजोड़, एक नयी अंतर्राष्ट्रीय आर्थिक प्रणाली और जी-७७ का विचार, संयुक्त राष्ट्र को एक मंच के रूप में इस्तेमाल करके 'सामूहिक आत्मनिर्भरता' के इरादे से विकास की अलग रणनीति अपनाने का खयाल, काफी बहस-मुबाहिसे के बाद बनी और आज तक उचित समझी जाने वाली 'विकल्पों' की अवधारणा, और इस सबको हासिल करने के माध्यम के रूप में तीसरी दुनिया के स्वतंत्र राष्ट्र-राज्य की संस्था को अपनाने का आग्रह आज बेअसर पड़ा हुआ है। इन राष्ट्र-राज्यों की क्षमता में आयी गिरावट का नतीजा यह निकला है कि दुनिया को एक दुहरे ध्रुवीकरण का सामना करना पड़ रहा है। एक तरफ समृद्ध और ताकतवर उत्तर के अमीर देश हैं, दूसरी तरफ दरिद्रता और कमजोर सत्तामूलक आधार वाले दक्षिण के गरीब देश हैं। उत्तर के देशों में अपेक्षाकृत अमन-चैन है जबकि दक्षिण के देशों पर प्रदूषण, कोलाहल, हिंसा और अपराध से बजबजाता हुआ माहौल हावी है। ऊपर से उत्तर के देशों ने न केवल अपने यहाँ की नुकसानदेह और घातक प्रौद्योगिकी दक्षिण के ऊपर थोप दी है, बल्कि अपनी प्रदूषण, हिंसा, नशे की लत और गोबर तक उसके मत्थे मढ़ दिया है।

असहमति को हजम करना

यह एक विडंबना ही है कि वर्चस्व के भूमंडलीय केंद्र असहमति के तमाम स्वरों, विचारों और अवधारणाओं को अपने आगोश में समेटने की कला में माहिर होते जा रहे हैं। चाहे वे विचार तीसरी दुनिया से निकले हों, समाजवादी विश्व की देन हों या समाज परिवर्तन और प्रतिरोध के आंदोलनों की पैदाइश हों, सभी के साथ ऐसा ही हो रहा है। और तो और, इन सबके वाहक समझे जाने वाले एनजीओ यानी गैर-सरकारी स्वयंसेवी संगठन तक प्रस्तावित भूमंडलीय संघटन, एकता और अंतर्निर्भरता के एजेंट बन गये हैं। राज्य को किनारे करके और स्वयंसेवी संगठनों को प्रोत्साहित करते हुए भूमंडलीकरण के पैरोकार विभिन्न 'आंदोलनों' को नयी विश्व-व्यवस्था के एजेंडे ने हड़प लिया है। इन आंदोलनों में शांति और पर्यावरण के साथ-साथ नारी मुक्ति आंदोलन के कुछ हिस्से भी शामिल हैं। विभिन्न समुदायों की जनता को जागरूक बनाने वाले जो छोटे-छोटे आंदोलन कभी तीसरी दुनिया के बुद्धिजीवियों के लिए वैकल्पिक संभावनाओं से भरपूर थे, वे ग्लोबल एनजीओ के तकनीकशाहों द्वारा हथिया लिये गये हैं।

अब पर्यावरण का मुद्दा प्राकृतिक संसाधनों पर लोगों के अधिकारों को कायम करने के लिए संघर्ष के बजाय 'प्राकृतिक संसाधनों के प्रबंधन' में बदल गया है। माना जा रहा है कि शांति की समस्या का प्रौद्योगिकीय समाधान हो सकता है और यह काम दुनिया की एकमात्र महाशक्ति प्रौद्योगिकीय हस्तक्षेप करके कर सकती है। स्त्री मुक्ति आंदोलन को हड़पने के लिए भूमंडलीय सम्मेलनों और शोध परियोजनाओं पर अनाप-शनाप धन खर्च करने का हथकंडा अपनाया जा रहा है। जमीनी आंदोलनों से जुड़ने और संघर्ष में सहभागिता करने से जिन लोगों को जन-वैधता मिली है उन्हें भूमंडलीय एनजीओ ढाँचे में समेटने की योजना है (दरअसल, यह काम तो हो ही चुका है)। इन लोगों को धनी देशों के अकादमीय केंद्र और वहाँ के अंतर्राष्ट्रीय केंद्र खुले हाथों अपने हाथों यहाँ बुलाते हैं और मुक्त हस्त से आर्थिक मदद देते हैं।

तरीका यह है कि इन सभी आंदोलनों की राजनीतिक धार कुंठित कर दी जाय। विरोधाभास यह है कि राजतंत्र की संस्थागत देह की भूमिका निभाने वाले राज्य ने भी अराजनीतिकरण की मुहिम में भाग लेना शुरू कर दिया है। वह अपना अराजनीतिकरण भी कर रहा है और अपने खिलाफ संघर्ष कर रहे आंदोलनों का भी। हो सकता है कि असहमति को हजम करने का यह सिलसिला हमें एक बार फिर रेगन-थैचर युग में वापस ले जाये, जब राज्य की हैसियत गिरा कर लोकतांत्रिक प्रक्रिया के महत्त्व को कम करने की कोशिश की गयी थी।

दूसरी तरफ हमें यह भी देखना पड़ेगा कि लोकतांत्रिक उभार का एक अपना तर्क होता है जो विपरीत हालात में भी विद्रोह की आवाज बुलंद करता रहता है। लोकतांत्रिक उभार से हमें यही उम्मीद लगानी चाहिए भले ही फिलहाल वह साम्राज्यवादी और कारपोरेट पूँजीवाद की मिलीजुली ताकतों के हमले के मुकाबले कमजोर पड़ रहा हो। यह भी हो सकता है कि एनजीओ भूमंडलीकरण के विरोध और लोकतांत्रिक आंदोलन के लिए उपयुक्त वाहक साबित न हों। संभवत: भूमंडलीकरण और अराजनीतिकरण के खिलाफ विद्रोह की आवाज ग्रासरूट्स आंदोलन के बजाय स्थानीय और राजनीतिक गुंजाइशों में कार्यरत उन समूहों, समुदायों, जातियों और वर्गों की तरफ से उठे जो समाज में निचले पायदानों पर पड़े होने के बाद भी राजनीतिक रूप से जागरूक हो चुके हैं और जिनकी राजनीतिक भागीदारी काफी बढ़ चुकी है। उभरती हुई राष्ट्रीयताएँ भी इस आवाज में अपनी आवाज मिला सकती हैं। अपनी प्रकट सीमाओं से परे स्थानीय, राष्ट्रीय और क्षेत्रीय दायरों को प्रभावित करने वाले लघु आंदोलन भी यह भूमिका निभा सकते हैं। नागरिक समाज के इन आलोड़नों में ही हमें नये

विकल्पों के मॉडल मिल सकते हैं। कभी यही मॉडल हमें पूँजीवादी उदारतावादी, गाँधीवादी अथवा पारंपरिक वामपंथी विचारधारओं और एनजीओ द्वारा चलाये जा रहे नये सामाजिक आंदोलनों में मिला करते थे।

स्पर्द्धा आधारित समता या न्याय?

*सामाजिक न्याय का प्रश्न राष्ट्रीय ही नहीं, बल्कि भूमंडलीय आयाम रखता है। यूरोपीय ज्ञानोदय द्वारा थमायी गयी समता की अवधारणा दरअसल स्पर्द्धा आधारित है। यह व्यक्तिवाद और उपभोक्तावाद को प्रोत्साहन देती है और सामुदायिकता का क्षय करती है। इसके मुकाबले न्याय की अवधारणा देश और दुनिया को बेहतर मानव सभ्यता बनाने की तरफ ले जा सकती है। रजनी कोठारी के लेख **सोशल जस्टिस : ग्रोइंग कांशसनेस, रिसीडिंग प्रास्पेक्ट** के सार-संक्षेप में सूत्रीकरण किया गया है कि न्याय की अवधारणा को स्थापित करने के लिए सोचने और व्यवहार के तरीकों में आमूल-चूल परिवर्तन करना होगा। राज्य और उस पर हावी अभिजनों का मुखापेक्षी होने वाला रवैया त्यागना होगा। ये अभिजन बाजार की चौधराहट स्वीकार करने के कारण इतने कमजोर हो चुके हैं कि इनमें सामाजिक हस्तक्षेप करने की क्षमता बची ही नहीं है। जनता को अपने मामले अपने हाथ में लेने की शुरुआत करनी होगी।*

यहाँ मैं न्याय की अवधारणा में अंतर्निहित विचार पर 'भूमंडलीय' संदर्भों में गौर करना चाहता हूँ। सामाजिक न्याय का पहलू भी इसमें शामिल है। भूमंडलीय संदर्भ का मतलब यह नहीं है कि मैं किसी अंतर्राष्ट्रीय विचारधारा या संस्था द्वारा प्रदत्त वैचारिक संरचना का इस्तेमाल करूँगा। मेरा ख्याल है कि न्याय का सवाल एक ऐसा मूल्यगत सवाल है जो इन सीमाओं से परे जा कर सभी सामाजिक स्तरों और ऐतिहासिक संदर्भों में व्याप्त है। जब यह कहा जाता है कि इस दुनिया में इंसाफ नहीं है तो इसका मतलब यह होता है कि न्याय का क्षय रोकना मुश्किल होता जा रहा है और इस सिलसिले को पलटने के लिए विचारों की दुनिया और व्यावहारिक राजनीति के क्षेत्र में बहुत बड़ी क्रांति करनी पड़ेगी।

यह तभी हो पायेगा जब इस मसले पर केवल गरीबों और अमीरों के बीच या फिर धनी और गरीब देशों के बीच खाई के लिहाज से ही नहीं, बल्कि सामाजिक-आर्थिक संरचनाओं के काम करने के तरीके के संदर्भ में गौर किया

जाय। यह भी देखना पड़ेगा कि इन संरचनाओं के तहत नाना प्रकार के अल्पसंख्यकों से कैसा सुलूक किया जा रहा है, समाज के पहले से कहीं ज्यादा तबकों स्थिति क्यों नाजुक होती जा रही है, संगठित क्षेत्र के खाते-पीते लोगों और असंगठित क्षेत्र के विपन्न लोगों के बीच खाई क्यों बढ़ती जा रही है। इस पूरी प्रक्रिया में राज्य की भूमिका, बाजार की सत्ता, शासन की प्रकृति, मानवाधिकारों के हनन या पालन, एक लोकतांत्रिक व्यवस्था की रचना के बारे में अभिजनों के रवैये और ऐसी व्यवस्था बनाने में उनकी नाकामी के कारण पैदा हुई हिंसा और टकराव के सवालों पर भी नजर डालनी होगी। इस विवेचना में लैंगिक विभेद, पीढ़ी अंतराल, वृद्धों की स्थिति, शिक्षा का प्रश्न और सामाजिक गतिशीलता जैसे पहलुओं पर तो ध्यान देना ही पड़ेगा, साथ ही आप्रवासियों, शरणार्थियों, अविवाहित माताओं, छोटी-मोटी पेंशनों और दरिद्रता-भत्ते के सहारे गुजर-बसर करनेवाले लोगों और विकास के शिकार 'विस्थापितों' की जीवन-स्थितियों को भी इस विचार-विमर्श में शामिल करना पड़ेगा। इन सबके साथ शारीरिक और मानसिक रूप से विकलांग हो चुके, जीवन की हताशाओं के कारण नशेड़ी बन गये या यौन-हिंसा के सक्रिय या निष्क्रिय शिकार हुए लोगों, अबाध आर्थिक विकास के कारण अपनी सांस्कृतिक और स्मृतिजन्य जड़ों से कट गये समुदायों की पीड़ा को मिला कर ही न्याय और सामाजिक न्याय के मुद्दे पर विचार किया जा सकता है।

यहाँ यह साफ कर देना जरूरी है कि न्याय की अवधारणा और समता के विचार में काफी अंतर है। फ्रांसीसी क्रांति में जिस तरह की समता को परिकल्पित किया गया था वह तो एक तरह का जड़सूत्र बन चुकी है जिसे ऊपर से जबरन थोपा जाता है। ऐसी समता लोगों को एकसार बनाने के लिए उन पर एकरूपता का बुलडोजर चलाती है और उनके नाम पर कुछ लोग सत्ता पर इजारेदारी कायम कर लेते हैं। हमारे समय में तो राज्य की संस्था यह समता थोपने के चक्कर में बुनियादी स्वतंत्रताओं का ही उल्लंघन करती दिख रही है।

इस थोपी हुई समता के विपरीत न्याय की अवधारणा विविधताओं को मान्यता देगी और उन्हें कायम रखने का प्रयास करेगी। वह ऐसी चेतना को बल देगी जो एक तरफ तो विविध प्रयासों का मूल्यांकन किन्हीं विजातीय अथवा अंतर्राष्ट्रीय मानकों के आधार पर न करे और दूसरी तरफ सत्तारूढ़ों को विनय और आत्मनियंत्रण के साथ पेश आने का आग्रह करे। संक्षेप में कहा जा सकता है कि आज की दुनिया में न्याय का क्षय आधुनिकता के झंडे तले स्थापित की गयी कई तरह की मूल्य-प्रणालियों का परिणाम है। जिस नये विश्व के आगमन की घोषणाएँ की जा रही थीं, उसने मानवता के बहुत बड़े हिस्सों को अपने

दायरों के बाहर असहाय छोड़ दिया है। इस परिघटना के प्रतिरोध में इंसाफ की माँग अपने सामाजिक, पर्यावरणीय और नैतिक दावों के साथ मानवता के हृदय में गूँज रही है। नाइंसाफी भी बढ़ रही है। फिलहाल ये दोनों परिघटनाएँ सिर्फ किसी ऐतिहासिक द्वंद्वात्मकता का नतीजा नतीजा न हो कर जीवंत ढंग से अंतर्गुंफित लग रही हैं।

लोकतंत्र और सामाजिक न्याय

जाहिर है कि आज का युग लोकतांत्रिक चेतना का युग है जिसमें प्रभुत्व और नियंत्रण की संरचनाओं को लगातार चुनौती मिल रही है। लेकिन हमें यह नहीं भूलना चाहिए कि इसी युग में लोकतांत्रिक ताकतों के खिलाफ मोर्चाबंदी भी बढ़ती जा रही है। प्रतिरोध और बौद्धिक असहमति की आवाजों को फुसलाया जाना आम बात है। पुरानी चौधराहटों की जगह नये वर्चस्वों की स्थापना की जा रही है। सुरक्षा, स्थिरता और एकता के नाम पर शासन के अलोकतांत्रिक तौर-तरीके कायम किये जा रहे हैं। राजनीतिक दल और न्यायपालिका जैसी संस्थाएँ लोकतांत्रिक प्रक्रिया को बढ़ावा देने के लिए बनायी गयी थीं, लेकिन वे समाज-व्यवस्था को तोड़ने के हालात पैदा करने में लगी हुई हैं। गरीब और अमीर के बीच की खाई पाटने के बजाय दुनिया की समस्याओं का हल प्रौद्योगिकी के दम पर सारे विश्व को एक जैसी राजनीतिक अर्थव्यवस्था में संगठित करने की प्रक्रिया में ढूँढा जा रहा है। जो राष्ट्र और समुदाय इस रवैये में फिट नहीं बैठते, उनकी शामत है। गरीबों के लिए ज्यादा-से-ज्यादा सरकार की तरफ से कुछ मदद का भरोसा है और वह भी लगातार नियोक्लासिकल आर्थिक चिंतन करने वालों के निशाने पर है। सोच में आये इस परिवर्तन का नतीजा यह हुआ है कि गरीबी की समस्या को कम करके दिखाने या उसका वजूद ही झुठलाने की प्रवृत्ति बढ़ती जा रही है। गरीबों, उत्पीड़ितों, वृद्धों और महिलाओं की समस्याओं को भुलाया जा रहा है। नयी कामनाओं, नयी उपभोक्ता जरूरतों और ऐशो-आराम की नयी सुविधाओं के औजारों से जनसाधारण की दिमागी सफाई का सिलसिला जारी है। परिणामस्वरूप गरीब और बेरोजगार प्रतिरोध, गुस्से, हताशा और असुरक्षा की भावनाओं के शिकार हो कर संकीर्णतावादी राजनीति के चक्कर में फँसने के लिए अभिशप्त हो गये हैं। गरीबों को अपराध, अपराधीकरण, जातीय हिंसा और राज्य के खिलाफ आतंकवादी हिंसा के चक्र में फेंकना आसान हो गया है।

आधुनिकतावादी विचार का दावा यह था कि आर्थिक विकास से समृद्धि बढ़ेगी और वह बूंद-बूँद करके नीचे तक जायेगी। लेकिन इस विचार ने इस बात

का ध्यान नहीं रखा कि नयी समृद्धि पैदा करने के चक्कर में पुरानी सदियों से जमा खेतिहर जमीन, वनों और सामूहिक मालिकानेवाली संपत्ति नष्ट होती जा रही है। गरीबी के भूमंडलीय हल पेश करने का दावा करने वालों ने गरीबी के पारिस्थितिकीय पहलुओं को छुआ भी नहीं है। इसी के नतीजे के तौर पर अकाल, बाढ़, कुपोषण, भूख, भुखमरी, विस्थापन और असंगठित क्षेत्र में बढ़ोतरी की समस्याएँ सामने आयी हैं। गरीबों को सामाजिक क्षेत्र से पृथक करने के सिलसिले ने सामाजिक न्याय के संकट को जन्म दे दिया है।

गरीबी समृद्धि की नामौजूदगी से पैदा नहीं होती। न जाने कितनी सभ्यताएँ इस तरह की संपत्ति के अभाव के बाद भी संकट की शिकार नहीं हुईं। उन सभ्यताओं का नागरिक समाज उस समय टूटने लगता है जब प्रकृति और पारिस्थितिकी में आधारित उनका बुनियादी संसाधन आधार उनसे छिन जाता है। हुआ यह है कि गरीबी पर होनेवाले चिंतन में से सामाजिक और पारिस्थितिकीय पहलू गायब हो गये हैं। गरीबों को एक सामाजिक वर्ग के रूप में नहीं, बल्कि आर्थिक और सांख्यकीय श्रेणी के रूप में देखा जाता है। ऐसे में आर्थिक मदद मिलने पर भी गरीब तबका पक्षपात का शिकार बना रहता है। उसे पिछड़ा समझ कर उत्पीड़ित किया जाता है। पैसा तो मैला ढोनेवाले सफाई मजदूर भी कमाते हैं, लेकिन वे गरीबी से कभी मुक्त नहीं हो पाते। गरीबी के इन सामाजिक आयामों की पूरी जाँच-पड़ताल जरूरी है, वरना हम गरीबी-विकास-गरीबी के कुटिल चक्र से कभी छुटकारा नहीं प्राप्त कर सकते।

सिद्धांत का संकट

वर्चस्व और नियंत्रण को चुनौती देनेवाला सोच आज कमजोर हो कर हाशिये पर पड़ा है। इस सवाल का जवाब साफतौर पर खोजना पड़ेगा कि सिद्धांत और व्यवहार का वैकल्पिक संयोग बनाने में 'आंदोलनों' की विफलता की क्या वजह है और दक्षिणपंथी प्रतिक्रियावाद द्वारा प्रदत्त 'नयी दृष्टि' मध्यवर्गीय दिमाग और समाचार माध्यमों के एक बड़े हिस्से पर कैसे हावी हो गयी। इसका जवाब ऐतिहासिक परिवर्तन की सैद्धांतिक अवधारणाओं की नाकामी में मिलेगा। ये सिद्धांत लंबे अरसे से हमारे चिंतन पर हावी रहे हैं। इनमें एक अवधारणा तो आधुनिक विज्ञान के विचार से जुड़ी है जो यूरोपियन ज्ञानोदय का आधार मानी जाती है। दूसरी अवधारणा आधुनिक राज्य है जिससे उम्मीद की जाती थी कि वह मानवीय चेतना को परंपरा के साथ-साथ प्रकृतिजन्य बने रहने की स्थिति से मुक्त करेगी। कहा जाता था कि इसी प्रकृतिजन्यता के कारण ही मानव अपनी समस्त संभावनाओं को धरती पर उतारने में विफल हुआ है। तीसरी अवधारणा

है वर्ग और वर्ग-चेतना जिससे राज्य पर कब्ज़ा कर लेनेवाले निहित स्वार्थों द्वारा पैदा की गयी विषमताओं और शोषण से छुटकारा पाने की आशा की गयी थी। चौथी और सबसे ताजा अवधारणा है 'विकास'। मुख्यतः आर्थिक विकास जुड़ी इस अवधारणा में सामाजिक विकास भी शामिल है। समझा जाता था कि विकास के जरिये मनुष्य राज्य और बाजार की मदद से समृद्धि और संचय की तरफ बढ़ेगा। लेकिन इन बेहद ताकतवर लगनेवाले ख्यालों के आधार पर सामाजिक रूपांतरण और न्याय की उपलब्धि नहीं हो सकी। विज्ञान तकनीकशाहों, विशेषज्ञों और अर्थशास्त्रियों के शिकंजे में फँस गया। राज्य एक भ्रष्ट नौकरशाह उद्यम में पतित हो कर हिंसा और अपराध को नहीं रोक सका। आधुनिक विज्ञान और प्रौद्योगिकी के माध्यम से मानव इतिहास की संपूर्ण द्वंद्वात्मकता को गतिशील करने के बजाय वर्ग और वर्ग-चेतना मार्क्स की योजनाओं के विपरीत 'विकास' की गैर-राजनीतिक दृष्टि को अपना बैठी। जहाँ तक विकास का सवाल है, उसका सारा फायदा मध्यवर्ग ने हड़प कर लिया।

नागरिक समाज की नयी अवधारणा

इन विफलताओं के कारण नागरिक समाज की पुरानी धारणा का क्षय हो जाने के बाद एक नये मॉडल का नागरिक समाज उभरता दिख रहा है। यह नागरिक-भावना के आधार पर नहीं, बल्कि समुदाय-भावना से बना लगता है और इसके आधार में धार्मिक, जातीय, सांप्रदायिक और अन्य संकीणताएँ हैं। नागरिक-भावना का वजूद राज्य से अलग हट कर नहीं होता। वह बाजार के मुकाबले बहुलता को और भूमंडलीकरण में निहित केंद्रीकरण के मुकाबले विकेंद्रीकरण को बढ़ावा देती है। जबकि समुदाय-भावना धर्म बनाम राजनीति का द्विभाजन करके राज्य से अलगाव पैदा करती है, आर्थिक दायरे में नवकट्टरतावादी चिंतन को बढ़ावा देती है, और संचार से जुड़े नये फैशनों और रुझानों को जम कर अपनाती है। यह प्रवृत्ति व्यापारिक विधियों का इस्तेमाल करके अपने विरोधियों को पटाने या धमकाने का तरीका अख्तियार करती है और विचारधारात्मक आक्रमण के जरिये ध्रुवीकरण करके लोगों को इस या उस पक्ष में जाने के लिए मजबूर कर देती है। सामुदायिक भावना नागरिक समाज में कलह और धड़ेबंदी की संरचनाएँ बनाती है। वह विभेदों का राजनीतिकरण करते हुए राज्य को विवश करती है कि वह असहमति के जमीनी आंदोलनों को कानून का उल्लंघन मान कर उनका दमन करे। इन हालात का सबसे बड़ा नुकसान गरीब तबकों, महिलाओं, बच्चों और आदिवासियों और इनकी युवा पीढ़ी को होता है। नये आर्थिक चिंतन का जोर लोककल्याण, करुणा, सहायता, सामाजिक सुरक्षा और

आरक्षण पर न हो कर 'मैरिट' पर होता है। इस नये नागरिक समाज पर उपनिवेशीकरण की अर्थव्यवस्था और कट्टरपंथ का समाजशास्त्र हावी रहता है। इस बंदोबस्त में औरतें और बच्चे जिंसों में बदल जाते हैं। उपभोक्तावाद के विषाणु विकल्पों की संभावनाओं को समतल कर देते हैं। तथाकथित गैर-सरकारी संगठन या स्वयंसेवी संगठन नये नागरिक समाज की रचना का मुकाबला करने में नाकाम रहे हैं। वे अपने झगड़ों में उलझे हुए हैं, उनमें जवाबदेही की भावना का अभाव है, उनमें से कई अलोकतांत्रिक गतिविधियाँ अपना चुके हैं और धंधेबाजी के मूल्यों के मुताबिक ज्यादा-से-ज्यादा आमदनी और सुख-सुविधाओं के फेर में हैं। औरतें व्यापक समाज में ही नहीं, बल्कि अपने परिवारों और समुदायों में भी शोषण का शिकार हैं। उनका जीवन बेहद कष्टपूर्ण है, क्योंकि उन्हें परिवार और समुदाय की दुहरी जिम्मेदारियाँ निभाने के लिए खुद को हर तरह से वंचित रखना पड़ता है। आधुनिक महिला ने अपूर्व साहस और क्षमता का प्रदर्शन किया है, पर उसे लगातार उत्पीड़न और तकलीफ का सामना करते हुए परीक्षा देते रहना पड़ता है। आधुनिकता की दौड़ में थका हुआ पुरुष किसी वास्तविक चुनौती का सामना करने में अक्षम है। इसका बदला वह औरतों और बच्चों के ऊपर हिंसा में निकालता है। अपनी विफलताओं के कारण वह लगातार हाशिये पर जाने के लिए अभिशप्त है। गरीबों के बच्चे शुरू से ही कमरतोड़ मेहनत में झोंक दिये जाते हैं। अर्थव्यवस्था के सेवा क्षेत्र में आधुनिक प्रौद्योगिकी के बोलबाले के कारण जल्दी ही इन नन्हें श्रमिकों की भी जरूरत नहीं रह जायेगी। बालकों का यह तबका गहरे अकेलेपन का शिकार हो कर अपराध के रास्तों पर चल निकलता है। खुशहाल बच्चों की समस्या भी कम गंभीर नहीं है। कच्ची उम्र से ही उन्हें जिंदगी के मौज-मजे की आदतें डाल दी जाती हैं और फिर भाविष्य के निर्मम अंदेशे उनकी ऊर्जा को खा जाते हैं। इस नये नागरिक समाज में सामाजिक विखंडन, जातीय राजनीति, अल्पसंख्यकों के खिलाफ हमलों के गर्भ से राजनीतिक और सामाजिक बिखराव के आयाम निकलते हैं। जातीय और भाषायी अस्मिताओं के दोहन से स्थानीय चौधरियों की बन आती है और वे अपराधी और भ्रष्ट सरगनाओं में बदलते चले जाते हैं। ऐसी ही सामाजिक और पारिवारिक क्रूरताओं के तले पिसते हुए बच्चे बड़े हो कर एके-४७ रायफलों और विस्फोटकों के जरिये अपनी कुंठाएँ निकालते हैं।

सवाल यह है कि राज्य और बहुलतावादी लोकतांत्रिक प्रक्रिया की क्षमताएँ कम होने के बाद अब नागरिक समाज परिवार और समुदाय के दायरों में उभरनेवाली समस्याओं से कैसे निपटेगा? वह राजनीतिक और आर्थिक बोझ से कैसे छुटकारा पायेगा? इन सवालों का जवाब उन बहुलतावादी अस्मिताओं और

संरचनाओं के व्यापक दायरे में निहित है जिनके विकास की संभावनाएँ अभी पूरी तरह मरी नहीं हैं। ये दायरे नयी संभावनाओं के भी स्रोत हो सकते हैं और नयी कमजोरियों के भी। हालाँकि केंद्रीकरण और भूमंडलीकरण के विभिन्न रूपों ने कई विकृतियों को जन्म दिया है पर इसमें एकबहुपक्षीय प्रवृत्ति भी है जिसमें बहुलतावाद के लिए गुंजाइश दिखती है। इसमें अगर नयी विश्व व्यवस्था के प्रमुख प्रवक्ताओं द्वारा पेश किये जा रहे 'क्षेत्रीय विकल्प' को भी जोड़ दिया जाये तो कुछ उम्मीद बनती है। राष्ट्रों के भीतर संघात्मक रुझान अपना काम कर रहे हैं। लगता यह है कि कई तरह की क्षेत्रीय और सामाजिक इकाइयाँ, समुदाय, जातियाँ, जातीय और पारिस्थितिकी आधारित आबादियाँ अपने जमीनी वजूद को न छोड़ते हुए एक व्यापक बहुलतावादी इकाई में समाहित होने की दिशा में प्रयास कर रही हैं। इन्हीं दायरों में परंपरा से बाहर सक्रिय विभिन्न जमीनी संगठन जाति और ग्रामीण अस्मिताओं ले अलग जमीन पर कार्यरत हैं। इससे प्रतीत होता है कि गैर-सरकारी संगठन भले ही नाकाम हो गये हों पर जनता के इन तबकों ने अपना एजेंडा अलग से निर्धारित कर रखा है और उनकी यह कार्यसूची बहुत बड़ी उम्मीद का स्रोत है। लेकिन ध्यान रखने की जरूरत यह है कि पहले राज्य, फिर बाजार, फिर विज्ञान और प्रौद्योगिकी आजकल धर्म के अंधे रोमानी समर्थन के बाद हमें 'जनता' से बहुत ज्यादा और रोमानी किस्म की उम्मीदें लगाने में नहीं फँसना चाहिए।

उम्मीद का एक और स्रोत है : लोकतंत्र। तमाम तरह के पतन के बाद भी लोकतंत्र अभी बचा हुआ है और हम आशा कर सकते हैं कि शायद हम लोकतांत्रिक युग की दहलीज पर खड़े हुए हैं। इस युग में राज्य की संस्था नागरिक समाज की रचना के बजाय उस समाज की जरूरतों पर खरा उतरने की कोशिश करेगा। विज्ञान और प्रौद्योगिकी समाज और मानव चेतना पर हावी होने के बजाय छोटे और मँझोले उद्यमियों के विकेंद्रीकृत और बहुलतावादी उद्यमों को सुविधाजनक बनाने के लिए काम करेगी। ऐसे लोकतंत्र में 'ग्लासनोस्त' दरअसल 'पेरेस्त्रोइका' की पूर्वशर्त बन जायेगा। काफी हद तक हमारे समय का यह लोकतांत्रिक उभार मानवीय जीवन का उद्‌गम बन जायेगा। यह कार्यसूची अपने दायरे में उन सवालों को भी समेट लेगी जो दसियों साल से चल रहे असंतुलित विकास और गलत प्राथमिकताओं के कारण हमारा मुँह चिढ़ा रहे हैं। इन सवालों को विशेषज्ञों और नियोजकों के भरोसे नहीं छोड़ा जा सकता। गरीबी और विषमता की समस्याएँ मूलतः राजनीतिक समस्याएँ हैं लेकिन उनके हल में विभिन्न स्तरों पर कई तरह के लोगों को कई तरह की भूमिकाएँ निभानी पड़ेंगी। ग्रामीण जीवन का नौकरशाहाना शैली में और संसाधनों के हस्तांतरण की शैली

में कथित विकेंद्रीकरण करने से दिक्कत दूर नहीं होगी। जनता की प्रत्यक्ष भागीदारी के बिना किया गया कोई भी विकेंद्रीकरण ऊपर वर्णित विकृतियों के नाना प्रकार के आयामों को जन्म देगा। विकेंद्रीकरण की कुंजी तो राज्य की संस्थाओं और नागरिक समाज की संरचनाओं के बीच अन्योन्यक्रिया में निहित है। विकेंद्रीकरण का राजनीतिक, सामाजिक और सांस्कृतिक मर्म समझे बिना जड़ जमाये बैठे निहित स्वार्थों और उनके संजाल को जमीनी स्तर पर चुनौती नहीं दी जा सकती।

नयी दुविधाएँ

मैं समझता हूँ कि इस बौद्धिक और सैद्धांतिक परिप्रेक्ष्य के तहत आधुनिक राजतंत्र की केंद्रीकरणवादी प्रवृत्तियों का मुकाबला किया जा सकता है। आज के जमाने की ज्यादातर समस्याओं की जड़ बहुलतावादी समाज और बहुलता विरोधी राज्य के बीच विसंगति में निहित है। अर्थव्यवस्था, संचार और उपभोक्ता संस्कृति के क्षेत्र में विकसित हुई भूमंडलीकृत प्रवृत्तियों के कारण इस विसंगति में और बढ़ोतरी हुई है। लोकतंत्र और मानवाधिकार जैसी प्रेरणादायी धारणाएँ सार्वभौम और समरूप शासन के मॉडल को वैध करार देने के लिए इस्तेमाल की जा रही हैं। विश्व पूँजीवाद और नयी विश्व व्यवस्था अपने विजित क्षेत्रों का उत्तरोत्तर विस्तार करते जा रहे हैं। भारत जैसे देश, जो पहले आत्मनिर्भर विकास के मॉडल में यकीन करते थे, भूमंडलीकरण के उम्मीदवार बन चुके हैं। भारत से काफी अलग शैली में चीन भी अब भूमंडलीकरण के रास्ते पर चल चुका है।

इक्कीसवीं सदी में लोकतंत्र पर दो परस्पर विपरीत दबाव पड़नेवाले हैं। पहला दबाव विश्वव्यापी आर्थिक संघटन, सांस्कृतिक एकरूपता, अंतर्राष्ट्रीय व्यापार प्रणाली, भारी पैमाने पर विस्थापन और जनता के और ज्यादा हिस्सों के दरिद्रीकरण का होगा। इससे पुनरुत्थानवादी एजेंडे को प्रोत्साहन मिलेगा। दूसरा और इसके मुकाबले का दबाव स्थानीय, राष्ट्रीय, क्षेत्रीय, जातीय और सामुदायिक होगा। यह दबाव स्वायत्तता, बहुलीकरण, राष्ट्रीय और स्थानीय विकास, ज्ञान और आस्था, प्रणालियों के स्वदेशीकरण और जमीनी स्तर के विविध प्रयोगों को प्रोत्साहन देगा। इन दो परस्पर विपरीत दबावों के बीच का विरोधाभास 'लोकतांत्रिक रूप से' भी सुलझ सकता है। लेकिन यह इस बात पर निर्भर करेगा कि वर्चस्व की संरचनाएँ लोकतांत्रिक संरचनाओं के सामने कब और कैसे सिर झुकाती हैं। रिचर्ड फॉक के शब्दों में कहा जा सकता है कि १९९१ के बाद यह साफ हो गया है कि दुनिया के एकध्रुवीय होने की परिघटना केवल कुछ समय की ही मेहमान थी।

अनिश्चितता का युग

भूमंडलीकरण ने हमें अनिश्चतता के जिस युग में धकेल दिया है, उसके केंद्र में नागरिक समाज में होती हुई यह हलचल है। सदी और सहस्त्राब्दी का समापन हो चुका है पर वर्तमान और भविष्य के बारे में स्पष्टता हासिल नहीं हो पा रही है। तरह-तरह के सूत्रीकरण पेश किये जा रहे हैं। १९९२ में फ्रांसिस फुकुयामा इतिहास के अंत की घोषणा कर चुके हैं, साम्यवाद की 'पराजय' का भी एलान कर दिया गया है और १९९३ में सेमुअल हटिंग्टन सभ्यताओं के संघर्ष की भविष्यवाणी कर चुके हैं। पूर्व को अपनी चौधराहट के झंडे तले कर लेने के बाद अब पश्चिम ने इस्लाम और कनफ्यूशस के सुदूर पूर्व की फतह को अपना लक्ष्य बनाया है। यूरोप के रणनीतिकार भी कुछ बेचैनी के साथ 'प्रशांतीय शताब्दी' के विहान का चित्रण कर रहे हैं। तीसरी दुनिया की आवाज बुलंद करनेवाले सोवियत संघ के खात्मे अनाथ महसूस करते हुए एक-ध्रुवीय दुनिया के उभरने से दुखी हैं। चीनियों में उछाल है और वे खुद को बहुपक्षीय राजनीति और व्यापार के कारण फायदे में पाते हैं। भ्रमित भारतीय कहते कुछ हैं पर उसका मतलब कुछ और होता है और कामना वे किसी और बात की कर रहे होते हैं। लगता है कि हम अनिश्चितता के विशाल सागर में एक-दूसरे के साथ बहते चले जा रहे हैं। अनिश्चितता का बोलबाला इतना जबरदस्त है कि व्यवस्थाओं और प्रणालियों को उसका अभ्यास-सा हो गया है। अनिश्चितता आम बात हो गयी है और उसने संस्थागत रूप ग्रहण कर लिया है। हालत यह है कि यदि कोई समस्याओं के स्पष्ट हल ले कर आता है तो उसे संदेह की निगाह से देखा जाता है। लोगों को ऐसे किसी समाधान के होने में यकीन ही नहीं रह गया है। इस तरह अनिश्चितता एक परिघटना की हैसियत से बढ़ कर अपने आप में एक मत या संप्रदाय की स्थिति में आ गयी है।

आखिर ऐसा क्यों है? किसी भी हल के कारगर होने के प्रति इस कदर अविश्वास की वजह क्या है? इसकी दो वजहें लगती हैं। पहला कारण तो यह है कि जिन संरचनाओं के हाथ में प्रभुत्व है और जो प्रणालियाँ लंबे अरसे से व्यवस्था की नियामक बनी हुई हैं, वे ठप पड़ी हुई हैं और उनका क्षय गहराई तक पहुँच चुका है। दूसरा यह है कि जो विकल्प पेश किये गये थे वे ख्याली साबित हुए हैं। उन्होंने तो पहले से भी ज्यादा अनिश्चितता पैदा की है। अनिश्चितता इसलिए और भी बढ़ गयी है कि लोगों को न पुराने में यकीन रहा है, न वे नये को स्वीकार कर पा रहे हैं, क्योंकि दोनों में से कोई कारगर नहीं है। इन हालात के बावजूद चिंतन का एक पहलू यह भी हो सकता है कि क्या वर्चस्व और नियमन के एकल केंद्र से बाहर निकलने के परिणामस्वरूप हमें अनिश्चितता या

उसके व्यापक एहसास के लिए अभिशप्त होना ही चाहिए? क्या अनिश्चितता सृजनशीलता के लिए दबाव पैदा नहीं करती? क्या अनिश्चितता का यह युग लोगों को अपनी जिजीविषा खोज निकालने और अपना भविष्य अपने हाथ में लेने की प्रेरणा नहीं देगा? क्या वे शासकों और सरकारों के मुखापेक्षी होने के बजाय अब ज्यादा-से-ज्यादा आत्मनिर्भर होने की दिशा में आगे नहीं बढ़ेंगे?

दरअसल, समस्याएँ अपने हल का रास्ता खुद निकालती हैं। जरूरी नहीं कि किसी स्पष्ट समाधान के लिए किसी बाहरी ताकत के हस्तक्षेप की जरूरत पड़े ही। अपने-आप खोजे गये हल जमीनी ताकतों के समीकरण बदल देते हैं जिससे ये ताकतें खुद को एकदम नये, पेचीदा और कभी-कभी अराजक-से लगनेवाले रूपों में व्यक्त करती हैं। इस प्रक्रिया में राज्य की संस्था का महत्त्व कम होता चला जाता है और उसके कर्ताधर्ताओं को सिर्फ समाधान करने की गलतफहमी रह जाती है। इस दृष्टिकोण से देखने पर लगता है कि शासकों पर छायी हुई अनिश्चितता वास्तव में उनकी ताकत में कमी आने की द्योतक है। अभिजनों की शक्ति में आयी इस कमी को जनता की ताकत में कमी की तरह नहीं लेना चाहिए। समाचार माध्यम नाना प्रकार के अभिजनों, सरकारों और ऐसी ही अन्य संस्थाओं को आड़े हाथों लेते हुए उनसे फैसलाकुन कदम उठाने की माँग करते रहते हैं। लेकिन इन आलोचकों को नहीं पता है कि ये अभिजन वास्तव में सामाजिक दायरे में हस्तक्षेप करने की ताकत से वंचित हो चुके हैं।

हमें समझना होगा कि 'समस्याओं के समाधान' का आग्रह पश्चिमी दिमाग की एक खास उपज ही है। यह एक प्रबंधकीय झक के अलावा कुछ नहीं है कि कुछ प्रशासक, राजनेता और विशेषज्ञ ही समाज और उसकी व्यवस्था को चला सकते हैं। जब भी कोई गतिरोध आता है, हमें समस्याएँ सताने लगती हैं और एक बार फिर हम इसी किस्म के लोगों से समाधान की उम्मीद करने लगते हैं। पारंपरिक समाजों को भी समस्याओं का सामना करना पड़ता था लेकिन उनका 'समाधान' न होने और उसके लिए कोई प्रयास भी न होने से कोई खास फर्क नहीं पड़ा। समाज में तनाव और असंतुलन तो नियंत्रित कर लिया गया और फिर भी वे समस्याएँ बनी रहीं। बीच-बीच में उभरनेवाली इन समस्याओं का बुद्धिमानी से शमन किया जाता रहा। पारंपरिक नागरिक समाज में न तो आमतौर पर शांति का और न ही किसी समस्वरता का माहौल रहा। एक दूसरे से होड़ करने वाले दावों के बीच लगातार तालमेल किया जाता रहा और इसके लिए किसी एक केंद्र के बजाय सत्ता और प्राधिकार के नाना प्रकार के केंद्रों का इस्तेमाल किया गया।

जब से आधुनिक राज्य मंच पर आया है तभी से नये शासकों ने समस्याएँ

हल करने, प्रगति के रास्ते पर बढ़ने और परिवर्तन का ठेका लेने का रवैया अख्तियार किया है। इस उपक्रम के माध्यम से इन तत्त्वों ने सत्ता के परंपरागत केंद्रों की जगह खुद को बैठा कर अपनी वैधता मजबूत की है। अब लगने लगा है कि आधुनिक राज्य की यह परियोजना समस्याग्रस्त हो गयी है। आम जन को अभूतपूर्व शैलियों से गोलबंद किया गया और कुछ समय के लिए उसने भी आधुनिक राज्य के जादू में यकीन किया; पुराने और आजमाये जा चुके रास्तों की जगह नये और आधुनिक रास्तों पर भरोसा किया। पिछले कुछ वर्षों में लोगों का यह विश्वास डगमगाया है और वे प्राधिकार और शासन के विजातीय केंद्रों से पहल छीनने में जुट गये हैं, भले ही ये केंद्र खुद उनके समाजों में ही स्थित क्यों न हों। यह प्रक्रिया अभी जारी है और कई तरह के सकारात्मक उपादानों के जरिये होनेवाला लोगों का सबलीकरण हमलों का सामना भी कर रहा है। इसका एक आंशिक कारण यह हो सकता है कि राज्य की मशीनरी पर बहुत ज्यादा ही भरोसा कर लेने के कारण वे पूरी तरह अपने पैरों पर नहीं खड़े हो पाये हैं और न ही सत्ता का विकेंद्रीकरण पूरी तरह हो पाया है। यह विकेंद्रीकरण न केवल राजनीतिक रूप से, बल्कि सामाजिक रूप से भी होना है। इसे संस्कृति के विविध दायरों में भी संपन्न होना होगा। यह कोई आसान काम नहीं है। अपने औपनिवेशिक मालिकों से सत्ता हासिल करनेवाले अभिजन लोकतांत्रिक नारेबाजी के बावजूद सत्ता के सूत्र जनता के हाथों में आसानी से नहीं जाने देंगे। वे अपनी संस्थाओं के दम पर टिकी हुई अपनी मौजूदा चौधराहट को थोड़ा कम करने पर भी आसानी से राजी नहीं होंगे। जाहिर है कि इन शासकों की वैधता में अभी कुछ और गिरावट आनी है जिसका सिलसिला शुरू हो चुका है।

भारत जैसे गैर-आधुनिक समाजों में भी संस्थागत क्षय, शासकों द्वारा जिम्मेदारियों का त्याग और अंतर्राष्ट्रीय ताकतों के सामने अपनी इयत्ता के समर्पण की परिघटना जारी है। व्यक्ति और राज्य, दोनों इसके कारण संकट में हैं। लेकिन भारतवासियों को इतिहास के निर्माण या अनिर्माण की चिंता ने कभी नहीं सताया। उनके लिए तो इतिहास शुरू होने से पहले ही खत्म हो जाता है। हमें तो इतिहास की चिंता फुकुयामाओं और हटिंग्टनों के लिए छोड़ देनी चाहिए। वे इतिहास के साथ जो चाहे करें। हम अनिश्चितता में जरूर घिरे हुए हैं, पर हमें उसी में से वर्तमान और भविष्य की योजनाएँ खोज निकालनी होंगी। यह कार्यभार हम अपने नैतिक और मूल्यगत मानदंडों के अनुसार पूरा करेंगे, ताकि उसी आधार पर एक सच्चे मानवीय भविष्य की रचना की जा सकें।

□□□

लेखक, अनुवादक और संपादक परिचय

अभय कुमार दुबे : लेखक, संपादक, अनुवादक और अनुसंधानकर्ता। नक्सलवादी आंदोलन से लंबा जुड़ाव। करीब आठ साल तक भाकपा (माले) (लिबरेशन) के कार्यकर्ता। लंबे अरसे तक एक्सप्रेस समूह के **दैनिक जनसत्ता** में काम करने के बाद **विकासशील समाज अध्ययन पीठ** में भारतीय भाषा कार्यक्रम के संपादक। नक्सलवादी आंदोलन, दलित आंदोलन, सांप्रदायिकता, नारी मुक्ति आंदोलन और संस्कृति संबंधी विषयों पर अध्ययन। सिनेमा और खेल पर भी लेखन। प्रमुख कृतियाँ : *क्रांति का आत्म संघर्ष : नक्सलवादी आंदोलन के बदलते चेहरे का अध्ययन; सांप्रदायिकता के स्रोत* (संपादित); *आज के नेता : राजनीति के नये उद्यमी* (बाल ठाकरे, कांशी राम, मुलायम सिंह यादव, लालू प्रसाद यादव, ज्योति बसु, कल्याण सिंह और मेधा पाटकर के राजनीतिक जीवन के आलोचनात्मक अध्ययन पर आधारित पुस्तक माला का संपादन और अरुण त्रिपाठी, अरुण पांडेय और अंबरीश कुमार के साथ लेखन); घोटाले में घोटाला (शेयर घोटाले पर एक प्रचार पुस्तिका); 'हंस' के महिला विशेषांक **स्त्री-भूमंडलीकरण : पितृसत्ता के नये रूप** के अतिथि संपादक; *भारत के मध्यवर्ग की अजीब दास्तान* (पवन वर्मा की कृति **द ग्रेट इंडियन मिडिल क्लास** का अनुवाद); *भारतनामा* (सुनील खिलनानी की कृति **द आइडिया ऑव इंडिया** का अनुवाद) और *पूँजी के भूमंडलीकरण से कैसे लड़ें?* (कंवलजीत सिंह की कृति **ग्लोबलाइजेशन ऑव फाइनेंस** का अनुवाद) के

अलावा आठ किशोरोपयोगी पुस्तकों की रचना और दो का अनुवाद। १९९५-९६ में सामाजिक चिंतन और विमर्श की मासिक पत्रिका **समय चेतना** के चौदह अंकों का संपादन। घनश्याम शाह द्वारा संपादित पुस्तक *दलित आइडेंटिटी एंड पॉलिटिक्स* में कांशी राम के राजनीतिक जीवन पर लिखा गया लेख *एनॉटॉमी ऑव ए दलित पॉवर प्लेयर : ए स्टडी ऑव कांशी राम* संकलित। इस संकलन में शामिल उनका लेख **पितृसत्ता के नये रूप** सबसे पहले **हंस** के उक्त महिला विशेषांक की आवरण कथा के रूप में प्रकाशित हुआ था।

विजयबहादुर सिंह : वरिष्ठ राजनीतिशास्त्री, भारतीय निर्वाचन प्रक्रिया के अध्ययन में विशेष योगदान, समाजविज्ञान में अनुसंधान पद्धतियों के व्याख्याता और लोकचिंतन ग्रंथमाला के दो शृंखला संपादकों में से एक। । आजकल **विकासशील समाज अध्ययन पीठ** के निदेशक। उनकी प्रमुख कृतियों में *प्रोफाइल्स ऑव पॉलिटिकल इलीट्स इन इंडिया; पॉलिटिकल फ्रेंगमेंटेशन एंड इलेक्टोरल प्रोसेस : १९९१ इलेक्शंस इन यू.पी.; इलेक्शंस इन इंडिया : डेटा हेंडबुक ऑन लोकसभा इलेक्शंस : १९८६-१९९१* (दो खंड); १९५२-८० के बीच हुए लोकसभा चुनावों और १९८२-८५ के बीच हुए विधानसभा चुनावों की *डेटा हेंडबुक्स* की शंकरबोस के साथ रचना; उत्तर (दो खंड), दक्षिण, पूर्व और उत्तर-पूर्व के विधानसभा चुनावों की चार डेटा हैंड बुक्स की शंकर बोस के साथ रचना; *बिटवीन टू वर्ल्ड : ए स्टडी ऑव हरिजन इलीट्स* (रामश्रय राय के साथ); *हिंदू नेशनलिज्म इन इंडिया : द राइज ऑव बीजेपी* (योगेंद्र के. मलिक के साथ), *सोशल एंड पॉलिटिकल साइंस रिसर्च मैथड्स* (एम.एल. गोयल के साथ) ; *डेमोक्रेसी एंड सोशल चेंज इन इंडिया : ए. क्रॉस-सेक्शनल एनालेसिस ऑव द नेशनल इलेक्टोरेट* (सुब्रत के मित्र के साथ); *प्राबल्म्स ऑव रूरल डिवेलपमेंट* (रामाश्रय रॉय और टी.एम. विनोदकुमार के साथ) और *स्टेट पॉलिटिक्स इन इंडिया : एक्सप्लोरेशंस इन कंपरेटिव पॉलिटिक्स एंड सोशल चेंज* (दो खंड) का आदित्य निगम के साथ संपादन) शामिल है।

योगेंद्र यादव : युवा राजनीतिशास्त्री। दूरदर्शन व अन्य समाचार चैनलों पर जाने-माने चुनाव-विश्लेषक और लोकचिंतन ग्रंथमाला के दो शृंखला संपादकों में से एक। समाजवाद के विभिन्न रूपों के विश्लेषण से अपनी अकादमीय यात्रा शुरू करनेवाले योगेंद्र यादव लोकतंत्र के तुलनात्मक अध्ययन की परियोजना चलानेवाले अध्ययन पीठ के कार्यक्रम **लोकनीति** के निदेशक हैं। योगेंद्र के प्रमुख शोध-प्रबंधों में *कोलेटीज क्रिटीक ऑव मारक्यूज; पॉलिटिकल साइंस :*

पाजिटिविस्ट मेथड एंड फिलोसोफिकल क्रिटीक्स; मार्क्सिस्ट-सोशलिज्म टु डेमौक्रैटिक सोशलिज्म : आइडियॉलाजी ऑव द कांग्रेस सोशलिस्ट पार्टी : १९३४-४७; जेपीज़ चेंजिंग आइडियाज ऑन सोशल चेंज; सोवियत कलेप्स : इज इट मेक एनी डिफरेंस टु द इंडियन लैफ्ट?; फ्यू क्वेश्चंस फॉर गांधियंस; टुवर्ड्स एंड इंडियन एजंडा फॉर द इंडियन लैफ्ट; रिकनफिगरेशन इन इंडियन पॉलिटिक्स : स्टेट एसेंबली इलेक्शंस : १९९३-९५; कम्पटीटिव इलेक्टोरल सिस्टम इन साउथ एशिया में इंडिया नामक प्रबंध के लेखक; १९८९-९९ के बीच हुई चुनावी राजनीति पर *इकॉनॉमिक एंड पॉलिटिकल वीकली* के विशेषांक का आदित्य निगम के साथ संपादन; *इलेक्टोरल पॉलिटिक्स इन द टाइम ऑव चेंज : इंडियाज थर्ड इलेक्टोरल सिस्टम : १९८४-९९* और *अंडरस्टेंडिंग द सेकंड डेमौक्रैटिक अपसर्ज : ट्रेंड्स ऑव बहुजन पार्टिसिपेशन इन इलेक्टोरल पॉलिटिक्स इन १९९०ज़* शाामिल है। हिंदी और अंग्रेजी लेखन पर समान अधिकार रखनेवाले योगेंद्र **विकासशील समाज अध्ययन पीठ** में फैलो के रूप में कार्यरत हैं और कई अखबारों और पत्रिकाओं में नियमित लेखन करते हैं। **सामयिक वार्ता** पत्रिका के संपादन में भी उनकी प्रमुख भूमिका है।

शब्द, तात्पर्य और धारणाएँ

भूमंडलीकरण / विश्वायन / जगतीकरण / वैश्वीकरण (ग्लोबलाइज़ेशन) : आधुनिक भूमंडलीकरण का **पहला और प्रधान अर्थ** है एक विश्व-अर्थतंत्र और विश्व-बाजार का निर्माण जिससे प्रत्येक राष्ट्र की अर्थव्यवस्था को अनिवार्य तौर से जुड़ना होगा। पहले गैट (जनरल एग्रीमेंट ऑन टैरिफ एंड ट्रेड्स) के जरिये यह प्रक्रिया चलायी जा रही थी। अब इसकी जगह विश्व व्यापार संगठन (डब्ल्यू.टी.ओ.) ने ले ली है।

इसका **दूसरा** मतलब है दुनिया की राजनीति को इसी अर्थतंत्र और बाजार की जरूरतों के हिसाब से संचालित करने की परियोजना। इस संचालन में बाधा बन सकने वाली राष्ट्रों की स्वायत्तता और संप्रभुता से निबटने के लिए अमेरिका के नेतृत्व में यूरोपीय संघ और जापान का शक्तिशाली गठजोड़ कार्यरत है। चीन इस गठजोड़ का चौथा सदस्य बनने की तरफ बढ़ रहा है। यह गठजोड़ कई राष्ट्रातीत सांगठनिक संरचनाओं के माध्यम से काम करता है। इस गठजोड़ में सदैव एकता ही नहीं रहती, मतभेद भी होते हैं, जिनकी अभिव्यक्ति आर्थिक-राजनीतिक-सांस्कृतिक रूपों में अक्सर होती रहती है। यूरोपीय संघ, नाफ्टा और एसियान व्यापार-क्षेत्रों का ताकतवर होना भी भूमंडलीकरण की प्रक्रिया के लिए एक चुनौती के रूप में देखा जाता है। यूरो डॉलर और अमेरिकी डॉलर द्वारा वर्चस्व के लिए आपसी संघर्ष एक अन्य उदाहरण है। इराक युद्ध को भी मतभेदों के एक उल्लेखनीय उदाहरण के रूप में देखा जा सकता है। लेकिन अमेरिका की प्रबल भू-राजनीतिक केंद्रीयता और एंग्लो-अमेरिकी कारपोरेट मॉडल का वर्चस्व इन मतभेदों के ऊपर हावी हो जाता है।

इसका **तीसरा** मतलब है कंप्यूटर, इंटरनेट और संचार के अन्य आधुनिकतम साधनों के जरिये दुनिया में राष्ट्रों, समुदायों, संस्कृतियों और व्यक्तियों के बीच फासलों का कम से कमतर होते चले जाना।

इसका **चौथा** मतलब है उपग्रहीय टेलिविजन की मदद से एक भूमंडलीय संस्कृति की रचना करना। राष्ट्रीय संस्कृतियों के केंद्र में नागरिक रहता था पर इस संस्कृति के केंद्र में भूमंडलीय उपभोक्ता रहता है। इस भूमंडलीय संस्कृति के ऊपर अमेरिकी सांस्कृतिक मुहावरा बुरी तरह हावी है। इसीलिए हेनरी किसिंजर ने बेखटके भूमंडलीकरण को अमेरिकीकरण की संज्ञा भी दी है।

यह भी कहा जाता है कि भूमंडलीकरण के रूप में आधुनिकीकरण की प्रक्रिया अपने चरम पर पहुँच गयी है और अब सारा जगत एक ही साँचे में ढाल दिया जायेगा। जो इस साँचे में ढलने के लिए तैयार नहीं होंगे, उन्हें छँटनी के सिद्धांत के तहत हाशिये पर नष्ट होने के लिए फेंक दिया जायेगा। भूमंडलीकरण के मौजूदा दौर से पहले राष्ट्रों की सीमाबद्ध उपस्थिति के आईने में ही दुनिया को देखा जाता था। उस समय अंतर्राष्ट्रवाद एक उदात्त और रेडिकल विचार था जिसमें एक समता और विविधतामूलक वसुधैव कुटुंबकम सरीखी दुनिया बनाने की उम्मीदें निहित थीं। इसके उलट भूमंडलीकरण के विचार को संदेह की दृष्टि से देखा जाता है। समझा जाता है कि इसके तहत दुनिया पर एक नयी सत्ता-व्यवस्था थोपी जा रही है।

अंतर्राष्ट्रीय वित्तीय पूँजी (इंटरनेशनल फाइनेंस केपीटल) : ब्याज कमाने वाली अर्थात पूँजी पैदा करने वाली पूँजी वित्तीय पूँजी कहलाती है।

लेकिन, इसके अंतर्राष्ट्रीय चरित्र को समझने के लिए जरूरी है कि उसके राज्य के साथ रिश्ते को समझा जाये। राज्य की संस्था अपने आर्थिक संचालन के हित में इस पूँजी के प्रसार और प्रभाव को नियंत्रित करने की मुख्य ताकत है, लेकिन अपने परिचालन की प्रक्रिया में यह पूँजी मुक्त हो जाती है और बजाय इसके कि राज्य इसे नियंत्रित करे, यह राज्य को नियंत्रित करने लगती है। अर्थात राज्य इसे नियंत्रिता भी करता है और इससे नियंत्रित भी करता है। भूमंडलीकरण के तहत बनने वाली राष्ट्रातीत संरचनाओं में इस पूँजी का नियंत्रणकारी पहलू उत्तरोत्तर शक्तिशाली होता चला जा रहा है। इसमें निहित उत्पादक पूँजी के पहलू की भूमिका घटती जा रही है। यह राष्ट्रीय अर्थतंत्रों और राष्ट्रीय राजनीति की जरूरतों के हिसाब से चलने के बजाय माँग और आपूर्ति के नियमों से संचालित हो रही है।

ब्रेटन वुड्स एग्रीमेंट : जुलाई १९४४ में अंतर्राष्ट्रीय वित्त व्यवस्था के संचालन के लिए अमेरिका के न्यू हैमशायर की ब्रेटन वुड्स नामक पहाड़ी सैरगाह में एक सम्मेलन हुआ जिसमें ब्रिटेन और अमेरिका ने एक नयी अंतर्राष्ट्रीय अर्थव्यवस्था का तानाबाना तैयार किया। इस नयी व्यवस्था को मुक्त बाजार प्रणाली की जगह काम करना था। इसके अनुसार राष्ट्रीय मुद्राओं को अमेरिकी डालर से निर्धारित विनिमय दर के आधार पर जोड़ दिया गया और जरूरत पड़ने पर डालरों को सोने में भुनाने का अधिकार दिया गया। **अंतर्राष्ट्रीय मुद्रा कोष** (आई.एम.एफ.) और **विश्व बैंक** (इंटरनेशनल बैंक ऑव रिकंस्ट्रक्शन एंड डिवेलपमेंट) की स्थापना की गयी। अब पूँजीवादी भूमंडलीकरण के केंद्र में औपचारिक

रूप से ब्रिटेन की जगह अमेरिका आ चुका था और पाउंड की जगह डालर ने ले ली थी। ब्रेटन वुड्स में ही एक तीसरा प्रस्ताव दुनिया के व्यापार को नियंत्रित करने वाला एक संगठन बनाने का रखा गया था। इसी मकसद से १९४७ में **गैट** (जनरल एग्रीमेंट ऑन ट्रेड एंड टैरिफ्स) की स्थापना हुई। जनवरी १९९५ में इसकी जगह **विश्व व्यापार संगठन** (डब्ल्यू.टी.ओ.) ने ले ली।

साठ के दशक में यूरोकरेंसी बाजार के कारण ब्रेटन वुड्स बंदोबस्त दरकना शुरू हो गया और १९७१ में अमेरिका ने डॉलर को बचाने के लिए इसे एकतरफा भंग कर दिया। इसी समझौते की देन के रूप में मुद्रा कोष, विश्व बैंक और विश्व व्यापार संगठन आज विश्व के आर्थिक भूमंडलीकरण का नेतृत्व कर रहे हैं।

उल्लेखनीय है कि ये तीनों संगठन जिस जमाने में प्रस्तावित किये गये थे, वह कींस की आर्थिक सिफारिशों के बोलबाले का था। यानी वह युग राज्य की संस्था के आर्थिक बंदोबस्त में हस्तक्षेप को मान्यता देने का समय था जिसे हम लोकोपकारी राज्य की अवधारणा के नाम से भी जानते हैं। तीनों संगठनों के विचार के पीछे इसी अवधारणा को अमल में लाने की भूमिका थी। मुद्रा कोष तो स्पष्ट रूप से यह मान कर ही गठित किया गया था कि बाजार द्वारा की जाने वाली गड़बड़ी का परिष्कार करने के लिए कोई संगठन बनाया जाना चाहिए। लेकिन ब्रेटन वुड्स खत्म हो जाने के बाद विडंबना यह है कि ये तीनों संस्थान कट्टर बाजारवादी रवैया अख्तियार कर चुके हैं।

ढाँचागत समायोजन कार्यक्रम (स्ट्रक्चरल एडजस्टमेंट प्रोग्राम) और आर्थिक सुधार (इकनॉमिक रिफार्म्स) : अस्सी के दशक में भारत समेत तीसरी दुनिया और पूर्वी यूरोप के करीब ७० देशों की अर्थव्यवस्थाओं में अंतर्राष्ट्रीय मुद्रा कोष और विश्व बैंक के कहने पर ढाँचागत समायोजन कार्यक्रम चलाया गया। इस दशक की शुरुआत में मुद्रा कोष की राय के मुताबिक इन देशों ने घाटे से उबरने के लिए अपनी कुछ नीतियों में अल्पकालीन तब्दीलियाँ की थीं। इनकी नाकामी के कारण ये देश कर्जे में दबते चले गये। तब अमेरिका के अर्थ मंत्री जेम्स बेकर ने १९८५ में एक योजना पेश की जिसके तहत इन देशों पर विश्व बैंक को कुछ शर्तें लगानी थीं। यही शर्तें ढाँचागत समायोजन कहलायीं। इस कार्यक्रम के मुताबिक हर देश को अपनी मुद्रा का अवमूल्यन करना पड़ा, बजट घाटा कम करने के लिए सरकारी खर्चा घटाना पड़ा, सबसिडी और मूल्य नियंत्रण खत्म करके बाजार खोलना पड़ा और वेतन के सूचकांक बदल कर श्रम बाजार में कर्मचारियों की वास्तविक आमदनी घटानी पड़ी। इसी समायोजन के साथ तालमेल बैठाने वाली नीतियों के परिणामस्वरूप अर्थव्यवस्था में राज्य का हस्तक्षेप लगातार कमजोर से कमजोर होता चला गया। बाजार की ताकतें लगातार हावी होती चली गयीं।

भारत में यह प्रक्रिया शुरू होने पर निजी पूँजी के समर्थकों ने दावा किया कि इसे आर्थिक आजादी का प्रतीक समझा जाना चाहिए। लेकिन यह आर्थिक आजादी केवल परमिट-कोटा राज खत्म करके एक ऐसा निजाम बनाने की कोशिश नहीं थी, जिसमें राष्ट्र और उसके नागरिकों के लाभ का आग्रह सर्वोपरि होता। इस आर्थिक आजादी का मतलब यह था कि न केवल भारतीय अर्थव्यवस्था को विश्व बाजार के साथ जुड़ते चले जाना है वरन् भारतीय वित्तमंत्री को अंतर्राष्ट्रीय मुद्रा कोष और विश्व व्यापार संगठन के दफ्तर में

जा कर अपने कामों का हिसाब भी देना है। उसे अंतर्राष्ट्रीय रेटिंग एजेंसियों द्वारा दी गयी सनद का मोहताज रहना है। इसका मतलब यह भी था कि भारतीय अर्थव्यवस्था को धीरे-धीरे अंतर्राष्ट्रीय वित्तीय पूँजी के रहमो-करम पर निर्भर होते जाना है। इसका मतलब यह भी था कि भारतीय विदेशमंत्री को अमेरिकी विदेश मंत्रालय और यूरोपीय संघ के कारकुनों से अच्छे चालचलन का प्रमाणपत्र हासिल करते रहना है।

वाशिंगटन सहमति (वाशिंगटन कांसेंसस) : अस्सी के दशक में मुक्त बाजार की श्रेष्ठता के कट्टरपंथी मंत्र को लागू करने वाली नीतियों को वाशिंगटन सहमति के नाम से पुकारा जाता है। विकासशील देशों के लिए मुद्रा कोष, विश्व बैंक और अमेरिकी वित्त मंत्रालय की आपसी सहमति से इसका जन्म हुआ था। मूलत: ये नीतियाँ लातीनी अमेरिकी देशों की अर्थव्यवस्था में मचे उत्पात से निबटने के लिए बनायी गयी थीं, लेकिन वाशिंगटन सहमति के तहत इन्हें सारी दुनिया पर थोपने की मुहिम चलायी गयी।

संरक्षणवाद (प्रोटेक्शनिज़्म) और वाणिज्य उदारीकरण (ट्रेड लिबरलइज़ेशन) : अपने उद्योगों को उस वक्त तक विदेशी माल की होड़ से बचा कर रखना जब तक वे प्रतियोगिता करने लायक मजबूत न हो जायें। अमेरिका और जापान ने अपने उद्योगों का निर्माण इसी तरीके से किया है। लेकिन, विकासशील दशों के लिए भूमंडलीकरण की ताकतें वाणिज्य उदारीकरण की सिफारिश करती हैं। वे दबाव डालती हैं कि वे अपने बाजार विकसित देशों के माल के लिए खोल दें।

तकनीकशाही (टेक्नोक्रेटिक) और प्रबंधकीय (मैनेजेरियल) : सामाजिक-राजनीतिक-आर्थिक समस्याओं को हल करने की प्रवृत्तियाँ जो मानती हैं कि समाज और आम जनता द्वारा डाले गये लोकतांत्रिक दबावों से समग्र प्रणाली को अलग करके ही राष्ट्र-निर्माण का काम ठीक से हो सकता है। जाहिरा तौर पर यह एक अराजनीतिक रुझान है जो कुछ विशेषज्ञों के सहारे शासन चलाने में भरोसा करता है। माना जाता है कि राजीव गाँधी के जमाने में भारतीय लोकतंत्र की समस्याओं को तकनीकशाही और प्रबंधकीय शैली में हल करने की शुरुआत हुई।

रेगनोमिक्स और थैचराइजेशन : अमेरिका के राष्ट्रपति रोनाल्ड रेगन और ब्रिटेन की प्रधानमंत्री मार्गरेट थैचर द्वारा अपनायी गयी बाजारवादी नीतियों के लोकप्रिय नाम। इन नीतियों में आक्रामक निजीकरण का बोलबाला था और अर्थव्यवस्था में राज्य के हस्तक्षेप को कम से कम करने की प्रवृत्तियाँ थीं। इनके पीछे लोकहितकारी राज्य के सिद्धांत को छोड़ने का आग्रह और नियोक्लासिकल पूँजीवाद (बाजारवाद का आक्रामक रूप) की प्रेरणा थी।

यूरोपीय संघ (यूरोपियन यूनियन) : आस्ट्रिया, बेल्जियम, डेनमार्क, फिनलैंड, फ्रांस, जर्मनी, यूनान, आयरलैंड, इटली, लक्ज़ेमबर्ग, नीदरलैंड्स, पुर्तगाल, स्पेन, स्वीडन, यूनाइटेड किंगडम और रूस ने मिल कर यूरोपीय संघ के रूप में दुनिया का सबसे बड़ा और समृद्ध व्यापार-क्षेत्र बनाया है जिसे यूरोपीय संघ के नाम से जाना जाता है। इसकी नींव १ जनवरी १९९५ को पड़ी थी। संघ में शामिल होने के मामले में यूरोपीय देशों में कुछ दुविधा और ऊहापोह भी रहा, क्योंकि इसके लिए उन्हें अपनी पारंपरिक राष्ट्रीय अस्मिताओं की संप्रभुता से एक सीमा तक समझौता करना पड़ता। संघ ने अपनी मुद्रा यूरो

डॉलर भी जारी की है, जो इस समय अमेरिकी डॉलर के साथ आर्थिक वर्चस्व की होड़ कर रही है।

नाफ्टा (नार्थ अमेरिकन फ्री ट्रेड एग्रीमेंट) : उत्तरी अमेरिका के देशों का व्यापार-क्षेत्र गठित करने वाला समझौता। इसके तहत नब्बे के दशक में इन देशों ने भूमंडलीकरण की प्रक्रिया के भीतर अपनी दावेदारी पेश की।

एसियान (एसोसियेशन ऑव साउथ ईस्ट एशियन नेशंस) : इंडोनेशिया, मलेशिया, फिलीपींस, सिंगापुर और थाइलैंड ने ८ अगस्त १९६७ को बैंकाक घोषणा के माध्यम से एक ऐसे व्यापार-क्षेत्र का गठन किया जो इस समय दुनिया के सबसे ताकतवर व्यापार-क्षेत्रों में से एक है। इसका मकसद दक्षिण-पूर्व एशिया में आर्थिक स्थायित्व बनाये रखना था। ब्रुनेई, कंबोडिया, लाओस, वियतनाम और मयनमार भी इसके सदस्य बन चुके हैं। हाल ही में चीन के साथ एसियान के जुड़ाव ने विश्व अर्थतंत्र में इसकी भूमिका को और महत्त्वपूर्ण बना दिया है।

विमर्श / आख्यान / कलाम (डिस्कोर्स) : इसका निपट अर्थ है दो वक्ताओं के बीच संवाद या बहस या सार्वजनिक चर्चा। लेकिन उत्तर-आधुनिक पदावली के प्रचलन के कारण समाजविज्ञान में इस शब्द का बदले हुए अर्थ में प्रयोग किया जाता है। यहाँ विमर्श का अर्थ होता है अभिव्यक्ति के उन तत्त्वों और पहलुओं की संरचना जो अपने कुल जोड़ से भी परे जाकर कोई खास अर्थ देने की क्षमता रखते हों। इसे यूँ भी कह सकते हैं कि एक निश्चित सामाजिक संदर्भ में भाषा के जरिये किसी एक विषय के इर्द-गिर्द होती हुई बहस द्वारा व्याख्याओं, तात्पर्य और मान्यताओं के निर्माण की प्रक्रिया को विमर्श या आख्यान या कलाम का नाम दिया जा सकता है।

राज्य / आधुनिक राज्य (स्टेट / मॉडर्न स्टेट) : हिंदी में राज्य शब्द का अक्सर प्रांतों के अर्थ में इस्तेमाल किया जाता है। लेकिन ग्रंथमाला के संदर्भ में राज्य का अर्थ राजनीति की उस सर्वाधिक केंद्रीय अवधारणा से है जो राजनीतिक संस्थाओं की एक विशिष्ट संरचना के जरिये एक निश्चित भू-सीमा में अपना संप्रभुता, वर्चस्व और वैधता स्थापित करती है। राज्य की यह अवधारणा हमें पश्चिमी चिंतन से प्राप्त हुई है।

संभवत: सोलहवीं शताब्दी में सबसे पहले राज्य शब्द का एक अवधारणा के रूप में इस्तेमाल मेकियावेली ने अपनी विख्यात रचना 'प्रिंस' में किया था। बाद में सर वाल्टर रैले, हॉब्स और लॉक ने राज्य की संप्रभुता के विचार को और विकसित किया। आधुनिक राज्य की मैक्स वेबर की दी हुई परिभाषा सबसे प्रचलित और संपूर्ण मानी जाती है। उनके अनुसार इसके तीन मुख्य पहलू हैं : भू-क्षेत्रीय सीमाएँ, हिंसा पर एकाधिकार और वैधता। लोग राज्य का आदेश क्यों मानते हैं, इस सवाल का जवाब वेबर ने वैधता की धारणा का प्रतिपादन करके दिया। उन्होंने कहा कि राज्य अपने वर्चस्व को बनाये रखने के लिए अपनी वैधता की विभिन्न संरचनाएँ खड़ी करता है। कभी परंपरा के नाम पर, कभी करिश्मे के नाम पर और कभी वैधानिकता के नाम पर राज्य लोगों को आज्ञापालन की तरफ ले जाता है। दुर्खायम और फूको जैसे चिंतकों ने वैधता की बारीकियों में जाते हुए दिखाया कि राज्य के प्राधिकार की वैधता को हम कैसे आत्मसात कर लेते हैं और कैसे उसके प्रति संस्थागत सहमति कायम की जाती है। फूको के अनुसार राज्य केवल दंड विधान, कारागार और

फौज-पुलिस के जरिये ही नहीं, बल्कि अपनी ताकत के सांस्कृतिक रूपों की रचना से भी जनमानस में स्वयं को स्थापित करता है।

मोटे तौर पर राज्य की अवधारणा के तीन रूप माने गये हैं : उदारतावादी-लोकतांत्रिक राज्य, यानी एक ऐसा राज्य जो विभिन्न हित समूहों की आपसी होड़ के जरिये अपनी गतिविधियाँ निर्धारित करता है और ये गतिविधियाँ बहुलता का सम्मान करते हुए सार्विक मताधिकार पर आधारित निर्वाचन के माध्यम से चलायी जाती हैं; मार्क्सवादी राज्य या समाजवादी राज्य, यानी जो मानता है कि अगर राज्य है तो उसका मतलब एक वर्ग की दूसरे वर्ग पर तानाशाही ही होगा, इसलिए लोकतंत्र का बेहतर रूप बहुसंख्यक सर्वहारा का अधिनायकत्व ही हो सकता है; और, राज्य के तीसरे सिद्धांत की आधारभूमि उदारतावादी और समाजवादी अवधारणाओं से अलग हट कर सूत्रबद्ध होती है। इसके अनुसार राज्य कुछ विशिष्ट किस्म की संरचनाओं का नाम है जिनका अपना एक इतिहास होता है। ये संरचनाएँ अपनी-अपनी स्वायत्तताओं के दायरों में काम करती हैं। राज्य नागरिक समाज के दबावों से जितना मुक्त होगा उतनी ही उसकी ताकत में वृद्धि होती चली जायेगी। अर्थात राज्य में नागरिक समाज के हस्तक्षेप की सीमा ही तय करेगी कि आधुनिक राज्य 'कठोर' होगा या 'नरम', वह निरंकुशता की तरफ जायेगा या उदारता की तरफ, वह लोगों के व्यक्तिगत जीवन में ज्यादा दखल देगा या कम से कम दखल देते हुए उसके विकास के लिए सुविधाएँ प्रदान करेगा। बीसवीं सदी के मध्य के बाद उभरे भारत सरीखे राज्यों के लिए उत्तर-औपनिवेशिक राज्य की अभिव्यक्ति भी इस्तेमाल की जाती है जिसका सीधा मतलब होता है विकासवादी या वैकासिक राज्य। राज्य की एक चौथी परिभाषा भी उभरी है जिसका श्रेय नारीवादी विश्लेषकों को जाता है। उनका तर्क है कि राज्य एक ऐसी संस्था है जिसने पितृसत्तात्मक और नस्लवादी संरचनाओं को संस्थागत रूप से मजबूत किया है।

पारंपरिक भारतीय राज्य : पश्चिम से प्राप्त राज्य की अवधारणा के अनुसार राज्य की संस्था समाज और अर्थतंत्र पर हावी रहती है पर पारंपरिक भारतीय राज्य की अवधारणा में समाज सर्वोपरि रहता है और राज्य उसकी सत्ता का उल्लंघन नहीं कर सकता।

आजादी के आंदोलन के दौरान गाँधी के नेतृत्व में पारंपरिक भारतीय राज्य की इस अवधारणा को नयी जरूरतों के हिसाब से सूत्रबद्ध करने की कोशिश की गयी थी। बीस के दशक में भाषायी आधार पर देश के पुनर्गठन और भारतीय समाज की प्रवृत्तियों के अनुरूप विकेंद्रीकृत राज्य की स्थापना के कांग्रेसी संकल्प में इसकी झलक देखी जा सकती है। गाँधी द्वारा प्रस्तुत रामराज्य की प्रतीक-योजना को भी इसी संदर्भ में देखा जाना चाहिए। गाँधी स्वहित या हित-समूहों की होड़ वाले लोकतंत्र की धारणा के बजाय समाज के हित की धारणा के पक्षधर थे। वे हितों को आवश्यकताओं का पर्याय मानने से इंकार करते थे और जनता की बुनियादी आवश्यकताओं को प्राथमिकता देते थे। आजादी के बाद जिस राज्य की नींव रखी गयी, उसमें राज्य संबंधी गाँधी-विचार के पहलू कम-से-कम थे। वह न तो भाषायी आधार पर राज्यों के पुनर्गठन के सिद्धांत को मान्यता देता था, न विकेंद्रीकरण और संघवाद को एक उसूल की तरह प्राथमिकता देता था। इन पहलूओं को आधुनिक भारतीय राज्य ने बाद में आधी-अधूरी शैली में ही स्वीकार किया जिससे इनकी अंतर्निहित

सकारात्मकता राज्य की संस्था को समाज के अनुरूप बनाने की तरफ नहीं ले जा सकी।

राष्ट्र या राष्ट्र-राज्य (नेशन स्टेट) : एक संप्रभु राज्य की भौगोलिक सीमाओं के भीतर समान संस्कृति, समान भाषा, समान जातीयता और समान ऐतिहासिक निरंतरता वाली जनता मिल कर एक सामूहिक सामुदायिक अस्मिता की रचना करती है, तभी संपूर्ण अर्थों में राष्ट्र बनता है।

राष्ट्र-राज्य उन्नीसवीं सदी और उसके बाद से आज के जमाने की सबसे ताकतवर राजनीतिक शक्ति है और उसी के संदर्भ में अंतर्राष्ट्रीय संबंधों का अध्ययन होता है। राज्य के साथ जब राष्ट्र जुड़ जाता है तो राष्ट्र-राज्य को संचालित करने वाले अभिजन और उसकी वैधता का बड़ा प्रभावशाली मिश्रण तैयार होता है। राष्ट्र की अवधारणा के साथ समस्या यह है कि संपूर्ण अर्थों में राष्ट्र कभी नहीं बनता। राष्ट्र समरूपता स्थापित करने की कोशिश करता है और इसके विपरीत विविधताओं की ओर से राष्ट्र और उसे संचालित करने वाले अभिजनों को हमेशा किसी न किसी किस्म की चुनौती मिलती रहती है भले ही उनका दावा हो कि वे प्राचीन काल और स्वाभाविक रूप से राष्ट्र थे और हैं। इस तरह राष्ट्र यथार्थ में होते हुए भी अपनी अपूर्णता के कारण एक बौद्धिक और मिथकीय कारसाजी बना रहता है।

प्राय: राज्य की भीतरी विविधताओं को एक कठोर सूत्र में जोड़ने के लिए किसी बाहरी या भीतरी दुश्मन की संरचना की जाती है और टकराव की नकारात्मक मानसिकता के आधार पर राष्ट्र का वजूद टिकाने का प्रयास किया जाता है। बीसवीं सदी के आखिरी वर्षों में यूरोपीय संघ और ऐसे ही अन्य क्षेत्रीय ढाँचों के उभरने से राष्ट्र-राज्य के वर्चस्व को उल्लेखनीय ठेस लगी है। भूमंडलीकरण की प्रक्रिया के तहत अंतर्राष्ट्रीय वित्तीय पूँजी द्वारा सीमाओं के आर-पार अपने बेरोकटोक आवागमन का आग्रह करने से राष्ट्र-राज्य की अवधारणा पर परिवर्तनकारी दबाव पड़ रहे हैं। संचार क्रांति ने राष्ट्रीय संप्रभुता की धारणा को अनुल्लंघनीय नहीं रहने दिया है। इंटरनेट के जरिये एक सामान्य व्यक्ति भी एक सीमा तक राष्ट्र की सीमाओं और नियम-कानूनों से परे जा सकता है। **उत्तर राष्ट्रवाद**

वैधता (लेजिटिमेसी) और वैधानिकता (लिगैलिटी) : वैधता और वैधानिकता दो अलग-अलग धारणाएँ हैं। वैधता समाज की जमीन से लोकतांत्रिक प्रथाओं, लोकतांत्रिक प्राधिकार और संस्थाओं के बारे में उठनेवाली भावनाओं से निकलती है, जबकि वैधानिक निर्देश ऊपर से दिये जाते हैं। सक्षम अधिकारियों द्वारा दिये गये वैधानिक निर्देश ऊपर से नीचे की तरफ यात्रा करते हैं। जनता की मान्यता हो या न हो, उनका पालन करना ही पड़ता है। अर्थात वैधानिकता में बाध्यता का भाव रहता है और वैधता में वांछनीय के प्रति स्वाभाविक समर्थन का। मसलन, छुआछूत और दहेज को वैधानिक मान्यता नहीं है। इन प्रथाओं पर पाबंदी है लेकिन फिर भी तमाम वर्गों और समुदायों में इनका प्रचलन है। इन वैधानिक निर्देशों को वैधता तब मिलेगी जब समाज इन्हें वांछनीय और नैतिक बाध्यता के रूप में लेगा और खुद-ब-खुद इनका पालन करने लगेगा। हर समाज में वैधानिकता और वैधता के बीच संबंध-भंग की गुंजाइश रहती है लेकिन जहाँ लोगों के नजरिये और मूल्यों में परिवर्तन की कोशिश की जाती है, वहाँ पर यह संबंध-भंग ज्यादा मुखर होता है। हमारा समाज भी इसी दौर से गुजर रहा है।

प्राधिकार (ऑथॉरिटी) और सत्ता (पॉवर) : सत्ता के वैधतायुक्त प्रयोग से प्राधिकार बनता है। प्राधिकार का अनुपालन कराने के लिए ताकत के प्रयोग की जरूरत नहीं पड़नी चाहिए। प्राधिकार कानून पर आधारित हो सकता है जैसे कि नौकरशाही का प्राधिकार। परंपरा के आधार पर भी प्राधिकार बनता है लेकिन वह आधुनिक लोकतांत्रिक प्रक्रियाओं के जरिये बने प्राधिकार जैसा नहीं होता। करिश्माई प्राधिकार नियम-कानूनों पर नहीं, बल्कि शख्सियत पर निर्भर रहता है। प्राधिकार विचारधारात्मक भी होता है।

सत्ता या राजसत्ता में थोपने वाला भाव निहित है। इसकी व्याख्याओं का पूरा शास्त्र विकसित हो चुका है पर मोटे तौर पर कभी बलप्रयोग और कभी राज्य के अन्य साधनों के चालाकीपूर्ण प्रयोग के जरिये आज्ञापालन सुनिश्चित करने को सत्ता की स्थापना कहते हैं। कुछ विशेष परिस्थितियों में प्राधिकार और सत्ता के बीच का अंतर मिट जाता है। कुछ विद्वानों की मान्यता है कि प्राधिकार हो या सत्ता, दोनों को शासक वर्ग या अभिजन आम लोगों के ऊपर थोपते हैं।

अभिजन (इलीट) : सामाजिक जीवन के किसी एक क्षेत्र को या पूरे समाज को नेतृत्व देने वाले छोटे-से समूह को अभिजन कहते हैं। जैसे, संस्कृति के दायरे के अभिजन को सांस्कृतिक अभिजन कहेंगे। इसी तरह अंग्रेजीदाँ अभिजन के मुकाबले देशी भाषाओं के अभिजन के फर्क को भी देखा जा सकता है।

अभिजन की अवधारणा को मोटेतौर पर शासक वर्ग के अर्थ में समझना ठीक नहीं होगा, क्योंकि शासक वर्ग तो अभिजन का एक छोटा-सा हिस्सा हो सकता है और अभिजनों का एक हिस्सा शासक बन गये अभिजनों की जगह लेने के लिए संघर्षरत हो सकता है। लेकिन विभिन्न वर्गों, जातियों और समुदायों से आने के बावजूद किसी अभिजन का उद्देश्य केवल अपने वर्ग, जाति या समुदाय के हितों की देखभाल ही न रह कर पूरे राष्ट्र या समाज का किसी साझा समझदारी के आधार पर नियंत्रण करना हो जाता है। मसलन, जब यह कहा जाता है कि आजादी के बाद खास किस्म के अभिजनों ने राष्ट्र का नेतृत्व सँभाला तो उसका मतलब यह होता है कि वह अभिजन-समूह कम से कम राज्य के हस्तक्षेप के जरिये वैकासिक आधुनिकीकरण और समाज-परिवर्तन के उसूल में विश्वास करता था। यह अभिजन कई मसलों पर आपसी मतभेद भी रखता था और उनमें आपसी होड़ भी थी। इसके बाद भी भविष्य के राष्ट्र का सपना देखने के मामले में वह एक था।

लोकतंत्र में वही शासक वर्ग या अभिजन समाज की बेहतर नुमाइंदगी करता है जिसका आकार और सदस्यता व्यापक होती है। उदाहरण के लिए कहा जा सकता है कि पिछले दिनों भारतीय अभिजन-समूह के आकार में खासी बढ़ोतरी हुई है। उसमें बड़ी प्रशासनिक नौकरियों और विधायिकाओं की सदस्यता के जरिये निचली जातियों के सदस्य भी उल्लेखनीय संख्या में शामिल हुए हैं। जब कोई अभिजन-समूह उदीयमान तबकों और समुदायों के प्रतिनिधियों को अपने भीतर जगह देने से इंकार करता है तो राजनीतिक उथल-पुथल मच जाती है। तब बड़े पैमाने पर उभरे जन-असंतोष का नेतृत्व करके या तो कोई नया अभिजन उभरता है या फिर पुराने अभिजन का ही एक हिस्सा उसकी अगुआई करके अभिजनों की संरचना को बदलता है।

नागरिक समाज (सिविल सोसाइटी) : समाज का वह रूप जो राज्य की संस्था

के साथ परिवार की संस्था से भी अलग माना जाता है। नागरिक समाज राज्य के मुकाबले नागरिकों के अधिकारों और उनकी सत्ता को व्यक्त करने वाली प्रक्रियाओं और संगठनों से मिल कर बनता है। इसका मकसद होता है राज्य को संयमित करना और उसे नागरिक-नियंत्रण में लाना।

नागरिक समाज की अवधारणा को प्रचलित करने में समकालीन अमेरिकी समाजविज्ञान का खासा योगदान है। वैसे समाजविज्ञान में अठारहवीं सदी से ही इस अभिव्यक्ति का प्रयोग हो रहा है। भारत में इसे हेगेल और ग्राम्शी द्वारा प्रयुक्त अलग-अलग अर्थों में समझा जाता है। जर्मन दार्शनिक हेगेल ने इसे बुर्जुआ समाज यानी पूँजीवादी समाज माना है जहाँ व्यक्ति अपने निजी स्वार्थ का खुला खेल खेलता है और तर्कबुद्धि पर आधारित राज्य उसे संयमित करने की भूमिका निभाता है। मार्क्सवाद और उसके अनुयायियों ने राज्य को हिंसा और उत्पीड़न का औजार मानते हुए भी नागरिक समाज के इसी मतलब को मान्यता दी और नागरिक समाज की रचना को श्रेयस्कर नहीं माना। खासकर शीतयुद्ध के जमाने में नागरिक समाज की अवधारणा सत्ता और प्राधिकार की ऐसी संरचनाओं की पर्याय बन गयी जो राज्य के प्रभाव-क्षेत्र के बाहर मानी जा सकती थीं। इस वैचारिक आग्रह के कई तरह के असर हुए। सोवियत संघ के नेतृत्व में कम्युनिस्ट खेमे ने इसे सर्वहारा के राज्य के खिलाफ पूँजीवादी साजिश के रूप में देखा। सोवियत राज्य के खिलाफ चल रहे अंदरूनी भूमिगत आंदोलनों ने कम्युनिस्ट पार्टी की हुकूमत के खिलाफ खुद को नागरिक समाज का पैरोकार करार दिया। उधर अंतर्राष्ट्रीय वित्तीय पूँजी के प्रमुख प्रतिष्ठानों, विश्व बैंक और अंतर्राष्ट्रीय मुद्रा कोष, ने इस धारणा को अर्थव्यवस्था में राज्य के हस्तक्षेप या विकास में राज्य की भूमिका को दरकिनार करने के रूप में इस्तेमाल करना शुरू किया। इन संस्थाओं के प्रोत्साहन से गैर-सरकारी संस्थाओं की परिघटना प्रकाश में आयी। आज गैर-सरकारी राजनीतिक प्रक्रिया, मानवाधिकार संगठन और अन्य स्वयंसेवी संगठन नागरिक समाज के प्रभावी दायरे का निर्माण करते हैं। परंपरानिष्ठ मार्क्सवादियों की आपत्ति के बाद भी अंतोनियो ग्राम्शी जैसे मार्क्सवादी विचारकों की रचनाओं ने इस विचार को लोकप्रिय करने में हाथ बँटाया। उन्होंने नागरिक समाज के दायरे को उत्पीड़नकारी राज्य पर काबू पाने के माध्यम की तरह देखा।

सार्वजनिक जीवन (पब्लिक लाइफ) : इस अभिव्यक्ति का प्रयोग आमतौर पर लोकतांत्रिक राजनीति और उसे करने वालों की सक्रियता के दायरे को बताने के लिए किया जाता है। सार्वजनिक जीवन एक नेता का तो हो सकता है पर किसी अफसर या न्यायाधीश का नहीं हो सकता। यह पद आधुनिक संसदीय राजनीति की देन है। मसलन, जब कांग्रेस अंग्रेज प्रभुओं को सिर्फ प्रतिवेदन देने की राजनीति करती थी तो भारतीय सार्वजनिक जीवन का दायरा बहुत संकुचित था। आजादी के आंदोलन में तिलक, गोखले और सबसे ज्यादा गाँधी के हस्तक्षेप ने कांग्रेस को जनांदोलन का रूप दिया जिससे सार्वजनिक जीवन का दायरा बढ़ा। लोकतांत्रिक प्रक्रिया में आम जनता की भागीदारी जैसे-जैसे बढ़ती है, सार्वजनिक जीवन का उतना ही विस्तार होता चला जाता है।

सार्वजनिक दायरा (पब्लिक स्फियर) : समाजशास्त्र में नागरिक समाज के एक ऐसे दायरे की चर्चा भी है, जिसमें संस्कृति और समुदाय की विभिन्न अभिव्यक्तियाँ

अन्योन्यक्रिया करती हैं। साथ ही सार्वजनिक दायरे की गतिविधियाँ किसी मुद्दे पर आम राय बनाने और उसके जरिये राज्य-तंत्र को प्रभावित करने की भूमिका निभाती हैं। सार्वजनिक दायरा सबके लिए खुला रहता है, जिसमें अपने विमर्श के जरिये कोई भी हस्तक्षेप कर सकता है। फ्रेंकफर्ट स्कूल के विख्यात विचारक युरगन हैबरमास ने इस धारणा का प्रतिपादन किया था।

सेकुलर (धर्मनिरपेक्ष / जाति-धर्मनिरपेक्ष / जातिनिरपेक्ष / पंथनिरपेक्ष) : सेकुलर के समानार्थक समझे जाने वाले हिंदी शब्द दरअसल उसके सही अर्थ का निर्वाह नहीं कर पाते। इसलिए यहाँ सेकुलर, सेकुलरवाद, सेकुलरीकरण आदि का इस्तेमाल किया जा रहा है। इस अत्यंत विवादास्पद पद का सीधा मतलब होता है धर्म, पंथ या उसकी संस्थाओं से राज्य या सरकार का अलगाव। पश्चिमी देशों के लिए यह सिद्धांत चर्च और राज्य की पृथकता की तरफ ले जाता है और भारत जैसे बहुधार्मिक देश में यह राज्य की सभी धर्मों से बराबर की दूरी यानी सर्वधर्मसमभाव के रूप में सामने आता है।

धर्मतंत्र की संस्थाएँ भले ही खुद को राज्य-तंत्र से जोड़ने की कोशिश करती रहें लेकिन सेकुलर राज्य हमेशा खुद को धर्मतंत्र से अलिप्त रखेगा। सेकुलर सरकार को धार्मिक आधार पर कोई निर्णय या किसी का पक्ष नहीं लेना चाहिए और हर धर्म को अपने दायरे में सेकुलर कानून के दायरे में रहते हुए अपना प्रचार-प्रसार करना चाहिए। सेकुलर राज्य और धर्मप्राण जनता के बीच कोई विरोध नहीं होता। सेकुलरवाद का मतलब नास्तिकता कतई नहीं है। स्वयं राज्य के संचालक भी अपने निजी जीवन में किसी धर्म के अनुयायी हो सकते हैं। लेकिन जैसे ही हम सेकुलरीकरण की प्रक्रिया की चर्चा करते हैं वैसे ही इस पद का मतलब व्यापक हो जाता है। यह प्रक्रिया समाज, समुदाय और संस्कृति के स्तर पर चलती है। जैसे-जैसे समाज और समुदाय धार्मिक या सांप्रदायिक के बजाय लौकिक आधार पर अपनी पुनर्रचना करते जाते हैं सेकुलरीकरण आगे बढ़ता चला जाता है। सेकुलरवाद का सिद्धांत दुतरफा आक्रमण का शिकार है। राजनीति और सार्वजनिक जीवन में हाशिये पर चले गये धर्माचार्य और उनके बौद्धिक प्रवक्ता इस शब्द को समाजशास्त्रीय शब्दकोश से निकाल फेंकने के पक्षधर हैं। दूसरी तरफ आस्था और विचार से धर्मनिष्ठ न होते हुए भी आधुनिकतावाद के आलोचकों का मत है कि इस प्रक्रिया ने परंपरा और संस्कृति-प्रदत्त सहिष्णुता के विभिन्न रूपों का क्षय कर दिया है और उनकी भरपायी करने के बजाय नये किस्म की कट्टरताओं को बढ़ावा दिया है। आधुनिकतावाद के आलोचकों में वामपंथी और मार्क्सवादी शामिल नहीं हैं। उन्होंने अभी तक सेकुलरवाद को आलोचनात्मक नजर से देखना शुरू नहीं किया है।

जाति (कास्ट) और जातीयता (एथ्नीसिटी) : जाति और जातीयता के बीच अंतर समझना बहुत जरूरी है। जातियाँ सनातन धर्म के तहत प्रचलित वर्ण विभाजन की देन हैं : ब्राह्मण, क्षत्रिय, वैश्य और शूद्र। अंत्यज या अछूत पाँचवाँ जाति समूह है जो वर्ण व्यवस्था के बाहर यानी अवर्ण माना जाता है। आमतौर पर सवर्ण होने के दायरे में पहले तीन वर्ण मान लिए जाते हैं, जबकि कायदे से शूद्र भी एक वर्ण है, इसलिए उसे भी सवर्ण समझा जाना चाहिए। हाँ, उसे उपनयन का अधिकार नहीं है, इसलिए वह पहली तीन 'द्विज' जातियों के दायरे में नहीं आता। इस तरह सही विभाजन द्विज और अद्विज जातियों

का हुआ। अद्विजों में भी शूद्र और अंत्यज अलग-अलग हुए। जातीयता तब बनती है जब जाति के साथ व्यापक राजनीतिक-सांस्कृतिक श्रेणियाँ जुड़ जाती हैं। इस तरह जातीयता सांस्कृतिक-राजनीतिक श्रेणी है। उसका आधार भाषा, क्षेत्रीयता, रंग-रूप, खान-पान और पहनावा, आदि होता है। जातीयता अपने आप में राष्ट्रीयता का आधार बन सकती है। एक जातीयता में सभी जातियाँ हो सकती हैं और एक से अधिक धर्म भी हो सकते हैं। तमिल बोलने वाले मुसलमान, हिंदू और ईसाई अपनी-अपनी पूजा-पद्धतियाँ अपनाते हुए भी तमिल जातीयता के दायरे में परिभाषित किये जाएँगे।

बहुलता / बहुलतावाद (प्लूरलिज़्म) : भारत ने लोकतंत्र का जो मॉडल ग्रहण किया है उसे विभिन्न हित-समूहों की आपसी होड़ पर आधारित उदारतावादी लोकतंत्र कहा जाता है। इस होड़ के जरिये व्यक्ति अपनी आजादी और विकास को सुनिश्चित करता है। कायदे से ये हित-समूह स्वायत्त और स्वयंसेवी भाव से सक्रिय व्यक्तियों की एसोसियेशनों (सभाओं) के रूप में लोकतांत्रिक दायरों में सक्रिय रहने चाहिए। लेकिन भारतीय संदर्भ में हित-समूहों का चरित्र, संरचना और परिभाषा बदल जाती है। व्यावहारिक रूप से व्यक्ति के ऊपर सामुदायिक हित हावी हो जाते हैं। यही कारण है कि भारतीय संदर्भ में बहुलतावाद का अर्थ है अनगिनत जातियों, कई जातीयताओं, कई धर्मों, कई भाषा-समूहों और कई क्षेत्रीयताओं की आपसी होड़। ऐसे बहुलतावादी लोकतंत्र में कोई एक समूह दूसरे पर संख्याबल के आधार पर हावी नहीं हो सकता। इस किस्म का बहुलतावाद आधुनिक राष्ट्र-राज्य की रचना के लिए जरूरी सामाजिक-सांस्कृतिक समरूपता हासिल नहीं करने देता। इस जद्दोजहद में दो स्थितियाँ बनती हैं : या तो एक विशिष्ट किस्म के भारतीय राष्ट्र-राज्य की रचना की जाय जो समरूपता की अनिवार्यता को ठुकराते हुए भी दुनिया के पैमाने पर राष्ट्र-राज्य के रूप में अपनी शिनाख्त करा सके या फिर किसी एक शक्तिशाली अस्मिता के वर्चस्व में बाकी सभी अस्मिताएँ खुद को समर्पित कर दें और यूरोपीय किस्म का राष्ट्र-राज्य उभरे। भारतीय संदर्भ में संवैधानिक और राजनीतिक रूप से यह तय हो चुका है कि हमारे राष्ट्र में विविधताओं का पूरा ख्याल किया जायेगा और उन पर जबरन समरूपता नहीं थोपी जायेगी पर कुछ राजनीतिक शक्तियाँ इस प्रश्न को दोबारा तय करने के लिए दबाव डाल रही हैं जिनमें राष्ट्रीय स्वयंसेवक संघ और उससे जुड़े संगठन प्रमुख हैं।

बहुसंस्कृतिवाद (मल्टीकल्चरिज़्म) : यूरोकेंद्रित और श्वेत-संस्कृति के आधार पर किये गये समरूपीकरण (मोनोकल्चरिज़्म) के खिलाफ विकसित हुआ सांस्कृतिक विविधता पर बल देने वाला वैचारिक-राजनीतिक-सांस्कृतिक आंदोलन जिसे समाजविज्ञान में पिछले तीन दशकों में सूत्रबद्ध किया गया है।

बहुसंस्कृतिवाद मूलतः अमेरिकी परिस्थिति की उपज है। इसका जन्म श्वेत-अमेरिकी पहचान के आस-पास रचित अमेरिकीपन की शर्तों को बदलने के लिए चले प्रति-सांस्कृतिक और मानवाधिकार आंदोलनों के दौरान हुआ। अमेरिकी समाज को 'मेल्टिंग पॉट' कहा जाता है यानी विविध जातीय संस्कृतियों का एक अमेरिकी धारा में विसर्जन। 'मेल्टिंग पॉट' की धारणा के मुकाबले 'सलाद के प्याले' की धारणा रखी जाती है, जिसमें एक राष्ट्र की सीमाओं में रहते हुए भी संस्कृतियाँ अपनी अलग-अलग पहचान

नहीं खोतीं। अमेरिकी संदर्भ की सीमाओं से निकालने पर बहुसंस्कृतिवाद की अवधारणा राष्ट्रवाद द्वारा आरोपित किये जो वाले समरूपीकरण के दबाव के खिलाफ काम करती नजर आती है। जाहिर है कि बहुलतावाद के बिना बहुसांस्कृतिकता की कल्पना भी नहीं की जा सकती।

यूटोपिया : यूनानी भाषा के यू और टोपोस से मिल कर बने इस शब्द का अर्थ हुआ 'कहीं नहीं'। लेकिन यूटोपिया का इस्तेमाल ऐसे कल्पित राज्य या व्यवस्था के लिए किया जाता है जो हर तरह से आदर्श और सर्वश्रेष्ठ होगा। मार्क्सवादियों के लिए साम्यवाद (सबको उनकी आवश्यकता के अनुसार और सबसे उनकी क्षमता के अनुसार) यूटोपिया है और गाँधीवादियों के लिए रामराज्य एक यूटोपिया है। राजनीति में यूटोपियाई आदर्श के बिना सारी गतिविधियाँ फूहड़ परिणामवाद में पतित हो जाती हैं।

प्रत्यक्ष लोकतंत्र (डायरेक्ट डेमोक्रेसी) : संस्थागत और प्रतिनिधिमूलक लोकतंत्र से अलग लोकतंत्र का मॉडल जो कुछ लोगों को वास्तव में 'जनता का, जनता द्वारा और जनता के लिए' प्रतीत होता है। जाहिर है कि प्रत्यक्ष लोकतंत्र की अवधारणा में जनता की सीधी और ज्यादा से ज्यादा भागीदारी का पहलू प्रधान है। इसकी प्रेरणा एथेंस और यूनान की प्राचीन राज्य-प्रणालियों से ली जाती है। अल्पजीवी पेरिस कम्यून भी एक ऐसा ही उदाहरण था। भारतीय संदर्भ में पंचायत आधारित ग्राम स्वराज के प्राचीन रूपों को भी प्रत्यक्ष लोकतंत्र के उदाहरण के रूप में पेश किया जाता है।

आधुनिकता और आधुनिकतावाद (मॉडर्निटी और मॉडर्निज़्म) : अठारहवीं सदी के दौरान यूरोप (मुख्यत: फ्रांस) में चले वैचारिक आंदोलन को ज्ञानोदय के नाम से जाना जाता है। इस आंदोलन ने जिन प्रवृत्तियों को जन्म दिया उन्हें हम आधुनिकता या आधुनिकतावाद के नाम से जानते हैं। समता और न्याय की धारणाओं के प्रचलन का श्रेय भी इसी आंदोलन को दिया जाता है। मोटे तौर पर इसे अंधविश्वास पर विज्ञान की और आस्था पर विवेक की विजय के नाम से जाना जाता है। ज्ञानोदय के विचारक मानते थे कि तर्कबुद्धि के जरिये सामाजिक, बौद्धिक और वैज्ञानिक समस्याओं का हल किया जा सकता है। वे परंपरा और संस्थागत धर्म के 'प्रतिगामी' प्रभाव की कठोर आलोचना करते थे। उन्हें मानवतावाद और प्रगति के आदर्श में भारी आस्था थी। लेकिन इसका मतलब यह नहीं था कि उन्होंने धर्म के वजूद को पूरी तरह ठुकरा दिया था। इमानुएल कांट के अनुसार ज्ञानोदय एक ऐसे आजाद और खुदमुख्तार मनुष्य को जन्म देता है जो अपने बारे में निर्णय लेने के लिए किसी के ऊपर निर्भर नहीं है। न धर्म के ऊपर, न समुदाय के ऊपर। उन्नीसवीं सदी के राजनीतिक-सामाजिक प्रयोगों ने ज्ञानोदय के वैचारिक वर्चस्व को मजबूत किया और धीरे-धीरे ज्ञान का एक नया सिद्धांत प्रकाश में आया। इतिहास का महत्त्व, प्रगति और विकास की अपरिहार्यता, सेकुलरवाद और राष्ट्रवाद का विचार भी इसी ज्ञानमीमांसा की देन है। आधुनिक राजनीति की समस्त वैचारिक और व्यावहारिक गोलबंदी इन्हीं धारणाओं के आस-पास हुई है। विचार के क्षेत्र में फ्रेंकफर्ट स्कूल के चिंतकों ने ज्ञानोदय के अंतर्निहित द्वंद्व को सामने ला कर आधुनिकता की आलोचना के द्वार खोले। भारत में इससे पहले ही गाँधी ने **हिंद स्वराज** लिख कर एशिया की तरफ से आधुनिकता की आलोचना की शुरुआत कर दी थी। पिछले तीन दशकों से 'छोटी पहचानों की

बगावत', 'समुदाय की वापसी' और 'बहुसंस्कृतिवाद' की परिघटनाओं ने ज्ञानोदय के वर्चस्व को कड़ी चुनौती दी है। खास बात यह है कि यह चुनौती आधुनिकतावाद की आलोचना को आधुनिकता के व्यापक दायरे में ही संपन्न करती है। नारीवादी, अश्वेत, दलित, पर्यावरणवादी और अन्य विद्रोही विमर्शों में इस शक्तिशाली रुझान की मिसालें मिल सकती हैं।

ज्ञानमीमांसा (एपिस्टेमॉलजी) : ज्ञान का सिद्धांत जिसके तहत ज्ञान के तात्पर्य और उसे हासिल करने की विधि का विश्लेषण किया जाता है। इसे ज्ञान रचना का सैद्धांतिक विमर्श भी कह सकते हैं।

पिरामिडीय / लंबवत / ऊपर से नीचे / स्तंभीय (वर्टिकल) : जो संरचनाएँ वर्टीकल होंगी उनमें स्वाभाविक रूप से ऊँच-नीच का भाव होगा, एक के ऊपर एक परतें या श्रेणियाँ होंगी और वे समतामूलक नहीं होंगी। जैसे, भारतीय समाज में वर्ण-जाति की संरचना पिरामिडीय है, इसलिए उसे श्रेणीगत या स्तंभीय श्रेणीबद्धता भी कहा जाता है। जरूरी नहीं कि पिरामिडीय संरचनाएँ जाति की भाँति परंपरा-प्रदत्त ही हों। आधुनिक संरचनाएँ भी पिरामिडीय होती हैं जिनके सबसे बड़े उदाहरण के रूप में आधुनिक राज्य के प्रशासनिक ढाँचे को देखा जा सकता है। प्रबल प्रगतिकांक्षा भी ऊपर की तरफ गति को जन्म देती है और स्तंभीय संरचना बनती चली जाती है।

क्षैतिज / दायें से बायें (हॉरीज़ोंटल) : ऐसी संरचना या संगठन की प्रकृति प्रसारात्मक होती है। समरूपरता की प्रवृत्ति वाली यह संरचना समता की तरफ ले जाने वाली भी साबित हो सकती है। जातियों का अंदरूनी और उनका आपसी क्षैतिज संघटन उनके श्रेणीगत रूप को तोड़ता है। अर्थव्यवस्था के दायरे में समान स्तर के उत्पादन में लगी इकाइयों में क्षैतिज संघटन के उदाहरण आसानी से देखे जा सकते हैं।

अनुभवसिद्ध / तथ्यात्मक (एम्पिरीकल) : समाजविज्ञान में सर्वेक्षणों और फील्डवर्क के जरिये तथ्य हासिल करने को एम्पिरीकरल वर्क कहा जाता है। समाजविज्ञान की दूसरी शैली नार्मेटिव यानी सिद्धांतपरक या मानकीय मानी जाती है। इन दोनों शैलियों को आमतौर पर दो श्रेणियों के रूप में देखा जाता है। विकासशील समाज अध्ययन पीठ ने शुरू से ही भारतीय समाज और राजनीति के अध्ययन के सिलसिले में अनुभवसिद्ध अध्ययन पर बल दिया और पता लगाया कि जमीनी स्तर पर क्या हो रहा है। लेकिन एम्पिरीकरल श्रेणी में बँधने के बजाय विद्यापीठ ने अपने बौद्धिक प्रयासों को उन्हीं तथ्यों की बुनियाद पर सैद्धांतिक और मानकीय प्रयासों को भी जारी रखा।

राज्य-तंत्र (पॉलिटी) : राज्य, दलीय प्रणाली और अन्य सभी संबंधित संस्थाओं समेत राजनीतिक व्यवस्था का समस्त कारोबार।

श्रेणीगत (हायरार्कीकल) और स्तरीकरण (स्ट्रैटीफिकेशन) : जाति की श्रेणीगत संरचना में ऊँच-नीच और मातहती के संबंध अंतर्निहित होते हैं। स्तरीकरण विभिन्न स्तरों को बताता है, जिसमें ऊँच-नीच के संबंध पारस्परिक होते हैं, न कि आंतरिक। आधुनिक धरातल पर श्रेणीकरण का उदाहरण मजदूर और पूँजीपति वर्ग के बीच आंतरिक मातहती के संबंध में देखा जा सकता है लेकिन मजदूर वर्ग और मध्यवर्ग के बीच का संबंध गैर-बराबरी का होते हुए भी अंदरूनी न हो कर बाहरी है।

अवकरणवादी (रिडक्शनिस्ट) : यह एक ऐसा रुझान है जिसके तहत किसी परिघटना को समझने के लिए किसी एक पहलू को बुनियादी महत्त्व दे कर बाकी कारकों की भूमिका को उसी में विसर्जित कर दिया जाता है। यानी एक चाबी को ही सभी ताले खोलने के लिए इस्तेमाल करने का आग्रह रहता है। इसका एक उदाहरण वर्ग-अवकरणवाद के रूप में देखा जा सकता है जिसके तहत वर्गीय उत्पीड़न और वर्ग-संघर्ष के विचार में सभी संघर्षों और प्रश्नों को समाहित मान लिया जाता है, चाहे वे जातिगत संघर्ष हों या लैंगिक प्रश्न।

सत्तामीमांसा (ऑन्टॉलजी) : यह शब्द भ्रम पैदा कर सकता है कि कहीं इसका संबंध सत्ता या राजसत्ता से तो नहीं है। सत्तामीमांसा असल में तत्त्वमीमांसा (मेटाफिजिक्स) की एक शाखा है जो अस्तित्व की प्रकृति का विश्लेषण किन्हीं खास संदर्भों में न करके उसकी संपूर्ण सत्ता के संदर्भ में करती है। किसी एक सिद्धांत के दायरे में किसी अस्तित्व की सत्तामीमांसा से उसकी संरचना में निहित घटकों का पता लगाया जा सकता है।

व्याख्यात्मक / भाष्य (हरमेन्युटिक्स) : किसी एक पाठ या वैचारिक संरचना के अर्थों का विवादात्मक विवेचन। हरमेन्युटिक्स सामान्य वाद-विवाद से अलग इसलिए भी है, क्योंकि यह बौद्धिक व्यायाम कोई एक व्याख्याकार भी अपने आप में करता रह सकता है।

प्रत्यक्षवादी (पॉजिटिविस्ट) : समाजविज्ञान को प्राकृतिकविज्ञानों की तर्ज पर ढालने की मंशा रखने वाली एक दार्शनिक प्रवृत्ति। यह मानती है कि प्रत्यक्ष ज्ञान ही ज्ञान है और समाज परिवर्तन के भी वैसे ही अमोघ नियम होते हैं, जैसे प्राकृतिक जगत के विकास के।

विरोधाभास (पैराडॉक्स) और अंतर्विरोध (काँट्राडिक्शन) : विरोधाभास दो परिस्थितियों या परिघटनाओं के बीच पाया जा सकता है, जबकि अंतर्विरोध किसी एक परिघटना की अंदरूनी संरचना से ताल्लुक रखता है।

संस्कृतीकरण (संस्कृताइजेशन) : नीची जाति या समुदाय द्वारा द्विज समुदाय को मॉडल मान कर उसी के आचार-व्यवहार, खान-पान और पहनावे का अनुकरण करते हुए सामाजिक प्रगति का प्रयास। अगर कोई गैर-द्विज जाति खास तौर से ब्राह्मणों को मॉडल बनाती है तो इसे ब्राह्मणीकरण भी कह सकते हैं लेकिन संस्कृतीकरण में नीची जातियों ने अक्सर क्षत्रियों को मॉडल माना है। वैसे कुछ जगहों पर संस्कृतीकरण को ब्राह्मणीकरण लिख कर भी काम चलाया गया है। इस सिद्धांत का प्रतिपादन एम.एन. श्रीनिवास ने किया था।

सार्वभौम (यूनीवर्सल) और पारिवेशिक / स्थानीय / विशिष्ट (पर्टीकुलर) : जो हर जगह और हर समय प्रासंगिक है, देश-काल से परे जाते हुए सार्थक है सार्वभौम की श्रेणी में आता है। मसलन, नागरिकता एक सार्वभौम धारणा है और जातिगत पहचान एक पारिवेशिक धारणा है।

लोकलुभावनवाद / लोकरंजनवाद (पॉपुलिज्म): हिंदी में इसे लोकप्रियता या लोकप्रियतावाद (पॉपुलरिज़्म) से जोड़ कर देखने की गलत प्रवृत्ति का भी चलन है। लोकप्रियता एक सकारात्मक भाव है, जबकि लोकलुभावनवाद का अर्थ है संस्थागत

प्रक्रिया की अवहेलना करके आम लोगों को लुभाने वाली राजनीति करना।

इस तरीके से नेता सीधे-सीधे जनता को संबोधित करने लगता है और आरोप लगाता है कि संस्थागत लोकतंत्र जनता की सेवा करने में बाधक बना हुआ है, इसलिए कुछ क्षेत्रों में इसे अस्थायी तौर पर दरकिनार किया जा सकता है। इस रुझान में करिश्माई नेतृत्व और उसके परिणामस्वरूप निरंकुश सत्ता के अंदेशे निहित हैं। दूसरी तरफ एक खास समय में लोकलुभावनवादी राजनीति उन तबकों को भी राजनीति के दायरे में लाने की वाहक हो सकती है जो सामान्य संस्थागत माध्यमों की सीमाओं के कारण लोकतंत्र में भागीदारी से वंचित बने रहते हैं। सत्तर के दशक की शुरुआत में इंदिरा गाँधी द्वारा 'गरीबी हटाओ' नारे के आसपास की गयी राजनीति इस प्रवृत्ति का सबसे प्रचलित भारतीय उदाहरण है।

अस्मिता / पहचान (आइडेंटिटी) : यह एक ऐसा दायरा है जिसके तहत व्यक्ति और समुदाय यह बताते हैं कि वे खुद को क्या समझते हैं। अस्मिता का यह दायरा अपने-आप में एक बौद्धिक, ऐतिहासिक और मनोवैज्ञानिक संरचना का रूप ले लेता है जिसकी रक्षा करने के लिए व्यक्ति और समुदाय किसी भी सीमा तक जा सकते हैं। वे खुद की और दूसरे भी उनकी अस्मिता के उसी दायरे के मुताबिक शिनाख्त करते हैं।

शुरुआत में चिंतकों का ख्याल था कि व्यक्ति का स्वायत्त वजूद अपने आप में एक असंदिग्ध तथ्य है और उसी से उसकी अस्मिता या पहचान प्रवाहित होती है। इसी विचार ने आगे जा कर उदारतावाद के केंद्र में व्यक्ति की इयत्ता को ला बैठाया। मार्क्सवाद अस्मिता को स्वायत्तता को स्वीकार न करके सामाजिक प्रक्रिया के अधीन देखता है। लेकिन वह वर्गीय संरचनाओं को छोड़ कर बाकी सभी अस्मिताओं को भ्रांत चेतना मानता है। भारतीय संदर्भ में इसकी मिसालें पिछले सौ साल में बिखरी पड़ी हैं। दलित अस्मिता एक महत्त्वपूर्ण उदाहरण है। कभी तो दलित समुदाय खुद को आदि-द्रविड़ के रूप में, कभी पतित हो चुके क्षत्रियों के रूप में और कभी नागरिक समाज के दलित सदस्य के रूप में दखते हैं। इससे स्पष्ट है कि अन्य अस्मिताओं की तरह उनकी आधुनिक अस्मिता का कोई स्वायत्त, नैसर्गिक और स्थायी रूप नहीं है। इसी तरह राष्ट्रवादी अस्मिता भी किस्म-किस्म की होती है। बीसवीं सदी ने अस्मिता के इस विचार पर कई गंभीर प्रश्नचिह्न लगाये। चिंतकों ने पाया कि अस्मिताएँ सामाजिक-राजनीतिक-सांस्कृतिक परिवर्तनों के मुताबिक बनती-बिगड़ती रहती हैं। उन्होंने देखा कि एक समय में अस्मिता का कोई एक पहलू अधिक प्रमुखता प्राप्त करके उसकी राजनीतिक अभिव्यक्ति बन जाता है।

सामीकरण (सेमिटाइजेशन) : सामी धर्मों (मोटे तौर पर एक पवित्र किताब पर आस्था रखने वाले एकेश्वरवादी धर्म, जैसे, इस्लाम, यहूदी और ईसाई धर्म) की प्रवृत्तियों के मुताबिक किसी समुदाय या समाज का पुनर्संगठन करने की कोशिश। भारतीय संदर्भ में सामीकरण की कोशिशों को केंद्रीकरण और फौजीकरण के जरिये बहुदेववादी हिंदू समाज को एक राजनीतिक समुदाय में बदलने की मुहिम के रूप में देखा जा सकता है।

इयत्ता / खुदी / आत्म (सेल्फ) : जब कोई व्यक्ति अपने आप को 'मैं' कह कर पुकारता है तो वह अपनी इयत्ता या खुदी का हवाला दे रहा होता है। इयत्ता का मतलब होता है शरीर और मस्तिष्क से मिल कर बनने वाला वजूद जो चेतना के स्तर पर सक्रिय

रहता है। इस पद का इस्तेमाल मनोविज्ञान, ज्ञानमीमांसा, व्यक्तिवाद और उदारतावाद के क्षेत्र में काफी होता है। सेल्फ एक ऐसा अस्तित्व है जो किन्हीं खास परिस्थितियों में अपनी लौकिक शख्सियत के खिलाफ खड़ा हो सकता है, अंतर्द्वंद्व का कारण बनता है और ऊहापोह को जन्म देता है। अपने प्रयासों द्वारा इयत्ता का स्तर ऊँचा करके व्यक्ति सामान्य पैमानों से परे भी जा सकता है। इयत्ता काफी लचीली संरचना है और अस्मिता के सवाल से जुड़ी होने के कारण संदर्भ के मुताबिक बदलती रहती है। एक व्यक्ति की कई इयत्ताएँ भी हो सकती हैं। समाजविज्ञान में सामूहिक इयत्ता की अवधारणा भी प्रचलित है। सामूहिक इयत्ता व्यक्ति की निजी सत्ता को महत्त्व नहीं देती और उसे अपने आधीन करना चाहती है।